Arbeitsgespräche zum Verwaltungsrecht

Herausgegeben von Prof. Dr. Dr. h.c. Wolfgang Kahl, M.A.
und Prof. Dr. Ute Mager

Band 5

Wolfgang Kahl | Ute Mager (Hrsg.)

Verwaltungsverfahren

Nomos

Onlineversion
Nomos eLibrary

Die Deutsche Nationalbibliothek verzeichnet diese Publikation in der Deutschen Nationalbibliografie; detaillierte bibliografische Daten sind im Internet über http://dnb.d-nb.de abrufbar.

ISBN 978-3-7560-2390-5 (Print)

ISBN 978-3-7489-5231-2 (ePDF)

1. Auflage 2025

Vorwort

Der vorliegende Band dokumentiert die Vorträge, die bei den „5. Arbeitsgesprächen zum Verwaltungsrecht" am 19. und 10. April 2024 im Internationalen Wissenschaftsforum Heidelberg (IWH) gehalten wurden.

Die Veranstaltungsreihe dient als Forum für den transdisziplinären Dialog zwischen Rechtswissenschaft und Rechtspraxis über Grundfragen des deutschen und europäischen Verwaltungsrechts. Durch die Einladung auch von jüngeren Juristinnen und Juristen bezweckt sie zugleich die Förderung des wissenschaftlichen Nachwuchses im Öffentlichen Recht. Nachdem auf den früheren Tagungen das Verhältnis von Verwaltungsrechtswissenschaft und Verwaltungsrechtspraxis im Allgemeinen (2019), die Aufgaben und die Legitimation der Verwaltung (2020), das Verwaltungshandeln (2022) und die Verwaltungsorganisation (2023) erörtert wurden, behandelten die 5. Arbeitsgespräche das Verwaltungsverfahren.

Im Einzelnen wurde über die Europäisierung des VwVfG, die Kodifizierung des Verwaltungsverfahrensrechts auf EU-Ebene, die prozedurale Bedeutung der deutschen und europäischen Grundrechte, die effektive und effiziente Gestaltung von Verwaltungsverfahren, die Verfahrensfehlerlehre und die elektronische Kommunikation im Verwaltungsverfahren jeweils aus der Perspektive von Wissenschaft und Praxis berichtet. Den Berichten schlossen sich angeregte und weiterführende Diskussionen an.

Dank gebührt erneut der Hanns Martin Schleyer-Stiftung, namentlich Frau Geschäftsführerin Barbara Frenz, sowie der Heinz Nixdorf Stiftung für Ihre fortwährende Aufgeschlossenheit gegenüber der Veranstaltungsreihe, die sich auch in der ideellen und finanziellen Unterstützung der „Arbeitsgespräche" im Rahmen der Universitas-Initiative „Interdisziplinäre Dozentenkolloquien Wissenschaft und Praxis" widerspiegelt.

Für die Unterstützung bei der Organisation danken wir insbesondere Frau Wiss. Mitarbeiterin Julia Strobel, für die redaktionelle Durchsicht der Manuskripte den studentischen Mitarbeiterinnen Anna-Lena Menzel und Jane Thurm.

Heidelberg, im November 2024

Wolfgang Kahl

Ute Mager

Inhaltsverzeichnis

Wolfgang Kahl
Verwaltungsverfahren – Einleitende Bemerkungen 9

Markus Ludwigs
Die Europäisierung des VwVfG – Zwischenbilanz und Perspektiven 61

Lorenz Prell
Die Europäisierung des VwVfG – Zwischenbilanz und Perspektiven 99

Thomas von Danwitz
Kodifikationen des Verwaltungsverfahrensrechts auf EU-Ebene:
Wirkungen und Perspektiven 125

Ulrich Stelkens
Kodifikationen des Verwaltungsverfahrensrechts auf EU-Ebene:
Wirkungen und Perspektiven 141

Jan Henrik Klement
Die Bedeutung der deutschen und europäischen Grundrechte für
das Verwaltungsverfahren 173

Ulrich Karpenstein
Die Bedeutung der deutschen und europäischen Grundrechte für
das Verwaltungsverfahren 205

Philipp Leander Wolfshohl
Effektive und effiziente Gestaltung von Verwaltungsverfahren –
Am Beispiel der Ausschreibungen für Freiflächenanlagen nach dem
Erneuerbare-Energien-Gesetz 221

Stefanie Egidy
Effektive und effiziente Gestaltung von Verwaltungsverfahren 245

Laura Hering
Verfahrensrechte – Verfahrensfehler – Fehlerfolgen. Die Entwicklung der nachträglichen Legalisierung im europäischen Umweltrecht 269

Sigrid Emmenegger
Verfahrensrechte und Verfahrensfehlerfolgen aus der Perspektive der gerichtlichen Praxis 307

Reiner Moser
Elektronische Kommunikation im Verwaltungsverfahren unter den Bedingungen europäischer Verbundstrukturen 323

Thomas Wischmeyer
Elektronische Kommunikation im Verwaltungsverfahren unter den Bedingungen europäischer Verbundstrukturen 329

Ute Mager
Verwaltungsverfahren – Schlussbemerkungen 357

Teilnehmerverzeichnis 395

Stichwortverzeichnis 397

Verwaltungsverfahren – Einleitende Bemerkungen

Wolfgang Kahl[*]

I. Einleitung

Das Verwaltungsverfahren – das Generalthema der diesjährigen 5. Arbeitsgespräche zum Verwaltungsrecht in Heidelberg –, steuert den Prozess der Rechtsverwirklichung, indem es durch die Ordnung und Strukturierung von Vorgängen der Informationsgewinnung und -verarbeitung die verantwortlichen Träger öffentlicher Verwaltung zu einem rechtmäßigen, rationalen, effektiven und effizienten Handeln befähigen soll.[1] Unter Zugrundelegung eines erweiterten Verfahrensbegriffs umfasst der Begriff des Verwaltungsverfahrens nicht alleine die von § 9 VwVfG beschriebene „nach außen wirkende Tätigkeit der Behörden, die auf die Prüfung der Voraussetzungen, die Vorbereitung und den Erlass eines Verwaltungsaktes oder auf den Abschluss eines öffentlich-rechtlichen Vertrages gerichtet ist", sondern ebenso administrative Rechtsetzungsverfahren.[2] Die Ordnung behördlicher Entscheidungsabläufe durch das Verwaltungsverfahrensrecht als wesentliche „Strukturprämisse"[3] der Verwaltung stellt eine Form der „Kontextsteuerung"[4] dar, die dem nach außen wirkenden Verwaltungshandeln vorgelagert ist und im Prozess der behördlichen Tatsachenermittlung und Entscheidungsfindung als „Mittel rechtsstaatlicher Rationalitätsverbürgung"[5] wirkt.

Insoweit weist das Verwaltungsverfahren engste Verbindungen zu unserem letztjährigen Tagungsthema, der Verwaltungsorganisation,[6] auf, die

---

* Frau Wiss. Mit. *Julia Strobel* und Herrn Wiss. Mit. Dr. *Paul Hüther* danke ich für Unterstützung.

1 Stellv. *Schmidt-Aßmann/Kaufhold*, in: Voßkuhle/Eifert/Möllers (Hrsg.), GVerwR, Bd. II, 3. Aufl. 2022, § 27 Rn. 1.

2 *Schmidt-Aßmann*, in: Isensee/Kirchhof (Hrsg.), HStR, Bd. V, 3. Aufl. 2007, § 109 Rn. 9.

3 So *Steinberg*, DÖV 1982, S. 619 (626).

4 So mit Blick auf Verfahren und Organisation *Schmidt-Aßmann* (Fn. 2), § 109 Rn. 7.

5 *Voßkuhle*, in: Isensee/Kirchhof (Hrsg.), HStR, Bd. III, 3. Aufl. 2005, § 43 Rn. 1 (allg. bezogen auf Recht, Maßstäbe, Formen, Verfahren und Institutionen).

6 *Kahl/Mager* (Hrsg.), Verwaltungsorganisation, 2023.

ebenso wie das Verwaltungsverfahren(-srecht) die Rechtsanwendung multivariabel-mehrdimensional und vorgelagert bzw. strukturell steuert.[7] Organisation und Verfahren stellen der Verwaltung Ermöglichungsstrukturen bereit, sind aber auch als Entscheidungsfaktoren zu betrachten, die den Inhalt des Verwaltungshandelns beeinflussen.[8] Beide Steuerungsinstrumente sind den Maßstäben des Verwaltungshandelns vorgelagert, die auf den 3. Arbeitsgesprächen zum Verwaltungsrecht unter dem Generalthema „Verwaltungshandeln" diskutiert wurden.[9] Gleichzeitig wird die Maßstabslehre wiederum durch die rationalitätssichernde[10] Gestaltung des Verwaltungsverfahrens zur Geltung gebracht. Das Verwaltungsverfahrensrecht steuert den Prozess der behördlichen Willensbildung mit dem Ziel einer möglichst effektiven und effizienten Aufgabenerfüllung und will im Sinne eines „Gesprächs zwischen Verwaltung und Bürger"[11] Akzeptanz für die zu treffende Verwaltungsentscheidung sicherstellen.[12] Diese Themen wurden auf den 2. Arbeitsgesprächen zum Verwaltungsrecht behandelt.[13] Die Diskussion über Gestalt und Fortentwicklung des Verwaltungsverfahrens war immer eine solche zwischen Verwaltungsrechtswissenschaft und Verwaltungsrechtspraxis,[14] deren Verhältnis Thema der 1. Arbeitsgespräche zum Verwaltungsrecht war und deren Austausch Anliegen unserer Tagungsreihe ist.[15]

---

7 Stellv. *Kahl*, in: Kahl/Mager (Fn. 6), S. 377 (389 f.) m. w. N.; *Schuppert*, Verwaltungswissenschaft, 2000, S. 564; *Groß*, Das Kollegialprinzip in der Verwaltungsorganisation, 1999, S. 21; *Faber*, Verwaltungsrecht, 4. Aufl. 1995, S. 58.

8 Zur Begrifflichkeit (Ermöglichungsstruktur/Entscheidungsfaktor) *Hilbert*, in: Kahl/Mager (Fn. 6), S. 59 (60 ff.) m. w. N.

9 *Kahl/Mager* (Hrsg.), Verwaltungshandeln, 2022; zu den Maßstäben des Verwaltungshandelns *Kahl*, ebd., S. 9 (11 ff.); *Funke*, ebd., S. 53 ff.; *Hermann/Rimbach*, ebd., S. 81 ff.; *Mager*, ebd., S. 415 (415 ff.); *Pilniok*, in: Kahl/Ludwigs (Hrsg.), HVwR, Bd. V, 2023, § 123; *Marsch*, ebd., § 125.

10 Zum Maßstab der Rationalität *Ellerbrok*, in: Kahl/Ludwigs (Hrsg.), HVwR, Bd. III, 2022, § 76 Rn. 20 ff.

11 BVerfGE 45, 297 (335).

12 Hierzu stellv. *Pünder*, VVDStRL 72 (2013), S. 191 (197 ff.).

13 *Kahl/Mager* (Hrsg.), Verwaltungsaufgaben und Legitimation der Verwaltung, 2022; zu den Verwaltungsaufgaben allg. *Mager*, ebd., S. 9 (9 ff.), *Burgi*, ebd., S. 37 ff.; *Wojahn*, S. 63 ff.; *Kahl*, ebd., S. 329 (329 ff.); zur Akzeptanz von Verwaltungsentscheidungen *Mager*, ebd., S. 9 (33 ff.); *Spiecker gen. Döhmann*, ebd., S. 261 ff.; *Serong*, ebd., S. 301 ff.; *Kahl*, ebd., S. 329 (387 ff.).

14 Zum intensiven Diskurs zwischen Wissenschaft und Rechtsprechung vor Erlass des VwVfG *Stolleis*, Geschichte des öffentlichen Rechts in Deutschland, Bd. IV, 2012, S. 257 ff., siehe auch ebd., S. 519 ff.

Die diesjährige Tagung widmet sich der Europäisierung des VwVfG, Kodifikationen des Verwaltungsverfahrensrechts auf EU-Ebene, der Bedeutung deutscher und europäischer Grundrechte für das Verwaltungsverfahren, der effektiven und effizienten Gestaltung von Verwaltungsverfahren, Verfahrensrechten, Verfahrensfehlern und Fehlerfolgen sowie der elektronischen Kommunikation im Verwaltungsverfahren unter den Bedingungen europäischer Verbundstrukturen. Im Sinne einer *Tour d'Horizon* soll im Folgenden schlaglichtartig durch unsere sechs Tagungsthemen geführt werden.

II. Die Europäisierung des VwVfG – Zwischenbilanz und Perspektiven

1. Begriff und Rahmenvorgaben der Europäisierung

Die „Europäisierung", also der durch die europäische Integration ausgelöste Veränderungsprozess,[16] des nationalen Verwaltungsrechts lässt sich in drei Phasen einteilen:[17] Nach einer ersten Phase der Ausbildung allgemeiner Rechtsgrundsätze durch den EuGH und einer zweiten Phase der strukturellen Einwirkung auf das nationale Verwaltungsrecht folgt eine dritte Phase, die Phänomene der horizontalen oder vertikalen Verflechtung verschiedener Akteure der europäischen wie auch der nationalen Ebenen bei der Durchführung von Unionsrecht im Rahmen des europäischen Verwaltungsverbundes umfasst.[18] Die Europäisierung kann dabei direkt oder indirekt erfolgen: Fälle der direkten Europäisierung sind einerseits

---

15 *Kahl/Mager* (Hrsg.), Verwaltungsrechtswissenschaft und Verwaltungsrechtspraxis, 2019; entwicklungsgeschichtlich nun *Hüther*, Wissenschaft und Praxis im Verwaltungsrecht (1949–2020), 2023; siehe auch *ders.*, JZ 2024, S. 72 ff.

16 *Mayer*, in: Festschr. für Ulrich Battis, 2014, S. 47 (48); *Schmidt-Aßmann*, Das allgemeine Verwaltungsrecht als Ordnungsidee, 2. Aufl. 2006, S. 31. Ferner *Schuppert*, Staatswissenschaft, 2003, S. 835 ff.

17 *Mager*, in: Axer u. a. (Hrsg.), Europäisches Verwaltungsrecht in der Konsolidierungsphase, Die Verwaltung, Beih. 10, 2010, S. 11 (12). Ausf. zur historischen Entwicklung des europäischen Verwaltungsrechts *Mager*, in: Kahl/Ludwigs (Hrsg.), HVwR, Bd. II, 2021, § 32.

18 Vgl. *Kahl*, in: Hill/Sommermann/Stelkens/Ziekow (Hrsg.), 35 Jahre VwVfG – Bilanz und Zwischenperspektiven, 2011, S. 111 (111); siehe auch *Hilbert*, Die Verwaltung 50 (2017), S. 189 (205): „Sammelbecken der Verbundverwaltung"; zum Verwaltungsverbund weiterführend stellv. *Schmidt-Aßmann*, in: Schmidt-Aßmann/Schöndorf-Haubold (Hrsg.), Der Europäische Verwaltungsverbund, 2005, S. 1 ff.; *Weiß*, Der Europäische Verwaltungsverbund, 2010.

die Umsetzung von Sekundärrecht (insbesondere Richtlinien), andererseits die unionsrechtlich vor allem durch das Effektivitätsgebot induzierte Neuinterpretation nationaler Gesetze (unionsrechtskonforme Auslegung) sowie die umdirigierte Ermessenausübung.[19] Unter die indirekte Europäisierung zu fassen ist die autonome Möglichkeit des Staates zu einer unionsrechtsfreundlichen Auslegung oder zu überschießenden Änderungen in Rechtsbereichen, die mit unionsrechtlich determinierten Fragen sachlich zusammenhängen (*Spillover*-Effekte).[20]

Das VwVfG als Kodifikation des nationalen Verwaltungsverfahrensrechts ist im Bereich des indirekten Vollzugs von Unionsrecht ebenfalls der Europäisierung ausgesetzt.[21] Es bewegt sich dabei im Spannungsfeld zwischen der grundsätzlichen Verfahrensautonomie der Mitgliedstaaten (Art. 291 Abs. 1 AEUV)[22] einerseits und deren aus dem Äquivalenz- und insbesondere dem Effektivitätsprinzip (Art. 4 Abs. 3 EUV) folgenden Grenzen andererseits („Soweit-Formel“, Regel-Ausnahme-Verhältnis).[23] Nach dem Äquivalenzprinzip dürfen bei Anwendung einzelstaatlicher Rechtsvorschriften keine Unterschiede im Vergleich zu Verfahren über gleichartige innerstaatliche Sachverhalte gemacht werden. Das Effektivitätsprinzip verpflichtet die Mitgliedstaaten, ihr innerstaatliches Recht so auszugestalten, dass die Wirksamkeit des Unionsrechts nicht praktisch unmöglich gemacht oder übermäßig erschwert wird.[24]

---

19 Vgl. *Kahl* (Fn. 18), S. 132; grdl. *Sommermann*, in: Schwarze (Hrsg.), Bestand und Perspektiven des Europäischen Verwaltungsrechts, 2008, S. 181 (190 ff.). Vgl. auch die abweichende Begrifflichkeit bei *Siegel*, Europäisierung des Öffentlichen Rechts, 2012, Rn. 71 ff., der zwischen Europäisierung im engeren, im weiteren und im weitesten Sinne unterscheidet.

20 *Ruffert*, in: von Bogdandy/Cassese/Huber (Hrsg.), IPE, Bd. V, 2014, § 94 Rn. 46 f.; ferner *Kahl* (Fn. 18), S. 132 f.; *Sommermann* (Fn. 19), S. 193 ff.

21 Statt vieler *Classen*, Die Verwaltung 31 (1998), S. 307 ff.; *Kahl*, NVwZ 2011, S. 449 ff.; *Ruffert*, Die Verwaltung 41 (2008), S. 543 ff.

22 Zur str. Frage, ob der Grundsatzentscheidung zugunsten der Anwendbarkeit des nationalen Rechts im Rahmen des indirekten Vollzugs rechtsnormative Qualität zukommt, vgl. – mit Recht bejahend und m. w. N. auf den Meinungsstand – *Ludwigs*, in: Kahl/Ludwigs (Hrsg.), HVwR, Bd. I, 2021, § 8 Rn. 18.

23 *Ludwigs/Pascher*, JuS 2022, S. 409 (409 f.) m. w. N.

24 EuGH, 205–215/82 (Deutsche Milchkontor GmbH), ECLI:EU:C:1983:233 Rn. 19; *Kahl*, in: Calliess/Ruffert (Hrsg.), EUV/AEUV, 6. Aufl. 2022, Art. 4 EUV Rn. 128 ff.; ausf. *Galetta*, in: Kahl/Ludwigs (Hrsg.), HVwR, Bd. II, 2021, § 46.

2. Beispiele einer direkten Europäisierung des VwVfG durch das Effektivitätsprinzip

a) § 43 Abs. 2 VwVfG und §§ 48 ff. VwVfG

Die Regelungen über die Bestandskraft (§ 43 Abs. 2 VwVfG) und Aufhebung (§§ 48 ff. VwVfG) von Verwaltungsakten im Fall der Rückforderung unionsrechtswidriger nationaler[25] Beihilfen (sog. Alcan-Doktrin)[26] wurden schon früh über den Hebel des Effektivitätsprinzips europäisiert. Die vom EuGH statuierten weitgehenden Pflichten zur unionsrechtskonformen Auslegung bzw. Rechtsfortbildung der nationalen Vertrauensschutzvorschriften führten in der Folge in Deutschland zu einem starken – nicht im Interesse von Bürgerfreundlichkeit des Rechts, Rechtssicherheit und Transparenz liegenden – Auseinanderfallen von formaler und materialer Rechtslage.[27] Auch wenn der bestimmende Einfluss europarechtlicher Vorgaben auf das nationale Recht von der Rechtwissenschaft bereits in den Jahrzehnten zuvor erkannt worden war, kam der Alcan-Rechtsprechung gleichwohl die Rolle eines „Weckruf(s)"[28] zu.[29] Teils war von einer „schleichenden judiziellen Aushöhlung der §§ 48, 49a VwVfG"[30] die Rede; teils wurde kritisiert, der EuGH habe § 48 VwVfG zu einem „Steinbruch"[31] gemacht. Richtig ist, dass von den tradierten deutschen Vertrauensschutzstandards in inhaltlicher und temporärer Hinsicht kaum mehr etwas übrig bleibt, zumal die Voraussetzungen, unter denen nach dem EuGH ausnahmsweise Vertrauensschutz eingeräumt werden könne, praktisch nie erfüllt sein

---

25 Zur insoweit unterschiedlichen Behandlung von Unionsbeihilfen und nationalen Beihilfen *Kahl* (Fn. 24), Art. 4 EUV Rn. 130 ff.

26 EuGH, C-24/95 (Land Rheinland-Pfalz/Alcan Deutschland), ECLI:EU:C:1997:163 Rn. 34 ff.; entwicklungsgeschichtlich *Hüther*, Wissenschaft (Fn. 15), S. 259 ff.

27 Vertiefend *Kahl* (Fn. 18), S. 122 f.; *ders.* (Fn. 24), Art. 4 EUV Rn. 131 ff.; *Streinz*, in: Kahl/Ludwigs (Hrsg.), HVwR, Bd. II, 2021, § 45 Rn. 55 f.

28 *Mayer* (Fn. 16), S. 51.

29 Näher dazu *Mayer* (Fn. 16), S. 49 f. Eingehend zur Europäisierung der deutschen Rechtswissenschaft *Schorkopf*, in: Kahl/Ludwigs (Hrsg.), HVwR, Bd. II, 2021, § 31.

30 *Blanke*, Vertrauensschutz im deutschen und europäischen Verwaltungsrecht, 2000, S. 539 ff., 570; ähnlich *Kahl* (Fn. 21), S. 452; *ders.*, in: Axer u. a. (Hrsg.), Das Europäische Verwaltungsrecht in der Konsolidierungsphase, Die Verwaltung, Beih. 10, 2010, S. 39 (74): „Normlüge".

31 *Scholz*, DÖV 1998, S. 261 (264); a. A. aber die h. L. (vgl. stellv. *Frowein*, DÖV 1998, S. 806 [807 f.]; *Fastenrath*, JZ 1984, S. 1084; *Scheuing*, Die Verwaltung 34 [2001], S. 107 [125 ff., 140 ff.]) und die Rspr. (vgl. BVerwGE 106, 328); vgl. auch *Hüther*, Wissenschaft (Fn. 15), S. 282.

werden.[32] Dies mag man mit Blick auf die Art. 107 und 108 AEUV (System unverfälschten Wettbewerbs) sowie die eklatanten Vollzugsdefizite in diesem Bereich, die auch die Stellung der Kommission als Hüterin der Verträge, namentlich Wettbewerbshüterin (Art. 108 Abs. 3 AEUV), tangieren, so sehen, ohne diese Sonderdogmatik für nationale Beihilfenbescheide auf Unionsbeihilfen oder auf sonstige begünstigende nationale Verwaltungsakte zur Anwendung zu bringen.[33] Auch einen Anwendungsfall für eine Solange II-Kontrolle durch das BVerfG wird man hierin nicht sehen können.[34] Im Gegenteil: Die Alcan-Doktrin kann heute als im Kern akzeptiert oder zumindest hingenommen gelten (außerhalb Deutschlands wurde sie ohnehin kaum kritisch gesehen). Offen sind nur noch Detailprobleme, wie etwa die ausnahmsweise Bejahung von Vertrauensschutz im Falle bewusster Täuschung des Beihilfeempfängers durch die nationale Behörde[35] oder die Anforderungen an die Erkundigungspflicht und damit die Annahme grober Fahrlässigkeit (§ 48 Abs. 2 S. 3 Nr. 3 Alt. 2 VwVfG) bei kleinen und mittleren Unternehmen ohne eigene Rechtsabteilung.[36]

Schonender gegenüber der nationalen Verfahrensautonomie und das Effektivitätsprinzip weniger stark ausreizend war die Kühne & Heitz-Doktrin[37] hinsichtlich des Wiederaufgreifens (im weiteren Sinne, § 51 Abs. 5 i. V. m. § 48 Abs. 1 S. 1 VwVfG[38]) des Verfahrens im Falle der sich nach-

32 *Kahl* (Fn. 21), S. 452.

33 Klar herausgearbeitet etwa bei *Scheuing* (Fn. 31), S. 110 ff., 123 ff.

34 So auch BVerfG, NJW 2000, S. 2015; *Frowein* (Fn. 31), S. 806 ff.

35 Bejahend *Ludwigs/Pascher* (Fn. 23), S. 498; offenlassend BVerwG, NVwZ-RR 2012, S. 628 Rn. 26.

36 Dafür *Ehlers*, GewArch 1999, S. 305 (317); *Ludwigs/Pascher* (Fn. 23), S. 498; dagegen und mit Recht auf den konkreten Einzelfall abstellend die wohl h. L., vgl. *Detterbeck*, Allgemeines Verwaltungsrecht, 20. Aufl. 2023, Rn. 754; *Dörr*, Festschr. für Walter Rudolf, 2001, S. 137 (147); *Kadelbach*, Allgemeines Verwaltungsrecht unter europäischem Einfluss, 1999, S. 473 f.; *Suerbaum*, VerwArch 91 (2000), S. 169 (192); offenlassend BVerwGE 106, 328 (336). I. Erg. ändert dies jedoch nichts, da bei Verneinung von grober Fahrlässigkeit das Vertrauen im Rahmen der Abwägung gem. § 48 Abs. 2 S. 1 VwVfG zurücktritt.

37 EuGH, C-435/00 (Kühne & Heitz), ECLI:EU:C:2004:17 Rn. 20 ff. (25 ff.). In der Folge: EuGH, C-392/04 und C-422/04 (i-21 Germany GmbH bzw. Arcor), ECLI:EU:C:2006:586 bzw. ECLI:EU:C:2004:836 Rn. 33 ff. (52 ff.); RS. C-2/06 (Kempter), ECLI:EU:C:2008:78 Rn. 38 ff. (44 ff., 59 f.). Dazu *Ludwigs*, DVBl. 2008, S. 1164 (1170 ff.).

38 Zum davon zu unterscheidenden Wiederaufgreifen im engeren Sinne (§ 51 Abs. 1–4 VwVfG), dessen Voraussetzungen in der Kühne & Heitz-Konstellation nicht vorliegen, *Kahl* (Fn. 21), S. 452; *Ludwigs/Pascher* (Fn. 23), S. 499 ff.; vgl. zum Ganzen auch *Vincze*, EuR 2023, S. 84 ff.

träglich aufgrund eines EuGH-Urteils erweisenden Unionsrechtswidrigkeit eines belastenden nationalen Verwaltungsaktes.[39]

Für den Fall begünstigender, erst nach ihrem Erlass unionsrechtswidrig gewordener Verwaltungsakte führte schließlich das Papenburg-Urteil[40] des EuGH zu einer wohl nur punktuellen Europäisierung des § 49 VwVfG.[41]

b) Öffentlich-rechtlicher Vertrag

Nicht nur der Verwaltungsakt, sondern auch der öffentlich-rechtliche[42] Vertrag wird unionsrechtlich überformt. Für Verwaltungsverträge über Beihilfen wird richtigerweise davon ausgegangen, dass vor dem Hintergrund der EuGH-Rechtsprechung[43] ein Verstoß (nur) gegen das Durchführungsverbot bei unionsrechtskonformer Auslegung der §§ 1, 9 und 58 Abs. 2 VwVfG (nur) zur schwebenden Unwirksamkeit des Vertrages führt, aber kein Nichtigkeitsgrund gem. § 59 VwVfG eingreift, insbesondere keine Nichtigkeit gem. § 59 Abs. 1 VwVfG i. V. m. § 134 BGB gegeben ist.[44] Folgt man dem, so ergibt sich als Rechtsfolge die aufschiebende bedingte bzw. vorläufige Rückforderung der Beihilfe verbunden mit einer Erstattung der ersparten Zinsen. Ungeachtet dessen ist eine *ex-nunc*-Heilung des Vertrags durch nachfolgende Positiventscheidung der Kommission unionsrechtlich zulässig.[45] Schließlich wird in dem Kontext auch auf das berechtigte Desiderat hingewiesen, Problemen im Zusammenhang mit nachträglich erkannten Verstößen von Verträgen gegen europäisches Beihilferecht mittels vorausschauender Vertragsgestaltung zu begegnen.[46]

---

39 *Kahl* (Fn. 24), Art. 4 EUV Rn. 140, 190; ebenso *Ludwigs*, JZ 2008, S. 466 (469).

40 EuGH, C-226/08 (Stadt Papenburg), ECLI:EU:C:2010:10 Rn. 41–51 (46).

41 *Kahl* (Fn. 18), S. 125 f.; *Gärditz*, DVBl. 2010, S. 247 (249). Gegen Verallgemeinerungsfähigkeit *Hecker*, in: Festschr. für Franz-Josef Peine, 2016, S. 663 (671 f.); *Schoch*, in: Schoch/Schneider (Hrsg.), VwVfG, Stand: November 2023, § 49 Rn. 10.

42 Nicht eingegangen werden kann hier auf die Situation bei privatrechtlichen Beihilfeverträgen; vgl. dazu BGH, EuZW 2011, S. 440 (444 Rn. 40); EuZW 2013, S. 753 (757 Rn. 44 ff.). Krit. zur Einordnung des Durchführungsverbots gem. Art. 108 Abs. 3 S. 3 AEUV als gesetzliches Verbot (§ 134 BGB) *Brosius-Gersdorf*, in: Schoch/Schneider (Hrsg.), VwVfG, Stand: November 2023, § 59 Rn. 121; *Stelkens*, in: Stelkens/Bonk/Sachs (Hrsg.), VwVfG, 10. Aufl. 2023, § 59 Rn. 75.

43 EuGH, C-275/10 (Residex Capital IV), ECLI:EU:C:2011:814 Rn. 26 ff., 32 ff., 44 ff.

44 Näher *Kahl* (Fn. 23), S. 453; *Uerpmann-Wittzack*, in: Roth (Hrsg.), Europäisierung des Rechts, 2010, S. 277 (287 f.). Ferner *Athanasiadou*, Der Verwaltungsvertrag im EU-Recht, 2017, S. 153 f.; *Hüther/Blänsdorf/Lepej*, JURA 2022, S. 553 (563); *dies.*, Ad Legendum 2023, S. 320 (324).

45 Vertiefend *Brosius-Gersdorf* (Fn. 42), § 59 Rn. 120.

c) § 40 VwVfG

Auch die Ermessenslehre (§ 40 VwVfG) unterliegt dem Einfluss des Unionsrechts. Aus den letzten Jahren kann hier insbesondere die Rechtsprechung des BVerwG zum Regulierungsermessen im Telekommunikationsrecht angeführt werden,[47] die der Judikatur des EuGH im Bereich des Regulierungsverwaltungsrechts[48] grundsätzlich entspricht.

Durch die Verwendung der Figur des Regulierungsermessens wird die Dichotomie von Tatbestand und Ermessen weiter vermischt, indem die Interpretation unbestimmter Rechtsbegriffe sowie die Ermessensentscheidung verknüpft werden. Dabei wird die gerichtliche Kontrolle auf das Vorliegen von Abwägungsfehlern beschränkt. Vor diesem Hintergrund ist zu beachten, dass ein zu weitgehender Einsatz der Rechtsfigur des Regulierungsermessens gerade im Hinblick auf Rechtsstaatlichkeit und Demokratieprinzip fragwürdig ist.[49]

3. Dekodifikation

Gemein ist allen Beispielen, dass sie mit Blick auf die Einwirkung des Unionsrechts auf Auslegung und Anwendung des VwVfG von einem sehr pragmatisch-arbeitsökonomischen Ansatz des Gesetzgebers geprägt sind. Dieser verschließt sich bislang einer übergreifenden Kodifikation des europäisierten Verwaltungsverfahrensrechts. Dem VwVfG selbst ist seine Europäisierung mithin regelmäßig textlich nicht anzusehen, stattdessen wird in einem bemerkenswerten *legislative self-restraint* der Rechtsprechung die Aufgabe überlassen, mittels Auslegung bzw. Rechtsfortbildung für Unionsrechtskonformität zu sorgen.[50] Der an sich primär geforderte Gesetzgeber selbst praktiziert stattdessen eine Strategie des minimalinvasiven Eingriffs

---

46 *Stelkens* (Fn. 42), § 59 Rn. 76 m. w. N.

47 BVerwGE 130, 39 (48); 131, 41 (45 ff.); umfassend hierzu *Garstecki*, Das Regulierungsermessen, 2021; *Broemel*, in: Kahl/Ludwigs (Hrsg.), HVwR, Bd. V, 2023, § 131; entwicklungsgeschichtlich *Hüther*, Wissenschaft (Fn. 15), S. 284 ff.

48 EuGH, C-424/07 (Kommission/Deutschland), ECLI:EU:C:2009:749 Rn. 61, 74, 81 ff., 91 ff.

49 Vertiefend zum Ganzen *Kahl* (Fn. 21), S. 450 f.; aus der krit.-abl. Lit. stellv. *Gärditz*, NVwZ 2009, S. 1005 ff.; *Wimmer*, JZ 2010, S. 433 (437); *Ludwigs*, JZ 2009, S. 290 ff.; *ders.*, Die Verwaltung 44 (2011), S. 41 ff.; *ders.*, RdE 2013, S. 297 ff.; *Attendorn*, MMR 2009, S. 238 ff.; hierzu *Hüther*, Wissenschaft (Fn. 15), S. 308 ff.

50 Dazu *Kahl* (Fn. 18), S. 135 f.

in die Kodifikation,[51] deren „oberstes Gestaltungsziel" die „Nicht-Gestaltung"[52] ist, was nicht nur hinsichtlich der Rechtssicherheit auf Bedenken stößt, sondern auch hinsichtlich der staatlichen Funktionenordnung.[53] Freilich korrespondiert dieser Befund nur – pars pro toto – mit dem allgemeineren Befund einer Flucht des Gesetzgebers in das Spezialgesetz und das Richterrecht (Dekodifikation) sowie einer Vernachlässigung der Rekodifikation bzw. fortwährenden Pflege und Modernisierung bestehender Kodifikationen. Ausnahmen wie die Umsetzung der Dienstleistungs-Richtlinie (dazu sogleich unter 4.) oder jüngst die am 1. 1. 2024 in Kraft getretenen, der weiteren Digitalisierung des Verwaltungsverfahrens dienenden Vorschriften gem. Art. 1 5. VwVfGÄndG[54] bestätigen eher die Regel. Kommt es unionsrechtlich induziert zu neuen verwaltungsrechtlichen Regelungen, so verortet der Gesetzgeber diese häufig im bereichsspezifischen Recht anstatt im VwVfG (Beispiele: öffentliche Auftragsvergabe, Datenschutz, Informationsfreiheitsrechte, Umweltprüfungen).[55]

4. Positiver Sonderfall: Umsetzung der EU-Dienstleistungsrichtlinie

Das bisher einzige Beispiel für die Umsetzung einer direkten Europäisierung im VwVfG liefert die Transformation der EU-Dienstleistungsrichtlinie[56] mit den §§ 8a ff., 42a und 71a ff. VwVfG.[57] Diese Richtlinie ist jedoch nicht nur ein positives Beispiel für eine rechtstechnisch und systematisch gelungene direkte Europäisierung; von ihr gehen auch *Spillover*-Effekte aus, wie die Erstreckung der §§ 42a, 71a ff. VwVfG auf rein innerstaatliche

51 *Kahl* (Fn. 18), S. 135 f.

52 *Burgi*, JZ 2010, S. 105 (107).

53 *Kahl* (Fn. 18), S. 135 f. Allgemein erhellend zur Statik des VwVfG *Pielhoff/Plebuch*, DVBl. 2023, 710 ff.

54 Fünftes Gesetz zur Änderung verwaltungsverfahrensrechtlicher Vorschriften sowie zur Änderung des Sechsten Buches Sozialgesetzbuchs (5. VwVfÄndG) v. 4. 12. 2023, BGBl. I 344/2023.Vgl. dazu den Beitrag von *Prell*, in diesem Band, S. ⊠ ff.

55 *Kahl/Hilbert*, RW 2012, S. 453 (478 f.); ebenso *Burgi* (Fn. 52), S. 109; a. A. *Schoch* (Fn. 41), Einl. VwVfG, Rn. 72 f., 654 ff.

56 RL 2006/123/EG über Dienstleistungen im Binnenmarkt vom 12. 12. 2006, ABl Nr. L 376/36.

57 Vertiefend *Kahl* (Fn. 30), S. 77 ff.; *Schmitz/Prell*, NVwZ 2009, S. 1 ff.; *dies.*, NVwZ 2009, S. 1121 ff.

Sachverhalte und die Ausdehnung des Anwendungsbereichs der §§ 8a ff. VwVfG über das durch die Richtlinie Geforderte hinaus zeigen.[58]

5. Ausblick

Im Ergebnis ist das VwVfG also material ein europäisches Gesetz, formal hingegen weiterhin ein bis auf wenige Ausnahmen „inlandszentriert[es]" Gesetz[59].[60] Anstatt der anhaltenden Dekodifikation durch Richterrecht oder der Flucht ins Spezialgesetz sollte über eine Rekodifikation durch Rückanbindung an das VwVfG nachgedacht werden. Vor allem kann hierbei von den Vorteilen einer Kodifikation profitiert werden (u. a. Rezeptionsleistung, Systembildung)[61].[62] Darüber hinaus sollten jenseits von direkten Vorgaben auch sonstige unionsrechtliche Gestaltungsimpulse verstärkt wahrgenommen und ins nationale Recht transformiert werden.[63] Dazu liegen bereits verschiedene konkrete Vorschläge vor.[64] Die Berücksichtigung europäischer Entwicklungen auch im VwVfG war jedenfalls auch im BMI das erklärte Ziel.[65] Ob es dazu kommen wird und ob sich insgesamt der Trend zur Dekodifikation wird aufhalten oder gar partiell umkehren lassen, erscheint jedoch fraglich, zu sehr sind Gesetzgeber und vorbereitende Ministerialbürokratie in ihren personellen und temporären Kapazitäten – zumal in schweren Krisenzeiten – hierfür limitiert, zu gering ist dafür in der Praxis das Interesse an einem systematischen Ansatz und die Überzeugung von einem echten, „spürbaren" Mehrwert der Kodifikation gegenüber der Spezialgesetzregelung.

58 *Schemmer*, in: Bader/Ronellenfitsch (Hrsg.), BeckOK VwVfG, 62. Edition, 1. 1. 2024, § 42a Rn. 3. Genauer *Schmitz/Prell*, NVwZ 2009, S. 1 (2 f.); *Burgi* (Fn. 52), S. 108 Fn. 27. Vertieft zum Verfahren über eine einheitliche Stelle gem. §§ 71a ff. VwVfG *Korte*, in: Kahl/Ludwigs (Hrsg.), HVwR, Bd. IV, 2022, § 119.

59 *Schmidt-Aßmann* (Fn. 16), S. 357.

60 *Kahl* (Fn. 21), S. 455.

61 Vertiefend zu den Funktionen von Kodifikationen unten III. 1.

62 *Kahl* (Fn. 21), S. 456 f. Ferner *Burgi* (Fn. 52), S. 110.

63 So schon *Burgi* (Fn. 52), S. 106.

64 Z. B. *Kahl* (Fn. 30), S. 82 ff.; *Müller*, Die Europäisierung der Verwaltungsverfahrensgesetze in Deutschland und Spanien, 2019, S. 278 ff.

65 *Schmitz/Prell*, NVwZ 2016, S. 1273 (1280).

III. Kodifikationen des Verwaltungsverfahrensrechts auf EU-Ebene: Wirkungen und Perspektiven

1. Bemühungen um eine Generalkodifikation

Für das Verwaltungsverfahrensrecht auf EU-Ebene besteht seit einigen Jahren der Wunsch nach einer Kodifikation. Begrifflich meint Kodifikation dabei die möglichst abschließende und lückenlose, systematisch geordnete sowie langlebige Regelung eines bestimmten Sachgebiets.[66] Die *General*kodifikation stellt dabei einen Kodifikationstyp dar, der – im Gegensatz zur Bereichskodifikation – den jeweiligen Regelungsgegenstand rechtsgebietsübergreifend regelt.[67]

Obwohl die kompetenzrechtliche Möglichkeit einer Kodifikation hinsichtlich des Eigenverwaltungsverfahrensrechts mit Art. 298 Abs. 2 AEUV als geklärt gilt,[68] fehlt es nach wie vor an einer politischen Umsetzung. Schon seit 2001 hat das Europäische Parlament wiederholt, bislang aber erfolglos die Europäische Kommission mittels Art. 225 AEUV aufgefordert, einen Vorschlag für eine entsprechende Kodifikations-Verordnung auf den Weg zu bringen.[69]

Primäres Ziel einer Kodifikation ist insbesondere die *Rechtsvereinheitlichung* durch Zusammenfassung verstreuter Regelungen sowie deren inhaltliche Strukturierung, mit anderen Worten eine doppelte Systematisierungs-

66 *Kahl*, JuS 2018, S. 1025 (1026); vgl. *Wieacker*, Privatrechtsgeschichte der Neuzeit, 2. Aufl. 1967, S. 249 ff., 323 ff.; *Appel*, in: Koch/Rossi (Hrsg.), Kodifikation in Europa, 2012, S. 1 (5).

67 *Kahl*, in: Hoffmann-Riem/Schmidt-Aßmann (Hrsg.), Verwaltungsverfahren und Verwaltungsverfahrensgesetz, 2002, S. 67 (84); *Kahl/Hilbert* (Fn. 55), S. 455, dort auch vertiefend zu den Begrifflichkeiten und den Kodifikationstypen; ebenso bei *Guckelberger/Geber*, Allgemeines Europäisches Verwaltungsverfahrensrecht vor seiner unionsrechtlichen Kodifizierung?, 2013, S. 85 ff., 91 f.

68 *Glaser*, Die Entwicklung des Europäischen Verwaltungsrechts aus der Perspektive der Handlungsformenlehre, 2013, S. 629 f.; *Guckelberger*, NVwZ 2013, S. 601 (606); *dies./Geber* (Fn. 67), S. 132 f. m. w. N; *Mir Puigpelat*, in: Schneider/Velasco Caballero (Hrsg.), Strukturen des Europäischen Verwaltungsverbunds, Die Verwaltung Beih. 8 (2009), S. 177 (208). Die Lage bezüglich der Kompetenzgrundlage für den indirekten Vollzug und das Verbundverfahren stellt sich wesentlich schwieriger dar, vgl. dazu stellv. *Schoch* (Fn. 41), Einl. VwVfG, Rn. 728.

69 Vgl. EP-Entschließung v. 6. 9. 2001 (C5-0438/2000 – 2000/2212 [COS]), ABl. 2002 C72 E/331 sowie EP-Entschließung v. 15. 1. 2013 (2012/2024(INI)) ABl. 2015 C 440/17. Vgl. dazu vertiefend *Stelkens* (Fn. 42), EuR, Rn. 170a.

leistung.[70] Damit einhergehend werden überflüssige sowie widersprüchliche oder wenig bewährte Regelungen ausgemacht und beseitigt (*Deregulierungsfunktion*).[71] Rechtsvereinheitlichung und Deregulierung bringen wiederum eine Erleichterung der praktischen Rechtsarbeit für den (zukünftigen) Gesetzgeber, die Verwaltung sowie die Gerichte mit sich (*Entlastungsfunktion*).[72] Eine Kodifikation kann ferner für mehr Transparenz, Orientierung und Stabilität sorgen (*Rechtssicherheitsfunktion*).[73] Sie trägt zugleich zu erhöhter Akzeptanz und zur Effektivierung der Rechtsanwendung bei (*Akzeptanz-* und *Effektivierungsfunktion*).[74] Schließlich hat Kodifikation auch eine (doppelte[75]) *Reform-* bzw. *Innovations-*[76] und eine nicht zuletzt rechtsvergleichend ansetzende *Rezeptionsfunktion*[77].

a) ReNEUAL-Musterentwurf

Der erste konkret ausformulierte Vorschlag für eine Generalkodifikation auf europäischer Ebene kam aus der Rechtswissenschaft. 2009 wurde das Research Network on EU Administrativ Law (ReNEUAL), bestehend aus über 100 Rechtswissenschaftlern und einigen Praktikern, ins Leben gerufen.[78] Dieses Netzwerk erarbeitete einen in der Rechtswissenschaft[79]

70 *Kahl/Hilbert* (Fn. 67), S. 458; ebenfalls zur Rechtsvereinheitlichungsfunktion *Mir Puigpelat* (Fn. 68), S. 200 ff. Zur Systembildung am Beispiel der Kodifikation des EU-Verwaltungsverfahrensrechts *Schneider*, DVBl. 2021, S. 761.

71 *Kahl,* Konsolidierungsphase (Fn. 30), S. 57; *Appel* (Fn. 66), S. 11.

72 *Kahl* (Fn. 67), S. 93. In diesem Sinne schon *Schmidt-Aßmann*, in: Müller-Graff (Hrsg.), Perspektiven des Rechts in der Europäischen Union, 1998, S. 131 (161 f.), der von einem „nachhaltigen Lernprozeß" spricht. Vgl. auch *Kloepfer*, K&R 1999, S. 241 (243) und mit weiteren (auch negativen) Aspekten für die Gerichte *Appel* (Fn. 66), S. 11.

73 *Kahl* (Fn. 66), S. 1026; *ders.*, Konsolidierungsphase (Fn. 30), S. 57; ähnlich *Mir Puigpelat* (Fn. 68), S. 198 ff., 202; auch in dem Sinne *Kloepfer* (Fn. 72), S. 243.

74 *Appel* (Fn. 66), S. 9; ähnlich *Mir Puigpelat* (Fn. 68), S. 200 f., 203; *Kloepfer* (Fn. 72), S. 243.

75 Hierzu *Kahl,* Konsolidierungsphase (Fn. 30), S. 57.

76 Dazu näher *Kahl* (Fn. 67), S. 91 m. w. N. zur Innovation im Recht in Fn. 146, 147, 148. Vgl. weiter *Appel* (Fn. 66), S. 13 f., 20 f.; *Mir Puigpelat* (Fn. 68), S. 202.

77 *Appel* (Fn. 66), S. 12 f. (auch die Grenzen der Rezeptionsfunktion anmerkend); *Mir Puigpelat* (Fn. 68), S. 203. Unabhängig von der Frage der Kodifikation weiterführend für eine zu intensivierende rechtvergleichende Erfassung des Verwaltungsverfahrens *Pünder*, in: Kahl/Ludwigs (Hrsg.), HVwR, Bd. IV, 2022, § 116.

78 Dazu www.reneual.eu sowie *Schneider/Hofmann/Ziller*, JZ 2015, S. 265 ff.

79 Vgl. dazu Beiträge in: *Schneider/Rennert/Marsch* (Hrsg.), ReNEUAL – Musterentwurf für ein EU-Verwaltungsverfahrensrecht – Tagungsband, 2016; Beiträge in: *Ruf-*

vielfach positiv rezipierten, im Jahr 2014 auf Englisch veröffentlichten und in sieben Sprachen übersetzten Entwurf für die Kodifizierung des EU-Verwaltungsverfahrens.[80] Inhaltlich erfasst der ReNEUAL-E in erster Linie das EU-Eigenverwaltungsverfahrensrecht und Aspekte des Verbundverfahrens.[81] Ziel des ReNEUAL-E ist die Optimierung der Durchführung des Unionsrechts durch Transformation und Konkretisierung bestehender Verfassungsprinzipien der GRCh (siehe insb. Art. 41) und des Richterrechts.[82] Die Transformation soll zugleich die Sichtbarkeit der Rechte und Pflichten von Bürgern und Behörden steigern. Dabei versteht das Forschernetzwerk den ReNEUAL-E selbst als „wissenschaftliches Projekt",[83] macht dabei aber zugleich diverse Abstriche zugunsten einer höheren Chance auf eine gesetzgeberische Realisierung.[84]

c) Entwurf des Europäischen Parlaments

Teilweise basierend auf dem ReNEUAL-E[85] hat das Europäische Parlament in seiner 8. Wahlperiode im Jahr 2016 einen Vorschlag für eine Verordnung „für eine offene, effiziente und unabhängige Verwaltung der EU" in Form eines konkret ausformulierten Gesetzgebungsvorschlages vorgelegt.[86] Im

---

fert (Hrsg.), The model rules on EU administrative procedures: Adjudication, 2016; *Augsberg*, Die Verwaltung 50 (2017), S. 1 ff.; *Eberhard*, Die Verwaltung 50 (2017), S. 23 ff.; *Ellerbrok*, Die Verwaltung 49 (2016), S. 105 ff.; *Schindler*, Die Verwaltung 50 (2017), S. 51 ff; vgl. *Stelkens* (Fn. 42), EuR Rn. 170b Fn. 714 m. w. N.

80 Der ReNEUAL-Entwurf (ReNEUAL Model Rules on EU Administrative Procedures) sowie nähere Informationen zum Hintergrund des Entwurfs sind abrufbar unter http://www.reneual.eu/projects-and-publications/reneual-1-0 sowie abgedruckt und erläutert in der deutschen Fassung: *Schneider/Hofmann/Ziller* (Hrsg.), ReNEUAL – Musterentwurf für ein EU-Verwaltungsverfahrensrecht, 2015.

81 Auf den Inhalt des Entwurfs näher eingehend (Fn. 80), Buch I Einf. Rn. 15 ff., 55 ff.

82 *Schneider/Hofmann/Ziller* (Fn. 78), S. 265.

83 *Schneider/Hofmann/Ziller* (Fn. 78), S. 265.

84 Vgl. ausf. *Kahl* (Fn. 66), S. 1031; *Schoch* (Fn. 41), Einl. VwVfG, Rn. 738 spricht von einem „pragmatischen Ansatz".

85 Zur vergleichenden Synopse siehe *Schneider*, in: Tagungsband (Fn. 79), S. 129 (140 ff.). Die Ähnlichkeit beruht auf der Tatsache, dass der EP-Vorschlag auf ein Gutachten von Mitgliedern des ReNEUAL-Steering Committees (*Galetta/Hofmann/Mir Puigpelat/Ziller*, The context and legal elements of a Proposal for a Regulation on the Administrative Procedure of the European Union's institutions, bodies, offices and agencies, 2015) für das Europäische Parlament zurückgeht, und ist „politisch gewollt", vgl. *Stelkens* (Fn. 42), EuR Rn. 170c.

86 *Europäisches Parlament*, Vorschlag für eine Verordnung des Europäischen Parlaments und des Rates für eine offene, effiziente und unabhängige Verwaltung der Europä-

Vergleich zum ReNEUAL-E ist der Entwurf des Europäischen Parlaments mit nur 30 statt 132 Artikeln deutlich kürzer, beschränkt sich auf das EU-Eigenverwaltungsrecht[87] und erfasst nur von EU-Behörden einseitig getroffene Einzelfallentscheidungen[88].[89]

d) Untersuchung von Lucas Hartmann

Als jüngster grundlegender Beitrag zur Kodifikation des europäischen Verwaltungsrechts kann die Untersuchung von *Lucas Hartmann*[90] angeführt werden. Auch *Hartmann* beschränkt sich wie der Vorschlag des Europäischen Parlaments auf die EU-Eigenverwaltung, bezieht aber organisationsrechtliche Vorschriften für dezentrale Agenturen mit ein.[91] Das Besondere an *Hartmanns* Untersuchung ist die Herangehensweise. So hat *Hartmann* im ersten Schritt bestehende Regelungen des EU-Eigenverwaltungsrechts auf Vereinheitlichungsmöglichkeiten hin untersucht und im zweiten Schritt einen Vorschlag erarbeitet, der auf den Ergebnissen der von ihm vorgenommen quantitativen Auswertung beruht. Auf eine zusätzliche qualitative Auswertung hat er hingegen verzichtet, was den Wesensunterschied zu den Vorschlägen vom ReNEUAL und EP ausmacht.

2. Reaktionen, Einwände und Kompromissvorschläge

Insbesondere der ReNEUAL-E hat eine breite Reaktion in Wissenschaft und Praxis hervorgerufen. Grundsätzlich wird in ihm der Beleg für eine

---

ischen Union gemäß der Entschließung des Europäischen Parlaments zu einer offenen, effizienten und unabhängigen Verwaltung der Europäischen Union v. 9. 6. 2016 (2016/2610(RSP)), ABl. 2018 C 86/126.

87 Vgl. explizit Erwägungsgrund 15 des EU-VwVf-VO (Vorschlag des Europäischen Parlaments).

88 Art. 2 II lit. C EP-V. *Schoch* (Fn. 41), Einl. VwVfG, Rn. 739.

89 Begründung durch das *Europäische Parlament*, abgedruckt in: Tagungsband (Fn. 79), S. 293 ff.

90 *Hartmann*, Die Kodifikation des Europäischen Verwaltungsrechts, 2020. Die Kodifikationsentwürfe hinsichtl. Materie, Methode, Konzept sowie Tiefe vergleichend *Schneider*, in: Kahl/Ludwigs (Hrsg.), HVwR, Bd. II, 2021, § 56 Rn. 17 ff. Ebenfalls dazu *Göner*, Status quo und Perspektiven einer Kodifizierung des europäischen Verwaltungsrechts, Würzburger Online-Schriften zum Europarecht, Nr. 13 (2023), S. 24 ff.

91 *Hartmann* (Fn. 90), S. 457 ff.; dazu auch *Schneider* (Fn. 90), § 56 Rn. 19.

Kodifizierbarkeit eines Verwaltungsverfahrensrechts der EU-Eigenverwaltung gesehen[92] und das Projekt ausdrücklich gelobt,[93] aber es werden auch seine Lücken kritisiert. Vorgeschlagen wird beispielsweise, der ReNEUAL-E solle um eine Vorschrift zur Ermessensausübung[94] sowie um Regelungen zu den Fehlerfolgen[95] ergänzt werden. Darüber hinaus fehle etwa eine Regelung über die Bestandskraft von Entscheidungen.[96]

Neben den Stimmen, die den ReNEUAL-E grundsätzlich positiv bewerten, wird aber auch die „Grundsatzfrage nach dem Mehrwert einer Kodifikation“[97] gestellt. Insbesondere von der Europäischen Kommission wird dieser Mehrwert in Frage gestellt, was unter anderem zur Ablehnung des EP-Vorschlags führte.[98] Daneben weist die Kommission auch auf die mit einer Kodifikation einhergehende Nivellierungsgefahr hin:[99] Die Unionsverwaltung stelle ein Bündel einzelner, spezialisierter Verwaltungsaktivitäten dar, die besonderer, differenzierter Regeln bedürfe, was eine Generalkodifikation zwar nicht ausschließe, aber jedenfalls ein „gehöriges Maß an Spezialregeln“ erforderlich mache.[100] Abgrenzungsprobleme zwischen

92 *Stelkens* (Fn. 42), EuR, Rn. 170b.

93 Siehe stellv. *Kraft*, in: Tagungsband (Fn. 79), S. 154 (162); *Fehling*, in: Tagungsband (Fn. 79), S. 143 (153); die Einschätzung des BVerwG wiedergebend *Rennert*, DVBl. 2016, S. 69 ff.

94 *Fehling* (Fn. 93), S. 152 f.

95 *Wallrabenstein*, in: Tagungsband (Fn. 79), S. 118 (120 f.); *Fehling* (Fn. 93), S. 143, 152 f.; *Kraft* (Fn. 93), S. 161; *Schwarze*, in: Tagungsband (Fn. 79), S. 261 (261); dies schon 2008 fordernd *von Danwitz*, Europäisches Verwaltungsrecht, 2008, S. 394; sich der Fehlerfolgenlehre im europäischen Eigenverwaltungsrecht als Beitrag für eine künftige Kodifikation ausf. widmend *Hering*, Der Staat 57 (2018), S. 601 ff. sowie einen eigenen Kodifikationsvorschlag machend *dies.*, Fehlerfolgen im europäischen Eigenverwaltungsrecht, 2019, S. 317 ff. Diesbezüglich wurde von *Schneider*, in: Tagungsband (Fn. 79), S. 3 (7) sowie S. 129 (139) die Ausarbeitung des Fehlerfolgenregimes in der nächsten Phase in Aussicht gestellt.

96 *Kraft* (Fn. 93), S. 161.

97 So *Schneider*, in: Tagungsband (Fn. 79), S. 3 (5).

98 *Mölls*, in: Tagungsband (Fn. 79), S. 48 (49 ff.); Antwort der *Europäischen Kommission* v. 8. 6. 2016 auf die Parlamentarische Anfrage v. 17. 5. 2016 (*Svoboda/Hautala*), abgedruckt in Tagungsband (Fn. 79), S. 303 (304 f.). Auch jüngst eher zwiegespalten diesbezüglich *Heintzen*, in: Uhlmann (Hrsg.) Codification of administrative law: A comparative study on the sources of administrative law, 2023, S. 147 (170).

99 *Kahl* (Fn. 67), S. 99; *Schneider* (Fn. 90), § 56 Rn. 40. Vgl. dazu schon bezogen auf die Kodifikation des nationalen Verwaltungsverfahrensrechts *Bettermann*, VVDStRL 17 (1959), S. 118 (150) und *Weber*, VVDStRL 17 (1959), S. 222 (223).

100 *Mölls*, in: Tagungsband (Fn. 79), S. 48 (52); vgl. auch die Antwort der *Europäischen Kommission* v. 8. 6. 2016 auf die Parlamentarische Anfrage v. 17. 5. 2016 (*Svoboda/Hautala*), abgedruckt in Tagungsband (Fn. 79), S. 303 (304).

der Generalkodifikation und den Spezialregeln könnten mithin nicht ausgeschlossen werden und es bestünde die Gefahr, dass bei einer Kodifikation die nötige Flexibilität für Anpassungen verloren ginge (Zementierungsgefahr[101]).[102] Auch wenden Stimmen im Schrifttum ein, dass der primärrechtliche Normenbestand präzise genug sei, sodass eine „Transformation" ins Sekundärrecht durch Kodifizierung nicht nötig sei, stattdessen solle es bei der Konkretisierung und Fortentwicklung durch die Judikatur bleiben.[103]

Die ablehnende Haltung der Kommission und weitere Hindernisse für eine umfassende Generalkodifikation, etwa die fehlende Kompetenz der EU jenseits des Eigenverwaltungsrechts, führten zum Vorschlag der Stufenkodifikation nach unter anderem niederländischem, aber auch deutschem Vorbild: Dabei sollte zunächst das Buch III des ReNEUAL-E zu den Einzelfallentscheidungen kodifiziert werden und sodann die übrigen Bücher (zeitnah) folgen.[104] Allerdings sieht sich eine stufenweise Realisierung auch dem Einwand eines Verlusts an konzeptioneller Substanz ausgesetzt.[105]

Die Konsequenz einer fehlenden Generalkodifikation ist ein undurchsichtiges, „wildwuchsartiges" Bild an Bereichs- und Teilkodifikationen in Sekundärrechtsakten.[106] Als klassische Beispiele[107] gelten die VO 1/2003[108],

101 Vgl. dazu weiterführend *Röhl*, in: Voßkuhle/Eifert/Möllers (Hrsg.), GVerwR, Bd. II, 3. Aufl. 2022, § 30 Rn. 9; *Kahl* (Fn. 67), S. 99 f.; *Schneider* (Fn. 90), § 56 Rn. 39.

102 Antwort der *Europäischen Kommission* v. 8. 6. 2016 auf die Parlamentarische Anfrage v. 17. 5. 2016 (*Svoboda/Hautala*), abgedruckt in Tagungsband (Fn. 79), S. 303 (304). Siehe jeweils vertiefend zu den übrigen Kodifikationsgefahren: Überholungsgefahr (dazu *Kahl* (Fn. 67), S. 99); Zerschneidungsgefahr (dazu *Appel* (Fn. 66), S. 14 f.; *Kahl* (Fn. 67), S. 99); Zentralisierungsgefahr (dazu *Kahl* [Fn. 66], S. 1027; *Schneider* [Fn. 90], § 56 Rn. 41).

103 *Balthasar,* in: Tagungsband (Fn. 79), S. 65 (93, 95 f.).

104 *Schneider/Hofmann/Ziller* (Fn. 78), S. 271; *Schneider,* in: Tagungsband (Fn. 79), S. 3 (18); *Schneider* (Fn. 90), § 56 Rn. 43; grdl. zum stufenweisen Vorgehen mit auch bestehenden Nachteilen *Appel* (Fn. 66), S. 20 f. sowie ausf. *Guckelberger/Geber* (Fn. 67), S. 155 ff. mit der sprachlichen Modifikation „sukzessive Kodifikation".

105 *Schmidt-Aßmann,* in: Tagungsband (Fn. 79), S. 255 (256); zustimmend *Schoch* (Fn. 41), Einl. VwVfG, Rn. 738.

106 *Kahl* (Fn. 66), S. 1030. Hierauf vertieft eingehend *Guckelberger/Geber* (Fn. 67), S. 75 ff.

107 Für weitere Beispiele vgl. *Schneider* (Fn. 90), § 56 Rn. 11.

108 VO (EG) Nr.1/2003 des Rates v. 16. 12. 2002 zur Durchführung der in den Art. 81 und 82 des Vertrages niedergelegten Wettbewerbsregeln, ABl. L 1. Vertiefend dazu *Weiß*, in: Terhechte (Hrsg.), HdB-EUVerwR, 2. Aufl. 2021, § 18.

der Zollkodex[109] sowie die BeihilfeverfahrensVO[110]. Ergänzt werden diese bereichsspezifischen Verfahrensregelungen um ungeschriebene, allgemeine Rechtsgrundsätze, die durch die Rechtsprechung des EuGH herausgebildet werden,[111] sowie um Verfahrensstandards aus dem *soft law*.[112]

3. Ausblick

Insgesamt ist zumindest ein „gewisser Trend zur Verschriftlichung und Kodifizierung" auf Ebene des primären sowie sekundären Unionsrechts wahrzunehmen.[113] Auch den bereits existierenden Bereichs- und Teilkodifikationen wird Vorbildwirkung für weitergehende Kodifikationsbemühungen attestiert.[114] Zugleich reißen die Bemühungen um eine Generalkodifikation des EU-Eigenverwaltungsrechts nicht ab: Im letzten Jahr hat das Europäische Parlament erneut eine Entschließung[115] veröffentlicht, in deren Anlage auf den Anhang zur Entschließung vom 9. 6. 2016 verwiesen wird, also

109 VO (EU) Nr. 952/2013 des Europäischen Parlaments und des Rates v. 9. 10. 2013 zur Festlegung des Zollkodex der Union, ABl. L 269. Vertiefend dazu *Jochum/Dalkilic/Terhechte*, in: Terhechte (Hrsg.), HdB-EUVerwR, 2. Aufl. 2021, § 27; *Terhechte*, in: Becker/Hatje/Schoo/Schwarze (Hrsg.), EU-Kom AEUV, 4. Aufl. 2019, Art. 28 Rn. 9.

110 VO (EU) 2015/1589 des Rates v. 13. 7. 2015 über besondere Vorschriften für die Anwendung von Art. 108 des Vertrags über die Arbeitsweise der Europäischen Union, ABl. L 248/9.

111 Zum deklaratorischen Charakter einer Kodifizierung der Verfahrensgarantien *Seitz*, EuZW 2015, S. 273 (275). Zur Rolle der Verfahrensgrundsätze im Verbundverwaltungsverfahren nach einer Kodifizierung *von Arnauld/Martini*, in: Terhechte (Hrsg.), HdB-EUVerwR, 2. Aufl. 2021, § 2 Rn. 36.

112 *Guckelberger/Geber* (Fn. 67), S. 76. Zum rein deklaratorischen Charakter einer Kodifizierung der Verfahrensgarantien *Seitz* (Fn. 111), S. 275.

113 *Terhechte*, in: Leible/Terhechte (Hrsg.), Europäisches Rechtsschutz- und Verfahrensrecht, 2. Aufl. 2016, § 36 Rn. 8. Als Beispiel für die voranschreitende Kodifizierung auf primärer Ebene soll hier schlaglichtartig Art. 5 Abs. 4 EUV erwähnt werden, vgl. *ebd.*; *Terhechte*, in: Terhechte (Hrsg.), HdB-EUVerwR, 2. Aufl. 2021, § 1 Rn. 13.

114 *Terhechte*, HdB-EUVerwR (Fn. 113), § 1 Rn. 13.

115 *Europäisches Parlament*, Digitalisierung und Verwaltungsrecht – Legislative Entschließung des Europäischen Parlaments mit Empfehlungen an die Kommission für Digitalisierung und Verwaltungsrecht (2021/2161(INL)), P9_TA(2023)0426 v. 22. 11. 2023, abrufbar unter https://www.europarl.europa.eu/doceo/document/TA-9-2023-0426_DE.pdf. Vergleiche auch die unterstützende Studie: *Jančová/Fernandes*, Digitalisation an administrative law – European added value assessment, 2022, PE 730.350 v. 18. 11. 2022.

auf den im Umfang reduzierten ReNEUAL-E.[116] Es ergäbe sich also kein neues Diskussionsmaterial, das die Debatte um die Generalkodifikation neu entfachen würde. Einzig der Aspekt der Digitalisierung ist ein neuer: Das Europäische Parlament fordert mit Recht eine Berücksichtigung der „Fortschritte der Digitalisierung und deren Auswirkungen auf die Verwaltungsverfahren der Unionsverwaltung".[117]

Ob die Kommission unter *von der Leyen*[118] – nun in der zweiten Amtszeit – im Vergleich zur *Juncker*-Kommission einen anderen, positiveren Blick auf den Mehrwert einer Generalkodifikation werfen wird oder sich die Geschichte der erfolglosen Entschließungsanträge des Europäischen Parlaments wiederholt, bleibt abzuwarten, wobei man eher skeptisch wird sein müssen, zumal in Zeiten von Kriegen und Polykrisen,[119] die alle Kräfte der politischen Akteure, auch auf EU-Ebene, absorbieren, zumal schon in ihrer ersten Amtszeit eine Umsetzung der Erwartungen des Parlaments ausblieb.

IV. Die Bedeutung der deutschen und europäischen Grundrechte für das Verwaltungsverfahren

Im Folgenden soll zunächst die grundsätzliche Bedeutung der deutschen und europäischen Grundrechte für das Verwaltungsverfahren schlaglichtartig beleuchtet werden, bevor einige ausgewählte aktuelle Einzelprobleme betrachtet werden.

---

116 *Europäisches Parlament*, Digitalisierung und Verwaltungsrecht – Legislative Entschließung des Europäischen Parlaments mit Empfehlungen an die Kommission für Digitalisierung und Verwaltungsrecht (2021/2161(INL)), P9_TA(2023)0426 v. 22. 11. 2023, Empfehlung 1.

117 *Europäisches Parlament*, Digitalisierung und Verwaltungsrecht – Legislative Entschließung des Europäischen Parlaments mit Empfehlungen an die Kommission für Digitalisierung und Verwaltungsrecht (2021/2161(INL)), P9_TA(2023)0426 v. 22. 11. 2023, Empfehlung 2. Auch das ReNEUAL-Network befasst sich mit der Digitalisierung: http://www.reneual.eu/projects-and-publications/reneual-2-0.

118 Vgl. zu den Erfolgsaussichten noch in der von der Leyen Kommission: *Göner* (Fn. 90), S. 34, der verweisend auf *von der Leyen*, Rede zur Eröffnung der Plenartagung des Europäischen Parlaments, Speech/19/4230, v. 16. 7. 2019, https://ec.europa.eu/commission/presscorner/detail/en/SPEECH_19_4230 von einem höheren politischen Druck bei einem weiteren Vorschlag des Parlaments ausgeht.

119 Zum Begriff m. w. N. *Kahl/Hüther*, Der „Zweckverband funktioneller Integration" nach Hans Peter Ipsen, 2023, S. 99 ff.

1. Grundrechtsschutz durch und im Verfahren

Von herausragender Bedeutung für die Verknüpfung von Grundrechtsschutz und Verfahrensrecht waren der *Mülheim-Kärlich-Beschluss* des BVerfG[120] zu Art. 2 Abs. 2 S. 1 GG und die *Brokdorf-Entscheidung*[121] zu Art. 8 GG. Danach ist „Grundrechtsschutz *durch* Verfahrensgestaltung"[122] zu bewirken. Weiter heißt es, dass „Grundrechte nicht nur die Ausgestaltung des materiellen Rechts beeinflussen, sondern zugleich Maßstäbe für eine den Grundrechtsschutz effektuierende Organisations- und Verfahrensgestaltung sowie für eine grundrechtsfreundliche Anwendung vorhandener Verfahrensvorschriften setzen"[123]. Mit dem zuletzt genannten Aspekt ist zugleich auch der Grundrechtsschutz *im* Verfahren als weitere Kategorie angesprochen.[124] Nachfolgend wurde diese Rechtsprechung auch auf andere Freiheitsgrundrechte angewendet, namentlich auf Art. 2 Abs. 1 GG i. V. m. Art. 1 Abs. 1 GG (Volkszählung),[125] Art. 12 Abs. 1 GG (Prüfung)[126] oder Art. 14 Abs. 1 und 3 GG (Zwangsvollstreckung)[127].[128] Auch in der Rechtsprechung des BVerwG ist die Figur des Grundrechtsschutzes durch Verfahren inzwischen[129] gefestigt.[130]

Es folgte eine breite wissenschaftliche Auseinandersetzung hinsichtlich der Bedeutung der Grundrechte für das Verfahren.[131] Insbesondere kam es unter dem Einfluss des Grundrechtsschutzes durch Verfahren zu einer leichten Aufwertung des Verfahrensgedankens und Relativierung des tra-

---

120 BVerfGE 53, 30 (65 f. u. 72 f.).

121 BVerfGE 69, 315.

122 BVerfGE 53, 30 (75) (Hervorhebung durch den Verf.).

123 BVerfGE 69, 315 (355).

124 Zur Unterscheidung zwischen Grundrechtsschutz durch und im Verfahren *Schoch* (Fn. 41), Einl. VwVfG, Rn. 309–311; grdl. bereits *Ossenbühl*, in: Festschr. für Kurt Eichenberger, 1982, S. 183 ff.

125 BVerfGE 65, 1 (44, 49).

126 BVerfGE 84, 34 (45 f.); 84, 59 (72 f.).

127 BVerfGE 46, 325 (334).

128 Instruktiv *Schoch* (Fn. 41), Einl. VwVfG, Rn. 327 ff. m. w. N. sowie *Kahl*, in: Festschr. für Matthias Schmidt-Preuß, 2018, S. 135 (144 ff.) m. w. N.

129 Anfänglich eine eher restriktive Linie des BVerwG erkennend *Grigoleit*, in: Festschr. für Ulrich Battis, 2014, S. 27 (42 Fn. 75). Vgl. zum Ganzen auch eingehend *Kahl* (Fn. 128) S. 141 ff., 147 f.

130 Siehe dazu im Überblick *Schmitz*, in: Stelkens/Bonk/Sachs (Hrsg.), VwVfG, 10. Aufl. 2023, § 1 Rn. 49.

131 Vgl. nur *Hesse*, EuGRZ 1978, S. 427 (434 ff.); *Goerlich*, Grundrechte als Verfahrensgarantien, 1981; *Bethge*, NJW 1982, S. 1 ff.

dierten deutschen Verständnisses von der (nur) dienenden Funktion des Verfahrens.[132] Hierzu trug das Unionsrecht weiter bei,[133] welches jedenfalls in einzelnen Bereichen (z. B. Umweltrecht) durch eine stärkere Prozeduralisierung[134] und die Vorstellung vom „Eigenwert des Verfahrens" geprägt ist.[135] Unter dem Einfluss der Europäisierung kam es in Deutschland tendenziell zu einer Annäherung an dieses – im nationalen Recht der übrigen Mitgliedstaaten dominante – Konzept.

Ungeachtet dessen bestehen gegenüber der Figur des Grundrechtsschutzes durch Verfahren weiterhin kritische Haltungen. Die Figur führe zu einem Konturverlust der materiellen Grundrechte und sei zu wenig griffig, so der zentrale Kritikpunkt.[136] Der Kritik ist zwar zuzugeben, dass sich den Grundrechten nur selten konkrete Vorgaben für die Verfahrensausgestaltung entnehmen lassen, allerdings ändert das nichts an der Berechtigung des Ansatzes als solchem. Stattdessen bleibt es die Aufgabe von Rechtsprechung und Wissenschaft, anhand der einzelnen Grundrechte die Verfahrensanforderungen herauszuarbeiten,[137] und des Gesetzgebers, diese zu konkretisieren.

Was das VwVfG angeht, so wird mit Recht angenommen, dass die Mindestanforderungen an einen Grundrechtsschutz durch Verfahren eingehalten sind und auftretende Probleme mit Grundrechtsbezug mittels verfassungskonformer Auslegung gelöst werden, also den Grundrechtsschutz im Verfahren betreffen.[138]

2. Rolle der europäischen Grundrechte

Eine erhebliche, in ihrer Bedeutung stetig zunehmende Rolle für das nationale Verwaltungsverfahren spielen die europäischen Grundrechte, also die Gewährleistungen der GRCh und der EMRK.

132 *Schoch* (Fn. 41), Einl. VwVfG, Rn. 363. Instruktiv, insb. auch zur Geschichte des Verfahrensdenkens in Deutschland, *Gurlit*, VVDStRL 70 (2011), S. 227 (229 ff.); ferner *dies.*, in: Kahl/Ludwigs (Hrsg.), HVwR, Bd. IV, 2022, § 109.

133 Vgl. nur *Kahl*, VerwArch 95 (2004), S. 1 (3 ff.) m. w. N.

134 Zu Begriff und Tendenzen der Prozeduralisierung *Quabeck*, Prozeduralisierung, 2010, S. 91 ff., 190 ff., 289 ff. Ferner *Fehling*, VVDStRL 70 (2011), S. 278 (317 ff.); differ. *Gärditz*, Gutachten D zum 71. DJT, 2016, S. D 83 ff.

135 Mit Recht diff. *Gurlit* (Fn. 132), S. 234 ff., 272; *Fehling* (Fn. 134), S. 286.

136 Siehe stellv. *Bethge* (Fn. 131), S. 2; *Degenhardt*, DVBl. 1982, S. 872 (876 f.).

137 So instruktiv *Schoch* (Fn. 41), Einl. VwVfG, Rn. 366 m. N. auch zur Rechtsprechung, etwa BVerfGE 84, 34 (46).

138 *Schoch* (Fn. 41), Einl. VwVfG, Rn. 367 m. w. N.

Auf EU-Ebene existieren spezielle prozedurale Grundrechte, von denen für das Verwaltungsverfahren die Art. 39 bis 46 GRCh, allen voran das Grundrecht auf gute Verwaltung gem. Art. 41 GRCh, relevant sind. „Gute Verwaltung“ war zunächst ein individualrechtsschützender allgemeiner, vom EuGH herausgebildeter objektiv-rechtlicher Rechtsgrundsatz des Verwaltungsverfahrensrecht, ist seit Inkrafttreten des Vertrags von Lissabon aber als Grundrecht etabliert.[139] Zwar ist der Anwendungsbereich von Art. 41 GRCh beschränkt auf die Organe, Einrichtungen und sonstigen Stellen der EU, also das EU-Eigenverwaltungsverfahren; als allgemeine Rechtsgrundsätze gelten die Verfahrensgarantien aber mit weitgehend deckungsgleichem Inhalt auch für den indirekten Vollzug durch die nationalen Behörden.[140] Das Besondere an Art. 41 GRCh ist vor allem, dass er die wichtigsten Verfahrensanforderungen ausdrücklich auflistet (Abs. 2).[141] Durch diese ausdrückliche Normierung drückt die Norm das Leitbild des Grundrechtsschutzes im und durch Verfahren aus, was wiederum den Verfahrensgedanken insgesamt stärkt.[142]

Auf Ebene des Europarates ist vor allem Art. 6 EMRK zu nennen. Dieser gilt als justizielles Recht zwar grundsätzlich nicht für Verwaltungsverfahren, nach der Rechtsprechung des EGMR stellt er aber bereits vorwirkend auch für das vorgeschaltete Verfahren Verfahrensanforderungen, wie etwa Begründungspflichten, auf.[143] Auch bei anderen Gewährleistungen der EMRK (z. B. Art. 2, 8, 9, 10, 11) geht der EGMR davon aus, dass diese auch verfahrensrechtliche Gehalte aufweisen, sodass auch hier eine Parallele zum Grundrechtsschutz durch und im Verfahren besteht.[144] Dies gilt etwa auch für das Grundrecht auf Umwelt- und Klimaschutz aus Art. 8 EMRK. In

---

139 *Magiera*, in: Meyer/Hölscheidt (Hrsg.), GRCh, 5. Aufl. 2019, Art. 41 Rn. 7. Zur unionsrechtlichen Imprägnierung des nationalen Verwaltungsverfahrens insgesamt instruktiv *Pabel*, in: Kahl/Ludwigs (Hrsg.), HVwR, Bd. IV, 2022, § 115.

140 *Magiera* (Fn. 139), Art. 41 Rn. 9.

141 Zu den einzelnen Verfahrensgarantien vgl. auch unten VI. und die dortigen Nachweise.

142 Erhellend *Fehling*, in: Terhechte (Hrsg.), Verwaltungsrecht der EU, 2. Aufl. 2022, § 10 Rn. 8 f.

143 *Schoch* (Fn. 41), Einl. VwVfG, Rn. 582 m. N. auf die Rspr. Ferner *Stelkens* (Fn. 42), EuR, Rn. 14 ff.

144 Vgl. *Grabenwarter/Pabel*, EMRK, 7. Aufl. 2021, § 19 Rn. 10 ff.; *Schoch* (Fn. 41), Einl. VwVfG, Rn. 581. Ferner *Szczekalla*, in: Heselhaus/Nowak (Hrsg.), Hb. d. Europ. GR, 2. Aufl. 2020, § 8 Rn. 38 ff.

seiner Entscheidung „KlimaSeniorinnen Schweiz“[145] geht der EGMR in dem sehr umfangreichen Maßstäbeteil auch näher auf den Grundrechtsschutz durch Verfahren ein. Im Einzelnen verlangt er für eine Erfüllung der Schutzpflichten, (1) dass hinreichend Daten erhoben und ausgewertet (Schutz durch Daten), (2) dass diese Auswertung der Allgemeinheit zur Verfügung gestellt werden (Schutz durch Information) und (3) dass den Betroffenen hinreichend effektive Möglichkeiten eingeräumt werden, um auf den Entscheidungsprozess Einfluss nehmen zu können (Schutz durch Partizipation).

3. Aktuelle Entwicklungen

In den Jahren 2020 ff. wuchs die Bedeutung der (deutschen) Grundrechte infolge der zur Bekämpfung der *Covid-19-Pandemie* ergriffenen, zum Teil sehr weitreichenden staatlichen Eingriffsmaßnahmen. Dabei standen zwar Aspekte der Verhältnismäßigkeit, Bestimmtheit und Gleichheit im Vordergrund, aber auch die Verfahrensdimension des Grundrechtsschutzes spielte eine Rolle. Im Rahmen von Versammlungen während der Covid-19-Pandemie und den weitreichenden Versammlungsverboten mit Genehmigungsvorbehalt[146] wurde beispielsweise die seit dem Brokdorf-Beschluss geltende und teilweise kodifizierte (z. B. § 3 VersG NRW) Kooperationspflicht, also die Pflicht der Versammlungsbehörde, vor einer Maßnahme eine einvernehmliche Lösung mit dem Versammlungsveranstalter anzustreben,[147] relevant: Das Bundesverfassungsgericht begründet mit der Kooperationspflicht aus Art. 8 GG, dass der Veranstalter und die Behörde nach möglichen, für die Zulassung der Versammlung aufgrund der damals geltenden CoronaVO BW nötigen, Auflagen zum Infektionsschutz suchen müssen und dies nicht nur Aufgabe des Veranstalters ist.[148]

Eine weitere Megaherausforderung für den Gesetzgeber und die Politik der letzten Jahre (und der Zukunft) bildet die *Digitalisierung* des

145 EGMR (Gr. Kammer), Urt. v. 9. 4. 2024, Verein „KlimaSeniorinnen Schweiz“ v. Schweiz, https://hudoc.echr.coe.int/eng?i=001-233206, Rn. 538 ff. Im insgesamt eher knappen Subsumtionsteil geht der Gerichtshof hierauf aber nicht mehr ein.

146 Vgl. BVerwG, NVwZ 2023, S. 1840 Rn. 19, 29 ff., das das Versammlungsverbot mit Genehmigungsvorbehalt der SächsCoronaSchVO für unverhältnismäßig erklärte.

147 BVerfGE 69, 315 (355 ff., 358 f.). Vertiefend *Kaiser*, in: Brosius-Gersdorf (Hrsg.), GG, Bd. I, 4. Aufl. 2023, Art. 8 Rn. 89.

148 BVerfG, Beschl. v. 17. 4. 2020 – 1 BvQ 37/20 (juris), Rn. 28.

(Verwaltungs-)Rechts, bei der auch zahlreiche Grundrechtsfragen virulent werden.[149] Nur hierauf soll im Folgenden – anhand zweier ausgewählter Fragestellungen – näher eingegangen werden.

a) Zugang zur Verwaltung: Digital Only

Die Prinzipien *Digital First* bzw. *Digital Only* sehen den vorrangig bzw. ausschließlich digitalen Zugang zur Verwaltung vor.[150] Im geltenden Recht gibt es inzwischen schon Regelungen, die zumindest dem Prinzip *Digital First*, in Teilen auch *Digital Only* entsprechen.[151] Das im Jahr 2017 in Kraft getretene Onlinezugangsgesetz (OZG)[152],[153] das Behörden dazu verpflichtet, ihre Verwaltungsleistungen zusätzlich elektronisch anzubieten, erfährt mit dem am 14.6.2024 im Vermittlungsausschuss beschlossenen OZG-ÄndG 2024 („OZG 2.0") wichtige Neuerungen.[154] § 1a Abs. 1 S. 2 OZG sieht nunmehr eine Regelung zu *Digital Only* für Leistungen des Bundes für Unternehmen nach spätestens fünf Jahren vor. Mit der Empfehlung, eine *Digital Only*-Regelung auch für Bürgerleistungen einzuführen, ging der Normenkontrollrat im Laufe des Gesetzgebungsverfahrens sogar noch weiter.[155] Das für den Gesetzentwurf für das OZG 2.0 federführende BMI sprach sich

---

149 Näher *Spiecker gen. Döhmann*, in: Kahl/Ludwigs (Hrsg.), HVwR, Bd. III, 2022, § 71.

150 Instruktiv zu *Digital First* und *Only Botta*, NVwZ 2022, S. 1247 ff.

151 Vgl. *Geminn/Tatsumi/Terada*, DÖV 2023, S. 847 (852) mit zwei Beispielen. Vgl. auch die Neuerungen im BauGB und VwVfG zu *Digital First*, hier näher beleuchtet unter VII.

152 Gesetz zur Verbesserung des Onlinezugangs zu Verwaltungsleistungen (Onlinezugangsgesetz – OZG) v. 14. 8. 2017 (BGBl. I S. 3122, 3138).

153 Vgl. zur Single-Digital-Gateway Verordnung der EU (Verordnung [EU] 2018/1724 v. 2. 10. 2018 über die Einrichtung eines einheitlichen digitalen Zugangstors zu Informationen, Verfahren, Hilfs- und Problemlösungsdiensten und zur Änderung der Verordnung [EU] Nr. 2014/2012, ABl. 2018 L 295/1), die eine ähnliche Zielsetzung hat, vertiefend *Pilz*, EuZW 2017, S. 922 ff.; *Siegel*, NVwZ 2019, S. 905 ff.

154 Gesetz zur Änderung des Onlinezugangsgesetzes sowie weiterer Vorschriften zur Digitalisierung der Verwaltung v. 19. 7. 2024 (BGBl. I 245/2024). Die wesentlichen Neuerungen zusammenfassend BMI, Bund und Länder einigen sich: Upgrade für ein Digitales Deutschland kommt, https://www.bmi.bund.de; BMI, Verwaltung weiter digitalisieren – Update für das Onlinezugangsgesetz, Auf einen Blick Juni 2024, https://www.bmi.bund.de; vgl. ferner www.digitale-verwaltung.de/ozg-anderungsgesetz.

155 BT-Drs. 20/8093, S. 77; ferner auch *Schulz*, RDi 2023, S. 518 (519 f.).

aber dagegen aus,[156] sodass die Forderung des Normenkontrollrats nicht umgesetzt wurde. Die wesentlichen Änderungen, die das OZG 2.0 für die Bürger bringt, liegen vor allem in einem zentralen digitalen Bürgerkonto („DeutschlandID"), einer Vereinfachung des Zugangs zu digitalen Verwaltungsleistungen (mehr digitale Anträge statt Papierform und eigenhändiger Unterschrift), dem verbindlichen Once-Only-Prinzip, einem Ausbau des Datenschutzcockpit zum umfassenden Transparenz- und Steuerungswerkzeug sowie einem Recht auf digitale Verwaltung bei Bundesleistungen (vier Jahre nach Gesetzesverkündung), allerdings ohne Schadensersatz- oder Entschädigungsansprüche.

Eine möglichst strikte Umsetzung des *Digital Only*-Prinzips wird in zahlreichen rechtswissenschaftlichen Beiträgen gefordert. Die grundrechtliche Zulässigkeit von *Digital Only* wird dabei unter Schlagworten wie „Recht auf mediale Selbstbestimmung"[157] oder „Recht auf analogen Zugang"[158] diskutiert. Bezogen auf die Gestaltung des § 1a Abs. 1 S. 2 OZG n. F. als Soll-Vorschrift wird unter Hinweis auf Art. 3 Abs. 1 GG festgestellt, dass Ausnahmen für technologieferne Bevölkerungsteile grundrechtlich zwingend geboten seien und damit eine strikte Umsetzung von *Digital Only* nicht möglich sei.[159]

b) Künstliche Intelligenz

Einen besonders wichtigen Aspekt der Digitalisierung von Staat, Gesellschaft und Recht bildet das Thema der Künstlichen Intelligenz (KI).[160] KI wird etwa im Falle von Upload-Filtern nach dem Urheberrechts-Diens-

---

156 BMI, Eckpunkte für eine moderne und zukunftsgerichtete Verwaltung, v. 23. 5. 2023, S. 4: „Bürgerinnen und Bürger sollen aber zunächst weiterhin eine Wahlfreiheit beim Verwaltungszugang behalten" (abrufbar unter: https://www.digitale-verwaltung.de/SharedDocs/downloads/Webs/DV/DE/ozgaendg-eckpunkte.pdf?__blob=publication File&v=1).

157 *Schulz*, RDi 2021, S. 377 ff.; *ders.*, Neue Juristische Online-Zeitschrift (NJOZ) 2018, S. 601 ff.: „Recht auf Papier".

158 So *Botta* (Fn. 150), S. 1247 ff. Vgl. auch ebd., S. 1249 mit weiteren Begriffen und Nachweisen.

159 *Schulz* (Fn. 155), S. 519, 521. Ebenso auf Art. 3 Abs. 1 GG als Grenze für eine strikte Umsetzung von *Digital Only* abhebend *Botta* (Fn. 150), S. 1251.

160 Zum Begriff *Windoffer*, GewArch 2022, S. 130 (130). Grundsätzlich zu den Problemen des Einsatzes von KI (z. B. Haftungsfragen, Menschenrechte, Sicherheitsstandards) aus europa- und völkerrechtlicher Sicht *Ress*, ZöR 2023, S. 395 ff.

teanbieter-Gesetz[161] bzw. nach der EU-Richtlinie 2019/790[162] schon heute als Chance genutzt, um eine Verletzung der Rechte Dritter (z. B. Persönlichkeitsrechte, Eigentums- bzw. Urheberrechte) durch das Hochladen von Inhalten auf den Plattformen zu verhindern.[163] Der EuGH verlangt, dass Upload-Filter so gestaltet sind, dass sie nicht unverhältnismäßig in die Meinungs- und Informationsfreiheit der Nutzer eingreifen.[164]

Neben dieser die Grundrechte durchsetzenden Funktion tritt die Aufgabe der KI als Unterstützer im Verwaltungsverfahren, wie beispielsweise bei Einsatz in vollautomatisierten Entscheidungen (§ 35a VwVfG).[165] Die Herausforderungen für Verwaltungsrechtswissenschaft und Praxis, die sich hierbei ergeben, wie die Verhinderung von Diskriminierung, die Schwierigkeiten hinsichtlich von Begründungspflichten oder das Problem der Kontrollierbarkeit, wurden schon früh erkannt und beleuchtet.[166] Der EuGH hat sich bereits mit den Transparenzproblemen von KI und deren grundrechtlichen Grenzen befasst.[167] Am 21.5.2024 hat der Rat der EU die – vom Europäischen Parlament bereits vorher gebilligte – KI-Verordnung (AI Act) verabschiedet.[168] Es ist zu begrüßen, dass mit dieser Verordnung insbesondere auch verstärkt die Grundrechte der durch den Einsatz von KI Betroffenen gewährleistet werden sollen,[169] nachdem der Verordnungsentwurf der Kommission insofern noch zu Recht als defizitär in der Kritik stand.[170]

---

161 Gesetz zur Anpassung des Urheberrechts an die Erfordernisse des digitalen Binnenmarktes, v. 31. 5. 2021 (BGBl. I S. 1204).

162 RL (EU) 2019/790 des Europäischen Parlaments und des Rates vom 17. 4. 2019 über das Urheberrecht und die verwandten Schutzrechte im digitalen Binnenmarkt und zur Änderung der Richtlinien 96/9/EG und 2001/29/EG, ABl. 2019 L 130/92.

163 *Burchardt*, DÖV 2023, S. 935 (937 f.).

164 EuGH, C-401/19 (Polen/Parlament und Rat), ECLI:EU:C:2022:297 Rn. 99.

165 *Burchardt* (Fn. 163), S. 938.

166 Im Überblick *Spiecker gen. Döhmann* (Fn. 149), § 71 Rn. 13 ff.; *Schliesky*, in: Kahl/Mager (Hrsg.), Verwaltungsrechtswissenschaft und Verwaltungsrechtspraxis, 2019, S. 45 (58). Vgl. ferner *Guckelberger*, VVDStRL 78 (2019), S. 235 (262 ff.); *Kube*, VVDStRL 78 (2019), S. 289 (321 ff.); *Englisch/Schuh*, Die Verwaltung 55 (2022), S. 155 ff.; *Windoffer* (Fn. 160), S. 130 ff.

167 EuGH, C-817/19 (Ligue des droits humains), ECLI:EU:C:2022:491 Rn. 58, 194 f. Dazu *Schröder*, ZdiW 2023, S. 11 ff.

168 VO (EU) 2024/1689 v. 13.6.2024 zur Verordnung über künstliche Intelligenz, ABl. L 2024/1689, abrufbar unter https://eur-lex.europa.eu/legal-content/DE/TXT/HTML/?uri=OJ:L_202401689.

169 https://artificialintelligenceact.eu/de/ai-act-explorer/. Siehe auch den vorausgehenden Vorschlag der Kommission, COM(2021) 206 final.

4. Ausblick

Gerade im Zeitalter voranschreitender Digitalisierung drohen neue Herausforderungen grundrechtlicher Art, insbesondere im Verwaltungsfahren. Es ist zuvörderst die Aufgabe des Gesetzgebers auf unionaler und nationaler Ebene, diesen Herausforderungen effektiv und angemessen zu begegnen. Aufgabe der Gerichte bzw. der Rechtswissenschaft bleibt es, die zum Zwecke des Grundrechtsschutzes geschaffenen Normen unter Anerkennung des weiten Einschätzungsspielraums der Legislative konkretisierend anzuwenden bzw. beobachtend und ggf. kritisierend rechtspolitisch zu begleiten. Entwicklungsoffenheit und Flexibilität der Grundrechte, weite Schutzbereiche, ein ggf. lückenschließendes Auffangfreiheitsrecht (Art. 2 Abs. 1 GG als allgemeine Handlungsfreiheit) sowie die Rationalität und Einzelfallgerechtigkeit gewährleistende Wirkung des Verhältnismäßigkeitsgrundsatzes bewährten bzw. bewähren sich gerade in Anbetracht neuartiger Herausforderungen und Gefährdungslagen, wie sie etwa mit der Covid-19-Pandemie verbunden waren und mit dem Prozess von Digitalisierung und KI schon heute verbunden sind und zukünftig weiter verbunden sein werden.[171]

V. Effektive und effiziente Gestaltung von Verwaltungsverfahren

1. Bedeutung und gesetzliche Verankerung von Effektivität und Effizienz

Effektivität und Effizienz[172] sind zwei gerne verwechselte, aber sauber auseinander zu haltende Verwaltungsmaßstäbe: Effizienz stellt eine Relationsgröße dar, bei der das anzustrebende Ziel ins Verhältnis zu den eingesetzten Mitteln gesetzt wird, also eine optimale Ressourcenallokation angestrebt

170 *Ruschemeier*, ZG 2023, S. 337 (353 f.); *Winau*, ZdiW 2023, S. 14 (15, 19); *Ebert/Spiecker gen. Döhmann*, NVwZ 2021, S. 1188 (1193). Zur unveränderten Kritik am risikobasierten Ansatz der Verordnung *Windoffer* (Fn. 160), S. 131 f.

171 Ähnlich z. B. *Botta* (Fn. 150), S. 1253.

172 Vgl. *Kahl* (Fn. 9), S. 11, 16 f., 20 f., 23, 27, 42, 44.

wird.[173] Effektivität meint demgegenüber die wirksame Zielerreichung, die es zu optimieren gilt.[174]

Beide Maßstäbe der Verwaltung sind sowohl im nationalen als auch europäischen Recht verankert. In den EU-Verträgen finden sich zahlreiche Regelungen, in denen Effektivität und Effizienz genannt[175] werden. Die wohl bedeutsamste Vorschrift im Zusammenhang mit Effektivität ist Art. 4 Abs. 3 EUV. Das darin – und in Art. 197 AEUV[176] – verankerte Effektivitätsprinzip verlangt, dass bei der Anwendung des innerstaatlichen Rechts die Tragweite und Wirksamkeit des Unionsrechts nicht praktisch unmöglich gemacht oder übermäßig erschwert wird.[177] Anhand der Europäisierung des VwVfG zeigte sich bereits, wie das Effektivitätsprinzip das deutsche VwVfG mannigfaltig modifiziert.[178] Während für die EU-Eigenverwaltung der Grundsatz der effizienten Verwaltung in Art. 13 Abs. 1 UAbs. 1 EUV und Art. 298 Abs. 1 AEUV verankert ist, finden sich Effizienzanforderungen für nationale Verwaltungsverfahren im Anwendungsbereich der Verträge neben dem soeben erwähnten Art. 4 Abs. 3 EUV insbesondere in den Sekundärrechtsakten; ob daraus ein Effizienzprinzip als allgemeiner Rechtsgrundsatz des Unionsrechts abgeleitet werden kann, wird jedoch nicht einheitlich bewertet.[179]

Im VwVfG ist zumindest mit Blick auf die Ausgestaltung des nichtförmlichen Verwaltungsverfahrens der Gedanke der Effizienz in § 10 S. 2 (Einfachheit, Zweckmäßigkeit, Zügigkeit) als mehrdimensionale Direktive ent-

---

173 *Schmidt-Aßmann*, in: Hoffman-Riem/Schmidt-Aßmann (Hrsg.), Effizienz als Herausforderung an das Verwaltungsrecht, 1998, S. 245 (246).

174 *Schmidt-Aßmann* (Fn. 173), S. 248; *Voßkuhle*, VerwArch 92 (2001), S. 184 (198); vertiefend *Pitschas*, in: Hoffmann-Riem/Schmidt-Aßmann/Voßkuhle (Hrsg.), GVerwR, Bd. II, 2. Aufl. 2012, § 42 Rn. 157 ff.

175 Für Effektivität: Art. 45 Abs. 2 EUV, Art. 81 Abs. 2 lit. e), Art. 325 Abs. 1, 4 AEUV. Für Effizienz: Art. 13 Abs. 1, Art. 17 Abs. 6 lit b sowie Art. 45 Abs. 1 lit. b) EUV, Art. 120, Art. 127, Art. 157 Abs. 4, Art. 196 Abs. 1 lit. b), Art. 222 Abs. 4, Art. 298 Abs. 1 AEUV.

176 Vgl. dazu *Ruffert*, in: Callies/Ruffert (Hrsg.), EUV/AEUV, 6. Aufl. 2022, Art. 197 AEUV Rn. 14 ff.

177 *Kahl* (Fn. 24), Art. 4 EUV Rn. 128 m. w. N.

178 Vgl. dazu oben in diesem Beitrag II. 2. m. w. N.

179 Dazu vertiefend *Ellerbrok* (Fn. 10), § 76 Rn. 88. Ferner *Kahl*, in: Kahl/Ludwigs (Hrsg.), HVwR, Bd. III, 2022, § 66 Rn. 68.

halten.[180] Sonstige Ausprägungen des Effizienzgebots finden sich etwa in § 25 Abs. 2[181] und 3 VwVfG[182] oder § 73 Abs. 4 S. 3 VwVfG[183].

2. Beschleunigungsgesetzgebung – Überblick

Seit einigen Jahren versucht der Gesetzgeber wieder, gerade mit Blick auf die – hier vertieft betrachteten – umweltrechtlichen Planungs- und Genehmigungsverfahren, aber auch darüber hinaus (z. B. Asylrecht)[184], mittels Beschleunigung die Zügigkeit von Verfahren zu steigern, da überlange Verfahren als grundsätzlich ineffizient wahrgenommen werden.[185] Dabei kommen sehr unterschiedliche Maßnahmen in Betracht wie die formelle Präklusion, der Verzicht auf präventive Kontrolle, Genehmigungsfiktionen, Heilung und Unbeachtlichkeit von Verfahrensfehlern sowie Entscheidungsfristen.[186]

Im Schrifttum stießen auch die jüngeren Beschleunigungsmaßnahmen erneut auf ein gespaltenes, überwiegend aber kritisches Echo. Während einige das Beschleunigungspotential durch Änderungen des Verfahrensrechts

---

180 Vgl. vor allem *Wittinger*, in: Obermayer/Funke-Kaiser (Hrsg.), VwVfG, 6. Aufl. 2021, § 10 Rn. 19 (sowie Einl. Rn. 57 ff. m. w. N. zur verfassungsrechtlichen Fundierung der Effizienz). Ferner *Ramsauer/Schlatmann*, in: Kopp/Ramsauer, VwVfG, 24. Aufl. 2023, § 10 Rn. 16a; *Schwarz*, in: Fehling/Kastner/Störmer (Hrgs.), HK-VerwR, 5. Aufl. 2021, Einl. VwVfG Rn. 116.

181 Vgl. dazu *Kallerhoff/Fellenberg*, in: Stelkens/Bonk/Sachs (Hrsg.), VwVfG, 10. Aufl. 2023, § 25 Rn. 53, 60.

182 *Groß*, ZUR 2021, S. 75 (76).

183 Präklusionsvorschriften finden sich auch im besonderen Verwaltungsrecht (z. B. §§ 7 Abs. 3, 4 UmwRG; § 10 Abs. 3 S. 5 BImSchG; § 3 Abs. 2 S. 2 Hs. 2 i. V. m. § 4a Abs. 6 BauGB), haben aber aufgrund der restriktiven Rechtsprechung des EuGH zur *materiellen* Präklusion nur noch eine begrenzte Bedeutung; vgl. EuGH ECLI:EU:C:2015:683, NVwZ 2015, S. 1665 – Kommission/Deutschland; zu – auch nach dem EuGH zulässigen – funktionalen Surrogaten insb. im UmwRG *Schlacke*, NVwZ 2019, S. 1392 ff.; vgl. ferner *Lorenzen*, NVwZ 2022, S. 674 ff.; *Eisenbarth*, VBlBW 2024, S. 45 ff.

184 Vgl. das Gesetz zur Beschleunigung der Asylgerichtsverfahren und des Asylverfahrens v. 21. 12. 2022 (BGBl. I S. 2817). Krit. dazu *Heusch/Houben*, NVwZ 2023, S. 7 ff.; *Dietz*, NVwZ 2023, S. 647 ff., *Dörig*, NVwZ 2023, S. 379 ff.

185 Vgl. zu Rückblick (und Ausblick) ausf. *Groß* (Fn. 182). Zum Beschleunigungspotenzial am Beispiel des BImSchG *Wehrens/Bauckmann*, UWP 2023, S. 146 ff.

186 Vgl. zu den Instrumenten *Musil*, in: Kahl/Ludwig (Hrsg.), HVwR, Bd. IV, 2022, § 114 Rn. 79 ff.

positiv einschätzen,[187] bezweifeln andere die tatsächliche Wirkkraft gesetzgeberischer Maßnahmen[188].

Zunehmend wird statt verfahrensrechtlicher Lösungen die Verringerung der Komplexität des materiellen Rechts, zum Beispiel durch klarere und vollzugsfreundlichere Regelungen oder Standardisierungen, gefordert, wobei inzwischen auch beim Gesetzgeber eine Tendenz zu einer Beschleunigungsstrategie mit stärker materiell-rechtlichem Ansatz erkennbar ist.[189] Eng verknüpft mit dem materiell-rechtlichen Beschleunigungsansatz sind Forderungen von Autoren nach einer verstärkten Differenzierung zwischen Regelungs- und Vollzugsdefiziten; insbesondere gelte es zu vermeiden, dass „reine Doppelungen oder mehrfache Wiederholung im Gesetz" zu Unübersichtlichkeit und Widersprüchlichkeit führten.[190] Bei alledem wird aber regelmäßig auch mit Recht betont, dass Beschleunigung kein Selbstzweck ist und durch immer kürzere Verfahren auch die Verfahrensrechte mitunter stark beschnitten werden, mit der Folge, dass am Ende Konflikte aus dem Verwaltungsverfahren in nachfolgende Gerichtsverfahren verschoben würden, was unter dem Strich zu keiner effizienten Ressourcennutzung führe.[191]

Die amtierende Bundesregierung (sog. „Ampel-Koalition") hat das Ziel einer Halbierung der Verfahrensdauer formuliert.[192] Zur Beschleunigung der Energiewende beschloss der Bundestag am 20. 7. 2022 vier Gesetzespakete zum Ausbau erneuerbarer Energien.[193] Eines dieser Pakete und

---

187 Z. B. *Burgi/Nischwitz/Zimmermann*, NVwZ 2022, S. 1321 (1326); zurückhaltender *Erbguth*, NuR 2023, S. 242 (246); Zur UVP umfassend *Balla/Sangenstedt*, NVwZ 2023, S. 387 ff.; 467 ff.

188 Vgl. stellv. *Hiese*, DVBl. 2023, S. 510 ff. zur fehlenden Effizienz von Baugenehmigungsfiktionen; ferner krit. *Musil* (Fn. 186), § 114 Rn. 86.

189 *Köck*, ZUR 2023, S. 470 (470 f.) sowie *Erbguth* (Fn. 187), S. 242 ff.; *ders.*, DVBl. 2023, 510 ff. (siehe dort vertiefend zum materiell-rechtlichen Beschleunigungsansatz sowie dessen Möglichkeiten und Grenzen).

190 *Agatz*, ZUR 2023, S. 463 (464); auch das Vollzugsdefizit betonend *Hofmann*, DVBl. 2023, S. 643 (647 f).

191 Eingehend *Musil* (Fn. 186), § 114 Rn. 86, 90 ff., 95 ff.; ähnlich bereits *Schmidt-Aßmann* (Fn. 173), S. 262 f.

192 Koalitionsvertrag 2021–2025, Mehr Fortschritt wagen, 2021, S. 10.

193 Laut Bundeswirtschaftsminister *Habeck* handelt es sich hierbei um das „größte Gesetzespaket im Energiebereich der letzten Jahre, wahrscheinlich Jahrzehnte", zit. nach BT-Plenarprotokoll 20/47, S. 4819 (4821). Die Gesetzespakete sind abgedruckt in BGBl. I 2022 S. 1237 ff., 1325 ff., 1353 ff., 1362 ff. Im Überblick *Schütte/Winkler*, ZUR 2022, S. 567 ff.; *Renno*, EnWZ 2023, S. 203 ff. Siehe auch zur Beschleunigung im Bereich Netzausbau *Busch*, UPR 2023, S. 467 ff.

zugleich ein Beispiel für einen neueren, stärker materiell-rechtlichen Beschleunigungsansatz ist das Wind-an-Land-Gesetz[194], das in seinem Art. 1 das Windenergieflächenbedarfsgesetz (WindBG) und in Art. 2 flankierend eine Änderung des § 249 BauGB vorsieht.[195] Auch das 4. BNatSchG-Änderungsgesetz zielt mit den neuen §§ 45b–d BNatSchG darauf, den Artenschutz mit dem beschleunigten Windenergieausbau in Einklang zu bringen.[196] Im Mittelpunkt der rechtswissenschaftlichen Diskussion steht vor allem die neue Abwägungsdirektive zugunsten der Windenergie in § 2 EEG.[197]

Vor dem Hintergrund der aktuellen Versorgungsschwierigkeiten[198] auf dem Energiesektor, ausgelöst durch den Ukraine-Krieg, rückte auch für den EU-Gesetzgeber eine Beschleunigung der Energiewende in das Blickfeld, woraufhin, gestützt auf Art. 122 Abs. 1 AEUV, die Notfall-Verordnung[199] verabschiedet wurde. Diese als „kleine Revolution" und „Systembruch"[200] bezeichnete Verordnung sieht in Art. 6 – erstmalig – eine Beschränkung der ansonsten strengen Anforderungen des EU-Umweltrechts vor, indem den Mitgliedstaaten die Möglichkeit eröffnet wird, auf die Prüfung artenschutzrechtlicher Verbotstatbestände und auf die UVP-Pflicht zu verzichten, wovon der deutsche Gesetzgeber in § 43m EnWG, § 72a WindSeeG und § 6 WindBG Gebrauch gemacht hat.[201] Im deutschen Schrifttum wird das Beschleunigungspotential der Notfall-VO bzw. dessen Umsetzung im

194 Gesetz zur Erhöhung und Beschleunigung des Ausbaus von Windenergieanlagen an Land v. 20. 7. 2022 (BGBl. I S. 1353 ff.).

195 Positiv dazu *Köck* (Fn. 189), S. 472 f.; vgl. ferner *Agatz* (Fn. 190), S. 467. Zurückhaltender *Erbguth* (Fn. 189), S. 512 f.; teilweise krit. *Kment*, NVwZ 2022, S. 1153 (1156); *Scheidler*, UPR 2022, S. 321 ff.; eigener Vorschlag zur Einführung einer Windenergiesatzung im BauGB bei *Grigoleit/Engelbert/Strothe/Klanten*, NVwZ 2022, S. 512 ff.

196 Viertes Gesetz zur Änderung des Bundesnaturschutzgesetzes v. 20. 7. 2022 (BGBl. I S. 1362 ff.). Dazu m. w. N. *Kahl/Gärditz*, UmwR, 13. Aufl. 2023, § 10 Rn. 11, 147, 152; *Kment*, NVwZ 2023, S. 959 ff.

197 Krit. *Erbguth* (Fn. 189), S. 514 ff.; *Frenz*, NVwZ 2022, S. 452 ff. Positiver dagegen *Attendorn*, NVwZ 2022, S. 1586 ff.; *Schlacke/Wentzien/Römling*, NVwZ 2022, S. 1577 ff. Zu sonstigen vergleichbaren Regelungen und zur insoweit bislang vorliegenden Rechtsprechung *Birkner*, NVwZ 2024, S. 138 ff.; *Lingemann*, NVwZ 2023, S. 1634 ff.

198 Vgl. Art. 6 Notfall-VO („angesichts der akuten Ausnahmesituation").

199 VO (EU) 2022/2577 v. 22. 12. 2022 – Verordnung des Rates zur Festlegung eines Rahmens für einen beschleunigten Ausbau der Nutzung erneuerbarer Energien, ABl. L 335/36.

200 *Ruge*, NVwZ 2023, S. 870 ff.

201 Genauer zur EU-Notfall-VO *Ruge* (Fn. 200); zur Umsetzung *Ruge*, NVwZ 2023, S. 1033 ff.; siehe auch *Schlacke/Thierjung*, DVBl. 2023, S. 635 ff.; *Schütte/Langstädtler*, ZUR 2024, S. 3 ff.

deutschen Recht jedoch auch bezweifelt, gar ein gegenteiliger Effekt durch Auslegungsschwierigkeiten der Neuregelungen und erneut entfachte Streitigkeiten mit Naturschutzverbänden befürchtet sowie vor einer zu großen Missachtung naturschutzrechtlicher Belange gemahnt.[202]

3. Beschleunigung durch Flucht in die Informalität und durch Legalplanung

Eine immer häufiger genutzte Möglichkeit, Ineffizienz und Ineffektivität durch überlange Verwaltungsverfahren zu vermeiden, ist das informelle Verfahren, von dem man sich zugleich mehr Flexibilität und größere Akzeptanz erwartet.[203] Ein anderes Beschleunigungsinstrument sind Legalplanungen, also Zulassungen von Infrastrukturvorhaben durch formelles Gesetz, die jedoch nach dem BVerfG aufgrund der enteignungsrechtlichen Vorwirkung nur in Ausnahmefällen zulässig sind[204].[205] Der Beschleunigungseffekt ist hier vor allem mit dem stark eingeschränkten Rechtsschutz (nur noch vor dem BVerfG) verbunden, wobei jedoch auch insoweit zum Teil in Frage gestellt wird, ob es tatsächlich zu einer Zeitersparnis komme.[206] Konkret wird vor dem Hintergrund zumeist fehlender hinreichender Expertise und fehlenden örtlichen Bezugs des Parlaments die Erreichung des Ziels, durch mehr Akzeptanz zu in der Folge mehr demokratischer Legitimation ein Beitrag zu einer optimierten Effizienz und Effektivität zu leisten, bezweifelt.[207] Ungeachtet dieser Bedenken schritt der Gesetzgeber

---

202 Zur EU-Notfall-VO *Ruge* (Fn. 200), S. 875; zu den Umsetzungsvorschriften *ders.* (Fn. 201), S. 1042.

203 Vgl. *Schmitz* (Fn. 130), § 9 Rn. 77, 172 ff.; *Bull/Mehde*, Allgemeines Verwaltungsrecht, 10. Aufl. 2022, Rn. 1258 ff; krit. *Kluth*, in: Wolff/Bachof/Stober/Kluth, Verwaltungsrecht I, 13. Aufl. 2017, § 58 Rn. 47.

204 BVerfG, NJW 1997, 383 (385); BVerfG, NVwZ 2017, 399 (402). Krit. zu der Frage, ob bei derzeitigen Vorhaben das „Pauschalargument Klimawandel" den Anforderungen des BVerfG genügt *Roth*, ZRP 2022, S. 82 (83).

205 Vgl. *Guckelberger*, NuR 2023, S. 361 (361); *Reidt*, EnWZ 2022, S. 8 (13).

206 *Reidt* (Fn. 205), S. 13. Vertiefend zur Legalplanung ebd. sowie *Guckelberger* (Fn. 205), S. 362.

207 Vgl. *Guckelberger* (Fn. 205), S. 368; *Schlacke*, EnWZ 2020, S. 355 (363).

mit dem Maßnahmengesetzvorbereitungsgesetz vom 22. 3. 2020[208] auf dem Weg der Legalplanung weiter voran.

4. Effektivität und Effizienz des Verwaltungsverfahrens durch Öffentlichkeitsbeteiligung?

Die Einbeziehung der Öffentlichkeit ist mit Blick auf die Effizienz von Verfahren ambivalent: Sie kann einerseits zu mehr und früherer Akzeptanz und damit zu Beschleunigung beitragen. Gerade mit Blick auf die Genehmigung komplexer und kontroverser Großvorhaben kommt ihr insofern eine produktive Wirkung zu, für die – wie so häufig im Umwelt- und Planungsrecht – Völker- und Unionsrecht den Rahmen setzen (Stichworte: Art. 6–8 Aarhus-Konvention, EU-Öffentlichkeitsbeteiligungsrichtlinie[209]).[210]

Andererseits ist die Öffentlichkeitsbeteiligung mit einem erheblichen zeitlichen und administrativen, im Fall der frühen Öffentlichkeitsbeteiligung oder bei mehrfacher Öffentlichkeitsbeteiligung in gestuften Verfahren sogar potenzierten Aufwand verbunden und bringt so zwangsläufig eine verfahrensverlängernde Wirkung mit sich.[211] Verfahrensverlängerung ist aber nicht *per se* gleichzusetzen mit Ineffizienz, schließlich besitzt die Öffentlichkeitsbeteiligung das Potential, Streit- und Konfliktpunkte bereits im Rahmen des Zulassungsverfahren anstatt erst im nachfolgenden Rechtsbehelfsverfahren zu klären und so unter dem Strich eine beschleunigende Wirkung und ein ressourcensparendes Verfahren zu gewährleisten.[212] Ab-

---

208 Gesetz zur Vorbereitung der Schaffung von Baurecht durch Maßnahmengesetz im Verkehrsbereich (Maßnahmenvorbereitungsgesetz) v. 22. 3. 2020, BGBl. I S. 640; krit. dazu *Wulff*, NVwZ 2023, S. 978 ff.

209 Richtlinie 2003/35/EG des Europäischen Parlaments und des Rates v. 26. 5. 2003 über die Beteiligung der Öffentlichkeit bei der Ausarbeitung bestimmter umweltbezogener Pläne und Programme und zur Änderung der Richtlinien 85/337/EWG und 96/61/EG des Rates in Bezug auf die Öffentlichkeitsbeteiligung und den Zugang zu Gerichten, ABl. EG Nr. L 156, S. 7.

210 *Koch/Rubel/Heselhaus/Hofmann*, Allgemeines Verwaltungsrecht, 4. Aufl. 2023, § 4 Rn. 129 ff.; vgl. zum Ganzen auch *Mann*, VVDStRL 72 (2013), S. 544 ff.; *Schütte*, UPR 2023, S. 420 ff.; *Seckelmann*, in: Kahl/Ludwigs (Hrsg.), HVwR, Bd. IV, 2022, § 112; *Waechter*, VVDStRL 72 (2013), S. 499 ff.; *Winter*, in: Festschr. für Ulrich Ramsauer, 2023, S. 97 ff.

211 Vgl. *Balla/Sangenstedt* (Fn. 187), S. 481.

212 Vgl. *Balla/Sangenstedt* (Fn. 187), S. 481 f.

gesehen davon steckt in der Digitalisierung der Öffentlichkeitsbeteiligung nach dem Vorbild des PlanSiG noch ein erhebliches Beschleunigungspotential.[213]

Bei alledem dürfen die strukturellen Grenzen der Öffentlichkeitsbeteiligung nicht übersehen werden: So bedarf es etwa für eine gelingende Öffentlichkeitsbeteiligung der Offenheit der Bürgerinnen und Bürger gegenüber der Verwaltung sowie eines angemessenen Verfahrensmanagements durch die Verwaltung – beides Voraussetzungen, die sich nicht durch Gesetz verordnen lassen. Ferner kann die Öffentlichkeitsbeteiligung übergeordnete und teilweise tiefgreifende gesellschaftliche Konflikte (z. B. zwischen AfD-Anhängern und Klimaklebern der „Letzten Generation") nicht ohne demokratische Grundentscheidung lösen.[214]

5. Beschleunigungspakt vom 6. 11. 2023 und Ausblick

Eine „frühzeitige, effektive, straffe und zielorientierte" sowie digitalisierte Öffentlichkeitsbeteiligung steht auch im Zentrum des *Pakts für Planungs-, Genehmigungs- und Umsetzungsbeschleunigung*, den Bund und Länder im Rahmen der Ministerpräsidentenkonferenz am 6. 11. 2023 beschlossen haben.[215] In der 27-seitigen Anlage zu dem Beschluss werden ca. 100 Einzelmaßnahmen genannt, die das Generalziel verfolgen, den formellen und materiellen Prüfungsumfang auf das erforderliche Maß zu reduzieren. Unter diesen Maßnahmen verbergen sich viele Punkte, die vorstehend bereits erwähnt worden sind.[216] Darüber hinaus sieht der Pakt statt üblicher serieller Planung bei mehrstufigen Planungsverfahren eine Parallelisierung einzelner Verfahrensschritte sowie Stichtagsregelungen im Planungs- und Genehmigungsverfahren vor.[217] Instrumente wie die Rahmenbedingung nach

---

213 *Burgi/Nischwitz/Zimmermann* (Fn. 187), S. 1325 f.; *Balla/Sangenstedt* (Fn. 187), S. 482, 488; vgl. auch Gesetzesentwurf der Bundesregierung Drucksache 20/8299 zur Fortschreibung der PlanSiG-Regelungen.

214 So *Appel*, NVwZ 2012, S. 1361 (1369).

215 Pakt für Planungs-, Genehmigungs- und Umsetzungsbeschleunigung v. 6. 11. 2023, S. 2. Der Pakt ist abrufbar unter https://hessen.de/sites/hessen.hessen.de/files/2023-11/mpk_bundeskanzler_6.11._top_4_anlage_pakt.pdf.

216 Pakt (Fn. 215), S. 2, 4 (Verzicht auf Genehmigungsverfahren), 6 (Genehmigungsfiktion, Fristverkürzung), 7 (Standardisierung und Vereinfachung), 12 (Präklusionsvorschriften), 13 (Legalplanung); 10 (UVP); 25 (andere Beschleunigungsbremsen wie Personalknappheit).

217 Pakt (Fn. 215), S. 5.

§ 6 Abs. 2 BImSchG, der vorzeitige Beginn (§ 31e BImSchG), die Teilgenehmigung und die Typengenehmigung sollen stärker zum Einsatz kommen.[218] Neben der Nutzbarmachung einzelner positiver Effekte der Digitalisierung soll schließlich das digitale Planungs- und Genehmigungsverfahren im Fachrecht zur Regel werden.[219] Der Pakt geht davon aus, dass „für die notwendige Beschleunigung von Planungs- und Genehmigungsverfahren […] ein grundsätzlicher Wandel in den Verwaltungen […] zu effizienteren, […] und durchgängig digitalisierten Prozessen" nötig sei.[220]

Der Beschleunigungspakt betrifft auch das VwVfG. So geht es ihm z. B. um eine Verbesserung der frühen Öffentlichkeitsbeteiligung (§ 25 Abs. 3 VwVfG). *Lorenz Prell* und *Anett Altmiks* haben insoweit jedoch mit Recht Skepsis angemeldet und darauf hingewiesen, dass sich dadurch „bestenfalls graduelle Beschleunigungseffekte" erreichen ließen, aber die Gefahr, durch Überregulierung gegenteilige Effekte zu erzielen, sowie die Versuchung reiner Symbolgesetzgebung deutlich größer seien.[221]

Letztlich wird sich die weitgehend parteiübergreifend gewollte Beschleunigungsgesetzgebung der letzten Jahre jedoch weder von den vor Überschätzung des Beschleunigungspotenzials und vor Symbolgesetzgebung warnenden, sondern von den eher ökologisch und demokratietheoretisch-partizipativ motivierten skeptischeren bzw. nüchterneren Stimmen in Wissenschaft und Praxis, die die Beschleunigungsbestrebung der Politik seit langem begleiten, aufhalten lassen, sondern wird sich – im Gegenteil – mit einem verstärkten materiell-rechtlichen Einschlag und unter Fokussierung gerade der Digitalisierung weiterhin fortsetzen.

---

218 Pakt (Fn. 215), S. 9 ff., 16.

219 Pakt (Fn. 215), S. 24 (sowie im Einzelnen: S. 6 f. [digitales Portal für Umweltdaten, Einsatz von KI], 13 [Digitalisierung des „gesamten Aufstellungsverfahren bis zur Planerstellung und Festsetzung" im Bauplanungsrecht], 18 [digitaler Bauantrag] sowie 22 ff.).

220 Pakt (Fn. 215), S. 27.

221 *Prell/Altmiks*, NVwZ 2024, S. 105 (112). Vgl. in diesem Kontext auch zum Bemühen um, aber auch den Grenzen von rationaler Gesetzgebung(spolitik), auch am Beispiel des VwVfG, erfahrungsgesättigt *Schmitz*, in: Festschr. für Ulrich Ramsauer, 2023, S. 65 (68 ff., 74 ff.).

VI. Verfahrensrechte – Verfahrensfehler – Fehlerfolgen

Die Verfahrensrechte und insbesondere die Folgen von Fehlern im Verwaltungsverfahren sind in der Verwaltungsrechtswissenschaft seit langem intensiv behandeltes Thema, bei dem sich eine bemerkenswerte, seit vielen Jahre bestehende und offensichtlich „unüberwindbare" Grunddiskrepanz in der Sache zwischen herrschender Lehre und der Praxis, zumal der Gerichte, zeigt. Während die einen (Wissenschaft) vielfach die gängige Verfahrens(fehler)dogmatik nicht zuletzt aus rechtsstaatlichen und europarechtlichen Gründen scharf kritisieren und vor dem Hintergrund des Eigenwerts von Verfahrensvorschriften eine stärkere Prozeduralisierung fordern, können und wollen die anderen (Praxis) nicht zuletzt aus Effizienzgesichtspunkten (Verfahrens- bzw. Prozessökonomie) und unter Betonung der verfahrensrechtlichen Autonomie der Mitgliedstaaten sehr gut mit der nur dienenden Funktion von Verfahrensnormen „leben" und sehen weder verfassungs- noch unionsrechtliche Probleme bzw. Anpassungsbedarf. So entsteht insgesamt der Eindruck, dass die Prozeduralisierungs-Debatte in Deutschland mittlerweile seit Jahrzehnten „auf der Stelle tritt": Nach wie vor stellen sich dieselben Streitfragen. Im Mittelpunkt steht dabei gleichsam als Schlüsselfrage, da das nationale Verfahrenskonzept als solches mit einem gewissen Grad der Selbstzufriedenheit in sich ruht, ob und, wenn ja, inwieweit vom europäischen Recht eine Änderung dieses Konzepts verlangt (direkte Europäisierung) oder zumindest freiwillig „stimuliert" wird (indirekte Europäisierung).[222]

Im Folgenden soll – wiederum nur schlaglichtartig und mit gewisser Vergröberung – ein Überblick über ausgewählte wichtige Verfahrensrechte und das diesbezügliche Fehlerfolgenregime aus national- und unionsrechtlicher Sicht gegeben werden.

1. Verfahrensrechte

a) Anhörung

Schon aus nationaler Sicht sind sich Rechtsprechung und Lehre bezüglich der Dogmatik des Anhörungsrechts in § 28 VwVfG in vielen Aspekten uneinig. Beispielsweise gehen weite Teile des Schrifttums von einer analo-

222 Siehe dazu allg. bereits oben IV.

gen Anwendbarkeit des § 28 VwVfG auf Realakte aus, sofern eine dem Verwaltungsakt vergleichbare Eingriffswirkung bzw. Grundrechtsrelevanz vorliegt,[223] während die Rechtsprechung hier insbesondere bei staatlicher Informationstätigkeit eher zurückhaltend bis ablehnend ist.[224] Daher sind zumindest die einzelnen punktuellen gesetzlichen Regelungen pro Anhörung im Besonderen Verwaltungsrecht umso mehr zu begrüßen, jedenfalls solange, bis sich die herrschende Meinung bezüglich § 28 VwVfG ändert.[225]

Auch im Falle der Ablehnung einer beantragten Begünstigung geht die Literatur überwiegend von einer analogen Anwendbarkeit des § 28 VwVfG aus, die sie auch positivrechtlich unter Hinweis auf § 28 Abs. 2 Nr. 3 VwVfG, nicht nur grundrechtlich (Stichwort: weiter Eingriffsbegriff) zu begründen vermag.[226] Die herrschende Meinung, getragen von der Rechtsprechung, folgt ihr aber auch in diesem Punkt nicht.[227]

Werfen wir nun einen vergleichenden Blick auf das Unionsrecht,[228] so fällt dieser neben zahlreichen sekundärrechtlichen Regelungen, wie z. B. im Kartellverfahrensrecht[229], primärrechtlich vor allem auf das Recht auf rechtliches Gehör gem. Art. 41 Abs. 2 lit. a GRCh und auf den entsprechenden ungeschriebenen allgemeinen Rechtsgrundsatz, der vor allem für den indirekten Vollzug des Unionsrechts durch die Mitgliedstaaten (Art. 291 Abs. 1 AEUV) relevant ist.[230] Hier gilt das Anhörungsrecht gleichermaßen

223 *Grünewald*, in: Obermayer/Funke-Kaiser (Hrsg.), VwVfG, 6. Aufl. 2021, § 28 Rn. 11; *Kallerhoff/Mayen*, in: Stelkens/Bonk/Sachs (Hrsg.), VwVfG, 10. Aufl. 2023, § 28 Rn. 25; *Ramsauer*, in: Kopp/Ramsauer (Hrsg.), VwVfG, 24. Aufl. 2023, § 28 Rn. 4a; *Pünder,* in: Ehlers/Pünder (Hrsg.), Allgemeines Verwaltungsrecht, 10. Aufl. 2022, § 14 Rn. 34. Weiter *Hufen/Siegel*, Fehler im Verwaltungsverfahren, 7. Aufl. 2021, Rn. 779.

224 Ablehnend VGH Hessen, NVwZ 2003, S. 1000 (1000 f.). Offenlassend BVerfGE 105, 252 (272); ferner BVerwG, NVwZ 2003, S. 354 (356). Vertiefend *Ritgen*, in: Knack/Hennecke (Hrsg.), VwVfG, 11. Aufl. 2020, § 28 Rn. 28.

225 Z. B. § 40 Abs. 3 LMBG; § 31 Abs. 2 S. 5 ProdSG; dazu *Ritgen* (Fn. 224), § 28 Rn. 28.

226 Zum Ganzen erhellend *Schneider*, in: Schoch/Schneider (Hrsg.), VwVfG, Stand: Nov. 2023, § 28 VwVfG Rn. 21 ff. Vgl. auch *Schwerdtfeger*, in: Kahl/Ludwigs (Hrgs.), HVwR, Bd. II, 2021, § 110 Rn. 18; *Maurer/Waldhoff*, Allgemeines Verwaltungsrecht, 21. Aufl. 2023, § 19 Rn. 28; *Siegel*, Allgemeines Verwaltungsrecht, 14. Auflage 2022, § 13 Rn. 491.

227 BVerwGE 66, S. 184 (186); *Engel/Pfau*, in: Mann/Sennekamp/Uechtritz (Hrsg.), VwVfG, 2. Aufl. 2019, § 28 Rn. 32, 47.

228 Ausf. *Kahl*, in: Bauer/Czybulka/Kahl/Vokuhle (Hrsg.), Öffentliches Wirtschaftsrecht im Zeitalter der Globalisierung, 2011, S. 159 ff.

229 Art. 27 Kartell-VO 1/2003/EG; Art. 10 ff. Kartell-DVO 773/2004/EG.

230 EuGH, C-166/13 (Mukarubega), ECLI:EU:C:2014:2336, Rn. 42 ff., 51 ff.; C-249/13 (Boudjlida), ECLI:EU:C:2014:2431 Rn. 32 ff. Näher dazu *Jarass*, GRCh, 4. Aufl. 2021,

bei Realakten und es wird zwischen eingreifenden Verwaltungsakten und der Versagung einer Begünstigung nicht unterschieden; der EuGH knüpft schlicht an eine „nachteilige individuelle Maßnahme“ an.[231]

Jenseits von diesen Unterschieden der deutschen und europäischen Anhörungsdogmatik gibt es aber auch Gemeinsamkeiten: Beispielsweise die Ausnahmen von einer Anhörungspflicht, national normiert in § 28 Abs. 2 und 3 VwVfG, bestehen zumindest grundsätzlich[232] auch in ähnlicher Form im Unionsrecht und firmieren dort als zwingende Gründe des Allgemeinwohls[233].[234]

Insgesamt ist § 28 VwVfG im Anwendungsbereich der Verträge, sprich im Rahmen des indirekten Vollzugs, im Hinblick auf teilweise weitergehende Gewährleistungen des Unionsrechts im Einzelfall aus Gründen des Effektivitätsprinzips (Art. 4 Abs. 3 EUV) unionsrechtskonform teleologisch-erweiternd auszulegen, da andernfalls die praktische Wirksamkeit der unionsrechtlichen Anhörungsvorschriften teilweise unmöglich gemacht bzw. erheblich erschwert wird.[235] Ungeachtet dessen bleibt ein diesbezügliches Tätigwerden des VwVfG-Änderungsgesetzgebers wünschenswert, für das bereits konkrete Reformvorschläge[236] vorgelegt wurden. Hier kann man an einen „großen Wurf“ (Änderung von § 9 VwVfG durch Einbeziehung auch sonstiger Handlungsformen der Verwaltung jenseits von Verwaltungsakt und Verwaltungsvertrag) oder – wohl realistischer – eine „kleine Lösung“ (Änderung von § 28 VwVfG) denken.

Art. 41 Rn. 19 ff.; *Nöhmer*, Das Recht auf Anhörung im europäischen Verwaltungsverfahren, 2013, S. 65 ff., 259 ff.

231 Vgl. EuGH, C-166/13 (Mukarubega), ECLI:EU:C:2014:2336 Rn. 43 ff. Näher *Kallerhoff/Mayen* (Fn. 223), § 28 Rn. 74.

232 In Teilen wird eine unionsrechtskonforme (restriktive) Auslegung der Ausnahmen gem. § 28 Abs. 2 Nr. 2, 4 und insbesondere Nr. 5 gefordert, vgl. *Kahl* (Fn. 228), S. 171; *Nöhmer* (Fn. 230), S. 278 ff.; *Ramsauer* (Fn. 223), § 28 Rn. 11a.

233 Z. B. EuG, T-228/02 (Organisation des Modjahedines du peuple d'Iran/Rat), ECLI:EU:T:2006:384 Rn. 72, 134 f.

234 Dazu genauer *Kahl* (Fn. 228), S. 171.

235 Vgl. *Kahl* (Fn. 228), S. 164, 168. A. A. *Huck*, EuZW 2016, S. 132 ff., der § 28 VwVfG vollständig verdrängt sieht. Vgl. dazu auch noch *Schneider* (Fn. 226), § 28 VwVfG Rn. 14.

236 Dazu *Bredemeier*, Kommunikative Verfahrenshandlungen im deutschen und europäischen Verwaltungsrecht, 2007, S. 625 f.; *Nöhmer* (Fn. 230), S. 326.

b) Akteneinsichtsrecht

Ebenfalls im Mehrebenensystem gewährleistet ist das verfahrensakzessorische[237] Recht auf Akteneinsicht. Auf nationaler Ebene ist § 29 VwVfG von zentraler Bedeutung, der an die eigene Betroffenheit des Akteneinsicht Begehrenden anknüpft. Auf EU-Ebene gibt es neben sekundärrechtlichen Ausgestaltungen, wie z. B. im Kartellverfahrensrecht,[238] wiederum im Primärrecht zum einen die Regelung des Akteneinsichtsrechts als Subrecht des Rechts auf gute Verwaltung gem. Art. 41 Abs. 2 lit. b GRCh[239] sowie den entsprechenden ungeschriebenen allgemeinen Rechtsgrundsatz. Das Akteneinsichtsrecht steht im engen systematischen Zusammenhang mit dem Recht auf Gehör, mit dem es zusammen das Recht auf Verteidigung bildet.[240]

Auch nach nationalem Verständnis wird dem Akteneinsichtsrecht die Funktion zugeschrieben, der Verwirklichung des Anhörungsrechts zu dienen, allerdings wird jenseits davon abweichend vom unionsrechtlichen Verständnis teilweise auch vertreten, dass das Akteneinsichtsrecht eine eigenständige rechtswahrende sowie objektivrechtliche Funktion hat.[241] Jenseits dieser abweichenden Funktionen- und Aufgabenbestimmung wird bezüglich des Akteneinsichtsrechts überwiegend angenommen, dass Unionsrecht und nationales Recht parallel laufen[242] bzw. dass § 29 VwVfG sogar über die entsprechenden unionsrechtlichen Gewährleistungen hinausgeht.[243]

237 Zu verfahrensunabhängigen und voraussetzungslosen Akten- und Informationsansprüchen (gem. Art. 42 GRCh, IFG, UIG [bzw. entsprechenden Landesinformationsfreiheitsgesetzen], VIG, etc.) *Engel* (Fn. 227), § 29 Rn. 12 ff.; *Pünder* (Fn. 223), § 14 Rn. 51; mit Blick auf deren Kodifizierungsbedürftigkeit siehe oben II. 3.

238 Art. 27 Abs. 2 Kartell-VO 1/2003/EG; Art. 8, 15, 16 Kartell-DVO 773/2004/EG. Näher *Schneider* (Fn. 226), § 29 Rn. 12 m. w. N.

239 Siehe *Jarass* (Fn. 230), Art. 41 Rn. 24 ff.

240 EuGH, C-189/18 (Glencore Agriculture Hungary), ECLI:EU:C:2019:861 Rn. 51 ff.; *Jarass* (Fn. 230), Art. 41 Rn. 3a, 19, 24. Zum Akteneinsichtsrecht im EU-Eigenverwaltungsrecht umfassend *Ritter*, Die Akteneinsicht im Eigenverwaltungsrecht der Europäischen Union, 2020, insb. S. 85 ff., 212 ff.

241 *Bredemeier* (Fn. 236), S. 112, 115 ff., 251 ff., 427 f., 518. Ferner *Schneider* (Fn. 226), § 29 Rn. 6 f.

242 *Kallerhof/Mayen* (Fn. 223), § 29 Rn. 89a; *Schwarz*, in: Fehling/Kastner/Störmer (Hrsg.), HK-VerwR, 5. Aufl. 2021, § 29 Rn. 42.

243 *Bredemeier* (Fn. 236), S. 596, 601.

c) Begründung

Die europäische Entsprechung zu § 39 VwVfG findet sich abgesehen vom Sekundärrecht[244] im Primärrecht in Art. 41 Abs. 2 lit. c GRCh und dem entsprechenden richterrechtlich geschaffenen allgemeinen Rechtsgrundsatz (für Rechtsakte vgl. zudem Art. 296 Abs. 2 AEUV).[245] Dabei wird die nationalrechtliche Begründungspflicht weniger hinsichtlich des „Ob" als vielmehr hinsichtlich des „Wie" europäisch überformt, wie man beispielsweise am Erfordernis eines Umweltberichts nach § 2a BauGB als europäisierter Teil der Begründung oder an der Einschränkung des Ermessens nach § 39 Abs. 2 VwVfG aufgrund des Effektivitätsprinzips sieht.[246] Ähnlich wie bei der Anhörung unterscheidet das Unionsrecht auch bei der Begründungspflicht nicht zwischen verschiedenen Einzelfallmaßnahmen der Verwaltung, was ebenfalls zu einer teleologischen Extension des § 39 Abs. 1 VwVfG im Wege unionsrechtskonformer Auslegung im Bereich des indirekten Vollzugs führen kann.[247] Neben diesen gesteigerten unionsrechtlichen Begründungsanforderungen gibt es mit § 31 AsylG auch Gegenbeispiele, in denen nationale Begründungspflichten zum Teil über die des Unionsrechts hinausgehen, denn Art. 11 AsylVerfRL verlangt eine Begründung nur bei ablehnender Entscheidung, während das nationale Recht die Begründungspflicht zusätzlich auch auf positive Entscheidungen erstreckt.[248]

2. Verfahrensfehler und Fehlerfolgen

Insbesondere an dem nationalen Fehlerfolgenregime gem. §§ 45, 46 VwVfG wird die „dienende Funktion des Verfahrens" als Gegensatz zum europäischen Verständnis vom stärkeren Eigenwert des Verfahrens erkennbar.[249] Freilich ist auch diese Aussage relativ grob, denn auch die übrigen Mitgliedstaaten und das Unionsrecht kennen sehr wohl Heilungs- und Unbe-

244 Z. B. Art. 18 des europäischen Kodex für gute Verwaltungspraxis (abrufbar unter https://www.ombudsman.europa.eu/de/publication/de/3510). Instruktiv *Schuler-Harms*, in: Schoch/Schneider (Hrsg.), VwVfG, Stand: November 2023, § 39 Rn. 20 m. w. Bsp.

245 Genauer *Jarass* (Fn. 230), Art. 41 Rn. 30 ff.; *Schuler-Harms* (Fn. 244), § 39 Rn. 17 ff.

246 Vgl. *Lohse*, in: Kahl/Ludwigs (Hrsg.), HVwR, Bd. IV, 2022, § 111 Rn. 31.

247 *Lohse* (Fn. 246), § 111 Rn. 31.

248 Statt aller *Lohse* (Fn. 246), § 111 Rn. 32 sowie *Heusch*, in: Kluth/Heusch (Hrsg.), BeckOK AuslR, 39. Ed., 1. 10. 2023, AsylG § 31 Rn. 3.

249 *Ludwigs*, NVwZ 2018, S. 1417 (1418). Dazu schon oben IV. 1.

achtlichkeitsregelungen,[250] weshalb entsprechende nationale Vorschriften grundsätzlich als solche nicht (per se) mit EU-Recht unvereinbar sind, was für § 45 VwVfG stets unstrittig war (vgl. auch § 4 Abs. 1b UmwRG) und für § 46 VwVfG bezogen auf relative[251] Verfahrensfehler im Anwendungsbereich der UVP-Richtlinie durch die Altrip-Rechtsprechung[252] geklärt worden ist. Vielmehr kommt es auf den Einzelfall und die konkrete Reichweite der jeweiligen nationalen Heilungs- bzw. Unbeachtlichkeitsvorschrift einerseits sowie die konkreten insoweit bestehenden unionsrechtlichen Vorgaben andererseits an.

a) Heilung von Verfahrensfehlern

Für die hier dargestellten Verfahrensrechte regelt § 45 Abs. 1 VwVfG[253] insbesondere für die Anhörung (Nr. 3) und die Begründung (Nr. 2) eine Heilungsmöglichkeit durch Nachholung der Verfahrenshandlung und dient auf diese Weise der Verfahrensökonomie und -beschleunigung.[254] Damit die Rechte des Betroffenen jedoch nicht zu sehr beschnitten werden, gilt das Gebot der realen Fehlerheilung: Der Betroffene muss so gestellt werden, wie er stünde, wenn der Verfahrensfehler nicht passiert wäre.[255] Für Fehler beim Akteneinsichtsrecht wird § 45 Abs. 1 Nr. 3 VwVfG mehrheitlich analog angewendet, wobei zur Begründung auf den engen funktionalen Zusammenhang der Akteneinsicht mit der Anhörung verwiesen wird.[256] Insgesamt ist § 45 VwVfG schon bei rein nationalrechtlicher Betrachtung seit längerer Zeit Gegenstand diverser „kleinerer" Meinungsstreitigkeiten über Einzelaspekte, die aber wiederum, so scheint es, primär die Wissenschaft und weniger die Praxis beschäftigen, die es sich auf der herrschenden, tendenziell heilungsfreundlichen Linie gut eingerichtet hat. Konkret geht es bei diesen Kontroversen etwa darum, ob und wie die Durchfüh-

---

250 Zum Ganzen *Hering*, Fehlerfolgen (Fn. 95), insb. S. 11 ff., 181 ff.

251 Zur Unterscheidung von absoluten und relativen Verfahrensrechten/-fehlern *Ludwigs*, in: Kahl/Ludwigs (Hrsg.), HVwR, Bd. IV, 2022, § 96 Rn. 6, 14 ff., 33 ff.

252 Siehe dazu unten VI. 2. b).

253 Zu dessen Anwendbarkeit im Planfeststellungsverfahren siehe § 75 Abs. 1a S. 2 HS. 2 VwVfG.

254 Dazu *Pünder* (Fn. 223), § 14 Rn. 81.

255 Vertiefend *Hufen/Siegel* (Fn. 223), Rn. 939 ff.

256 *Ramsauer* (Fn. 223), § 45 Rn. 24, 9; BVerwG, NVwZ 1984, S. 578 (579); *Schemmer* (Fn. 58), § 45 Rn. 44; *Pünder* (Fn. 223), § 14 Rn. 48. Ferner *Hufen/Siegel* (Fn. 223), Rn. 394 (Fn. 807).

rung des Widerspruchsverfahrens nach §§ 68 ff. VwGO eine Heilung der unterbliebenen oder fehlerhaften Anhörung nach § 45 Abs. 1 Nr. 3 VwVfG bewirken kann[257] oder ob die Heilung *ex nunc* oder *ex tunc* wirkt[258]. Auch die durch das 3. VwVfÄndG[259] geänderte Vorschrift des § 45 Abs. 2 VwVfG, die eine Heilung noch bis zum „Abschluss der letzten Tatsacheninstanz eines verwaltungsgerichtlichen Verfahrens", also bis zum Ende der mündlichen Verhandlung vor dem OVG/VGH, erlaubt, ist nicht unumstritten, wobei die Ansichten von (teilweiser) Verfassungswidrigkeit[260] über Notwendigkeit (aber auch Möglichkeit) verfassungskonformer Auslegung[261] bis hin zu Unbedenklichkeit[262] reichen. Jedenfalls beim indirekten Vollzug von Unionsrecht bedarf § 45 Abs. 2 VwVfG aufgrund des Effektivitätsprinzips einer partiellen Korrektur:[263] Aus der Rechtsprechung des EuGH zum EU-Eigenverwaltungsrecht ergibt sich die Wertung, dass Verstöße gegen das Anhörungs-, Akteneinsichts- und Begründungsrecht als wesentliche Verfahrensrechte nach dem Abschluss des Verwaltungsverfahrens, also im Regelfall nach Erlass des Widerspruchsbescheids, grundsätzlich nicht mehr heilbar sind, weil die tatsächliche bzw. effektive Möglichkeit einer Einflussnahme der nachträglichen Anhörung, Akteneinsicht bzw. Begründung auf

257 Großzügiger bejaht von Rspr. sowie Teilen der Lit., vgl. BVerwGE 66, 111 (114); *Ramsauer* (Fn. 223), § 45 Rn. 43; *Martens*, NVwZ 1984, S. 556 (558). Diff. die h. L., vgl. *Sachs*, in: Stelkens/Bonk/Sachs (Hrsg.), VwVfG, 10. Aufl. 2023, § 45 Rn. 79 f.; *Hufen/Siegel* (Fn. 223), Rn. 952 ff. Vgl. ferner zum Ganzen *Hering*, Fehlerfolgen (Fn. 95), S. 196 ff. m. w. N.

258 Für *ex tunc* wohl h. M.: vgl. VGH Mannheim, VBlBW 2007, S. 425 (426); VG Saarlouis, NVwZ-RR 2009, S. 31 (33); *Horn*, Die Verwaltung 25 (1992), S. 203 (206); *Maurer/Waldhoff* (Fn. 226), § 10 Rn. 59; *Nöhmer* (Fn. 230), S. 283 f; *Peuker*, in: Knack/Henneke (Hrsg.), VwVfG, 11. Aufl. 2020, § 45 Rn. 22; *Sachs* (Fn. 257), § 45 Rn. 21; *Ziekow*, VwVfG, 4. Aufl. 2020, § 45 Rn. 4. A.A. für eine *ex nunc*-Wirkung *Hufen/Siegel* (Fn. 223), 973, 957; *Pünder* (Fn. 223), § 14 Rn. 83; *Ramsauer* (Fn. 223), § 45 Rn. 14; *Schenke*, NVwZ 2015, S. 1341 (1342); *Schoch*, JURA 2007, S. 28 (32); *Baumeister*, in: Obermayer/Funke-Kaiser (Hrsg.), VwVfG, 6. Aufl. 2021, § 45 Rn. 24. In Teilen auch offengelassen mangels Praxisrelevanz z. B. von BT. DruckS. 7/910, S. 65; OLG Düsseldorf, NJOZ 2003, S. 546 (550 f.); BVerwG, Buchholz 316 § 45 VwVfG Nr. 25.

259 Drittes Gesetz zur Änderung verwaltungsrechtlicher Vorschriften v. 21. 8. 2002, BGBl. I S. 3322 ff. Eingeführt mit noch unklarem Wortlaut durch: Gesetz zur Beschleunigung von Genehmigungsverfahren v. 12. 9. 1996, BGBl. I S. 1354 ff.

260 *Hatje*, DÖV 1997, S. 447 (481).

261 *Ramsauer* (Fn. 223), § 45 Rn. 4, 20 ff.

262 BVerwGE 106, 351 (363 ff.); BVerwG, NVwZ-RR 2010, S. 550 (550).

263 *Kahl* (Fn. 21), S. 451.

das Ergebnis der Entscheidung, die bereits einen *fait accompli* darstellt, nicht sichergestellt ist.[264]

b) Unbeachtlichkeit von Verfahrensfehlern

Neben § 45 VwVfG tritt die Unbeachtlichkeitsvorschrift des § 46 VwVfG[265], die insbesondere nach der Kausalitätsrechtsprechung des BVerwG und der damit zusammenhängenden geänderten Textfassung im Rahmen der Beschleunigungsgesetzgebung das dienende Element des Verfahrens noch einmal hervorhebt.[266] Auch im Rahmen von § 46 VwVfG wird die Erforderlichkeit einer verfassungskonformen Auslegung postuliert.[267] Daneben kann im Einzelfall auch hier eine einschränkende unionsrechtskonforme Auslegung des § 46 VwVfG aufgrund des Effektivitätsgebots bei wesentlichen Verfahrensvorschriften, wozu die Anhörungs- und Begründungspflicht zählen, nötig sein.[268] Im Umweltrecht löste die Altrip-Entscheidung des EuGH[269] eine unionsrechtsgebotene Änderung des § 4 UmwRG aus, wodurch der Katalog der sog. absoluten Verfahrensfehler ausgeweitet (vgl. § 4 Abs. 1 UmwRG), die Anwendbarkeit des § 46 VwVfG auf sonstige (relative) Verfahrensfehler klargestellt (vgl. § 4 Abs. 1a S. 1 UmwRG) und die klägerfreundliche Beweislastverteilung textlich festgehalten wurde (vgl. § 4 Abs. 1a S. 2 UmwRG).[270]

264 Vgl. *Kahl* (Fn. 21), S. 451; *Hering*, Fehlerfolgen (Fn. 95), S. 46 ff., 57 ff. jeweils m. w. N.

265 Zur Anwendbarkeit von § 46 VwVfG auf Verfahrensfehler bei der Planfeststellung vgl. § 75 Abs. 1a S. 2 Hs. 2 VwVfG.

266 *Kahl* (Fn. 21), S. 451 m. w. N. Ferner *Hering*, Fehlerfolgen (Fn. 95), S. 208 ff., insb. zur historischen Entwicklung der Rechtsprechung und der Textfassung.

267 So z. B. *Ramsauer* (Fn. 223), § 46 Rn. 5; *Schmidt-Aßmann*, NVwZ 2007, S. 40 (44).

268 *Kahl* (Fn. 21), S. 451.

269 EuGH, C-72/12 (Altrip), ECLI:EU:C:2013:712 Rn. 49 ff.; bestätigt durch EuGH, C-137/14 (Kommission/Deutschland), ECLI:EU:C2015:683 Rn. 59; dazu *Ludwigs*, NJW 2015, S. 3484 ff. Vgl. auch BVerwGE 154, 73 Rn. 40 f., 46. Im Überblick: *Ludwigs/Pascher* (Fn. 23), S. 414 ff.

270 Näher *Fellenberg/Schiller*, in: Landmann/Rohmer (Hrsg.), Stand: Sept. 2023, § 4 UmwRG, Rn. 5 ff. Grundlegend zum Konvergenzbefund bereits frühzeitig *Sommermann*, DÖV 2002, S. 133 ff.

3. Fazit

Letztlich sind sowohl die Verfahrensrechte als auch das Fehlerfolgenregime bei einem Vergleich von deutscher und unionsrechtlicher Dogmatik nicht auf grundsätzlichem, sondern nur auf Details betreffendem Kollisionskurs. Hinzu kommen in jüngerer Zeit weitere Annäherungstendenzen im Sinne einer teilweisen Prozeduralisierung des deutschen Rechts, die weiter in Richtung von grundsätzlicher Kompatibilität und Konvergenz der „Verfahrenssysteme" weisen.[271] Noch fortbestehende nationalrechtliche Abweichungen vom unionalen Verfahrensstandard sind punktuell und im Lichte des Effektivitätsprinzips unionsrechtskonform auszulegen.[272] Eine Kodifikation des Europäischen Verwaltungsrechts in einem eigenen Abschnitt des VwVfG, die generell ein Desiderat darstellt, böte Gelegenheit für eine Harmonisierung der Standards. Eine Kodifikation des EU-Verwaltungsverfahrensrechts könnte dabei als Impuls dienen für eine die Regelung auf EU-Ebene dann gleichsam spiegelnde Verankerung entsprechender Parallelisierungs- bzw. Homogenisierungsvorschriften über Verfahrensrechte und Verfahrensfehler(folgen) auch in den nationalen Verwaltungsverfahrensgesetzen, eventuell sogar nicht nur für den indirekten Vollzug von Unionsrecht, sondern als Spillover auch für rein nationale Sachverhalte.

VII. Elektronische Kommunikation im Verwaltungsverfahren unter den Bedingungen europäischer Verbundstrukturen

Das Verwaltungsverfahren herkömmlicher Prägung wird seit einigen Jahren immer stärker durch Digitalisierungsrecht im und außerhalb des VwVfG überformt. Ausgelöst wird dieser Überlagerungsprozess neben der voranschreitenden Digitalisierung des Alltags und des damit einhergehenden Anpassungsdrucks auch für die Verwaltung vor allem durch die Gesetzgebung auf Unions-, Bundes- und Länderebene. Im Folgenden soll ein Überblick gegeben werden.

---

271 Siehe oben IV. 1.
272 *Kahl* (Fn. 21), S. 451.

1. Digitalisierung des VwVfG

Zunächst zu einigen zentralen, nicht abschließenden[273] digitalisierungsrechtlichen Regelungen im VwVfG.

a) § 8b Abs. 4 S. 2, § 71e VwVfG

Die EU-Dienstleistungsrichtlinie sowie ihre Umsetzung im VwVfG mit Gesetz vom 28. 12. 2009[274] liefern ein Beispiel für die unionsrechtlich veranlasste Digitalisierung des Verwaltungsverfahrens. Hinsichtlich der elektronischen Kommunikation machen Art. 8 Abs. 1 DLRL für Verfahren und Formalitäten, die die Aufnahme oder die Ausübung einer grenzüberschreitenden Dienstleistungstätigkeit betreffen („Verfahren [...] problemlos aus der Ferne und elektronisch") bzw. Art. 28 Abs. 6 DLRL für die europäische Amtshilfe („stellen [...] angeforderte Informationen [...] auf elektronischem Wege zur Verfügung") Vorgaben für ein elektronisches Verwaltungshandeln, die mit § 71e bzw. § 8b Abs. 4 S. 2 VwVfG umgesetzt wurden.[275] Die Reaktionen auf diese Neuregelungen im Schrifttum fielen größtenteils positiv aus, teils mit Blick auf den beschränkten Anwendungsbereich aber auch zurückhaltender.[276] Mit Recht wird eine Pflicht zur unionsrechtskonformen Auslegung der Soll-Vorschrift in § 8b Abs. 4 S. 2 VwVfG angenommen, da Art. 28 Abs. 6 DRL keinerlei Spielraum vorsieht (gebundene Entscheidung).[277]

b) § 3a VwVfG

Noch älter als die Umsetzungsvorschriften der Dienstleistungsrichtlinie ist die bereits aus dem Jahr 2003 stammende „Grundnorm für die elektroni-

---

273 Vgl. im Übrigen zum Einsatz von Informationstechnologie im Verwaltungsverfahren etwa noch §§ 33, 35a, 37, 41, 69 VwVfG; näher zum vollständig automatisiert erlassenen Verwaltungsakt *Ludwigs/Velling*, VerwArch 114 (2023), S. 71 ff.

274 Siehe dazu oben II. 4.

275 Vgl. *Schliesky*, in: Kahl/Ludwigs (Hrsg.), HVwR, Bd. IV, 2022, § 113 Rn. 14 m. w. N. Ferner *Schulz*, DVBl. 2009, S. 12 ff.

276 Statt vieler *Reimer*, in: Schoch/Schneider (Hrsg.), VwVfG, Stand: Nov. 2023, § 71e Rn. 24.

277 *Schulz*, in: Bauer/Heckmann/Ruge u. a. (Hrsg.), VwVfG u. E-Government, 2. Aufl. 2014, § 8b VwVfG Rn. 25; *Schliesky*, in: Knack/Hennecke (Hrsg.), VwVfG, 11. Aufl. 2020, § 8b Rn. 17.

sche Kommunikation"[278] § 3a VwVfG, die auf der inzwischen durch die eIDAS-Verordnung[279] abgelösten Signatur-Richtlinie[280] beruht und insbesondere durch die Einführung der elektronischen Signatur als Schriftformersatz für einen Schritt in Richtung digitalisierte Verwaltungsverfahren gesorgt hat. Teilweise löste die Vorschrift Kritik aus, dass z. B. zu bestimmten Problemen wie der Verschlüsselung keine Regelung getroffen wurde.[281]

Nach einigen Umsetzungsproblemen hinsichtlich der Verbreitung der qualifizierten elektronischen Signatur und (europarechtlich induzierten) Anpassungen[282] erfolgte zum 1. 1. 2024 mit dem 5. VwVfÄndG[283] eine erneute Änderung des § 3a VwVfG.[284] So wurde die Möglichkeit des durch Rechtsverordnung der Bundesregierung angeordneten elektronischen Schriftformersatzes gestrichen (§ 3a Abs. 2 S. 4 Nr. 4 a. F. VwVfG) und die elektronische Kommunikation mittels besonderer elektronischer Postfächer jedenfalls für den sog. Hin-Kanal, also für Erklärungen gegenüber der Behörde (§ 3a Abs. 2 S. 4 Nr. 2 VwVfG), eingeführt. Eine weitere wesentliche Neuerung stellt die Möglichkeit dar, die Schriftform durch ein elektronisches Dokument mit einem qualifizierten elektronischen Siegel durch die Behörde zu ersetzen (§ 3a Abs. 2 Nr. 3a VwVfG),[285] wobei das Siegel selbst, das bereits in der eIDAS-Verordnung geregelt wurde, nichts Neues darstellt.[286] Von dem qualifizierten elektronischen Behördensiegel verspricht sich der Gesetzgeber im Vergleich zur elektronischen Signatur einen geringeren technischen Aufwand, jedenfalls aber geringere Kosten auf Grund des bloßen Behördenbezugs. Denn während die elektronische Signatur für jede einzelne zeichnungsberechtigte Person der Behörde tech-

278 *Tegethoff*, in: Kopp/Ramsauer (Hrsg.), VwVfG, 24. Aufl. 2023, § 3a Rn. 3.

279 VO (EU) Nr. 910/2014 des Europäischen Parlaments und des Rates v. 23. 7. 2014 über elektronische Identifizierung und Vertrauensdienste für elektronische Transaktionen im Binnenmarkt und zur Aufhebung der Richtlinie 1999/93/EG, ABl. L 257/73. Zum aktuellen eIDA 2.0-Entwurf der EU *Eggendorfer/Schmidt-Wudy*, K&R 2024, S. 13 ff.

280 RL 1999/93/EG des Europäischen Parlaments und des Rates v. 13. 12. 1999 über gemeinschaftliche Rahmenbedingungen für elektronische Signaturen, ABl. 2000 L 13/2.

281 *Roßnagel*, NJW 2003, S. 469 (474); a. A. *Schmitz/Prell*, in: Stelkens/Bonk/Sachs (Hrsg.), VwVfG, 10. Aufl. 2022, § 3a Rn. 51.

282 Vgl. *Tegethoff* (Fn. 278), § 3a Rn. 3a, 4 ff.; *Schliesky* (Fn. 277), § 3a Rn. 18 ff.

283 Fn. 54.

284 Dazu *Schulz*, NVwZ 2024, S. 396 ff. m. w. N.

285 Bei bloßer Ersetzungs*möglichkeit* von Umsetzungsproblemen ausgehend *Hornung*, in: Schoch/Schneider (Hrsg.), VwVfG, Stand: Nov. 2023, § 3a Rn. 122.

286 Vgl. dazu BT-Drs. 20/8299, S. 16 ff.

nische Infrastruktur und Zertifikate erfordert (Personenbezug der elektronischen Signatur), muss die Behörde für das Behördensiegel nur innerorganisatorisch für eine ordnungsgemäße Nutzung des Siegels sorgen (Siegelung durch berechtigte Person und Feststellungsmöglichkeit der siegelnden Person).[287] Auch der Normenkontrollrat begrüßt die Zulassung des Siegels, da Verwaltungsabläufe so vereinfacht und beschleunigt werden könnten.[288]

Versäumt wurde es, die kritisierte Zweigleisigkeit bzw. Widersprüchlichkeit zwischen § 3a Abs. 1 VwVfG und § 2 Abs. 1 EGovG aufzulösen: Da § 3a Abs. 1 VwVfG nach wie vor nur die freiwillige Zugangseröffnung von Seiten der Bürger regelt (Freiwilligkeitsprinzip), während die Behörde gemäß § 2 Abs. 1 EGovG zur elektronischen Zugangseröffnung verpflichtet ist, bleibt es ein rechtspolitisches Desiderat, die unübersichtliche Rechtslage im E-Government-Bereich durch Integration des § 2 Abs. 1 EGovG in § 3a VwVfG zu beseitigen.[289]

c) §§ 27a ff. VwVfG

Ebenfalls durch das 5. VwVfÄndG eingeführt werden die §§ 27a ff. VwVfG, die auf das Plansicherungsgesetz (PlanSiG) aus dem Jahr 2020 zurückgehen. Beim PlanSiG handelt es sich um ein Mantelgesetz des Bundes, welches Verfahrensschritte, die eine physische Anwesenheit von Personen im öffentlichen Raum (z. B. an einer Anschlagstafel der Gemeinde, in einer Behörde oder in einem angemieteten Saal) erfordern, durch elektronische Äquivalente ersetzt.[290] Nach zweimaliger Verlängerung der aus der Zeit der Covid-19-Pandemie stammenden und daher befristeten Regelungen[291] sowie Diskussionen über die Verstetigung des PlanSiG im Schrifttum[292] und einer diesbezüglich positiven Grundhaltung des mit einer Evaluation beauf-

---

287 BT-Drs. 20/8299, S. 17.

288 Normenkontrollrat, BT-Drs. 20/8299, S. 26.

289 In diesem Sinne schon *Siegel*, DVBl. 2020, S. 552 (556); *Heckmann*, in: Heckmann/Paschke (Hrsg.), jurisPK-Internetrecht, 7. Aufl. Stand: 6. 12. 2023, Kap. 5, Rn. 474. Guter Überblick zu den Rechtsgrundlagen des E-Government bei *Voßkuhle/Heitzer*, JuS 2023, S. 1113 ff.

290 Vertiefend *Prell*, in: Festschr. für Ulrich Ramsauer, 2023, S. 81 (82 ff. [83]).

291 Instruktiv *Prell* (Fn. 290), S. 86, 89, auch zur Frage der Entfristung des PlanSiG (ebd., S. 92).

292 *Prell* (Fn. 290), S. 88; *Siegel*, NVwZ 2023, S. 193 (200 f.) für eine Verortung in den Absätzen des § 73 VwVfG.

tragten Deutschen Forschungsinstituts für öffentliche Verwaltung[293] hat der Gesetzgeber nun im Kern die Vorschriften richtigerweise im Sinne einer partiellen Rekodifikation des Verwaltungsverfahrensrechts in das VwVfG überführt.[294] Um die Rechtseinheit auch länderübergreifend zu wahren, erfolgten die Änderungen in enger Abstimmung mit den Ländern und bei erneuter Verlängerung des PlanSiG.[295] Als Standort für die Regelungen wurden bewusst die §§ 27a ff. VwVfG statt den §§ 72 ff. VwVfG gewählt, um den Regelungen einen allgemeinen Charakter zu verleihen und ihnen auch außerhalb des VwVfG ohne nötige Bezugnahme Geltung zu verschaffen.[296]

Die Vorschrift des § 27a VwVfG, die bereits seit 2013 bestand[297] und nun § 2 PlanSiG fortentwickelt, wurde von einer Soll-Vorschrift zu einer gebundenen Entscheidung umgestaltet, so dass nun die Internetveröffentlichung Wirksamkeitsvoraussetzung der öffentlichen oder ortsüblichen Bekanntmachung ist.[298]

§ 27b VwVfG geht auf § 3 PlanSiG zurück und regelt die Zugänglichmachung auszulegender Dokumente. Neben der Veröffentlichung im Internet sind nach § 27b Abs. 1 S. 1 Nr. 2 VwVfG die Dokumente mindestens auf eine andere Weise zugänglich zu machen, um technologieferne Teile der Bevölkerung nicht auszuschließen.[299] In Abkehr von § 3 Abs. 2 S. 2 PlanSiG wurde dabei auf das Kriterium, dass es sich um „leicht zu erreichende" andere Zugangsmöglichkeiten handeln muss, verzichtet, da diese Voraussetzung in der Praxis wiederholt Fragen aufgeworfen hatte.[300] Von § 27b Abs. 1 S. 1 VwVfG wird vor allem in Planfeststellungsverfahren aufgrund der gleichzeitigen Modifikation der §§ 73 ff. VwVfG[301] eine spürbare Reduktion des Verwaltungsaufwands erwartet.[302]

---

293 *Ziekow/Ziemer/Bickmann*, Evaluation des PlanSiG – Abschlussbericht, 2022, S. 58 f., 62, abrufbar unter https://www.bmi.bund.de/SharedDocs/downloads/DE/veroeffentlichungen/2022/Abschlussbericht_PlanSiG.htm.

294 Hierfür bereits *Prell* (Fn. 290), S. 96. Nicht überzeugend dagegen (Regelung außerhalb des VwVfG zwecks Übersichtlichkeit) *Durinke/Elgeti*, NVwZ 2024, S. 112 (118).

295 *Prell/Altmiks* (Fn. 221), S. 105 f., 109 f.

296 *Prell/Altmiks* (Fn. 221), S. 106.

297 Näher *Tegethoff* (Fn. 221), § 27a Rn. 1.

298 BT-Drs. 20/8299, S. 18 f.; hierfür bereits *Ziekow/Ziemer/Bickmann* (Fn. 292), S. 2, 63 f.

299 BT-Drs. 20/8299, S. 20.

300 BT-Drs. 20/8299, S. 20.

301 Vgl. dazu *Durinke/Elgeti* (Fn. 294), S. 116.

302 Näher *Prell/Altmiks* (Fn. 221), S. 108.

Sowohl für die Bekanntmachung im Internet (§ 27a Abs. 2 VwVfG) als auch für die Zugänglichmachung der Dokumente im Internet (§ 27b Abs. 1 S. 2 VwVfG) ist eine Ausnahmeregelung für insbesondere technische Probleme vorgesehen, wobei aber in den Gesetzesmaterialien darauf hingewiesen wird, dass eine „unzureichende personelle Ausstattung“ den Tatbestand grundsätzlich nicht erfüllt.[303]

Neu eingeführt wurde auch der auf § 5 PlanSiG zurückgehende § 27c VwVfG, der die Möglichkeit einer Onlinekonsultation (Abs. 1 Nr. 1) und einer Video- oder Telefonkonferenz (Abs. 1 Nr. 2) als Ersatz für eine persönliche Erörterung bereithält.[304]

2. Digitalisierung des BauGB

Neben der Digitalisierung des Allgemeinen Verwaltungsrechts wurde auch immer mehr digitalisierungsrelevantes besonderes Verwaltungsverfahrensrecht geschaffen, wobei sich auch insofern das Unionsrecht häufig als Digitalisierungsmotor erwies.[305]

Hier kann aus Platzgründen nur exemplarisch auf das Bauplanungsrecht eingegangen werden: Erst kürzlich passte das Gesetz zur Stärkung der Digitalisierung im Bauleitplanverfahren[306] § 3 Abs. 2, § 4 Abs. 2 und § 4a BauGB an das PlanSiG an.[307] Während für die förmliche Öffentlichkeitsbeteiligung gem. §§ 3 Abs. 2, 4a Abs. 4 S. 1 BauGB a. F. noch im Grundsatz galt, dass die Öffentlichkeit analog zu beteiligen und nur zusätzlich eine digitale Veröffentlichung vorgeschrieben war, ist dieses Regel-Ausnahme-Verhältnis nun umgekehrt. Gleichwohl geht der Gesetzgeber auch für das Baurecht – wie für das VwVfG – davon aus, dass aktuell noch Anlass besteht, Ausnahmen für Bevölkerungsteile vorzusehen, die die technologischen Voraussetzungen

303 BT-Drs. 20/8299, S. 19 f.

304 Genauer *Durinke/Elgeti* (Fn. 294), S. 116 ff.

305 Überblick bei *Schliesky* (Fn. 275), § 113 Rn. 15 ff. Siehe zur KI-Verordnung oben IV. 3. b).

306 Gesetz zur Stärkung der Digitalisierung im Bauleitplanverfahren und zur Änderung weiterer Vorschriften v. 3. 7. 2023, BGBl. I 176/2023, berichtigt durch BGBl. I 2023 Nr. 214; dazu erläuternd *Arndt/Herzer*, UPR 2023, S. 475 ff.; *Manssen*, ZfIR 2023, S. 574 ff.; *Hüther/Lepej*, JURA 2023, S. 1385 ff.; *Scheidler*, DVP 2023, S. 423 ff. Zur Digitalisierung in der Landes- und Regionalplanung nach dem ROGÄndG (Gesetz zur Änderung des Raumordnungsgesetzes und anderer Vorschriften v. 22. 3. 2023, BGBl. I 88/2023) siehe *Herzer*, UPR 2023, S. 331 ff.

307 Vgl. BT-Drs. 20/5663 v. 15. 2. 2023, S. 11.

einer digitalisierten Öffentlichkeitsbeteiligung noch nicht erfüllen. Jedoch nehmen die Materialien zum Gesetz zur Stärkung der Digitalisierung im Bauleitplanverfahren (anders als die zum 5. VwVfÄndG) jedenfalls perspektivisch an, dass auch eine vollständige Digitalisierung der Öffentlichkeitsbeteiligung in Betracht kommt.[308] Schon jetzt wird die Umkehrung des Regel-Ausnahme-Verhältnisses als „grundlegende(r) Paradigmenwechsel" bezeichnet.[309]

Auch in der förmlichen Öffentlichkeitsbeteiligung sind wie im VwVfG andere Zugangsmöglichkeiten zur Verfügung zu stellen, allerdings verzichtet der Gesetzgeber hier nicht – wie im VwVfG – auf das aus § 3 Abs. 2 S. 2 PlanSiG stammende Kriterium „leicht zu erreichend(e)" (vgl. § 3 Abs. 2 S. 1, 2 BauGB).[310]

Ebenfalls eine Neuerung erfuhr die förmliche Behördenbeteiligung nach § 4 Abs. 2 BauGB, wonach sowohl die Bereitstellung der Unterlagen und die Mitteilung darüber (S. 2) als auch die Stellungnahme durch die zu beteiligende Behörde (S. 4) elektronisch erfolgen „soll". Infolge der Änderung der Ermessensvorschriften in Soll-Regelungen kann nur noch in atypischen Ausnahmefällen vom digitalen Verfahren abgewichen werden, wobei in der Gesetzesbegründung wiederum – ähnlich wie der entsprechenden VwVfG-Änderung – betont wird, dass eine mangelhafte technische Ausstattung der Behörden keinen Abweichungsgrund darstellt.[311]

Gleichzeitig mit der Einführung der §§ 3 Abs. 2, 4 Abs. 2 und 4a BauGB erging mit § 245f BauGB eine Regelung, die eine zeitnahe Evaluation der Auswirkungen der §§ 3 ff. BauGB vorsieht. Insoweit bleibt abzuwarten, inwieweit die Vorschriften sich auch weiterhin bewähren oder gar weiter zu einem vollständig digitalisierten Verfahren entwickelt werden. Auch hier unterscheiden sich die Gesetzesneuerungen von denen des §§ 27a ff. VwVfG, da dort keine Evaluation vorgesehen ist, was vom Normenkontrollrat kritisiert wurde.[312]

---

308 Vgl. BT-Drs. 20/5663 v. 15. 2. 2023, S. 13. Auf der Linie schon *Wormit*, DÖV 2020, S. 1026 (1031).

309 *Arndt/Herzer* (Fn. 306), S. 475; ähnlich *Schink*, in: Spannowsky/Uechtritz (Hrsg.), BeckOK BauGB, Stand: 1. 10. 2023, § 3 Rn. 170.

310 Zur Auslegung dieses Kriteriums siehe *Arndt/Herzer* (Fn. 306), S. 477; *Guckelberger*, DVBl. 2024, S. 1 (2 f.).

311 BT-Drs. 20/5663, S. 14.

312 Normenkontrollrat, BT-Drs. 20/8299, S. 28.

3. Sonstiges Digitalisierungsrecht

Die Regelungen des Verwaltungsverfahrens im VwVfG werden mannigfaltig durch – hier aus Platzgründen nicht näher darstellbares – sonstiges Digitalisierungsrecht wie das OZG und das aus dem Jahr 2013 stammende EGovG des Bundes[313] (und der Länder)[314] überlagert, wie der bereits erwähnte § 2 EGovG exemplarisch zeigt.[315] Um einen Bedeutungsverlust des VwVfG zu verhindern und eine einheitliche Verwaltungspraxis zu gewährleisten, wird im Schrifttum mit Recht eine kodifikatorische Rückanbindung des EGovG sowie des OZG in Form eines Allgemeinen Digitalen Verwaltungsverfahrensrechts im VwVfG gefordert.[316] Das OZGÄndG vom Juli 2024[317] sowie die Stellungnahme der Bundesregierung zum 5. VwVfÄndG[318] zeigen allerdings, dass die Zersplitterung des digitalen Verwaltungsverfahrensrechts vorerst weiter andauern wird.

4. Ausblick

Auch zukünftig werden maßgebliche Impulse für die Digitalisierung des Verwaltungsverfahrens vor allem vom Unionsgesetzgeber ausgehen. So hat sich die EU auch für dieses Jahrzehnt mit ihrem Politikprogramm „Digitale Dekade“ verschiedene Themen wie Cybersicherheit und die Digitalisierung der öffentlichen Dienste zum Ziel gesetzt.[319] Aber auch auf nationaler Ebene werden sich weitere – idealiter mit der Unionsebene abzustimmende – gesetzgebungspolitische, daneben aber nicht zuletzt auch finanzielle und faktische Herausforderungen im Bereich der Digitalisierung der Verwaltung

313 Gesetz zur Förderung der elektronischen Verwaltung v. 25. 7. 2013, BGBl. I S. 2749.

314 Dazu im Überblick *Denkhaus/Richter/Bostelmann*, EGovG/OZG Kommentar, 2019, EGovG Einl. Rn. 21 ff.

315 Im Detail und mit weiteren Beispielen *Siegel* (Fn. 292), S. 194 ff.; *Schliesky* (Fn. 275), § 113 Rn. 44 ff.

316 *Guckelberger* (Fn. 166), S. 280 f.; *Schliesky* (Fn. 275), § 113 Rn. 64; zustimmend *Siegel* (Fn. 292), S. 194; *ders.*, NVwZ 2019, S. 905 (905). Ferner Normenkontrollrat, BT-Drs. 20/8299, S. 28.

317 Fn. 154.

318 BT-Drs. 20/8299, S. 31.

319 Beschluss (EU) 2022/2481, Beschluss über die Aufstellung des Politikprogramms 2030 für die digitale Dekade, v. 14. 12. 2022, ABl. L 323/4.

und des Verwaltungsrechts (digitale Transformation) stellen,[320] die bislang – auch im internationalen und europäischen Vergleich[321] – noch bei weitem nicht zufriedenstellend bewältigt sind, auch wenn in den letzten Jahren jedenfalls in einzelnen Bundesländern gewisse Digitalisierungsfortschritte erzielt wurden.[322]

VIII. Schluss

Dieser überblicksartige Rundgang durch verschiedene Einzelaspekte des Verwaltungsverfahrens konnte und sollte nur eine erste Einführung in unser diesjähriges Tagungsthema darstellen. Hierbei ist aber bereits deutlich geworden, dass das Verwaltungsverfahren vielfältigen Herausforderungen, vor allem infolge von Europäisierung und Digitalisierung, ausgesetzt ist und auch zukünftig ausgesetzt bleiben wird.[323] Es stellt daher ein äußerst dynamisches und aktuelles Thema dar, dessen Behandlung dringend der kooperativ-arbeitsteiligen Impulse von Wissenschaft *und* Praxis bedarf. Daher freuen wir uns auf die genauere dialogische Ausleuchtung und Vertie-

---

320 Dazu *Hoffmann-Riem*, JuS 2023, S. 617 ff.; eingehend *ders.*, Recht im Sog der digitalen Transformation, 2022. Zu den auch strukturellen Auswirkungen der Digitalisierung auf das öffentliche Recht siehe auch *Burchardt* (Fn. 163), 935 ff. Allg. zu gesellschaftlichen Transformationsprozessen der Gegenwart und der Rolle, welche die Rechtsdogmatik dabei spielt, instruktiv *Kersten*, rescriptum 2023, 60 ff. Zu Finanzierungsproblemen FAZ v. 27.4.2024, S. 18.

321 Nach der Europäischen Kommission belegt Deutschland im Bereich der Digitalisierung ungeachtet seiner Fortschritte in den letzten fünf Jahren weiterhin nur einen Platz im unteren Mittelfeld, vgl. Kommission, „Digital Economy and Society Index 2022 (DESI)“, S. 18, abrufbar unter. https://digital-strategy.ec.europa.eu/de/policies/desi. Zum Vergleich Deutschland-Japan im Bereich der Digitalisierung der Verwaltung s. *Geminn/Tatsumi/Terada* (Fn. 151), S. 847 ff.

322 Vgl. *Budras*, FAZ v. 21. 2. 2024 (abrufbar unter: https://www.faz.net/aktuell/wirtschaft/digitale-behoerdendienstleistungen-kommt-jetzt-die-digitale-wende-19533027.html.). Nach *Budras* fehlt es in einigen Bundesländern und Kommunen trotz existenter digitaler Lösungen an einheitlichen Standards, manchmal an der „Einsicht“ und zuletzt an einem Prozessmanagement vor Ort. Vgl. auch *Achatz*, BayVBl. 2024, S. 37 ff.; *Kemmer/Glauner*, in: FAZ v. 26. 2. 2024, S. 18; *Kerst/Ruhose*, in: FAZ v. 16. 10. 2023, S. 18. Zu der unterschiedlichen Situation in den einzelnen deutschen Ländern *Budras*, in: FAZ v. 17.4.2024, S. 18 (Hamburg und Berlin ist Vorreiter in Sachen Digitalisierung, Thüringen als Schlusslicht).

323 Perspektivisch zum Ganzen *Appel*, in: Kahl/Ludwigs (Hrsg.), HVwR, Bd. IV, 2022, § 122.

fung der Einzelfacetten des Themas in den nachfolgenden Vorträgen und Diskussionen.

Die Europäisierung des VwVfG – Zwischenbilanz und Perspektiven

*Markus Ludwigs**

I. Einführung

Beinahe auf den Tag genau vor 14 Jahren (am 16. 4. 2010) fand in der Alten Aula der Universität Heidelberg aus Anlass der Antrittsvorlesungen von fünf Neuberufenen ein Symposion unter dem Titel „Europäisches Verwaltungsrecht in der Konsolidierungsphase" statt. Bei dieser Gelegenheit zeichnete *Ute Mager* die Entwicklungslinien nach und sprach sich im Interesse von Transparenz und Rechtssicherheit dafür aus, „das Kodifikationsfähige zu kodifizieren, das Unübersichtliche (…) zu vereinfachen und das faktisch Institutionalisierte (…) zu verrechtlichen".[1] *Wolfgang Kahl* qualifizierte die Europäisierung des nationalen Verwaltungsrechts in seinem Referat als „Herausforderung an Systembildung und Kodifikationsidee", wobei er dezidiert für eine „Rekodifikation" des deutschen Verwaltungsverfahrensrechts *sub specie* des Unionsverwaltungsrechts plädierte.[2]

Am heutigen 19. 4. 2024 könnte man – frei nach *Otto Mayer*[3] – provokant anmerken, „Groß Neues ist ja [seit 2010] nicht nachzutragen". Ungeachtet des Anschwellens einschlägiger Judikatur (zuletzt das EuGH-Urteil vom

* Das Manuskript ist auf dem Stand der Einreichung im April 2024.

1 *Mager*, Die Verwaltung, Beiheft 10 (2010), S. 11 (38).

2 *Kahl*, Die Verwaltung, Beiheft 10 (2010), S. 39 (82 ff., 92); nachfolgend insb. *ders.*, NVwZ 2011, S. 449 (456); zum Kodifikationsbegriff kompakt *Kahl*, JuS 2018, S. 1025 (1026), mit der Differenzierung (nach dem Vollständigkeitsanspruch im Hinblick auf den Regelungsgegenstand) zwischen Generalkodifikationen (wie dem VwVfG) und Bereichskodifikationen (wie der GewO) einerseits sowie (nach der inhaltlichen Vollständigkeit) zwischen Gesamtkodifikationen und Teilkodifikationen (denen das VwVfG aufgrund der Fokussierung auf Verwaltungsakte und Verwaltungsverträge zuzuordnen ist) andererseits.

3 *Mayer*, Deutsches Verwaltungsrecht, Bd. I und II, 3. Aufl. 1924, Vorwort (mit dem so berühmten, wie umstrittenen Folgesatz: „Verfassungsrecht vergeht, Verwaltungsrecht besteht").

8. 2. 2024 zur Zulässigkeit von Asylfolgeanträgen[4]) befindet sich das europäische Verwaltungsrecht weiter in der Konsolidierungsphase.[5] Auf Unionsebene stocken selbst die vom Europäischen Parlament[6] und der Wissenschaft[7] angestoßenen Kodifizierungsbemühungen für das EU-Eigenverwaltungsrecht[8] und mit Blick auf den Normtext des VwVfG kann von einer substanziellen Rückanbindung der Europäisierung weiter keine Rede sein. Vor diesem Hintergrund besteht die Aufgabe der folgenden Ausführungen darin, neben neuen Einsichten und Systematisierungen auch Wege aufzu-

---

4 EuGH, Rs. C-216/22 (A. A./Deutschland), ECLI:EU:C:2024:122 Rn. 25 ff., 54; zu möglichen, seit Inkrafttreten des Rückführungsverbesserungsgesetzes v. 21. 2. 2024 (BGBl. 2024 Nr. 54) indes künftig nicht mehr relevanten Folgen für den Begriff der „Änderung der Rechtslage“ in § 51 Abs. 1 Nr. 1 Alt. 2 VwVfG vgl. *Fuchs*, JuWissBlog Nr. 17/2024 v. 7. 3. 2024; zum Ganzen auch *Basar*, NVwZ 2023, S. 475 ff.

5 Zu den unterschiedlichen Phasen in rechtsvergleichender Perspektive (mit Blick auf Deutschland und Spanien) vgl. *Müller*, Die Europäisierung der Verwaltungsverfahrensgesetze in Deutschland und Spanien, 2019, S. 28 ff. m. w. N.; siehe auch *Kahl*, NVwZ 2011, S. 449 (449 f.); eingehend *Mager* (Fn. 1), S. 38; *Ruffert*, Die Verwaltung 36 (2003), S. 293 ff.

6 Entschließung des Europäischen Parlaments v. 15. 1. 2013 mit Empfehlungen zu einem Verwaltungsverfahrensrecht der EU, ABl. 2015 C Nr. 440, S. 17 ff.; hierzu *Guckelberger*, NVwZ 2013, S. 601 ff.; Entschließung des Europäischen Parlaments v. 9. 6. 2016 zu einer offenen, effizienten und unabhängigen Verwaltung der EU, 2016/2610(RSP); zurückhaltend hierzu Commission response to text adopted in plenary v. 18. 11. 2016, SP(2016)613; siehe zuletzt die Entschließung des Europäischen Parlaments v. 22. 11. 2023 mit Empfehlungen an die Kommission für Digitalisierung und Verwaltungsrecht, P9_TA(2023)0426, Ziff. 1, wo die Kommission aufgefordert wird, „dringend einen Legislativvorschlag für eine Verordnung über eine offene, effiziente und unabhängige Verwaltung der Europäischen Union vorzulegen“.

7 ReNEUAL, „Model Rules on EU Administrative Procedure (ReNEUAL 1.0)“, 2014, abrufbar unter http://www.reneual.eu/index.php/projects-and-publications/reneual-1-0 (letzter Abruf: 30. 4. 2024); instruktiv *Schneider/Hofmann/Ziller*, JZ 2015, S. 265 ff.; *Skouris*, DVBl. 2016, S. 201 ff.; *Rennert*, DVBl. 2016, S. 69 ff.; *Stüer*, DVBl. 2016, S. 100 ff.; siehe auch den Bericht von *Ellerbrok*, Die Verwaltung 49 (2016), S. 105 ff.; zuletzt insb. *Schneider*, in: Kahl/Ludwigs (Hrsg.), HVwR, Bd. II, 2021, § 56; monografisch *Hartmann*, Die Kodifikation des Europäischen Verwaltungsrechts, 2020; zur partiellen Erfassung auch der Rechtsbeziehungen zwischen Behörden der Mitgliedstaaten und Stellen der EU (durch Buch V zur Amtshilfe und Buch VI zum behördlichen Informationsmanagement) im Rahmen der Verbundverwaltung *Schoch*, in: Schoch/Schneider (Hrsg.), Verwaltungsrecht VwVfG, Bd. III, 4. EL 2023, Einl. Rn. 726.

8 Vgl. insoweit auch das bekannte Diktum von *Hans Peter Ipsen* aus dem Jahr 1981, der eine allgemeine (das Eigenverwaltungs- und Unionsverwaltungsrecht vereinende) Kodifizierung des Verwaltungsrechts für noch „verwegener“ erachtete als den Entwurf einer Gemeinschaftsverfassung; s. den Diskussionsbericht von *Iliopoulos*, in: Schwarze (Hrsg.), Europäisches Verwaltungsrecht im Werden, 1982, S. 117 (123).

zeigen, wie der Debatte um eine systematische Verarbeitung des Europäisierungsprozesses neue Impulse verliehen werden könnten. Diesem Anspruch soll in vier Schritten entsprochen werden: Im Ausgangspunkt gilt es, den für die weitere Analyse zentralen Begriff der Europäisierung zu umreißen (II.). Daran anschließend sind die unterschiedlichen Einflussfaktoren der Europäisierung des VwVfG systematisch zu entfalten (III.). Erst auf dieser Grundlage kann die perspektivische Frage nach einem Reformbedarf und den hierfür bestehenden Optionen sinnvoll diskutiert werden (IV.), bevor die zentralen Erkenntnisse nochmals auf den Punkt zu bringen sind (V.).

II. Formen der Europäisierung

Im Ausgangspunkt ist hervorzuheben, dass die Europäisierung ein alle Teilgebiete des Rechts durchdringendes, omnipräsentes Phänomen darstellt.[9] Im Verwaltungsrecht steht sie im Kern für die Beeinflussung, Überlagerung und Überformung des von den Mitgliedstaaten der EU beim indirekten Vollzug angewandten nationalen Rechts.[10] Über den Unionsrahmen hinaus gehen die nachfolgend ausgeklammerten Einwirkungen des Konventionsverwaltungsrechts.[11] Mit Blick auf das Recht des Europarats (samt der in diesem Rahmen angenommenen EMRK) ist insoweit auch von einer Europäisierung im weiteren Sinne die Rede.[12] Daneben haben sich zahlrei-

9 Eingehend zur „Europäisierung als omnipräsentes Phänomen" bereits *Ludwigs*, in: Kahl/Ludwigs (Hrsg.), HVwR, Bd. I, 2021, § 8 Rn. 1 bis 10 m. w. N.; fundamental *Coing*, NJW 1990, S. 937 ff.; *Kreuzer/Scheuing/Sieber* (Hrsg.), Die Europäisierung der mitgliedstaatlichen Rechtsordnungen, 1997; zum Öffentlichen Recht *Wahl*, Herausforderungen und Antworten: Das Öffentliche Recht der letzten fünf Jahrzehnte, 2006, S. 94 ff.; zum Zivilrecht *Ulmer*, JZ 1992, S. 1 ff.; zum Strafrecht *Satzger*, Die Europäisierung des Strafrechts, 2001; zum Begriffsverständnis *Wahl*, in: Trute/Groß/Röhl/Möllers (Hrsg.), Allgemeines Verwaltungsrecht – Zur Tragfähigkeit eines Konzepts, 2008, S. 869 ff.

10 Zur im Verwaltungsrecht seit Längerem intensiv diskutierten Europäisierung grundlegend *Ehlers*, DVBl. 1991, S. 605 ff.; *Schmidt-Aßmann*, DVBl. 1993, S. 924 ff.; *Zuleeg/Rengeling*, VVDStRL 53 (1994), S. 154 ff., 202 ff.; *Schoch*, JZ 1995, S. 109 ff.; kritisch („undifferenzierte Denkfigur") und für die Hinwendung zum – indes nur eine Vollzugsvariante erfassenden – Konzept des Europäischen Verwaltungsverbunds *Ruffert*, in: von Bogdandy/Cassese/Huber (Hrsg.), IPE, Bd. V, 2014, § 94 Rn. 8 ff.

11 Zur Differenzierung von Unions- und Konventionsverwaltungsrecht *Schmidt-Aßmann*, DVBl. 1993, S. 924 (925, 927).

12 *Ludwigs*, in: Kahl/Ludwigs (Fn. 9), § 8 Rn. 3 m. w. N.; näher zur Bedeutung der EMRK für das Verwaltungs(verfahrens)recht *Ruffert*, in: Voßkuhle/Eifert/Möllers

che weitere Kategorisierungen herausgebildet.[13] Für das Verwaltungsverfahrensrecht sind darunter insbesondere die Begriffspaare der direkten und indirekten (1.) sowie der vertikalen und horizontalen Europäisierung (2.) relevant.

1. Direkte und indirekte Europäisierung

Mit der teils umstrittenen Differenzierung von direkter und indirekter Europäisierung werden die unterschiedlichen Einwirkungsformen des Unionsrechts adressiert.[14] Eine direkte Europäisierung erfolgt typischerweise durch Normierung unmittelbar anwendbaren oder zwingend umzusetzenden Sekundärrechts.[15] Die indirekte Europäisierung stellt sich dagegen primär als Folge einer indirekten Kollision zwischen materiellem Unionsrecht und nationalem Durchführungsrecht dar.[16] Das zentrale Instrument besteht in einer Konformitätsauslegung des innerstaatlichen Rechts. Darüber hinaus werden von der indirekten Europäisierung aber auch Fälle faktischer Einwirkungen erfasst. Neben einer Anknüpfung an europäisches *soft law* sind hiermit vor allem *spill-over-Effekte* angesprochen, die aus intrinsischen Anpassungsreaktionen resultieren.[17] Im Hintergrund steht die Frage, ob Institute oder Prinzipien des nationalen Rechts außerhalb ihrer unionsrechtlichen Überlagerung unverändert bleiben können. Als Folge einer auf *spill-over-Effekte* zurückgehenden indirekten Europäisierung erfahren die verschiedenen Schichten des Verwaltungsrechts eine engere Verzahnung, indem unionsrechtlich geprägte und rein innerstaatliche Sachverhalte ein-

(Hrsg.), GVwR, Bd. I, 3. Aufl. 2022, § 7 Rn. 155 ff.; ausführlich *Stelkens*, in: Stelkens/Bonk/Sachs, VwVfG, 10. Aufl. 2023, EuR Rn. 12 ff.; auf die Empfehlungen des Europarats zu „good administration" und „good democratic governance" aus den Jahren 2007 (CM/Rec[2007]7) und 2023 (CM/Rec[2023]5) hinweisend *Schöndorf-Haubold*, VVDStRL 83 (2024), S. 49 (60 f.).

13 Vgl. den Überblick bei *Siegel*, JöR n. F. 61 (2013), S. 177 ff.

14 Näher zum Folgenden *Ludwigs*, in: Kahl/Ludwigs (Fn. 9), § 8 Rn. 4 f. m. w. N.

15 *Siegel*, JöR n. F. 61 (2013), S. 177 (179 f.).

16 Für eine – kontraintuitive – Zuordnung der indirekten Kollisionsfälle zur direkten Europäisierung *Sommermann*, in: Schwarze (Hrsg.), Bestand und Perspektiven des Europäischen Verwaltungsrechts, 2008, S. 181 (191 ff.); ebenso *Kahl*, NVwZ 2011, S. 449 (454 f.); *Müller* (Fn. 5), S. 27; wie hier dagegen auch *Voßkuhle/Schemmel*, JuS 2019, S. 347 (348).

17 *Burgi*, JZ 2010, S. 105 (108); zur weitergehenden Differenzierung zwischen autonomer und heteronomer Europäisierung *Ludwigs* (Fn. 9), § 8 Rn. 8.

heitlich behandelt werden.[18] Beispielhaft für solche „überwirkenden' Veränderungseffekte"'[19] steht die Umsetzung der Dienstleistungsrichtlinie von 2006,[20] bei der u. a. das Verfahren über eine einheitliche Stelle (§§ 71a bis 71e VwVfG) als allgemeines Verfahrensmodell über die Dienstleistungsfreiheit im engeren Sinne hinaus implementiert und auch auf reine Inlandssachverhalte erstreckt wurde.[21]

2. Vertikale und horizontale Europäisierung

Die weitergehende Unterscheidung zwischen vertikaler und horizontaler Europäisierung beruht auf der Einsicht, dass der Europäisierungsprozess nicht nur hierarchisch von oben nach unten verläuft, sondern sich durch einen wechselseitigen Charakter auszeichnet.[22] Hiervon umfasst ist auch eine gegenläufige (faktische) Einwirkung der nationalen Verwaltungsrechts-

---

18 *Ludwigs*, in: Kahl/Ludwigs (Fn. 9), § 8 Rn. 6; *Ruffert*, in: von Bogdandy/Cassese/Huber (Fn. 10), § 94 Rn. 5; zuvor bereits *Bachof*, in: VVDStRL 30 (1971), S. 193 (236); *Schmidt-Aßmann*, ZÖR 55 (2000), S. 159 (166); *Schwarze*, EuR 1997, S. 419 (422); prägnant *Huber*, in: Festschr. für Hartmut Maurer, 2001, S. 1165 ff.; differenzierend *Vincze*, Unionsrecht und Verwaltungsrecht, 2016, S. 40 ff.

19 *Schmidt-Aßmann*, in: Hoffmann-Riem/Schmidt-Aßmann/Voßkuhle (Hrsg.), GVwR, Bd. I, 2. Aufl. 2012, § 5 Rn. 34, unter Zitation von *Ladeur*, EuR 1995, S. 227 (228).

20 Richtlinie 2006/123/EG des Europäischen Parlaments und des Rates v. 12. 12. 2006 über Dienstleistungen im Binnenmarkt, ABl. 2006 L Nr. 376, S. 36.

21 *Kahl* (Fn. 2), S. 78, dort auch zu den über die Richtlinienvorgaben hinausweisenden Regeln zur Europäischen Verwaltungszusammenarbeit (§§ 8a ff. VwVfG); ferner *Burgi*, in: Burgi/Schönenbroicher (Hrsg.), Die Zukunft des Verwaltungsverfahrensrechts, 2010, S. 31 (38). Siehe aber auch *Stelkens*, in: Stelkens/Bonk/Sachs (Fn. 12), Rn. 237, der annimmt, dass die in Kapitel II enthaltenen Vorgaben der EU-Dienstleistungsrichtlinie zum einheitlichen Ansprechpartner (Art. 6 ff. RL) auch für reine Inlandssachverhalte gelten. Die von ihm in Bezug genommene Judikatur des Gerichtshofs (EuGH, verb. Rs. C-360/15 und C-31/16 [X und Visser], ECLI:EU:C:2018:44 Rn. 99 ff.; Rs. C-377/17 [Kommission/Deutschland], ECLI:EU:C:2019:562 Rn. 57 f.; verb. Rs. C-724/18 und C-727/18 [Cali Apartments], ECLI:EU:C:2020:743 Rn. 56) bezieht sich allerdings allein auf die Bestimmungen über die Niederlassungsfreiheit der Dienstleistungserbringer; weiter von einer überschießenden Umsetzung der Art. 6 ff. RL auf reine Inlandssachverhalte ausgehend *Korte*, in: Kahl/Ludwigs (Hrsg.), HVwR, Bd. IV, 2022, § 119 Rn. 15 f.; ferner *Huck*, in: Bader/Ronellenfitsch (Hrsg.), BeckOK VwVfG, 62. Ed. 2024, § 71a Rn. 15.

22 *Ludwigs*, in: Kahl/Ludwigs (Fn. 9), § 8 Rn. 9.

systeme auf die Unionsrechtsordnung.[23] Exemplarisch für dieses „Gegenstromprinzip" stehen die Ausdifferenzierungen des im deutschen Recht wurzelnden Verhältnismäßigkeitsgrundsatzes oder die insbesondere auf Vorstellungen des *common law* zurückgehende stärkere Betonung des Verfahrensgedankens in der EuGH-Judikatur.[24] Darüber hinaus können nationale Rechtsfiguren gleichsam „über die Brücke" des Unionsrechts Eingang in andere Rechtsordnungen finden und dergestalt einen Transkulturationsprozess durchlaufen.[25] Die Europäisierung erfolgt mithin nicht nur vertikal im Verhältnis von Union und Mitgliedstaaten, sondern zugleich horizontal zwischen den nationalen Rechtssystemen. Insoweit kann von einer „doppelten Rezeption" gesprochen werden, die beide Dimensionen miteinander verbindet.[26]

III. Einflussfaktoren der Europäisierung

Sind die Begrifflichkeiten damit geklärt, kann sich der Blick auf die Einflussfaktoren der Europäisierung des VwVfG richten.[27] Im Zentrum stehen hier zunächst die Vorgaben des Primär- und Sekundärrechts (1.). In diesem Zusammenhang wird ferner zu diskutieren sein, ob das Unionsrecht eine Parallelität von Eigenverwaltungs- und Unionsverwaltungsrecht fordert oder den Mitgliedstaaten einen Bereich autonomer Gestaltung belässt (2.). Hieran anschließend gilt es in rechtsvergleichender Perspektive aufzuzeigen, dass dem europäischen *soft law* eine Impulsfunktion zukommt (3.) und ausländische Regelungsmodelle Vorbildcharakter entfalten können (4.). Abrundend ist klärungsbedürftig, inwieweit sich das nationale Verfassungsrecht als Schranke der Europäisierung erweist oder umgekehrt einen

23 Zur Rolle der nationalen Rechtsordnungen als „Inspirationsquelle" für die Unionsorgane *Gonzáles-Varas*, SächsVBl. 1997, S. 173 (178); *Wahl*, DVBl. 2003, S. 1285 (1286, 1293).

24 *Schmidt-Aßmann*, DVBl. 1993, S. 924 (928); siehe auch *Kahl*, Die Verwaltung 42 (2009), S. 463 (470 f.); *Ludwigs*, in: Kahl/Ludwigs (Fn. 9), § 8 Rn. 9.

25 *Ruffert*, in: von Bogdandy/Cassese/Huber (Fn. 10), § 94 Rn. 46.

26 *Zuleeg*, VVDStRL 53 (1994), S. 154 (174); zuletzt *Ludwigs*, in: Kahl/Ludwigs (Fn. 9), § 8 Rn. 9.

27 Für eine umfassendere Analyse der Europäisierung des allgemeinen Verwaltungsrechts und des Verwaltungsprozessrechts vgl. *Ludwigs*, in Kahl/Ludwigs (Fn. 9), § 8 Rn. 24 ff., 44 ff.; zum Aufgabenwandel der Verwaltung durch Europäisierung *Burgi*, in: Kahl/Mager (Hrsg.), Verwaltungsaufgaben und Legitimation der Verwaltung, 2022, S. 37 (51 ff., 59 ff.); zur Europäisierung der Verwaltungsorganisation *Kahl*, in: Kahl/Mager (Hrsg.), Verwaltungsorganisation, 2023, S. 377 (391 ff.).

Beitrag zur einheitlichen Anwendung unionsrechtlich modifizierter nationaler Verfahrensregeln leistet (5.).

1. Vorgaben des Primär- und Sekundärrechts

a) Unionstreue

Maßgeblicher Treiber der Europäisierung auf Ebene des EU-Primärrechts ist das Gebot der Unionstreue in Art. 4 Abs. 3 EUV. Der Gerichtshof leitet hieraus die auf eine einheitliche Anwendung des Unionsrechts abzielenden Grundsätze der Effektivität und Äquivalenz ab.[28] Nach dem Gebot der Äquivalenz (oder Gleichwertigkeit)[29] dürfen nationale Verfahren für den Vollzug von Unionsrecht nicht ungünstiger ausgestaltet sein als bei entsprechenden Sachverhalten, die nur innerstaatliches Recht betreffen. Der Effektivitätsgrundsatz verlangt, dass nationales Verfahrensrecht die Verwirklichung des Unionsrechts nicht praktisch unmöglich macht oder übermäßig erschwert.[30] Im Zusammenspiel eröffnen beide Prinzipien einen „unerschöpfliche[n] ‚Speicher' für unendlich viele Deduktionen".[31] Beispielhaft hierfür stehen die Rechtsprechungslinien zur Rückforderung unionsrechtswidriger Beihilfen (*Alcan*),[32] zur Rücknahme unionsrechtswidriger, belastender Verwaltungsentscheidungen (*Kühne & Heitz*),[33] zum Widerruf nachträglich unionsrechtswidriger Verwaltungsakte (*Papenburg*)[34] zur Gel-

28 Eingehend *Galetta*, in: Kahl/Ludwigs (Fn. 7), § 46 Rn. 8 ff., 23 ff.

29 So die Begriffswahl seit EuGH, Rs. C-231/96 (Edis), ECLI:EU:C:1998:401 Rn. 19, 34 ff.

30 Vgl. die st. Rspr. zu beiden Grundsätzen seit EuGH, Rs. C-33/76 (Rewe), ECLI:EU:C:1976:188 Rn. 5; Rs. C-45/76 (Comet), ECLI:EU:C:1976:191 Rn. 11, 18; aus jüngerer Zeit etwa EuGH, Rs. C-86/19 (Vueling Airlines), ECLI:EU:C:2020:538 Rn. 39.

31 *Schoch*, Juridica International 21 (2014), S. 102 (104).

32 EuGH, Rs. C-24/95 (Alcan II), ECLI:EU:C:1997:163 Rn. 27 ff., 39 ff., 44 ff.; zuvor EuGH, Rs. 310/85 (Deufil/Kommission), ECLI:EU:C:1987:96 Rn. 20 ff.; Rs. C-5/89 (BUG Alutechnik), ECLI:EU:C:1990:320 Rn. 12 ff.

33 EuGH, Rs. C-453/00 (Kühne & Heitz), ECLI:EU:C:2004:17 Rn. 22, 28; nachfolgend insb. EuGH, verb. Rs. C-392/04 u. C-422/04 (i-21 Germany und Arcor), ECLI:EU:C:2006:586 Rn. 51 f.; Rs. C-2/06 (Kempter), ECLI:EU:C:2008:78 Rn. 36 f., 59; zuletzt EuGH, verb. Rs. C-924/19 PPU und C-925/19 PPU (Országos Idegenrendészeti Főigazgatóság Dél-alföldi Regionális Igazgatóság), ECLI:EU:C:2020:367 Rn. 186 ff.

34 EuGH, Rs. C-226/08 (Stadt Papenburg), ECLI:EU:C:2010:10 Rn. 41 ff.

tendmachung von Verfahrensfehlern (*Altrip*)[35].[36] Ein nur vermeintliches Widerlager bildet die vom EuGH in ständiger Rechtsprechung betonte „Verfahrensautonomie der Mitgliedstaaten".[37] Diese findet zwar sowohl im Regel-Ausnahme-Verhältnis von indirektem und direktem Vollzug (Art. 291 Abs. 1 AEUV) als auch im Harmonisierungsausschluss für die mitgliedstaatliche Verwaltungszusammenarbeit (Art. 197 Abs. 2 S. 4 AEUV) normativen Ausdruck.[38] Indem der EuGH die Verfahrensautonomie unter den Vorbehalt abweichenden Sekundärrechts stellt,[39] misst er ihr aber kaum mehr als die Rolle einer heuristischen Zustandsbeschreibung ohne Maßstabsfunktion zu.[40]

---

35 EuGH, Rs. C-72/12 (Altrip), ECLI:EU:C:2013:712 Rn. 36 ff., 52 ff.

36 Vgl. daneben noch zur Nichtigkeitsfolge (§ 59 Abs. 1 VwVfG i. V. m. § 134 BGB) von öffentlich-rechtlichen Beihilfeverträgen, die nur formal mit dem Durchführungsverbot (Art. 108 Abs. 3 S. 3 AEUV) kollidieren: *Kahl*, NVwZ 2011, S. 449 (453 f.) und *Stelkens*, in: Stelkens/Bonk/Sachs (Fn. 12), § 59 Rn. 73 ff., beide m. w. N. zu unionsrechtlichen Überlagerungen der (u. a.) in § 40 VwVfG verorteten Lehre von den behördlichen Entscheidungsspielräumen *Ludwigs*, in: Kahl/Ludwigs (Hrsg.), HVwR, Bd. V, 2023, § 124 Rn. 35 ff.; eingehend zuletzt *Knickmeier*, Europäisierung des Verwaltungsprozessrechts im Diskurs, 2021, S. 248 ff., 283 ff.; monografisch *Rbib*, Beurteilungsspielräume im Europäischen Verwaltungsrecht am Beispiel des Migrations- und Umweltrechts, 2023; *Wendel*, Verwaltungsermessen als Mehrebenenproblem, 2019. Zu Europäisierungstendenzen im Hinblick auf die Regelung zur Amtssprache in § 23 VwVfG *Hufen/Siegel*, Fehler im Verwaltungsverfahren, 7. Aufl. 2021, Rn. 337 ff.

37 Grundlegend EuGH, Rs. C-201/02 (Delena Wells), ECLI:EU:C:2004:12 Rn. 65, 67; aus jüngerer Zeit etwa EuGH, Rs. C-626/21 (Funke), ECLI:EU:C:2023:412 Rn. 78; instruktive Analyse der Judikatur bei *Galetta*, Procedural autonomy of EU member states: paradise lost?, 2010, S. 33 ff.; monografisch *Krönke*, Die Verfahrensautonomie der Mitgliedstaaten der EU, 2013.

38 Näher *Ludwigs*, NVwZ 2018, S. 1417 (1419 f.); für die Einordnung als normativer Grundsatz auch *Galetta*, EuR Beiheft 1 (2012), S. 37; *Streinz*, in: Kahl/Ludwigs (Fn. 7), § 45 Rn. 44; dagegen *Stelkens*, EuR 2012, S. 511 (531 ff.); *ders.*, in: Stelkens/Bonk/Sachs (Fn. 12), Rn. 125 ff., 140.

39 Deutlich EuGH, Rs. C-718/18 (Kommission/Deutschland), ECLI:EU:C:2021:662 Rn. 118 f.; prägnant *Gundel*, VVDStRL 83 (2024), S. 397 (433 ff.), der von einem „Vorbehalt der abweichenden Regelung durch den EU-Gesetzgeber" spricht.

40 In diese Richtung bereits *Bobek*, in: Micklitz/de Witte (Hrsg.), The ECJ and the autonomy of the member states, 2012, S. 305; *Kakouris*, CMLRev 34 (1997), S. 1389 (1394 f., 1405 f.); *Schroeder*, AöR 129 (2004), S. 3 (37); in kritischer Perspektive *Ludwigs*, VVDStRL 83 (2024), S. 512 f.; pointiert *Mir Puigpelat*, in: Schneider/Caballero (Hrsg.), Strukturen des Europäischen Verwaltungsverbunds – Ergebnisse einer deutsch-spanischen Forschergruppe, Die Verwaltung, Beiheft 8 (2009), S. 177 (184): „leere Hülse".

b) Kohärenz

Als eine noch über die Grundsätze der Effektivität und Äquivalenz hinausweisende „Zauberformel" wird bisweilen die „Kohärenz der Rechtssysteme" qualifiziert.[41] Normative Anknüpfungspunkte des Kohärenzgebots finden sich sowohl im geschriebenen Primärrecht (vor allem in Art. 7 AEUV und Art. 13 Abs. 1 EUV) als auch in Gestalt eines ungeschriebenen Rechtfertigungsgrundes[42] und einer Rechtfertigungsschranke bei den Grundfreiheiten[43].[44] Im Zuge der Europäisierung hat es praktische Bedeutung beim System des vorläufigen Rechtsschutzes[45] und der unionsrechtlichen Staatshaftung[46] erlangt.[47] Dieser Kohärenzjudikatur des EuGH wird vereinzelt vorgeworfen, es handele sich um eine „Harmonisierungsstrategie" für außerhalb der Unionskompetenz liegende Bereiche.[48] Eine nähere Analyse zeigt indes, dass es dem Gerichtshof in erster Linie um die Sicherung der einheitlichen Anwendung und Umsetzung des Unionsrechts geht.[49] Die Kohärenz stellt mithin keinen freischwebenden Harmonisierungsansatz, sondern eine bloße Ausprägung des Äquivalenz- und Effektivitätsprinzips dar.[50]

---

41 *Schoch*, VBlBW 1999, S. 241 (246); *ders.*, Die Verwaltung Beiheft 2 (1999), S. 135 (146); *ders.*, in: Festg. 50 Jahre BVerwG, 2003, S. 507 (512); hierzu und zum Folgenden bereits *Ludwigs*, in: Kahl/Ludwigs (Fn. 9), § 8 Rn. 22.

42 Zuletzt EuGH, Rs. C-537/20 (L Fund), ECLI:EU:C:2023:339 Rn. 67 f.

43 EuGH, Rs. C-377/17 (Kommission/Deutschland), ECLI:EU:C:2019:562 Rn. 89; Rs. C-662/21 (Booky.fi), ECLI:EU:C:2023:239 Rn. 46.

44 *Dederer*, in: Kahl/Ludwigs (Fn. 7), § 47 Rn. 29 ff.; *Dieterich*, Systemgerechtigkeit und Kohärenz, 2014, 560 ff., 740 ff.; *Schuster*, Das Kohärenzprinzip in der Europäischen Union, 2016, 79 ff., 105 ff.; kompakt *Ludwigs*, VVDStRL 83 (2024), S. 131 (177 Fn. 255).

45 EuGH, verb. Rs. C-143/88 u. C-92/89 (Zuckerfabrik Süderdithmarschen), ECLI:EU:C:1991:65 Rn. 18; Rs. C-465/93 (Atlanta Fruchthandelsgesellschaft), ECLI:EU:C:1995:369 Rn. 22.

46 EuGH, verb. Rs. C-46/93 u. C-48/93 (Brasserie du pêcheur), ECLI:EU:C:1996:79 Rn. 20 ff.; hierzu im Kontext des Kohärenzprinzips instruktiv *Kahl*, AöR 144 (2019), S. 159 (184 ff.).

47 *Ludwigs*, in: Kahl/Ludwigs (Fn. 9), § 8 Rn. 22.

48 In diese Richtung *Schoch*, in: Festg. 50 Jahre BVerwG, 2003, S. 507 (512 f.); siehe auch *Schmidt-Aßmann*, in: Festschr. für Rainer Wahl, 2011, S. 819 (833); kritisch *Wollenschläger*, in: Gärditz (Hrsg.), VwGO, 2. Aufl. 2018, § 123 Rn. 49 f.; differenzierend *Streinz*, VVDStRL 61 (2002), S. 300 (337 ff.).

49 Überzeugend *Schuster* (Fn. 44), S. 183, 191, mit Verweis auf EuGH, Rs. C-143/88 u. C-92/89 (Zuckerfabrik Süderdithmarschen), ECLI:EU:C:1991:65 Rn. 25 f. bzw. verb. Rs. C-46/93 u. C-48/93 (Brasserie du pêcheur), ECLI:EU:C:1996:79 Rn. 20 ff.

50 Vgl. *Ehlers*, DVBl. 2004, S. 1441 (1442); hieran anknüpfend *Ludwigs* (Fn. 9), § 8 Rn. 22.

c) Recht auf eine gute Verwaltung

Keine originären Einflussfaktoren der Europäisierung bilden auch das in Art. 41 GRCh manifestierte „Recht auf eine gute Verwaltung“ und seine objektiv-rechtliche Flankierung durch Art. 298 AEUV. Ausweislich ihres Wortlauts adressieren beide Regelungen allein das Handeln der Organe, Einrichtungen und sonstigen Stellen der Union.[51] Nicht zu verkennen ist allerdings, dass auch die Mitgliedstaaten beim indirekten Vollzug über die ungeschriebenen allgemeinen Rechtsgrundsätze an zentrale Gewährleistungen des Rechts auf eine gute Verwaltung gebunden sind.[52] Beide Maßstäbe sind aufeinander bezogen und entstammen der gleichen Quelle wertender Rechtsvergleichung.[53] Im Einzelnen zählen zu den anerkannten Grundsätzen des Unionsverwaltungsrechts insbesondere der Anspruch auf rechtliches Gehör, das Recht auf Akteneinsicht sowie die mit der Garantie effektiven Rechtsschutzes (Art. 47 GRCh) verknüpfte[54] Pflicht zur Begründung von Verwaltungsentscheidungen.[55] Daneben treten allgemeine Vorgaben, wie der Untersuchungsgrundsatz, das Gebot unparteiischer Behandlung oder die Zügigkeit des Verwaltungsverfahrens.[56] Allen diesen

51 Zu Art. 41 GRCh deutlich EuGH, Rs. C-166/13 (Mukarubega), ECLI:EU:C:2014:2336 Rn. 44 ff.; Rs. C-249/13 (Boudjlida), ECLI:EU:C:2014:2431 Rn. 29 ff.; zuletzt EuGH, Rs. C-471/22 (Agentsia „Patna infrastruktura“), ECLI:EU:C:2024:99 Rn. 41; aus der Lit. statt vieler *Pabel*, in: Kahl/Ludwigs (Fn. 21), § 115 Rn. 12 m. w. N.; zum politischen Hintergrund *Ladenburger*, in: Trute/Groß/Röhl/Möllers (Fn. 9), S. 107 (116); kritisch *Terhechte*, in: Pechstein/Nowak/Häde (Hrsg.), Frankfurter Kommentar zu EUV, GRC und AEUV, 2. Aufl. 2023, Art. 41 GRCh Rn. 16; zur Beschränkung des Geltungsbereichs von Art. 298 AEUV auf die EU-Eigenverwaltung: *Saurer*, in: Pechstein/Nowak/Häde (Hrsg.), Frankfurter Kommentar, 2. Aufl. 2023, Art. 298 Rn. 6 f. m. w. N. zum Meinungsstand; siehe auch *Ludwigs*, in: Festschr. für Horst Dreier, 2024, S. 371 (374); zum Charakter von Art. 298 Abs. 1 AEUV als objektiv-rechtliche Flankierung von Art. 41 GRCh *Ruffert*, in: Calliess/Ruffert (Hrsg.) EUV/AEUV, 6. Aufl. 2022, Art. 298 Rn. 13.

52 Vgl. *Jarass*, GRCh, 4. Aufl. 2021, Art. 41 Rn. 11; *Mager*, in: Kahl/Mager (Hrsg.), Verwaltungshandeln, 2022, S. 415 (417); *Pabel*, in: Kahl/Ludwigs (Fn. 21), § 115 Rn. 13; s. auch schon *Grzeszick*, EuR 2006, S. 161 (167).

53 *Pabel*, in: Kahl/Ludwigs (Fn. 51), § 115 Rn. 13.

54 Grundlegend zum Zusammenhang zwischen behördlicher Begründung und gerichtlicher Kontrolle EuGH, Rs. C-222/86 (Heylens), ECLI:EU:C:1987:442 Rn. 15; Rs. C-308/22 (PAN Europe (Closer)), ECLI:EU:C:2024:350 Rn. 78.

55 Für eine Einordnung als „individuelle Verfahrensrechte“ *Schoch* (Fn. 7), Einl. Rn. 426 ff.

56 *Schoch*, in: Schoch/Schneider (Fn. 7), Einl. Rn. 430 ff.; siehe auch *Pabel*, in: Kahl/Ludwigs (Fn. 51), § 115 Rn. 17 ff.

Maximen ist gemein, dass sie im VwVfG eine Entsprechung finden.[57] Konfliktpotenzial ist nur insoweit erkennbar, als die Gewährung rechtlichen Gehörs im Bereich des Unionsverwaltungsrechts alle die Betroffenen beschwerenden Maßnahmen und damit auch die Ablehnung eines begünstigenden Verwaltungsakts sowie bloße Realakte erfasst.[58] Demgegenüber adressiert § 28 Abs. 1 VwVfG nach ständiger Rechtsprechung allein den Erlass belastender Verwaltungsakte,[59] was nach einer Korrektur im Wege der Konformitätsauslegung verlangt.[60]

d) EU-Dienstleistungsrichtlinie

Erweitert man die Perspektive um das EU-Sekundärrecht, erscheint zwar unstreitig, dass dieses in vielfältiger Weise auf das nationale Verwaltungsrecht einwirkt. Der deutsche Gesetzgeber entscheidet sich aber regelmäßig für die Umsetzung im jeweiligen Fachrecht.[61] Mit Blick auf das VwVfG lässt sich nur in zwei Fällen eine dezidierte Transformation sekundärrechtlicher

---

57 In diese Richtung auch *Schoch*, in Schoch/Schneider (Fn. 7), Einl. Rn. 426 ff. u. Rn. 430 ff., mit Hinweis auf die §§ 28, 29, 39 VwVfG sowie die §§ 10 S. 2, 20 f., 24 VwVfG; vgl. daneben zu den als Ausdruck des Neutralitäts- und Unabhängigkeitsprinzips eingeordneten §§ 20, 21 VwVfG: *Schmitz*, in: Stelkens/Bonk/Sachs (Fn. 12), § 20 Rn. 67, § 21 Rn. 27; siehe auch *Schuler-Harms*, in: Schoch/Schneider (Fn. 7), § 20 Rn. 22 ff., mit Hinweis (in Rn. 23) auf die differenzierteren Regelungen in der EU-Haushaltsordnung und im Beamtenstatut; instruktiv zur Regelung über Interessenkonflikte nach Art. 61 der EU-Haushaltordnung *Mögele*, AUR 2021, S. 175 (184 ff.), am Bsp. der Durchführung der europäischen Agrarförderung.

58 Vgl. aus der Judikatur des Gerichtshofs zum Ausländerrecht deutlich EuGH, Rs. C-166/13 (Mukarubega), ECLI:EU:C:2014:2336 Rn. 42 ff.; Rs. C-249/13 (Boudjlida), ECLI:EU:C:2014:2431 Rn. 30 ff.; außerhalb des Ausländerrechts zuletzt auch EuGH, Rs. C-471/22 (Agentsia „Patna infrastruktura"), ECLI:EU:C:2024:99 Rn. 42.

59 BVerwG Buchholz 451.74 § 8 KHG Nr. 3; BVerwGE 66, 184 (186); 68, 267 (270); zustimmend etwa *Ziekow*, VwVfG, 4. Aufl. 2020, § 28 Rn. 3; kritisch (mit Differenzierungen im Einzelnen) z. B. *Kallerhoff/Mayen*, in: Stelkens/Bonk/Sachs (Fn. 12), § 28 Rn. 31 ff.

60 Ebenso *Kallerhoff/Mayen* (Fn. 59), § 28 Rn. 31 ff.; siehe auch schon *Kahl*, in: Hoffmann-Riem/Schmidt-Aßmann (Hrsg.), Verwaltungsverfahren und Verwaltungsverfahrensgesetz, 2002, S. 68 (119) m. w. N. zur damals gegenteiligen h. M.; siehe auch *von Danwitz*, Europäisches Verwaltungsrecht, 2008, S. 535 f.; noch zweifelnd *Müller* (Fn. 5), S. 37; *Schoch*, in: Schoch/Schneider (Fn. 7), Einl. Rn. 427.

61 *Schoch*, in: Schoch/Schneider (Fn. 7), Einl. Rn. 707; die regelmäßig bestehende höhere Passgenauigkeit einer Umsetzung im Fachrecht anerkennend *Kahl*, NVwZ 2011, S. 449 (556).

Vorgaben nachweisen. Neben einer Umsetzung der EU-Signaturrichtlinie[62] durch die 2002 aufgenommene Regelung zur elektronischen Verwaltungskommunikation in § 3a VwVfG[63] betrifft dies vor allem die bereits erwähnte Dienstleistungsrichtlinie[64]. Anstelle einer Eins-zu-Eins-Umsetzung durch neues Sonderrecht hat sich der Gesetzgeber hier in den Jahren 2008[65] und 2009[66] für eine überschießende Änderung des VwVfG entschieden. Die einschlägigen Regelungen werden zwar vielfach als „vorbildlich"[67] bzw. „klug und richtig"[68] gelobt,[69] haben aber zugleich Regelungslücken im VwVfG offengelegt. Besonders deutlich wird dies mit Blick auf die Genehmigungsfiktion in § 42a VwVfG. Hierbei handelt es sich um einen insularen Fremdkörper, der nach einer Einbindung in eine Eröffnungskontrolle verlangt.[70] Ein weiteres Beispiel bilden die Vorschriften zur Europäischen Verwaltungszusammenarbeit (§§ 8a bis 8e VwVfG)[71] und zum Verfahren über eine einheitliche Stelle (§§ 71a bis 71e VwVfG)[72]. Ihnen lässt sich entnehmen, dass auch Vorgänge der intra- und inter-administrativen Kooperation und Verständigung vom VwVfG erfasst werden, was über den engen Verfahrensbegriff des § 9 VwVfG hinausgeht und nach systematischer Verarbeitung verlangt.[73]

---

62 Richtlinie 1999/93/EG des Europäischen Parlaments und des Rates v. 13. 12. 1999 über gemeinschaftliche Rahmenbedingungen für elektronische Signaturen, ABl. 2000 L Nr. 13, S. 12; aufgehoben durch Verordnung (EU) Nr. 910/2014 des Europäischen Parlaments und des Rates v. 23. 7. 2014, ABl. 2014 L Nr. 257, S. 73.

63 Eingefügt durch Art. 1 Nr. 4 des Gesetzes v. 21. 8. 2002, BGBl. I 2002, S. 3322; vgl. nachfolgend auch noch die im Kontext der eIDAS-Verordnung (EU) Nr. 910/2014 (Fn. 62) stehenden Änderungen von § 3a VwVfG durch Gesetze v. 18. 7. 2017 (BGBl. I 2017, S. 2745), v. 21. 6. 2019 (BGBl. I 2019, S. 846) und v. 4. 12. 2023 (BGBl. I 2023, Nr. 344).

64 Nachweis in Fn. 20.

65 Viertes Gesetz zur Änderung verwaltungsverfahrensrechtlicher Vorschriften (4. VwVfÄndG) v. 11. 12. 2008, BGBl. I 2008, S. 2418.

66 Gesetz zur Umsetzung der Dienstleistungsrichtlinie im Gewerberecht und in weiteren Rechtsvorschriften v. 17. 7. 2009, BGBl. I 2009, S. 2091.

67 *Kahl/Hilbert*, RW 2012, S. 453 (460).

68 *Burgi*, in: Burgi/Schönenbroicher (Fn. 21), S. 36.

69 Dezidiert a. A. *Schliesky*, in: Kahl/Mager (Hrsg.), Verwaltungsrechtswissenschaft und Verwaltungsrechtspraxis, 2019, S. 45 (62 f.): „misslungen", „trauriges Lehrstück"; ausführlich ders., DVP 2010, S. 266 ff.

70 Statt vieler *Müller* (Fn. 5), S. 118 f. m. w. N.

71 Statt vieler *Prell*, in: Burgi/Schönenbroicher (Fn. 21), S. 48 ff.

72 Vgl. nur *Schmitz/Prell*, NVwZ 2009, S. 1 ff.

73 *Schmidt-Aßmann*, Verwaltungsrechtliche Dogmatik in der Entwicklung, 2. Aufl. 2023, S. 240 f.

2. Indizwirkung des Eigenverwaltungsrechts

Losgelöst von einzelnen Vorgaben des Primär- und Sekundärrechts wird im Schrifttum die Frage diskutiert, inwieweit das EU-Eigenverwaltungsrecht einen tauglichen Referenzmaßstab gegenüber dem Unionsverwaltungsrecht bildet.[74] Praktische Bedeutung kommt dem vor allem bei der Behandlung von Verfahrens- und Formfehlern zu. Zwar führt auch im EU-Eigenverwaltungsrecht nicht jeder Fehler als „Verletzung *wesentlicher* Formvorschriften" (Art. 263 Abs. 2 Var. 2 AEUV)[75] zur Nichtigerklärung der angegriffenen Sachentscheidung,[76] der EuGH formuliert aber sowohl für die grundsätzlich nur während des Verwaltungsverfahrens mögliche Heilung als auch für die Unbeachtlichkeit von Verfahrensfehlern strenge Maßstäbe. Dies gilt insbesondere im Hinblick auf Anhörungs-, Akteneinsichts- und Begründungsmängel.[77]

Fragt man nach einer Übertragbarkeit der für den direkten Vollzug gefundenen Lösungen auf den indirekten Vollzug, stehen sich zwei Ansätze gegenüber. Die Autonomiethese lehnt eine Maßstabsfunktion der Grundsätze des Eigenverwaltungsrechts ab.[78] Der beim indirekten Vollzug erfolgende Rückgriff auf nationales Verfahrensrecht eröffne den Mitgliedstaaten zwangsläufig Spielräume, die allein durch den grundlegenden Rahmen des

---

74 Ausführliche Diskussion zuletzt bei *Gräf*, Subjektive öffentliche Verfahrensrechte unter dem Einfluss des Unionsrechts, 2020, S. 65 ff.; *Gundel*, in: Schulze/Janssen/Kadelbach (Hrsg.), Europarecht, 4. Aufl. 2020, § 3 Rn. 176 ff.; eingehend bereits *Kahl*, VerwArch 95 (2004), S. 1 (13 ff., 16 ff.).

75 Hervorhebung v. *Verf.*

76 Hierzu *Hering*, Fehlerfolgen im europäischen Eigenverwaltungsrecht, 2019, S. 14 ff., 102 ff. m. w. N.; siehe auch schon *Bülow*, Die Relativierung von Verfahrensfehlern im Europäischen Verwaltungsverfahren und nach §§ 45, 46 VwVfG, 2017, S. 239 ff., 304 ff., 320 ff.

77 EuGH, Rs. C-110/63 (Willame/Commission de la CEEA), Slg. 1965, 859 (878 f.); Rs. C-195/80 (Michel), ECLI:EU:C:1981:284 Rn. 22; verb. Rs. C-329/93, C-62/95 u. C-63/95 (Deutschland/Kommission), ECLI:EU:C:1996:394 Rn. 22, 48; Rs. C-315/99 (Ismeri Europa/Rechnungshof), ECLI:EU:C:2001:391 Rn. 31 f.; Rs. C-204/00 P (Aalborg Portland), ECLI:EU:C:2004:6 Rn. 103 f.; *Kahl*, NVwZ 2011, S. 449 (451 f.); *Ladenburger*, in: Kahl/Mager (Fn. 69), S. 82 f.; *Pünder*, in: Ehlers/Pünder (Hrsg.), Allgemeines Verwaltungsrecht, 16. Aufl. 2022, § 14 Rn. 86; *Wahl*, DVBl. 2003, S. 1285 (1290); *ders.*, in: Hill/Pitschas (Hrsg.), Europäisches Verwaltungsverfahrensrecht, 2004, S. 357 (372 f.); vgl. für eine aktuelle Bestandsaufnahme insb. *Schneider*, in: Schoch/Schneider (Fn. 7), § 45 Rn. 26 ff.

78 In diese Richtung etwa *von Danwitz*, DVBl. 1997, S. 421 (431); *Hegels*, EG-Eigenverwaltungsrecht und Gemeinschaftsverwaltungsrecht, 2001, insb. S. 34 ff., 48 ff., 86 ff., 152; *Rengeling*, DVBl. 1986, S. 306 (309 f.).

Äquivalenz- und Effektivitätsprinzips sowie eine Anwendung der Unionsgrundrechte begrenzt würden.[79] Im Kontrast hierzu stellt die Parallelisierungsthese (z. T. auch als Homogenisierungsthese bezeichnet) für die Ausfüllung des Effektivitätsgrundsatzes zentral auf die zum EU-Eigenverwaltungsrecht entwickelten Vorgaben ab.[80] Zur Begründung wird neben dem Aspekt der inneren Stimmigkeit der „Systemteile" von Eigenverwaltungs- und Unionsverwaltungsrecht[81] vor allem die Aufhebung der strikten Trennung von direktem und indirektem Vollzug im Rahmen der europäischen Verbundverwaltung in Stellung gebracht.[82]

Eine kritische Würdigung macht deutlich, dass beide Ansätze argumentative Schwachstellen aufweisen. Einerseits geht die Annahme einer prinzipiellen Maßstabsfunktion des EU-Eigenverwaltungsrechts schon aufgrund der divergierenden Gesetzmäßigkeiten von direktem und indirektem Vollzug zu weit. Beleg hierfür liefert nicht zuletzt der unterschiedlich ausgeprägte funktionale Zusammenhang von Verfahren und Rechtsschutz.[83] Daneben ist spezifisch zur Heilung von Verfahrensfehlern darauf hingewiesen worden, dass es auf Ebene der Unionsgerichte an einem prozessrechtlichen Rahmen für eine reale Fehlerheilung fehle, während dieser auf nationaler Ebene existiere.[84] Hinzu kommt in grundlegender Perspektive, dass eine durch Richterrecht herbeigeführte Parallelisierung die fehlende Kompetenz

79 Berichtend *Gräf* (Fn. 74), S. 65 m. w. N.

80 Grundlegend *Schmidt-Aßmann*, in: Müller-Graff (Hrsg.), Perspektiven des Rechts der EU, 1998, S. 131 (139 ff.); *ders.*, Das allgemeine Verwaltungsrecht als Ordnungsidee, 2006, Kap. 7 Rn. 24; hieran anknüpfend *Pünder* (Fn. 77), § 13 Rn. 24 u. § 14 Rn. 86; siehe auch *Kahl*, VerwArch 95 (2004), S. 1 (16 ff.); relativierend aber *ders.*, NVwZ 2011, S. 449 (451).

81 Vgl. insoweit *Schmidt-Aßmann* (Fn. 80), Kap. 7 Rn. 24.

82 Hierzu *Gräf* (Fn. 74), S. 67.

83 Zur geringeren Intensität der Kontrolle von Administrativentscheidungen im EU-Eigenverwaltungsrecht durch den Gerichtshof der EU und einer hieraus resultierenden (gleichsam kompensatorisch) erhöhten Bedeutung der durch die Unionsrechtsordnung in Verwaltungsverfahren gewährten Garantien, vgl. bereits *Ludwigs*, in: Kahl/Ludwigs (Fn. 51), § 96 Rn. 12, mit Verweis auf EuGH, Rs. C-269/90 (Technische Universität München), ECLI:EU:C:1991:438 Rn. 14; Rs. C-493/17 (Weiss), ECLI:EU:C:2018:1000 Rn. 30; siehe auch schon *Burgi*, DVBl. 2011, S. 1317 (1320); *von Danwitz* (Fn. 59), S. 300, 370; *Saurer*, Der Einzelne im europäischen Verwaltungsrecht, 2014, S. 250 ff., 261 ff.; grundlegend zum funktionalen Zusammenhang von Verwaltungsverfahren und gerichtlichem Rechtsschutz *Gerhardt*, in: Hoffmann-Riem/Schmidt-Aßmann (Fn. 60), S. 413 ff.

84 *Schneider*, in Schoch/Schneider (Fn. 7), § 45 Rn. 28, mit Hinweis auf die Nacharbeitung der tatsächlichen Entscheidungsgrundlagen durch die deutschen Verwaltungsgerichte im Rahmen der eigenen Amtsermittlung.

der EU für eine breitflächige Regelung des Unionsverwaltungsrechts auszuhebeln droht.[85] Andererseits wurde bereits hervorgehoben, dass eine Wechselbeziehung zwischen dem für die EU-Stellen maßgeblichen Grundrecht auf gute Verwaltung in Art. 41 GRCh und den für die nationalen Stellen maßgeblichen allgemeinen Rechtsgrundsätzen besteht.[86]

Es spricht daher viel für einen vermittelnden Ansatz:[87] Danach ist zwar weiterhin in jedem Einzelfall zu prüfen, ob eine für den direkten Vollzug entwickelte Lösung auf das Unionsverwaltungsrecht übertragen werden kann. Anzuerkennen ist aber zugleich, dass dem EU-Eigenverwaltungsrecht eine gewisse Orientierungsfunktion zukommt. Weichen die nationalen Behörden hiervon ab, kann dies gleichsam als „negatives Indiz" betrachtet werden, ohne dass hiermit bereits eine Vermutungswirkung für einen Verstoß gegen den Effektivitätsgrundsatz verbunden wäre.[88]

Dass die Judikatur des EuGH zum Teil differenzierter ausfällt als bisweilen angenommen, zeigt sich im Übrigen am Beispiel der jüngeren Rechtsprechung zur Möglichkeit einer Fehlerheilung und Unbeachtlichkeit von Verfahrensfehlern im Rahmen des indirekten Vollzugs von Unionsrecht.[89] Dort wird (jedenfalls bereichsspezifisch) eine größere Flexibilität gegenüber der zum Eigenverwaltungsrecht entwickelten strengen Linie erkennbar. Zum einen finden sich im Umweltverfahrensrecht (zur Umweltverträglichkeitsprüfung) mehrere Entscheidungen, die eine Fehlerheilung auch noch nach Abschluss des Verwaltungsverfahrens zulassen.[90] Zum anderen

---

85 *Gräf* (Fn. 74), S. 66.

86 Hierzu unter III. 1. c).

87 Ähnlich *Gräf* (Fn. 74), S. 65 ff., 74; *Kahl*, NVwZ 2011, S. 449 (451); siehe aber auch Fn. 88.

88 A. A. insoweit aber *Gundel* (Fn. 74), § 3 Rn. 180; *Kahl*, NVwZ 2011, S. 449 (451); *ders.*, Wissenschaft, Praxis und Dogmatik im Verwaltungsrecht, 2020, S. 179 ff.

89 Instruktiv zu den unionsrechtlichen Einwirkungen auf das nationale Recht zuletzt insb. *Schneider*, in: Schoch/Schneider (Fn. 7), § 45 Rn. 31 ff. und § 46 Rn. 19.

90 Vgl. insb. EuGH, Rs. C-348/15 (Stadt Wiener Neustadt), ECLI:EU:C:2016:882 Rn. 36 ff.; verb. Rs. C-196/16 und C-197/16 (Comune di Corridonia), ECLI:EU:C:2017:589 Rn. 28 ff., 43; Rs. C-117/17 (Comune di Castelbellino), ECLI:EU:C:2018:129 Rn. 21 ff., 30 ff.; Rs. C-411/17 (Inter-Environnement Wallonie und Bond Beter Leefmilieu Vlaanderen), ECLI:EU:C:2019:622 Rn. 169 ff., 175 f.; ausführlich (auch zu den weiteren Voraussetzungen) der Beitrag von *Laura Hering* in diesem Band; siehe auch schon die instruktive Differenzierung zwischen der EuGH-Judikatur ab 2004 und ab 2013 bei *Emmenegger*, in: Mann/Sennekamp/Uechtritz (Hrsg.), VwVfG, 2. Aufl. 2019, § 46 Rn. 32 f. und Rn. 34 ff., die zudem in Rn. 141 ff. ausdrücklich für die grundsätzliche Möglichkeit einer Fehlerheilung während des gerichtlichen Verfahrens plädiert.

hat der Gerichtshof in einem Urteil zur Rückführung illegal aufhältiger Drittstaatsangehöriger dezidiert hervorgehoben, dass die Unbeachtlichkeit eines Anhörungsmangels im Lichte der praktischen Wirksamkeit des Unionsrechts nicht nur zugelassen, sondern sogar weitergehend gefordert sein kann.[91]

3. Impulsfunktion von europäischem soft law

Weniger im Fokus als Einflussfaktor der Europäisierung stand bislang die Impulsfunktion von europäischem *soft law*. Hierunter können solche verhaltensbezogene Regelungen von Hoheitsträgern bzw. von Hoheitsgewalt ausübenden Stellen auf europäischer Ebene verstanden werden, die über „keine oder nur eine auf die Innensphäre des Regelungsgebers bezogene Rechtsverbindlichkeit verfügen“ und ihre Steuerungswirkungen allein auf außerrechtlichem Wege erzielen.[92] Mit Blick auf das Verfahrensrecht sind neben den unterschiedlichen Kodizes für gute Verwaltungspraxis[93] z. B. die unter dem Begriff der „besseren Rechtsetzung“ zusammengefassten Bemühungen um eine höhere Normqualität auf Unionsebene hervorzuheben[94]. Den Ausgangspunkt bildete die Umsetzung der Empfehlungen des Rats der OECD zur Verbesserung der Regulierungsqualität[95] durch den Mandelkern-Bericht aus dem Jahr 2001[96]. Seither wurden auf Unionsebene zahlreiche Pläne, Programme und interinstitutionelle Übereinkünfte ver-

91 EuGH, Rs. C-383/13 (G. und R.), ECLI:EU:C:2013:533 Rn. 37 ff.; hierzu *Schneider*, in: Schoch/Schneider (Fn. 7), § 45 Rn. 31 ff. und § 46 Rn. 31, 35.

92 Kompakt (mit dem wörtlichen Zitat) *Knauff*, in: Kahl/Ludwigs (Fn. 7), § 41 Rn. 2 f.; siehe auch *Stelkens* (Fn. 12), Rn. 79 ff.; ausführlich *Knauff*, Der Regelungsverbund – Recht und Soft Law im Mehrebenensystem, 2010, S. 214 ff. m. w. N.

93 Zu den Kodizes für gute Verwaltungspraxis des Europäischen Bürgerbeauftragten (abrufbar unter https://www.ombudsman.europa.eu/de/publication/de/3510 [letzter Abruf: 30. 4. 2024]) und der Europäischen Kommission (Anhang zur Geschäftsordnung der Kommission v. 29. 11. 2000, ABl. 2000 L Nr. 308, S. 32) vgl. *Schuler-Harms*, in: Schoch/Schneider (Fn. 7), § 39 Rn. 20; *Stelkens*, in: Stelkens/Bonk/Sachs (Fn. 12), Rn. 108 ff.; die „bescheidene praktische Relevanz“ betonend *Ladenburger*, in: Trute/Groß/Röhl/Möllers (Fn. 9), S. 114.

94 Ausführlich zum Folgenden *Müller* (Fn. 5), S. 188 ff.

95 OECD, Recommendation of the Council on Improving the Quality of Government Regulation v. 9. 3. 1995, OECD/LEGAL/0278.

96 Hierzu Bundesregierung, Moderner Staat – Moderne Verwaltung. Der Mandelkern-Bericht – Auf dem Weg zu besseren Gesetzen, 2002; knapp *Hill*, in: Hill/Pitschas (Fn. 77), S.282 f.

öffentlicht, um die Ideen einer besseren Rechtssetzung voranzutreiben.[97] Die EU-Kommission versteht hierunter eine faktenbasierte, transparente Rechtsetzung, die sich auf die Ansichten der Betroffenen stützt.[98] Zu den zentralen Instrumenten werden u. a. die Normplanung, eine Konsultation von Stakeholdern, die Durchführung von Evaluationen und Folgenabschätzungen sowie Qualitätskontrollen gezählt.[99] Im Schrifttum wird die so verstandene bessere Rechtsetzung als „verwaltungsverfahrensrechtliches Konzept mit erheblicher Bedeutung für die Fortentwicklung der Verwaltungsverfahrensgesetze unter dem Einfluss des Unionsrechts" begriffen.[100] Einen Beleg hierfür liefern die Regelungen zur besseren Rechtsetzung im spanischen Recht.[101] Im Zuge einer Reform aus dem Jahr 2015 wurden hier die Grundsätze eines allgemeinen Verfahrens für den Erlass untergesetzlicher Rechtsnormen im Gesetz über das gemeinsame Verwaltungsverfahren der öffentlichen Verwaltungen (Art. 127–133 LPAC[102]) normiert. Die Präambel zum Gesetz hebt (unter IV.) explizit hervor, dass die Neuregelungen im Kontext der internationalen und europäischen Initiativen für eine bessere Rechtsetzung stehen. Vor diesem Hintergrund lässt sich die angestrebte Verbesserung der Normqualität mittels allgemeiner Verfahrensbestimmungen als ein der indirekten Europäisierung zuzuordnendes Phänomen begreifen.[103]

Wendet man den Blick auf das deutsche Recht, ist zu konstatieren, dass auch hier seit geraumer Zeit darüber nachgedacht wird, die administrative Rechtsetzung aus ihrem „Schattendasein" zu befreien und einer Regelung im VwVfG zuzuführen.[104] Das europäische *soft law* zur besseren Rechtset-

---

97 Europäische Kommission, Bessere Rechtsetzung – warum und wie?; abrufbar unter: https://commission.europa.eu/law/law-making-process/planning-and-proposing-law/better-regulation_de#ziele-der-agenda-f%C3%BCr-bessere-rechtsetzung (letzter Abruf: 30. 4. 2024).

98 Vgl. die Kurzbeschreibung unter Europäische Kommission (Fn. 97).

99 European Commission, Better Regulation Guidelines v. 3. 11. 2021, SWD (2021) 305 final, S. 8 ff.

100 *Müller* (Fn. 5), S. 188, mit Verweis auf *Mir Puigpelat*, in Velasco Rico (Hrsg.), Reflexiones sobre la reforma administrativa de 2015, 2017, S. 209 (212).

101 Hierzu näher *Müller* (Fn. 5), S. 194 ff.

102 Ley 39/2015, de 1 de octubre, del Procedimiento Administrativo Común de las Administraciones Públicas, BOE-A-2015-10565; abrufbar unter https://www.boe.es/buscar/act.php?id=BOE-A-2015-10565 (letzter Abruf: 30. 4. 2024).

103 *Müller* (Fn. 5), S. 194 ff.

104 Zum Diskussionsstand *Schoch*, in: Schoch/Schneider (Fn. 7), Einl. Rn. 665 ff. m. w. N.; monografisch *Gößwein*, Allgemeines Verwaltungs(verfahrens)recht der

zung könnte dafür ebenso wie die Regelung im spanischen Verwaltungsverfahrensgesetz oder Buch II des *ReNEUAL*-Musterentwurf zum Eigenverwaltungsrecht[105] als Reformimpuls begriffen werden.[106] Pauschale Schlüsse sind jedoch zu vermeiden. So wird im Schrifttum etwa mit Recht auf die unterschiedliche kompetenzrechtliche Ausgangslage im Hinblick auf das administrative Rechtssetzungsverfahren bei Rechtsverordnungen einerseits und Satzungen andererseits verwiesen.[107]

4. Vorbildfunktion von Regelungsmodellen anderer EU-Staaten

Die Ausführungen zur Rezeption von europäischem *soft law* in der spanischen Rechtsordnung weisen eine direkte Verbindungslinie zur Vorbildfunktion von Regelungsmodellen aus anderen EU-Mitgliedstaaten als weiteren Einflussfaktor auf. Ein solcher Fall lässt sich zwar im dogmatisch eher unbeweglichen und reflexiven deutschen Verwaltungsverfahrensrecht nicht dezidiert nachweisen.[108] Es besteht aber immerhin weitgehende Einigkeit, dass das von Vorstellungen des angelsächsischen und französischen Rechtsdenkens beeinflusste EU-Eigenverwaltungsrecht den Eigenwert des Verfahrens stärker akzentuiert.[109] Hierdurch wurde auch im deutschen Verwaltungsrecht die Erkenntnis geschärft, dass dem Verfahren nicht nur eine „dienende Funktion" im Hinblick auf das materielle Recht zukommt.[110] In noch größerer Klarheit lassen sich entsprechende Rezeptionsprozesse für andere Rechtsordnungen belegen. So hat *Timotheus Müller* in seiner Heidelberger Dissertationsschrift nachgewiesen, dass der im deutschen und

---

administrativen Normsetzung, 2001; *Trips*, Das Verfahren der exekutiven Rechtsetzung, 2006.

105 Nachweis in Fn. 7; hierin einen Reformimpuls für das VwVfG erblickend *Augsberg*, Die Verwaltung 50 (2017), S. 1 (11 f., 16).

106 Vgl. den Formulierungsvorschlag bei *Müller* (Fn. 5), S. 282 ff.

107 *Schoch*, in: Schoch/Schneider (Fn. 7), Einl. Rn. 666 f. m. w. N., unter Rekurs u. a. auf die ausschließliche Zuständigkeit des Landesgesetzgebers zur Normierung von Anforderungen an Satzungsverfahren im Kontext der kommunalen Selbstverwaltung.

108 *Müller* (Fn. 5), S. 239.

109 *Kahl*, in: Kahl/Ludwigs (Fn. 51), § 94 Rn. 64, mit Verweis u. a. auf *Schoch*, Die Europäisierung des verwaltungsgerichtlichen Rechtsschutzes, 2000, S. 37.

110 Zum Status quo der Leitbilddiskussion in Deutschland zuletzt knapp *Ludwigs*, in: Kahl/Ludwigs (Fn. 21), § 96 Rn. 13; ausführlich *Gurlit*, ebd., § 109 (beide m. w. N.).

schweizerischen Recht entwickelte Grundsatz des Vertrauensschutzes[111] zunächst europäisches *ius commune* wurde, bevor er sich zu spanischem *ius proprium* entwickelte.[112]

Nicht selten bleibt die „,Quellenforschung'" aber auch heute noch unsicher,[113] wie selbst ein Blick auf die Rezeption des Verhältnismäßigkeitsgrundsatzes in anderen Rechtsordnungen verdeutlicht.[114] Hieraus resultiert zugleich ein Auftrag an die Wissenschaft, die Europäisierung der Verwaltungsverfahrensrechts in rechtsvergleichender Perspektive noch vertiefter zu erschließen.[115] Das Handbuch *Ius Publicum Europaeum* liefert hierfür wertvolle Ansätze,[116] ohne monografische Gegenüberstellungen einzelner Rechtsordnungen ersetzen zu können. Die erwähnte Arbeit von *Timotheus Müller* zur Europäisierung der Verwaltungsverfahrensgesetze in Deutschland und Spanien[117] ist insoweit ebenso maßstabssetzend wie bislang singulär.

---

111 Näher zur Herleitung in der Rechtsprechung *Blanke*, Vertrauensschutz im deutschen und europäischen Verwaltungsrecht, 2000, S. 13 ff. m. w. N. auch zur Judikatur des schweizerischen Bundesgerichts.

112 Prägnant *Müller* (Fn. 5), S. 44.

113 Vgl. im Kontext des EU-Eigenverwaltungsrechts bereits *Schmidt-Aßmann*, DVBl. 1993, S. 924 (928).

114 Kritisch zur These (z. B. bei *Saurer*, Der Staat 51 [2012], S. 3 [8]), wonach der Verhältnismäßigkeitsgrundsatz direkt vom deutschen in das spanische Recht gelangt ist z. B. *Müller* (Fn. 5), S. 53 f.

115 Daneben auf das Desiderat einer Forcierung der „*Binnen*rechtsvergleichung" (Hervorhebung v. *Verf.*) im Verhältnis von EU-Eigenverwaltungsrecht, Unionsverwaltungsrecht und Verbundverwaltungsrecht hinweisend *Kahl*, NVwZ 2011, 449 (454); grundlegend zum Standort der Rechtsvergleichung im Verwaltungsrecht *Schmidt-Aßmann*, ZaöRV 78 (2018), S. 807 ff.; siehe zur „Perspektivenerweiterung" durch Rechtsvergleichung auch *Ruffert*, Die Verwaltung, Beiheft 12 (2017), S. 165 (167 ff., 170 ff.). spezifisch zum Verwaltungsverfahren in rechtsvergleichender Perspektive *Pünder*, in: Kahl/Ludwigs (Fn. 51), § 116 Rn. 6 ff.

116 Vgl. insb. die Länderberichte (z. T. mit expliziten Ausführungen auch zur Europäisierung), in: von Bogdandy/Cassese/Huber (Hrsg.), IPE, Bd. V, 2014; siehe daneben allgemein die Beiträge, in: *Seerden* (Hrsg.), Comparative Administrative Law, 4. Aufl. 2018; ferner *Cane/Hofmann/Ip/Lindseth* (Hrsg.), The Oxford Handbook of Comparative Administrative Law, 2021; *Uhlmann* (Hrsg.), Codification of Administrative Law, 2023; *Rose-Ackermann/Lindseth/Emerson* (Hrsg.), Comparative Administrative Law, 2. Auf. 2017; angekündigt zudem *Della Cananea/Auby* (Hrsg.), General Principles and Sector-Specific Rules in European Administrative Laws, 2024.

117 Nachweis in Fn. 5.

5. Schranken- und Vereinheitlichungsfunktion des Verfassungsrechts

Unvollständig wäre die Analyse der Einflussfaktoren, wenn die Einwirkungen des Grundgesetzes außer Betracht blieben. Klärungsbedürftig ist hier zunächst, inwiefern die Europäisierung an verfassungsrechtliche Grenzen stoßen kann. Einen Anknüpfungspunkt bildet die Relativierung des unionalen Anwendungsvorrangs in der Kontrollvorbehalte-Judikatur des BVerfG.[118] Mit Blick auf die prominente Feststellung von *Ulrich Scheuner* aus dem Jahr 1963, wonach das „Verwaltungsrecht zu denjenigen Rechtsmaterien [gehört], in denen die nationale Eigenart eines Volkes und Staates sich am stärksten ausprägt",[119] ist hier insbesondere an den Identitätsvorbehalt zu denken.[120] Dieser schützt den unantastbaren Kerngehalt der Verfassungsidentität und wurzelt in der integrationsfesten Ewigkeitsgarantie des Art. 79 Abs. 3 GG (i. V. m. Art. 23 Abs. 1 S. 3 GG).[121] Für das VwVfG ist eine Verletzung der Verfassungsidentität mit Blick auf die Rückforderung unionsrechtswidriger Beihilfen näher diskutiert worden.[122] Der Gerichtshof hat dort bekanntermaßen eine signifikante Absenkung des auf nationaler Ebene gewährten Vertrauensschutzes gefordert.[123] Im Schrifttum wurden „erhebliche Zweifel" geäußert, ob ein „verbindliche[r] Kernbestand des Vertrauensschutzes" als „verfassungsgeforderte Minimalgarantie" erhalten

118 Für einen Überblick statt vieler *Kahl*, in: Kahl/Ludwigs (Fn. 7), § 37 Rn. 33 ff.; siehe auch schon *Ludwigs/Sikora*, EWS 2016, S. 121 (123 ff.); eingehend zuletzt *Pracht*, Residualkompetenzen des Bundesverfassungsgerichts, 2021, S. 29 ff., 185 ff., 225 ff.; *Schwamborn*, Maßstäbe der europäischen Integration, 2022, S. 181 ff., 247 ff., 329 ff.

119 *Scheuner*, DÖV 1963, S. 714; siehe auch *Rivero*, in: Cappelletti (Hrsg.), Nouvelles Perspectives d'un Droit Commun de L'Europe, 1978, S. 389 (406): „Les droits administratifs des Etats membres, reflets directs des souverainetés nationales et des particularismes historiques, peuvent, moins encore que d'autres disciplines juridiques, se fondre dans l'uniformité".

120 Vgl. auch BVerfGE 151, 202 Rn. 243, wonach Aufbau und Organisation der nationalen Verwaltung in den politischen und sozialen Traditionen der Mitgliedstaaten wurzeln und „vielfach deren nationale Identität im Sinne von Art. 4 Abs. 2 EUV" prägen; hierzu *Ludwigs/Pascher/Sikora*, EWS 2020, S. 1 (4); *Stelkens*, in: Stelkens/Bonk/Sachs (Fn. 12), Rn. 126.

121 Grundlegend BVerfGE 123, 267 (Ls. 4 u. 354 ff.); zuletzt etwa BVerfGE 158, 1 Rn. 41; vgl. auch schon die Bezugnahme auf die Identität der Verfassung in BVerfGE 37, 271 (279); 73, 339 (375 f.).

122 Näher zum Folgenden bereits m. w. N. *Ludwigs*, in: Kahl/Ludwigs (Fn. 7), § 44 Rn. 46.

123 EuGH, Rs. C-24/95 (Alcan II), ECLI:EU:C:1997:163 Rn. 27 ff. (zum Verstreichen der Ausschlussfrist), Rn. 39 (zur Rücknahmepflicht trotz Vorliegens eines Verstoßes gegen Treu und Glauben), Rn. 44 ff. (zum Wegfall der Bereicherung).

bleibt.[124] Besonders scharf fielen die Reaktionen zum *Alcan*-Urteil des Jahres 1997 aus, in dem die Rücknahmevorschrift des § 48 VwVfG aus Sicht der Kritiker zur „leeren Hülse“ degradiert[125] bzw. zum „Steinbruch“ gemacht[126] wurde.[127] Mit Blick auf das durch ein kollusives Zusammenwirken von Beihilfegeber und -empfänger geprägte Ausgangsverfahren, konnte die Entscheidung des Gerichtshofs indes schwerlich überraschen.[128] Hinzu kommt, dass dem Vertrauensschutz in anderen Mitgliedstaaten der EU (wie Frankreich[129]) eine erheblich geringere Bedeutung als in Deutschland zukommt. Die Annahme, wonach eine entsprechende Reduzierung des Vertrauensschutzes durch den EuGH rechtsstaatliche Minima verfehlt, musste daher als fernliegend erscheinen.[130] Folgerichtig wurde eine Verfassungsbeschwerde gegen die auf den Vorgaben des Gerichtshofs beruhende verwaltungsgerichtliche Judikatur nicht zur Entscheidung angenommen.[131] Bedenkt man weiter, dass es bislang auch in keinem anderen Fall zur

124 *von Danwitz*, Verwaltungsrechtliches System und Europäische Integration, 1996, S. 454 ff., wo ein zweifelsfreier Verstoß gegen den „identitätswahrenden Kern der grundgesetzlichen Ordnung“ aber letztlich verneint wird.

125 *Kahl* (Fn. 60), S. 121; *ders.*, NVwZ 2011, S. 449 (452).

126 *Scholz*, DÖV 1998, S. 261 (264), der (auf S. 264 f.) zudem einen Kompetenzverstoß des EuGH bejaht und (auf S. 267 f.) ein Einschreiten des BVerfG für geboten erachtet.

127 Vgl. daneben noch *Huber*, KritV 1999, S. 359 (375): „Torso“; von einer „Denaturierung“ sprechen *Scholz*, DÖV 1998, S. 261 (264) und *Schoch*, Juridica International 21 (2014), S. 102 (107); siehe auch *Kahl* (Fn. 60), S. 121, der die EuGH-Judikatur mit Blick auf den Vorbehalt des Gesetzes, den Bestimmtheitsgrundsatz und die Widerspruchsfreiheit der Rechtsordnung als „höchst zweifelhaft“ qualifiziert.

128 Näher *Mangold*, Gemeinschaftsrecht und deutsches Recht, 2011, S. 475 f.; siehe auch BVerfG-K, NJW 2000, S. 2015 (2016): „Unter diesen Umständen konnte kein verfassungsrechtlich geschütztes Vertrauen (...) darauf entstehen, die Subvention (...) behalten zu dürfen.“

129 Zur Position des *Conseil d'État* (grundlegend C. E., 24. 3. 2006, N° 288460, ECLI:FR:CEASS:2006:288460.20060324; zuletzt etwa C. E., 30. 8. 2021, N° 455623, ECLI:FR:CEORD:2021:455623.20210830, Tz. 19), wonach der Vertrauensschutz kein Prinzip der französischen Rechtsordnung darstellt und nur als allgemeiner Grundsatz des Unionsrechts in dessen Anwendungsbereich zum Tragen kommt, vgl. *Calmes-Brunet*, JuS 2014, 1077 (1078 f.); *Chifflot/Tourbe*, Droit administratif, 18. Aufl. 2023; *Ludwigs*, NVwZ 2018, 1417 (1419).

130 Überzeugend *von Danwitz* (Fn. 124), S. 455 f.; *Ludwigs*, in: Kahl/Ludwigs (Fn. 7), § 44 Rn. 46.

131 BVerfG, NJW 2000, S. 2015 (gegen BVerwGE 106, 328), wo ein Verstoß gegen die Verfassungsgrundsätze der Rechtssicherheit und des Vertrauensschutzes ausdrücklich verneint wird.

Berührung des unaufgebbaren Verfassungsgehalts gekommen ist,[132] wird die eher theoretische Funktion des Identitätsvorbehalts im Bereich des Verwaltungsverfahrensrechts deutlich.

Das nationale Verfassungsrecht leistet sogar umgekehrt einen Beitrag zur einheitlichen Anwendung des europäisierten Verwaltungsverfahrensrechts. Paradigmatisch hierfür stehen zwei Bereiche, in denen die Europäisierung Bruchstellen offengelegt hat, die bei kritischer Reflexion auch aus verfassungsrechtlichen Gründen zu schließen sind. Zum einen erscheint die im *Altrip*-Urteil verworfene Beweislastumkehr hinsichtlich der Kausalität von Verfahrens- und Formfehlern[133] bereits nach Maßgabe der verfassungsgerichtlichen Judikatur zum Grundrechtsschutz durch Verfahren[134] als unhaltbar.[135] Zum anderen findet die im Bereich des Unionsverwaltungsrechts geforderte Anhörung vor Ablehnung eines begünstigenden Verwaltungsakts jedenfalls dann eine Parallele bei innerstaatlichen Fallgestaltungen, wenn grundrechtlich fundierte Rechtsansprüche versagt werden.[136] Beide Beispiele verdeutlichen, dass eine geläuterte Auslegung im Lichte des Verfassungsrechts einen zumindest partiellen Gleichlauf der einschlägigen Regelungen beim Vollzug von Unionsrecht einerseits und in rein innerstaatlichen Konstellationen andererseits zur Folge hat. Eine gespaltene Auslegung wird auf diese Weise vermieden und die Rechtseinheit des Verwaltungsverfahrensrechts gewahrt.

IV. Reformbedarf und -optionen

Nachdem die unterschiedlichen Einflussfaktoren der Europäisierung herausgearbeitet sind, nimmt der nun folgende dritte Teil des Vortrags die perspektivische Frage nach einem Reformbedarf und den hierfür bestehen-

132 Ausführliche Analyse zu den aus der Europäisierung des Verwaltungsrechts resultierenden konkreten Herausforderungen für die nationale Verfassungsidentität bei *Ludwigs*, in: Kahl/Ludwigs (Fn. 7), § 44 Rn. 37 ff. m. w. N.

133 EuGH, Rs. C-72/12 (Altrip), ECLI:EU:C:2013:712 Rn. 36 ff., 52 ff.; siehe jetzt § 4 Abs. 1 S. 1 n. F. UmwRG bzw. § 4 Abs. 1a UmwRG (mit Kausalitätsvermutung in S. 2); in die Gegenrichtung noch BVerwG, NVwZ 2003, S. 1120 (1120); BVerwGE 141, 171 Rn. 18; hierzu bereits *Ludwigs*, in: Kahl/Ludwigs (Fn. 9), § 8 Rn. 40.

134 Vgl. BVerfGE 69, 315 (355); *Kahl*, VerwArch 95 (2004), S. 1 (4 f.): „*communis opinio*".

135 *Ludwigs*, in: Kahl/Ludwigs (Fn. 9), § 8 Rn. 65; eingehend *Bredemeier*, Kommunikative Verfahrenshandlungen im deutschen und europäischen Verwaltungsrecht, 2007, S. 313 ff., 368 ff.

136 *Kallerhoff/Mayen*, in: Stelkens/Bonk/Sachs (Fn. 12), § 28 Rn. 32.

den Optionen ins Visier. Dabei gilt es zunächst die Rezeptionsfähigkeit des geltenden VwVfG herauszuarbeiten (1.), um die im Schrifttum erfolgte Qualifizierung des Unionsrechts als „Kodifikationsbrecher" zu hinterfragen (2.). Da eine Kodifikation auf Unionsebene aus kompetenzrechtlichen Gründen keine Option darstellt (3.), ist der Fokus im Weiteren auf eine Rekodifikation des VwVfG *sub specie* des Unionsverwaltungsrechts zu lenken (4.).

1. Rezeptionsfähigkeit des VwVfG

Was zunächst die Rezeptionsfähigkeit des VwVfG betrifft, so kann im Ausgangspunkt festgehalten werden, dass die Europäisierung regelmäßig normtextlich unsichtbar unter Heranziehung des Instrumentariums der juristischen Methodenlehre erfolgt. Entsteht im Rahmen des indirekten Vollzugs ein Konflikt mit vorrangigem Unionsrecht, ist im ersten von drei Gedankenschritten an eine europarechtskonforme Auslegung und Anwendung des nationalen Verfahrensrechts zu denken.[137] Konkrete Beispiele liefern eine unionsrechtskonforme Erstreckung der Anhörungspflicht nach § 28 Abs. 1 VwVfG[138] auf die Ablehnung begünstigender Verwaltungsakte oder eine Verpflichtung der Behörden zum Entlastungsbeweis im Rahmen von § 46 VwVfG[139]. Stößt der Normanwender an methodische Grenzen der Auslegung, ist im zweiten Schritt eine Fortbildung des nationalen Rechts, regelmäßig in Gestalt der teleologischen Reduktion oder der Analogie, in Betracht zu ziehen. Exemplarisch hierfür stehen eine ausnahmsweise Vorverlegung der zeitlichen Heilungsgrenze in § 45 Abs. 2 VwVfG,[140] eine Nichtanwendung von § 46 VwVfG auf unionsrechtlich fundierte absolute Verfahrensrechte[141] oder eine analoge Anwendung von § 28 Abs. 1 VwVfG bei beschwerenden Realakten[142]. Scheidet auch die Rechtsfortbildung we-

137 Ebenso bereits *Schoch*, in: Schoch/Schneider (Fn. 7), Einl. Rn. 421 ff.

138 Vgl. den Vorschlag für eine klarstellende Anpassung des Wortlauts bei *Nöhmer*, Das Recht auf Anhörung im europäischen Verwaltungsverfahren, 2013, S. 326.

139 Siehe hierzu den Vorschlag für einen neuen § 46 Abs. 3 VwVfG bei *Müller* (Fn. 5), S. 278.

140 *Kahl*, VerwArch 95 (2004), S. 1 (21 f.); zustimmend *Müller* (Fn. 5), S. 68.

141 *Gurlit*, in: Kahl/Ludwigs (Fn. 21), § 109 Rn. 44; näher zur Herleitung absoluter Verfahrensrechte aus dem Unionsrecht *Gräf* (Fn. 74), S. 149 ff.; *Ludwigs*, in: Kahl/Ludwigs (Fn. 21), § 96 Rn. 42 ff.; *Schneider*, in: Schoch/Schneider (Fn. 7), § 45 Rn. 31 ff., 58 ff.; siehe auch schon *Kahl*, in: Festschr. für Matthias Schmidt-Preuß, 2018, S. 135 (150 ff.).

142 Allgemein *Engel/Pfau*, in: Mann/Sennekamp/Uechtritz (Fn. 90), § 28 Rn. 35.

gen eines entgegenstehenden Willens des Gesetzgebers aus, bleibt auf der dritten Stufe nur noch eine Auflösung der Kollisionslage durch Nichtanwendung der unionsrechtswidrigen nationalen Verfahrensbestimmungen. Mit Blick auf das VwVfG wird eine solche Aktivierung des Anwendungsvorrangs für die – den Wortlaut und das Ziel des § 48 Abs. 4 S. 1 VwVfG überspielende – Verdrängung der Jahresfrist bei der Rückforderung unionsrechtswidriger Beihilfen angenommen.[143]

2. Unionsrecht als „Kodifikationsbrecher"

Angesichts der hiermit angedeuteten Vielfalt an Beeinflussungen, Überlagerungen und Überformungen ist dem Unionsrecht attestiert worden, „tendenziell als Kodifikationsbrecher" zu wirken, der den „auf Einheit und Dauer abzielenden Regelungsanspruch" eines allgemeinen Verwaltungsverfahrensgesetzes erodiert.[144] Zur Begründung wird neben den flickenteppichartigen Einwirkungen und der Problematik einer gespaltenen Auslegung des VwVfG in Fällen mit und ohne Unionsrechtsbezug vor allem auf eine drohende Überdehnung des Effektivitätsgrundsatzes durch den EuGH hingewiesen.[145] Stein des Anstoßes ist hier wiederum in erster Linie die EuGH-Judikatur zur Rückforderung unionsrechtswidriger Beihilfen. Bei nüchterner Betrachtung wird jedoch deutlich, dass sich sowohl die vom Gerichtshof propagierte, mangelnde Schutzwürdigkeit des Vertrauens des Beihilfeempfängers als auch die Reduzierung des Rücknahmeermessens bei § 48 VwVfG methodengerecht begründen lassen. Gleiches gilt für den

143 *Classen*, JZ 1997, S. 724 (725 f.); *Kadelbach*, Allgemeines Verwaltungsrecht unter europäischem Einfluss, 1999, S. 480; *Ludwigs*, in: Kahl/Ludwigs (Fn. 9), § 8 Rn. 33; *Schoch*, in: Schoch/Schneider (Fn. 7), § 48 Rn. 233 ff.; a. A. *Ehlers*, Die Verwaltung 37 (2004), S. 255 (259 Fn. 25), mit Kritik an der Rspr. des Großen Senats des BVerwG zur Gleichstellung von „Tatsachenirrtum" und „Rechtsirrtum" im Rahmen von § 48 Abs. 4 S. 1 VwVfG (BVerwGE 70, 356 (357 ff.)).

144 Prägnant *Kahl*, in: Hoffmann-Riem/Schmidt-Aßmann (Fn. 60), S. 112; zustimmend *Müller* (Fn. 5), S. 1; siehe auch *Stelkens*, in: Stelkens/Bonk/Sachs (Fn. 12), Rn. 55; ferner *Kahl* (Fn. 2), S. 73; *ders.*, JuS 2018, S. 1025 (1028 f.), der von einer allgemeinen Tendenz der „Dekodifikation" des VwVfG spricht, die sich im Hinblick auf die Europäisierung des Verwaltungsverfahrensrechts bestätige.

145 *Kahl*, in: Hoffmann-Riem/Schmidt-Aßmann (Fn. 60), S. 112 ff.

Ausschluss des Entreicherungseinwands im Rahmen von § 49a VwVfG.[146] Die methodologische Grenze der Konformitätsauslegung überschreitet allein die vom EuGH propagierte Unanwendbarkeit der Jahresfrist des § 48 Abs. 4 S. 1 VwVfG.[147] Hierbei handelt es sich indes um den aktuell wohl einzigen Fall,[148] in dem der Anwendungsvorrang des EU-Rechts eine Regelung des VwVfG verdrängt.

Erscheint die These vom Unionsrecht als „Kodifikationsbrecher" damit als überzeichnet, ist gleichwohl im Blick zu behalten, dass der Kodifikationsanspruch eines allgemeinen Verwaltungsverfahrensgesetzes auch dann geschwächt werden kann, wenn sich die Normbefehle nicht mehr im Wortsinn verorten lassen,[149] sondern erst durch Rechtsfortbildung zu bestimmen sind. Selbst wenn man die von einer Minderheitsmeinung im staatsrechtlichen Schrifttum vertretene These vom „höchst prekär[en]" Charakter der richterlichen Rechtsfortbildung[150] nicht teilt,[151] ist doch anzuerkennen, dass die Entscheidung darüber, welche Lösung für Interessenkonflikte „besser" oder „schlechter" geeignet ist, in einer Demokratie zuvörderst dem Gesetzgeber obliegt.[152] Rechtsfortbildung durch die Gerichte impliziert daher –

146 Ebenso bereits *Ludwigs*, in: Kahl/Ludwigs (Fn. 9), § 8 Rn. 33; zuvor *Siegel*, Europäisierung des Öffentlichen Rechts, 2012, Rn. 235 f.; zustimmend auch *Lepsius*, Die Verwaltung, Beiheft 10 (2010), S. 179 (185 f.).

147 Nachweise in Fn. 143.

148 Zur Bereinigung der vom EuGH (Rs. C-137/14 [Kommission/Deutschland], ECLI:EU:C:2015:683 Rn. 75 ff.) festgestellten Unionsrechtswidrigkeit der materiellen Präklusionsvorschriften in § 2 Abs. 3 UmwRG a. F. bzw. § 73 Abs. 4 S. 3 VwVfG durch Streichung von § 2 Abs. 3 UmwRG a. F. und Einfügung von § 7 Abs. 4 UmwRG näher *Lieber*, in: Mann/Sennekamp/Uechtritz (Fn. 90), § 73 Rn. 255; kritisch zur Unionsrechtskonformität der Anpassung *Weiß*, in: Schoch/Schneider (Fn. 7), § 73 Rn. 30, 249 ff.

149 Insoweit überzeugend *Nöhmer* (Fn. 138), S. 323, unter Verweis auf Rechtssicherheits- und Transparenzdefizite.

150 Dezidiert insb. *Hillgruber*, in: Dürig/Herzog/Scholz, GG, 102. EL 2023, Art. 97 Rn. 63; mit Verweis auf *Tschentscher*, Demokratische Legitimation der dritten Gewalt, 2006, S. 191 (der aber größere Spielräume für richterliche Rechtsfortbildung anerkennt); ferner *Hillgruber*, JZ 1996, S. 118 ff.

151 Zur grundsätzlichen Zulässigkeit der Rechtsfortbildung grundlegend BVerfGE 34, 269 (287 f.); deutlich BVerfGE 88, 145 (166 f.): „Eine Rechtsfortbildung ‚praeter legem' bedarf zwar sorgfältiger Begründung, ist jedoch nicht von vornherein ausgeschlossen"; aus der Lit. statt vieler *Pieroth/Aubel*, JZ 2003, S. 504 (506 ff., 508 ff.).

152 *Classen*, in: Huber/Voßkuhle (Hrsg.), GG, 8. Aufl. 2024, Art. 97 Rn. 14; mit Verweis auf das Sondervotum *Voßkuhle/Osterloh/Di Fabio*, in BVerfGE 122, 248 (285) und *Hillgruber*, in: Dürig/Herzog/Scholz (Fn. 150), Art. 97 Rn. 69.

überspitzt formuliert – immer auch ein „‚Versagen'" des Gesetzgebers[153] und fordert diesen zu einer Reaktion heraus,[154] ohne dass hiermit zwangsläufig eine verfassungsrechtliche Pflicht zur Beseitigung der „Gesetzesmängel" verbunden wäre.[155]

3. Kompetenzrechtlicher Ausschluss einer Generalkodifikation auf Unionsebene

Fragt man auf dieser Grundlage nach Reformoptionen, ist zunächst klarzustellen, dass eine Generalkodifikation des indirekten Vollzugs auf Unionsebene keine taugliche Lösung darstellt. Zwar wird ein entsprechendes Vorgehen zum Teil rechtspolitisch befürwortet.[156] Nach geltender Rechtslage fehlt es der EU aber an einer Rechtssetzungskompetenz.[157] Insbesondere scheitert eine Aktivierung der Kompetenzergänzungsklausel (Art. 352

153 *Classen*, in: Huber/Voßkuhle (Fn. 152), Art. 97 Rn. 14.

154 Nach *Meyer*, in: von Münch/Kunig, GG, 7. Aufl. 2021, Art. 97 Rn. 185, muss der Gesetzgeber grundsätzlich „nicht auf einen von Richtern angenommenen „‚Änderungsbedarf'" an einem Gesetz oder einer Rechtslage *direkt* regelnd reagieren" (Hervorhebung v. *Verf.*).

155 Allgemein hierzu *Choi*, Die Pflicht des Gesetzgebers zur Beseitigung von Gesetzesmängeln, 2002.

156 Vgl. bereits *Schwarze*, Europäisches Verwaltungsrecht, 2. Aufl. 2005, S. CLVII f.; *Vedder*, EuR Beiheft 1 (1995), 75 (90); aus jüngerer Zeit insb. *Eberhard*, Die Verwaltung 50 (2017), S. 23 (28); *Glaser*, Die Entwicklung des Europäischen Verwaltungsrechts aus der Perspektive der Handlungsformenlehre, 2013, S. 631 ff.; dezidiert *Nöhmer* (Fn. 138), S. 323, wonach „der Gesamtkodifikation des Verwaltungsverfahrens für den indirekten Vollzug generell der Vorzug zu geben" ist; differenziert kritisch *Ladenburger*, in: Trute/Groß/Röhl/Möllers (Fn. 9), S. 107 (122), mit Verweis auf die ablehnenden Stimmen von *Harlow*, ELJ 2 (1996), S. 3 (21); *de Moor-van Vugt*, in: Hill/Pitschas (Fn. 77), S. 83 (105) und *Della Cananea*, EPL 2003, S. 564 (571 ff.); instruktiver Überblick zur Diskussion bei *Guckelberger/Geber*, Allgemeines Europäisches Verwaltungsverfahrensrecht vor seiner unionsrechtlichen Kodifizierung, 2013, S. 140 ff.

157 *Guckelberger/Geber* (Fn. 156), S. 146 ff.; *Kahl*, NVwZ 1996, S. 865 (869); *Vedder*, EuR Beiheft 1 (1995), S. 75 (90 ff.); ferner *Gröner*, Status quo und Perspektiven einer Kodifizierung des europäischen Verwaltungsrechts, 2023, S. 11 ff.; *Ludwigs*, in: Kahl/Ludwigs (Fn. 9), § 8 Rn. 15; *Schoch*, in: Schoch/Schneider (Fn. 7), Einl. Rn. 711; die fehlende Kompetenz der EU anerkennend auch *Glaser* (Fn. 156), S. 637 ff.; *Nöhmer* (Fn. 138), S. 323; a. A. *Mir Puigpelat*, Die Verwaltung, Beiheft 8 (2009), S. 177 (207 ff.); differenzierend *Craig*, EPL 19 (2013), S. 503 (513); für einzelne Verfahrensbausteine *Stelkens*, in: Stelkens/Bonk/Sachs (Fn. 12), Rn. 143; undeutlich *Schwarze* (Fn. 156), S. CLVIII.

AEUV) daran, dass sich eine bereichsübergreifende Harmonisierung des nationalen Verwaltungsverfahrensrechts weder im Rahmen der in den Verträgen festgelegten Politikbereiche bewegt[158] noch überhaupt ein Ziel der Verträge darstellt.[159] Hinzu kommt, dass ein expliziter Kompetenztitel für das EU-Eigenverwaltungsrecht (Art. 298 Abs. 2 AEUV) existiert, was den Umkehrschluss nahelegt, dass es an einer entsprechenden Zuständigkeit für das Unionsverwaltungsrecht gerade fehlt.[160]

4. Rekodifikation auf nationaler Ebene

Scheidet eine Generalkodifikation durch die EU damit aus, kommt nur eine Rekodifikation auf nationaler Ebene in Betracht. Diskussionswürdig ist hier zunächst, ob eine begrenzte Rechtspflicht zur Änderung des VwVfG aus dem Unionsrecht ableitbar ist (a)). Darüber hinaus könnte sich ein weitergehender, wenngleich rechtlich unverbindlicher Reformimpuls unter dem Gesichtspunkt der „Konzept- und Systemfähigkeit"[161] des VwVfG ergeben (b)).

a) Sub specie des Unionsrechts

Die Frage nach einer aus dem Unionsrecht resultierenden *Pflicht* zur Rekodifikation wurde – soweit ersichtlich – noch nicht gestellt. Dies überrascht insofern, als mit der bereits mehrfach erwähnten Jahresfrist des § 48 Abs. 4 S. 1 VwVfG ein Fall existiert, in dem das nationale Recht durch den Effektivitätsgrundsatz verdrängt wird. Nach allgemeinen Regeln ist der Gesetzgeber jedenfalls in den Konstellationen einer direkten Kollision des staatlichen Rechts mit dem Unionsrecht verpflichtet, die ganz oder teilweise unanwendbare nationale Norm aufzuheben oder zu ändern.[162] Aus der Beibehaltung des Normtextes einer zumindest partiell unanwendbaren Vorschrift würde ein falscher Rechtsschein entstehen, den der nationale Ge-

---

158 *Kahl* (Fn. 2), S. 60.

159 *Guckelberger/Geber* (Fn. 156), S. 148; im Ergebnis auch *Glaser* (Fn. 156), S. 637 ff.

160 *Ladenburger*, in: Trute/Groß/Röhl/Möllers (Fn. 9), S. 107 (124), der zudem auf Art. 197 AEUV verweist; siehe auch *Craig*, UK, EU and Global Administrative Law, 2015, S. 449 ff.; *Guckelberger/Geber* (Fn. 156), S. 148; *Kahl*, (Fn. 2), S. 61.

161 Begriff im Kontext von *Wahl* (Fn. 9), S. 101.

162 *Ehlers*, in: Schulze/Janssen/Kadelbach (Fn. 74), § 11 Rn. 58; *Kruis*, Der Anwendungsvorrang des EU-Rechts in Theorie und Praxis, 2013, S. 196.

setzgeber beseitigen muss.[163] Es folgt daher aus dem Gebot der Unionstreue nach Art. 4 Abs. 3 EUV, dass der nationale Gesetzgeber zur Herstellung von Rechtsicherheit verpflichtet ist.[164]

Für § 48 Abs. 4 VwVfG könnte hieraus ein unionsrechtlich begründeter Anpassungsbedarf im Hinblick auf die Rückforderung unionsrechtswidriger Beihilfen resultieren. Es fragt sich allerdings, ob dem die regelmäßig anzutreffende Einordnung als bloße „indirekte Kollision" von materiellem Unionsrecht und nationalem Verfahrensrecht entgegensteht.[165] Nicht zu überzeugen vermag es insoweit zunächst, wenn zum Teil davon ausgegangen wird, dass die nationalen Vorschriften in Fällen einer indirekten Kollision keine Verdrängung durch den Anwendungsvorrang erfahren.[166] Mit der *Alcan*-Judikatur zur Unanwendbarkeit einer mitgliedstaatlichen Fristenregelung, welche der Rückforderung einer unionsrechtswidrig gewährten Beihilfe entgegensteht,[167] lässt sich ein solches Verständnis nicht in Einklang bringen.[168] Ebenso kritikwürdig erscheint es, wenn dem Anwendungsvorrang in Fällen einer indirekten Kollision eine bloße Prinzipienwirkung dergestalt zugesprochen wird, dass eine Abwägung des Unionsrechts mit dem nationalen Recht zu erfolgen hat.[169] Hierzu ist mit Recht angemerkt worden, dass auch die indirekte Kollision in Wahrheit zugleich eine direkte Kollision beinhaltet. Die Verfahrensnorm des nationalen Rechts kollidiert in einem solchen Fall mit den unmittelbar wirkenden

---

163 Vgl. aus der st. Rspr. z. B. EuGH, Rs. C-167/73 (Kommission/Frankreich), ECLI:EU:C:1974:35 Rn. 41/42; Rs. C-159/78 (Kommission/Italien), ECLI:EU:C:1979:243 Rn. 22; Rs. C-290/94 (Kommission/Griechenland), ECLI:EU:C:1996:265 Rn. 29; Rs. C-145/99 (Kommission/Italien), ECLI:EU:C:2002:142 Rn. 30.

164 *Ehlers*, in: Schulze/Janssen/Kadelbach (Fn. 74), § 11 Rn. 58.

165 Näher zur Unterscheidung von direkten und indirekten Kollisionen *Craig*, EU Administrative Law, 3. Aufl. 2019, Siehe 722 ff.; prägnant *Niedobitek*, VerwArch 92 (2001), S. 58 (73 ff.), wonach der Begriff der „indirekten Kollision" darauf hinweist, „dass Gemeinschaftsrecht und nationales Recht nicht auf ein und derselben Ebene der Rechtsanwendung miteinander in Konflikt geratem, sondern auf unterschiedlichen Ebenen".

166 *Streinz*, in: Isensee/Kirchhof (Hrsg.), HStR, Bd. X, 3. Aufl. 2012, § 218 Rn. 21; siehe auch schon *Streinz.*, in: Festschr. für Alfred Söllner, 2000, S. 1139 (1156 f.); ferner *Burgi*, Verwaltungsprozess und Europarecht, 1996, S. 23, 47.

167 EuGH, Rs. C-24/95 (Alcan II), ECLI:EU:C:1997:163 Rn. 27 ff., 38.

168 *Kruis* (Fn. 162), S. 102; im Ergebnis auch *Ehlers*, in: Schulze/Janssen/Kadelbach (Fn. 74), § 11 Rn. 45; *Jarass/Beljin*, NVwZ 2004, S. 1 (5).

169 Dies erwägend *von Danwitz* (Fn. 124), S. 114 ff; vgl. auch *Kadelbach* (Fn. 143), S. 46 ff.

Grundsätzen der Äquivalenz und der Effektivität.[170] Zwar handelt es sich hierbei um abstrakte Normen, deren Sinngehalt erst im konkreten Einzelfall unter Heranziehung der anderen allgemeinen Rechtsgrundsätze des Unionsrechts bestimmt werden kann. Eine Abwägung erfolgt aber allein auf der Ebene des Unionsrechts.[171] Dies zugrunde gelegt spricht viel für eine unionsrechtliche Pflicht zur Änderung des § 48 Abs. 4 S. 1 VwVfG. Dies gilt umso mehr, als dem Effektivitätsgrundsatz die abstrahierungsfähige Aussage entnommen werden kann, dass eine nationale Fristenregelung bei der Umsetzung einer bestandskräftigen Negativ- und Rückforderungsentscheidung der EU-Kommission keine Anwendung findet.[172] Der nationale Gesetzgeber sollte dies durch entsprechende Ergänzung der Fristausnahme in § 48 Abs. 4 S. 2 VwVfG klarstellen. Nicht zuletzt sprechen für ein solches Vorgehen auch die im deutschen wie im europäischen Verfassungsrecht anerkannten Grundsätze der Rechtssicherheit und -klarheit als Ausprägungen der Rechtsstaatlichkeit.[173]

b) Sub specie der Konzept- und Systemfähigkeit

Jenseits strikter Rechtspflichten bewegt sich die Debatte um eine Rekodifikation des VwVfG unter dem Gesichtspunkt der Konzept- und Systemfähigkeit. Bevor hierüber konkreter nachgedacht werden kann, gilt es allerdings die Frage zu beantworten, ob der Kodifikation in einem Allgemeinen Teil überhaupt ein Mehrwert zukommt.

---

170 *Kruis* (Fn. 162), S. 102; zuvor bereits *Niedobitek*, VerwArch 92 (2001), S. 58 (76), der zugleich überzeugend für eine Beibehaltung des Begriffs der indirekten Kollision plädiert, weil „bei einer direkten Kollision das nationale Recht die gemeinschaftsrechtliche Rechtsposition *als solche negiert*, während es bei einer indirekten Kollision die gemeinschaftsrechtliche (...) gewissermaßen ‚durch die Hintertür' (...) *sabotiert*" (Hervorhebungen im Original).

171 *Kruis* (Fn. 162), S. 102; mit Verweis auf *Schroeder*, Das Gemeinschaftsrechtssystem, 2002, S. 424.

172 Vgl. auch *Schoch*, in: Schoch/Schneider (Fn. 7), § 48 Rn. 233 ff.; für ein Abstellen auf die Einhaltung des Notifizierungsverfahrens nach Art. 108 AEUV dagegen *Ramsauer*, in: Kopp/Ramsauer, VwVfG, 24. Aufl. 2023, § 48 Rn. 151; siehe auch den Formulierungsvorschlag bei *Müller* (Fn. 5), S. 279.

173 Zum nationalen Verfassungsrecht *Grzeszick*; in: Dürig/Herzog/Scholz (Fn. 150), Art. 20 VII Rn. 50 ff.; zum europäischen Verfassungsrecht *Schmahl*, in: Schulze/Janssen/Kadelbach (Fn. 74), § 6 Rn. 42 ff.; zu Begriff und Bedeutung des Verfassungsbegriffs im Mehrebenensystem eingehend *Kotzur*, in: Kahl/Ludwigs (Hrsg.), HVwR, Bd. III, 2022, § 58.

aa) Einwände gegen die Kodifikationsidee

Gegen die Kodifikationsidee wird vorgebracht, dass die Kodifikation und der Allgemeine Teil für das durch den Stufenbau der Rechtsordnung und die föderale Struktur der Bundesrepublik geprägte Öffentliche Recht ungeeignete Kategorien seien.[174] Dem ist zu entgegnen, dass nicht einzuleuchten vermag, weshalb Kodifikationen nur auf einer Rangstufe der Rechtsordnung möglich sein sollen.[175] Die den Stufenbau der Rechtsordnung überlagernde vertikale Gewaltenteilung bedeutet zwar eine Herausforderung.[176] Für das Verwaltungsverfahrensrecht wurde hierzu aber eine Lösung in Gestalt der Simultangesetzgebung von Bund und Ländern gefunden.[177]

Des Weiteren könnte einer nationalen Kodifikation gerade unter dem Aspekt der Europäisierung die drohende Überholung ihres Regelungskonzepts infolge einer sich kontinuierlich fortentwickelnden Beeinflussung, Überlagerung und Überformung entgegenstehen.[178] Die unbestreitbare Dynamik der Europäisierung dürfte sich indes durch ein behutsames Vorgehen des nationalen Gesetzgebers unter Verwendung flexibler Formulierungen auffangen lassen und stellt kein unüberwindbares Hindernis dar. Im Übrigen ermöglicht eine nicht allein inlandszentrierte[179] Kodifikation des Verwaltungsverfahrensrechts – positiv gewendet – die systematische Verarbeitung unionsrechtlicher Impulse an der Schnittstelle zu den bereichsspe-

---

174 *Lepsius*, (Fn. 146), S. 196 ff.; zum „Hierarchieproblem“ im Öffentlichen Recht *Lepsius*, in: Jestaedt/Lepsius (Hrsg.), Rechtswissenschaftstheorie, 2008, S. 1 (27 ff.).

175 Vgl. *Kahl*, (Fn. 2), S. 50 ff. sowie insb. *Kahl/Hilbert*, RW 2012, S. 453 (463 f.), mit zutreffendem Hinweis darauf, dass die Stellung einer Norm im Stufenbau der Rechtsordnung nur eine Aussage zum „Erzeugungszusammenhang“ und zur „derogatorische[n] Kraft“ trifft.

176 Dies explizit anerkennend auch *Kahl/Hilbert*, RW 2012, S. 453 (464).

177 Siehe insoweit den Beschluss der Ständigen Konferenz der Innenminister der Länder v. 20. 2. 1976 (Bundesrat, Bericht über die 431. Sitzung, 20. 2. 1976, Anlage 1 S. 62) sowie die Begründung zum Gesetzentwurf der Bundesregierung zum VwVfG v. 18. 7. 1973 (BT-Drs. 7/910, S. 28 f.); hierzu *Schmitz*, in: Hill/Sommermann/Stelkens/Ziekow (Hrsg.), 35 Jahre Verwaltungsverfahrensgesetz – Bilanz und Perspektiven, 2011, S. 253 ff.; *Schoch*, in: Schoch/Schneider (Fn. 7), Einl. Rn. 279; eingehend *Klappstein*, ZG 12 (1997), S. 126 ff.; kritisch *Burgi*, in Burgi/Schönenbroicher (Fn. 21), S. 31 (45 ff.): „Mischgesetzgebung“.

178 In diese Richtung (im Kontext der Debatte um ein Umweltgesetzbuch) *Hansmann*, in: Ständige Deputation des Deutschen Juristentages (Hrsg.), Verhandlungen des 59. Deutschen Juristentages, Bd. II, 1992, S. N 8 (N13-N16).

179 Vgl. die Qualifizierung des VwVfG als *„inlandszentriert[es]“* Gesetz bei *Schmidt-Aßmann* (Fn. 80), Kap. 6 Rn. 139 (Hervorhebung im Original); hieran anknüpfend *Kahl*, NVwZ 2011, S. 449 (455).

zifischen Regelungen des Fachrechts.[180] Auf diese Weise lässt sich einer uneinheitlichen Anwendung sowie schwindenden Rechtssicherheit und mangelnden Transparenz des Regelungsrahmens begegnen.[181] Die Kodifikations*fähigkeit* einer Materie erscheint dabei gegeben, „wenn die konkret betroffenen Verfahrenselemente nicht durch bereichsspezifische Besonderheiten geprägt sind",[182] während die Kodifikations*bedürftigkeit* auf Grundlage einer „Art Kosten-Nutzen-Analyse"[183] unter Berücksichtigung der antizipierten Vorteile und möglichen Nachteil zu ermitteln ist.[184]

bb) Modelle einer Rekodifikation

Noch nicht beantwortet ist damit die Frage, *wie* eine Rekodifikation des VwVfG durch Rückanbindung des Europäisierungsprozesses konkret ausgestaltet sein sollte. Insoweit kann zwischen einer „kleinen Lösung", die sich auf punktuelle Reparaturen konzentriert, und einer „großen Lösung", die auch übergreifende Akzente setzt, unterschieden werden.[185] Ein Modell für letztgenannten Ansatz hat *Wolfgang Kahl* in seiner Heidelberger Antrittsvorlesung und Folgebeiträgen entfaltet.[186] Hervorzuheben ist die von ihm propagierte Einführung eines neuen Teils VIII (§§ 94 ff. VwVfG) „Internationales und Europäisches Verwaltungsrecht". Dieser soll sich in drei Abschnitte mit gemeinsamen Vorschriften sowie besonderen Regeln für das internationale und für das europäische Verwaltungsrecht gliedern. Weiterführend erscheint hier vor allem der Vorschlag, ein systematisch ausdifferenziertes Recht der Kooperationsverwaltung (insb. Koordination

180 Ähnlich *Kahl/Hilbert*, RW 2012, S. 453 (460 ff.).

181 Zu den entsprechenden Vorteilen einer Kodifikation im Allgemeinen und des VwVfG im Besonderen *Kahl/Hilbert*, RW 2012, S. 453 (474 f.); vgl. zum „Kodifikationssinn" des VwVfG auch *Stelkens*, in: Hill/Sommermann/Stelkens/Ziekow (Fn. 177), S. 271 (271 ff.).

182 Prägnant *Burgi*, JZ 2010, S. 105 (110); siehe auch die positive Formulierung bei *Kahl/Hilbert*, RW 2012, S. 453 (464), mit der Frage, „ob die Materie übergreifenden Regelungen überhaupt zugänglich" ist.

183 *Schoch*, in: Schoch/Schneider (Fn. 7), Einl. Rn. 224.

184 Ausführlich bereits *Kahl*, in: Hoffmann-Riem/Schmidt-Aßmann (Fn. 60), S. 101 ff.

185 Überblick zu den unterschiedlichen Ansätzen bei *Schoch*, in: Schoch/Schneider (Fn. 7), Einl. Rn. 712 ff.

186 *Kahl*, (Fn. 2), S. 82 ff.; *ders*, NVwZ 2011, S. 449 (456 f.); *ders*, in: Hill/Sommermann/Stelkens/Ziekow (Fn. 177), S. 111 (137 ff.); andeutungsweise für eine systematische Erweiterung des VwVfG auch *Ziekow*, in: Festschr. für Richard Bartlsperger, 2006, S. 247 (257f.).

der Aufsichtsbehörden und Amtshilfe), der Informationsverwaltung (insb. Erhebung und Übermittlung von Daten sowie Datenschutz) und der Partizipationsverwaltung (insb. grenzüberschreitende Anlagenzulassung sowie Beteiligung bzw. Mitwirkung von Bürgern und Vereinigungen) für den sich zunehmend ausdifferenzierenden Europäischen Verwaltungsverbund zu etablieren.[187] Als „Nukleus" und „codification en miniature" werden die inhaltlich fortzuentwickelnden §§ 8a ff. VwVfG ausgemacht.[188]

Weniger zu überzeugen vermag es hingegen, wenn übergreifende Grundsätze, wie die Äquivalenz und Effektivität festgeschrieben werden sollen. Insoweit ist mit Blick auf die innere Stimmigkeit der Kodifikation darauf hinzuweisen, dass das VwVfG bislang auch von einer programmatischen Normierung übergreifender Prinzipien des Verfassungsrechts absieht. Warum für das Unionsrecht etwas anderes gelten soll, erschließt sich ebenso wenig, wie der praktische Mehrwert einer von *Martin Burgi* u. a. auf europarechtliche Impulse zurückgeführten Funktionsbestimmung des Verfahrens, die explizit zwischen „dienender" Funktion und rechtlich relevantem Eigenwert differenziert.[189]

Fragwürdig erscheint es auch, wenn für die Etablierung eines eigenen *E-Government-Abschnitts* im VwVfG plädiert wird.[190] Zu bedenken ist insoweit, dass die parallel zum VwVfG erfolgende fachrechtliche Gesetzgebung inzwischen einen Grad an Ausdifferenzierung (u. a. im EGovG und im OZG) erlangt hat, der einer Konsolidierung der Vorschriften zur elektronischen Verwaltungskommunikation im Kontext des allgemeinen Verwaltungsverfahrensrechts entgegenstehen dürfte.[191] In Betracht kommt

---

187 Ebenfalls zustimmend *Schoch*, in: Schoch/Schneider (Fn. 7), Einl. Rn. 713; *Wittinger*, in: Obermayer/Funke-Kaiser, VwVfG, 6. Aufl. 2020, Einl. Rn. 56, 88 ff., 92; kritisch dagegen *Ramsauer*, in: Festschr. für Wolf-Rüdiger Schenke, 2011, S. 1089 (1100 f.), unter Rekurs auf die große Flexibilität der geltenden Regelungen des VwVfG.

188 Insoweit zweifelnd *Schoch*, in: Schoch/Schneider (Fn. 7), Einl. Rn. 713.

189 *Burgi*, in: Burgi/Schönenbroicher (Fn. 21), S. 39; *ders.*, JZ 2010, S. 105 (108 f.); *ders.*, DVBl. 2011, S. 1317 ff.; ferner *Burgi/Durner*, Modernisierung des Verwaltungsverfahrensrechts durch Stärkung des VwVfG, 2012, S. 24 ff. (siehe auch den Formulierungsvorschlag mit Begründung auf S. 46 f.).

190 Für eine umfassendere Regelung im VwVfG z. B. *Wittinger*, in: Obermayer/Funke-Kaiser, VwVfG, 6. Aufl. 2020, Einl. Rn. 51; ausführliche Diskussion (unter rechtsvergleichender Einbeziehung der Regelungen im spanischen Verwaltungsverfahrensrecht) zuletzt bei *Müller* (Fn. 5), S. 151 ff., 259, 267, 280 ff.

191 Überzeugend *Schoch*, in: Schoch/Schneider (Fn. 7), Einl. Rn. 659 f.; in Auseinandersetzung u. a. mit *Guckelberger*, VVDStRL 78 (2019), S. 235 (281 f.) und *Siegel*,

vor diesem Hintergrund allenfalls ein Regelungsansatz, der die verstreuten Regelungen (u. a. in den §§ 3a, 27a bis 27c,[192] 35a und 71e VwVfG) zusammenführt und gegebenenfalls punktuell ergänzt[193].

Einer differenzierten Würdigung bedürfen ferner die vielfältigen – hier nur selektiv aufzugreifenden – Vorschläge für punktuelle Änderungen des VwVfG.[194] Bereits hervorgehoben wurde insoweit, dass sich die EuGH-Judikatur zur Rückforderung unionsrechtswidriger Beihilfen im Rahmen der §§ 48 und 49a VwVfG (mit Ausnahme der Fristregelung des § 48 Abs. 4 VwVfG) methodengerecht verarbeiten lässt.[195] Dies gilt umso mehr, als die grobe Fahrlässigkeit eines Beihilfeempfängers, der sich nicht von einer Notifizierung bei der Kommission vergewissert, naheliegen dürfte. Mehr als ein Vierteljahrhundert nach dem *Alcan*-Urteil werden auch kleine und mittelständische Unternehmen bereits bei flüchtiger Recherche auf ihre vom EuGH propagierte unionsrechtliche Prüfungspflicht[196] stoßen.[197] Der bisweilen propagierten Aufnahme eines gesonderten § 48a VwVfG bedarf es daher nicht (mehr).[198] Keineswegs zwingend erscheint auch die Forderung nach einer expliziten Integration der *Kühne & Heitz*-Kriterien in den Katalog der Wiederaufgreifensgründe von § 51 Abs. 1 VwVfG.[199] Die nach

---

DVBl. 2020, S. 552 (557), die sich für eine (zumindest partielle) Integration des EGovG in das VwVfG aussprechen.

192 Zur Neuregelung durch das 5. VwVfÄndG (BGBl. I 2023, Nr. 344) *Prell/Altmiks*, NVwZ 2024, S. 105 (106 ff.).

193 Für die Aufnahme eines neuen § 25a VwVfG zur Unterstützung in elektronischen Verwaltungsverfahren etwa *Müller* (Fn. 5), S. 186, 281.

194 Näher *Kahl* (Fn. 2), S. 89 ff.; hieran anknüpfend *Müller* (Fn. 5), S. 255 ff., 278 ff.; kompakt *Schoch*, in: Schoch/Schneider (Fn. 7), Einl. Rn. 713 ff.

195 Vgl. unter IV. 2.

196 EuGH, Rs. C-24/95 (Alcan II), ECLI:EU:C:1997:163 Rn. 25, 31.

197 *Ludwigs/Pascher*, JuS 2022, 497 (498); a. A. aber *Detterbeck*, Allgemeines Verwaltungsrecht, 21. Aufl. 2023, Rn. 754 in Auseinandersetzung mit BVerwG, NVwZ-RR 2012, S. 628 Rn. 22, 26, wo pauschal vom Fehlen eines schutzwürdigen Vertrauens des Beihilfeempfängers wegen Missachtung seiner Vergewisserungsobliegenheit ausgegangen wird; für eine explizite Ergänzung von § 48 Abs. 2 S. 3 Nr. 3 VwVfG (i. V. m. einer Inbezugnahme durch den entsprechend angepassten § 48 Abs. 4 S. 2 a. E.) dagegen *Müller* (Fn. 5), S. 279.

198 In diese Richtung denkend aber *Kahl*, NVwZ 2011, S. 449 (456); siehe auch *Burgi*, JZ 2010, S. 105 (107).

199 Formulierungsvorschlag unter Einbeziehung alle vier Voraussetzungen bei *Müller* (Fn. 5), S. 280; vgl. auch die Regelung in Art. 145aa Abs. 1 des polnischen Verwaltungsverfahrensgesetzes, wonach die Wiederaufnahme des Verfahrens beantragt werden kann, wenn ein Urteil des Gerichtshofs der EU ergeht, das den Inhalt der getroffenen Verwaltungsentscheidung berührt.

geltender Rechtslage vorzugswürdige Lösung über ein Wiederaufgreifen im weiteren Sinne gemäß § 48 Abs. 1 S. 1 VwVfG (i. V. m. § 51 Abs. 5 VwVfG)[200] ist methodisch tragfähig und zudem offen für Anpassungen der EuGH-Judikatur.[201]

Naheliegendere Kandidaten einer normtextlichen Abbildung der Europäisierung dürften solche Vorschriften sein, die nur im Wege richterlicher Rechtsfortbildung mit dem Unionsrecht in Einklang zu bringen sind und daher auf einem „Versagen" des Gesetzgebers beruhen. Zu denken ist hier insbesondere an eine ausdrückliche Regelung der Fälle einer Nichtanwendung von § 46 VwVfG auf unionsrechtlich (oder auch verfassungsrechtlich) fundierte absolute Verfahrensrechte.[202] Schwieriger gestaltet sich dagegen eine Änderung der Regelung zur zeitlichen Reichweite der Heilungsmöglichkeit in § 45 Abs. 2 VwVfG. Eine teleologische Reduktion ist hier nur gefordert, sofern eine Heilung nach Abschluss des Verwaltungsverfahrens tatsächlich unionsrechtliche Verfahrensrechte auszuhebeln droht.[203] Aufgrund der gebotenen Einzelfallprüfung dürfte eine rechtssichere Aufnahme dieser Konstellation in den Normtext indes ausscheiden.[204]

Weitergehende Änderungen des VwVfG könnten schließlich aus der „Offenlegungsfunktion" der Europäisierung resultieren.[205] Insoweit sei nochmals auf die beiden Beispiele zur Umsetzung der Dienstleistungsrichtlinie

200 Wie hier *Britz/Richter*, JuS 2005, S. 198 (200 f.); *Kahl*, NVwZ 2011, S. 449 (452); *Ludwigs*, DVBl. 2008, S. 1164 (1173); *ders./Pascher*, JuS 2022, S. 497 (501); *Müller* (Fn. 5), S. 91; *Ruffert*, Die Verwaltung 41 (2008), S. 543 (551 f.); siehe auch BVerwG, NVwZ 2007, S. 709 Rn. 10 ff.; für eine Lösung im Rahmen von § 51 VwVfG dagegen *Lenze*, VerwArch 97 (2006), S. 49 (58 ff.); die Frage offenlassend *Kanitz/Wendel*, EuZW 2008, S. 231 (235).

201 Voraussetzung hierfür ist eine passgenaue Vernetzung des Fachrechts mit dem VwVfG. Ein Negativbeispiel bildete § 71 Abs. 1 S. 1 AsylG a. F. der nur auf § 51 Abs. 1 bis 3 VwVfG verwies, nicht aber auf § 51 Abs. 4 (i. V. m. § 48 Abs. 1 S. 1 VwVfG), was im Lichte der Judikatur des Gerichthofs (Nachweis in Fn. 4) die Frage aufwarf, ob unter der „Änderung der Rechtslage" im Sinne des § 51 Abs. 1 Nr. 1 Alt. 2 VwVfG hier ausnahmsweise auch eine Änderung der Rechtsprechung gefasst werden musste (näher *Fuchs*, JuWissBlog Nr. 17/2024 v. 7. 3. 2024).

202 Formulierungsvorschlag für einen neuen § 46 Abs. 2 VwVfG bei *Müller* (Fn. 5), S. 278; vgl. zur Herleitung absoluter Verfahrensrechte aus dem Unionsrecht bereits die Nachweise in Fn. 141; zur Ableitung aus dem (nationalen) Verfassungsrecht *Ludwigs*, in: Kahl/Ludwigs (Fn. 21), § 96 Rn. 36 ff.

203 Siehe hierzu unter III. 2.

204 Vgl. dagegen den weitergehenden (indes auf der zu pauschalen Annahme einer Unionsrechtswidrigkeit der Heilung im prozessualen Verfahren beruhenden) Vorschlag zur Änderung von § 45 Abs. 2 VwVfG bei *Nöhmer* (Fn. 138), S. 326.

205 Begriff von *Müller* (Fn. 5), S. 247.

verwiesen.[206] Die Regelung zur Genehmigungsfiktion in § 42a VwVfG hat den Bedarf nach Etablierung einer Eröffnungskontrolle deutlich gemacht.[207] Genehmigungs- und Anzeigeverfahren sind dem VwVfG jedoch auch mehr als 15 Jahre später weitgehend fremd. Dies schwächt seine Prägekraft als Kodifikation und unterstreicht die Forderung nach einer Modellbildung mit Stammregelungen (Angebotsgesetzgebung) zur Erfassung der unterschiedlichen Typen samt Zuordnung spezifischer Verfahrensanforderungen und gegebenenfalls Konzentrationsregeln.[208] Darüber hinaus lassen die Vorschriften zur Europäischen Verwaltungszusammenarbeit (§§ 8a bis 8e VwVfG) und zum Verfahren über eine einheitliche Stelle (§§ 71a bis 71e VwVfG) eine vorsichtige Ausdehnung des engen Verfahrensbegriffs in § 9 VwVfG erkennen. Im Schrifttum wird vor diesem Hintergrund schon seit Längerem gefordert, „die verwaltungsrechtliche Verfahrenslehre aus ihren historischen und kompetenzrechtlichen Engführungen" zu befreien.[209] Trotz der durch die Europäisierung offengelegten Disparität ist es aber bis heute bei den verstreuten Ansätzen einer Erweiterung des Verfahrensbegriffs geblieben.[210] Die mit einer Kodifikation verbundene Systembildung wird hierdurch in Frage gestellt.

V. Resümee

Während die Europäisierung des Verwaltungsrechts zunächst einer Abwehrhaltung begegnete, ist diese heute einer pragmatischen Sachauseinandersetzung gewichen.[211] In dieses Bild passt auch die spätestens mit Umsetzung der Dienstleistungsrichtlinie zu diagnostizierende Beendigung der „Europarechtsblindheit"[212] des VwVfG. Nicht zu verkennen ist jedoch,

---

206 Vgl. dazu unter III. 1. d).

207 Zur allgemeinen Diskussion um eine bundeseinheitliche Regelung der administrativen Rechtsetzung *Schoch*, in: Schoch/Schneider (Fn. 7), Einl. Rn. 665 ff. m. w. N. zum Meinungsstand; eingehend *Burgi/Durner* (Fn. 189), S. 49 ff. 109 ff.; siehe auch die Beiträge von *Burgi* u. *Durner*, in: Hill/Sommermann/Stelkens/Ziekow (Fn. 177), S. 215 ff., 237 ff.

208 Dafür *Burgi*, JZ 2010, S. 105 (110).

209 *Schmidt-Aßmann/Kaufhold*, in: Voßkuhle/Eifert/Möllers (Fn. 12), § 27 Rn. 47.

210 *Schmidt-Aßmann* (Fn. 73), S. 240 f.: „verstreute Ansätze".

211 *Mayer*, in: Festschr. für Ulrich Battis, 2014, S. 47 (48); im Kontext einer Nachzeichnung der Entwicklungslinien der Europäisierung: *Ludwigs* (Fn. 9), § 8 Rn. 13.

212 *Kahl* (Fn. 2), S. 92; *ders.*, NVwZ 2011, S. 449 (454): „*Europablindheit*" (Hervorhebung im Original).

dass die Regelungen des VwVfG den Europäisierungsprozess weiterhin nur selektiv abbilden und eine systematische Verarbeitung durch Etablierung eines eigenen Teils zum Europäischen Verwaltungsrecht vermissen lassen. Damit befindet sich das VwVfG zwar in „guter Gesellschaft“ der Verwaltungsverfahrensgesetze anderer EU-Mitgliedstaaten (wie Frankreich,[213] Italien[214] und Polen[215]).[216] So lässt selbst das erst im Jahr 2015 neu gefasste spanische Verwaltungsverfahrensgesetz[217] ein konzeptuelles Eingehen auf das Unionsverwaltungsrecht insgesamt vermissen.[218] Ein Mangel an Vorbildern schließt es aber nicht aus, eigenständig Maßstäbe zu setzen. Immerhin heißt es aus dem Bundesministerium des Innern, es bleibe das Ziel, „europäische Entwicklungen (...) im VwVfG zu berücksichtigen“.[219] Der Umstand, dass seit dem Heidelberger Symposion kein substanzieller Fortschritt zu verzeichnen ist, mahnt zu gedämpften Erwartungen.[220] Umso mehr bleibt zu hoffen, dass Formate wie die Arbeitsgespräche einen Beitrag dazu leisten, der Diskussion wieder mehr Schwung zu verleihen. In gesamteuropäischer Perspektive könnte dazu auch die Arbeit an einem europäischen Referenzrahmen für das Verwaltungsverfahrensrecht des in-

---

213 Code des relations entre le public et l`administration (CRPA), einführt durch Verordnung Nr. 2015-1431 und Dekret Nr. 2015-1342 (beide v. 23. 10. 2015); aktuelle Fassung abrufbar unter https://www.legifrance.gouv.fr/codes/texte_lc/LEGITEXT000031366350/ (letzter Abruf: 30. 4. 2024).

214 L. 7-8-1990 n. 2411 – Nuove norme in materia di procedimento amministrativo e di diritto di accesso ai documenti amministrativi; aktuelle Fassung abrufbar unter: https://www.normattiva.it/uri-res/N2Ls?urn:nir:stato:legge:1990;241 (letzter Abruf: 30. 4. 2024).

215 Kodeks postępowania administracyjnego v. 14. 4. 1960, Dz. U. 1960 Nr 30 poz. 168, zuletzt geändert durch Dz. U. 2023 poz. 803; aktuelle Fassung abrufbar unter: https://isap-sejm-gov-pl.translate.goog/isap.nsf/DocDetails.xsp?id=wdu19600300168&_x_tr_sl=pl&_x_tr_tl=de&_x_tr_hl=de&_x_tr_pto=sc (letzter Abruf: 30. 4. 2024).

216 Siehe auch *Sommermann*, in: Hill/Sommermann/Stelkens/Ziekow (Fn. 177), S. 191 (199), mit dem rechtsvergleichenden Hinweis, dass sich „der europäische Einfluss (...) bislang in erster Linie im Fachrecht entfaltet hat“.

217 Vgl. den Nachweis in Fn. 102.

218 Siehe nur die verstreuten Bezugnahmen insb. in Art. 21 Abs. 2, 22 Abs. 1, 24 Abs. 1 LPAC (zum Schweigen der Verwaltung), in Art. 30 Abs. 1 und 2 LPAC (beim Fristenrecht) und im Rahmen der Art. 127 ff. LPAC (zur administrativen Rechtsetzung); in kritischer Perspektive *Müller* (Fn. 5), S. 32 f.

219 *Schmitz/Prell*, NVwZ 2016, S. 1273 (1280); hierzu auch *Schoch*, in: Schoch/Schneider (Fn. 7), Einl. Rn. 707.

220 Ähnlich *Schoch*, in: Schoch/Schneider (Fn. 7), Einl. Rn. 719, mit dem Hinweis darauf, dass „partiell seit etlichen Jahren Gesetzesvorschläge vor[liegen]“; ein erster umfangreicher Formulierungsvorschlag findet sich bei *Müller* (Fn. 5), S. 278 ff.

direkten Vollzugs beitragen.[221] Sollte es gelingen, eine neue Dynamik zu entfachen, dürfte in einigen Jahren noch mehr Neues zu berichten sein, als es im Rahmen dieses Beitrags möglich war.

221 *Ruffert*, in: von Bogdandy/Cassese/Huber (Fn. 10), § 94 Rn. 57; *Müller* (Fn. 5), S. 235; näher zur Idee eines Musterentwurfs *Glaser* (Fn. 156), S. 643 ff., der dem Gemeinsamen Referenzrahmen für das Vertragsrecht (DCFR) eine Vorbildfunktion zuspricht; vgl. auch *Nöhmer* (Fn. 138), S. 325, der sich für einen „Kodex für eine gute Verwaltungspraxis" ausspricht, sowie *Ladeur*, in: Trute/Groß/Röhl/Möllers (Fn. 9), S. 796 (804), der (in Anknüpfung an *Tomkins*, in: Craig/Rawlings [Hrsg.] Law and Administration in Europe, 2003, S. 273 ff.) für die Formulierung von „good practices of administration" plädiert.

Die Europäisierung des VwVfG – Zwischenbilanz und Perspektiven

Lorenz Prell[*]

I. Einführung

Der Beitrag erhebt nicht den Anspruch einer wissenschaftlichen Auseinandersetzung mit dem Thema: „Europäisierung des VwVfG", sondern will vielmehr Einblicke in die Gesetzgebungspraxis bei der Fortentwicklung des VwVfG und den unmittelbaren und mittelbaren Auswirkungen der Rechtsetzung der Europäischen Union dabei geben. Diese Einblicke geben die Perspektive der Ministerialverwaltung wieder, aus der der ganz überwiegende Teil nationaler Gesetzgebungsinitiativen stammt. Hier werden die erforderlichen Umsetzungsvorschriften entworfen, die schließlich von der Bundesregierung in den Bundestag eingebracht werden. Dagegen sind Gesetzesinitiativen zum VwVfG vom Bundesrat und aus der Mitte des Bundestags sehr selten und spielten daher für die Fortentwicklung des Gesetzes bislang keine Rolle. Die Bundesministerien sind aber zugleich über den Rat auch am stärksten an der Entstehung der später umzusetzenden EU-Rechtsakte beteiligt und stehen am Ende des Prozesses wiederum im Fokus der Kommission, wenn es um die Kontrolle der ordnungsgemäßen Umsetzung der EU-Rechtsakte und die Überwachung ihrer Anwendung auf nationaler Ebene geht. Auch wenn das allgemeine Verwaltungsverfahrensrecht der Mitgliedstaaten nach wie vor deren Gesetzgebungskompetenz untersteht, da das Primärrecht eine Kompetenzzuweisung an die Union nicht vorsieht, nimmt die EU immer stärkeren Einfluss auf das Verwaltungsverfahrensrecht. Das geschieht nicht nur unmittelbar über verfahrensrechtliche Vorgaben in Sekundärrechtsakten, sondern im Wege einer zwangsläufig „überschießenden Tendenz" bei der Umsetzung solcher Rechtsakte im jeweiligen nationalen Recht. Diese Form der „Europäisierung" des Verwal-

[*] Der Autor war Leiter des Referates für Verwaltungsverfahrensrecht, Personenstandswesen und Informationszugangsrecht im Bundesministerium des Innern und für Heimat in Berlin. Der Beitrag steht für den 19. 4. 2024 bei den 5. Arbeitsgesprächen zum Verwaltungsrecht in Heidelberg vorgesehenen Vortrag, den der Autor nicht wie geplant halten konnte. Das Manuskript ist auf dem Stand von Oktober 2024.

tungsrechts reicht somit viel weiter, als das Primär- und Sekundärrecht selbst zu erkennen geben.

Fragt man nach dem Stand der Europäisierung des VwVfG könnte man zunächst einfach auf die jeweiligen Fußnotenhinweise der bisherigen Änderungsgesetze zum VwVfG verweisen. Die Mitgliedstaaten sollen bei der Umsetzung von Richtlinien in ihren nationalen Gesetzen schließlich auf den betreffenden Rechtsakt ausdrücklich Bezug nehmen, damit die Rechtsanwender in den Mitgliedstaaten jeweils erkennen können, welche Regelungen europäischer Rechtssetzung zu verdanken sind.[1] Dieses Zitiergebot könnte somit als Gradmesser des Einflusses europäischer Regelungen auf das VwVfG dienen. Tatsächlich reicht der Einfluss aber regelmäßig viel weiter, als selbst bei einer Eins-zu-eins-Umsetzung europäischer Rechtsakte zu erwarten wäre. Das hat sich besonders deutlich etwa bei der Umsetzung der sog. EU-Dienstleistungsrichtlinie (DLRL)[2] gezeigt, auf die später noch näher eingegangen wird. Gerade in Querschnittsregelungen wie denen des allgemeinen Verwaltungsverfahrensrechts kommt der nationale Gesetzgeber nicht um eine „überschießende" Umsetzung herum. Dafür spielen weniger rechtliche als praktische und politische Erwägungen die zentrale Rolle: Hätte man z. B. die verfahrensrechtlichen Vorgaben bei der Umsetzung der DLRL streng auf deren formalen Anwendungsbereich beschränkt, hätte das unweigerlich zu einem Nebeneinander unterschiedlicher Rechtsregime für in der Sache ähnliche oder gleiche Sachverhalte geführt – je nachdem, ob es sich um rein nationale Sachverhalte oder solche im Anwendungsbereich der DLRL handelt. Ein solches Nebeneinander wäre nicht nur mit erheblichem Mehraufwand bei der Rechtssetzung und beim Vollzug verbunden, sondern politisch kaum vermittelbar. Diese überschießende Tendenz bei der Umsetzung europarechtlicher Vorgaben ist in vielen Bereichen anzutreffen. Unabhängig davon, ob man diesen Effekt begrüßt oder bedauert, er hat erhebliche Wirkung.

1 Das Zitiergebot im Europarecht folgt nicht unmittelbar aus dem Primärrecht, sondern gründet auf einer Einigung von Rat und Kommission und folgt inzwischen regelmäßig aus den Schlussbestimmungen der jeweiligen Richtlinie selbst (vgl. Handbuch der Rechtsförmlichkeit des BMJ, 3. Aufl. 2008, Rn. 308 ff.). Es dient zum einen dazu, der Kommission (und auch dem EuGH) die Überwachung und Überprüfung der Richtlinienumsetzung zu erleichtern, zum anderen der Information der europäischen Öffentlichkeit (vgl. z. B. *Marly*, in: Grabitz/Hilf, Das Recht der Europäischen Union, 40. Aufl. 2009, RL 2000/31/EG, Art. 22 Rn. 13 (unter Rekurs auf Art. 211 Spstr. 1 EGV, heute sinngemäß Art. 17 Abs. 1 S. 2 und 3 EUV).

2 Richtlinie 2006/123/EG des Europäischen Parlaments und des Rates v. 12. 12. 2006 über Dienstleistungen im Binnenmarkt, ABl. 2006 L Nr. 376, S. 36–68.

II. Rahmenbedingungen für die Fortentwicklung des VwVfG

Bei der Fortentwicklung des VwVfG sind einige Besonderheiten des Gesetzes von Bedeutung, die auch dann zu berücksichtigen sind, wenn eine geplante Änderung auf europarechtlichen Vorgaben beruht. Zwingender Umsetzungsbedarf wirkt einerseits beschleunigend, da Bund und Länder gleichermaßen verpflichtet sind und bei Fristüberschreitung Sanktionen drohen. Knappe Umsetzungsfristen können aber bei Änderungen der Verwaltungsverfahrensgesetze wegen des im Folgenden erläuterten Zusammenspiels von Bund und Ländern Letztere schnell in Zeitnot bringen.

1. Verhältnis zu den Verwaltungsverfahrensgesetzen der Länder

Nach der Kompetenzverteilung des Grundgesetzes kann der Bund das allgemeine Verwaltungsverfahrensrecht nur für seine eigenen Behörden regeln, während die Länder für das ihrer Behörden zuständig sind. Neben dem Bund haben alle Länder – sei es in Form von Vollgesetzen oder in Form von Verweisungsgesetzen – eigene Verwaltungsverfahrensgesetze. Dieser Umstand spielt eine wichtige Rolle bei allen Vorhaben zur Änderung des VwVfG. Denn der Bund kann sein Gesetz nicht ohne Rücksicht auf die Gesetzgebung der Länder ändern, wenn er nicht ein Auseinanderdriften der zentralen Kodifikation(en) des Verfahrensrechts riskieren will. Diese Gefahr wurde schon bei Einführung des VwVfG gesehen. Um eine Rechtszersplitterung in Folge dieser Kompetenzverteilung zu vermeiden, wurde mit dem Inkrafttreten des VwVfG eine freiwillige Vereinbarung zwischen den Ländern getroffen: Im Interesse der Rechtseinheit sollten in den Ländern inhaltsgleiche Landverwaltungsverfahrensgesetze geschaffen werden. Nach wie vor gültig ist der Beschluss der Ständigen Konferenz der Innenminister aus dem Jahre 1976, nach dem die Verwaltungsverfahrensgesetze des Bundes und der Länder einheitlich fortentwickelt werden sollen. Diese Vereinbarung hat bis heute Bestand. So konnten die Verwaltungsverfahrensgesetze von Bund und Ländern weitestgehend gleichlautend erlassen und fortentwickelt werden. Da insbesondere wegen § 1 Abs. 3 VwVfG die meisten Genehmigungsverfahren nach Landesrecht abgewickelt werden, könnten die jeweiligen Ziele von Novellierungen des VwVfG, z. B. die Beschleunigung und Digitalisierung von Verfahren, die Umsetzung von EU-Recht oder die Einführung neuer Verfahrensinstrumente, andernfalls nicht erreicht werden. Wenn einzelne Bundesländer von einer wortgleichen

Umsetzung im Landesrecht absähen, entstünden innerhalb Deutschlands bei der Ausführung von Bundesrecht Diskrepanzen zwischen Bund und Ländern sowie zwischen den Ländern, die allgemein, aber besonders im Kontext der Verwaltungsdigitalisierung zu erheblichen Problemen führen würden.

Das Interesse an einem Gleichklang mit dem VwVfG wird für die Länder auch durch eine Regelung im Verwaltungsprozessrecht gefördert. Nach § 137 Abs. 1 Nr. 2 VwGO sind Vorschriften der Verwaltungsverfahrensgesetze der Länder (nur) revisibel, wenn sie in ihrem Wortlaut mit denen des VwVfG übereinstimmen.

Um diesen weitestgehenden Gleichklang der VwVfG bei deren Fortentwicklung zu erhalten, bedarf es bereits in einer frühen Phase der Ausarbeitung von Gesetzentwürfen der Bundesregierung einer engen Abstimmung mit den Ländern. Hierfür hat sich eine Vorgehensweise etabliert, die als Simultangesetzgebung[3] bezeichnet wird und hier kurz erläutert werden soll. Nachdem erste Überlegungen für eine Gesetzesänderung konturiert sind, wird von den Verfahrensrechtsreferenten des Bundes und Ländern ein gemeinsamer Bund-Länder-Musterentwurf ausgearbeitet. Dabei sind alle relevanten Aspekte wie die Auswirkungen auf das Fachrecht, der mögliche Bedarf an Folgeregelungen in anderen Gesetzen, die aktuelle Rechtsprechung und die europarechtlichen Vorgaben zu berücksichtigen. Regelmäßig wird begleitend die Expertise des Beirats Verwaltungsverfahrensrecht beim Bundesministerium des Innern einbezogen.[4] Der Musterentwurf stellt dann die Grundlage für den auszuarbeitenden Referentenentwurf für eine Änderung des VwVfG dar. Da er aber keine formelle Bindungswirkung hat, bestimmen nicht zuletzt inhaltliche Überzeugungskraft und Verhandlungsgeschick, wie weit sich der spätere Referentenwurf mit dem Musterentwurf deckt. Je größer die Übereinstimmung bleibt, desto eher kann erwartet werden, dass die Länder ihre Verwaltungsverfahrensgesetze gleichlautend anpassen. Auch wenn sich im weiteren Verfahren Änderungsbedarf ergibt, bewährt sich deshalb eine enge Abstimmung mit den Ländern. Nur so kann gewährleistet werden, dass die Länder am Ende in ihren Verwaltungsverfahrensgesetzen den Gleichklang herstellen. Länder, die in ihren Verwaltungsverfahrensgesetzen auf das VwVfG verweisen, haben keinen

3 Wegen der zeitlichen Staffelung wäre treffender von einer „Konkordanzgesetzgebung“ zu sprechen.

4 Zum Beirat VwVfR *Schmitz*, in: Stelkens/Bonk/Sachs, VwVfG, 10. Aufl. 2023, § 1 Rn. 266.

zusätzlichen Aufwand, die Änderungen gelten dort unmittelbar. Länder mit sog. Vollgesetzen müssen dagegen in eigenen Gesetzgebungsverfahren ihre Verwaltungsverfahrensgesetze in einem zweiten Schritt anpassen. Das bedeutet, dass auch bei Einvernehmen über Änderungen des VwVfG einheitliche Regelungen bei Bund und Ländern erst mit unter Umständen längerer Verzögerung erreicht werden können. Die Rücksicht auf die Umsetzung der Länder macht bei wichtigeren Änderungen ein verzögertes Inkrafttreten erforderlich. Dieses zeitliche Moment ist ein Grund für die Neigung des Bundes, sich bei als dringlich erachtetem Änderungsbedarf zunächst auf das Fachrecht zu konzentrieren. Eine Übertragung in das VwVfG – idealerweise verbunden mit einer gleichzeitigen Rechtsbereinigung in den betreffenden Fachgesetzen – kann dann in einem zweiten Schritt erfolgen. Was zunächst als Nachteil erscheint, hat aber auch Vorteile. Denn es besteht eine höhere Gewähr dafür, dass nur in der Praxis bewährte und ggf. modifizierte Neuerungen in das VwVfG Eingang finden und das Gesetz vor programmatisch motivierten aber unausgereiften Änderungen weitgehend bewahrt bleibt.

2. Verhältnis zu den Verfahrensordnungen AO und SGB X

Die jeweils eigenen Verfahrensordnungen für das Sozial- und Steuerverwaltungsverfahren werden durch die spezifischen Anforderungen der beiden Fachgebiete gerechtfertigt. Deshalb ist hier ein weitgehender Gleichklang weder zu erwarten noch zu erreichen. Dennoch gibt es das Bestreben, zumindest in den verfahrensrechtlichen Kernbereichen, die unabhängig von den speziellen Anforderungen der verschiedenen Fachgebiete allgemeine Grundsätze regeln, größtmögliche Übereinstimmung zu bewahren.[5] Das betrifft z. B. wichtige Regelungen wie die Bekanntgabe von Verwaltungsakten in herkömmlicher oder elektronischer Form oder die elektronische Ersetzung der Schriftform. Hier führen divergierende Regelungen bei nahezu gleichen Lebenssachverhalten zu Unverständnis und Unsicherheit bei den Rechtsanwendern. Unter dem zunehmenden Zeitdruck ist es hier aber ungleich schwieriger, einen erwünschten Gleichklang mit dem VwVfG zu erreichen.

---

5 Zur „Drei-Säulen-Theorie“, vgl. *Sachs*, in: Stelkens/Bonk/Sachs (Fn. 4), Einl. Rn. 50 ff.

3. Subsidiarität

Nach § 1 Abs. 3 VwVfG gilt das VwVfG nur, soweit nicht Vorschriften des Bundes inhaltsgleiche oder entgegenstehende Bestimmungen enthalten. Die Subsidiarität begünstigt das Bestreben, verfahrensrechtliche Regelungen in den jeweiligen Fachgesetzen zu treffen und damit eine Tendenz zur Rechtszersplitterung im Verfahrensrecht. Dabei werden zuweilen annähernd gleiche Sachverhalte mit ähnlichen, im Detail aber unterschiedlichen Vorschriften geregelt. Fehlendes verfahrensrechtliches Grundverständnis kann dazu führen, dass bereits etablierte Rechtsbegriffe und Legaldefinitionen dort unscharf oder sogar falsch verwendet werden. Um dem entgegenzuwirken, hat das für das VwVfG zuständige Referat im BMI zwar die Verwaltungsförmigkeit sämtlicher Gesetz- und Verordnungsentwürfe aller Ressorts zu prüfen. Die schiere Masse ist aber kaum zu bewältigen, zumal die Prüffristen regelmäßig sehr kurz sind. Der permanente Zeitdruck fördert naturgemäß im Fall von Beanstandungen auch nicht die Bereitschaft der jeweils anderen Seite, sich auf Änderungsvorschläge einzulassen.

III. Initiative und Umsetzung – Wie kommen Änderungen des VwVfG zustande und welche Rolle spielt dabei das EU-Recht?

Nachdem einige Besonderheiten bei der Entstehung von Gesetzesentwürfen zur Änderung des VwVfG beschrieben wurden, soll nun näher darauf eingegangen werden, wie die Initiativen für solche Änderungsvorhaben zustande kommen und welche Rolle das EU-Recht dabei spielen kann.

1. Regierungsprogramme und Koalitionsverträge

Das VwVfG findet in der Regel kaum Erwähnung in Koalitionsverträgen oder anderen Regierungsprogrammen. In zuverlässiger Regelmäßigkeit werden dagegen durchschlagende Maßnahmen zur Verfahrensbeschleunigung – gemeint sind dabei meist komplexe Großvorhaben – und zur weiteren Digitalisierung der Verwaltung angekündigt. Bei der Umsetzung von Beschleunigungsinitiativen zeigen sich jedoch europarechtliche Vorgaben, hochkomplexes materielles Recht und fehlende Zuständigkeiten des Bundes im föderalen System als hinderlich. Schnell richtet sich dann der Blick auf das VwVfG. Ein Gesetz, das Verwaltungsverfahren regelt, muss schließlich der ideale Ort sein, um Verwaltungsverfahren auch zu beschleunigen. In Fachkreisen ist dagegen wohl einhellige Auffassung, dass die Beschleunigungspotentiale durch Änderungen des VwVfG praktisch ausgeschöpft sind, will man nicht Beteiligungsrechte von potenziell Betroffenen, Umweltschutzvereinigungen oder die Aufgabenerfüllung der Träger öffentlicher Belange erheblich einschränken.

Außerhalb der Beschleunigungsanstrengungen gibt es selten das VwVfG betreffende politische Interessen und Initiativen. Großes politisches Interesse besteht dagegen an der schnellen und möglichst umfassenden Verwaltungsdigitalisierung. In diesem Kontext wird gelegentlich das VwVfG für ausbleibende Erfolge verantwortlich gemacht. Tatsächlich haben verschiedene Änderungen – insbesondere bei § 3a VwVfG – echte oder vermeintliche verfahrensrechtliche Hindernisse bereits abgebaut und Neues möglich gemacht. Bestehende Defizite sind nicht dem Verfahrensrecht anzulasten, sondern eher in der Verwaltungsorganisation und der Kompetenzverteilung zwischen Bund und Ländern zu begründet.

2. Umsetzung europarechtlicher Vorgaben

Die dargestellten Rahmenbedingungen lassen bereits erahnen, dass die Fortentwicklung des VwVfG schon im nationalen Kontext nicht einfach ist. Kommt zusätzlich die europäische Ebene ins Spiel, wird es noch komplizierter. Dabei sind grundsätzlich mindestens zwei sehr unterschiedliche Einflussfaktoren zu beobachten. Am offensichtlichsten ist der europarechtliche Einfluss dort, wo EU-Richtlinien ins nationale Recht umzusetzen sind. Solche Änderungen werden über das eingangs erwähnte Zitiergebot ausdrücklich als europarechtlich veranlasste Änderung des VwVfG ausgewiesen. Zwei wirkmächtige Effekte führen allerdings dazu, dass der Einfluss auf das nationale Verfahrensrecht regelmäßig viel weiter reicht als die kompetenziell beschränkte Reichweite des zugrundeliegenden EU-Rechtsakts. So ist bereits die Umsetzung einer EU-Norm im VwVfG als Regelungsstandort ein Beleg für die überobligatorische Umsetzung auch außerhalb des unmittelbaren Anwendungsbereichs des EU-Rechtsakts. Da die EU keine Normsetzungskompetenz für ein allgemeines Verwaltungsverfahrensrecht hat, wäre das VwVfG bei einer strengen Eins-zu-eins-Umsetzung ins nationale Recht nicht der richtige Regelungsstandort. Vielmehr müsste dafür entweder eine, wiederum auf den Anwendungsbereich des Rechtsakts begrenzte, Regelung in einem einschlägigen Fachgesetz oder über ein eigenes Umsetzungsgesetz erfolgen.

3. Fachinitiativen

Angesichts ständig neuer Anforderungen an die Verwaltung ist die Prüfung von Änderungsbedarf eine Daueraufgabe, der sich die Verfahrensrechtsreferenten des Bundes und der Länder mit Unterstützung des Beirats und der Fachwissenschaft kontinuierlich widmen. Handlungsbedarf erkennt die Konferenz der Verfahrensrechtsreferenten aus der Beobachtung der Verwaltungspraxis und der wissenschaftlichen Diskussion, der Rechtsprechung, der europäischen Rechtsentwicklung und von politischen Programmen. Zunehmender Zeitdruck bei der Umsetzung von Regierungsprogrammen und europarechtlichen Vorgaben haben dabei zur Folge, dass eigene Fachinitiativen in den letzten Jahren immer schwieriger zu einer Gesetzesinitiative geführt werden können. So mussten Überlegungen für eine Überarbeitung der Vorschriften über den öffentlich-rechtlichen Vertrag ebenso wie Überlegungen zur Einführung allgemeiner Vorschriften für Anzeige- und Genehmigungsverfahren angesichts knapper Ressourcen und vordringlicher Vorhaben immer wieder zurückgestellt werden. Sie haben nur eine Realisierungschance, wenn die jeweilige Hausleitung nicht nur Interesse an dem Thema hat, sondern auch willens ist, ein solches Vorhaben gegen mögliche Widerstände durchzusetzen. Die politische Agenda des jeweiligen Ministers entscheidet letztlich, ob die erforderlichen Ressourcen wie Zeit und Personal für Themen zur Verfügung gestellt werden, die nicht bereits durch einen Koalitionsvertrag, andere politische Programme, Rechtsprechung oder EU-Recht gesetzt sind. Ohne entsprechenden Rückhalt in der Hausleitung sind eigene Fachinitiativen nicht erfolgversprechend, wenn zugleich bei knappen Ressourcen großer Handlungsdruck auf den beschriebenen anderen Feldern besteht.

IV. Wichtige bisherige Änderungen des VwVfG und europarechtliche Einflüsse darauf

Im Folgenden soll am Beispiel einiger besonders wichtiger Änderungen des VwVfG gezeigt werden, wie diese zustande kamen und wieweit dabei der Einfluss der EU eine Rolle gespielt hat.

1. Viertes Gesetz zur Änderung verwaltungsverfahrensrechtlicher Vorschriften (4. VwVfÄndG 2008)

Obwohl es schon länger zurück liegt, muss hier zunächst das Vierte Gesetz zur Änderung verwaltungsverfahrensrechtlicher Vorschriften (4. VwVfÄndG) von 2008[6] erwähnt werden. Denn mit diesem Gesetz erfolgte – zusammen mit dem 2009 folgenden Gesetz zur Umsetzung der Dienstleistungsrichtlinie im Gewerberecht und in weiteren Rechtsvorschriften – die bislang umfangreichste Umsetzung von EU-Recht im VwVfG.

Mit der DLRL sollte der Binnenmarkt für die grenzüberschreitende Erbringung von Dienstleistungen grundlegend verbessert werden. Dafür sollen Dienstleister künftig sämtliche Verfahren und Formalitäten über eine aus ihrer Sicht einheitliche Stelle („einheitlicher Ansprechpartner") abwickeln können. Sämtliche erforderlichen Anzeige- und Genehmigungsverfahren sollten zudem sowohl über die einheitliche Stelle als auch bei den zuständigen Behörden auf Wunsch des Dienstleisters elektronisch abzuwickeln sein. Weiter verlangte die Richtlinie, dass im nationalen Recht umfangreiche Informationspflichten, Entscheidungsfristen und Genehmigungsfiktionen eingeführt werden. Die Herausforderung bestand darin, alle zwingenden Vorgaben möglichst zweckmäßig und ohne systematische Brüche in das bewährte Regelungssystem zu integrieren. Hier sollten alle Verbesserungen so weit wie möglich nutzbar gemacht, dabei aber streng auf Normwürdigkeit geachtet werden. Mit dem 4. VwVfÄndG wurden dafür in das VwVfG neue Verfahrensinstrumente aufgenommen und Verbesserungen eingeführt, die nicht nur der Umsetzung der DLRL dienten, sondern über deren Anwendungsbereich hinaus zur Verfügung gestellt wurden. So erfüllt das „Verfahren über eine einheitliche Stelle" (§§ 71a-71e VwVfG) zum einen die Anforderungen der DLRL an die Verfahrensabwicklung über einen „einheitlichen Ansprechpartner". Es kann aber darüber hinaus grundsätzlich für alle Verwaltungsverfahren eingesetzt werden. Das Verfahren regelt nicht nur die Verfahrensabwicklung über eine einheitliche Stelle, sondern vermittelt zugleich den Anspruch auf elektronische Verfahrensabwicklung und umfangreiche Informations- und Auskunftsansprüche gegenüber der Verwaltung. Als weiteres Verfahrensinstrument wurde ein Regelungsmodell zur Genehmigungsfiktion (§ 42a VwVfG) in das VwVfG aufgenommen. Die Verfahrensinstrumente werden jeweils erst nach entsprechender Anordnung durch gesonderte Rechtsvorschrift wirksam. Die

6 BGBl. I 2008, S. 2418–2422.

Umsetzung der wichtigsten verfahrensrechtlichen Vorgaben der Richtlinie an zentraler Stelle im Verwaltungsverfahrensgesetz reduzierte den Regelungsaufwand erheblich.

2. Gesetz zur Umsetzung der Dienstleistungsrichtlinie im Gewerberecht und in weiteren Rechtsvorschriften (DienstlRLUmsG 2009)

Durch Art. 4a DienstlRLUmsG 2009[7] wurde die Umsetzung der DLRL im Verwaltungsverfahrensrecht vervollständigt. Erforderlich war eine Ergänzung, um Regelungen über eine grenzüberschreitende Verwaltungszusammenarbeit (Art. 21, 28–35 DLRL) einzuführen.

Auch hier standen verschiedene Möglichkeiten der Umsetzung der Vorgaben zur Verwaltungszusammenarbeit zur Verfügung. Eine Möglichkeit hätte darin bestanden, das gesamte betroffene Fachrecht anzupassen. Das hätte zu einem enormen Regelungsaufwand geführt. Außerdem wäre kaum zu vermeiden gewesen, dass Lücken oder Fehler bei der Übertragung der Richtlinienvorgaben in den Fachgesetzen entstehen. Eigene Gesetze zur Verwaltungszusammenarbeit im Anwendungsbereich der DLRL – eines für den Bund und 16 in den Ländern – hätten den Regelungsaufwand beträchtlich reduziert. Wenn diese Einzelgesetze sich nicht auf ein schlichtes „Abschreiben" des Richtlinientextes beschränkt hätten, wäre die Gefahr unterschiedlicher Regelungen, die die Einheitlichkeit des Verwaltungsverfahrensrechts gefährdet, groß gewesen. Gewählt wurde schließlich auch hier eine Kodifikation allgemeiner Grundsätze zur europäischen Verwaltungszusammenarbeit im VwVfG. Nach dem Abschnitt über die Amtshilfe wurde ein neuer Abschnitt „Europäische Verwaltungszusammenarbeit" bestehend aus fünf Paragrafen (§§ 8a-e VwVfG) eingefügt. Es wurden allgemeine Grundsätze aufgestellt und Regelungen des Sekundärrechts zur Amtshilfe und Verwaltungszusammenarbeit in Bezug genommen. Dagegen wurde keine allgemeine, der Amtshilfepflicht gem. § 4 VwVfG entsprechende Pflicht zur Hilfeleistung oder Zusammenarbeit gegenüber Behörden anderer Mitgliedstaaten eingeführt. Für die Anwendbarkeit der eingefügten Vorschriften ist vielmehr Voraussetzung, dass ein Rechtsakt der Europäischen Union die gegenseitige Hilfeleistung vorsieht. Die konkreten Pflichten und Ansprüche der zuständigen Behörden ergeben sich also aus den allgemeinen Regelun-

7 BGBl. I 2009, S. 2091–2096.

gen des VwVfG, ergänzt durch die Regelungen des jeweiligen Sekundärrechtsaktes.

Erstmalig wurde damit ein umfassendes System einer dauerhaften und möglichst unmittelbaren Verwaltungskooperation eingeführt. Die Anwendung der neuen Vorschriften setzt spezielle Regelungen über eine Verwaltungszusammenarbeit in einem Sekundärrechtsakt voraus. Die konkreten Handlungsanweisungen für die Behörden ergeben sich damit aus einem Zusammenspiel von VwVfG und dem jeweiligen Sekundärrechtsakt. Dies hat gleich mehrere Vorteile: Vor allem wird der Gesetzgebungsaufwand auf ein Minimum reduziert. Das VwVfG als die zentrale Kodifikation des Verwaltungsverfahrensrechts wurde durch die Implementierung der neuen Vorschriften zugleich gestärkt und einer Rechtszersplitterung wurde entgegengewirkt. § 8e VwVfG enthält eine wichtige Regelung zur Anwendbarkeit der Vorschriften. Mit der dort gewählten Regelungstechnik – Umsetzung gemeinschaftsrechtlicher Vorgaben durch Bezugnahme auf den Rechtsakt – darf kein ungewollter Gesetzgebungsautomatismus entstehen. Soweit der betreffende Rechtsakt den Mitgliedstaaten einen Gestaltungsspielraum eröffnet, muss dieser nutzbar bleiben. § 8e VwVfG sieht deshalb vor, dass die Vorschriften jeweils erst mit Ablauf der für den Rechtsakt geltenden Umsetzungsfrist ihre Wirkung entfalten. Der Gesetzgeber kann also in jedem Fall die Umsetzungsfrist nutzen, um ggf. zusätzliche oder abweichende fachrechtliche Regelungen zu treffen[8]. Diese gehen dann – wie sonst auch – den Vorschriften des VwVfG vor.

3. Gesetz zur Verbesserung der Öffentlichkeitsbeteiligung und Vereinheitlichung von Planfeststellungsverfahren (PlVereinhG 2013)

Dieses Gesetz ist ein Beispiel dafür, wie eine hitzige Debatte um ein umstrittenes Einzelvorhaben bereits geplante Änderungen des VwVfG in eine andere Richtung lenken kann. Das Planungsvereinheitlichungsgesetz (PlVereinhG) 2013[9] hatte einen längeren Vorlauf. Ursprünglich war das Vorhaben als reine Rechtsbereinigungsnovelle angelegt. Mit dem Infrastrukturplanungsbeschleunigungsgesetz[10]war 2006 eine Reihe von Vorschriften zur Beschleunigung von Planfeststellungsverfahren – unter anderem eine Fakultativstellung des Erörterungstermins – gleichlautend in

8 Amtl. Begr., BT-Drs. 16/13399, S. 14.
9 BGBl. I 2013, S. 1388–1394.
10 BGBl. I 2006, S. 2833–2853.

sechs Fachgesetzen eingeführt worden. Dieses Gesetz sollte der Verfahrensbeschleunigung dienen und selbst auch möglichst schnell wirken. Deshalb sollte der langwierigere Weg über eine Anpassung der Verwaltungsverfahrensgesetze, die sowohl im Bund als auch bei den Ländern einheitlich hätten geändert werden müssen (s. o. II. 1.) nicht beschritten werden. Sowohl im Bundestag als auch im Bundesrat war damals aber klar, dass eine auf praktisch alle bedeutsamen Planfeststellungsverfahren zielende Rechtsänderung systematisch richtig an zentraler Stelle im Verwaltungsverfahrensgesetz und nicht verstreut in einer Vielzahl von Fachgesetzen erfolgen müsste. In übereinstimmenden Entschließungen forderten der Bundestag und Bundesrat dann auch zusammen mit der Verabschiedung des Gesetzes, schnellstmöglich eine Rechtsbereinigung vorzunehmen. Diese Rechtsbereinigung war das Anliegen des ursprünglichen Entwurfs für das Planungsvereinheitlichungsgesetz.

Das geplante Änderungsgesetz, das mit dem Ziel eines einheitlichen Bund-Länder-Musterentwurfs in einem sehr aufwendigen Abstimmungsprozess von den Verfahrensrechtsreferenten vorbereitet worden war, geriet dann durch Zufall in zeitlichen Zusammenhang mit den vehementen und mit großem Widerhall in den Medien behandelten Protesten gegen das Bahnprojekt „Stuttgart 21". Plötzlich stand das Vorhaben, das zunächst einhellig sowohl von den hauptsächlich betroffenen Ressorts als auch von den Ländern begrüßt worden war, in teils heftiger Kritik. Diese entzündete sich vor allem an der vermeintlich geplanten Abschaffung des Erörterungstermins, die jedoch nicht Gegenstand des Gesetzentwurfs war. Außerdem wurde nunmehr kritisiert, dass der Entwurf inhaltlich nicht die Debatte um „Stuttgart 21" aufgreife. Kurz vor dem Kabinettbeschluss verlangte ein beteiligtes Ressort, das den Entwurf bislang mitgetragen hatte, substanzielle Änderungen. So hat das Gesetz dann mit der Einführung der „frühen Öffentlichkeitsbeteiligung" (§ 25 Abs. 3 VwVfG) eine ganz neue Zielrichtung erhalten, die das ursprüngliche Anliegen einer Rechtsbereinigung in den Hintergrund rückte.

Die Öffentlichkeitsbeteiligung hatte sich zum nahezu bestimmenden Thema des Verfahrensrechts entwickelt, sodass neben der Einführung der „frühen Öffentlichkeitsbeteiligung" mit dem Planungsvereinheitlichungsgesetz auch noch die zunächst für das E-Government-Gesetz vorgesehene Änderungen der Vorschriften über die öffentliche Bekanntmachung auf einen zeitgemäßen Stand gebracht werden sollten.[11] Die entsprechende Regelung in einem neuen § 27a VwVfG wurde nach einem Beschluss des Innenausschusses des Bundestags in das Planungsvereinheitlichungsgesetz übernommen.[12] Öffentliche oder ortsübliche Bekanntmachungen sollten künftig zusätzlich zur herkömmlichen Form auch im Internet erfolgen.

Um Bürger, die das Internet nicht nutzen können oder wollen, nicht auszuschließen, kam nur eine Ergänzung zur herkömmlichen Bekanntmachung in Frage. Die Vorschrift wurde im Abschnitt „Verfahrensgrundsätze" des VwVfG zwischen den Regelungen über Beratung sowie Beweismittel und der über die Anhörung Beteiligter eingestellt, um dem üblichen Ablauf eines Verwaltungsverfahrens und dem überwiegenden Anwendungsbereich Rechnung zu tragen. Eine Einfügung vor § 9 VwVfG hätte deutlicher gemacht, dass die Regelung auch außerhalb von dessen engeren Anwendungsbereich gelten soll; die Neubildung eines passenden Abschnitts im Teil I des VwVfG allein für die Bestimmung zur Öffentlichen Bekanntmachung im Internet erschien jedoch unangemessen.

4. Gesetz zur Förderung der elektronischen Verwaltung (EGovG 2013)

Änderungen des VwVfG mit dem Schwerpunkt Digitalisierung wurden mit dem Gesetz zur Förderung der elektronischen Verwaltung (E-Government-Gesetz – EGovG) von 2013[13] in Art. 3 vorgenommen. Durch das EGovG als neues Stammgesetz wurden Behörden zur Eröffnung eines elektronischen Zugangs und zusätzlich eines De-Mail-Zugangs[14] verpflichtet. Art. 2–7 des Gesetzes enthielten vor allem das Schriftformerfordernis[15] betreffende Änderungen des De-Mail-Gesetz, VwVfG, Sozialgesetzbuch und Abgabenordnung. In weiteren Artikeln wurden bestehende Schriftformerfordernisse im Fachrecht reduziert, in dem auch elektronische Kommunikation per einfacher E-Mail zugelassen wurde (die Formvorschrift lautet dann regelmäßig „schriftlich oder elektronisch").

---

11 Vgl. *Schmitz*, BauR 2012, 1457 (1460).

12 Beschlussempfehlung und Bericht des BT-Innenausschusses, BT-Drs. 17/12525 v. 27. 2. 2013, S. 6 (Begründung, S. 17 f.).

13 BGBl. I 2013, S. 2749–2760.

14 Dieses Angebot eines geschützten E-Mail-Verkehrs in Deutschland, das auch den Nachweis von Absender und Empfänger einer E-Mail ermöglichte, konnte sich nicht etablieren und ist auf dem Rückzug.

15 Hierzu *Prell*, apf 2012, S. 321 (328 f.).

5. Gesetz zur Modernisierung des Besteuerungsverfahrens (BestVerfModG 2016)

Durch Art. 20 des Gesetzes zur Modernisierung des Besteuerungsverfahrens (BestVerfModG) von 2016[16] wurden Regelungen zum vollständig automatisierten Erlass sowie zur elektronischen Bekanntgabe von Verwaltungsakten durch Datenabruf in das VwVfG aufgenommen. Auch diese Änderungen waren nicht europarechtlich veranlasst, wenngleich EU-Recht – namentlich die Datenschutzgrundverordnung (DSGVO)[17] – dabei eine Rolle spielte.

Regelungsbedarf für einen vollständig automatisiert erlassenen Verwaltungsakt war im Beirat Verwaltungsverfahrensrecht beim BMI und im Kreis der Verwaltungsverfahrensrechtsreferenten von Bund und Ländern bereits seit einiger Zeit diskutiert worden, als 2014 ein Diskussionsentwurf des BMF zur „Modernisierung des Besteuerungsverfahrens" bekannt wurde. Die dort vorgesehenen Regelungen zur Änderung der AO gaben Anlass zu einer kritischen Betrachtung unter verwaltungsverfahrensrechtlichen Aspekten. Zugleich erschien es dem BMI angezeigt, darauf hinzuwirken, dass die bewährte weitgehende Parallelität der Verfahrensordnungen VwVfG, AO und SGB X gewahrt bleibt. Die Frage, ob das Thema vollautomatisierter Erlass von Verwaltungsakten überhaupt für das allgemeine Verwaltungsverfahren(srecht) relevant ist, oder ob es nur für das Steuerverfahren wegen dessen Besonderheiten bedeutsam sein wird, war schnell positiv zu beantworten. Auch im allgemeinen Verwaltungsverfahren gibt es ein Potential dafür. Der fortgeschrittene Einsatz elektronischer Arbeitsabläufe und der sich abzeichnende Personalmangel schaffen eine Nachfrage nach solchen Lösungen. Gleiches gilt für die Bekanntgabe von elektronischen Verwaltungsakten per Abruf von Internetplattformen an Stelle des herkömmlichen Versands.

Die zunächst ins Auge gefasste Ergänzung des BMF-Entwurfs durch entsprechende Regelungen auch im VwVfG und im SGB X war nicht möglich, ohne den ambitionierten Zeitplan des BMF zu gefährden. Stattdessen sollte im weiteren Gesetzgebungsverfahren geklärt werden, in welcher Form in den drei Verfahrensordnungen möglichst einheitliche Regelungen zu den beiden neuen Instrumenten etabliert werden können. In der Kabinett-

16 BGBl. I 2016, S. 1679–1709.

17 Verordnung (EU) 2026/679 des Europäischen Parlaments und des Rates v. 27. 4. 2016, ABl. 2016 Nr. 119, S. 1.

vorlage des BMF wurde dies ausdrücklich angesprochen: „Im weiteren Gesetzgebungsverfahren soll geklärt werden, in welcher Form in allen Verwaltungsverfahrensordnungen (VwVfG, SGB X und AO) möglichst einheitliche Regelungen zu vollständig automationsgestützt erlassenen Verwaltungsakten und zur Bekanntgabe von Verwaltungsakten durch Bereitstellung zum Abruf getroffen werden können." Vorschläge wurden Anfang 2016 für das VwVfG und SGB X zwischen BMI, BMF und BMAS unter Beteiligung von BMJV abgestimmt. Diese wurden vom BMF anschließend als Formulierungshilfen über den Finanzausschuss (parallel auch an den mitberatenden Innenausschuss) in das Gesetzgebungsverfahren eingebracht.[18]

Um auch bei einem vollautomatisierten Ablauf ein rechtsstaatliches Verfahren zu garantieren, sieht § 35a VwVfG zwei Schranken für den vollautomatisierten Erlass vor. Verwaltungsakte dürfen zum einen nur dann in einem vollständig automatisierten Verfahren erlassen werden, wenn dies durch Rechtsvorschrift zugelassen wird. Erforderlich ist somit eine Ermächtigung durch Gesetz oder Verordnung. Durch den Gesetzesvorbehalt wird sichergestellt, dass der Gesetz- oder Verordnungsgeber selbst und nicht die Behörde, die vor allem im Hinblick auf die Verfahrensrechte der Beteiligten wesentliche Entscheidung zum vollständigen Ausschluss einer personellen Bearbeitung im Verwaltungsverfahren trifft und diesen Ausfall ggf. mit begleitenden Regelungen kompensiert. Wäre es ohne Gesetzesvorbehalt der Verwaltung selbst überlassen, solche Verfahren nach eigenem Ermessen einzuführen, könnte es zu einer Einschränkung der Gestaltungsfreiheit des Gesetzgebers kommen, wenn dessen Entscheidungen nur noch mit erheblicher Zeitverzögerung umgesetzt werden können. Der Gesetzesvorbehalt in § 35a VwVfG hat deshalb eine zusätzliche Schutzfunktion für den Normgeber selbst.

Mit der Neuregelung zum vollautomatisiert erlassenen Verwaltungsakt wurde auch ein neues Verfahren zur Bekanntgabe von elektronischen Verwaltungsakten in § 41 VwVfG eingeführt:

Die wesentliche Neuerung bestand darin, dass ein elektronischer Verwaltungsakt nicht mehr direkt an den Adressaten – etwa per E-Mail – übermittelt werden muss, sondern dieser ihn sich bei der Verwaltung „abholt".

18 Krit. zu wesentlichen Änderungen durch Ausschüsse des Bundestags („Anmaßung nicht zustehenden Gesetzesinitiativrechts") *Schoch*, IFG, 2. Aufl. 2016, Einl. Rn. 267; *Rossi*, DVBl. 2014, S. 676; ähnlich *Frenzel*, JuS 2010, S. 119 (120 f.). Diese Verfahrensweise entspricht indes gefestigter Staatspraxis; sie ist jedenfalls nicht evident fehlerhaft; im Ergebnis zutreffend VG Berlin, Urt. v. 6. 11. 2014 – 2 K 201.13, BeckRS 2015, 40128; BGH, VIZ 2004, 128.

Die Behörde kann dafür Verwaltungsakte z. B. auf einer Internetplattform bereitstellen, sodass sie der Adressat praktisch jederzeit und von jedem Ort online abrufen kann.

Für diese Art der Bekanntgabe war eine ausdrückliche Regelung erforderlich, weil nach der bisherigen Regelung in § 41 VwVfG – abgesehen von der öffentlichen Bekanntgabe – immer eine Übermittlung an den Adressaten erforderlich ist. Soweit elektronische Verwaltungsakte bislang schon per Abruf bekannt gegeben werden sollten, bedurfte es einer speziellen Regelung im Fachrecht. Mit der Ergänzung im VwVfG wurde diese zusätzliche Möglichkeit nun allgemein für den Anwendungsbereich des Gesetzes eröffnet.

Bei einer Bekanntgabe durch Datenabruf ist vor allem auch eine gesetzliche Bestimmung des Zeitpunkts der Bekanntgabe unverzichtbar. Die Fiktionsregelung des § 41 Abs. 2 S. 2 VwVfG greift nicht, denn der elektronische VA wird gerade nicht wie bei der herkömmlichen Versendung per E-Mail an den Adressaten übermittelt. Die Bekanntgabe durch Datenabruf setzt schon begrifflich die Mitwirkung des Adressaten voraus, was für die Bestimmung des Bekanntgabezeitpunkts nicht außer Betracht bleiben durfte. Sie verbietet es auch, die Bekanntgabeform einem Beteiligten „aufzudrängen", so dass ausdrücklich die vorherige Einwilligung als Voraussetzung geregelt ist. Für diese Lösung sprachen aus Sicht des Beirats und der Verfahrensrechtsreferenten vor allem die größere Nutzerfreundlichkeit und die dann zu erwartende höhere Akzeptanz des auf Freiwilligkeit beruhenden Verfahrens.

6. Fünftes Gesetz zur Änderung verwaltungsverfahrensrechtlicher Vorschriften sowie zur Änderung des Sechsten Buches Sozialgesetzbuch (5. VwVfÄndG 2023)

Ausgangspunkt für das 5. VwVfÄndG 2023[19] waren weder europarechtlicher Umsetzungsbedarf noch Regierungsprogrammatik oder Koalitionsvertrag. Am Anfang stand vielmehr die dringende und eilbedürftige Reaktion des Verfahrensrechts auf im Zuge der Bekämpfung der COVID-19-Pandemie verordnete Einschränkungen der Bewegungsfreiheit. Sie bestand in der Einführung des Planungssicherstellungsgesetzes (PlanSiG)[20] 2020 kurz

19 BGBl. I 2023, Nr. 344, S. 1–6.
20 BGBl. I 2020, S. 1041.

nach Beginn der COVID-19-Pandemie in einem beschleunigten Verfahren.[21] Es war zunächst als nur vorübergehend benötigtes Instrument zur Krisenbewältigung gedacht. Mit dem Gesetz wurde sichergestellt, dass Planungs- und Genehmigungsverfahren sowie andere Verwaltungsverfahren mit Öffentlichkeitsbeteiligung auch unter den erschwerten Bedingungen der Pandemie durchgeführt werden konnten. Das PlanSiG war zunächst bis Ende 2021 befristet, diese Befristung wurde anschließend mehrfach verlängert. Mit dem 5. VwVfÄndG wurden vor allem bewährte Regelungen zur digitalen Durchführung der Öffentlichkeitsbeteiligung aus dem PlanSiG in modifizierter Form in das VwVfG und damit in Dauerrecht überführt. Daneben wurden die Regelungen zur elektronischen Kommunikation in § 3a VwVfG fortentwickelt.

Die Bundesregierung war bereits im Gesetzgebungsverfahren zum PlanSiG aufgefordert worden, zu prüfen, welche der mit diesem Gesetz nur befristet zur Verfügung gestellten Instrumente sich in der praktischen Anwendung so bewährt haben, dass sie auch außerhalb der damals zu bewältigenden Ausnahmesituation sinnvoll eingesetzt werden können.[22] Nach Abschluss der Evaluation des PlanSiG im Herbst 2022[23] leitete sich daraus für die Bundesregierung der Auftrag ab, die bewährten Regelungen in Dauerrecht zu überführen. Auch in Fachkreisen wurde dies deutlich eingefordert.[24] Das erforderliche Änderungsgesetz musste bis Ende des Jahres 2023 verkündet werden, damit die Regelungen des befristeten PlanSiG nahtlos und planungssicher in dauerhaftes Bundesrecht überführt werden konnten.

Das PlanSiG hatte Regelungen zur Öffentlichkeitsbeteiligung und zu öffentlichen und ortsüblichen Bekanntmachung in zeitweise 24 Fachgesetzen modifiziert, die damit wegen der subsidiären Geltung des VwVfG vorrangig vor den allgemeinen Regelungen des VwVfG anzuwenden waren. Wegen der besonderen Eilbedürftigkeit kam eine sukzessive Regelung in

---

21 Wegen der besonderen Eilbedürftigkeit war der Gesetzentwurf zwar von der Bundesregierung als sog. Formulierungshilfe ausgearbeitet, gem. Art 76 Abs. 1 GG aber als Gesetzentwurf aus der Mitte des Bundestages eingebracht worden; vgl. *Prell*, in: Festschr. für Ulrich Ramsauer, 2023, S. 81 (82 f.).

22 Beschlussempfehlung des federführenden Ausschusses für Inneres und Heimat v. 13. 5. 2020, BT-Drs. 19/19214, S. 6.

23 *Ziekow/Ziemer/Bickmann*, Evaluation des Planungssicherstellungsgesetzes (PlanSiG) – Abschlussbericht, abrufbar unter https://www.bmi.bund.de/SharedDocs/downloads/DE/veroeffentlichungen/2022/Abschlussbericht_PlanSiG.html (zuletzt abgerufen am 2. 12. 2023).

24 Siehe u. a. *Wysk*, NVwZ 2022, S. 905; *Burgi/Nischwitz/Zimmermann*, NVwZ 2022, S. 1321.

den VwVfG von Bund und Ländern nicht in Frage. Mit der gewählten Regelungssystematik, stattdessen Maßgabe- Vorschriften zu den in den einschlägigen Fachgesetzen vorhandenen Verfahrensvorschriften konzentriert in einem Gesetz einzuführen, konnten kompliziertere und voraussichtlich am Ende nicht einheitliche Änderungen direkt in den betroffenen Fachgesetzen vermieden werden. Sollten diese Regelungen nunmehr in den Regelungsbestand des allgemeinen Verfahrensrechts übernommen werden, reichte dafür die Anpassung des VwVfG nicht aus. Um in den Ländern ebenfalls einheitlich diese Fortentwicklung des Verfahrensrechts zu erreichen, müssen auch die VwVfG der Länder entsprechend angepasst werden.[25] In den Ländern mit sog. Verweisungsgesetzgebung[26] erfolgt die Anpassung aufgrund der dynamischen Verweisungen auf das VwVfG unmittelbar mit der Änderung des VwVfG. In den anderen Ländern bedarf es eines eigenen Gesetzgebungsverfahrens, sodass die VwVfG von Bund und Ländern bis zum Abschluss dieser Anpassungen divergieren werden. Um dennoch die in Rede stehenden – gerade für Großvorhaben mit Öffentlichkeitsbeteiligung sehr wichtigen – digitalen Möglichkeiten weiter nutzen zu können, wurde die Geltungsdauer des PlanSiG bis Ablauf des 31. 12. 2024, also noch einmal um ein Jahr verlängert. Die sonst drohende Regelungslücke wurde damit vermieden. Zugleich wurde durch eine Änderung des PlanSiG dessen Anwendungsbereich für diesen Zeitraum auf die Länder mit Verwaltungsverfahrensgesetzen als sog. Vollgesetze beschränkt. Damit wird eine Kollision der Regelungen der bereits angepassten VwVfG des Bundes und der Länder mit Verweisungsgesetzen einerseits und den erneut verlängerten Regelungen des PlanSiG verhindert.

Die Überführung von Regelungen des PlanSiG in das VwVfG wurde auch zum Anlass genommen, dort die Regelungen zur elektronischen Ersetzung der Schriftform zu erweitern. Wichtigste Neuerungen sind die Zulassung des „qualifizierten elektronischen Siegels" für Behörden und des „besonderen elektronischen Anwaltspostfachs" (beA) als zusätzliche Möglichkeiten, eine angeordnete Schriftform elektronisch zu ersetzen.

25 Den Willen zu einer einheitlichen Anpassung der VwVfG hatten die Länder auch ausdrücklich im Beschluss der Ministerpräsidenten vom 9. 11. 2023 bekräftigt; https://www.bundesregierung.de/resource/blob/975226/2235210/-06f2e4befe86c9976bf263e8a49ee1dd/2023-11-06-beschluss-top4-planungsbeschleunigung-data.pdf?download=1.

26 Derzeit verweisen die VwVfGe der Länder Berlin, Brandenburg, Niedersachsen, Rheinland-Pfalz, Sachsen und Sachsen-Anhalt auf das VwVfG.

Bereits seit 2003 existiert mit § 3a Abs. 2 VwVfG a. F. eine Generalklausel, die eine elektronische Ersetzung der Schriftform erlaubt, ohne dass es einer zusätzlichen fachgesetzlichen Regelung bedarf.[27] Nach der ursprünglichen Fassung der Vorschrift konnte die Schriftform aber nur durch Verwendung der „elektronischen Form" ersetzt werden. Nach der in § 3a Abs. 2 VwVfG dafür vorgesehenen Legaldefinition muss das elektronische Dokument dafür mit einer qualifizierten elektronischen Signatur (qeS) versehen sein. Zwar ist ein so signiertes elektronisches Dokument tatsächlich geeignet, alle wesentlichen Funktionen der Schriftform zu erfüllen. So einfach aber die Anforderungen der Schriftform bei einem Papierdokument durch Aufbringen der Unterschrift erfüllt werden können, so kompliziert und damit unattraktiv hat sich der Umgang mit der „elektronischen Form" in der Praxis erwiesen. Der Verfasser des Dokuments benötigt neben der für dessen Erstellung erforderlichen Ausstattung zusätzliche Software für die qualifizierte Signierung, die eigens zu diesem Zweck angeschafft werden muss. Schon früh wurde deshalb nach anwenderfreundlicheren Möglichkeiten der elektronischen Ersetzung der Schriftform gesucht, bei denen auf die als hinderlich empfundene Signierung mit einer qeS verzichtet werden kann. Im Laufe mehrerer Gesetzänderungen wurden dafür in § 3a Abs. 2 S. 4 VwVfG zusätzliche Varianten der Schriftformersetzung zugelassen und schließlich sogar eine Öffnungsklausel eingeführt, nach der durch Rechtsverordnung weitere Verfahren zur elektronischen Schriftformersetzung zugelassen werden konnten (§ 3a Abs. 2 S. 4 Nr. 4 VwVfG a. F.). Von der Verordnungsermächtigung wurde erfreulicherweise und zugleich wenig überraschend nie Gebrauch gemacht.[28] Diese Verordnungsermächtigung wurde nun mit dem 5. VwVfÄndG wieder aufgehoben. Allen bislang zusätzlich eingeführten Varianten der elektronischen Schriftformersetzung ist gemein, dass sie – anders als bei der „elektronischen Form" - das Manko der fehlenden Verbindung von Dokument und Signatur des Verfassers auf die eine oder andere Weise kompensieren müssen. So muss die Identität des Erklärenden bei der Variante nach § 3a Abs. 2 S. 4 Nr. 1 VwVfG (Abgabe der Erklärung direkt über ein elektronisches Formular der Behörde) bei

---

27 § 3a VwVfG wurde mit Wirkung v. 1. 2. 2003 mit dem 3. VwVfÄndG v. 21. 8. 2002 (BGBl. I 2002, S. 3322) eingefügt.

28 Die Verordnungsermächtigung stellte nicht nur einen systematischen Bruch dar, sondern öffnete die Tür für die Verwaltungsdigitalisierung unter dem Gesichtspunkt der Rechtssicherheit nicht dienlichen weiteren Rechtszersplitterung bei der Regelung der elektronischen Schriftformersetzung; vgl. *Schmitz/Prell*, in: Stelkens/Bonk/Sachs (Fn. 4), § 3a Rn. 38i; *Prell*, NVwZ 2013, S. 1514 (1518 f.).

Online-Abgabe mittels elektronischen Identitätsnachweises (z. B. elektronischer Personalausweis) oder bei Abgabe in einer Behörde ggf. durch Vorlage des Ausweises nachgewiesen werden. Die Behörde muss zudem technisch und organisatorisch sicherstellen, dass auch danach die Feststellung der Identität des Erklärenden und die Authentizität der Erklärung gewährleistet bleiben und aktenkundig wird. Bei den Varianten gem. § 3a Abs. 2 S. 4 Nr. 2 und 3 VwVfG übernimmt der Diensteanbieter die Signierung der De-Mail-Nachricht im Zuge der Übersendung an den Adressaten. Das übermittelte Dokument selbst wird dabei aber auch hier nicht signiert. Deshalb muss die Behörde beim Umgang mit so empfangenen elektronischen Dokumenten die Tatsache der ordnungsgemäßen Versendung per De-Mail – und damit die schriftformersetzende Wirkung – aktenkundig machen. Es sei denn, das Schriftformerfordernis erledigt sich bereits im jeweiligen Sachzusammenhang mit Eingang. Für den privaten Empfänger einer behördlichen De-Mail geht dagegen die schriftformersetzende Wirkung verloren, sobald er das von der Behörde als Anhang übersandte Dokument aus der De-Mail entfernt und anderweitig speichert oder wiederum versendet. Bislang bietet somit allein die „elektronische Form" und damit die unmittelbare Verbindung von Erklärungstext und Signatur die Möglichkeit der elektronischen Schriftformersetzung, bei der die Schriftformfunktionen ohne weiteres auch bei gesonderter Speicherung oder Weitergabe erhalten bleiben.

Vor allem im Kontext der fortschreitenden Digitalisierung von Verwaltungsverfahren zur Umsetzung des Onlinezugangs-Gesetzes (OZG)[29] wurde immer wieder eine mangelnde Übersichtlichkeit des § 3a VwVfG beklagt. Deshalb wurde die Vorschrift mit dem 5. VwVfÄndG zunächst neu strukturiert: Die bisher in Absatz 2 zusammengefassten Regelungen zur Schriftformersetzung werden aufgeteilt. Absatz 2 befasst sich nunmehr mit der „elektronischen Form" und streicht damit deren Bedeutung quasi als „Goldstandard" der Schriftformersetzung heraus. In dem neuen Absatz 3 werden übersichtlich die Regelungen zu allen anderen Varianten der Schriftformersetzung zusammengefasst. Der bisherige Absatz 3 wurde Absatz 4, und es wurde ein neuer Absatz 5 angefügt.

Die nunmehr in Absatz 3 geregelten Möglichkeiten der Schriftformersetzung ohne Verwendung der qeS wurden aber auch um zusätzliche Varianten erweitert. Seit langem beklagte die Anwaltschaft, dass sie schriftformbe-

29 BGBl. I 2017, S. 3122–3138.

dürftige Erklärungen nicht – wie in der elektronischen Kommunikation mit den Gerichten vorgeschrieben – auch an Behörden allein durch die Versendung aus dem beA formwirksam versenden könne. Das ist nunmehr nach § 3a Abs. 3 Nr. 2a VwVfG möglich. Konsequenterweise wurde die Zulassung der schriftformersetzenden Wirkung durch Versendung aus diesem „besonderen elektronischen Postfach" nicht auf das beA beschränkt. Vielmehr wurden auch sämtliche andere – auf derselben technischen Grundlage basierenden – „besonderen elektronischen Postfächer" umfasst, nach Nr. 2b für die Verwaltung das „besondere elektronische Behördenpostfach" (bePBO) und für natürliche oder juristische Personen oder Vereinigungen nach Nr. 2c das „besondere elektronische Bürger- und Organisationspostfach (eBO).[30] Beibehalten wurde die nunmehr in § 3a Abs. 3 Nr. 2d VwVfG geregelte Option der Schriftformersetzung durch Versendung mittels De-Mail.

Neu ist hierbei nicht, dass diese für die Kommunikation mit den Gerichten eingeführten besonderen elektronischen Postfächer auch für die Kommunikation mit der Verwaltung genutzt werden können. Das war auch bislang schon möglich, da § 3a VwVfG keine Form der elektronischen Kommunikation ausschließt, soweit dafür jeweils ein Zugang eröffnet wird (§ 3a Abs. 1 VwVfG). Neu ist vielmehr die Zulassung der schriftformersetzenden Wirkung bei der Versendung eines Dokuments über diese Postfächer. Dabei darf ein Detail der neuen Regelung nicht übersehen werden: Die in § 3a Abs. 2 Nr. 2a-d VwVfG genannten Varianten gelten nur für den sog. „Hin-Kanal", also für die Versendung – z. B. schriftformbedürftiger Anträge oder Anzeigen – „an die Behörde". Diese Einschränkung dient dem Schutz der Adressaten vor der oben im Zusammenhang mit der Versendung per De-Mail beschriebenen Entwertung schriftformbedürftiger elektronischer Bescheide nach der Übersendung. Dieses grundsätzliche Problem besteht auch bei allen andern „Versendungs-Varianten" mit besonderen elektronischen Postfächern. Waren solche Behördendokumente zum Erhalt der schriftformersetzenden Wirkung bislang zusätzlich mit einer qeS des Bearbeiters zu signieren, sieht das 5. VwVfÄndG nunmehr eine deutliche Erleichterung für die Verwaltung vor:

Obwohl spätestens seit der Umsetzung der EU-Dienstleistungsrichtlinie (DLRL) die technischen und organisatorischen Voraussetzungen zum Um-

30 Vgl. zu den für die Kommunikation mit den Gerichten eingeführten besonderen elektronischen Postfächern im einzelnen *Schmitz/Prell*, in: Stelkens/Bonk/Sachs (Fn. 4), § 3a Rn. 16 f.

gang mit der qeS und damit zur Erstellung schriftformersetzender Dokumente in „elektronischer Form“ durch Behörden vorliegen müssten, fremdelt die Verwaltung mit dieser – für die Verwendung solcher Dokumente im Rechtsverkehr besten Variante der Schriftformersetzung. Das liegt v. a. daran, dass der damit verbundene Aufwand gescheut wird. Dem soll mit der Zulassung des „qualifizierten elektronischen Behördensiegels“ als Schriftformersatz neben der „elektronischen Form“ abgeholfen werden. Der Unterschied zur qeS liegt darin, dass das Zertifikat – personenunabhängig – als Organisationszertifikat (Art. 3 Nr. 29 eIDAS-VO) ausgestellt wird.[31] Das qualifizierte elektronische Siegel als solches kann schon seit langem ohne weiteres von den Behörden genutzt werden. Mit dem Siegel wird bislang aber nur die Herkunft des Dokuments – und damit seine Eigenschaft als „öffentliches elektronisches Dokument“ i. S. v. § 371a Abs. 3 ZPO – und seine Unversehrtheit überprüfbar gewährleistet. Bei einem so gesiegelten elektronischen Dokument kann sich jeder Empfänger und auch Dritte durch einfache Online-Validierung des Siegels selbst davon überzeugen, dass es tatsächlich von der Behörde stammt und nicht nachträglich verändert wurde. Das stellte für sich genommen bereits eine erhebliche Verbesserung dar. Denn § 371a Abs. 3 S. 1 ZPO behandelt ein elektronisches Dokument bereits – in Anlehnung an die Vorgaben bei einer öffentlichen Urkunde – schon dann als „öffentlich“, wenn es „von einer öffentlichen Behörde innerhalb der Grenzen ihrer Amtsbefugnisse oder von einer mit öffentlichem Glauben versehenen Person innerhalb des ihr zugewiesenen Geschäftskreises in der vorgeschriebenen Form erstellt worden“ ist. Die Echtheit lässt sich aber – anders als etwa bei einem mit Behördensiegel versehenen Schreiben – nicht anhand des elektronischen Dokuments selbst überprüfen.

Sowohl bei der qeS als auch beim qualifizierten elektronischen Siegel als Schriftformersatz scheint bislang ungeklärt, wie sich die zeitliche Befristung des jeweiligen Zertifikats auf die Formwirksamkeit auswirkt. Diese Zertifikate werden von den Anbietern nur mit befristeter Gültigkeit ausgestellt. Aus technischer Sicht wird das damit begründet, dass mit den noch immer schnell voranschreitenden Rechnerleistungen zunächst als sicher geltende Verschlüsselungsalgorithmen „geknackt“ werden könnten. Ist das Zertifikat abgelaufen, kann es für Signierung und Siegelung nicht mehr

---

31 Im Übrigen basieren sowohl die Siegelung des Dokuments als auch die Prüfung des Siegels auf der gleichen technischen Grundlage wie bei der Verwendung der qualifizierten elektronischen Signatur.

verwendet werden. Bereits signierte und gesiegelte Dokumente bleiben dagegen grundsätzlich überprüfbar. Bei einer Prüfung wird dann allerdings nur mehr die Integrität, aber nicht mehr die Authentizität des Dokuments bestätigt. Soweit ersichtlich, hatte die Rechtsprechung bislang noch keinen Anlass, sich vertieft mit dieser Fragestellung zu beschäftigen.

Die mit dem 5. VwVfÄndG herbeigeführten Änderungen des VwVfG beruhen wiederum auf einer engen Abstimmung mit den Ländern, um auch weiterhin möglichst gleichlautende Verwaltungsverfahrensgesetze zu gewährleisten.

7. Postrechtsmodernisierungsgesetz (PostModG 2024)

Nicht langfristig geplant, sondern eher überraschend kam die letzte Änderung des VwVfG durch das Postrechtsmodernisierungsgesetz (PostModG) von 2024[32]. Mit diesem Gesetz sollten in erster Linie die von den Postdienstleistern einzuhaltenden Postlaufzeiten verändert werden. Mit den ab 1. 1. 2025 geltenden neuen Vorschriften werden diese um einen Tag verlängert. Im Jahresdurchschnitt müssen nun 95 % der Briefsendungen am dritten Tag und 99 % am vierten auf den Einlieferungstag folgenden Werktag zugestellt werden. Unter dem hohen Zeitdruck der Vorbereitung des Gesetzes war vom zuständigen Ressort nicht bedacht worden, dass die Veränderung der gesetzlich vorgegebenen Postlaufzeiten an ganz anderer Stelle erhebliche Auswirkungen verursachen könnten.

Nach § 41 Abs. 2 VwVfG gilt ein mit der Post versandter Verwaltungsakt am dritten Tag nach Aufgabe zur Post als zugegangen. Dieser Regelung liegen die bislang von den Postdienstleistern zu erfüllenden Anforderungen zugrunde. Werden diese geändert, kann das nicht ohne Auswirkungen auf die geltende Fiktionsregelung bleiben. Der Gesetzentwurf wurde deshalb zunächst um eine Änderung von § 41 VwVfG ergänzt, wonach der Drei-Tages-Zeitraum auf vier Tage verlängert wird. Zugleich wird nicht mehr auf Tage, sondern auf Werktage abgestellt. Noch nicht berücksichtigt wurde ein möglicher Anpassungsbedarf bei den korrespondierenden Regelungen bei elektronischer Versendung des Verwaltungsakts. Nach § 41 Abs. 2 S. 2 VwVfG gilt bislang auch hier ein Drei-Tages-Zeitraum. Durch die Änderung in § 41 Abs. 1 S. 1 VwVfG wird dieser Gleichklang aufgehoben, sodass

32 BGBl. I 2024, Nr. 236, S. 1–58.

künftig der Zugang für die elektronische Versendung anders zu berechnen sein wird als bei postalischer Versendung.

8. Weitere Änderungen des VwVfG absehbar – Gesetz zur Stärkung der frühen Öffentlichkeitsbeteiligung

Am 24. 4. 2024 hat die Bunderegierung den Entwurf für ein Gesetz zur Stärkung der frühen Öffentlichkeitsbeteiligung beschlossen.[33] Das Vorhaben ist Teil der Umsetzung des in der Besprechung des Bundeskanzlers mit den Regierungschefinnen und Regierungschefs der Länder (MPK) am 6. 11. 2023 beschlossenen „Pakt für Planungs-, Genehmigungs- und Umsetzungsbeschleunigung".[34] In einer 27-seitigen Anlage zu dem Beschluss werden etwa 100 Einzelmaßnahmen genannt, wobei das VwVfG auch direkt angesprochen wird. Hier geht es z. B. um eine Verbesserung der „frühen Öffentlichkeitsbeteiligung", die bislang in § 25 Abs. 3 VwVfG geregelt ist. Bereits in der Vergangenheit wurde bei diversen Beschleunigungsvorhaben regelmäßig das VwVfG bemüht. Obwohl inzwischen geklärt sein dürfte, dass die Beschleunigungspotentiale des VwVfG als ausgeschöpft gelten, wird es auch bei diesem Vorhaben wieder in den Blick genommen werden. Bei der „Stärkung" der frühen Öffentlichkeitsbeteiligung verspricht man sich vor allem dadurch eine Beschleunigung, dass deren Ergebnisse künftig vom Vorhabenträger der Behörde in einem verkehrsüblichen elektronischen Format übermittelt und der betroffenen Öffentlichkeit mitgeteilt werden. Für die Übermittlung an die Behörde soll zudem ein maschinenlesbares Format verwendet werden. Um die Regelung deutlicher sichtbar zu machen, soll sie in einem eigenen § 25a VwVfG erscheinen.

V. Fazit und Ausblick

Die deutlichsten Spuren einer Europäisierung im VwVfG hat bislang die Umsetzung der EU-DLRL hinterlassen. Zwar wurde mit dem Verfahren über eine einheitliche Stelle (§§ 71a-e VwVfG) eigens eine zusätzliche besondere Verfahrensart im Teil V des Gesetzes eingeführt. Die praktische

33 BT-Drs. 20/11980.

34 https://www.bundesregierung.de/resource/blob/975226/2235210/06f2e4befe86c9976bf263e8a49ee1dd/2023-11-06-beschluss-top4-planungsbeschleunigung-data.pdf?download=1.

Relevanz dieser Verfahrensart als solcher dürfte allerdings eher gering sein. Weder das VwVfG noch die Verwaltung in Deutschland dürfte dadurch „europäischer" geworden sein. Die größten praktischen Auswirkungen könnte der mit § 71e VwVfG eingeführte Anspruch auf elektronische Verfahrensabwicklung gehabt haben. Auch wenn es von Anfang an eher zweifelhaft erschien, dass der Anspruch auf einen „single point of contact" der Verfahrensabwicklung in anderen Mitgliedstaaten einen Boom der grenzüberschreitenden Erbringung von Dienstleistungen auslösen würde, musste in Behörden von Bund, Ländern und Kommunen wegen des außerordentlich weiten Anwendungsbereichs der Richtlinie im Zusammenspiel mit dem beschriebenen Effekt der überschießenden Umsetzung fast flächendeckend die Voraussetzung für eine elektronische Verfahrensabwicklung geschaffen werden. Lange vor den verschiedenen E-Government-Gesetzen wurde damit de facto flächendeckend die Pflicht eingeführt, den erforderlichen Zugang für eine elektronische Kommunikation zumindest per E-Mail zu eröffnen. Diese umfangreichere Änderung des VwVfG durch europarechtliche Vorgaben ist aber die Ausnahme geblieben. In der Regel werden die – durchaus zunehmenden – verfahrensrechtlichen Vorgaben europäischer Rechtsakte in den einschlägigen Fachgesetzen oder durch eigene Umsetzungsgesetze im nationalen Recht abgebildet. Dabei nehmen verfahrensrechtliche Vorgaben im Sekundärrecht noch laufend zu. Sie finden sich an vielen Stellen bereichsspezifischer Rechtsakte. Dahinter ist kaum ein stimmiges System zu erkennen. Regelmäßig steht der materielle Regelungsgehalt im Vordergrund. Vorgaben zum Verwaltungsverfahren im Sekundärrecht orientieren sich an den wechselnden Anforderungen, die das jeweilige Spezialgebiet stellt. Die Situation ist vergleichbar mit dem auch bei unseren Fachrechtlern festzustellenden Drang, sich das passende und vermeintlich beste Verfahrensrecht selbst und immer wieder neu zu konstruieren. Allerdings mit dem Unterschied, dass es eben auf europäischer Ebene weder eine Orientierung noch eine Disziplinierung durch eine zentrale Kodifikation gibt.

Unweigerlich führt das zu einer weiteren Zersplitterung von Verfahrensrecht. Weder existiert eine primärrechtliche Regelungskompetenz noch – zumindest bei der Kommission – der erkennbare Wille, eine europäische Verfahrensrechtskodifikation anzustreben. Somit wird das deutsche Verfahrensrecht wohl auch in Zukunft durch Europa eher geschwächt als gestärkt werden. Auch weiterhin wird es eine zunehmende Überlagerung des „allgemeinen" Verfahrensrechts des VwVfG durch unzählige verfahrensrechtliche Regelungen in verschiedensten EU-Rechtsakten geben, die durch den beschriebenen Effekt der zwangsläufig überschießenden Umsetzung im nationalen Recht sogar noch verstärkt wird. Die Zunahme europäischer verfahrensrechtlicher Vorschriften führt auch aus einem anderen Grund eher zu Schwierigkeiten als zur Entlastung der Verwaltung. Zwangsläufig werden unbestimmte Rechtsbegriffe verwendet, die ausfüllungsbedürftig sind. Selbst wenn diese Begriffe im nationalen Verfahrensrecht ebenfalls verwendet werden, ist nicht sicher, ob sie mit der gleichen Bedeutung verwendet werden dürfen. Handelt es sich um neue Rechtsbegriffe, ist die Frage der richtigen Auslegung noch schwieriger durch die nationalen Gerichte zu klären. Der langwierige Weg bis zu einer unter Umständen erst durch den EuGH erreichbaren verbindlichen Klärung kann nicht nur Rechtsanwender belasten, sondern auch die nationalen Gesetzgeber blockieren. Ein – wie auch immer zu schaffendes – „EU-VwVfG“ könnte bestenfalls diesen Wildwuchs einhegen und zu einer Vereinheitlichung beitragen. Es fragt sich aber, ob eine solche Kodifikation tatsächlich ein Desidarat ist oder sich vielleicht eher als Fluch denn als Segen erweisen würde. Denn auch hier stellten sich wohl die Probleme, mit denen das VwVfG zu kämpfen hat, wenn es den Anspruch der zentralen verfahrensrechtlichen Kodifikation verteidigen will: Schon wegen des bestehenden europäischen Normenbestands kämme wohl nur eine subsidiäre Wirkung in Frage. Es wäre auch hier nicht anzunehmen, dass die jeweiligen „Fachschaften“ auf eigenen verfahrensrechtlichen Regelungen zugunsten eines allgemeinen Verfahrensgesetzes verzichten werden. Auch die Vorstellungen darüber, welche Funktion Verfahrensrecht haben soll, gehen auseinander. Dem deutschen Konzept des eher dienenden Verfahrens und der Betonung der materiellen Richtigkeit von Verwaltungsentscheidungen steht im EU-Kontext häufig eine starke Betonung der Befolgung von Vorschriften zur Gewährleistung eines ordnungsgemäßen Verfahrens gegenüber.

Wenn aber die Mitgliedstaaten eine Vereinheitlichung und Systematisierung europäischer Verfahrensvorschriften im Sekundärrecht nicht erwarten dürfen, wäre größere europäische Zurückhaltung zu wünschen. Dann sollte die ursprüngliche Aufgabenverteilung wieder stärker zum Tragen kommen, nach der die Mitgliedstaaten das Verfahren bei der Umsetzung materiellen Rechts in eigner Verantwortung regeln. Ein Mehr an Handlungs- und Gestaltungsspielraum der Mitgliedstaten könnte sich durchaus auch positiv auf die Akzeptanz der immer stärker werdenden Rolle der EU als Gesetzgeber auswirken. Freilich muss man dann auch Verschiedenheit aushalten können.

Kodifikationen des Verwaltungsverfahrensrechts auf EU-Ebene: Wirkungen und Perspektiven

Thomas von Danwitz

Die Veranstalter haben mich gebeten, das Thema „Kodifikationen des Verwaltungsverfahrensrechts auf EU-Ebene: Wirkungen und Perspektiven" aus richterlicher Sicht zu behandeln. Daher soll es im Folgenden nicht um die Vorschläge für eine allgemeine Kodifizierung des europäischen Verwaltungsverfahrensrechts gehen, wie sie beispielsweise von ReNEUAL oder dem Europäischen Parlament ausgearbeitet worden sind.[1] Vielmehr werde ich – wie angeregt – über die Wirkungen von Bereichskodifikationen sprechen, um sodann zur „Sinnhaftigkeit" und den Problemen der Realisierung einer Generalkodifikation des EU-Verwaltungsverfahrensrechts aus der Sicht eines Richters am Gerichtshof der Europäischen Union mit gebotener Zurückhaltung Stellung zu nehmen.

I. Thematische Einordnung

Im Folgenden werde ich also zunächst aus der Rechtsprechung berichten, die zu ausgewählten Bereichskodifikationen ergangen ist. Erst abschließend werde ich auf die mir gestellten Fragen eingehen. Doch bevor ich auf diese mir von den Veranstaltern gegebenen Anregungen zu sprechen komme, sind aus der Sicht der richterlichen Praxis einige Einordnungen geboten. Dabei geht es mir vorab weniger um die Erinnerung an das allgemeine Dictum von der Pathologie des Verwaltungsrechtsfalles, das wir *Fritz Werner* verdanken. Denn für die europäische Rechtsprechung ist die spezifisch richterliche Perspektive ebenso prägend wie sie für die nationale Judikatur beschrieben wurde. Im Vorabentscheidungsverfahren, das aus der Sicht des nationalen Rechts als Zwischenverfahren vor den innerstaatlichen Gerichten konzipiert ist, findet der bisherige Rechtsstreit seine organische Fortset-

1 Siehe unter: http://reneual.eu/images/Home/ReNEUAL--Model-Rules-update-2015_rules-only-2017.PDF; https://www.europarl.europa.eu/doceo/document/TA-8-2016-0279_DE.pdf?redirect.

zung auf europäischer Ebene. Und auch die Direktklagen gegen Beschlüsse von EU-Institutionen vor der europäischen Gerichtsbarkeit reflektieren die Besonderheiten einer Verwaltungsentscheidung, die zur Kontroverse Anlass bietet und den Richter veranlasst, die Grenzen rechtmäßiger Verwaltungstätigkeit auszuloten oder ihre Rechtswidrigkeit festzustellen. Insoweit bewegen wir uns also auf vertrautem Terrain.

Demgegenüber ist auf die erheblichen Unterschiede gegenüber dem nationalen Recht aufmerksam zu machen, welche die Verwaltungstätigkeit im europäischen Bezugsrahmen prägen. Während die vor der Europäischen Kommission, vor Agenturen und Ämtern ablaufenden Verwaltungsverfahren strukturell durchaus mit den vor nationalen Stellen stattfindenden Verfahren vergleichbar sein können[2], stellt sich die Aufgabe der verwaltungsverfahrensrechtlichen Steuerung durch das Unionsrecht grundlegend anders dar, wenn es um die Verwaltungstätigkeit auf mitgliedstaatlicher oder regionaler Ebene geht, die primär auf der Grundlage des einschlägigen nationalen Verfahrensrechts stattfindet. Im Anwendungsbereich einschlägiger Verfahrensregelungen des Unionsrechts ist aber jede Verwaltungsentscheidung nicht nur materiell-rechtlich von der Einhaltung der einschlägigen Bestimmungen des Unionsrechts abhängig. Vielmehr ist ihre Rechtmäßigkeit – zusätzlich zu eventuellen Vorgaben des nationalen Verfahrensrechts – auch von der Beachtung eben dieses Verfahrensrechts der Union abhängig. Als solches mag diese Notwendigkeit der „doppelten“ Verfahrensrechtmäßigkeit wenig spektakulär erscheinen, jedoch kann ein möglicher Kollisionsfall bereits eine echte Herausforderung darstellen. Jedenfalls trägt der Umstand, dass in der bisherigen Praxis unionsrechtliche Verfahrensregeln und -grundsätze ganz überwiegend in Richtlinien normiert sind, zu einer erhöhten „Fehlerneigung“ und in besonderem Maße zur Heterogenität verwaltungsrechtlicher Entscheidungsfindung im Anwendungsbereich des Unionsrechts bei. Denn die Vorgaben der Richtlinie bedürfen zunächst der Umsetzung in innerstaatliches Recht. Die Erfahrung lehrt, dass die nicht selten komplexen Regelungsstrukturen solcher Richtlinien, in denen Elemente unionsrechtlicher Bindung und mitgliedstaatlicher Gestaltungsfreiheit eine mitunter nur schwer dechiffrierbare Symbiose eingehen, Schwierigkeiten in Umsetzung und Anwendung aufwerfen. Die Gründe hierfür liegen indes weniger in einer notwendigerweise geringeren legistischen Qualität der Unionsrechtsetzung. Vielmehr ist es die konstruktive Offenheit unionsrechtlicher Normen, die im Rechtsetzungsverfahren der Union

2 *von Danwitz*, Europäisches Verwaltungsrecht, 2008, S. 315 ff.

angelegt ist und der Beachtung bedarf. Auf der Ebene der mitgliedstaatlichen Umsetzung wird eine solche Offenheit nicht selten als Mandat zur eigenständigen Regelsetzung verstanden und entsprechend zu Lasten der unionsrechtlichen Bestimmungen legiferiert, was sich – je nach Standpunkt – *ex post* nicht selten als Fehleinschätzung, als Tribut an die im nationalen Gesetzgebungsverfahren trotz unionsrechtlicher Harmonisierung aktiven Interessengruppen oder schlicht als Ausdruck falsch verstandener Traditionsbeflissenheit erweisen kann.

Richtig ist natürlich, dass diese Schwierigkeiten der gestuften Rechtsetzung im Mehrebenensystem der Union für materiell-rechtliche wie für verfahrensrechtliche Vorgaben in gleicher Weise gelten. Allerdings entfalten diese Schwierigkeiten in dem auf gleichförmige Beachtung angelegten Verfahrensrecht potentiell eine systemische Bedeutung. Dementsprechend kommt einer Rechtsprechung des Gerichtshofes, mit der mitgliedstaatliche Verfahrensgrundsätze korrigiert werden, eine erhebliche Breitenwirkung zu.[3]

Vor diesem Hintergrund dürfte bereits verständlich geworden sein, welchen besonderen Herausforderungen methodischer Art sich ein kodifikationsbezogener Vergleich zwischen dem Recht der Union und dem mitgliedstaatlichen Recht gegenübersieht. Hinzu kommt indes, dass die im Unionsrecht bereits bestehenden Kodifikationen je nach betroffenem Rechtsbereich und Abstraktionsgrad der erfolgten Kodifizierung erhebliche Unterschiede aufweisen und daher der Möglichkeit entgegenstehen können, allgemeine Aussagen über Wirkungen und Sinnhaftigkeit von Kodifikationen zu treffen. Und schließlich fehlt eine umfassende Analyse der Rechtsprechung des Gerichtshofes zu den Wirkungen der Bereichskodifikationen im Verwaltungsverfahrensrecht.

Besonderes Augenmerk haben meines Erachtens Bereichskodifikationen verdient, die im Wege der Richtlinie erlassen wurden und das Verwaltungsverfahren vor mitgliedstaatlichen Behörden zum Gegenstand haben. Daher möchte ich Sie einladen, anhand der zu den Verfahrenskodifikationen im Asylrecht und im Vergaberecht ergangenen Rechtsprechung des Gerichtshofes beispielhaft Faktoren in den Blick zu nehmen, die einen Einfluss auf den Umgang des Gerichtshofes mit Bereichskodifikationen des Verwaltungsverfahrensrechts haben können.

3 Siehe bspw. EuGH, Rs. C-216/22 (Bundesrepublik Deutschland), ECLI:EU:C:2024:122.

II. Rechtsprechung zur Verfahrensrichtlinie 2013/32/EU

Das *Recht auf internationalen Schutz* ist in erheblichem Maße durch das gemeinsame europäische Asylsystem überformt, um ein einheitliches Schutzniveau in der Union zu gewährleisten und eine Koordinierung unter den Mitgliedstaaten zu ermöglichen. Teil des gemeinsamen europäischen Asylsystems sind neben der Qualifikationsrichtlinie 2011/95/EU[4], welche Vorgaben zu den Kriterien für die Anerkennung internationalen Schutzes enthält, auch verfahrensrechtliche Bestimmungen. So regelt die Dublin-III Verordnung (EU) Nr. 604/2013[5], welcher Mitgliedstaat für die Durchführung von Asylverfahren zuständig ist, und die sog. Verfahrensrichtlinie 2013/32/EU[6] legt Mindeststandards für die Durchführung des Asylverfahrens fest. Sie enthält allgemeine Regelungen zu Verfahrensgrundsätzen und Garantien, zum An- und Aberkennungsverfahren internationalen Schutzes sowie zu Rechtsbehelfen gegen Entscheidungen[7], die im Folgenden gegenständlich sind.

1. „Einfache" Auslegungsfragen

In seiner jüngeren Rechtsprechung zur Asylverfahrensrichtlinie war der Gerichtshof zunächst verschiedentlich aufgerufen, Rechtsbegriffe wie den der „andere[n] Behörde" in Art. 6 Abs. 1 UAbs. 2 der Verfahrensrichtlinie, des „Antragsteller[s]" in Art. 2 Buchst. c) und des Erfordernisses der

4 Richtlinie 2011/95/EU des Europäischen Parlaments und des Rates v. 13.12.2011 über Normen für die Anerkennung von Drittstaatsangehörigen oder Staatenlosen als Personen mit Anspruch auf internationalen Schutz, für einen einheitlichen Status für Flüchtlinge oder für Personen mit Anrecht auf subsidiären Schutz und für den Inhalt des zu gewährenden Schutzes (ABl. 2011 L Nr. 337, S. 9).

5 Verordnung (EU) Nr. 604/2013 des Europäischen Parlaments und des Rates v. 26.6.2013 zur Festlegung der Kriterien und Verfahren zur Bestimmung des Mitgliedstaats, der für die Prüfung eines von einem Drittstaatsangehörigen oder Staatenlosen in einem Mitgliedstaat gestellten Antrags auf internationalen Schutz zuständig ist (ABl. 2013 L Nr. 180, S. 31).

6 Richtlinie 2013/32/EU des Europäischen Parlaments und des Rates v. 26.6.2013 zu gemeinsamen Verfahren für die Zuerkennung und Aberkennung des internationalen Schutzes (ABl. 2013 L Nr. 180, S. 60).

7 Respektive Art. 6–30, Art. 31–43 bzw. Art. 44, 45 und Art. 46 der Verfahrensrichtlinie 2013/32/EU.

Schriftlichkeit nach Artikel 11 Abs. 1 der Verfahrensrichtline auszulegen[8]. Da diese Fragen im Kern das Verständnis und die Tragweite der jeweiligen Norm betrafen, konnte der Gerichtshof eine „klassische" Auslegung anhand von Wortlaut und Systematik vornehmen[9] und das auf diese Weise gewonnene Ergebnis als von der Zielsetzung der Richtlinie bestätigt ansehen[10]. Die praktische Relevanz dieser einfachen Auslegungsfragen erklärt sich vor dem Hintergrund des hohen Konkretisierungsgrades der Verfahrensbestimmungen dieser Richtlinie.

2. Vereinbarkeitsfragen

Die richterliche Prüfung des Gerichtshofes unterscheidet sich indes von der vorstehend gerichtlichen Vorgehensweise, die in reinen Auslegungsersuchen praktiziert wird, wenn es in Vorabentscheidungs- und Vertragsverletzungsverfahren[11] beispielsweise um die Vereinbarkeit einer nationalen Regelung mit der Gewährleistung der von der Verfahrensrichtlinie garantierten Befugnis zur Beantragung internationalen Schutzes nach Art. 6 und 7 der Verfahrensrichtlinie geht. Im Kern bestimmt der Gerichtshof in einer solchen Konstellation den Gehalt des unionsrechtlich gewährten Rechts unter besonderer Hervorhebung des von der Richtlinie verfolgten Zwecks sowie des in Art. 18 der Grundrechtecharta verbürgten Asylrechts[12], um sodann der Frage einer zulässigen Beschränkung dieses Rechts nachzugehen[13]. Ganz ähnlich ist die Vorgehensweise des Gerichtshofes beispielsweise in der Frage der Auslegung von Art. 23 Abs. 1 der Verfahrensrichtlinie über den Zugang des Rechtsanwaltes des Antragstellers zu den Informationen in dessen Akte, welche die Grundlage für die Entscheidung über

8 EuGH, Rs. C-36/20 PPU (Ministerio Fiscal), ECLI:EU:C:2020:495; Rs. C-564/21 (BU gegen Bundesrepublik Deutschland), ECLI:EU:C:2022:951 Rn. 58–61.

9 EuGH, Rs. C-36/20 PPU (Ministerio Fiscal), ECLI:EU:C:2020:495 Rn. 53–65, 72, 76, 88–93.

10 EuGH, Rs. C-36/20 (Ministerio Fiscal), ECLI:EU:C:2020:495 Rn. 63, 67; 73 f., 82.

11 Bspw. EuGH, Rs. C-808/18 (Kommission/Ungarn), ECLI:EU:C:2020:1029; Rs. C-821/19 (Kommission/Ungarn), ECLI:EU:C:2021:930; Rs. C-823/21 (Kommission/Ungarn), ECLI:EU:C:2023:504.

12 EuGH, Rs. C-72/22 PPU (Valstybės sienos apsaugos tarnyba), ECLI:EU:C:2022:505 Rn. 57–67, insb. Rn. 60, 65 zum Zweck und Rn. 61–63 zu Art. 18 der Grundrechtecharta.

13 EuGH, Rs. C-72/22 PPU (Valstybės sienos apsaugos tarnyba), ECLI:EU:C:2022:505 Rn. 68–74.

dessen Antrag bilden, sowie in der Frage der Vereinbarkeit einer nationalen Regelung mit der in Abs. 2 dieser Bestimmung vorgesehenen Abweichungsmöglichkeit der Mitgliedstaaten u.a. aufgrund einer Gefährdung der öffentlichen Sicherheit[14]. Jedenfalls müssen die Mitgliedstaaten in ihrem nationalen Recht Verfahren vorsehen, mit denen gewährleistet wird, dass die Verteidigungsrechte des Antragstellers geachtet werden. Begrenzungsmaßstäbe bilden einerseits die Verhältnismäßigkeit einer etwaigen Einschränkung der Verteidigungsrechte aus Art. 47 der Grundrechtecharta und andererseits der allgemeine Effektivitätsgrundsatz des Unionsrechts. Im sachlichen Kern geht es letztlich um die Bestimmung dessen, was als Mindestmaß an Verteidigungsrechten von Art. 23 der Verfahrensrichtlinie verlangt wird, und wann eine unverhältnismäßige Einschränkung der Verteidigungsrechte vorliegt[15].

Instruktiv für unsere Überlegungen sind insbesondere die in der Rechtssache *Addis*[16] gemachten Ausführungen zu den Auswirkungen des Ausbleibens der pflichtgemäßen Anhörung nach Art. 14 der Verfahrensrichtlinie. Die Verfahrensrichtlinie enthält in den Art. 14 bis 17 nähere Bestimmungen über die Anhörungspflicht, regelt jedoch nicht die Rechtsfolgen eines Verstoßes. Der Effektivitätsgrundsatz ist daher der Maßstab zur Beantwortung der Frage, ob die in § 46 VwVfG vorgesehene Unbeachtlichkeit von Verfahrensfehlern mit der Verfahrensrichtlinie vereinbar ist.[17] Ausgehend von der allgemeinen Systematik der Richtlinie betonte der Gerichtshof, dass der Unionsgesetzgeber sich nicht lediglich auf die Statuierung einer Anhörungspflicht beschränkt hat, sondern in Art. 14 bis 17 der Verfahrensrichtlinie konkrete und detaillierte Regeln für ihre Durchführung aufgestellt hat.[18] Da der Anhörung im Rahmen des Asylverfahrens eine grundlegende Bedeutung zukommt, muss diese unabhängig von einer etwaigen Ergebnisrelevanz, jedenfalls im Laufe des Verfahrens, stattfinden.[19] Jedoch kann sie auch durch das zuständige Gericht vorgenommen werden.[20]

14 EuGH, Rs. C-159/21 (Országos Idegenrendeszeti Főigazgatóság u.a.), ECLI:EU:C:2022:708.
15 EuGH, Rs. C-159/21 (Országos Idegenrendeszeti Főigazgatóság u.a.), ECLI:EU:C:2022:708 Rn. 44–47, 51, 53; Rs. C-564/21 (BU gegen Bundesrepublik Deutschland), ECLI:EU:C:2022:951 Rn. 38–40, 44–46.
16 EuGH, Rs. C-517/17 (Addis), ECLI:EU:C:2020:579.
17 EuGH, Rs. C-517/17 (Addis), ECLI:EU:C:2020:579Rn. 57.
18 EuGH, Rs. C-517/17 (Addis), ECLI:EU:C:2020:579 Rn. 59–61, 64–66.
19 EuGH, Rs. C-517/17 (Addis), ECLI:EU:C:2020:579 Rn. 69 f.
20 EuGH, Rs. C-517/17 (Addis), ECLI:EU:C:2020:579 Rn. 68, 71.

Diese Rechtsprechung verdient insoweit Beachtung, als die besondere Bedeutung, die der Unionsgesetzgeber der Anhörungspflicht im Rahmen der Verfahrensrichtlinie zuerkannt hat, sowie ihre nähere Ausformung, dem Gerichtshof als tragendes Argument für seine Entscheidung diente. Die konkrete Ausgestaltung des Anhörungsrechts im Rahmen der Asylverfahrensrichtlinie wirkte sich also unmittelbar auf Art und Umfang des vom Gerichtshof zuerkannten Rechts aus.

3. Fazit

Anhand der Rechtsprechung des Gerichtshofes zur Asylverfahrensrichtlinie lässt sich erkennen, dass das Abstraktionsniveau sowie der Konkretisierungsgrad der jeweiligen Bestimmungen unmittelbare Auswirkungen auf die Rechtsprechung haben kann. Während das nur allgemein geregelte Recht auf Aktenzugang dem Gerichtshof einen „Durchgriff" auf eine Abwägung der grundrechtlichen Belange des Unionsrechts eröffnete, die in diesem Recht Ausdruck gefunden haben[21], bildeten die sehr detailliert ausgestalteten Regelungen über die im Verfahren zur Gewährleistung internationalen Schutzes durchzuführende Anhörung den tragenden Grund für die besondere Schutzintensität des zuerkannten Rechts[22]. In gleicher Weise diente der Rückgriff auf die Gesamtsystematik der Verfahrensrichtlinie dazu, den Gestaltungsspielraum der Mitgliedstaaten einschränkend zu bestimmen.[23]

III. Rechtsprechung zur Richtlinie 2014/24/EU

Lassen sich für das *Vergaberecht* ähnliche Schlussfolgerungen ziehen?

---

21 EuGH, Rs. C-159/21 (Országos Idegenrendeszeti Főigazgatóság u.a.), ECLI:EU:C:2022:708 Rn. 44–47, 51–53; Rs. C-564/21 (BU gegen Bundesrepublik Deutschland), ECLI:EU:C:2022:951 Rn. 38–40, 44–46.

22 EuGH, Rs. C-517/17 (Addis), ECLI:EU:C:2020:579 Rn. 66, 71.

23 EuGH, Rs. C-72/22 PPU (Valstybės sienos apsaugos tarnyba), ECLI:EU:C:2022:505 Rn. 74.

Die Richtlinie 2014/24/EU[24] stellt allgemeine Regeln für die Vergabe öffentlicher Aufträge auf, während weitere Richtlinien für besondere Bereiche gelten.[25] Ziel des Vergaberechts ist eine Marktöffnung durch Ausschreibung, um auf diese Weise zur Verwirklichung des Binnenmarktes beizutragen, in dem Wettbewerbsbeschränkungen unterbunden werden sollen.[26] Entsprechend dieser Zielsetzung kommen dem Grundsatz der Gleichbehandlung aller Teilnehmer und dem daraus folgenden Transparenzgrundsatz besondere Beachtung zu. Ausdrücklich festgelegt wird dies in Art. 18 der Vergaberichtlinie.

1. Auslegungsfragen

Prägend für die Rechtsprechung zu den allgemeinen Regelungen über das Vergabeverfahren ist – wie schon im Asylverfahrensrecht – zunächst der Umstand, ob dem Gerichtshof reine Auslegungsfragen vorgelegt werden[27] oder ob er zur Entscheidung über die Vereinbarkeit einer Regelung des mitgliedstaatlichen Rechts mit dem Vergabeverfahrensrecht der Union berufen ist, die beispielsweise aufgrund von Art. 57 Abs. 7 der Vergaberichtlinie ergangen ist, welcher den Mitgliedstaaten einen Gestaltungspielraum gewährt[28]. Auslegungsfragen wie die nach dem Verständnis und der Tragweite

---

24 Richtlinie 2014/24/EU des Europäischen Parlaments und des Rates v. 26.2.2014 über die öffentliche Auftragsvergabe und zur Aufhebung der Richtlinie 2004/18/EG (ABl 2014 L Nr. 94, S. 65).

25 Bspw. die Richtlinie 2014/23/EU über die Konzessionsvergabe; Richtlinie 2014/25/EU über die Vergabe von Aufträgen durch Auftraggeber im Bereich der Wasser-, Energie- und Verkehrsversorgung sowie der Postdienste; Richtlinie 89/665/EWG zur Koordinierung der Rechts- und Verwaltungsvorschriften für die Anwendung der Nachprüfungsverfahren im Rahmen der Vergabe öffentlicher Liefer- und Bauaufträge. Siehe ferner die Verordnung (EG) Nr. 1370/2007 über öffentliche Personenverkehrsdienste auf Schiene und Straße und die Richtlinie 2009/81/EG über die Koordinierung der Verfahren zur Vergabe bestimmter Bau-, Liefer- und Dienstleistungsaufträge in den Bereichen Verteidigung und Sicherheit.

26 Siehe bspw. EuGH, Rs. C-538/02 (Assitur), ECLI:EU:C:2009:317 Rn. 25; Rs. C-144/17 (Lloyd's of London), ECLI:EU:C:2018:78 Rn. 33.

27 EuGH, Rs C-295/20 (Sanresa), ECLI:EU:C:2021:556 Rn. 40, 57; Rs. C-195/21 (Smetna palata na Republika Bulgaria), ECLI:EU:C:2022:239 Rn. 46; Rs. C-403/21 (NV Construct), ECLI:EU:C:2023:47 Rn. 59; Rs. C-927/19 (Klaipėdos Regiono Atlieku Tvarkymo Centras), ECLI:EU:C:2021:700 Rn. 68, 83.

28 Bspw. EuGH, Rs. C-538/07 (Assitur), ECLI:EU:C:2009:317 Rn. 21; Rs. C-144/17 (Lloyd's of London), ECLI:EU:C:2018:78 Rn. 30; Rs. C-416/21 (J. Sch. Omnibusunternehmen und K. Reisen), ECLI:EU:C:2022:689 Rn. 58.

eines der in Art. 57 Abs. 4 der Vergaberichtlinie enthaltenen Ausschlussgründe beantwortet der Gerichtshof stets „klassisch“ anhand von Wortlaut, Zielsetzung und Kontext der einschlägigen Norm.[29]

2. Vereinbarkeits- und Abwägungsfragen

Auffällig ist, dass der Gerichtshof in jüngerer Zeit vermehrt Fragen zu Art. 58 der Vergaberichtlinie dahingehend zu behandeln hatte, ob ein Eignungskriterium zulässigerweise aufgestellt werden kann und insbesondere, ob es unter die von dem Artikel aufgezählten Vorgaben fällt, die ein öffentlicher Auftraggeber als Eignungskriterium im Rahmen einer Ausschreibung vorsehen kann.[30] Zur Beantwortung stützt sich der Gerichtshof vor allem auf eine Untersuchung von Wortlaut und Systematik von Art. 58 und der Vergaberichtlinie insgesamt.[31] Auch wenn es in der Sache um die Frage der Vereinbarkeit eines Teilnahmekriteriums mit den in Art. 18 der Vergaberichtlinie normierten Grundsätzen der Gleichbehandlung und Transparenz geht[32], verzichtet der Gerichtshof bis dato auf eine umfassende Bestimmung des Gehalts dieser Grundsätze. Vielmehr beschränkt er seine induktiv angelegte Prüfung zugunsten der mitgliedstaatlichen Gestaltungsfreiheit auf die Feststellung, dass der Auftraggeber über ein weites Ermessen bei der Festlegung von Auswahlkriterien verfügt, und konkretisierte den Ermessensspielraum anhand früherer Rechtsprechung.[33] In der Sache *Sanresa* orientierte er sich an der Systematik der Vergaberichtlinie.[34]

Etwas anders gelagert ist die Frage, inwiefern Mitgliedstaaten ihr von Art. 57 Abs. 7 der Vergaberichtlinie eröffnetes Ermessen zur Aufstellung von

29 EuGH, Rs. C-416/21 (J. Sch. Omnibusunternehmen und K. Reisen), ECLI:EU:C:2022:689 Rn. 35–50.

30 EuGH, Rs. C-295/20 (Sanresa), ECLI:EU:C:2021:556 Rn. 40, 57; Rs. C-195/21 (Smetna palata na Republika Bulgaria), ECLI:EU:C:2022:239 Rn. 46; Rs. C-403/21 (NV Construct), ECLI:EU:C:2023:47 Rn. 59; Rs. C-927/19 (Klaipėdos Regiono Atlieku Tvarkymo Centras), ECLI:EU:C:2021:700 Rn. 68, 83.

31 EuGH, Rs. C-295/20 (Sanresa), ECLI:EU:C:2021:556 Rn. 41–51; Rs. C-195/21 (Smetna palata na Republika Bulgaria), ECLI:EU:C:2022:239 Rn. 47–50; Rs. C-927/19 (Klaipėdos Regiono Atlieku Tvarkymo Centras), ECLI:EU:C:2021:700 Rn. 69–71, 74–81, 84–92.

32 EuGH, Rs. C-403/21 (NV Construct), ECLI:EU:C:2023:47 Rn. 59; Rs. C-295/20 (Sanresa), ECLI:EU:C:2021:556 Rn. 57.

33 EuGH, Rs. C-403/21 (NV Construct), ECLI:EU:C:2023:47 Rn. 60–63, 65.

34 EuGH, Rs. C-295/20 (Sanresa), ECLI:EU:C:2021:556 insb. Rn. 62.

Bedingungen für die Anwendung der Ausschlussgründe in zulässiger Weise ausgeübt haben.[35] Einerseits darf die Aufstellung von Bedingungen den Zugang von Bietern zum Vergabeverfahren nicht in unverhältnismäßiger Weise beschränken.[36] Andererseits müssen, wenn die Ausschlussgründe des Art. 57 Abs. 4 der Vergaberichtlinie in das nationale Recht übernommen worden sind, bei der Ermessensausübung auch die wesentlichen Merkmale dieser Ausschlussgründe beachtet werden, damit deren Wirksamkeit nicht unterlaufen wird.[37] Insofern wird im Wesentlichen auf die Systematik des Art. 57 der Vergaberichtlinie zurückgegriffen[38], bevor der Maßstab für eine noch zulässige Beschränkung der Teilnahmemöglichkeit am Verfahren im Rahmen der Prüfung der Verhältnismäßigkeit eines Ausschlussgrundes herausgearbeitet wird.[39]

Besonders instruktiv für unser Thema ist die Vorgehensweise des Gerichtshofes in Fällen, die das Spannungsverhältnis zwischen der Verpflichtung des öffentlichen Auftraggebers nach Art. 21 und 55 Abs. 3 der Vergaberichtlinie, vertrauliche Informationen wie beispielsweise Geschäftsgeheimnisse von Bietern nicht weiterzugeben, und dem Recht von unterliegenden Bietern aus Art. 55 Abs. 2 der Vergaberichtlinie, den Grund für ihr Unterliegen und die Auswahl eines anderen Bewerbers zu erfahren, zum Gegenstand haben.[40] Für die erforderliche Abwägung der gegenläufigen Rechtspositionen, die der Gerichtshof vorkonturiert[41], enthalten beide Regelungen aufgrund ihres hohen Abstraktionsgrades kaum textliche Anhaltspunkte. Daher arbeitet der Gerichtshof den jeweiligen Gehalt der sich gegenüberstehenden Rechte vergaberechtsspezifisch heraus. So wird der Schutz der Vertraulichkeitsinteressen aus der mit der Marktöffnung einhergehenden Vertrauensbeziehung zwischen öffentlichem Auftraggeber

---

35 EuGH, Rs. C-41/18 (Meca), ECLI:EU:C:2019:507; Rs. C-682/21 (HSC Baltic and Others), ECLI:EU:C:2023:48; Rs. C-395/18 (Tim), ECLI:EU:C:2020:58.

36 EuGH, Rs. C-682/21 (HSC Baltic and Others), ECLI:EU:C:2023:48 Rn. 38; Rs. C-395/18 (Tim), ECLI:EU:C:2020:58, Rn. 45.

37 EuGH, Rs. C-41/18 (Meca), ECLI:EU:C:2019:507 Rn. 33; Rs. C-682/21 (HSC Baltic and Others), ECLI:EU:C:2023:48 Rn. 37.

38 EuGH, Rs. C-41/18 (Meca), ECLI:EU:C:2019:507 Rn. 39 f.

39 EuGH, Rs. C-682/21 (HSC Baltic and Others), ECLI:EU:C:2023:48 Rn. 39–50; Rs. C-395/18 (Tim), ECLI:EU:C:2020:58 Rn. 35–51.

40 EuGH, Rs. C-927/19 (Klaipėdos Regiono Atlieku Tvarkymo Centras), ECLI:EU:C:2021:700; Rs. C-54/21 (Antea Polska u.a.), ECLI:EU:C:2022:888.

41 EuGH, Rs. C-927/19 (Klaipėdos Regiono Atlieku Tvarkymo Centras), ECLI:EU:C:2021:700 Rn. 121; Rs. C-54/21 (Antea Polska u.a.), ECLI:EU:C:2022:888 Rn. 50.

und Bieter hergeleitet[42], während der Gerichtshof für das Recht auf Informationszugang zwar auf die allgemeinen unionsrechtlichen Grundsätze der guten Verwaltung und des effektiven Rechtsschutzes rekurriert[43], den näheren Gehalt jedoch anhand der besonderen Rechtsschutzmöglichkeiten des Vergaberechts konkretisiert.[44] In diesem Zusammenhang hat der Gerichtshof auch hervorgehoben, dass ein Auftraggeber gemäß Art. 55 Abs. 3 der Vergaberichtlinie über die Möglichkeit verfügt, manche Informationen des obsiegenden Bieters nicht preiszugeben.[45]

3. Folgerung

Der vergaberechtlichen Rechtsprechung lässt sich tendenziell eine Bestätigung der methodischen Vorgehensweise des Gerichtshofes zum Asylverfahrensrecht entnehmen. So lässt sich recht eindeutig zwischen „einfachen" Fragen nach der Auslegung des Unionsrechts einerseits[46] und Fragen nach der Vereinbarkeit des mitgliedstaatlichen Rechts mit den Vorgaben der einschlägigen Richtlinien andererseits[47] unterscheiden, wobei es tendenziell vermehrt zu Vereinbarkeitsfragen kommt, wenn Unionsrechtsnormen den Mitgliedstaaten Ermessens- oder Abweichungsspielräume einräumen.[48] Auch der Konkretisierungsgrad des Unionsrechts sowie die Notwendigkeit der Abwägung normativ kaum vorgezeichneter Gewichtungen bilden wesentliche Faktoren, welche die methodische Vorgehensweise des Gerichtshofes beeinflussen.

---

42 EuGH, Rs. C-927/19 (Klaipėdos Regiono Atlieku Tvarkymo Centras), ECLI:EU:C:2021:700 Rn. 115.

43 EuGH, Rs. C-927/19 (Klaipėdos Regiono Atlieku Tvarkymo Centras), ECLI:EU:C:2021:700 Rn. 120.

44 EuGH, Rs. C-927/19 (Klaipėdos Regiono Atlieku Tvarkymo Centras), ECLI:EU:C:2021:700 Rn. 123 f.

45 EuGH, Rs. C-54/21 (Antea Polska u.a.), ECLI:EU:C:2022:888 Rn. 62 f.

46 EuGH, Rs. C-295/20 (Sanresa), ECLI:EU:C:2021:556 Rn. 40, 57; Rs. C-195/21 (Smetna palata na Republika Bulgaria), ECLI:EU:C:2022:239 Rn. 46; Rs. C-403/21(NV Construct), ECLI:EU:C:2023:47 Rn. 59; Rs. C-927/19 (Klaipėdos Regiono Atlieku Tvarkymo Centras), ECLI:EU:C:2021:700 Rn. 68, 83.

47 EuGH, Rs. C-538/07 (Assitur), ECLI:EU:C:2009:317 Rn. 21; Rs. C-144/17 (Lloyd's of London), ECLI:EU:C:2018:78 Rn. 30; Rs. C-416/21 (J. Sch. Omnibusunternehmen und K. Reisen), ECLI:EU:C:2022:689 Rn. 58; Rs. C-682/21 (HSC Baltic and Others), ECLI:EU:C:2023:48 Rn. 34; Rs. C-395/18 (Tim), ECLI:EU:C:2020:58 Rn. 30; Rs. C-54/21 (Antea Polska u.a.), ECLI:EU:C:2022:888 Rn. 46.

48 Siehe Rechtsprechung in der vorigen Fn.

IV. Verfahrenskodifikationen aus richterlicher Perspektive

Vor dem Hintergrund dieser Rechtsprechung aus dem Asyl- und dem Vergabeverfahrensrecht lassen sich im Wesentlichen zwei Gesichtspunkte nennen, die einen Einfluss auf den Umgang des Gerichtshofes mit Verfahrenskodifikationen haben. *Erstens* bildet der Harmonisierungsgrad der unionsrechtlichen Regelungen einen relevanten Faktor. Cum grano salis wird man Folgendes sagen können: Je vollständiger die unionsrechtlich bewirkte Harmonisierung des fraglichen Verfahrensrechts ist, desto stärker konzentriert sich die Aufgabe des Gerichtshofes auf die der „einfachen" Normauslegung, während Fragen der Vereinbarkeit des mitgliedstaatlichen Rechts in den Vordergrund rücken, wenn das Unionsrecht den Mitgliedstaaten Gestaltungs- oder Abweichungsspielräume überlässt.[49] Es ist richtig, dass der Gerichtshof in beiden Konstellationen letztlich das geltende Unionsrecht auslegt. Dennoch unterscheiden sich beide Konstellationen im Hinblick auf die methodische Vorgehensweise ebenso wie auch in Bezug auf die Berücksichtigung der Interessen von Mitgliedstaaten und Unionsbürgern. *Zweitens* entfaltet der Konkretisierungsgrad der jeweiligen Verfahrensregelungen des Unionsrechts einen maßgeblichen Einfluss auf die richterliche Vorgehensweise. Auch hier wird man als Faustformel festhalten dürfen: Je konkreter die Regelungen und bereichsspezifischer das Gesamtsystem der Richtlinie, desto stärker argumentiert der Gerichtshof „innerhalb" der Norm[50] und berücksichtigt das Regelungsgefüge des jeweiligen Rechtsaktes sowie bereichsspezifische Grundsätze für die Normauslegung.[51] Bei abstrakt gefassten Bestimmungen kommen hingegen allgemeine Grundsätze

---

49 Siehe bspw. EuGH, Rs. C-159/21 (Országos Idegenrendeszeti Főigazgatóság u.a.), ECLI:EU:C:2022:708 Rn. 43, 50; Rs. C-564/21 (BU gegen Bundesrepublik Deutschland), ECLI:EU:C:2022:951 Rn. 37; Rs. C-538/07 (Assitur), ECLI:EU:C:2009:317 Rn. 21; Rs. C-144/17 (Lloyd's of London), ECLI:EU:C:2018:78 Rn. 30; Rs. C-416/21 (J. Sch. Omnibusunternehmen und K. Reisen), ECLI:EU:C:2022:689 Rn. 58; Rs. C-682/21 (Baltic and Others), ECLI:EU:C:2023:48 Rn. 38 f.; Rs. C-395/18 (Tim), ECLI:EU:C:2020:58 Rn. 33 f., 44, 48.

50 Bspw. EuGH, Rs. C-517/17 (Addis), ECLI:EU:C:2020:579 Rn. 64–66, 71.; Rs. C-295/20 (Sanresa), ECLI:EU:C:2021:556 Rn. 41–51; Rs. C-927/19 (Klaipėdos Regiono Atlieku Tvarkymo Centras), ECLI:EU:C:2021:700 Rn. 69–71, 74–81, 84–92.

51 Bspw. EuGH, Rs. C-927/19 (Klaipėdos Regiono Atlieku Tvarkymo Centras), ECLI:EU:C:2021:700 Rn. 115, 123, 124; Rs. C-54/21 (Antea Polska u.a.), ECLI:EU:C:2022:888 Rn. 62 f.

verstärkt zur Anwendung.[52] Was sollen Richter auch anders machen, um dem Vorwurf eines *déni de justice* zu entgehen?

Für die Wirkungen von kodifiziertem Verwaltungsverfahrensrecht kommt es also darauf an, wie der Unionsgesetzgeber das jeweilige Verwaltungsverfahrensrecht geregelt hat und insbesondere darauf, welchen Harmonisierungsgrad er vorgesehen hat und auf welchem Abstraktionsniveau eine Regelung angesiedelt ist. So wird man als Ausgangspunkt weiterer Überlegungen festhalten dürfen, dass es *den einen* Umgang des Gerichtshofes mit verwaltungsverfahrensrechtlichen Kodifikationen nicht gibt. Eine binäre Darstellung dahingehend, dass der Gerichtshof mit nicht kodifiziertem Verwaltungsverfahrensrecht prinzipiell anders umginge als mit kodifiziertem, verkürzt die Vielgestaltigkeit der richterlichen Fragestellungen, die an den Gerichtshof gerichtet werden. Ebenso wenig kann ich die Vermutung bestätigen, dass Verfahrensrechtskodifikationen zu einer Verlagerung des Rechtsschutzes auf verfahrensrechtliche Fragen führen. So fällt beispielsweise auf, dass es im Bereich des Rechts der Zulassung von Humanarzneimitteln kaum Rechtsprechung zu den für diesen Bereich kodifizierten Verfahrensregelungen selbst gibt,[53] während der Gerichtshof aber vermehrt zur Frage des *in concreto* anwendbaren Verfahrens befragt wurde[54]. Vielmehr denke ich, dass es nicht so sehr auf das Bestehen oder das Nichtbestehen einschlägiger Verfahrensregelungen ankommt, sondern vielmehr auf die Komplexität der jeweiligen Regelung und vor allem auf die Art und Weise der konkreten Durchführung des Verfahrens.

---

52 Bspw. EuGH, Rs. C-159/21 (Országos Idegenrendeszeti Főigazgatóság u.a.), ECLI:EU:C:2022:708 Rn. 44–47, 51–53; Rs. C-546/21 (BU gegen Bundesrepublik Deutschland), ECLI:EU:C:2022:951 Rn. 37, 46, 51.

53 Zur Verordnung 726/2004: EuGH, Rs. C-269/13 P (Acino/Kommission), ECLI:EU:C:2014:255 Rn. 120–124; Rs. C-6/21 P (Deutschland/Pharma Mar und Kommission), ECLI:EU:C:2023:502 Rn. 44–73. Zur RL 2001/83: EuGH Rs. C-423/17 (Warner-Lambert Company), ECLI:EU:C:2019:125.

54 EuGH, Rs. C-535/11 (Novartis Pharma), ECLI:EU:C:2013:226; Rs. C-438/21 P bis C-440/21 P (Kommission u. a./Pharmaceutical Works Polpharma), ECLI :EU:C:2023:213 Rn. 80–96; Rs. C-178/20 (Pharma Expressz), ECLI:EU:C:2021:551 Rn. 37–59; Rs. C-29/17 (Novartis Farma), ECLI:EU:C:2018:931 Rn. 53–65; Verbundene Rs. C-627/13 und C-2/14 (M. u.a.), ECLI:EU:C:2015:59 Rn. 42 ff.; Rs. C-616/20 (M2Beauté Cosmetics), ECLI:EU:C:2022:781 Rn. 26–53; Rs. C-84/06 (Antroposana u.a.), ECLI:EU:C:2007:535; Verbundene Rs. C-544/13 und C-545/13 (Abcur), ECLI:EU:C:2015:481; Rs. C-444/03 (Meta Fackler), ECLI:EU:C:2005:288.

Nachweisbare Effekte hat eine Kodifizierung für die richterliche Vorgehensweise einerseits, wenn sie über einen umfassenden Harmonisierungsanspruch in dem jeweiligen Rechtsbereich verfügt und andererseits, wenn ihr Konkretisierungsgrad so beschaffen ist, dass ein Rückgriff auf allgemeine Rechtsgrundsätze und richterliche Rechtsfortbildungen nur ausnahmsweise in Betracht kommen kann. Demgegenüber hat beispielsweise die in Artikel 41 der Grundrechtecharta auf hohem Abstraktionsniveau erfolgte Kodifizierung des Rechts auf eine gute Verwaltung trotz vielfacher Bezugnahme in der jüngeren Rechtsprechung[55] bisher zu keiner maßgeblichen Veränderung der überkommenen Rechtsprechungsgrundsätze geführt.

Die vorstehenden Überlegungen sollten indes nicht als richterliche Skepsis gegenüber Kodifikationen missverstanden werden. Nur sollte man vorab überlegen, was man mit einer Kodifikation erreichen möchte und ob man in der Praxis auch über die Möglichkeit verfügt, es zu erreichen. Will man den Unionsrichter legislatorisch „anseilen", muss der Gesetzgeber eine normativ hinreichend konkrete Regelungsebene betreten. Ein solches Ansinnen steht oftmals in einem kaum auflösbaren Gegensatz zur Vorstellung einer Gesamtkodifikation, die ihre Legitimation eher aus dem Bemühen schöpft, dem Unionsbürger eine verbesserte Orientierung im Umgang mit der Verwaltung zu verschaffen. Aus der Perspektive des rechtsschutzsuchenden Unionsbürgers scheint mir der Griff nach den Sternen einer Gesamtkodifikation des Verwaltungsverfahrensrechts – pragmatisch betrachtet – nicht unbedingt das Mittel der ersten Wahl zu sein. Wie das Beispiel der Grundfreiheiten aber anschaulich zeigt, können auch überaus abstrakte Rechtsgrundsätze nach Jahren richterrechtlicher Ausformung ein hohes Maß an Vorhersehbarkeit und Rechtssicherheit annehmen. Die lang-

55 Siehe aber EuGH, Rs. C-291/22 P (D&A Pharma/Kommission und EMA), ECLI:EU:C:2024:228 Rn. 71 ff.; Rs. C- 883/19 P (HSBC Holdings u.a./Kommission), ECLI:EU:C:2023:11 Rn. 234 ff.; Rs. C-894/19 P (Parlament/ZU), ECLI:EU:C:2021:863 Rn. 51 ff.; Rs. C-558/17 P (OZ/EIB), ECLI:EU:C:2019:289 Rn. 51 ff.; Rs. C-680/16 P (August Wolff und Remedia/Kommission), ECLI:EU:C:2019:257 Rn. 24 ff.; Rs. C-249/13 (Boudjlida), ECLI:EU:C:2014:2431 Rn. 28 ff.; Rs. C-166/13 (Mukarubega), ECLI:EU:C:2014:2336 Rn. 43 ff.; Rs. C-129/13 (Kamino International Logistics), ECLI:EU:C:2014:2041 Rn. 29 ff.; Rs. C-604/12, (N.), ECLI:EU:C:2014:302 Rn. 49 ff.; Rs. C-439/11 P (Ziegler/Kommission), ECLI:EU:C:2013:513 Rn. 154 ff.; Rs. C-277/11 (M.), ECLI :EU:C:2012:744 Rn. 82 ff. Ferner: Rs. C-251/22 P (Scania u.a./Kommission), ECLI:EU:C:2024:103 Rn. 69 ff.; Rs. C-650/19 P (Consulting/Kommission), ECLI:EU:C:2021:879 Rn. 120 ff.; Rs. C-615/19 P (Dalli/Kommission), ECLI:EU:C:2021:133 Rn. 111 ff.; Rs. C-570/18 P (HF/Parlament), ECLI:EU:C:2020:490 Rn. 53 ff.

jährige Rechtsprechung des Gerichtshofes zu den allgemeinen Grundsätzen des Verwaltungsverfahrensrechts entfaltet durchaus vergleichbare Wirkungen.

Sachbereichsspezifische Kodifikationen des Verwaltungsverfahrensrechts mögen demgegenüber zwar nicht als der große Wurf erscheinen, aber sie sind legislativ ungleich einfacher zu erreichen und können dem Unionsbürger durchaus helfen, sich im Regelungsdickicht des Unionsrechts besser zurecht zu finden, wenn sie einen umfassenden Harmonisierungsgrad aufweisen und die bereichsspezifischen Wertungen der allgemeinen Verfahrensgrundsätze auf einem anwendungsbezogenen Konkretisierungsniveau widerspiegeln. Dem Unionsrichter erlauben solche Kodifikationen insbesondere, sich stärker auf die Aufgabe der Rechtsanwendung „innerhalb" des kodifizierten Rechtsaktes zu konzentrieren. Solche Kodifikationen können daher helfen, seiner Rechtsprechung das in aller Regel unberechtigte Odium der leichtfertigen Rechtsfortbildung oder gar der freien Rechtsschöpfung zu nehmen.

Kodifikationen des Verwaltungsverfahrensrechts auf EU-Ebene: Wirkungen und Perspektiven

Ulrich Stelkens

I. Ein Verwaltungsverfahrensrechtsakt für die EU-Eigenverwaltung? – Stand der Diskussion[1]

Hans Peter Ipsen hat 1982 angenommen, die Vorstellung einer allgemeinen Kodifizierung eines europäischen Verwaltungsrechts sei noch „verwegener", als diejenige, eine Gemeinschaftsverfassung zu entwerfen.[2] Dies war eigentlich überraschend, weil die damalige EWG (vor Inkrafttreten der Einheitlichen Europäischen Akte 1986) nach dem Vorbild der EGKS zu diesem Zeitpunkt durchaus noch vor allem als eine *Verwaltungsgemeinschaft* zu verstehen war, die die Basis für die Tätigkeit der Europäischen Kommission als supranationale Behörde bildete.[3] Zudem hatte der EuGH schon 1957 in der Rechtssache Algera deutlich gemacht, dass es jedenfalls ein Bedürfnis nach allgemeinen Grundsätzen für das Verwaltungsverfahren beim direkten Vollzug gab, jedenfalls wenn im jeweils einschlägigen Gemeinschafts-Fachrecht keine spezielleren Regelungen vorhanden waren.[4] Gerade deshalb ging auch *Jürgen Schwarze* in seinem 1988 erschienenen Pionierwerk zum Europäischen Verwaltungsrecht trotz aller Unterschiede in den Rechtsordnungen der von ihm damals untersuchten zwölf EWG-Mitgliedstaaten davon aus, es sei grundsätzlich möglich und auch sinnvoll, einheitliche Verfahrensgrundsätze für das Verwaltungshandeln der EWG-

1 In den Fußnoten dieses Beitrags finden sich zahlreiche Selbstzitate, weil der Beitrag Überlegungen aus meinen früheren Arbeiten zusammenführt, die einzelne in diesem Beitrag behandelte Aspekte vertiefter behandeln. Die Selbstzitate sind daher vor allem als Querverweise zu verstehen.

2 *Ipsen*, in: Schwarze (Hrsg.), Europäisches Verwaltungsrecht im Werden, 1982, S. 123.

3 *Chiti*, Law and Contemporary Problems 68:21 (2004), S. 37 (38 ff.).

4 EuGH, Rs. 7/56 (Algera u.a./Gemeinsame Versammlung der EGKS), ECLI:EU:C:1957:7.

Organe zu entwickeln und sich hierfür eines „wertenden Rechtsvergleichs" der Rechtsordnungen der Mitgliedstaaten zu bedienen.[5]

Die Vorstellung einer allgemeinen Kodifizierung eines europäischen Verwaltungsrechts war aber auch aus einem anderen Grund schon 1982 weniger verwegen, als *Ipsen* angenommen hatte: Bereits in den 1970er Jahren hatten sich das Ministerkomitee des Europarates und seine Unterorgane und Expertenausschüsse mit der Entwicklung einheitlicher Standards für das Verwaltungsverfahrens- und das Verwaltungsprozessrecht der damaligen Mitgliedstaaten des Europarates befasst. Dies mündete in der Annahme einer Reihe sehr sorgfältig ausgearbeiteter Empfehlungen des Ministerkomitees des Europarates.[6] Vor allem ist hier die *Resolution (77) 31 on the protection of the individual in relation to acts of administrative authorities* zu nennen, die fünf Grundsätze des Verwaltungsverfahrens aufstellte (Anhörungs- und Akteneinsichtsrecht, Recht, sich im Verwaltungsverfahren vertreten zu lassen, Begründungspflicht, Rechtsbehelfsbelehrungspflicht), über die ausweislich ihrer Präambel trotz unterschiedlicher mitgliedstaatlicher Verwaltungsrechtssysteme ein „breiter Konsens" bestehe.[7] Die Resolution (77) 31 baute auf einer bereits 1975 vom Europarat veröffentlichten rechtsvergleichenden Untersuchung auf, die alle damaligen Mitgliedstaaten des Europarates (mit Ausnahme Islands und Maltas) sowie Spanien und Finnland einbezog.[8] Sie nahm die nationalen Regelungen und Grundsätze in den Blick, die auf den Schutz des Einzelnen gegenüber *„administrative*

---

5 *Schwarze*, Europäisches Verwaltungsrecht Band I, 1. Aufl. 1988, S. 5 ff. Diese Vorgehensweise wird heute durchaus kritisiert, weil sie zu „staatenzentriert" sei: *Bastos*, German Law Journal 22 (2021), S. 593 ff.; *Mendes*, European Constitutional Law Review 18 (2022), S. 706 ff.

6 Siehe hierzu die Auflistung in *Stelkens*, VerwArch 112 (2021), S. 309 (317 ff.). Eine aktualisierte umfassende Zusammenstellung der einschlägigen Dokumente des Europarates und ihrer Entstehungsgeschichte findet sich bei *Stelkens*, Collection of CoE Texts, Documents and their „Travaux Préparatoires" referred to in the Project on the Pan-European General Principles of Good Administration (http://www.reneual.eu/projects-and-publications/reneual-2-0?view=article&id=37&catid=2).

7 Ausführlich zur Resolution (77) 31: *Leuprecht*, in: Secretariat General of the Council of Europe in co-operation with the Spanish "Defensor del pueblo" (Hrsg.), Round Table with European Ombudsmen (H/Omb (85) 5), 1985, S. 1 ff.; *Morisot*, in: Conseil d'État (Hrsg.), Études et documents N° 30 (1978 – 1979), 1979, S. 43 ff.

8 Eine weitere Quelle dieser Studie des Europarates war der „General Report" von *Wennergren* für den XIVth International Congress of Administrative Science in Dublin 1968 (veröffentlicht als *Wennergren*, Protection of the Citizen in Administrative Procedures excluding Judicial Review, 1969).

acts“ abzielten.[9] Die Resolution (77) 31 wurde in Deutschland wenig wahrgenommen, weil ihre Verabschiedung mit dem Inkrafttreten des VwVfG zusammenfiel.[10] Gerade dies zeigt jedoch, dass der Europarat hiermit ein Thema aufgegriffen hatte, das offenbar in den meisten seiner damaligen Mitgliedstaaten (und damit auch den Mitgliedstaaten der EWG) diskutiert worden war und so gleichsam „in der Luft lag“.[11] So konnte es trotz der (bis heute fortbestehenden) Verschiedenartigkeit der Rechtsordnungen und Verwaltungskulturen der Mitgliedstaaten des Europarates[12] im Europarat zu einem Konsens nicht nur über die Notwendigkeit bestimmter Grundsätze, sondern auch über die Art ihrer Formulierung kommen. Auf diese Weise entstand eine Art „Musterentwurf“, der Formulierungen aus bestehenden nationalen Verwaltungsverfahrensgesetzen aufnahm, die wiederum als Muster für solche Mitgliedstaaten dienten, die zum damaligen Zeitpunkt noch nicht über ein Verwaltungsverfahrensgesetz verfügten.[13]

Die heutige Diskussion über die Möglichkeit und Wünschbarkeit einer Kodifizierung des Verwaltungsverfahrensrechts für die „Organe, Einrichtungen und sonstigen Stellen der Union“ (im Folgenden: EU-Eigenverwaltung) beruht jedoch nicht auf diesen älteren Ansätzen, sondern auf dem in Art. 41 der Charta der Grundrechte der Europäischen Union (GRCh) garantierten Recht auf eine gute Verwaltung sowie auf der Tätigkeit des Europäischen Bürgerbeauftragten und darauf aufbauend auf den Bemühungen des Europäischen Parlaments, die Kommission zum Erlass einer Verordnung zur Regelung solcher Verwaltungsverfahren zu bewegen, die von der EU-Eigenverwaltung durchgeführt werden.

---

9 Siehe hierzu und zum Kontext dieser Studie ausführlich *Stelkens/Andrijauskaitė/Marique*, in: Stelkens/Andrijauskaitė (Hrsg.), Good Administration and the Council of Europe: Law, Principles and Effectiveness, 2020, Rn. 31.18 ff.

10 Zur Rezeption der einschlägigen Empfehlungen des Europarates in Deutschland: *Stelkens*, VerwArch 112 (2021), S. 309 (311 f.).

11 Siehe zur Entwicklung des Verwaltungsverfahrensrechts in verschiedenen Mitgliedstaaten der heutigen EU die Länderberichte in: *Auby* (Hrsg.), Codification of Administrative Procedure, 2014; *Stelkens/Andrijauskaitė* (Hrsg.), Good Administration and the Council of Europe: Law, Principles and Effectiveness, 2020; *Uhlmann* (Hrsg.), Codification of Administrative Law, 2023.

12 Zu den verschiedenen „administrative legal mindsets“ der (damaligen) Mitgliedstaaten des Europarates *Stelkens/Andrijauskaitė/Marique* (Fn. 9), Rn. 31.32 ff.

13 Zur Rezeption der Resolution 77(31) durch die Mitgliedstaaten und den Gründen für ihren Erfolg *Stelkens/Andrijauskaitė/Marique* (Fn. 9), Rn. 31.21 ff.

1. Das Grundrecht auf gute Verwaltung (Art. 41 GRCh)[14]

Das in Art. 41 GRCh enthaltene Grundrecht auf eine gute Verwaltung ist wohl das Grundrecht der Charta, das – als „Vergrundrechtlichung" eines „magic concept"[15] – das größte wissenschaftliche Interesse gefunden hat[16] und dem die größte „Ausstrahlungswirkung" über seinen unmittelbaren Anwendungsbereich (dem EU-Eigenverwaltungsrecht) hinaus zukommt. Art. 41 GRCh wirkt nicht nur als Teilkodifikation solcher allgemeiner Rechtsgrundsätze des Unionsrechts, die auch die (unmittelbar nicht an Art. 41 GRCh gebundenen) Mitgliedstaaten bei der Umsetzung, Anwendung und Durchsetzung des Unionsrechts zu beachten haben.[17] Auf Art. 41 GRCh wird auch in verschiedenen Dokumenten des Europarates als „Vorbild" für die Rechtsordnungen der Mitgliedstaaten des Europarates Bezug genommen. Zu nennen ist hier vor allem die Präambel der *Recommendation CM/Rec(2007)7 on good administration* des Ministerkomitees des Europarates.[18] Auf diese Empfehlung wird noch einmal zurückzukommen sein.[19]

---

14 Dieser Abschnitt beruht auf *Stelkens*, in: Stelkens/Bonk/Sachs (Begr. u. Hrsg.), VwVfG, 10. Aufl. 2023, EuR Rn. 105–106 und Rn. 113–119.

15 So unter Übernahme des Begriffs von *Pollitt/Hupe*, Public Management Review 2011, S. 587 ff.; *Koivisto*, Förvaltningsrättslig tidskrift 2018, S. 71 (72 f.).

16 Siehe hierzu nur folgende Monographien: *Bauer*, Das Recht auf eine gute Verwaltung im Europäischen Verwaltungsrecht, 2002; *Chevalier*, Bonne administration et Union européenne, 2014; *Classen*, Gute Verwaltung im Recht der Europäischen Union, 2008; *Mendes*, Good Administration in EU Law and the European Code of Good Administrative Behaviour – EUI Working Papers Law 2009/09; *Pfeffer*, Das Recht auf eine gute Verwaltung, 2006; *Vogiatzis*, The European Ombudsman and Good Administration in the European Union, 2018; *Wakefield*, The Right to Good Administration, 2007.

17 Zum auf die EU-Eigenverwaltung beschränkten Anwendungsbereich des Art. 41 GRCh und seiner dennoch bestehenden Vorbildwirkung für den Grundrechtsschutz im Verwaltungsverfahren beim Vollzug des Unionsrechts durch die Mitgliedstaaten: EuGH, Rs. C-141/12 (Y. S. u.a.), ECLI:EU:C:2014:2081 Rn. 67; EuGH, Rs. C-166/13 (Mukarubega), ECLI:EU:C:2014:2336 Rn. 44; EuGH, Rs. C-249/13 (Boudjlida), ECLI:EU:C:2014:2431 Rn. 32 f.; EuGH, Rs. C-113/19 v. (Luxaviation), ECLI:EU:C:2020:228 Rn. 43 ff.

18 Zum Inhalt und zur Entstehung der Empfehlung ausführlich *Chevalier* (Fn. 16), Rn. 189 ff.; *Gerber*, in: In Pursuit of Good Administration – European Conference Warsaw, 29 – 30 November 2007 (DA/ba/Conf (2007) 4e), 2008, S. 3 ff.; *Niemivuo*, European Public Law 14 (2008), S. 545 (559 ff.); *Palmieri*, European Review of Public Law 18 (2006), S. 51 (75); *Runavot*, Revue française du droit administratif 2010, S. 395 ff.; *Schöndorf-Haubold*, VVDStRL 83 (2024), S. 49 (60 ff.); ferner m. w. N. *Stelkens* (Fn. 14), EuR Rn. 31 ff.

19 Siehe hierzu bei Fn. 59.

Jedenfalls wurden mit Art. 41 GRCh erstmals individualrechtsschützende Rechtsgrundsätze des Verwaltungsverfahrens in den Rang gerade eines Grundrechts[20] erhoben[21] und ihnen damit ein Eigenwert zugesprochen: Ihre Beachtung ist nicht nur Rechtfertigungsvoraussetzung für Grundrechtseingriffe. Diese Grundsätze werden vielmehr zu einem eigenständigen Bürgerrecht auf faire Behandlung der Anliegen der Bürger in Verwaltungsverfahren umgestaltet, die unabhängig davon Geltung beanspruchen, ob sie auf begünstigende oder belastende Entscheidungen gerichtet sind oder ob ein materielles Recht besteht, das im Verwaltungsverfahren durchgesetzt werden soll.[22] Dabei stellen ausweislich der „amtlichen Erläuterung" zu Art. 41 GRCh dessen Absätze 1 und 2 eine rechtssatzmäßige Formulierung der vom EuGH vorher entwickelten Grundsätze ordnungsgemäßer Verwaltung dar. Verbunden wird der Katalog des Art. 41 Abs. 2 GRCh durch den Begriff des „gerechten" Verfahrens in Art. 41 Abs. 1 GRCh. Damit ist – wie andere Sprachfassungen und der Vergleich mit Art. 6 Abs. 1 EMRK in seinen verbindlichen Sprachfassungen zeigen – das „faire Verfahren" gemeint.[23] Da die Aufzählung der Verfahrensrechte in Art. 41 Abs. 2

---

20 Zum finnischen Vorbild: *Koivisto* (Fn. 15), S. 75 ff.; ferner *Classen* (Fn. 16), S. 95 ff.; *Ponce Solé*, European Review of Public Law 14 (2002), S. 1503 (1514 ff.).

21 *Fehling*, in: Terhechte (Hrsg.), Verwaltungsrecht der Europäischen Union, 2. Aufl. 2022, § 10 Rn. 9; *Hofmann/Rowe/Türk*, Administrative Law and Policy of the European Union, 2011, S. 194; *Lais*, ZEUS 2002, S. 447 (449); *Nieto-Garrido,* European Public Law 18 (2012), S. 373 (384 f.); *Schmidt-Aßmann/Kaufhold*, in: Voßkuhle/Eifert/Möllers (Hrsg.), Grundlagen des Verwaltungsrechts II, 3. Aufl. 2022, § 27 Rn. 29; *Wakefield* (Fn. 16), S. 63 ff. Dass Art. 41 GRCh als „Minigewährleistung" die Qualifizierung als „Grundrecht" nicht verdiene (so *Bousta*, European Public Law 19 [2013], S. 481 [487 f.]; ähnlich *Groussot/Hettne/Peturson*, in: Vogenauer/Weatherill, [Hrsg.], General Principles of Law, 2017, S. 77 [86 f.]; *Harlow/Rawlings,* Process and Procedure in EU Administration, 2014, S. 87 ff.), ist Mindermeinung geblieben.

22 Ähnlich *Dutheil de la Rochère*, in: Arnull/Eeckhout/Trimidas (Hrsg.), Continuity and Change in EU Law: Essays in Honour of Sir Francis Jacobs, 2008, S. 157 (168); *Reichel*, in: Bernitz/Nergelius/Cardner (Hrsg.), General Principles of EC Law in a Process of Development, 2008, S. 243 (253 ff.); *Schröder*, in: Sachs/Siekmann (Hrsg.), Der grundrechtsgeprägte Verfassungsstaat – Festschrift für Klaus Stern, 2012, S. 933 (934 f.); *Simon*, Le droit de l'Union européenne en principes – Liber amicorum en l'honneur de Jean Raux, 2006, S. 155 (172 f.).

23 *Jarass*, in: Baumeister/Roth/Ruthig (Hrsg.), Staat, Verwaltung und Rechtsschutz – Festschrift für Wolf-Rüdiger Schenke, 2011, S. 849 (855); *Laubinger*, in: Mehde/Ramsauer/Seckelmann (Hrsg.), Staat, Verwaltung, Information – Festschrift für Hans-Peter Bull, 2011, S. 659 (667).

GRCh nicht abschließend ist („insbesondere"),[24] stellt sich dieser Begriff als Oberbegriff dar, der als „Rahmen" für die „Vergrundrechtlichung" weiterer Verfahrensrechte dienen kann. Art. 41 GRCh wird daher als „Rahmenrecht"[25] oder „umbrella-principle"[26] bezeichnet. Damit sind auch die übrigen bürgerschützenden allgemeinen Rechtsgrundsätze des Unionsrechts Teilelemente des Grundrechts auf ein „faires" Verwaltungsverfahren wie z. B. ein Recht auf Rechtssicherheit, Gewährung von Vertrauensschutz etc.,[27] aber auch der aus dem EU-Vergaberecht stammende Transparenzgrundsatz für Verteilungsverfahren.[28] Zudem kann zur Konkretisierung des Rechts auf ein „faires" Verfahren auch auf den sogleich zu behandelnden Kodex für gute Verwaltungspraxis des Europäischen Bürgerbeauftragten, seine „Ombudsprudence" sowie auf die oben erwähnten Europaratsempfehlungen zum Verwaltungsverfahrensrecht zurückgegriffen werden.[29]

Das Grundrecht auf gute Verwaltung lässt so eine „gesamthafte" Kontur erkennen,[30] die über ein Verständnis als ein „Bündel von Einzelrechten"[31] hinausgeht.[32] Seine Besonderheit ist, dass es nicht so sehr darauf gerichtet ist, einen Entscheidungsmaßstab für die gerichtliche Kontrolle

---

24 *Galetta*, in: Sachs/Siekmann (Hrsg.), Der grundrechtsgeprägte Verfassungsstaat – Festschrift für Klaus Stern, 2012, S. 1051 (1055); *Lais* (Fn. 21), S. 452; *Schröder* (Fn. 22), S. 934 f.

25 *Hofmann/Rowe/Türk* (Fn. 21), S. 190; *Runavot* (Fn. 17), S. 395 (396); ähnlich *v. Arnauld/Martini*, in: Terhechte (Hrsg.), Verwaltungsrecht der Europäischen Union, 2. Aufl. 2022, § 2 Rn. 41 („Containerbegriff"); *Heselhaus*, in: Heselhaus/Nowak (Hrsg.), Handbuch der Europäischen Grundrechte, 2. Aufl. 2020, § 61 Rn. 4 („Sammelgrundrecht").

26 *Bogojević/Groussot/Medzmariashvili*, Common Market Law Review 52 (2015), S. 1635 (1653); *Fortsakis*, European Public Law 11 (2005), S. 207 (211); *Hofmann/Rowe/Türk* (Fn. 25), S. 192; *Millet*, Public Law 2002, S. 309 (318); *Nehl*, in: Hofmann/Türk (Hrsg.), Legal Challenges in EU Administrative Law, 2009, S. 324 (336 ff.); *Schöndorf-Haubold* (Fn. 18), S. 73.

27 So *Heselhaus* (Fn. 25), § 61 Rn. 44; *Lenaerts*, Common Market Law Review 41 (2004), S. 317 (340 ff.); ablehnend *Classen* (Fn. 16), S. 412; *Schröder* (Fn. 22), S. 936 f.

28 Hierzu m. w. N. *Stelkens* (Fn. 14), EuR Rn. 93 ff.

29 In diese Richtung *Classen* (Fn. 16), S. 404; *Kańska*. European Law Journal 10 (2004), S. 296 (306); *Wakefield* (Fn. 16), S. 91; *Stelkens*, in: Auby/Dutheil de la Rochère (Hrsg.), Traité de droit administratif européen, 2. Aufl. 2014, S. 713 (738 f.).

30 Zweifelnd *Nehl* (Fn. 26), S. 338 ff.

31 So *Szczekalla*, in: Rengeling/Szczekalla (Hrsg.), Grundrechte in der Europäischen Union, 2004, § 37 Rn. 1087.

32 In diese Richtung wohl *EuG*, Rs. T-54/99 (max.mobil/Kommission), ECLI:EU:T:2002:20 Rn. 48 (hierzu *della Cananea*, European Public Law 9 [2003], S. 563 [568 ff.]). Der *EuGH* scheint dem jedoch eher ablehnend gegenüberzustehen, s. hierzu die Rechtsprechungs-Nachweise bei *Leino*, European Public Law 20 (2014),

des Verwaltungshandelns zu bilden. Es formuliert vielmehr einen Auftrag an die Verwaltung, die behördliche Verwirklichung individueller Rechte nicht als Gegensatz zur Verwirklichung öffentlicher Interessen, sondern als deren Ausdruck zu verstehen.[33] Dies schließt im laufenden Verwaltungsverfahren die Vorstellung einer „Gegnerschaft" zwischen der Behörde und dem Betroffenen aus.[34] Dies rechtfertigt dann aber auch, alle die Elemente rechtsstaatlichen Verfahrens als Teilelemente des Grundrechts auf gute Verwaltung zu begreifen, die der Förderung dieses Gedankens dienen,[35] so wie sich auch das Grundrecht auf effektiven Rechtsschutz in zahlreiche einzelne Gewährleistungsinhalte aufspalten lässt, die jedoch alle einem einheitlichen Ziel – der Gewährung effektiven Rechtsschutzes eben – dienen.[36]

2. Zusammenhang zwischen Art. 41 GRCh, Art. 228 AEUV und dem Kodex für gute Verwaltungspraxis des Europäischen Bürgerbeauftragten[37]

Die Aufnahme des Art. 41 GRCh in die am 7. Dezember 2000 in Nizza erstmals feierlich proklamierte[38] Charta der Grundrechte der EU geht auf die Bemühungen des (1995 gewählten) ersten EU-Bürgerbeauftragten, *Jacob Södermann*,[39] zurück[40] und ist daher eng mit der Institution des

---

S. 681 (696 ff.); hierzu auch *Harlow/Rawlings* [Fn. 21], S. 89). Noch weitergehend *Unger*, VVDStRL 83 (2024), S. 9 (34 ff.).

33 Von einem solchen Gegensatz dagegen ausgehend und dementsprechend den Aspekt der Verwirklichung öffentlicher Interessen in Art. 41 GRCh vermissend *Kańska* (Fn. 29), S. 323 ff.; ähnlich wie hier *Fehling* (Fn. 21), § 10 Rn. 8 ff. („Benchmark für gutes Verwalten"); *Koivisto* (Fn. 15), S. 86 ff.; *Welti*, VerwArch 105 (2014), S. 50 (59 f.).

34 Für das deutsche Recht kommt dies in dem rechtsstaatlich selbstverständlichen Satz des § 24 Abs. 2 VwVfG zum Ausdruck, dass die Behörde alle für den Einzelfall bedeutsamen, auch *die für die Beteiligten günstigen Umstände* zu berücksichtigen hat. Hierzu auch BVerfG (K), NJW 2009, 3420 Rn. 11; BGH, NJW 2009, S. 3173 Rn. 29; *Stelkens*, DVBl. 2010, 1078 (1079).

35 In diese Richtung auch *Heselhaus* (Fn. 25), § 61 Rn. 5.

36 Dies gegen das Grundrechtsinflationierungsargument bei *Classen* (Fn. 16), S. 415 ff.

37 Dieser Abschnitt beruht auf *Stelkens* (Fn. 14), EuR Rn. 108–112.

38 ABl. EU C 346 v. 18.12.2000, S. 1.

39 Zu *Södermann* und seinem spezifischen Hintergrund *Leino*, European Public Law 10 (2004), S. 333 ff.

40 Zur Entstehungsgeschichte des Art. 41 GRCh: *Classen* (Fn. 16), S. 54 ff.; *Galetta*, EuR 2007, 57; *Grzeszick*, EuR 2006, S. 161 (163); *Ladenburger* in: Trute/Groß/Röhl/Möllers (Hrsg.), Allgemeines Verwaltungsrecht – Zur Tragfähigkeit eines Konzepts, 2008, S. 114.

Europäischen Bürgerbeauftragten verbunden.[41] Die Funktion des Europäischen Bürgerbeauftragten war nach Art. 195 Abs. 1 EGV, der dem heutigen Art. 228 AEUV entspricht, „Missstände bei der Tätigkeit der Organe oder Institutionen der Gemeinschaft“ (nach Art. 228 AEUV: „Missstände bei den Organen, Einrichtungen oder sonstigen Stellen der Union“) zu untersuchen. Der Kontrollgegenstand, die Frage nach „Missständen bei der Tätigkeit“ der EU-Eigenverwaltung, ist in der deutschen Fassung des Art. 195 Abs. 1 EGV bzw. Art. 228 AEUV weniger genau formuliert als in anderen Sprachfassungen, wo von „schlechter Verwaltung bei der Tätigkeit“ der Organe etc. gesprochen wird (z. B. engl.: „maladministration“; franz: „mauvaise administration“).[42] Dies warf seit der Wahl des ersten Bürgerbeauftragten die Frage auf, wie das Vorliegen von „schlechter Verwaltung“ als Prüffrage für den Bürgerbeauftragten operabel gemacht werden kann, wenn der Maßstab nicht darauf begrenzt werden sollte, dass schlechte Verwaltung schon erkannt werde, wenn man sie sehe.[43] Da es unendlich viele Wege gibt, Dinge schlecht zu machen, kann man diese Wege nicht aufzählen. Nach gescheiterten Versuchen, „schlechte Verwaltung“ zu umschreiben,[44] bemühte sich *Södermann* daher seit 1998 um die Erarbeitung eines „Kodex für gute Verwaltungspraxis“,[45] der schließlich am 6.9.2001 vom Europäischen Parlament „angenommen“[46] und auf der Webseite des

41 Siehe hierzu und zum Folgenden *Chevalier* (Fn. 16), Rn. 255 ff.; *Guckelberger*, Der Europäische Bürgerbeauftragte und die Petitionen zum Europäischen Parlament, 2003, S. 104; *Haas*, Der Ombudsmann als Institution des Europäischen Verwaltungsrechts, 2012, S. 257; *Harlow/Rawlings* (Fn. 21), S. 79 ff.; *Vogiatzis* (Fn. 16), S. 37 ff.

42 *Guckelberger* (Fn. 41), S. 103 ff.; *Hofmann*, in: Hofmann/Ziller (Hrsg.), Accountability in the EU: The Role of the European Ombudsman, 2017, S. 1 (14).

43 So *Ponce Solé* (Fn. 20), S. 1523.

44 Hierzu *Efstariou*, in: Trute/Groß/Röhl/Möllers (Hrsg.), Allgemeines Verwaltungsrecht – Zur Tragfähigkeit eines Konzepts, 2008, S. 281 (290); *Guckelberger* (Fn. 41), S. 105 f.; *Haas* (Fn. 41), S. 261 ff.; *Heede*, European Public Law 3 (1997), S. 587 (592); *Hofmann* (Fn. 42), S. 12 f.; *Leino* (Fn. 39), S. 345 ff.; *de Leeuw*, European Public Law 17 (2011), S. 349 (352 f.); *Nehl* (Fn. 26), S. 340; *Pfeffer* (Fn. 16), S. 55; *Vogiatzis* (Fn. 16), S. 33 ff.; *Wakefield* (Fn. 16), S. 103 ff.; sehr kritisch mit dem Vorwurf einer zu legalistischen und daher minimalistischen Sichtweise: *Rawlings*, European Law Journal 6 (2000), S. 4 (15 f.); *Tomkins*, Yearbook of European Law 19 (1999–2000), 2001, S. 217 (238 ff.); hiergegen *Bonnor*, European Law Journal 7 (2001), S. 114 (115 ff.).

45 Siehe hierzu Decision of the European Ombudsman on own initiative inquiry OI/1/98/OV on a Code of Good Administrative Behaviour.

46 Entschließung des Europäischen Parlaments v. 6.9.2001 (ABl. EG C 72E v. 21.3.2002, S. 331) zu dem Sonderbericht des Europäischen Bürgerbeauftragten an das Europäische Parlament im Anschluss an die Initiativuntersuchung betreffend das Vorhandensein und die öffentliche Zugänglichkeit eines Kodexes für gute Verwaltungspraxis

Europäischen Bürgerbeauftragten und auf andere Weise öffentlich bekannt gemacht wurde.

Dieser Kodex fasst rechtssatzartig die Grundsätze zusammen, die nach Auffassung des EuGH, den Rechtsüberzeugungen in den Mitgliedstaaten und der „Ombudsprudence" des Bürgerbeauftragten „gute Verwaltung" ausmachen: Dies sind die allgemeinen Grundsätze des Verwaltungshandelns (Gesetzmäßigkeit, Nichtdiskriminierung, Verhältnismäßigkeit), rechtsstaatliche Verfahrensanforderungen (Verfahrensklarheit, Neutralität, Anhörung, Zügigkeit, Begründung, Rechtsbehelfsbelehrung) und allgemeine Verhaltenspflichten der Beamten (Höflichkeit, Dienstleistungsorientierung).[47] Seit der öffentlichen Bekanntmachung des Kodex können ihm sowohl die Organe, Einrichtungen und sonstigen Stellen der Union als auch die Bürger entnehmen, welche Verwaltungspraktiken der Bürgerbeauftragte als „schlechte Verwaltung" (als Verstoß gegen den Kodex) versteht.[48] Damit kommt dem Kodex auch eine „Präventivfunktion" zu, indem die EU-Eigenverwaltung von bestimmten „schlechten" Verwaltungspraktiken von vornherein absieht, um vom Bürgerbeauftragten nicht gerügt zu werden.[49] Der Kodex soll aber auch den Bürgern erläutern, wie sich die EU-Eigenverwaltung ihnen gegenüber zu verhalten hat. Insoweit wirkte der Kodex rechtspolitisch gestaltend, indem er zunächst einmal „behauptete", dass bestimmte Rechte des Bürgers gegenüber der Verwaltung existieren und damit alle diejenigen, die derartige Rechte *nicht* gewähren wollen, in die Defensive zwingt. Tatsächlich setzte er z. B. den von der EU-Kommission (als Teil ihrer Geschäftsordnung) selbst erlassenen „Kodex für gute Verwaltungspraxis in den Beziehungen der Bediensteten der Europäischen Kommission zur Öffentlichkeit",[50] der in seinen Gewährleistungen hinter dem Kodex des Bürgerbeauftragten zurückbleibt, von vornherein dieser Kritik aus. Der Kodex des Bürgerbeauftragten wurde damit zum Maßstab derartiger Selbstverpflichtungen.[51] Dass der Bürgerbeauftragte die Initiative

---

in den verschiedenen Gemeinschaftsinstitutionen und -organen (C5-0438/2000 – 2000/2212(COS)); hierzu *Lais* (Fn. 21), S. 476; *Mendes* (Fn. 16), S. 1 f.; *Pfeffer* (Fn. 16), S. 57 f.

47 Hierzu *Hofmann* (Fn. 42), S. 13 f.; *Ladenburger* (Fn. 40), S. 115; *Martínez Soria*, EuR 2001, 682 (697); *Mendes* (Fn. 16), S. 6 ff.; *Welti* (Fn. 33), S. 57 f.

48 *Efstariou* (Fn. 44), S. 290; *Mendes* (Fn. 16), S. 1 f.

49 *Efstariou* (Fn. 44), S. 292 ff.; *Mendes* (Fn. 16), S. 11 f.; *Martínez Soria* (Fn. 47), S. 690 ff.

50 Hierzu z. B. *Chevalier* (Fn. 16), Rn. 282 ff.; *Fortsakis*, European Public Law 11 (2005), 207 (211 f.); *Simon* (Fn. 22), S. 169; *Wakefield* (Fn. 16), S. 46 ff.

51 Vgl. *Mendes* (Fn. 16), S. 7 f.

übernommen hat, erklärt dann auch die recht zurückhaltende Haltung der Kommission seinem Kodex gegenüber. Dennoch kann man sagen, dass der Kodex Art. 41 GRCh letztlich „authentisch" interpretiert oder zumindest konkretisiert,[52] auch wenn ihm das EuG jegliche rechtliche Bindungswirkung abgesprochen hat.[53]

3. Die Bemühungen des Europäischen Parlaments zur Kodifizierung eines Verwaltungsverfahrensrechts für die EU-Eigenverwaltung (vgl. Art. 225 AEUV)[54]

Der Kodex für gute Verwaltungspraxis des Europäischen Bürgerbeauftragten bildete auch den Ausgangspunkt der Bemühungen des Europäischen Parlaments, in Ausübung seines mittelbaren Initiativrechts des (früheren) Art. 192 Abs. 2 EGV und des (heutigen) Art. 225 AEUV die Kommission dazu zu bewegen, einen Verordnungsvorschlag für einen allgemeinen Verwaltungsverfahrensrechtsakt der EU-Eigenverwaltung zu unterbreiten. Wie bereits erwähnt, hat das Europäische Parlament zunächst in der *5. Wahlperiode*, am 6.9.2001, den Kodex des Europäischen Bürgerbeauftragten „angenommen". Es hat dies auf Grundlage eben des Art. 192 Abs. 2 EGV mit einer Aufforderung an die Kommission verbunden, einen Vorschlag für den Erlass einer entsprechenden Verordnung zu unterbreiten.[55]

Nachdem ein solcher Vorschlag weder in der 5. noch in der 6. Wahlperiode erfolgte, hat das Europäische Parlament in der *7. Wahlperiode* zunächst ein umfassendes European Added Value Assessment eines Verwaltungsverfahrensrechtsakts für die EU-Eigenverwaltung vorgelegt, das vom European Added Value Unit des Generalsekretariats des Europäischen Parlaments erarbeitet worden war.[56] Dieses Added Value Assessment verstand

52 Ähnlich *Banafsche*, VerwArch 107 (2016), S. 568 (583); *Dragos/Neamtu*, in: Hofmann/Ziller (Hrsg.), Accountability in the EU: The Role of the European Ombudsman, 2017, S. 94 (102 ff.); *Haas* (Fn. 41), S. 263; *Jarass* (Fn. 23), S. 852; *Mendes* (Fn. 16), S. 2 f.; *Schmidt-Aßmann/Kaufhold* (Fn. 21), § 27 Rn. 30; *Schröder* (Fn. 22), S. 936 f.; krit. insoweit *de Leeuw* (Fn. 44), S. 357.

53 EuG, Rs. T-132/06 (Gorostiaga Atxalandabaso/Parlament), ECLI:EU:T:2007:113 Rn. 73; EuG, Rs. T-121/08 (PC-Ware Information Technologies/Kommission), ECLI:EU:T:2010:183 Rn. 90.

54 Dieser Abschnitt beruht auf *Stelkens* (Fn. 14), EuR Rn. 170a-170d.

55 Siehe hierzu Fn. 46.

56 European Added Value Assessment (EAVA 1/2012 – PE 494.457), Law of Administrative Procedure of the European Union, 2012.

sich als Reaktion auf die Antwort des damaligen Kommissionspräsidenten *Barroso* auf eine Parlamentarische Anfrage vom 17.1.2012.[57] *Barroso* hatte hier zwar festgestellt, dass – nach Inkrafttreten des Vertrags von Lissabon – Art. 298 Abs. 2 AEUV eine Rechtsgrundlage für eine Verordnung zur Regelung des Verwaltungsverfahrens für die EU-Eigenverwaltung bilden könne (was heute allgemeiner Ansicht entspricht[58]). Diese Bestimmung begründe aber keine Verpflichtung zur Vorlage einer entsprechenden Verordnung und daher wolle die Kommission erst prüfen, ob eine solche Verordnung sinnvoll wäre. Ein Zeitplan für eine solche Prüfung wurde jedoch nicht angegeben. Das Added Value Assessment des Europäische Parlaments sollte diese Prüfung offenbar ersetzen. Am 15.1.2013 hat das Europäische Parlament dann eine „Entschließung mit Empfehlungen an die Kommission zu einem Verwaltungsverfahrensrecht der Europäischen Union" verabschiedet. Auch diese Entschließung sollte die Kommission nach Art. 225 AEUV veranlassen, eine Verordnung vorzuschlagen, die das Verwaltungsverfahrensrecht der EU-Eigenverwaltung allgemein regelt. Sie enthielt als Anlage eine „Ausführliche Empfehlung", die in einer Grobgliederung konkretisierte, was Inhalt dieser Verordnung werden sollte. Dabei lehnte sie sich eng an die o. g. Europaratsempfehlung CM/Rec(2007)7 zur guten Verwaltung[59] und erneut an den Kodex für gute Verwaltungspraxis des EU-Bürgerbeauftragten an.[60] Die Kommission hat auf den Vorschlag des Europäischen Parlaments erneut nicht offiziell reagiert.[61] Erst am 17.5.2016 teilte sie in einer Antwort ihres damaligen Vizepräsidenten *Katainen* auf eine Parlamentarische Anfrage mit, dass sie keinen Mehrwert

---

57 Zit. nach European Added Value Assessment (Fn. 56), S. 5 f.

58 *Craig*, European Public Law 19 (2013), S. 503 (511 f.); *Guckelberger/Geber*, Allgemeines Europäisches Verwaltungsverfahrensrecht vor seiner Kodifizierung?, 2013,, S. 83 ff., 132 ff.; *Nieto-Garrido*, European Public Law 18 (2012), S. 373 (378 f.); *Leino* (Fn. 32), S. 685 f.; *Schneider*, in: Kahl/Ludwigs (Hrsg.), Handbuch des Verwaltungsrechts – Band II: Grundstrukturen des europäischen und internationalen Verwaltungsrechts, 2021, § 56 Rn. 14.

59 Siehe hierzu bei Fn. 18.

60 Entschließung des Europäisches Parlaments P7_TA(2013)0004 v. 15.1.2013 (ABl. EU C 440 v. 30.12.2015, S. 17) mit Empfehlungen an die Kommission zu einem Verwaltungsverfahrensrecht der Europäischen Union (2012/2024(INL)); hierzu ausführlich *Guckelberger/Geber* (Fn. 58), Allgemeines Europäisches Verwaltungsverfahrensrecht vor seiner Kodifizierung?, 2013, S. 181 ff.; *Leino* (Fn. 32), S. 699 ff.; ferner *Geber*, EuZW 2013, S. 298 (300); *Seitz*, EuZW 2015, S. 273 ff.

61 Näher hierzu *Harlow/Rawlings* (Fn. 21), S. 332 ff.; *Leino* (Fn. 32), S. 689 f.; *Ziller*, in: Schneider/Rennert/Marsch (Hrsg.), ReNEUAL Musterentwurf für ein EU-Verwaltungsverfahrensrecht – Tagungsband, 2016, S. 35 (38 f.).

in einer solchen Kodifikation gegenüber den bestehenden fachrechtlichen Regelungen sehe.[62]

Unabhängig von diesen Initiativen des Europäischen Parlaments hatte sich bereits 2009 das Research Network on EU Administrative Law (ReNEUAL) gegründet (www.reneual.eu), dem mehr als 100 Rechtswissenschaftler aus ganz Europa angehören. Dessen Steering-Committee hat im Oktober 2014 eine englischsprachige Online-Version der „ReNEUAL Model Rules on EU Administrative Procedures" herausgegeben,[63] die u. a. auch in deutscher Sprache in Buchform veröffentlicht worden ist.[64] Der ReNEUAL-Entwurf umfasst sechs Bücher, die – neben einem knappen Buch I zum Anwendungsbereich und zu Definitionen – das Verwaltungsverfahrensrecht der EU-Eigenverwaltung (Buch II: Administrative Rechtsetzung, Buch III: Einzelfallentscheidungen, Buch IV: Verwaltungsverträge) aber auch Fragen der grenz- und ebenenübergreifenden Amtshilfe (Buch V) und des grenz- und ebenenübergreifenden Informationsmanagements (Buch VI) regeln. Die eigentlichen „Normtexte" des ReNEUAL-Entwurfs wurden pro Buch mit einer Einführung und Erläuterungen versehen.[65] Der ReNEUAL-Entwurf hat nicht unerhebliches wissenschaftliches Interesse mit Lob und Kritik hervorgerufen.[66] Dies dürfte auch daran liegen, dass er sich nicht

---

62 Siehe hierzu Europäisches Parlament, Ausführliche Sitzungsberichte v. 8.6.2016 (ABl. EU (C/2024/1610) v. 21.2.2024), S. 649 ff.

63 https://www.reneual.eu/projects-and-publications/reneual-1-0.

64 *Schneider/Hofmann/Ziller/Auby/Craig/Curtin/della Cananea/Galetta/Mendes/Stelkens/Wierzbowski* (Hrsg.), ReNEUAL – Musterentwurf für ein EU-Verwaltungsverfahrensrecht, 2015. Ferner sind in Buchform neben einer englischen auch eine französische, eine italienische, eine polnische, eine rumänische und eine spanische Fassung verfügbar.

65 Einführend zum ReNEUAL-Entwurf: *Schneider/Hofmann/Ziller*, JZ 2015, 265 ff. Weitere Erläuterungen zu den einzelnen Büchern von Mitgliedern des ReNEUAL-Steering-Committees finden sich bei *Schneider/Rennert/Marsch* (Hrsg.), ReNEUAL Musterentwurf für ein EU-Verwaltungsverfahrensrecht – Tagungsband, 2016. Zur Methode des ReNEUAL-E: *Schneider* (Fn. 58), § 56 Rn. 23.

66 Siehe hierzu die Beiträge in *Ruffert* (Hrsg.), The Model Rules on EU Administrative Procedures: Adjudication, 2016 und *Schneider/Rennert/Marsch* (Hrsg.), ReNEUAL Musterentwurf für ein EU-Verwaltungsverfahrensrecht – Tagungsband, 2016; ferner z. B. *Augsberg*, Die Verwaltung 50 (2017), 1 ff.; *Athanasiadou*, Der Verwaltungsvertrag im EU-Recht, 2017, S. 294 ff.; *Banafsche* (Fn. 52), S. 577 f.; *Berger*, in: Uhlmann (Hrsg.), Codification of Administrative Law (2023), S. 353 ff.; *Chiti*, Giornale di diritto amministrativo 2014, S. 677 f.; *Eberhard*, Die Verwaltung 50 (2017), S. 23 ff.; *Ellerbrok*, Die Verwaltung 49 (2016), S. 105 ff.; *Lenz*, NVwZ 2016, S. 38 ff.; *Kahl*, JuS 2018, S. 1025 ff.; *Hartmann*, Die Kodifikation des Europäischen Verwaltungsverfahrensrechts, 2020; *Schmidt am Busch*, GewArch 2016, S. 236 ff.; *Rennert*, DVBl. 2016,

wie der Kodex für gute Verwaltungspraxis des Europäischen Bürgerbeauftragten, die Europarats-Resolution (77) 31 oder die Europarats-Recommendation CM/Rec(2007)7 on good administration auf eine Aufzählung von Bürgerrechten gegenüber der Verwaltung beschränkt. Der ReNEUAL-Entwurf ist vielmehr als Regelung konzipiert, die der handelnden Verwaltung als Arbeitsgrundlage dienen soll und somit den gesamten Ablauf des Verwaltungsverfahren einschließlich der hiermit verbundenen behördlichen Befugnisse *und* der bei ihrer Ausübung zu beachtenden Bürgerrechte regelt. Ungeachtet dessen, dass man natürlich die Konzeption einzelner Vorschriften des ReNEUAL-Entwurfs, einzelner seiner Bücher oder auch seine Gesamtanlage kritisieren kann, beweist der Entwurf jedenfalls die tatsächliche Kodifizierbarkeit eines Verwaltungsverfahrensrechts für die EU-Eigenverwaltung und benennt die Themen, die in einer solchen Kodifikation sinnvollerweise anzusprechen wären. Entscheidend ist insoweit, dass es sich um ein tatsächlich europäisches Vorhaben handelte, das von Wissenschaftlern aus verschiedenen Mitgliedstaaten gemeinsam erarbeitet worden war. Daher konnten in dieses Vorhaben verschiedene nationale Perspektiven nicht nur einfließen, sondern schon während der redaktionellen Arbeit so aneinander angeglichen werden, dass ein allseits konsentierter Rechtstext das Ergebnis sein konnte, der sich zudem gut in verschiedene Sprachen übersetzen ließ.

Insoweit prägte der ReNEUAL-Entwurf auch die weiteren Kodifikationsbemühungen des Europäischen Parlaments. In seiner *8. Wahlperiode* hatte dieses erneut die Initiative übernommen und am 9.7.2016 der Kommission einen Verordnungs-Vorschlag „für eine offene, effiziente und unabhängige Verwaltung der EU" unterbreitet.[67] Ebenfalls liegt eine Begründung dieses Entwurfs vor, die den vorbereitenden Beratungen des Rechtsausschusses des Europäischen Parlaments zu Grunde lag.[68] Dieser Entwurf konzentriert sich auf Verwaltungsverfahren, die auf Erlass von Einzelfallentscheidungen durch die EU-Eigenverwaltung gerichtet sind, und übernimmt hierbei

S. 69 ff.; *Ritter*, Die Akteneinsicht im Eigenverwaltungsverfahrensrecht der Europäischen Union, 2020, S. 319 ff.; *Schindler*, Die Verwaltung 50 (2017), S. 51 ff.; *Schneider* (Fn. 58), § 56 Rn. 11 ff.; *Schwind*, Netzwerke im Europäischen Verwaltungsrecht, 2017, S. 343 ff.

67 Entschließung des Europäischen Parlaments (P8_TA(2016)0279) v. 9.6.2016 (ABl. EU C 86 v. 6.3.2018, S. 126) zu einer offenen, effizienten und unabhängigen Verwaltung der EU (2016/2610(RSP)).

68 Die Begründung ist abgedruckt in *Schneider/Rennert/Marsch* (Fn. 66), S. 293 ff.

Anregungen des Buches III des ReNEUAL-Entwurfs.[69] Dies ging auf ein Gutachten zurück, das vier Mitglieder des ReNEUAL-Steering Committees für das Europäische Parlament erstellt haben.[70] Die Ähnlichkeit beider Entwürfe ist also politisch gewollt. Die Kommission stand dem Anliegen des Europäischen Parlaments dennoch nach wie vor ablehnend gegenüber und lehnte ein Tätigwerden (bereits) am 4.10.2016 ab.[71]

Am 22.11.2023, gegen Ende der 9. *Wahlperiode,* hat das Europäische Parlament schließlich einen weiteren Anlauf genommen und eine „Legislative Entschließung mit Empfehlungen an die Kommission für Digitalisierung und Verwaltungsrecht" angenommen.[72] Diese Entschließung fordert die Kommission erneut auf, einen Verordnungsvorschlag zu entwerfen und in das Gesetzgebungsverfahren einzubringen, der sich an der Entschließung vom 9.7.2016 orientiert und zugleich die Fortschritte der Digitalisierung bei der Fortentwicklung dieses Entwurfs berücksichtigt. Auch hierauf hat die Kommission nicht reagiert.

Aus der ablehnenden Haltung der Kommission gegenüber den verschiedenen Vorstößen des Europäischen Parlaments wird i. d. R. geschlossen, der ReNEUAL-Entwurf und die hierauf aufbauenden Entwürfe des Europäischen Parlaments hätten keine Chance auf baldige Realisierung.[73] Die Frage ist insoweit natürlich immer, was in diesem Kontext „bald" heißt, also in welchen Zeitdimensionen man denkt. Unabhängig davon stellt sich im Hinblick auf die Realisierungschancen entsprechender Vorhaben die Frage, ob vielleicht weniger die Frage nach der Löblichkeit einer solchen Kodifizierung im Allgemeinen und ihrer Schutzfunktion für den Bürger im Besonderen als vielmehr mögliche Mehrwerte einer Kodifikation gerade

69 Zu einer tabellarischen Zusammenstellung der Gemeinsamkeiten und Unterschiede *Schneider,* in: Schneider/Rennert/Marsch (Hrsg.), ReNEUAL Musterentwurf für ein EU-Verwaltungsverfahrensrecht – Tagungsband, 2016, S. 129 (140 ff.); ferner *Schneider* (Fn. 66), § 56 Rn. 17 ff.

70 *Galetta/Hofmann/Mir/Ziller,* The context and legal elements of a Proposal for a Regulation on the Administrative Procedure of the European Union's institutions, bodies, offices and agencies (PE 536.487), 2015.

71 Follow up to the European Parliament resolution for an open, efficient and independent European Union administration, adopted by the Commission on 4 October 2016 (SP(2016)613). S. hierzu m. w. N. *della Cananea,* in: Kmieciak (Hrsg.), Administrative Proceedings in the Habsburg Succession Countries, 2020, S. 265 (284 ff.); *Hartmann* (Fn. 66), S. 3 ff.; *Schneider* (Fn. 58), § 56 Rn. 38 ff.

72 Legislative Entschließung (P9_TA(2023)0426) v. 22.11.2023 (ABl. EU C/2024/4215 v. 24.7.2024) mit Empfehlungen an die Kommission für Digitalisierung und Verwaltungsrecht (2021/2161(INL)).

73 So deutlich *Berger* (Fn. 66), S. 358.

für die EU-Eigenverwaltung und deren tägliche Arbeit in den Vordergrund gestellt werden sollten (IV.). Dies setzt voraus, dass generell gefragt wird, welchen Beitrag ein kodifiziertes allgemeines Verwaltungsverfahrensrecht für ein effektives und effizientes Verwaltungshandeln leisten kann (III.), wobei zunächst Klarheit über den Begriff des Verwaltungsverfahrens und des Verwaltungsverfahrensrechts bestehen sollte (II.).

II. Begriff des Verwaltungsverfahrensrechts und des Verwaltungsverfahrens[74]

Das Verwaltungsverfahrensrecht befasst sich allgemein mit der Frage, wie eine Behörde die Informationen gewinnt und aufarbeitet, die sie benötigt, um rational entscheiden und handeln zu können.[75] Gegenstand des Verwaltungsverfahrensrechts ist somit das Verwaltungsverfahren als der Entscheidungsprozess, den eine Behörde durchläuft, um eine Entscheidung zu treffen. Auch Art. I-4 des ReNEUAL-Entwurfs definiert daher das Verwaltungsverfahren schlicht als „the process by which a public authority prepares and formulates administrative action […]." Dies zeigt, dass das Verwaltungsverfahrensrecht von vornherein nur zielgerichtetes Handeln erfasst. Einem schlichten Unfall geht kein Verwaltungsverfahren voraus, weil er sich definitionsgemäß unerwartet und ggf. auch unvorhersehbar ereignet.[76]

Die Frage, in welcher Form die Entscheidung ergehen soll, ist nicht für die Frage entscheidend, ob der darauf gerichtete behördliche Entscheidungsprozess ein Verwaltungsverfahren ist. Ob die beabsichtigte Entscheidung ein einseitiger Hoheitsakt zur Regelung eines Einzelfalls (wie der deutsche Verwaltungsakt), eine behördliche Willenserklärung, die auf den Abschluss, die Durchführung oder die Beendigung von Verträgen der Verwaltung gerichtet ist, eine Entscheidung über die Erhebung einer Klage oder die Erfüllung oder Nicht-Erfüllung von gegenüber der Verwaltung geltend gemachten Ansprüchen oder eine Entscheidung über die Vornahme zielgerichteten tatsächlichen Verwaltungshandelns (wie eine behördliche

74 Dieser Abschnitt beruht auf *Stelkens*, in: Ziekow/Stelkens (Hrsg.), Verwaltungsverfahrens- und Personenstandsrecht als Konkretisierungsaufgabe, 2020, S. 21 (27–30).

75 *Schmidt-Aßmann/Kaufhold* (Fn. 21), § 27 Rn. 1.

76 Demgegenüber können die Entscheidungsprozesse bei der Abwicklung der Unfallfolgen ebenso Verwaltungsverfahren sein, wie die Entscheidungsprozesse, die die Ursache für einen Unfall setzten (z. B. die Entscheidung bestimmte Unfallverhütungsmaßnahmen nicht vorzunehmen).

Warnung) sein soll, kann nur für die Anwendbarkeit eines bestimmten Verwaltungsverfahrensgesetzes entscheidend sein, und dies auch nur dann, wenn dieses Verwaltungsverfahrensgesetz wie § 9 VwVfG oder auch Art. I-4 des ReNEUAL-Entwurfs nur solche Verwaltungsverfahren regeln will, die gerade auf den Erlass von Verwaltungsakten, den Abschluss von Verträgen und/oder die Vornahme bestimmter tatsächlicher Handlungen etc. gerichtet sind. „Echte" administrative Normsetzungsverfahren (also solche, die auf Erlass unzweifelhaft abstrakt-genereller Regelungen mit gesetzesgleicher Bindungswirkung gerichtet sind), sollten jedoch (anders als z. B. auf raumbezogene Planungsentscheidungen gerichtete Verfahren, auch wenn die erarbeiteten Pläne dann formell als Rechtsverordnung oder Satzung ergehen) wegen ihrer Besonderheiten nicht zu den Verwaltungsverfahren gezählt werden, was an dieser Stelle nicht näher begründet werden kann.[77] Hiervon ausgehend sind Verwaltungsverfahren daher im Wesentlichen solche behördlichen Entscheidungsprozesse, in denen geprüft wird, was in einem konkreten Einzelfall zu tun ist, um dann eine Entscheidung zu treffen und ggf. unter Beachtung der vorgeschriebenen Förmlichkeiten den Betroffenen und/oder der Allgemeinheit zu kommunizieren. Dabei sollen hier als „Einzelfälle" auch solche Sachverhalte verstanden werden, die in Deutschland durch Allgemeinverfügung regelbar wären.[78]

Hieraus folgt, dass ein *Verwaltungsverfahren* immer stattfindet, wenn eine Behörde eine Entscheidung (in einem Einzelfall) trifft, also unabhängig davon, welcher Art die Entscheidung ist und ob es spezifische Verfahrensregeln gibt, um diesen Entscheidungsprozess zu strukturieren.[79] Ein Verwaltungsverfahrens*gesetz* regelt also nicht, ob eine Behörde einen Entscheidungsprozess durchläuft, bevor sie eine Entscheidung trifft. Es setzt vielmehr einen rechtlichen Rahmen für diesen administrativen Entscheidungsprozess, in dem es diesen in einer Weise rechtlich strukturiert bzw. in einer Weise „planvoll gliedert"[80], die die Chancen erhöht, dass in diesen Verfahren behördliche Entscheidungen erarbeitet werden, die unter

---

77 Siehe hierzu ausführlich *Stelkens*, VVDStRL 71 (2012), S. 369 (387 ff.) m. w. N.

78 Zur Frage der Existenz von EU-Allgemeinverfügungen: *Stelkens* (Fn. 14), § 35 Rn. 353 ff.

79 Siehe zur Notwendigkeit der Trennung zwischen faktischen Verfahren und seiner rechtlichen Ordnung durch Verfahrensrecht (bezogen auf das deutsche Recht): *Hill*, Das fehlerhafte Verfahren und seine Folgen im Verwaltungsrecht, 1986, S. 193 ff.

80 *Schmidt-Aßmann*, Das allgemeine Verwaltungsrecht als Ordnungsidee, 2. Aufl. 2004, Rn. 6/47; ähnlich *Hoffmann-Riem*, in: Hoffmann-Riem/Schmidt-Aßmann (Hrsg.), Verwaltungsverfahren und Verwaltungsverfahrensgesetz, 2002, S. 9 (23 ff.).

Einbeziehung der Betroffenen auf Grundlage ausreichender Informationen getroffen werden und so der Sache nach auf einer richtigen und zweckmäßigen Rechtsanwendung beruhen, um so sowohl die Verwirklichung des objektiven (materiellen) Rechts als auch der subjektiven Rechte des Einzelnen sicherzustellen.[81]

Klarzustellen ist, dass es bei der Frage nach einem Verwaltungsverfahrensrecht nicht um die Frage gehen kann, wie die Behörde zu der Überzeugung kommt, dass die gesetzlichen Vorgaben, die sie in einem konkreten Fall anzuwenden hat, so und nicht anders auszulegen und zu verstehen sind. Wie die Behörde zu ihrer Rechtsauffassung gelangt, ist (jedenfalls aus deutscher Perspektive)[82] nicht Gegenstand verwaltungsverfahrensrechtlicher Regelungen. Dass die Behörde zu einer richtigen Rechtsauffassung kommt, kann allein eine korrekte Handhabung der juristischen Methodenlehre gewährleisten. Die „Richtigkeit" des Ergebnisses des behördlichen Rechtsauffassungsfindungsprozesses steht zudem immer unter dem Vorbehalt der Bestätigung eben ihrer „Richtigkeit" in einem nachfolgenden Gerichtsverfahren. In diesem Sinne ist unter behördlicher „Rechtsanwendung" nur die Prüfung gemeint, ob der Tatbestand einer (bereits ausgelegten) Rechtsnorm gegeben ist und welche Rechtsfolgen hieraus abgeleitet werden können.[83]

Schließlich ist zu betonen, dass die Frage der Rechtsfolgen von Verfahrensfehlern, also die Frage, ob und inwieweit Verfahrensfehler geheilt oder unbeachtlich sein können, allenfalls am Rande eine Frage des Verwaltungs*verfahrens*rechts ist.[84] Unbeachtlichkeits- und Heilungsregelungen sind eher Bestandteil des Verwaltungs*prozess*rechts. Daher sind z. B. § 45 und § 46 VwVfG nur in Zusammenhang mit § 113 VwGO verständlich, was letztlich auch die Sonderregelung zu Verfahrensfehlern in § 4 des Umwelt-*Rechtsbehelfs*gesetzes verdeutlicht. Nur aus der ex-post-Perspektive der Ge-

81 Bei allem Streit um die Funktionen des Verwaltungsverfahrensrechts besteht (in Deutschland) jedenfalls dahingehend Einigkeit, dass das Verwaltungsverfahrensrecht *jedenfalls auch* der Verwirklichung des materiellen Rechts dient, s. nur (m. w. N.) *Burgi/Durner*, Modernisierung des Verwaltungsverfahrensrechts durch Stärkung des VwVfG, 2012, S. 29 f.; *Fehling*, VVDStRL 70 (2011), S. 278 (284 f.).

82 Ähnlich auch für Frankreich *Sedat*, Revue française du droit administratif, 2024, S. 523 ff.

83 Siehe hierzu auch *Reimer*, Verfahrenstheorie, 2015, S. 48 ff. (der Verwaltungsverfahren daher den sog. „Rechtsprüfungsverfahren" zuordnet).

84 Hierzu und zum Folgenden bereits *Stelkens*, Die Verwaltung 54 (2021), S. 295 (303–305).

richte und der Beteiligten im Gerichtsverfahren stellt sich etwa die Frage, ob ein „bloßer" Verfahrensfehler es rechtfertigen kann, eine einmal getroffene behördliche Entscheidung gerichtlich als rechtswidrig aufzuheben (mit der Folge, dass ggf. diese Entscheidung in einem weiteren Verfahren von der Behörde neu zu treffen ist). Nur soweit in diesem Zusammenhang die Beachtlichkeit von Verfahrensfehlern bejaht wird, stellt sich dann die weitere Frage, ob und bis wann die gerichtliche Aufhebung der verfahrensfehlerhaften Entscheidung durch Nachholung der unterlassenen Verfahrenshandlung (bis wann?) vermieden werden (der Verfahrensfehler „geheilt" werden) kann, wenn durch die nachgeholte Verfahrenshandlung keine Erkenntnisse gewonnen werden, die eine andere behördliche Entscheidung als „richtiger" erscheinen lassen als die ursprünglich verfahrensfehlerhaft getroffene Entscheidung. Daher ist zutreffend, wenn auch aus rechtsvergleichender Perspektive betont wird, dass die Frage der Zulässigkeit der Heilung und der Möglichkeit der Unbeachtlichkeit von Verfahrensfehlern letztlich ein Problem des Umfangs der gerichtlichen Kontrolle, der Reichweite der Entscheidungsbefugnisse des Gerichts und der Frage ist, ob der Behörde möglich ist, den Prozessausgang durch nachträgliche Änderungen der angefochtenen Maßnahme, die Nachreichung von Begründungen oder auf andere Weise zu ihren Gunsten zu beeinflussen, und welche Auswirkungen dies auf die Verteilung der Kosten eines Rechtsstreits hat.[85] Dies bedeutet aber insgesamt, dass das Verwaltungsverfahrensrecht kaum (letztlich gar nicht) von der Gerichtsperspektive her erklärt werden kann: Verfahrensfehlerfolgen sagen nichts zur Funktion des Verwaltungsverfahrens und damit auch nichts zu dem Mehrwert seiner Kodifikation, sondern sind Probleme des Prozessrechts und an sich in diesem Zusammenhang zu kodifizieren. Daher war es konsequent, dass der ReNEUAL-Entwurf von einer Regelung der Verfahrensfehlerfolgen abgesehen hat,[86] auch weil mittels einer auf Art. 298 Abs. 2 AEUV gestützten Verordnung nicht die Frage der Begründetheit von Rechtsbehelfen nach Art. 263 ff. AEUV abweichend von dem dort kodifizierten EU-Prozessrecht geregelt werden kann.[87]

---

85 *Hering*, Fehlerfolgen im europäischen Eigenverwaltungsrecht – Heilung und Unbeachtlichkeit in rechtsvergleichender Perspektive, 2019, S. 97 f., 147 ff., 150 ff., 169 ff., 177 ff.

86 A. A. *Guckelberger/Geber* (Fn. 58), 2013, S. 212; *Hering* (Fn. 85), S. 6 f., 317; *Lenz* (Fn. 66), S. 39; *Rennert* (Fn. 66) S. 69.

87 Siehe hierzu auch unten bei Fn. 122.

III. Verwaltungsverfahrensrecht als Grundlage effektiven und effizienten Verwaltungshandelns[88]

Bei einem solchen Verständnis der Begriffe Verwaltungsverfahren und Verwaltungsverfahrensrecht ist die Frage nach dem Mehrwert einer Kodifikation des Verwaltungsverfahrensrechts die Frage, ob es sinnvoll ist, der Behörde ein strukturiertes und rechtverbindliches Arbeitsprogramm rechtlich vorzugeben, das insgesamt auf eine Reduzierung von Komplexität durch schrittweises und planvolles Vorgehen bei der Rechtsanwendung und Rechtsumsetzung in konkreten Einzelfällen gerichtet ist.[89] Das „Abarbeiten" der vorgesehenen Verfahrensschritte dient bei dieser Sichtweise vor allem der Arbeitserleichterung für die Behörde, da mittels dieses „Abarbeitens" (unter Verwendung des Verwaltungsverfahrensgesetzes nach Art einer „Checkliste") gewährleistet ist, dass alle rechtlich relevanten Gesichtspunkte gesehen und berücksichtigt werden können. So ermöglicht eine Umweltverträglichkeitsprüfung die relevanten Umweltbelange zu identifizieren, die bei der Entscheidung aus materiellrechtlichen Gründen berücksichtigt werden müssen. Daher kann kein rationales und legitimes behördliches Interesse daran bestehen, z. B. die UVP-Ausnahmevorschriften extensiv auszulegen, um eine förmliche UVP möglichst nicht durchführen zu müssen, nur um dann die umweltrelevanten Belange „unstrukturiert" erheben zu müssen.[90] Ebenso ist die Beachtung vergaberechtlicher Vorgaben nicht nur lästige Bürokratie, sondern dient der Ausweitung der Wissensbasis für eine Vergabeentscheidung, die faktisch Gestaltungsspielräume erweitert, auch weil Transparenz und Neutralitätssicherung Korruptionsgefahren vermeiden.[91]

Dass dem Verwaltungsverfahrensrecht eine solche „Arbeitserleichterungsfunktion" zukommt, wurde im Gesetzesentwurf der Bundesregierung für ein Verwaltungsverfahrensgesetz von 1973 recht klar umschrieben. Zur Ausgangslage wurde zunächst festgestellt, dass es auf vielen Gebieten überhaupt keine oder aber nur sehr lückenhafte Vorschriften gebe, so dass auf ungeschriebene Rechtsgrundsätze zugegriffen werde. Das Fehlen entspre-

88 Dieser Abschnitt beruht teilweise auf *Stelkens* (Fn. 34), S. 1079–1080 und teilweise auf *Stelkens*, in: Hill/Sommermann/Stelkens/Ziekow (Hrsg.), 35 Jahre Verwaltungsverfahrensgesetz – Bilanz und Perspektiven, 2011, S. 271 (272–275).

89 Hierzu *Hill* (Fn. 79), S. 195 f.; ähnlich auch *Brüning*, Die Verwaltung 48 (2015), S. 155 (167 f.).

90 *Stelkens* (Fn. 34), S. 1079 ff.

91 *Stelkens* (Fn. 14), EuR Rn. 235 und § 54 Rn. 212.

chender gesetzlicher Bestimmungen habe zudem dazu geführt, dass nicht aufeinander abgestimmte Regelungen über das Verwaltungsverfahren in die einzelnen Fachgesetze aufgenommen worden seien.[92]

> „Diese Situation führte zwangsläufig zu einer Vielzahl der verschiedensten Vorschriften mit verfahrensrechtlichem Gehalt, die das Verfahrensrecht zu einer unübersichtlichen Materie macht, so daß es auch dem erfahrenen Verwaltungsbeamten, der die Gesetze auszuführen hat, nur schwer möglich ist, einen Überblick über die Gestaltung der einzelnen Verfahren zu behalten. Daß der Staatsbürger keine Chance hat, dieses Dickicht zu durchdringen, bedarf keiner besonderen Erwähnung."[93]

Hiervon ausgehend wird dann betont:

> „Der Erlaß eines guten und praktikablen Verfahrensgesetzes ist für die Verwaltung jedes Staates von eminent politischem Interesse [...]. [Durch] ein solches Gesetz [wird] die Arbeitsweise der Behörden entscheidend verbessert. Das Verwaltungsverfahren stellt die Arbeitsgrundlage der Verwaltung dar. Es bestimmt ihre Arbeitstechnik und rationelle Arbeitsweise und hat dadurch entscheidenden Einfluß auf die Verwirklichung staatlicher Aufgaben. Je einfacher und übersichtlicher dieses Instrument „Verwaltungsverfahren" gestaltet ist, desto besser wird die Effektivität der Verwaltung."[94]

Dass das Verwaltungsverfahrensrecht den von der Entscheidung Betroffenen in Verwaltungsverfahren Mitwirkungsmöglichkeiten und Mitwirkungsrechte und damit auch Gestaltungsmöglichkeiten gewährt, ist aus dieser Perspektive nicht so sehr gegen die Verwaltung gerichtet. Die Mitwirkung des Betroffenen unterstützt vielmehr deren Entscheidungsfindung: Der Betroffene kann so auf die Informationsgrundlage durch Beibringung eigener Informationen und Erkenntnisse einwirken, Anregungen für Informationsbeschaffungsmaßnahmen formulieren oder auch Handlungsalternativen aufzeigen, auf die die Behörde von sich aus nicht gekommen wäre.[95]

Um wirklich der Arbeitserleichterung zu dienen, müssen die Regelungen eines Verwaltungsverfahrensgesetzes aber letztlich für die betroffenen Behördenbediensteten und Bürger selbsterklärend und unmittelbar opera-

92 BT-Drs. 7/910, S. 28 (Nr. 1).
93 BT-Drs. 7/910, S. 28 (Nr. 2).
94 BT-Drs. 7/910, S. 28 (Nr. 5).
95 *Stelkens* (Fn. 34), S. 1079 ff.

bel sein und dürfen nicht allzu große Wertungsspielräume offenlassen. In der Begründung des Musterentwurfs eines Verwaltungsverfahrensgesetzes von 1963,[96] der in der zitierten Regierungsbegründung ausdrücklich als Grundlage für den Regierungsentwurf für ein Verwaltungsverfahrensgesetz bezeichnet wird,[97] heißt es insoweit:

> „Jede übermäßige Perfektion zu vermeiden, war das Bestreben des Ausschusses. Ausnahmefälle von überwiegend theoretischer Bedeutung blieben daher unberücksichtigt. Andererseits wurde das entgegengesetzte Extrem einer Flucht in verfahrensrechtliche Generalklauseln vermieden. Ein Verwaltungsverfahrensgesetz muss für alle interessierten Stellen und nicht zuletzt für die Fachverwaltung ein ‚handfestes' Verfahrensrecht bieten."[98]

Ein „handfestes" Verfahrensrecht (und seine Beachtung) kann die Behördenbediensteten und die Beteiligten ferner vor unangemessenen Einflussnahmen Unbefugter und dem „Druck von der Straße" schützen, indem auf die rechtlich gebotenen Verfahrensschritte verwiesen werden kann, von denen nur bei Vorliegen der gesetzlichen Voraussetzungen abgewichen werden kann. Deutlich wird so vielleicht auch, dass ein kodifiziertes Verwaltungsverfahrensrechts nicht durch Rechtsprechungsgrundsätze, Grundrechte auf gute Verwaltung (nach Art des Art. 41 GRCh), Citizen's Charters etc. ersetzt werden kann: Solche Regeln formulieren nicht (positiv) Verfahrensschritte, sondern nur (negativ) Kontrollmaßstäbe.

Ein „handfestes" Verfahrensrecht hält der Behörde zudem Möglichkeiten offen, auch unabhängig von einem Gerichtsverfahren und ggf. im laufenden Verwaltungsverfahren darauf zu reagieren, dass im (bisherigen) Entscheidungsfindungsprozess Rechtsfehler gemacht wurden oder dessen Fehlerhaftigkeit behauptet wird. Selbst nachdem die Entscheidung getroffen wurde, kann es u. U. weniger aufwendig sein, den (vermeintlich) fehlerhaften Verfahrensschritt zu wiederholen oder den (vermeintlich) zu Unrecht unterlassenen Verfahrensschritt erstmals durchzuführen, als die verfahrensrechtliche Korrektheit der Entscheidung zu verteidigen. Dies kann auch zu neuen Erkenntnissen und Einsichten führen (auch für den Betroffenen, dem es dann vielleicht leichter fällt, die Entscheidung zu akzeptieren

96 Musterentwurf eines Verwaltungsverfahrensgesetzes des Bund-Länderausschusses (EVwVerfG 1963), 1964.

97 BT-Drs. 7/910, S. 29 f.

98 Musterentwurf eines Verwaltungsverfahrensgesetzes des Bund-Länderausschusses (EVwVerfG 1963), 1964, S. 71.

– oder zumindest den Gedanken an ein Gerichtsverfahren aufzugeben). Selbst wenn bereits ein Gerichtsverfahren anhängig ist, kann es weniger kostspielig und aufwendig sein, die ursprüngliche Entscheidung durch eine neue, den Verfahrensregeln entsprechende Entscheidung zu ersetzen (und damit das Gerichtsverfahren zu beenden), als die Entscheidung zu verteidigen (es sei denn, es besteht ein Interesse an einer gerichtlichen Entscheidung).

Auch rechtsvergleichend lässt sich zudem feststellen, dass sich die Grundanforderungen an ein geordnetes Verwaltungsverfahren weitgehend unabhängig davon formulieren lassen, in welchem Politikbereich Verwaltungsentscheidungen zu treffen sind: Es handelt sich um verallgemeinerungsfähige Anforderungen, allgemeine Institute des Verwaltungsrechts, die nicht nur in konkreten Sachbereichen, sondern grundsätzlich für jede Verwaltungstätigkeit gelten: Zur gesetzlichen Strukturierung von Verwaltungsabläufen mit dem Ziel rationaler, effektiver und effizienter Entscheidungsfindung gibt es offenbar nicht unendlich viele Gestaltungsmöglichkeiten. Das Verwaltungsverfahrensrecht ist daher prominenter Bestandteil des Allgemeinen Verwaltungsrechts in vielen (europäischen) Rechtsordnungen. So setzt sich nach ersten Kodifikationen in Österreich und Spanien im 19. und zu Beginn des 20. Jahrhunderts in den 1960er Jahren in vielen (west-) europäischen Staaten die Auffassung durch, es sei sinnvoll und geboten, das Verwaltungsverfahrensrecht in einem einheitlichen Verwaltungsverfahrensgesetz zusammenzufassen, das damit grundsätzlich als eine einheitliche Arbeitsgrundlage für alle Verwaltungen dienen sollte.[99]

Aus Verwaltungssicht ist eine solche *einheitliche* Kodifikation in einem Rechtstext des Allgemeinen Verwaltungsrechts vor allem dann ein Vorteil, wenn und soweit der Möglichkeit und dem Bedürfnis Rechnung getragen werden soll, Verwaltungspersonal flexibel für verschiedene Aufgaben einzusetzen, ohne dass hierdurch längere Einarbeitungszeiten verursacht werden.[100] Eine solche Personalpolitik ist jedoch zumeist nur für die Erfüllung der Aufgaben der allgemeinen Verwaltungen „vor Ort“ relevant, die für eher alltägliche Fragen zuständig sind und von denen ganz unterschiedliche Personen in unterschiedlichen Lebenssituationen betroffen sind. Gerade in diesen Fällen erweist sich eine einheitliche Kodifikation auch für die Betroffenen von Vorteil, insbesondere wenn und soweit es sich um „Durchschnittsbürger“ mit einer nur geringen Anzahl von Behördenkontakten

99 Siehe hierzu die Länderberichte in den in Fn. 11 genannten Sammelbänden.
100 Siehe hierzu auch European Added Value Assessment (Fn. 56), S. 22.

pro Jahr handelt. Hier kann es eine einheitliche Kodifikation erleichtern, vergleichbare Verfahren und dort jeweils vorgenommene Verfahrensschritte als solche zu erkennen und bestehende Rechte, die in einer solchen Kodifikation enthalten sind, ggf. einzufordern.

Je spezialisierter die Behörde und ihr Personal ist, desto wichtiger werden für die Behörde demgegenüber Verfahrensregelungen, die auf das Fachverfahren zugeschnitten sind und dieses „aus einem Guss" gestalten. Dies gilt vor allem dann, wenn es sich auch bei den Adressaten der zu treffenden hochspeziellen Entscheidungen um hochspezialisierte Kreise handelt, wie etwa in einem bestimmten Sektor tätige Unternehmen. Aus der Sicht dieser Behörden und dieser Betroffenen erscheint es einfacher, mit nur einer Bereichskodifikation zu arbeiten, die alles regelt. Andernfalls müssen mehrere Rechtstexte parallel angewendet werden, deren Verhältnis zueinander zudem nicht immer klar ist, und es müssen ggf. auch bestehende und zwischen allen Beteiligten eingespielte Abläufe an allgemeine Regelungen angepasst werden, ohne dass insoweit ein Mehrwert gerade für das in Rede stehende Fachverfahren auf der Hand liegen muss.

Auch solche hochspezialisierte Fachverfahren in den Anwendungsbereich eines allgemeinen Verwaltungsverfahrensgesetzes einzubeziehen, ist daher weniger für die hochspezialisierte Behörde mit ihrem hochspezialisierten Personal für die Arbeit mit ihren hochspezialisierten „Kunden" von Bedeutung als für die Gerichtsbarkeit und andere Kontrollinstitutionen wie etwa Ombudspersonen. Für diese erleichtert ein einheitlicher Kontrollmaßstab eines einheitlichen Verwaltungsverfahrensgesetzes eine Systembildung mit klaren Regel-Ausnahmeverhältnissen sowie die Übertragung von Erkenntnissen aus anderen Bereichen. Dies kann nur dann einen mittelbaren Vorteil auch für hochspezialisierte Verwaltungen bilden, wenn ein solcher einheitlicher Kontrollmaßstab letztlich zu einer Stärkung der Rechtssicherheit auch in den Fachverfahren etwa dadurch führt, dass die Kodifikation zu einer Art Rechtsfortbildungssperre in Bezug auf die Kreation ungeschriebener neuer Verfahrensrechte und -grundsätze führt, die Kodifikation also letztlich als abschließend zu verstehen ist. Eine solche „Rechtsfortbildungssperre" ist jedoch bei einer Kodifikation eines allgemeinen Verwaltungsverfahrensrechts regelmäßig nicht intendiert,[101] weil dies

101 So für das deutsche VwVfG: *Stelkens* (Fn. 88), S. 275 ff.

zu einer „Versteinerung“ des geltenden Verwaltungsverfahrensrechts führen würde.[102]

IV. Gründe für die ablehnende Haltung der Kommission gegenüber einer Kodifizierung eines allgemeinen Verwaltungsverfahrensrechts für die EU-Eigenverwaltung

Vor dem Hintergrund dieser eher allgemeinen Erwägungen erklärt sich vielleicht, warum die Europäische Kommission im Gegensatz zum Europäischen Parlament und dem Europäischen Bürgerbeauftragten bisher wenig Enthusiasmus für die Kodifizierung eines allgemeinen Verwaltungsverfahrensrechts für die EU-Eigenverwaltung gezeigt hat. Dies liegt nicht nur daran, dass die Kommission ihre knappen Ressourcen nicht für ein solches Vorhaben einsetzen wollte, da sie angesichts der verschiedenen, die Grundlagen der Europäischen Union in Frage stellenden Krisen und Herausforderungen andere Projekte für dringlicher hielt und wohl auch halten musste. Die Kommission sieht hierin vielmehr ganz generell keinen Mehrwert für ihre Arbeit, wie in ihren oben dargestellten kargen Reaktionen auf entsprechende Initiativen des Europäischen Parlaments deutlich wurde.[103] Dies wirft eine Reihe von Fragen auf, die weniger den Inhalt der vorliegenden Kodifikationsentwürfe betreffen als die Argumente, mit denen die EU-Kommission vom Europäischen Bürgerbeauftragten, dem Europäischen Parlament und letztlich auch von der Wissenschaft in Gestalt des ReNEUAL-Netzwerks zur Aufnahme dieser Initiativen bewogen und auch gedrängt werden sollte.

1. Abschreckende Überbetonung der Verknüpfung des Kodifikationsanliegens mit dem Grundrecht auf gute Verwaltung

Wie gezeigt haben sich die Kodifikationsforderungen des Europäischen Parlaments historisch aus den Bemühungen des Europäischen Bürgerbeauftragten entwickelt und sind maßgeblich aus Art. 41 GRCh abgeleitet

102 Zur Befürchtung einer „Versteinerung“ durch Kodifizierung des Verwaltungsverfahrensrechts: *Kahl* (Fn. 66), S. 1027.

103 Siehe oben bei Fn. 57, 62 und 71.

worden.[104] Damit wurde eine Verordnung zur Regelung eines allgemeinen Verwaltungsverfahrensrechts für die EU-Eigenverwaltung seitens des Bürgerbeauftragten, des Europäischen Parlaments aber auch seitens der Wissenschaft[105] vor allem als Instrument zum Schutz des Bürgers vor schlechter EU-Eigenverwaltung propagiert. Dies konnte als Vorwurf verstanden werden, die Kommission und die anderen „Organe, Einrichtungen und sonstigen Stellen der Union“ mit Verwaltungsaufgaben müssten mittels einer derartigen Verordnung zur guten Verwaltung angeleitet werden. Nach den umfassenden Reformen als Folge des Rücktritts der Santer-Kommission und der diesem Rücktritt anlassgebenden Missstände in der EU-Eigenverwaltung[106] musste dies seitens der Kommission vor allem als eine Art erneutes Misstrauensvotum gegenüber der EU-Eigenverwaltung verstanden werden. Dass dies nicht unbedingt ein Fehlverständnis gewesen wäre, zeigen nicht nur die durchgehenden Negativ-Beispiele über Kommissionsverfahren im Added Value Assessment des Europäische Parlaments,[107] sondern auch die Äußerungen der Abgeordneten des Europäischen Parlaments in der Diskussion vom 8.6.2016 über die Antwort des damaligen Kommissions-Vizepräsidenten *Katainen*.[108] Diese bedienten sich teilweise auch einer regelrechten Kommissions-Bashing-Rhetorik.

Von den Kodifikationsbefürwortern wurde so versäumt deutlich zu machen, dass eine Verwaltungsverfahrens-Verordnung die Arbeit der EU-Eigenverwaltung vor allem auch erleichtern könnte, indem sie etwa Klarheit und Rechtssicherheit zu den abzuarbeitenden Verfahrensschritten schafft und auch einen gewissen Schutz vor gerichtlicher „Erfindung“ neuer und überraschender Verfahrensrechte jenseits einer solchen Verordnung bietet, die durch eine solche Verordnung zwar nicht vollständig ausgeschlossen, jedoch im erhöhten Maße begründungsbedürftig wäre. Im Added Value Assessment des Europäische Parlaments wurden diese Gesichtspunkte, die die Kommission für das Kodifikationsprojekt hätte einnehmen können,

104 Sehr deutlich auch bei European Added Value Assessment (Fn. 56), S. 8 ff.

105 Vgl. Rn. 12 f. der Introduction to the ReNEUAL Model Rules.

106 Siehe zu diesen Reformen *Craig*, EU-Administrative Law, 3. Aufl. 2018. S. 36 ff.

107 European Added Value Assessment (Fn. 56), S. 8 ff. Diese Beispiele wurden durchgehend den Berichten des Europäischen Bürgerbeauftragten oder des Petitionsausschusses des Europäischen Parlaments entnommen.

108 Siehe hierzu bei Fn. 62.

jedoch nur ganz am Rande betont.[109] In der Diskussion um den ReNEUAL-Entwurf spielten sie ebenfalls keine nennenswerte Rolle.[110]

2. Überbetonung einer Rechtsschutzperspektive[111]

Die Kommission konnte vom Mehrwert einer Verordnung zur Regelung eines allgemeinen Verwaltungsverfahrensrechts für die EU-Eigenverwaltung auch schwerlich mit dem Argument überzeugt werden, dass eine solche Verordnung die Rechtsschutzmöglichkeiten der Betroffenen verbessern würde. Insoweit wurde etwa vorgebracht, dass hierdurch die den Betroffenen zustehenden Verfahrensrechte für die Betroffenen sichtbarer würden und damit auch eine Verletzung dieser Rechte für die Betroffenen leichter erkennbar würde, was den Zugang zum Gericht und anderen Kontrollinstanzen erleichtere. Zudem stünden für die Gerichte aber auch für den Europäischen Bürgerbeauftragten klare Kontrollmaßstäbe zur Verfügung. Und schließlich erlaube und verlange eine solche Kodifikation auch eine Regelung der Folgen von Verfahrensfehlern, wobei die Möglichkeit einer gerichtlichen Aufhebung verfahrensfehlerhaft getroffener Entscheidungen die Regel, Heilungs- und Unbeachtlichkeitsvorschriften die Ausnahme sein müssten.[112]

Hiermit wurde letztlich eine bedrohliche Rechtsschutzperspektive aufgebaut, die vor allem die gerichtliche Aufhebung einer verfahrensfehlerhaft getroffenen Entscheidung als angemessene „Sanktion" des Verfahrensfehlers sieht. Die eigentliche Funktion des Verwaltungsverfahrensrechts, nicht abgeschlossene Entscheidungsprozesse zu strukturieren, wird dann durch eine angenommene Funktion ersetzt, einen Maßstab für die gerichtliche Bewertung abgeschlossener Entscheidungsprozesse und im Falle von Verfahrensfehlern einen Grund für die Aufhebung der in diesem Prozess gefundenen Entscheidung zu bilden. Im Lichte des besonderen Klagegrundsystems des Art. 263 AEUV[113] verwandelt sich damit eine allgemeine Verwaltungsverfahrens-Verordnung für die EU-Eigenverwaltung von einem

109 European Added Value Assessment (Fn. 56), S. 19 ff.

110 Siehe hierzu die Nachweise in Fn. 66.

111 Dieser Abschnitt beruht teilweise auf *Stelkens* (Fn. 84), S. 301–303.

112 In diese Richtung m. w. N. *Hering* (Fn. 85), S. 12 ff., 286 ff.

113 Siehe zu dem Klagegrundsystem des Art. 263 AEUV: *Barents*, Common Market Review 51 (2014), S. 1437 (1450 ff.); *Himmer*, NVwZ 2022, S. 1512 ff. Dieses Klagegrundsystem steht in deutlichem Gegensatz zu dem Grundsatz „iura novit curia" in seinem deutschen Verständnis (hierzu *Kraft*, NVwZ 2020, S. 1229 ff.).

Instrument zur Effektuierung des Verwaltungsvollzugs zu einem Instrument zur Erleichterung gerichtlicher Kontrolle des Verwaltungshandelns. Dass die Kommission hierin für ihre Tätigkeit keinen Mehrwert sah, ist nicht verwunderlich.

Dies gilt umso mehr als eine rein rechtsschutzorientierte Betrachtung des Verwaltungsverfahrensrechts den Faktor Zeit vollständig ausblendet – und damit die Erkenntnis, dass die Aufhebung einer Verwaltungsentscheidung wegen Form- und Verfahrensfehlern keine Zeitreise in die Vergangenheit im Sinne eines „alles auf Null“ ermöglicht, sondern allenfalls den Weg für ein Zweitverfahren eröffnet, das u. U. unter völlig anderen rechtlichen, tatsächlichen, ökonomischen und politischen Umständen ablaufen wird.[114] Eine rein rechtsschutzzentrierte Sichtweise auf das Verwaltungsverfahrensrecht misst damit sowohl dem öffentlichen Interesse als auch dem Interesse Dritter daran, dass die Aufhebung der Maßnahme wegen eines Form- und Verfahrensfehlers nicht dazu führt, dass die Maßnahme erst später oder überhaupt nicht erlassen werden kann, kein relevantes Gewicht zu. Geht es um die Zulassung von Vorhaben, sind jedoch auch und gerade die Interessen des Antragstellers an einer zügigen Zulassung seines Vorhabens zu berücksichtigen. Verfahrensfehler der Zulassungsbehörde können nicht ohne weiteres in der Form zu seinen Lasten gehen, dass ein aufwändiges Zweitverfahren mit entsprechendem Zeitverlust durchgeführt werden muss. Aus der Sicht effektiver Erfüllung von Verwaltungsaufgaben noch gewichtiger ist jedoch, dass es selbst dann, wenn es „nur“ um den Erlass einfacher Ge- und Verbote in zweipoligen Rechtsverhältnissen geht, nicht selbstverständlich ist, dass ein von der Behörde zu verantwortender Verfahrens- oder Formfehler dazu führt, dass das Wirksamwerden eines materiell „an sich“ zu rechtfertigenden Ge- oder Verbots, dessen Durchsetzung (etwa im Interesse der Gefahrenabwehr) von erheblichem Interesse sein kann, durch eine gerichtliche Aufhebung der Entscheidung nur wegen eines Verfahrensfehlers zeitlich deutlich verzögert wird.[115]

114 Hierzu sehr deutlich *Baumeister*, Der Beseitigungsanspruch als Fehlerfolge des rechtswidrigen Verwaltungsakts, 2006, S. 352.

115 Siehe hierzu die Nachweise bei *Stelkens* (Fn. 84), S. 301 ff.

3. Verkennung der Spezialisierung der „Organe, Einrichtungen und sonstigen Stellen der Union"

In der Diskussion vom 8.6.2016 im Europäischen Parlament hatte der damalige Kommissions-Vizepräsident *Katainen* vor allem betont, ein allgemeines Verwaltungsverfahrensrecht für die EU-Eigenverwaltung trage der hohen Spezialisierung der EU-Eigenverwaltung nicht Rechnung.[116] Tatsächlich sind die nationalen allgemeinen Verwaltungsverfahrensgesetze i. d. R. auf einfache Verfahren von allgemeinen Verwaltungsbehörden (mit allgemein ausgebildetem und flexibel einsetzbarem Personal) zur Bearbeitung „alltäglicher" Angelegenheiten „normaler" Leute zugeschnitten.[117] Die Einfachheit der Verfahrensregelungen wird in nationalen Verwaltungsverfahrensgesetzen dadurch ermöglicht, dass Sonderregelungen (z. B. zur Öffentlichkeitsbeteiligung, Beweiserhebungen, Antragsunterlagen) für solche komplexen Verfahren, die von spezialisierten Fachbehörden durchgeführt werden (z. B. Regulierungs- und Planungsverfahren), im Fachrecht oder in Sonderabschnitten des allgemeinen Verwaltungsverfahrensgesetzes aufgestellt werden, die die allgemeinen Verfahrensregelungen weitgehend nach der lex specialis-Regel verdrängen. „Alltägliche" Verfahren gibt es vor „Organen, Einrichtungen und sonstigen Stellen der Union" jedoch wohl nur im EU-Beamtenrecht und bei der Bewirtschaftung von Unionsmitteln, die aber ihrerseits von den spezialisierten Personalverwaltungen und den Exekutivagenturen durchgeführt werden. Die allermeisten Verfahren des direkten Unionsrechtsvollzugs sind dagegen spezielle und komplexe Fachverfahren. Deshalb ist auch das Personal der EU-Organe und der EU-Agenturen hochspezialisiert und Personalwechsel zwischen Aufgabenbereichen innerhalb der Kommission und zwischen Agenturen und Organen sind eher selten.[118] Selbst im Falle eines Wechsels ist das Ausbildungsniveau solcher Personen, die federführend Verwaltungsverfahren der EU-Eigenverwaltung betreiben, aber auch so hoch, dass eine schnelle Einarbeitung in die neue Materie auch bei Fehlen allgemeiner Verfahrensregeln erwartet werden kann. Auch insoweit ist die Situation ganz anders als bei der „street level administration" der Mitgliedstaaten und der Kommunen. Vor diesem Hintergrund ist nachvollziehbar, dass das Interesse der EU-Eigenverwaltung an einheitlichen Verfahrensregelungen gering ist, da es für sie eben kaum Arbeitser-

116 Siehe hierzu bei Fn. 62; ferner *Schneider* (Fn. 58), § 56 Rn. 40.

117 Siehe hierzu schon bei Fn. 100.

118 Anders *Schneider* (Fn. 58), § 56 Rn. 42.

leichterung bringt und auch Rechtsänderungen erschwert werden können. Eine „Rechtsbereinigung" wird allein als akademisches Interesse gesehen.

4. Ausblendung unflexiblerer primärrechtlicher Regelungen

Es stellt sich schließlich noch ein generelles Problem bei der sekundärrechtlichen Ausgestaltung des Verwaltungsverfahrensrechts für die EU-Eigenverwaltung unabhängig davon, ob sich die entsprechenden Regelungen auf Fachverfahren beschränken oder allgemeine Regeln für alle Verwaltungsverfahren aufgestellt werden sollen. Primärrechtlicher „Aufhänger" des „Allgemeinen Eigenverwaltungsrechts" sind nicht nur Art. 41 GRCh, sondern vor allem auch die Art. 263 ff., 288 ff., 335 ff. AEUV über den Rechtsschutz, Handlungsformen und deren Bestandskraft, bestimmte Verfahrensgrundsätze und die Haftung. Insoweit ist fraglich, ob diese im Primärrecht enthaltenen, teilweise sehr detaillierten Regelungen eher verwaltungsverfahrens- und verwaltungsprozessrechtlichen Charakters durch sekundärrechtliches Fachrecht modifiziert werden können. So stellt sich die Frage, ob die Klagefristen nach Art. 263 Abs. 6 AEUV in bestimmten Konstellationen (z. B. im Bereich des Rechtsschutzes gegen Vergabeentscheidungen der EU-Organe)[119] sekundärrechtlich verkürzt oder verlängert werden können.[120] Die Frage stellte sich aber auch in Zusammenhang mit der Frage, ob eine Verbandsklage in Erweiterung des Art. 263 Abs. 4 AEUV sekundärrechtlich (in Umsetzung der Århus-Konvention) eingeführt werden darf.[121] Hier zeigen sich deutlich die Probleme, die mit einer „verfassungsrechtlichen" Festschreibung einzelner Elemente des Verwaltungsverfahrens- und des Verwaltungsprozessrechts im Primärrecht verbunden sind und die nicht nur solchen Sekundärrechtsakten entgegenstehen können, die den Besonderheiten einzelner EU-Politiken Rechnung tragen würden.[122] Sie würden auch allgemeine Anpassungen des Verwaltungsverfahrensrechts der EU-Eigenverwaltung an neuere Entwicklungen auf Grundlage des Art. 298

---

119 Siehe hierzu *Stelkens* (Fn. 14), § 59 Rn. 69.

120 Siehe hierzu z. B. *de Witte*, Review of European Administrative Law 15:1 (2022), S. 45 ff.

121 Siehe hierzu *Corté*, Revue de l'Union européenne, 2020, S. 364 ff.; *Guckelberger*, NuR 2008, S. 78 (85); *Kokott*, DVBl. 2014, S. 132 (135 ff.); *Sadeleer/Poncelet*, Revue trimestrielle de droit européen 2013, S. 7 ff.; ferner *Gärditz*, Europäisches Planungsrecht, 2009, S. 57 ff.

122 Siehe hierzu *Stelkens*, ZEuS 2005, S. 61 (96).

Abs. 2 AEUV wenn nicht verunmöglichen, so doch teilweise erschweren, weil letztlich mit Umgehungskonstruktionen gearbeitet werden muss.

V. Fazit

Der ReNEUAL-Entwurf hat gezeigt, dass eine Kodifikation des Verwaltungsverfahrensrechts der EU-Eigenverwaltung machbar wäre und zu brauchbaren Ergebnissen führen kann, trotz aller Unterschiede in den verfahrensrechtlichen Konzepten in den Rechtsordnungen der Mitgliedstaaten. Die Diskussion über die verschiedenen Entwürfe des Europäischen Parlaments und auch des ReNEUAL-Entwurfs hat aber auch gezeigt, dass die Besonderheiten von Entscheidungsprozessen der EU-Eigenverwaltung gegenüber den Funktionen und Wirkungen der Verwaltungsverfahrensgesetze der Mitgliedstaaten und den Entscheidungsabläufen in alltäglichen Verwaltungsverfahren vor „einfachen" mitgliedstaatlichen Behörden weder von den beteiligten Abgeordneten des Europäischen Parlaments noch von den beteiligten Wissenschaftlern vollständig erfasst wurden.

Die Diskussion wird nicht einfacher, wenn in diesem Zusammenhang die Frage aufgeworfen wird, ob und inwieweit auch Verfahren vor mitgliedstaatlichen Behörden bei der Durchführung des Unionsrechts und unionsrechtlich determinierter nationaler Umsetzungsgesetze und/oder bei der Anwendung unionsrechtlicher Vorgaben im Rahmen der Ausführung nationaler Gesetze in ein solches Kodifikationsvorhaben mit einbezogen werden sollten und welchen Mehrwert dies für die Union, die Mitgliedstaaten, die betroffenen nationalen Verwaltungen und nicht zuletzt für die betroffenen Bürger und Unternehmen haben könnte.[123] Tatsächlich besteht noch nicht einmal wirkliche Klarheit über die Aufgaben der nationalen Verwaltungen beim sogenannten indirekten Vollzug des Unionsrechts (und nationaler Unionsrechtsumsetzungsgesetze).[124] Zusätzlich ist noch umstritten, welche Rolle Art. 291 Abs. 1 AEUV und Art. 197 AEUV in diesem Zusammenhang spielen und inwieweit diese Bestimmungen überhaupt etwas über

---

123 Siehe hierzu in Zusammenhang mit dem ReNEUAL-Entwurf die in Fn. 66 genannten Beiträge.

124 Siehe zu den unterschiedlichen „Typen" des sog. indirekten „Vollzugs" des Unionsrechts und dazu, dass der Vollzugsbegriff insoweit sehr unglücklich gewählt ist und Fehlvorstellungen verursacht: *Stelkens*, in: Beck/Färber/Pautsch/Stelkens (Hrsg.), Vollzugstaugliche Rechtsetzung, 2023, S. 47 (49 ff.); ferner *Stelkens* (Fn. 14), EuR Rn. 120 ff.

die Kompetenzen der Union in Bezug auf das Verwaltungsverfahrensrecht der Mitgliedstaaten aussagen.[125] Und schließlich wird das alles noch dadurch verkompliziert, dass offenbar eine Diskussion über das Verwaltungsverfahren beim Vollzug des Unionsrechts fast schon reflexartig (zumindest) in der deutschen Literatur zu der Diskussion über den sog. „Eigenwert des Verwaltungsverfahrens" mit der hiermit verbundenen Vermengung von Verwaltungsverfahrensrecht und Verwaltungsprozessrecht führt.[126]

Wenn man also nach den Wirkungen und Perspektiven der Kodifikationen des Verwaltungsverfahrensrechts auf EU-Ebene fragt, muss die Antwort lauten: Sind die Kodifikationen gelungen, bestehen ihre Wirkungen vor allem darin, dass sie den hiervon betroffenen Verwaltungen die Arbeit erleichtern und die Qualität ihrer Entscheidungen verbessern, was natürlich auch und gerade den Betroffenen dient, deren Rechte durch eine strukturierte Vorgehensweise berücksichtigt und verwirklicht werden können. Aus der Perspektive der Wissenschaft haben die Kodifikationsprojekte aber vor allem auch die Wirkung gehabt, dass sie den Boden für einen echten europaweiten verwaltungsrechtswissenschaftlichen Austausch zu Fragen des Europäischen Verwaltungsrechts gelegt haben, der seit Inkrafttreten des Vertrags von Lissabon an Dynamik stetig zunimmt. Sie haben also – auch wenn ihr baldiger Abdruck im Amtsblatt der EU unwahrscheinlich ist – die Perspektive der nationalen Verwaltungsrechtswissenschaften auf die Union als Verwaltungsraum erweitert, den Anlass für die Gründung transeuropäischer Netzwerke von Verwaltungsrechtswissenschaftlern gegeben und so dem grenzüberschreitenden verwaltungsrechtswissenschaftlichen Austausch ein gutes „Eisbrecherthema" gegeben. Und das ist schon was.

125 Hierzu m. w. N. *Stelkens* (Fn. 14), EuR Rn. 125 ff.
126 Zur Entwicklung dieser Diskussion *Stelkens* (Fn. 84), S. 300 ff.

Die Bedeutung der deutschen und europäischen Grundrechte für das Verwaltungsverfahren

Jan Henrik Klement

I. Einleitung

Wozu braucht das Verwaltungsverfahren die Grundrechte und wozu brauchen die Grundrechte das Verwaltungsverfahren? Was unterscheidet in dieser Hinsicht das deutsche und das europäische Recht? Meine Thesen hierzu lauten: Im deutschen Verwaltungsrecht sollen Grundrechte durch Verfahren geschützt werden, im Verwaltungsrecht der Europäischen Union[1] hingegen das Verfahren durch Grundrechte, namentlich durch die Garantien des Art. 41 GRCh. Das eine Modell fokussiert auf die Bewahrung oder Verwirklichung materieller Interessen im Medium des Verfahrens, das andere sieht die Fairness des Verfahrens als einen rechtlichen Wert an sich. Das europäische Recht gibt den Gedanken einer der Qualität des Ergebnisses dienenden Funktion des Verfahrens nicht auf, bemisst diese Qualität aber nicht am Maßstab des materiellen Rechts. In Deutschland haben die Grundrechte einen im Wesentlichen auf den Gesetzgeber und das Bundesverfassungsgericht beschränkten Einfluss, während sie für Behörden und Gerichte eine angesichts der seit Jahrzehnten intensiv geführten alten Debatte über den „Grundrechtsschutz durch Verfahren" im Ergebnis eine überraschend geringe Bedeutung haben. Inspiriert vom europäischen Recht könnte die wichtigste Funktion der Grundrechte in Bezug auf das Verwaltungsverfahren, nämlich die Vermittlung von bei Gericht durchsetz-

1 Die Europäische Menschenrechtskonvention bleibt hier unberücksichtigt. Soweit der EGMR einzelne Verwaltungsverfahren in den Anwendungsbereich des Menschenrechts auf ein faires Verfahren in Art. 6 EMRK einbezieht, handelt es sich um spezielle Fälle, in denen das Verwaltungsverfahren funktional an die Stelle einer gerichtlichen Sanktionierung tritt, siehe nur EGMR, NJOZ 2015, 712 (Rn. 94 ff.); VGH Baden-Württemberg, Urt. v. 16.7.2024 – 1 S 2586/22, Juris Rn. 42; zu Art. 6 Abs. 2 EMRK BVerwGE 154, 22 Rn. 44. Zur extensiven, mitunter arbiträren Interpretation des Anwendungsbereichs des Art. 6 EMRK in der Rechtsprechung siehe *Grosz*, Staatliche Aufsicht über private Akteure der Wirtschaft, 2019, S. 508 ff.; *Wendel*, Verwaltungsermessen als Mehrebenensystem, 2019, S. 387 f.; *Meyer*, in: Karpenstein/Mayer (Hrsg.), EMRK, 2. Aufl. 2015, Art. 6 Rn. 12.

baren Ansprüchen auf ein in bestimmter Hinsicht ordnungsgemäßes Verfahren, bei einer subjektiv-rechtlichen Deutung der verfahrensrechtlichen Vorschriften obsolet werden.

II. Zum Begriff des Verwaltungsverfahrens in § 9 VwVfG und jenseits des Gesetzes

1. Das Verwaltungsverfahren als Quelle des materiellen Rechts

Der österreichische Rechtstheoretiker und Kelsen-Schüler *Adolf Julius Merkl* brachte den Begriff des Verwaltungsverfahrens auf eine ebenso einfache wie voraussetzungsreiche Formel: Im Verwaltungsverfahren werden Rechtssätze auf Sachverhalte angewendet.[2] Als Verwaltungsverfahrensrecht – *Merkl* nannte es abweichend von der heutigen Terminologie „Verwaltungsprozessrecht" – sind dementsprechend die Regeln der Anwendung von Gesetzesrecht durch die Verwaltung zu verstehen, kürzer: die Summe der Erzeugungsregeln für Verwaltungsakte.[3] Allein mit Bezugnahme auf die Handlungsform des Verwaltungsakts, der zu seinen Zeiten in Österreich noch Exklusivität genoss, grenzte *Merkl* das Verwaltungsverfahren vom Gesetzgebungsverfahren und gerichtlichen Verfahren ab – ein rein formales, letztlich auf das Organisationsrecht verweisendes Kriterium, mit dem materielle Unterschiede zwischen den Verfahren, seinen Funktionen und seinen Ergebnissen nicht abgebildet werden konnten.

Die Rechtsentwicklung ist in mancher Hinsicht über *Merkls* Definition hinweggegangen. Dass sich die hoheitliche Funktion des Verwaltens auch in einem dicht komponierten Rechtsstaat nicht in der Anwendung von Rechtssätzen erschöpft, gilt heute als Selbstverständlichkeit. Schon die verquaste Definition des Begriffs des Verwaltungsverfahrens, die in § 9 VwVfG gesetzlich niedergelegt ist, schließt nicht allein die „Prüfung der Voraussetzungen" und den „Erlass eines Verwaltungsakts" ein, sondern deutet mit Bezugnahme auf die „Vorbereitung" des Erlasses ein weites Spektrum tatsächlicher Tätigkeiten an, die zu einem Verwaltungsverfahren gehören,

---

2 Unter der Anwendung von Rechtssätzen verstand *Merkl* dabei die Erzeugung von Rechtsakten aus anderen Rechtsakten (*ders.*, Allgemeines Verwaltungsrecht, 1927, S. 214 f.).

3 *Merkl* (Fn. 2), S. 214. Siehe hierzu auch *Bettermann*, VVDStRL 17 (1959), S. 118 (139).

aber nicht (ausschließlich) Rechtsanwendung sind.[4] Des Weiteren wird die für *Merkl* exklusive Bindung des Verfahrensbegriffs an die Rechtsform des Verwaltungsakts vom Gesetz im Hinblick auf öffentlich-rechtliche Verträge gelockert (§ 9 Hs. 1 a. E. VwVfG). Dass damit noch immer die privatrechtliche und die normsetzende Verwaltungstätigkeit wie auch das Verwaltungsrealhandeln ausgeschlossen bleiben, ist ein Relikt aus der Zeit vor der Ausdifferenzierung der Handlungsformenlehre und der starken Verrechtlichung der Verwaltungstätigkeit und als solches zu Recht Gegenstand rechtspolitischer und zu Unrecht verfassungsrechtlicher Kritik[5]. De lege lata bricht sich das Unbehagen mit dieser Engführung des § 9 VwVfG in Vorschlägen Bahn, zumindest einzelne Vorschriften des VwVfG auf die unmittelbar nicht erfassten Formen des Verfahrensabschlusses analog anzuwenden[6] oder entsprechende Ergebnisse unmittelbar aus dem Rechtsstaatsprinzip abzuleiten[7].

Wenngleich *Merkls* Definition des Verwaltungsverfahrens und des Verwaltungsverfahrensrechts zu eng geraten ist, rückt sie mit der Charakterisierung des Verfahrens als Rechtsanwendung doch einen in unserem Zusammenhang bemerkenswerten Aspekt in den Blickpunkt. Zur „Summe der Erzeugungsregeln für Verwaltungsakte“ im Sinne *Merkls* gehören nämlich auch die Regeln, nach denen das auszuführende und das sonstige anzuwendende materielle Recht inhaltlich zu bestimmen ist.[8] Präexistent sind zwar Rechtstexte, nicht aber das materielle Recht selbst: Dieses muss von der Verwaltung im Verfahren – beansprucht durch rechtliche Vorgaben und rechtsmethodische Standards – erst „gefunden“ und dem Rechtstext

4 Die wichtigste Einschränkung ergibt sich aus dem Merkmal „nach außen wirkende Tätigkeit“, das die interne Willensbildung der Behörde und damit auch die Auslegung von Rechtsvorschriften aus dem Begriff des Verwaltungsverfahrens im Sinne von § 9 VwVfG ausschließt (vgl. *Sennekamp*, in: Mann/Sennekamp/Uechtritz [Hrsg.], VwVfG, 2. Aufl. 2019, § 9 Rn. 26).

5 Siehe etwa *Schoch*, Die Verwaltung 25 (1992), S. 21 (50); ausführlich und im Ergebnis affirmativ *Laubinger*, in: König/Merten (Hrsg.), Verfahrensrecht in Verwaltung und Verwaltungsgerichtsbarkeit, 2000, S. 47 (48 ff.).

6 Siehe *Schmitz*, in: Stelkens/Bonk/Sachs (Hrsg.), VwVfG, 10. Aufl. 2023, § 9 Rn. 4; *Wittinger*, in: Obermayer/Funke-Kaiser (Hrsg.), VwVfG, 6. Aufl. 2020, § 9 Rn. 4.

7 *Schneider*, in: Auby (Hrsg.), Droit comparé de la procédure administrative – Comparative Law of Administrative, 2015, S. 221 (223); *Rixen*, in: Schoch/Schneider (Hrsg.), VwVfG, § 9 Rn. 13 (Stand: Juli 2020).

8 Siehe auch die Unterscheidung zwischen dem äußeren Verwaltungsverfahren und dem inneren Prozess der Willens- und Entscheidungsbildung, der dem materiellen Recht zuzurechnen sei, *Held*, NVwZ 2012, S. 461 (461).

zugeordnet werden. Die fertigen materiellen Normen, also die konkreten Handlungsbefehle an die Verwaltung, unterscheiden sich in dieser Hinsicht nicht von dem zu subsumierenden Sachverhalt, der ja ebenfalls im Verfahren nach bestimmten Regeln festgestellt wird und in diesem Sinne eine nur formelle Wahrheit ist. Die materiellen Normen werden von der Behörde als interne Zwischenprodukte des Verfahrens benötigt, um das Verfahren mit einer nach außen gerichteten rechtmäßigen Entscheidung abschließen zu können. Das Verwaltungsverfahren dient also nicht nur der Verwirklichung des materiellen Rechts, sondern es bringt das materielle Recht (oder besser: das die Verwaltung faktisch bestimmende Verständnis vom materiellen Recht) bei ordnungsgemäßem Verlauf überhaupt erst hervor.[9] Das Verwaltungsverfahren ist, in den Worten *Rainer Wahls*, der „Verwirklichungsmodus des Verwaltungsrechts“[10].

Der hier entwickelte weite Begriff des Verwaltungsverfahrens als Vorgang der Ermittlung und Erzeugung aller für eine rechtmäßige behördliche Entscheidung notwendigen Voraussetzungen (Tatsachen und Normen) macht das gestellte Thema größer als bei Zugrundelegung des überkommenen, exklusiv auf Informationsgewinnung und Informationsverarbeitung bezogenen Begriffsverständnisses.[11] Eine Untersuchung der Bedeutung der Grundrechte in der administrativen Normbildung müsste Themen wie die grundrechtskonforme und die grundrechtsorientierte Auslegung oder die Ermessensfehlerlehre und ihre Schnittstellen zur Grundrechtsdogmatik einbeziehen. Mit dieser Herkulesaufgabe soll der vorliegende Beitrag allerdings nicht belastet werden. Es bleibt hier deshalb bei der Feststellung, dass das Thema „Grundrechte im Verwaltungsverfahren“ eigentlich nicht nur das Verwaltungsverfahrensrecht, sondern auch das materielle Recht berührt. Die folgenden Ausführungen beschränken sich auf die empirisch-kognitive, die Informationen erfassende und verarbeitende Seite des Verwaltungsverfahrens, kehren also zum gängigen, die Normgenerierung ausblendenden Begriffsverständnis[12] zurück.

9 Darauf hinweisend auch *Hufen/Siegel*, Fehler im Verwaltungsverfahren, 7. Aufl. 2021, Rn. 31.

10 *Wahl*, VVDStRL 41 (1983), S. 151 (153).

11 Statt vieler *Schmidt-Aßmann*, Das allgemeine Verwaltungsrecht als Ordnungsidee, 6. Kap. Rn. 47.

12 Siehe nur *Fehling*, VVDStRL 70 (2011), S. 278 (281 Fn. 3).

2. Die Grundrechte und die empirisch-kognitive Seite des Verfahrens

Die empirisch-kognitive Seite des Verwaltungsverfahrens betrifft alle behördlichen Aktivitäten zur Ermittlung des für die Anwendung des materiellen Rechts sowie die übrigen zur Gewinnung der das Verfahren abschließenden Entscheidung bestimmten Handlungen. In *negativer* Hinsicht können die Grundrechte Verfahrenshandlungen der Behörden, insbesondere solche, die auf das Erheben, Verarbeiten und Verteilen von Informationen gerichtet sind, im Dienst von Werten wie dem allgemeinen Persönlichkeitsrecht, der Privatsphäre oder des Betriebsgeheimnisses äußere Grenzen setzen. Dies ist der sogenannte Grundrechtsschutz *im* Verfahren[13], also der Schutz vor Grundrechtsbeeinträchtigungen, wie sie als Nebenfolgen von Verfahrenshandlungen ausgehen können. Exemplarisch ist hier an den von Grundrechten vermittelten Schutz des betroffenen Unternehmens in einem kartellbehördlichen Ermittlungsverfahren[14] oder an den Grundrechtsschutz gegen strafprozessuale Maßnahmen zu denken.

Die *positive* grundrechtliche Einflussnahme auf das Verwaltungsverfahren kann darin bestehen, den Behörden bestimmte Verfahrenshandlungen wie die Anhörung der Betroffenen vorzuschreiben oder den Gesetzgeber zu entsprechenden Regelungen zu verpflichten. Das Verfahren ist hier nicht Bedrohung, sondern Rechtsfolge der Grundrechte. Darum soll es im Folgenden im Wesentlichen gehen.

III. Deutsches Verwaltungsrecht: Der Entwicklungsirrpfad des Grundrechtsschutzes durch Verfahren

Im deutschen Verwaltungsrecht wirken die Grundrechte in ihrer Interpretation durch das Bundesverfassungsgericht darauf hin, die Tätigkeit der Verwaltung rechtlich zu binden oder gar zu determinieren. Wir können sagen: Die Grundrechte führen das Verwaltungsverfahren so dicht wie möglich an *Merkls* vom Gesetzesvollzug geprägte Definition heran. Wäh-

13 *Schmidt-Aßmann*, in: Merten/Papier (Hrsg.), Handbuch der Grundrechte, Bd. II, 2006, § 45 Rn. 1.

14 Siehe zum Beispiel den grundrechtlichen Schutz vor einer kartellbehördlichen Wohnungsdurchsuchung (EuG, NZKart 2013, S. 407 Rn. 64 ff.) und den Schutz vor einer Offenbarung von Betriebs- und Geschäftsgeheimnissen (*Schmidt*, Drittschutz, Akteneinsicht und Geheimnisschutz im Kartellverfahren, 1992, S. 83 ff.); monographisch *Thanos*, Die Reichweite der Grundrechte im EU-Kartellverfahrensrecht, 2015.

rend der grundrechtliche Vorbehalt des Gesetzes (parlaments-)gesetzliche Regulierung erzwingt und verstärkt, werden die deshalb immer feiner werdenden Löcher und Ritzen des einfachen Verwaltungsrechts unmittelbar durch materiell grundrechtliche Vorgaben ausgefüllt. Ein Verwaltungsverfahren ganz ohne die wenigstens implizite Anwendung von Rechtssätzen ist deshalb heute selbst in der sogenannten gesetzesfreien Verwaltung und der schlicht hoheitlich handelnden Verwaltung undenkbar.

Die vielfach beschriebene Konstitutionalisierung des deutschen Verwaltungsrechts seit 1949[15] betrifft bei näherem Hinsehen allerdings nur das materielle Recht und teilweise noch den Grundrechtsschutz im Verfahren, wobei auch dieser im Grunde genommen materiell-rechtlicher Natur ist und das Verfahren nur als potentielle Verletzungshandlung in den Blick nimmt. Soweit das eigentliche Verfahrensrecht in Rede steht, liegen die Dinge anders. Auch wenn seit Jahrzehnten viel vom „Grundrechtsschutz durch Verfahren“ die Rede ist, ergibt sich bei kritischer Prüfung der diesbezüglichen tatsächlichen Wirksamkeit der Grundrechte ein ernüchterndes Bild. Wie darzulegen sein wird, ist der Grundrechtsschutz durch Verfahren aus der Perspektive der gerichtlichen Rechtsanwendung im Wesentlichen eine verwaltungs*prozessuale* Figur. Die verwaltungsverfahrensrechtlichen Handlungsanweisungen selbst werden von den Grundrechten hingegen zwar theoretisch unterfangen („erklärt“, verfassungsrechtlich abgesichert), wirksame inhaltliche Impulse vermitteln die Grundrechte aber nur mediatisiert durch die Gesetzgebung.

1. Von der Deskription zur Normativität

a) Der sachliche Zusammenhang zwischen Verfahren und Ergebnis

Die Wendung vom „Grundrechtsschutz durch Verfahren“ steht zunächst einmal für einen schlichten, schon in vorkonstitutioneller Zeit erkannten[16], realen Zusammenhang: Das Verfahren beeinflusst das Verfahrensergebnis. Weil dies auch den Vätern und Müttern des Grundgesetzes nicht verborgen blieb, gibt es eine Reihe verfassungsrechtlicher Vorschriften, deren Existenz mit der von ihnen erhofften Wirkung auf materiell grundrechtlich

15 Im Überblick zur Entwicklung der Grundrechtsbindung der Verwaltung *Grimm*, in: Kahl/Ludwigs (Hrsg.), Handbuch des Verwaltungsrechts, Bd. III, 2022, § 68.

16 *Schmidt-Aßmann*, in: Festschr. für Hans-Uwe Erichsen, 2004, S. 207 (209).

geschützte Interessen zu erklären ist. Das Recht auf rechtliches Gehör im gerichtlichen Verfahren, normiert in Art. 103 Abs. 1 GG, senkt die Gefahr von Fehlurteilen und damit auch von Grundrechtsverletzungen. Eine Gewährleistung mit historisch noch tieferen Wurzeln ist das durch Art. 104 Abs. 1 S. 1 GG ausgedrückte Gebot, die Freiheit der Person nur unter Beachtung der in einem förmlichen Gesetz vorgeschriebenen Formen zu beschränken.[17] Dass auch die Rechtsschutzgarantie gemäß Art. 19 Abs. 4 S. 1 GG mit ihren vielen auf die Qualität dieses Rechtsschutzes bezogenen Ableitungen in einem direkten Zusammenhang mit dem materiell-subjektiven Recht selbst, also vornehmlich mit den Grundrechten steht, wurde in der Rechtsprechung des Bundesverfassungsgerichts herausgearbeitet.[18] Von der Ausgestaltung des Verfahrensrechts hängt die Wahrscheinlichkeit einer Grundrechtsverletzung durch die das Verfahren abschließende Entscheidung ab. Je mehr die von einer Entscheidung betroffenen Personen in das Verfahren einbezogen werden, je intensiver, qualifizierter und schneller sich eine staatliche Stelle auch im Übrigen um die Aufklärung des Sachverhalts bemüht, desto weniger wahrscheinlich ist im Allgemeinen eine Verletzung der Grundrechte.

b) Der Grundrechtsschutz durch Verfahren wird zur Verfassungsnorm

Dieser sachliche Zusammenhang besteht selbstverständlich nicht nur im gerichtlichen Verfahren, sondern auch im Verwaltungsverfahren. Allerdings wurde dem Verwaltungsverfahren im Prozess der Verfassungsgebung keine dem gerichtlichen Verfahren in dieser Hinsicht ebenbürtige Bedeutung beigemessen. So ist zu erklären, dass das Grundgesetz im Unterschied etwa zur amerikanischen Verfassung[19] den materiellen Grundrechten keinen expliziten verwaltungsverfahrensrechtlichen Geleitschutz mit Verfassungsrang gewährt.[20] In der Gegenüberstellung mit Art. 19 Abs. 4 S. 1, Art. 103 Abs. 1 und Art. 104 Abs. 1 GG ist die Wertung eindeutig: Es gibt keinen ergänzenden Grundrechtsschutz durch verfassungsrechtliche Vorgaben für das Verwal-

17 *Klement*, in: Grabenwarter (Hrsg.), Enzyklopädie des Europarechts, Bd. II, 2. Aufl. 2022, § 9 Rn. 10.

18 Siehe BVerfGE 134, 242 Rn. 90: „Die Gewährleistung effektiven Rechtsschutzes stellt ein wesentliches Element der Eigentumsgarantie des Art. 14 Abs. 1 Satz 1 GG dar." Verallgemeinernd *Ossenbühl*, in: Festschr. für Kurt Eichenberger, 1982, S. 183 (184).

19 *Fehling* (Fn. 12), S. 323.

20 Als Ausnahme kann Art. 13 Abs. 2 GG gelesen werden.

tungsverfahren; die Ausgestaltung des Verwaltungsverfahrensrechts bleibt – vorbehaltlich der Vorgaben des Rechtsstaatsprinzips – allein dem Gesetzgeber überlassen. Diese Rechtslage mag man aus tieferer theoretischer Einsicht in die Rechtsschutzfunktion schon des Verwaltungsverfahrens kritisieren,[21] müsste sie aber eigentlich als vom Verfassungsgeber eindeutig gewollt akzeptieren.

Die Zauberkräfte der (verfassungsgerichtlichen) Rechtsdogmatik haben es dennoch fertiggebracht, den „Grundrechtsschutz durch Verfahren" im Verwaltungsrecht aus dem Schattendasein als Heuristik der Normrationalisierung heraustreten und selbst zur Norm werden zu lassen.[22] Nachdem die materiellen Grundrechte zunächst als Quelle und Interpretationshilfe des *gerichtlichen* Verfahrensrechts entdeckt und insoweit den schon genannten Bestimmungen des Grundgesetzes an die Seite gestellt worden waren,[23] wandte sich das Bundesverfassungsgericht spätestens mit der Mühlheim-Kärlich-Entscheidung[24] dem Verwaltungsverfahrensrecht zu. Im Kern verpflichtet diese Entscheidung dazu, die Verwaltungsgerichte im Blick zu haben, dass einfachrechtliche Verwaltungsverfahrensvorschriften eine die Grundrechte schützende Funktion haben können und insoweit subjektive Rechte von Grundrechtsträgern auf ihre Einhaltung möglich sind.

Auch wenn das Bundesverfassungsgericht nicht so weit geht, ganz bestimmte Verfahrensvorschriften als verfassungsrechtlich geboten zu deklarieren, ist die Entscheidung darüber hinaus wohl so zu interpretieren, dass die Schutzwirkung der Grundrechte nicht erst dann aktiviert wird, wenn der Gesetzgeber tatsächlich Verfahrensvorschriften erlassen hat. Ausdrücklich sagt das Gericht, dass der Grundrechtsschutz „weitgehend auch durch die Gestaltung von Verfahren zu bewirken ist".[25] Daraus ist zu schließen, dass der Gesetzgeber aus den Grundrechten – aus der Schutzpflichtendimension, um die es in „Mühlheim-Kärlich" ging, aber auch aus

21 Zum Gedanken einer Vorwirkung von verfassungsrechtlichen Rechtsschutzgarantien auf das Verwaltungsverfahren siehe nur *Schmidt-Aßmann*, in: Dürig/Herzog/Scholz, GG, Art. 19 Abs. 4 Rn. 248 ff. (Stand: August 2020).

22 Hierzu kritisch *Ossenbühl*, in: Festschr. für Kurt Eichenberger (Fn. 18), S. 190 ff.

23 Grundlegend war das Urteil zum Hamburgischen Deichordnungsgesetz, BVerfGE 24, 367 (401). Siehe hierzu *Laubinger*, VerwArch 73 (1982), S. 60 (62 f.); *Heun*, in: Heun/Starck (Hrsg.), Grundrechte, Rechtsstaat und Demokratie als Grundlagen des Verwaltungsrechts, 2015, S. 201 (202).

24 BVerfGE 53, 30. Auf vorangehende Judikate hinweisend *Schneider*, in: Auby (Fn. 7), S. 222.

25 BVerfGE 53, 30 (65).

den Abwehrrechten – dazu verpflichtet ist, die Grundrechte effektiv schützende Verfahrensvorschriften[26] überhaupt erst zu schaffen. In der Folge verletzen Behörden und Gerichte ein Grundrecht, wenn sie ein Gesetz in einer Weise auslegen oder anwenden, die hinter dem verfassungsrechtlich gebotenen Standard zurückbleibt. Mit diesen Verfassungsgeboten wird das Spektrum der grundrechtlichen Verletzungsreaktionen in präventiver Hinsicht ergänzt. Der Staat muss nicht nur für geschehene Grundrechtsverletzungen einstehen, sondern die Bedingungen der Herstellung seiner in Grundrechte eingreifenden Entscheidungen so einrichten, dass das Risiko einer Grundrechtsverletzung durch eine unzureichend behördliche Sachverhaltsermittlung oder fehlerhafte rechtliche Wertung von vornherein auf ein akzeptables Maß verringert wird. Dieses Gebot ist im Verständnis des Bundesverfassungsgerichts[27] in allen Grundrechtsnormen jeweils für sich enthalten und bedarf keiner Rückversicherung im jeweiligen Normtext.[28]

Die Genese dieser allgemeinen Grundrechtslehre ist eng verknüpft mit der dem Grundgesetz nicht in die Wiege gelegten, seine Entwicklung aber gleichwohl charakterisierenden Ausrichtung des Grundrechtsschutzes auf reale Freiheiten. Es ist aufschlussreich, unter diesem Gesichtspunkt noch einmal die Schlüsselpassage bei *Konrad Hesse* nachzulesen, auf die der Erste Senat, dem dieser Autor damals selbst angehörte, in der Mühlheim-Kärlich-Entscheidung ausdrücklich Bezug nimmt. *Hesse* schreibt in seinem Aufsatz „Bestand und Bedeutung der Grundrechte in der Bundesrepublik Deutschland" aus dem Jahr 1978:

„Geläufig ist die Einsicht, daß Grundrechte, um ihre Funktion in der sozialen Wirklichkeit erfüllen zu können, der konkretisierenden Ausgestaltung durch die Rechtsordnung bedürfen. [...] [Ü]berall bedarf es nicht nur näher bestimmender inhaltlicher Normierungen, sondern auch der Bereitstellung von Organisationsformen und Verfahrensregelungen, um den

26 Die Richter *Simon* und *Heußner* verlangten in einem Sondervotum sogar eine Verfahrensgestaltung, die auf einen bestmöglichen Grundrechtsschutz hinwirkt: BVerfGE 53, 30 (70, 73, 75, 88).

27 Zahlreiche Anwendungsfälle bei *Schmidt-Aßmann*, in: Festschr. für Hans-Uwe Erichsen (Fn. 16), S. 209 f. Aus neuerer Zeit siehe BVerfGE 128, 282 (311–317), wobei dort die unmittelbar aus den materiellen Grundrechten abgeleiteten Anforderungen an das Verfahrensrecht vermengt werden mit dem Gedanken einer Vorwirkung verfassungsrechtlicher Rechtsschutzgarantien.

28 *Schmidt-Aßmann*, in: Merten/Papier (Fn. 13), § 45 Rn. 4.

grundrechtlich normierten Rechtzustand zu einem Zustand der sozialen Wirklichkeit werden zu lassen".[29]

Diese Zusammenhänge, so fährt *Hesse* fort, gewännen verstärkt Bedeutung in einer Zeit, in der es in zunehmendem Maße der Abgrenzung und Zuordnung der Bereiche menschlicher Freiheit und eines Ausgleichs kollidierender Grundrechtspositionen bedürfe; hier erwiesen sich Organisation und Verfahren oft als möglicherweise einziges Mittel, um ein grundrechtsgemäßes Ergebnis herbeizuführen.

Der Zusammenhang zwischen einem guten Verfahren und der grundrechtlichen Freiheit als Zustand der sozialen Wirksamkeit wird von *Hesse* in die Normativität gewendet, wobei er das Ergebnis mit dem Argument der zeitbedingten „verstärkten Bedeutung" des Verfahrens (d. h. wohl im Vergleich mit der Zeit der Verfassungsgebung) abstützt. Soweit ein Grundrecht ohne hinreichende verfahrensrechtliche Absicherungen erfahrungsgemäß mit einer nicht hinnehmbaren Wahrscheinlichkeit und Intensität oder Häufigkeit verletzt zu werden droht, gelten die entsprechenden Vorschriften als verfassungsrechtlich vorgegeben. Dem Verbot der Grundrechtsverletzung wird das Gebot hinreichender Schutzvorkehrungen zur Seite gestellt. Während dieses Denken von der Wirkung zur Norm der Schutzpflichtendimension der Grundrechte von vornherein inhärent ist (Freiheit als Abwesenheit von Beeinträchtigungen, d. h. der Staat muss Mittel einsetzen, die das Schutzgut mit hinreichender Sicherheit gegen Angriffe Dritter verteidigen), ist es in der abwehrrechtlichen Dimension (Freiheit als Abwesenheit staatlicher Eingriffe) bei isolierter Betrachtung nicht selbstverständlich. Wenn allerdings ein wirkungsbezogener Grundrechtsschutz anerkannt wird – und dies wird heute wohl nicht mehr in Frage gestellt –, dann ist der Grundrechtsschutz durch Verfahren auch insoweit folgerichtig, ja zwingend. Anders gewendet: *Hesses* Begründung der normativen Dimension des Grundrechtsschutzes durch Verfahren setzt die Richtigkeit der im Lüth-Urteil grundierten und seitdem kontinuierlich weiterentwickelten Grundrechtsdogmatik der Orientierung an Werten, d. h. gewünschten Realitäten, voraus und ergibt sich aus ihm. Eine grundlegende Korrektur des Ansatzes ist deshalb nicht zu erwarten.

---

29 *Hesse*, EuGRZ 1978, S. 427 (434).

c) Dem Grundrechtsschutz dienende Funktion des Verwaltungsrechts

Auf der Ebene des einfachen Verwaltungsrechts lebt das Gebot des Grundrechtsschutzes durch Verfahren in einer Symbiose mit einem anderen Dogma, nämlich jenem von der nur „dienenden Funktion des Verfahrensrechts" im Hinblick auf die Rechtmäßigkeit und Richtigkeit des Verfahrensergebnisses.[30] Auch dieser Lehrsatz dient zunächst einmal der Normrationalisierung, insbesondere mit Blick auf die Regelung zur weitgehenden Unbeachtlichkeit von Verfahrensfehlern (auch) im Verwaltungsprozess in § 46 VwVfG.[31] Darüber hinaus hat die „dienende Funktion" aber auch eine eigene normative Wirkung: Sie besagt ganz allgemein, dass das Verfahrensrecht so auszulegen ist[32] und Ermessensspielräume in der Verfahrensgestaltung so auszufüllen sind, dass eine materiell-rechtlich richtige Entscheidung so weit wie möglich befördert wird. Ein Eigenwert des Verfahrens, d. h. eine nicht über die (rechtliche) Bewertung des Ergebnisses vermittelte Funktion,[33] ist nicht anzuerkennen. Auf die Einhaltung von Verfahrensregeln gerichtete, prozessual durchsetzbare Ansprüche kann es dementsprechend nur geben, wenn und soweit dies mit einer Nützlichkeit für außerhalb des Verfahrens liegende materielle Werte begründet werden kann.

Wenn die materiell richtige Entscheidung, der zu dienen ist, inhaltlich durch die Grundrechte bestimmt oder zumindest beeinflusst wird, dann hat ein dem richtigen Ergebnis dienendes Verfahren zugleich eine grundrechtsschützende Wirkung. Daran wird der Gleichklang der beiden Dog-

30 Begründung des Regierungsentwurfs eines Verwaltungsverfahrensgesetzes, BT-Drucks. 7/910, S. 65; BVerwGE 92, 258 (261); BVerwG, NVwZ 2008, S. 795 (795); BVerwGE 141, 171 (173); VGH Baden-Württemberg, Urt. v. 19.7.2023 – 14 S 504/21, Juris Rn. 72; *Burgi*, DVBl. 2011, 1317 ff.; *Kahl*, in: Festschr. für Matthias Schmidt-Preuß, 2018, S. 135 (135 f.); *Ludwigs*, in: Kahl/Ludwigs (Hrsg.), Handbuch des Verwaltungsrechts, Bd. IV, 2022, § 96 Rn. 8 f.; *Gurlit*, ebd., § 109 Rn. 102; *Klafki*, in: Ehlers/Pünder (Hrsg.), Allgemeines Verwaltungsrecht, 16. Aufl. 2022, § 12 Rn. 50; *Schmidt-Aßmann/Kaufhold*, in: Voßkuhle/Eifert/Möllers (Hrsg.), Grundlagen des Verwaltungsrechts, Bd. II, 3. Aufl. 2022, § 27 Rn. 4, 64 f.

31 *Quabeck*, Dienende Funktion des Verwaltungsverfahrens und Prozeduralisierung, 2010, S. 9 f.: „[Der Topos der dienenden Funktion des Verfahrens] soll darauf aufmerksam machen, dass ein Teil der Verfahrensvorschriften allein oder jedenfalls vorrangig im Blick auf eine möglichst vollständige Verwirklichung des materiellen Rechts geschaffen worden ist […]".

32 Von besonderer Bedeutung bei Anwendung der sog. Schutznormtheorie, vgl. BVerwGE 64, 325 (331 f.); 85, 368 (373).

33 Klarstellend zum Begriff des Eigenwerts *Gurlit*, VVDStRL 70 (2011), S. 227 (234 f.). Analyse möglicher Verfahrensfunktionen bei *Fehling* (Fn. 12), S. 282 ff.

men offenkundig. Das Bundesverwaltungsgericht hat die Symbiose in einer jüngeren Entscheidung vollzogen und von einer dem materiellen Grundrechtsschutz dienenden Funktion des Verfahrensrechts gesprochen.[34] In umgekehrter Denkrichtung verlangt das Postulat des Grundrechtsschutzes durch Verfahren, dass das Verfahren nicht selbstzweckhaft, sondern auf eine bestimmte rechtliche Qualität seines Ergebnisses, nämlich die Grundrechtskonformität, ausgerichtet wird, die wiederum nach der sog. Elfes-Doktrin die materielle Rechtmäßigkeit auch nach den Maßstäben des einfachen Rechts voraussetzt.

Die in der Literatur namentlich bei *Markus Ludwigs*[35] anklingende Vorstellung, der Gedanke eines Grundrechtsschutzes durch Verfahren könne dazu beitragen, das als unmodern empfundene Dogma der dienenden Funktion zu überwinden oder zumindest zu relativieren, erweist sich nach alldem nicht als zutreffend. Aus materiellen Grundrechten lässt sich schlechterdings kein vom materiellen Recht unabhängiger Eigenwert des Verfahrens ableiten. Denkbar ist nur, traditionell rein objektiv-rechtlich gelesene verfahrensrechtliche Normen mit der Unterstützung der Grundrechte zu subjektiven Rechten im Sinne von § 42 Abs. 2, § 113 Abs. 1 S. 1 VwGO aufzuwerten. Diese prozessuale Stärkung erführe das Verfahrensrecht aber allein aus seiner Eignung zur Durchsetzung des materiellen Rechts, nicht im Dienste anderer positiver Wirkungen.

2. Grundrechte als Maßstäbe und Quelle von Verfahrensrecht

Wie bei allen Normen, deren Geltung direkt aus der Nützlichkeit ihrer Wirkung hergeleitet wird, stellt sich auch beim Grundrechtsschutz durch Verfahren die Frage nach den Grenzen. Die den grundrechtlichen Schutzpflichten dienenden behördlichen Verfahren können sich aus der Perspektive des privaten Grundrechtsgefährders als Eingriff darstellen. Der „bestmögliche" Grundrechtsschutz, der im Sondervotum zu „Mühlheim-Kärlich" gefordert wurde,[36] wäre schon deshalb eine problematische Zielvorga-

---

34 BVerwGE 139, 11 (18): „dem materiellen Grundrechtsschutz dienende Funktion des Verfahrensrechts".

35 *Ludwigs*, in: Kahl/Ludwigs (Fn. 30), Rn. 9. Ein Konkurrenzverhältnis zwischen den Gedanken der Richtigkeitsgewähr durch Verfahren und dem Topos der dienenden Funktion sieht auch *Quabeck* (Fn. 31), S. 10.

36 Siehe Fn. 26.

be. Auch die Grundrechte Dritter können als Nebenfolge des Verfahrens beeinträchtigt werden. Schließlich können Gemeinwohlziele durch „zu viel" Verfahren verfehlt werden, etwa weil nach einer zu intensiven und extensiven Informationsgewinnung eine Entscheidung verspätet getroffen wird.[37]

Diese Konflikte lassen sich jedenfalls jenseits der selten problematischen verfahrensrechtlichen Mindestbestände[38] nicht überzeugend durch Verfassungsinterpretation oder Abwägung allein, sondern ihrerseits nur durch ein Verfahren lösen: durch das Gesetzgebungsverfahren.[39] Schon an der Mühlheim-Kärlich-Entscheidung wurde deutlich, dass dem Gesetzgeber ein weiter Ausgestaltungsspielraum verbleibt.[40] Nach Ansicht des Gerichts gebietet es die grundrechtliche Schutzpflicht aus Art. 2 Abs. 2 S. 1 GG, Vorschriften für den Schutz von Leben und Gesundheit im atomrechtlichen Genehmigungsverfahren zu erlassen. Genauere verfassungsrechtliche Direktiven für die Ausgestaltung dieses Rechts formuliert der Beschluss indes gerade nicht. Stattdessen stellt das Bundesverfassungsgericht letztlich einfachgesetzliches Verfahrensrecht unter einen verfassungsrechtlichen Normbestands- und Normanwendungsschutz.[41] Es wird also nicht etwa aus der Verfassung Verfahrensrecht abgeleitet, sondern die Kompetenz zur Bestimmung des Inhalts der Verfassung wird dem Gesetzgeber übertragen. Das Verfassungsrecht legt dann eine Schutzhülle um das vom Gesetzgeber geschaffene Produkt (Normenanwendungsschutz, ggf. auch Normenbestandsschutz). Damit entsteht allerdings in der Praxis der Verwaltungsgerichtsbarkeit die Schwierigkeit zu erkennen, mit welchen Vorschriften der Gesetzgeber den grundrechtlichen Auftrag einlösen möchte und mit welchen nicht.[42] Die mögliche positive Wirkung einer Verfahrensvorschrift auf ein grundrechtliches Schutzgut allein kann hierfür nicht genügen, weil dann letztlich alle Verfahrensvorschriften erfasst wären. Andere Kriterien

---

37 *Schneider*, in: Auby (Fn. 7), S. 224; siehe dazu auch *Klement*, VVDStRL 83 (2024), 193 (195 f. Rn. 10).

38 *Schmidt-Aßmann*, in: Festschr. für Hans-Uwe Erichsen (Fn. 16), S. 219, nennt insoweit das Anhörungsrecht des Betroffenen.

39 Skeptisch gegenüber einer Ableitung von Verfahrensrecht unmittelbar aus den Grundrechten *Ossenbühl*, in: Festschr. für Kurt Eichenberger (Fn. 18), S. 193, 195; *Laubinger*, in: König/Merten (Fn. 5), S. 60 f.; weniger scharf *Wahl* (Fn. 10), S. 168; *Ludwigs*, in: Kahl/Ludwigs (Fn. 30), Rn. 39; siehe auch *Schmidt-Aßmann*, in: Festschr. für Hans-Uwe Erichsen (Fn. 16), S. 218 f.

40 BVerfGE 53, 30.

41 *Lübbe-Wolff*, Grundrechte als Eingriffsabwehrrechte, 1988, S. 75 (140).

42 Siehe zur Kritik auch *Klement*, Wettbewerbsfreiheit, 2015, S. 316 f.

aber stehen im Bereich des gesetzgeberischen Entscheidungsspielraums nicht zur Verfügung, es sei denn, der Gesetzgeber würde ausdrücklich seinen Willen bekunden, eine bestimmte Vorschrift verfassungsrechtlich bewehren zu wollen oder eben nicht. Diese Schwierigkeiten tauchen wohlgemerkt dort nicht auf, wo es darum geht, bereits getroffene gesetzgeberische Regelungen auf ihre Verfassungskonformität zu prüfen. Das Verfassungsgericht muss hierzu nur äußere Grenzen definieren, mit denen es eine „noch vertretbare" Lösung markiert. So kann es etwa feststellen, dass bestimmte materielle Standards und das zu ihrer Durchsetzung geschaffene Verfahrens- und Organisationsrecht insgesamt das grundrechtlich gebotene Schutzniveau wahren. Bei der hier interessierenden Frage hingegen, ob eine bestimmte Einzelvorschrift des Verwaltungs(verfahrens)rechts in Wahrnehmung der dem Gesetzgeber eingeräumten Kompetenz zur Ausgestaltung des verfassungsrechtlichen Schutzes erlassen wurde, handelt es sich um ein spezifisches Problem der Verwaltungsgerichtsbarkeit, die seit nunmehr bald 50 Jahren irgendwie mit „Mühlheim-Kärlich" zurechtkommen muss.

Bisher hat sich der vom Bundesverfassungsgericht aus den materiellen Grundrechten abgeleitete Handlungsauftrag zur Schaffung effektiven Verfahrensrechts (wenn überhaupt) nur mediatisiert durch die Gesetzgebung in konkreten verfahrensrechtlichen Normen niedergeschlagen. Der Grundrechtsschutz durch Verfahren spielt für Behörden und Gerichte weder bei der Auslegung noch bei der Anwendung des Gesetzesrechts eine wesentliche Rolle. Erst recht gibt es bisher kein unmittelbar aus den Grundrechten – also ohne Vermittlung des Gesetzgebers – abgeleitetes Verfahrensrecht.

In den Worten *Eberhard Schmidt-Aßmanns*:

„In der Kommentarliteratur zu den Verwaltungsverfahrensgesetzen des Bundes und der Länder ist es üblich geworden, für wichtige Verfahrensregelungen, wie das Anhörungs- und Akteneinsichtsrecht, den Geheimnisschutz, die Bekanntgabe- und Begründungspflichten oder Wiedereinsetzungsvorschriften, auch eine grundrechtliche Verankerung nachzuweisen, die freilich im Regelfall folgenlos bleibt, weil dieses einfache Gesetzesrecht über einen grundrechtlich verbrieften Mindeststandard ohnehin hinausgeht."[43]

Selbst dort, wo das einfache Gesetzesrecht schweigt, wird von den Gerichten nicht auf die Grundrechte zurückgegriffen. Wie schon oben im Hinblick auf § 9 VwVfG ausgeführt, wird zur Schließung der Regelungs-

43 *Schmidt-Aßmann*, in: Merten/Papier (Fn. 13), § 45 Rn. 15.

lücken des VwVfG hinsichtlich des schlicht-hoheitlichen Handelns und der administrativen Normsetzung lieber auf ungeschriebene allgemeine Rechtsgrundsätze, Analogien oder den Grundsatz der Rechtsstaatlichkeit abgestellt. Auch zu grundrechtlichen Einschränkungen des Verfahrensermessens[44] fehlt es bislang an guten Beispielen.

3. Grundrechte als Hebel zur Subjektivierung von Verfahrensrecht

Die Bedeutung des Topos vom „Grundrechtsschutz durch Verfahren" liegt im Verwaltungsprozessrecht. In der deutschen Rechtsordnung wird die argumentative Kraft der Grundrechte dazu eingesetzt, um Verletzungen des Verwaltungsverfahrensrechts in dem auf materielle subjektive Rechte zentrierten System des gerichtlichen Rechtsschutzes punktuell sichtbar zu machen, ohne die materielle Grundorientierung grundsätzlich in Frage stellen zu müssen.

Hinsichtlich der gerichtlichen Durchsetzung von Verfahrensfehlern ist danach zu unterscheiden, ob die Verfahrensvorschrift selbst die Qualität eines subjektiven Rechts besitzt oder ob ihre Verletzung die Verletzung eines materiellen subjektiven Rechts nach sich zieht. Die zweite Kategorie besteht noch einmal aus zwei Subkategorien. Zum einen gibt es selbstständige materielle Folgefehler von Verfahrensfehlern. Der Zusammenhang zwischen der Verletzung des formellen und des materiellen Rechts ist hier nicht rechtlicher, sondern nur tatsächlicher Natur. So kann ein Anhörungsfehler dazu führen, dass die Behörde irrtümlich vom Vorliegen der Tatbestandsvoraussetzungen einer Befugnisnorm ausgeht oder ihr ein Ermessensfehler durch die Nichtberücksichtigung entscheidungserheblicher Umstände unterläuft. Zwingend sind diese rechtlichen Folgen nicht, sie werden durch den Verfahrensfehler nur wahrscheinlicher. Zum anderen gibt es vom materiellen Recht selbst angeordnete, mithin rechtliche Verschränkungen von Verfahrensrecht und materiellem Recht. Das materielle Recht inkorporiert das Verfahrensrecht in seinen Rechtmäßigkeitsmaßstab. Die Verletzung des Verfahrensrechts führt *de iure* zur materiellen Rechtswidrigkeit.

---

44 Zur Figur des Verfahrensermessens *Hill*, NVwZ 1985, S. 449; *Schmitz*, in: Stelkens/Bonk/Sachs (Fn. 6), § 10 Rn. 16 ff. Zur Anwendung der Ermessensfehlerlehre und ihrer grundrechtlichen Implikationen auch in dieser Hinsicht *Rixen/Goldhammer*, in: Schoch/Schneider (Fn. 7), § 10 Rn. 32a ff.

a) Verletzung grundrechtlicher Abwehrrechte durch Verfahrensfehler

Die zuletzt beschriebene Konstellation ist für die sog. Adressatenklage prägend. Es geht hier darum, ob ein materielles Grundrecht durch die das Verfahren abschließende, in das Grundrecht eingreifende Entscheidung allein deshalb verletzt ist, weil eine Verfahrensvorschrift unbeachtet blieb. Im verwaltungsgerichtlichen Verfahren wird das in dem äußerst seltenen Fall relevant, in dem ein belastender, vom Adressaten angefochtener Verwaltungsakt an keinem anderen Fehler als eben der Verletzung einer Verfahrensvorschrift leidet.

Die meisten Autoren treten für eine Ausweitung der sog. *Elfes-Doktrin*[45] auch auf Verfahrensfehler ein. Die Grundrechte sollen einen Anspruch darauf vermitteln, dass in sie eingreifendes Verhalten „rundum" rechtmäßig ist.[46] Auch die Verletzung formell-rechtlicher Vorschriften bei der „Herstellung" des Grundrechtseingriffs führt demnach zu einer im gerichtlichen Verfahren grundsätzlich relevanten Verletzung des materiellen Grundrechts. Aus der Elfes-Entscheidung folgt das zwar nicht unmittelbar, denn hier ging es nur um die Subjektivierung von objektivem Verfassungsrecht, doch bezog das Bundesverfassungsgericht insoweit nicht nur das materielle, sondern auch das formelle Verfassungsrecht ein.[47] Ein kompetenzwidrig oder verfahrensfehlerhaft zustande gekommenes Gesetz gehört mithin nicht zur „verfassungsmäßigen Ordnung" im Sinne von Art. 2 Abs. 1 GG. Wenn „aus Elfes" mit Hilfe des Verfassungsgrundsatzes vom Vorrang des Gesetzes als Transformationsriemen ein Anspruch auf die vollständige Vereinbarkeit eines Grundrechtseingriffs auch mit dem einfachen Gesetzesrecht hergeleitet wird,[48] dann liegt es also zumindest nahe, auch das Verfahrensrecht in diesen Anspruch einzubeziehen und es mithin grundrechtlich zu subjektivieren.

---

45 BVerfGE 6, 32.

46 *Schneider*, in: Schoch/Schneider (Fn. 7), § 46 Rn. 33; *Wolff*, in: Sodan/Ziekow (Hrsg.), VwGO, 5. Aufl. 2018, § 113 Rn. 36 f.; *Held* (Fn. 8), S. 463; wohl auch BVerwG, NVwZ 2011, S. 372 (374 Rn. 16).

47 Im Wortlaut: „Jedermann kann im Wege der Verfassungsbeschwerde geltend machen, eine seine Handlungsfreiheit beschränkende Rechtsnorm gehöre nicht zur verfassungsmäßigen Ordnung, weil es (formell oder inhaltlich) gegen einzelne Verfassungsbestimmungen oder allgemeine Verfassungsgrundsätze verstoße; deshalb werde sein Grundrecht aus Art. 2 Abs. 1 GG verletzt." (BVerfGE 6, 32 [41]).

48 *Di Fabio*, in: Dürig/Herzog/Scholz, GG, Bd. I, Art. 2 Abs. 1 Rn. 64 f. (Stand: Juli 2001); *Kingreen/Poscher*, Grundrechte, 36. Aufl. 2020, Rn. 1340.

Die Elfes-Entscheidung kann damit als der verfassungsrechtliche Grundstein des Grundrechtsschutzes durch Verfahren gelesen werden. Selbst auf der Grundlage des dargestellten *Effet-utile*-Denkens überzeugt es allerdings nicht, materielle Grundrechte dazu einzusetzen, eine materielle Entscheidung allein deshalb zu Fall zu bringen, weil bei ihrer Entstehung Verfahrensvorschriften verletzt wurden, die eine Einflussnahme auf die grundrechtsverletzenden Eigenschaften der Entscheidung nicht bezwecken und allenfalls zufällig bewirken. Der Anspruch auf eine „Rundum-Rechtmäßigkeit" geht über seine grundrechtliche Legitimationsbasis hinaus.

In der Literatur setzen sich deshalb gewichtige Stimmen für das Erfordernis eines Schutzzweckzusammenhangs zwischen der verletzten Norm und dem Grundrecht ein.[49] Allerdings hat auch die Lehre vom Schutzzweckzusammenhang ihre Schwächen. Ein Nachteil besteht darin, dass die Grundrechtsverletzung von der normativen Schutzrichtung der Verfahrensvorschrift und damit vom einfachen positiven Recht abhängig gemacht wird. Dies ließe sich vermeiden, wenn vom Grundrecht selbst und seinem Schutzzweck her gedacht würde. Das Grundrecht schützt nach der Logik des Grundrechtsschutzes durch Verfahren vor einer Verletzung von Vorschriften, deren Befolgung die Wahrscheinlichkeit einer materiellen Grundrechtsverletzung faktisch erhöht – ohne dass es auf eine entsprechende normative Schutzrichtung ankäme. Die faktische Eignung zum Grundrechtsschutz ist abstrakt vom konkreten Fall zu beurteilen. Weil Gegenstand des verwaltungsgerichtlichen Prozesses aber die das Verfahren abschließende Entscheidung ist, wird darüber hinaus zu verlangen sein, dass zumindest die Möglichkeit besteht, dass die Behörde bei Einhaltung der Vorschrift im konkreten Fall zu einer anderen, das Grundrecht weniger belastenden Entscheidung gekommen wäre (Kausalitätsprüfung[50]).

---

49 *Schwabe*, NVwZ 1983, S. 523 (523); *Krebs*, in: Festschr. für Christian-Friedrich Menger, 1985, S. 191 (204); *Riese*, in: Schoch/Schneider (Fn. 7), § 113 Rn. 30 (Stand: Juni 2017) unter Hinweis auf BVerwGE 153, 162 (Rn. 17 ff.); *Wahl/Schütz*, ebd., § 42 Abs. 2 Rn. 48 (Stand: 1996); *Erichsen*, in: Isensee/Kirchhof (Hrsg.), Handbuch des Staatsrechts, Bd. VI, 2. Aufl. 2001, § 152 Rn. 17 f. In der Entscheidung BVerwGE 153, 162 (Rn. 17 ff.), verneinte das BVerwG die Verletzung subjektiver Rechte des Adressaten eines (möglicherweise) verfahrensfehlerhaft zustande gekommen Verwaltungsakts unter Hinweis auf den Charakter der verletzten Vorschriften als bloße „Organisationsvorschriften". Doch fehlte es in diesem Fall an einem Eingriff in Art. 2 Abs. 1 GG.

50 *Sachs*, in: Stelkens/Bonk/Sachs (Fn. 6), § 45 Rn. 15, der hierzu auf die Kammerentscheidung BVerfGE 83, 111 (118) verweist; *Papier*, in: Isensee/Kirchhof (Hrsg.), Handbuch des Staatsrechts, Bd. VIII, 3. Aufl. 2010, § 177 Rn. 53, tritt ausdrücklich für eine Kausalitätsprüfung ein, während er eine Prüfung des Schutzzweckzusammenhangs

b) Verfahrensvorschriften mit relativ drittschützendem Charakter

Wie die vorstehenden Überlegungen zeigen, besteht selbst auf dem Gebiet des Adressatenschutzes keine Klarheit, inwieweit Sachentscheidungen allein unter Hinweis auf Verfahrensfehler gerichtlich zu Fall gebracht werden können. Noch schwieriger ist die Lage bei der zweiten Kategorie der gerichtlichen Relevanz von Verfahrensfehlern: den Verfahrensvorschriften mit relativ drittschützendem Charakter. Hier wird unmittelbar das Verfahrensrecht selbst subjektiviert, d. h. es muss nicht zusätzlich zum Verfahrensfehler ein materiell-rechtlicher Fehler gegeben sein, um vor Gericht Erfolg zu haben. Allerdings wird die Subjektivierung des Verfahrensrechts mit den materiellen Wirkungen der Normverletzungen begründet, sie entspricht also der Philosophie der dienenden Funktion.

Der Drittschutz aus Verfahrensvorschriften war Auslöser und Gegenstand der Mühlheim-Kärlich-Entscheidung: Das Gericht beanstandete die Rechtsauffassung, dass im atomrechtlichen Genehmigungsverfahren grundsätzlich nur die Bestimmungen des materiellen Rechts eine Schutzwirkung zugunsten Dritter haben können.[51] Angesichts der grundrechtsschützenden Funktion des Verfahrens dürften die Gerichte davon nicht „ohne weiteres" ausgehen.[52] Die Verwaltungsrechtsdogmatik antwortete darauf mit der Erfindung der Verfahrensvorschriften mit relativ drittschützendem Charakter.[53] Die neue Figur ermöglichte es, das Grundmodell des nur dienenden Verfahrensrechts und die materielle Verletztenklage als seine prozessuale Ableitung[54] aufrecht zu erhalten und doch ab und an einen Drittschutz aus Verfahrensvorschriften zuzulassen. Hierzu wird die typische materielle Wirkung der Befolgung der Verfahrensvorschrift, also ihr für den Dritten positiver Einfluss auf das Verfahrensergebnis, unter bestimmten Voraussetzungen in den Rang einer normativen Zwecksetzung im Sinne der Schutznormtheorie erhoben. Diese Voraussetzungen sind: Das von der Nichtbefolgung der Verfahrensvorschrift typischerweise nachteilig berührte Interesse des Dritten muss Gegenstand eines materiell-rechtlichen (insbesondere grundrechtlichen) Schutzes sein und es muss im konkreten Fall nachweisbar sein, dass die Behörde bei einer Befolgung der Vorschrift

ablehnt; bei OVG Lüneburg, NVwZ 1985, S. 506 (508), werden beide Kriterien kombiniert.

51 BVerfGE 53, 30 (63).

52 BVerfGE 53, 30 (66).

53 Vgl. *Kahl*, in: Festschr. für Matthias Schmidt-Preuß (Fn. 30), S. 145, 147.

54 *Wahl/ Schütz*, in: Schoch/Schneider (Fn. 7), § 42 Abs. 2 Rn. 72.

möglicherweise zu einem anderen, für den Dritten im Hinblick auf das geschützte materielle Interesse günstigeren Ergebnis gelangt wäre[55] (womit die Kausalitätsprüfung des § 46 VwVfG in die Klagebefugnis vorgezogen wird[56]). Die (Möglichkeit der) Verletzung einer dem materiellen Interesse dienenden Rechtsnorm ist nicht erforderlich[57] – ansonsten hätte die Figur des relativ drittschützenden Verfahrensrechts keine praktische Bedeutung, weil das materielle Recht selbst als subjektives Recht eingreift. Zu bemerken ist außerdem, dass das Anwendungsfeld des relativ drittschützenden Verfahrensrechts jenseits der abwehrgrundrechtlich fundierten Verletztenklage liegt, also ausschließlich Drittanfechtungsklagen betrifft. So sah das Bundesverfassungsgericht die atomrechtliche Genehmigung in der Mühlheim-Kärlich-Entscheidung nicht als Grundrechtseingriff an, sondern löste den Fall grundrechtsdogmatisch in der Schutzpflichtendimension.

Die Gerichte haben bislang äußerst selten einen relativ drittschützenden Charakter einer Verfahrensnorm anerkannt,[58] obwohl es bei unbefangener Anwendung der oben genannten Kriterien eigentlich viele solcher Vorschriften geben müsste. Die Ergebnisse der Rechtsprechung muten mitunter zufällig an, zumal in manchen Fällen, in denen dies naheliegen würde, auf die Figur der relativ drittschützenden Verfahrensvorschriften nicht einmal Bezug genommen wird. In jüngerer Zeit wird das Begriffspaar aus absoluten und relativen Verfahrensfehlern nahezu ausschließlich am Beispiel von § 4 Abs. 1 und 1a UmwRG diskutiert.[59] Andere Konstellationen bleiben im Dunkeln. Weshalb sollen sich Drittbetroffene unter bestimmten Voraussetzungen mit Individualrechtsbehelfen gegen Fehler bei der

55 BVerwGE 61, 256 (275); 134, 308 Rn. 31; BVerwG, NJW 1983, S. 1507 (1508); BVerwGE 85, 368 (375); BVerwGE 88, 286 (288); 100, 238 (251 f.); BVerwG, NuR 2013, S. 184 Rn. 14; Beschl. v. 4. 4. 2012 – 9 B 95/11, Juris; *Hufen/Siegel* (Fn. 9), Rn. 861 ff.; *Scheidler*, NVwZ 2005, 863 (864); *Wahl/Schütz*, in: Schoch/Schneider (Fn. 7), § 42 Abs. 2 Rn. 74.

56 Unklar ist deshalb, welche Bedeutung die von *Ludwigs*, in: Kahl/Ludwigs (Fn. 30), Rn. 18, hervorgehobene Anwendbarkeit des § 46 VwVfG bei Verstößen gegen relativ drittschützende Verfahrensvorschriften jenseits § 4 Abs. 1a UmwRG haben soll.

57 So aber wohl *Klafki*, in: Ehlers/Pünder (Fn. 30), Rn. 51; *Wolff*, in: Sodan/Ziekow (Fn. 46), § 113 Rn. 39.

58 Siehe die wenigen Beispiele bei *Schneider*, in: Schoch/Schneider (Fn. 7), § 46 Rn. 33. Für die Zurückhaltung des BVerwG steht paradigmatisch BVerwG, DVBl. 2012, S. 449 Rn. 14. Nicht zu belegen ist m. E. die Einschätzung von *Held* (Fn. 8), S. 464, dass die Bedeutung relativer Verfahrensrechte in der Rechtsprechung „zunehmend erkannt“ werde.

59 Hierzu mit Nachweisen *Brüning/Thomsen*, Jura 2024, S. 144 (151 f.).

Planauslegung im Planfeststellungsverfahren zur Wehr setzen können,[60] während dies mit Blick auf den entgegen der gesetzlichen Vorschriften am baurechtlichen Genehmigungsverfahren nicht beteiligten Nachbarn nicht einmal in Erwägung gezogen wird?[61] Dass dieser Nachbar wegen des Charakters der Baugenehmigung als gebundene Entscheidung nach § 46 VwVfG regelmäßig über keinen Aufhebungsanspruch verfügt, schließt seine Verletzung in subjektiven Rechten und erst recht die Möglichkeit einer Rechtsverletzung nicht aus. Offenbar wird die von der Verfassungsgerichtsbarkeit aufgedrängte Figur von den Verwaltungsgerichten nach wie vor mit spitzen Fingern angefasst. Ob es nun die Folge oder die Ursache dessen ist: Es gibt bis heute keine brauchbaren Kriterien, um zwischen Verfahrensnormen mit und ohne relativ drittschützendem Charakter abzugrenzen.[62] Das Kriterium kann nach dem Gesagten auch nicht das einer verfassungsrechtlichen Gebotenheit des Drittschutzes sein. Der Grund dafür liegt in der offenen Struktur von Grundrechtsnormen, die auf eine bestimmte reale Wirksamkeit ausgerichtet sind.[63] Der Grundrechtsschutz durch Verfahren ist in der Regel nur eines unter vielen denkbaren Mitteln zur Gewährleistung der im Ergebnis gebotenen Qualität des Schutzes. Auswahl und Ausgestaltung des Grundrechtsschutzes durch Verfahren konfligieren mit anderen verfassungsrechtlichen Werten und legitimen politischen Zielen. Eine vertretbare Konfliktlösung kann deshalb verschiedene Gesichter haben; die Entscheidung kann im Ausgangspunkt nur der Gesetzgeber treffen. Für die Verwaltungsgerichte aber ist allenfalls okkasionell aus der Entwurfsbegründung zum Gesetz, ansonsten aber nicht anhand objektiver Kriterien, erkennbar, welchen Vorschriften der Gesetzgeber verfassungsrechtliche Dignität zuspricht und welchen nicht. Die prozessuale Bedeutung der Grundrechte für den Drittschutz wird daher überschaubar bleiben und wohl nur ad hoc im Einzelfall aktiviert werden, wo dies opportun erscheint.

---

60 *Brüning/Thomsen* (Fn. 59), S. 152 f.

61 Apodiktisch gegen einen drittschützenden Charakter der diesbezüglichen Vorschriften in der bayerischen LBO Bayrischer VGH, BeckRS 2011, S. 55736 Rn. 11; BeckRS 2018, S. 486 Rn. 3; BeckRS 2018, S. 26954 Rn. 31; *Edenharter*, in: Spannowsky/Manssen (Hrsg.), BeckOK Bauordnungsrecht Bayern, Art. 66 Rn. 6 (Stand: Oktober 2023); *Waldmann*, in: Koch/Molodovsky/Famers (Hrsg.), BayBO, Art. 66 Rn. 9 (Stand: Dezember 2020) m. w. N.

62 *Ludwigs*, in Kahl/Ludwigs (Fn. 30), Rn. 23.

63 Dies wurde zuerst für die grundrechtlichen Schutzpflichten erkannt (siehe *Lübbe-Wolff* [Fn. 41], S. 40, 123), gilt aber auch für die abwehrrechtliche Grundrechtsdimension, soweit sie durch auf ihre eigene reale Wirksamkeit gerichtete Normen ergänzt wird, wie dies beim Grundrechtsschutz durch Verfahren der Fall ist.

In einem Nichtannahmebeschluss aus dem Jahr 2017[64] hat sich das Bundesverfassungsgericht zur Möglichkeit einer Grundrechtsverletzung durch den von § 46 VwVfG angeordneten Ausschluss des materiellen Aufhebungsanspruchs eines von einer Planfeststellung im Grundrecht auf Eigentum Drittbetroffenen geäußert. Ausdrücklich geht das Gericht auch hier davon aus, dass Verfahrensbestimmungen „verfassungsrechtlich fundiert" sein können, wobei es insoweit nicht nur auf das materielle Grundrecht aus Art. 14 Abs. 1 GG, sondern auch auf Art. 19 Abs. 4 S. 1 GG verweist, also den Grundrechtsschutz durch Verfahren in einer für die Rechtsprechung inzwischen charakteristischen Weise undurchsichtig mit dem Gedanken einer Vorwirkung von auf den gerichtlichen Prozess bezogenen Garantien kombiniert.[65] Im nächsten Atemzug bringt das Gericht den Gesetzgeber ins Spiel, zu dessen Aufgabe es gehöre, „die Interessen der Allgemeinheit und jene an effektivem Rechtsschutz zu einem gerechten Ausgleich" zu bringen. Mit Rücksicht darauf soll der Gesetzgeber Verfahrensfehler deshalb grundsätzlich in verfassungskonformer Weise für unbeachtlich erklären können, wie dies in § 46 VwVfG für Verfahrensfehler ohne Ergebnisrelevanz geschehen sei. Soweit Art. 14 Abs. 1 GG in Rede steht, bestätigt die Entscheidung damit die Selbstverständlichkeit, dass aus einem materiellen Grundrecht kein Gebot zur Subjektivierung von Verfahrensfehlern entnommen werden kann, die sich mangels Kausalität für das Verfahrensergebnis auf die durch das materielle Grundrecht geschützte Rechtsposition überhaupt nicht auswirken. Das Gericht führt außerdem aus, dass der Entwertung des Verfahrensrechts verfassungsrechtliche Grenzen gesetzt und diese umso eher erreicht seien, je mehr die Verletzung der Verfahrensbestimmung dazu geeignet sei, das Ergebnis einer Entscheidung zu beeinflussen und zu prägen, oder je mehr die konkret in Rede stehende Art der Verletzung dieser Verfahrensbestimmung ein Ausmaß erreiche, das von vornherein der Einschätzung entgegensteht, der Fehler sei nicht ergebnisrelevant. Da die zur Prüfung stehende Norm des § 46 VwVfG die fehlende Ergebnisrelevanz tatbestandlich voraussetzt, handelt es sich dabei um ein *obiter dictum*. Die Grundrechte *können* die gerichtliche Aufhebung von ergebnisrelevanten Verfahrensfehlern gebieten – das Gericht sagt aber nichts dazu, wann genau das der Fall ist.

64 BVerfG, NVwZ 2018, S. 573 (575 Rn. 42 ff.).
65 Siehe schon oben Fn. 27.

4. Fazit

Die Grundrechte haben im deutschen Verwaltungsverfahrensrecht – unterhalb der Ebene der Gesetzgebung und ihrer verfassungsgerichtlichen Kontrolle – vor allem eine rhetorisch-deklaratorische Funktion. Das Verwaltungsverfahrensrecht hat sich unabhängig von ihnen entwickelt. Der „Grundrechtsschutz durch Verfahren" hat nur eine verwaltungsprozessuale Bedeutung als Merkposten der Möglichkeit einer subjektiv-rechtlichen Relevanz von Verfahrensvorschriften. Es ist jedoch festzustellen, dass sich die noch vor einigen Jahren großen Hoffnungen auf eine Stärkung der gerichtlichen Relevanz von Verfahrensfehlern bisher im Ergebnis jenseits der spezialgesetzlich geregelten Fälle des § 4 Abs. 1 und 1a UmwRG nicht erfüllt haben. Es ist vielmehr eine schwer zu rechtfertigende Diskrepanz zwischen dem Rundumschutz des Adressaten eines belastenden Verwaltungsakts und dem schwachen Schutz des Drittbetroffenen entstanden: Der Adressat wird nach der Elfes-Doktrin gegen jede Verletzung von Verfahrensrecht geschützt; der Drittbetroffene hingegen nur dann, wenn sich ein verfassungsrechtlicher Normanwendungsschutz der verletzten Vorschrift argumentativ begründen lässt (etwa weil es ohne den normierten Verfahrensschritt keinen effektiven Grundrechtsschutz geben kann). Das fällt auch deshalb auf, weil sich die Grundrechtsdogmatik mit Hilfe des sog. modernen Eingriffsbegriffs von der scharfen Distinktion zwischen Adressaten und „nur" faktisch betroffenen Dritten längst gelöst hat.[66] Auf der Grundlage des modernen Eingriffsbegriffs wird im Anschluss an frühere Entscheidungen des Bundesverwaltungsgerichts[67] überwiegend die Auffassung vertreten, dass der Erlass einer Baugenehmigung ein mittelbarer Eingriff in die Grundrechte Dritter (der „Nachbarn") sein kann.[68] Ist es, dies vorausgesetzt, plausibel, dem Nachbarn im Unterschied zum Adressaten eines klassischen Grundrechtseingriffs kein umfassendes subjektives Recht auf die Einhaltung sämtlicher Verfahrensvorschriften einzuräumen?

Offensichtlich hat das Denken von den Grundrechten her einer guten Entwicklung der Dogmatik des Verwaltungsverfahrensrechts eher im Weg

66 Siehe hierzu schon *Gurlit*, Die Verwaltung 28 (1995), S. 449 (455, 465 ff.).

67 BVerwGE 32, 173 (178 f.); 44, 244 (248); 50, 282 (287).

68 In diesem Sinne mit konstruktiven Unterschieden *Schwabe*, NVwZ 1983, 523 (524 ff.); *Lübbe-Wolff* (Fn. 41), S. 178 ff.; *Enders*, AöR 115 (1990), S. 610 (622); *Sauer*, in: Dreier, GG, 4. Aufl. 2023, Vorb. Art. 1 Rn. 145; a. A. *Schwerdtfeger*, NVwZ 1982, S. 5 (7); die Frage offenlassend *Papier/Shirvani*, in: Dürig/Herzog/Scholz, GG, Art. 14 Rn. 188 (Stand: April 2018).

gestanden als genutzt. Seit Jahrzehnten gepflegte grundrechtliche Glasperlenspiele wie etwa die Abgrenzung zwischen Schutzpflichten und Abwehrrechten erlangen entscheidenden Einfluss auf den verwaltungsprozessualen Drittschutz. Insgesamt fällt auf, dass das deutsche System sehr abstrakt bei der Auslegung der Normen und den dogmatischen Figuren ansetzt und die Umstände und das Maß ihrer Verletzung im Fall nicht weiter berücksichtigt. Mit dieser Rigidität und Unbeweglichkeit werden nicht immer überzeugende Ergebnisse produziert. 45 Jahre nach Mühlheim-Kärlich ist der Grundrechtsschutz durch Verfahren noch immer nicht gefestigt.

IV. Unionsrecht: Die Perspektive eines Verfahrensschutzes durch Grundrechte

1. Die Funktionen des grundrechtlichen Verfahrensschutzes

Im europäischen Eigenverwaltungsverfahrensrecht haben die Grundrechte im Vergleich zum allgemeinen deutschen Verfahrensrecht eine schon im Ausgangspunkt andere Bedeutung. Art. 41 GRCh verbürgt ein Grundrecht auf eine gute Verwaltung, das sich aus beispielhaft aufgeführten Einzelgewährleistungen in Abs. 2 sowie einer weiten und unbestimmten, aber ebenfalls für subsumtionsfähig erachteten Generalklausel in Abs. 1 zusammensetzt. In der deutschen Verfassung wie auch in den Verfassungen der übrigen Mitgliedstaaten[69] ist dieses Grundrecht ohne Vorbild und Nachahmer. Dessen unbeschadet hat es bisher allerdings keinen substanziellen Beitrag zur Entwicklung des Verfahrensrechts geleistet. Art. 41 GRCh ist eine Konsekration und Adelung von Normen, die sich – von einigen wenigen Regelungen in den operativen Verträgen der Union abgesehen[70] – im Wege der Verwaltungsrechtsvergleichung in der Rechtsprechung sowie (im Wechselspiel mit dieser) in der Rechtsetzung entwickelt haben. Der bei weitem größte Teil des Verfahrensrechts ist inzwischen im abgeleiteten Recht geregelt. Zur Ausfüllung von Lücken wurden allgemeine Rechtsgrundsätze entwickelt, die zugleich auch als Leitsterne der Evolution des

69 *Classen*, Gute Verwaltung im Recht der EU, 2008, S. 177, der allerdings zahlreiche Einzelausprägungen in Gestalt objektiv-rechtlicher Gewährleistungen zusammenträgt (S. 95 ff.); siehe auch *Merkl*, Das nationale Recht auf eine gute Verwaltung, 2023, S. 285 ff.

70 Zum Beispiel Art. 105 Abs. 2 S. 2 AEUV für das Kartellverfahren und Art. 108 Abs. 2 AEUV für das Notifizierungsverfahren im Beihilferecht; Art. 296 Abs. 2 AEUV für die Begründung von Rechtsakten.

Sekundär- und Tertiärrechts fungieren. Das EU-Verfahrensrecht entstand mithin im Modus eines wechselseitigen Austausches, eines Verstärkens und Korrigierens zwischen den Kompetenzträgern und den Prinzipien.

Vor diesem Hintergrund hat Art. 41 GRCh die folgenden Funktionen:

- Das Grundrecht steht in seinem Anwendungsbereich sekundärrechtlichen Verfahrensregeln entgegen, die hinter den von ihm gesetzten Standards zurückbleiben.[71] Dies ist allerdings, soweit ersichtlich, noch nie praktisch geworden.
- Soweit das Primärrecht[72] oder das Sekundärrecht konkrete Verfahrensregelungen enthält, die hinter den Gewährleistungen des Art. 41 GRCh zumindest nicht zurückbleiben, kann das Grundrecht „abstützend“ herangezogen werden, wie dies auch in manchen Entscheidungen deutscher Gerichte im Umgang mit den Grundrechten des Grundgesetzes im Anwendungsbereich des Verwaltungsverfahrensgesetzes praktiziert wird. Auch diese Funktion ist in der Rechtsprechung des Gerichtshofes allerdings bisher kaum belegbar.[73]
- Soweit das Sekundärrecht und das übrige Primärrecht schweigen, wird in der Rechtsprechung unmittelbar und ausschließlich Art. 41 GRCh als Rechtsquelle herangezogen. Ausdrücklich wurde vom Gerichtshof beispielsweise judiziert, dass das Recht auf rechtliches Gehör (Art. 41 Abs. 2 lit. a GRCh) in allen Verfahren gelten muss, die zu einer belastenden (beschwerenden) Maßnahme führen – dies auch dann, wenn „die anwendbare Regelung ein solches Verfahrensrecht nicht ausdrücklich vorsieht“.[74] In staatshaftungsrechtlichen Fällen (Art. 41 Abs. 3 GRCh i. V. m. Art. 340 Abs. 2 AEUV) hat der Gerichtshof mehrfach die Existenz einer aus Art. 41 Abs. 1 GRCh abgeleiteten Pflicht der Unionsverwaltung anerkannt, „mit Sorgfalt und Umsicht zu handeln“.[75] Aus Art. 41

---

71 Zur Bindung des europäischen Gesetzgebers an Art. 41 GRCh *Gundel*, in: Ehlers/Germelmann (Hrsg.), Europäische Grundrechte und Grundfreiheiten, 5. Aufl. 2023, § 11.3 Rn. 8.

72 Beispielsweise stützt EuGH, Rs. C-471/22 (Agentsia „Patna infrastruktura“), ECLI:EU:C:2024:99 Rn. 25, die Begründungspflicht beim Erlass von Rechtsakten kumulativ auf Art. 296 Abs. 2 AEUV und Art. 41 Abs. 2 lit. c GRCh.

73 Siehe immerhin EuG, Rs. T-665/22 (SkinIdent), ECLI:EU:T:2023:704 Rn. 93.

74 EuGH, Rs. C-277/11 (M.M.), ECLI:EU:C:2012:744 Rn. 83 ff.; Rs. C-831/18 P (RQ), ECLI:EU:C:2020:481 Rn. 65 ff.; zur Begründungspflicht des Art. 41 Abs. 2 lit. c EuGH, Rs. C-471/22 (Agentsia „Patna infrastruktura“), ECLI:EU:C:2024:99 Rn. 25.

75 EuGH, Rs. C-363/22 P (Planistat Europe SARL), ECLI:EU:C:2024:20 Rn. 68.

Abs. 1 GRCh wurden außerdem Anforderungen an die Unparteilichkeit der Verwaltung entwickelt.[76]

Die Frequenz der Bezugnahmen auf Art. 41 GRCh hat in der Rechtsprechung seit etwa zehn Jahren deutlich zugenommen. Das Grundrecht fristet inzwischen gewiss kein Schattendasein mehr. In der Substanz wurde die Rechtsprechung aber gleichwohl nicht aus dem Grundrecht selbst, sondern aus der Tradition heraus entwickelt. Immer wieder und ohne jede Relativierung oder „Hintertür" bemerkt der Gerichtshof, dass das Recht auf eine gute Verwaltung einen allgemeinen Grundsatz des Unionsrechts widerspiegele.[77] Mit anderen Worten: Art. 41 GRCh verschriftlicht nur, was ohnehin schon von der Rechtsprechung entwickelt worden war oder entwickelt worden wäre.[78] Unbeschadet der Unterschiede im theoretischen Ansatz haben das deutsche und das europäische System also eines gemeinsam: Die Grundrechte beeinflussten bisher nicht die Entwicklung des Verwaltungsverfahrensrechts und sind für die Rechtsanwendung ohne große Bedeutung.

Für die Zukunft besteht mit Blick auf das europäische Recht allerdings Grund zu vorsichtigem Optimismus. Mit Art. 41 GRCh wurde erstmals auf der höchsten Normstufe nicht nur ein Rechtsgrundsatz der guten Verwaltung, sondern ein subjektives Recht, ein Grundrecht, normiert. Die Subjektstellung, die der Einzelne im Verfahren haben soll, spiegelt sich seitdem in der Grundrechtsberechtigung. Ausdrücklich festgeschrieben ist außerdem die Abstraktion des Verfahrensrechts vom materiellen Recht, d. h. sein Selbststand und sein Eigenwert. All das sind keine Kleinigkeiten, sondern Systementscheidungen, die mit Art. 41 GRCh einen ausdrücklichen textli-

---

76 EuGH, Rs. C-291/22 P (Debrégeas et associés Pharma SAS), ECLI:EU:C:2024:228 Rn. 72 ff.; Rs. C-251/22 P (Scania AB), ECLI:EU:C:2024:103 Rn. 70 ff.

77 EuGH, Rs. C-604/12 (N.), ECLI:EU:C:2014:302 Rn. 49. – Ein Beispiel dafür ist das Recht auf rechtliches Gehör (Art. 41 Abs. 2 lit. a GRCh), das nach der Rechtsprechung zu den tragenden Grundsätzen des Unionsrechts zählt (vgl. u. a. EuGH, Rs. C-7/98 [Krombach], ECLI:EU:C:2000:164 Rn. 42 und EuGH, Rs. C-349/07 [Sopropé], ECLI:EU:C:2008:746 Rn. 36) und dementsprechend schon vor dem Inkrafttreten der Charta anerkannt war (vgl. u. a. EuGH, Rs. C-17/74 [Transocean Marine Paint Association/Kommission], ECLI:EU:C:1974:106 Rn. 15; Rs. C-7/98 [Krombach], ECLI:EU:C:2000:164 Rn. 42; Rs. C-349/07 [Sopropé], ECLI:EU:C:2008:746 Rn. 36; Rs. C-322/81 [Nederlandsche Banden-Industrie-Michelin/Kommission], ECLI:EU:C:1983:313 Rn. 7; Rs. C-374/87 [Orkem/Kommission], ECLI:EU:C:1989:387 Rn. 32).

78 Deutlich *Gundel*, in: Schulze/Janssen/Kadelbach (Hrsg.), Europarecht, 4. Aufl. 2020, § 3 Rn. 185.

chen Bezugspunkt unter einer griffigen und gut vermittelbaren Überschrift erhalten haben. Mit seiner breit gefassten Generalklausel in Abs. 1 und den ausdrücklich nicht abschließend normierten speziellen Rechten in Abs. 2 („insbesondere") bietet Art. 41 GRCh zugleich die nötige Offenheit für eine weitere Evolution.[79] Es ist deshalb zu erwarten, dass sich nicht nur der akademische Diskurs, sondern mittelfristig auch die praktische Arbeit der Gerichte um die Grundrechtsnorm herum sortieren wird. Das Grundrecht auf eine gute Verwaltung wird nicht auf ewig allein aus der Überlieferung heraus interpretiert werden, sondern wird je länger desto mehr aus dem Schatten der allgemeinen Rechtsgrundsätze heraustreten. Dabei ist auch zu beachten, dass das europäische Verwaltungsverfahrensrecht im Unterschied zum deutschen Recht keinen kodifizierten Kern besitzt und auf eine kaum überschaubare Vielzahl disparater Spezialregelungen verteilt ist. Das Grundrecht könnte deshalb eine Bedeutung als normativer Fluchtpunkt erlangen, d. h. einheitliche Auslegungen und Fortbildungen des Rechts befördern und stabilisieren.

2. Abstraktion vom materiellen Recht

Der grundlegende Unterschied zum deutschen Recht besteht darin, dass das europäische Verwaltungsverfahrensrecht stets direkt und explizit als solches normiert wurde. Eine Verfahrensrechtsbildung aus materiellem Recht nach deutschem Vorbild (z.B. „Grundrechtsschutz durch Verfahren") wäre in der EU schon deshalb nicht erfolgversprechend gewesen, weil sich ein gemeinsames materielles Recht hier erst allmählich herausbilden konnte. Das Verfahrensrecht ging dem materiellen Recht vielfach voraus und ist bis heute in der Regel elaborierter und schärfer als dieses. Auf Verfahrensstandards verständigt sich eine Staatengemeinschaft eben leichter und schneller als auf Substanzielles. Dem Rechnung tragend bildet Art. 41 GRCh eine vom materiellen Recht unabhängige, auch nach seiner äußeren systematischen Stellung in der Charta von den materiell-rechtlichen Gewährleistungen getrennte Bestimmung im Titel über die „Bürgerrechte". Die Vorschrift selbst nimmt in der Generalklausel in Abs. 1 ausdrücklich auf die Metaprinzipien des unparteilichen, gerechten und zeitlich angemessenen

79 *Schneider*, in: Auby (Fn. 7), S. 227; skeptisch mit Blick auf die bisherige Erfahrung und sogar eine Versteinerung der bisherigen Dynamik durch die Positivierung des Grundrechts befürchtend hingegen *Merkl* (Fn. 69), S. 271 ff.

Behandelns von Angelegenheiten Bezug. Es geht hier um Fairness im prozessualen Umgang miteinander, um die gleiche Chance auf das bessere Argument und nicht um Versprechen bestimmter Ergebnisse oder Standards. Auch eine Rückversicherung des Verfahrensrechts im Gedanken der Vorwirkung prozessualer Garantien (z.B. Art. 47 GRCh) ist dem europäischen Recht fremd.

Ebenso wie im deutschen System wird Rechtsschutz auch nach europäischem Recht grundsätzlich nicht unmittelbar gegen Verfahrenshandlungen oder ihr Unterbleiben, sondern nur gegen die das Verfahren abschließenden materiellen Entscheidungen gewährt. Um die Sanktionierbarkeit des Verfahrensrechts sicherzustellen, muss deshalb ebenso wie im nationalen Recht auch die Verletzung bloßer Verfahrensvorschriften wie etwa solcher aus Art. 41 GRCh[80] zur Rechtswidrigkeit und damit Aufhebbarkeit der das Verfahren abschließenden Entscheidung führen. Nicht anders als das deutsche enthält auch das europäische Recht insoweit gewisse Filter. Zunächst genügt für den Erfolg einer Nichtigkeitsklage gemäß Art. 263 Abs. 2 AEUV nicht die Verletzung jeglicher Formvorschrift („*vice de forme*")[81], sondern nur die Verletzung einer *wesentlichen* Formvorschrift. Bei der Auslegung des Begriffs der Wesentlichkeit wirkt sich dann allerdings die Verankerung des europäischen Rechts im Fairnessgedanken aus. „Wesentlich" wird ein Verfahrensfehler nicht durch seine materielle Wirkung, sondern indem er angesichts der konkreten Umstände die Möglichkeit des Betroffenen beeinträchtigt, seinen Standpunkt rechtlich zur Geltung zu bringen.[82] Dementsprechend sind Verfahrensfehlern bei Ermessensentscheidungen eher wesentlich als bei gebundenen Entscheidungen.

Ein zweiter Filter des Unionsrechts, der eine Aufhebung von Entscheidungen allein aufgrund von Verfahrensfehlern ausschließt, ist das auch aus dem deutschen Recht (§ 46 VwVfG) bekannte Kausalitätserfordernis. Der Gerichtshof erklärt eine Handlung einer Stelle der Europäischen Uni-

80 EuG, Rs. T-402/20 (Zippo Manufacturing u. a./Kommission), ECLI:EU:T:2023:640 Rn. 59 f.; unter Verweis auf EuGH, verb. Rs. C-402/05 P und C-415/05 P (Kadi und Al Barakaat International Foundation/Rat und Kommission), EU:C:2008:461 Rn. 285.

81 Der unionsrechtliche Begriff der Formvorschrift (engl. essential procedural requirements) schließt Verfahrensvorschriften ein, vgl. *Dörr*, in: Grabitz/Hilf/Nettesheim (Hrsg.), Recht der Europäischen Union, Art. 263 AEUV Rn. 166 (Stand: November 2012).

82 Vgl. *Schwarze*, Europäisches Verwaltungsrecht, 2. Aufl. 2005, S. 1369.

on in aller Regel[83] nur dann wegen der Verletzung einer Formvorschrift für nichtig, wenn sich der Fehler zumindest möglicherweise auf das Verfahrensergebnis ausgewirkt hat.[84] Der Unterschied zum deutschen Recht liegt in Folgendem: Der Anwendungsbereich von § 46 VwVfG ist bei Individualrechtsbehelfen überhaupt nur eröffnet, wenn die Verletzung eines Verfahrensrechts vorliegt und dieses subjektiv-rechtliche Qualität hat. Letzteres ist aber, wie gesehen, nur der Fall, wenn die Vorschrift einem auch materiell-rechtlich geschützten Interesse des Klägers zu dienen bestimmt ist. Das Unionsrecht kennt dieses Erfordernis nicht. Über das Kausalitätserfordernis erhält das Verfahrensrecht zwar auch hier einen dienenden Charakter in Bezug auf den Inhalt des Verfahrensergebnisses, allerdings ist dies gerade kein dienender Charakter im Hinblick auf das materielle Recht. Dementsprechend wird das prozessuale Erfordernis der Ergebnisrelevanz für den Bereich der gebundenen Verwaltung im Unionsrecht rein formal damit begründet, dass ein Kläger kein Interesse an der Aufhebung einer Entscheidung haben kann, die in einem zweiten Verfahren wieder genauso ergehen müsste.[85]

Auch im Übrigen hängt der Erfolg der Klage im Unionsprozessrecht nicht von einer Verletzung subjektiver materieller Rechte ab. So wird die Klagebefugnis gegen Rechtsakte der EU in Art. 263 Abs. 4 AEUV von der individuellen und unmittelbaren Betroffenheit her entwickelt. Für den Zugang zum Rechtsschutz ist eine Betroffenheit in eigenen materiellen Interessen hiernach weder erforderlich noch ausreichend.[86] „Individuell betroffen" ist eine vergleichsweise formale Kategorie, die z. B. an die Adressatenstellung oder die Verfahrensbeteiligung anknüpft.[87] Gewiss sollte nicht

---

83 Anders aber EuGH, Rs. C-89/79 (Bonu/Rat), ECLI:EU:C:1980:60 Rn. 8; im Anschluss daran GA *Mayras*, Schlussanträge Rs. C-33/79 (Kuhner/Kommission), ECLI:EU:C:1980:87, S. 1703 f.

84 EuGH, Rs. C-301/87 (Frankreich/Kommission), ECLI:EU:C:1990:67 Rn. 31; Rs. C-288/96 (Deutschland/Kommission), ECLI:EU:C:2000:537 Rn. 101; Rs. C-106/09 (Kommission und Spanien / Government of Gibraltar und Vereinigtes Königreich), ECLI:EU:C:2011:732 Rn. 179; Rs. C-107/09 P (Spanien / Government of Gibraltar und Vereinigtes Königreich), ECLI:EU:C:2011:215 Rn. 179; EuG, Rs. T-402/20 (Zippo Manufacturing u. a./Kommission), ECLI:EU:T:2023:640 Rn. 87; aus der Literatur *Fehling* (Fn. 12), S. 295 f.

85 EuGH Rs. C-68/86 (Vereinigtes Königreich/Rat), ECLI:EU:C:1988:85 Rn. 46–49; *Schwarze* (Fn. 82), S. 1373 Fn. 17.

86 Kritisch GA *Jacobs*, Schlussanträge, C-50/00 P, ECLI:EU:C:2002:197 Rn. 102.

87 Statt vieler *Ehricke*, in: Streinz (Hrsg.), EUV/AEUV, 3. Aufl. 2018, Art. 263 AEUV Rn. 62 f.

verschwiegen werden, dass bei diesem Merkmal hintergründig wohl auch materiell-rechtliche und insbesondere grundrechtliche Wertungen eine Rolle spielen können und wohl auch müssen.[88] Doch haben die materiellen Grundrechte weder eine systemprägende noch eine exklusive Rolle wie im deutschen Recht. Auf der Ebene der Begründetheit des Rechtsbehelfs schließlich erfolgt eine rein objektiv-rechtliche Prüfung.

Die Entwicklung aus dem Fairnessgedanken bedeutet nach alldem nicht, dass dem europäischen Verwaltungsverfahrensrecht jegliche Funktion im Hinblick auf die Richtigkeit des Verfahrensergebnisses abzusprechen und eine Erklärung und Rechtfertigung seiner Regelungen aus ihrer diesbezüglichen Nützlichkeit ausgeschlossen wäre. Selbstverständlich befördert die Einhaltung der in Art. 41 GRCh enthaltenen Normen die Wahrscheinlichkeit einer richtigen Verwaltungsentscheidung und liegt hier der tiefere Sinn ihrer Geltung. Schon der Wortlaut von Art. 41 GRCh deutet den Rückbezug auf materielle Interessen an, denn der Anspruch der Person ist nicht auf ein gerechtes Handeln der Verwaltung schlechthin, sondern auf eine gerechte Behandlung „ihrer Angelegenheiten" gerichtet. Wie gerade gesehen, gibt es auch im Unionsrecht ein prozessuales Kausalitätserfordernis, das die Aufhebung einer Entscheidung allein wegen eines Verfahrensfehlers vielfach ausschließt. Anders als im deutschen Recht wird damit aber kein direkter Zusammenhang mit dem materiellen Recht hergestellt. Im Übrigen bleibt der Zusammenhang zwischen Verfahren und Ergebnis vielfach im Hintergrund der Dogmatik, d. h. er wirkt sich nicht auf Geltung, Auslegung und Anwendung des Verfahrensrechts aus und spielt dementsprechend in gerichtlichen Entscheidungsgründen keine Rolle. Das materielle Recht als wichtigste Ausprägung der Richtigkeit profitiert vom Verfahrensrecht wie von unsichtbarer Hand.

3. Keine „Konstitutionalisierungslücke" im indirekten Vollzug

Auch für den indirekten Vollzug des Unionsrechts durch die Mitgliedstaaten ist das europäische Grundrecht auf eine gute Verwaltung verbindlich. Zwar ergibt sich schon aus dem Normtext, dass die Mitgliedstaaten abweichend von der allgemeinen Regel des Art. 51 Abs. 1 GRCh auch beim Voll-

88 *Klement*, Wettbewerbsfreiheit, 2015, S. 513 ff.

zug von Unionsrecht nicht direkt an Art. 41 GRCh gebunden sind.[89] Eine Bindung besteht aber gemäß Art. 6 Abs. 3 EUV an das Gebot einer guten (oder früher auch ordnungsgemäßen) Verwaltung als allgemeiner Grundsatz des Unionsrechts.[90] Sieht man einmal davon ab, dass einzelne Inhalte des Art. 41 GRCh wie insbesondere das Recht auf die eigene Sprache nach Art. 41 Abs. 4 GRCh von vornherein nur auf die EU-Eigenverwaltung zugeschnitten sind, gibt es bisher keine erkennbaren praktischen Unterschiede zwischen dem geschriebenen und dem ungeschriebenen Recht. Dies gilt umso mehr, als das Bundesverwaltungsgericht[91] in seiner jüngeren Rechtsprechung zur Begründung und Erläuterung des normativen Gehalts der allgemeinen Rechtsgrundsätze wiederum Art. 41 GRCh heranzieht. Dies wirkt zugleich einer „Versteinerung" der allgemeinen Rechtsgrundsätze auf dem Stand des Jahres 2009 entgegen und lässt eine parallele Weiterentwicklung auch *pro futuro* in Deutschland wahrscheinlich erscheinen. Die geläufige Aussage des EuGH, dass Art. 41 GRCh einen allgemeinen Rechtsgrundsatz widerspiegele,[92] muss daher auch in umgekehrter Richtung gelesen werden. Von einer „Konstitutionalisierungslücke" der guten Verwaltung im indirekten Vollzug kann nach alldem nicht die Rede sein.

Eine Lücke besteht jedoch hinsichtlich der gerichtlichen Geltendmachung von Verletzungen des allgemeinen Rechtsgrundsatzes der guten Verwaltung vor einem deutschen Verwaltungsgericht. Von der deutschen Dogmatik her gedacht ist die Frage aufgeworfen, ob die beim Vollzug des Unionsrechtsrechts gemäß Art. 51 Abs. 1 S. 1 GRCh anwendbaren materiellen Grundrechte der Charta, vergleichbar der zum Grundgesetz entwickelten Dogmatik, dem von der Entscheidung betroffenen Grundrechtsträger oder jedenfalls dem Adressaten einen Anspruch auf einen auch in verfahrensrechtlicher Hinsicht fehlerfreien Eingriff vermitteln und damit den allgemeinen Rechtsgrundsatz subjektivieren. Spätestens beim Rechtsschutz des Drittbetroffenen stellt sich dann aber die Frage nach einem subjektiv-rechtlichen Gehalt des Rechtsgrundsatzes selbst.

---

89 Zur Nichtanwendbarkeit der allgemeinen Regel des Art. 51 Abs. 1 GRCh *Gundel*, EuR 2015, S. 80 (83 f.).

90 EuGH, Rs. C-230/18 (PI), ECLI:EU:C:2019:383 Rn. 57; Rs. C-219/20 (Bezirkshauptmannschaft Hartberg-Fürstenfeld), ECLI:EU:C:2022:89 Rn. 37; Rs. C-471/22 (Agentsia „Patna infrastruktura"), ECLI:EU:C:2024:99 Rn. 41.

91 BVerwGE 174, 261 (Rn. 31).

92 EuGH, Rs. C-604/12 (N.), ECLI:EU:C:2014:302 Rn. 49 f.

V. Bewertung

Weder das europäische noch das deutsche Verwaltungsrecht waren auf die Grundrechte angewiesen, um ein zweckmäßiges und gerechtes Verfahrensrecht herauszubilden. Im europäischen Recht wurde dem gewachsenen Verwaltungsverfahrensrecht mit Art. 41 GRCh ein Grundrecht als Schlussstein aufgesetzt, der sein innovatives Potential erst noch beweisen muss. Ein auf den Schutz materieller Grundrechte bezogenes und aus ihm entwickeltes Verfahrensrecht kennt das europäische Recht nicht. Es schützt das Verfahren direkt durch für das Verfahren gemachtes Recht: durch den allgemeinen Rechtsgrundsatz der ordnungsgemäßen Verwaltung, durch das Grundrecht auf gute Verwaltung und vor allem durch das Sekundärrecht. Die verschiedenen Emanationen des Rechts aus Art. 41 GRCh werden als Ausprägungen des Prinzips der Fairness in einer prozeduralen Theorie der Gerechtigkeit verankert und über den Begriff des „wesentlichen" Verfahrensfehlers in das Rechtsschutzsystem eingepasst. Damit ist nicht in Frage gestellt, dass das Verfahren auch im Unionsrecht die Funktion hat, rechtmäßige und richtige Entscheidungen zu befördern, doch ist dieser Zusammenhang für die normativ-dogmatische Argumentation zumeist ohne Relevanz.

Im deutschen Recht fehlt eine direkte Konstitutionalisierung. Auf das Verwaltungsverfahrensrecht selbst rieselt zwar – ermöglicht durch die Topoi der „dienenden Funktion", des „Grundrechtsschutzes durch Verfahren" und der Vorwirkung prozessualer Garantien – der Goldstaub des Verfassungsrechts. Diese indirekte Konstitutionalisierung veredelt aber nur die Oberfläche und bewirkt keine Veränderung in der Substanz selbst. Gebraucht wird das verfassungsrechtliche Argument nur für die gerichtliche Durchsetzbarkeit von Verfahrensfehlern. Die praktische Wirkung der Grundrechte ist aber auch insoweit überschaubar geblieben. Der Gesetzgeber war grundrechtlich nicht daran gehindert, das Verfahrensrecht durch Vorschriften wie §§ 45, 46 VwVfG zu entwerten. In den wenigen Nischen, in denen eine Verletzung verfahrensrechtlicher Vorschriften im gerichtlichen Verfahren überhaupt noch durchschlagen könnte, sind die von der Rechtsprechung entwickelten Kriterien unklar und arbeiten mit nicht überzeugenden Unterscheidungen wie z. B. Adressat/Drittbetroffener. Das Verwaltungsrecht ist der von der Verfassungsgerichtsbarkeit geborenen Idee eines Grundrechtsschutzes durch Verfahren im Grunde genommen nie recht gefolgt.

Abgesehen von solchen Schwierigkeiten des konkreten positiven Rechts grenzt es an eine Glaubensfrage, ob ein Verwaltungsverfahrensrecht vom materiellen Recht her konzipiert oder von diesem gelöst werden sollte. Wenn der Eindruck nicht täuscht, blendet das deutsche Denken allerdings tendenziell eine Dimension von Gerechtigkeit aus, die gerade in einer Zeit schwindender inhaltlicher Gemeinsamkeiten an Bedeutung gewinnt: die Gerechtigkeit des Verfahrens, in dem alle Interessen gleichberechtigt artikuliert werden dürfen und Berücksichtigung finden. Das Verwaltungsverfahren hat in dieser Hinsicht nicht zuletzt auch eine Bedeutung bei der Vermittlung demokratischer Legitimation. Das könnte dafür sprechen, es nicht allein als Dienerin materiell-rechtlich vordefinierter Positionen zu verstehen. Das Erfordernis einer Ergebnisrelevanz, wie es sich sowohl im deutschen wie auch im unionalen Recht findet, müsste deshalb nicht aufgegeben werden. Der Gedanke geht also nicht dahin, alle Verfahrensvorschriften zu absoluten Verfahrensvorschriften im Sinne der deutschen Dogmatik[93] zu erheben.[94] Zielführend aber könnte eine Lösung des Begriffs des subjektiven Rechts von der materiellen Wirkung und damit auch von der Grundrechtsgebotenheit sein. Verfahrensvorschriften könnten so interpretiert werden, dass sie unabhängig von einer Wirkung des Verfahrens auf eine durch materielles Recht geschützte Position die Aufgabe haben, ein faires Verwaltungsverfahren zu bewirken und zu sichern. Sie können bestimmten Personen subjektive Rechte darauf einräumen, dass die Vorschriften, die der fairen Artikulation und Berücksichtigung ihrer Interessen dienen, auch eingehalten werden. Diese Interessen können außerdem durch materielles Recht wie z. B. Grundrechte, geschützt sein, müssen es aber nicht.

---

93 Ein Beispiel ist das Recht der Gemeinde auf die Erteilung des Einvernehmens gemäß § 36 BauGB, vgl. BVerwG, NVwZ 2008, S. 1347; zur bisher geringen Bedeutung der absoluten Verfahrensrechte in der Praxis *Kahl*, in: Festschr. für Matthias Schmidt-Preuß (Fn. 30), S. 142 f.; *Pünder*, in: Ehlers/Pünder (Fn. 30), § 14 Rn. 90.

94 Nach den EuGH-Entscheidungen zu § 4 UmwRG steht auch die UVP-RL (ABl. 2012 L Nr. 26, S. 1–21) dem Kriterium der Ergebnisrelevanz nicht entgegen. § 4 Abs. 1 UmwRG geht in seiner geltenden Fassung, die eine Anwendung des § 46 VwVfG ausschließt, insoweit also über das unionsrechtlich Gebotene hinaus. Siehe EuGH, Rs. C-137/14 (Kommission/Deutschland), ECLI:EU:C:2015:683 Rn. 60 und zuvor EuGH, Rs. C-72/12 („Gemeinde Altrip"), ECLI:EU:C:2013:712, Rn. 52; *Sachs*, in: Stelkens/Bonk/Sachs (Fn. 6), § 46 Rn. 85b f.

Die Bedeutung der deutschen und europäischen Grundrechte für das Verwaltungsverfahren

Ulrich Karpenstein

I. Einleitung

Die Europäische Union will bekanntlich nicht nur Schicksals- und Verwaltungs-, sondern auch „Rechtsgemeinschaft“[1], gar „Grundrechtsgemeinschaft“[2] sein. Den Anspruch, mehr zu sein als ein technokratischer Staatenverbund, verdeutlichte der Europäische Grundrechtekonvent, indem er Kernelemente einiger allgemeiner Verwaltungsrechtsgrundsätze als „Recht auf gute Verwaltung“ im Kapitel über die „Bürgerrechte“ der Grundrechtecharta kodifizierte.[3] Gerade im Unionsrecht scheint also der Bezug von Verwaltungs- und Grundrechten auf der Hand zu liegen.

In der Praxis klaffen Anspruch und Wirklichkeit der Grundrechtseinwirkung auf die Verfahrensgestaltung indes weit auseinander. Das gilt nicht nur für das kodifizierte Grundrecht auf gute Verwaltung (hierzu II.), sondern auch für den Einfluss der materiellen Unionsgrundrechte auf die Verwaltung (hierzu III.). Für den Praktiker stellt sich die Wirkung von Uni-

1 *Hallstein*, in: Oppermann (Hrsg.), Europäische Reden, 1979, S. 341–348. Zur Bedeutung etwa *Zuleeg*, NJW 1994, S. 545; *Schorkopf*, Der europäische Weg, 3. Aufl. 2020, S. 135–142. Zuletzt kritisch hierzu *von Bogdandy*, EuR 2017, S. 487. Mit dem Ausdruck konkurrieren Terminologien wie der des „Verwaltungsverbundes“, des „Regulierungsverbundes“, der „Rechtsunion“ und im weiteren Zusammenhang auch Ausdrücke wie „Verfassungsverbund“. Das Feld denkbarer Wortspiele ist weit, siehe *Schmidt-Aßmann*, in: Hoffmann-Riem/Schmidt-Aßmann/Voßkuhle (Hrsg.), Grundlagen des Verwaltungsrecht Bd. 1, 2. Aufl. 2012, § 5 Rn. 16: „Die Europäischen Gemeinschaften waren von Anfang an nicht nur Rechtssetzungs-, sondern auch *Verwaltungsgemeinschaften*.“

2 *Pieper*, in: Dauses/Ludwigs (Hrsg.), Handbuch des EU-Wirtschaftsrechts, Losebl., 64. Aufl. 2024, Bd. 1,. Rn. 93; *Thym*, JZ 2015, S. 53 (59).

3 Auf diese Stellung weist hin *Ruffert*, in: Calliess/Ruffert (Hrsg.), EU-GRCharta, 6. Aufl. 2022, Art. 41 Rn. 2. Dabei konnte der Konvent jedoch auf schon vorhandene Rechtsprechung zurückgreifen, siehe hierzu *Streinz*, in: Streinz (Hrsg.), GR-Charta, 3. Aufl. 2018, Art. 41 Rn. 5. Im weiteren Redaktionsverfahren änderte er die Vorschrift nur geringfügig, hierzu Hinweise bei *Magiera*, in: Meyer/Hölscheidt (Hrsg.), GRCh, 5. Aufl. 2019, Art. 41 Rn. 2–4. Umfassend *Classen*, Gute Verwaltung im Recht der Europäischen Union, 2008, S. 54–64.

onsgrundrechten damit ähnlich dar wie die verfahrensgestaltende Wirkung der Grundrechte des Grundgesetzes (hierzu IV.).

II. Das Recht auf gute Verwaltung und das Verwaltungsverfahrensgesetz

In der deutschen Verwaltungspraxis ist das Grundrecht gute Verwaltung weitgehend bedeutungslos geblieben. Die Gründe sind in der Charta selbst angelegt und deuten auf keinen rechtsstaatlichen Missstand an.

Art. 41 GRCh gewährt jeder Person „ein Recht“, dass ihre Angelegenheiten „von den Organen, Einrichtungen und sonstigen Stellen der Union“ in einem unparteiischen und gerechten Verfahren binnen angemessener Frist behandelt werden. Zu diesem Recht gehört insbesondere das Recht, (a) gehört zu werden, bevor ihr gegenüber eine für sie nachteilige individuelle Maßnahme getroffen wird, (b) ihr Recht auf Zugang zu den sie betreffenden Akten sowie (c) ein Anspruch auf Begründung der Entscheidungen.

Mit diesen wenigen Postulaten und Gewährleistungen ist Art. 41 GRCh weder ein „VwVfG im Kleinen“, noch bildet er den Nukleus für die Herausbildung weitergehender Rechtsgrundsätze; ihm mehr zu entnehmen als ein unverzichtbares und nicht unterschreitbares Minimum an Verfahrensqualität, wäre eine trügerische Hoffnung.

Schon die Grundrechtsverpflichteten sind in Art. 41 GRCh erstaunlich restriktiv konturiert. Nach seinem ausdrücklichen Wortlaut bindet er Organe, Einrichtungen und sonstige Stellen der Union. Das ist einerseits eine weite Formulierung,[4] schießt jedoch – anders als andere Grundrechte der Charta – die generelle Grundrechtsbindung der Mitgliedstaaten „bei der Durchführung des Rechts der Union“ (Art. 51 Abs. 1 S. 1 GRCh) aus. Die fehlende Grundrechtsbindung der Mitgliedstaaten an dieses Bürgerrecht mag verfassungspolitisch unbefriedigend sein, ist aber vom EuGH mehrfach so bestätigt worden.[5] Im Anwendungsbereich des Unionsrechts kommen gegenüber den nationalen Behörden an die in Art. 41 GRCh kodifizierten Gewährleistungen also nicht als Grundrechte, sondern lediglich als allgemeine Rechtsgrundsätze zum Tragen – so, wie sie der Gerichtshof in einer jahrzehntelangen Rechtsprechung zunächst für die Unionsorgane und dann für die Durchführung des europäischen Sekundärrechts durch die Mitgliedstaaten entwickelt hat.

---

4 Siehe hierzu die Überlegungen bei *Classen* (Fn 3), S. 72–74.

5 *Ruffert* (Fn 3), Art. 41 Rn. 9. Dort auch mit zahlreichen Nachweisen zur EuGH-Rechtsprechung.

Die materiellen Gewährleistungen eines Anspruchs auf „gute Verwaltung“[6] lassen in der Praxis ebenfalls mehr Fragen offen als sie zur Klärung beitragen. Nationale verfassungsrechtliche Regelungen mit Vorbildfunktion gibt es kaum.[7] Der EuGH zitiert die Vorschrift gern und häufig, ohne dass es merkbar zu dogmatischen Innovationen gekommen wäre.[8] In der Regel handelt es sich um Erkenntnisse, die über Allgemeinplätze nicht hinausgehen und an den Differenzierungsrad eines Verwaltungsverfahrensgesetzes nicht annähernd heranreichen. 15 Jahre nach ihrem Inkrafttreten dürfte deshalb das Grundrecht auf gute Verwaltung hinter dem zurückgeblieben sein, was man sich einmal von ihm versprochen hat.[9]

Ausnahmen sind rar gesät und in der Rechtsprechung und Verwaltungspraxis – soweit ersichtlich – noch nicht nachvollzogen worden. So kann man aus dem Wortlaut von Art. 41 Abs. 2 Buchst. a GRCh einen etwas weitergehenden Anwendungsbereich als aus § 28 VwVfG ableiten. Während die Anhörungsverpflichtung aus § 28 Abs. 1 VwVfG nämlich nur bei Eingriffsverwaltungsakten gelten soll[10], findet das unionsrechtlich begründete Anhörungsrecht schon bei „beschwerenden“ bzw. „nachteiligen“ Maßnahmen – also etwa auch der Ablehnung einer Zulassung aufgrund einer

6 Ausführungen zum Begriff bei *Soria*, EuR 2001, S. 682 (684–688).

7 Zu diesem Problem *Klatt*, in: von der Groeben/Schwarze (Hrsg.), Europäisches Unionsrecht – GRC, 7. Aufl. 2015, Art. 41 Rn. 3; *Ruffert* (Fn. 3), Art. 41 Rn. 10 spricht von einem „für sich genommen diffuse[n] Konzept“.

8 Zurückhaltender Befund etwa bei *Ruffert* (Fn 3), Art. 41 Rn. 4, nach dem nicht „gesagt werden könnte, dass die Vorschrift bereits die Rechtsprechung prägt oder gar in neue Richtungen gelenkt hätte.“ Siehe auch *Klatt* (Fn. 7), Art. 41 Rn. 3. Von einer „Ausstrahlungswirkung“ spricht demgegenüber *Stelkens*, in: Stelkens/Bonk/Sachs (Hrsg.), VwVfG„ 10. Aufl. 2023, Rn. 105; ähnlich *Fehling*, in: Terhechte (Hrsg.), Verwaltungsrecht der Europäischen Union, 2. Aufl. 2022, § 10 Rn. 9, der in dieser Vorschrift ein Leitbild und Qualitätsstandard abgesichert sieht.

9 Hoffnungsvoll noch *Grzeszick*, EuR 2006, S. 161 (180f.): „Die Gerichte können damit durch Rechtsauslegung und Rechtsfortbildung im Bereich der administrativen Grundrechte weiterhin zentraler Impulsgeber für das Verwaltungsrecht der Union bleiben. Sie haben es damit in der Hand, Art. II-101 des Vertrags über eine Verfassung für Europa (VVE) zu einem Meilenstein zu machen auf dem Weg zu einer besseren europäischen Verwaltung. Das Recht auf eine gute Verwaltung garantiert zwar noch keine inhaltlich gute Verwaltung. Aber es ist geeignet, das Vertrauen des Bürgers in den ordnungsgemäßen Ablauf der Verwaltungsvorgänge zu befördern und damit zur Legitimation der Union beizutragen.“

10 *Schneider*, in: Schoch/Schneider (Hrsg.), VwVfG, 4. EL November 2023, § 28 Rn. 21–22.

unionsrechtlich geforderten Ausschreibung – Anwendung.[11] Etwas weiter als § 39 VwVfG dürfte auch das Recht auf eine Begründung aus Art. 41 Abs. 2 Buchst. c GRCh zu verstehen sein[12]; in der praktischen Anwendung bleiben solchen Nuancen allerdings meist ohne Bedeutung: Fälle, in denen das „Recht auf gute Verwaltung" und die allgemeinen unionsrechtlichen Grundsätze Anlass gegeben hat, die ausziselierten Maßstäbe unserer Verwaltungsverfahrensgesetze oder anderer Verfahrensregelungen noch weiter auszudifferenzieren, gibt es praktisch nicht.

Auch dort, wo die Rückbesinnung auf die in Art. 41 GRCh kodifizierten Grundsätze besonders nottun würde, nämlich im sog. „gemischten" und im „horizontalen" Vollzug des EU-Rechts, klaffen grundrechtlicher Anspruch und Wirklichkeit des Verwaltungsverfahrens meist weit auseinander. Beim gemischten Vollzug hat die mitgliedstaatliche Behörde typischerweise der EU-Verwaltung zunächst den Sachverhalt vorzulegen und dann den darauf ergehenden Beschluss umzusetzen.[13] Kennzeichnend für dieses gestufte Verfahren ist ein „vertikaler Verwaltungsverbund", in dem der Rechtsunterworfene allein der mitgliedstaatlichen Behörde begegnet, in der Sache jedoch ein Unionsorgan die Entscheidung trifft.[14] Referenzgebiete sind die Ausweisung von Naturschutzgebieten und geographischen Herkunftsangaben sowie das EU-Beihilfenrecht.[15] Demgegenüber ist im „horizontalen Verwaltungsverbund" keine Behörde der Union, sondern – aufgrund Unionsrechts – die Behörde eines anderen Mitgliedstaates einzuschalten; klassische Beispiele sind hier das Außenwirtschafts- und Sanktionsrecht, aber auch bestimmte Elemente des grenzüberschreitenden Umweltrechts. Schön klingende Verbundbeschreibungen sollten allerdings auch auf das befragt werden, was sie aus dem Blick treten lassen: Ihre Schattenseite ist in der

11 EuGH, Rs. C-277/11 (M.M./Minister for Justice), ECLI:EU:C:2012:744 Rn. 85. Für eine unionsrechtskonforme Interpretation daher *Mayen* (Fn. 8), § 28 Rn. 74. Demgegenüber bei *Herrmann*, in: Bader/Ronellenfitsch, BeckOK VwVfG, 63. Ed. 1.4.2024, § 28 Rn. 2.1, der zutreffende Hinweis, wonach es sich hierbei vor allem um eine akademische Frage handele. Ähnlich *Schneider* (Fn. 10), § 28 Rn. 25.

12 Ein ähnliches Beispiel das Begründungserfordernis nach § 39 VwVfG: Es soll weniger weitreichend sein als dasjenige von Art. 41 Abs. 2 lit. c GRCh, der auch „gute oder sachgemäße Gründe" verlangt, so *Schuler-Harms* (Fn. 10), § 39 Rn. 19; Einzelheiten bei *Stelkens* (Fn. 8),§ 39 Rn. 121.

13 *Kahl*, Der Staat, 2011, S. 353 (367 f.); *Karpenstein*, Praxis des EU-Rechts, 2. Aufl. 2013, Rn. 306–309.

14 *Kahl* (Fn. 13), S. 368; *Schmidt-Aßmann* (Fn. 1), § 5 Rn. 25–26; *Stelkens* (Fn. 8), Rn. 105; OVG Berlin-Brandenburg, Beschluss vom 17.10.2011 – OVG 10 S 22.11 –, Rn 37, juris.

15 *Karpenstein* (Fn. 13), Rn. 308–309; Übersicht bei *Stelkens* (Fn. 8), Rn. 191–195a.

Praxis ein Rechtsschutzdefizit, das schon bei der Frage beginnt, gegen welche Behörde, vor welchen Gerichten und nach welchen Maßstäben denn überhaupt um Rechtsschutz nachgesucht werden könnte.

Dies mag ein Fall aus dem Beihilfenrecht veranschaulichen: Das Unternehmen hatte staatliche Mittel erhalten, deren Beihilfenrechtskonformität die Kommission jetzt vorläufig prüfte.[16] In diesem Zuge begehrte die Beschwerdeführerin vom zuständigen Bundesministerium Einsicht in „ihre" Akten und stützte dies u.a. auf ihre Grundrechte. Der Erfolg blieb ihm beim OVG Berlin-Brandenburg versagt.[17] Die Auskunfts- und Anhörungsrechte des VwVfG seien nicht anwendbar, weil mangels nach außen tretender Regelungswirkung des Auskunftsersuchens der Kommission kein Verwaltungsverfahren im Sinne der VwVfG vorliege.[18] Obwohl das OVG dem Unternehmen gegenüber einräumte, seine Rechte seien von der „vielfach kritisierten [...] Rechtsprechung der Gemeinschaftsgerichte eher restriktiv ausgestaltet",[19] komme auch eine analoge Anwendung nicht in Betracht. Der vom Unternehmen postulierte *Grundrechtsschutz durch Verfahren* sowie das geltend gemachte Recht auf gute Verwaltung bescherte ihm ebenfalls keinen Erfolg:[20] Die Entscheidungen der Kommission – auch wenn sie zulasten des Unternehmens ergingen – griffen nicht unmittelbar tiefwirkend in die grundrechtlich geschützten Belange der Antragstellerin ein. Weder das Recht auf gute Verwaltung noch ein materielles Grundrecht könne dazu führen, dass das binär zwischen Regierung und Kommission ausgestaltete Vorverfahren durch die tatsächlich Betroffenen gestört werde. Das Bundesverfassungsgericht nahm die gegen diese Entscheidung gerichtete Verfassungsbeschwerde unter Berufung auf seine *Solange II*-Entscheidung[21] nicht an.[22]

Gänzlich diffundiert das Recht auf gute Verwaltung im horizontalen Vollzug des Sanktions- und Außenwirtschaftsrechts. Zahlreiche Vorschriften der Russland-Sanktionen und der Dual-Use-Verordnung sehen zur

16 Näheres bei *Koenig*, EWS 2011, Heft 10, S. 1.

17 OVG Berlin-Brandenburg, Beschluss vom 17.10.2011 – OVG 10 S 22.11 –, juris.

18 OVG Berlin-Brandenburg, Beschluss vom 1710. 2011 – OVG 10 S 22.11 –, Rn. 26, juris. Im Schrifttum wird die prekäre verfahrensrechtliche Stellung der Beihilfeempfänger häufig kritisiert, beispielsweise *Kahl*, DVBl. 2012, S. 602 (604); *Giesberts/Gayger*, EuZW 2019, S. 669; *Plappert*, EuZW 2014, S. 216.

19 OVG Berlin-Brandenburg, Beschluss vom 1710. 2011 – OVG 10 S 22.11 –, Rn. 31, juris.

20 OVG Berlin-Brandenburg, Beschluss vom 1710. 2011 – OVG 10 S 22.11 –, Rn. 39–41, juris.

21 BVerfGE 73, 339.

22 BVerfG, Nichtannahmebeschluss vom 23.11.2011 – 1 BvR 2682/11 –, Rn. 3, juris.

Verhinderung von Umgehungsgeschäften etwa vor, dass bestimmte Genehmigungen erst erteilt werden dürfen, wenn die Fachbehörden von (Transit-, Lagerungs- und Produktions-)Mitgliedstaaten ihr Placet gegeben haben. Auf eine Entscheidung warten die Unternehmen in diesen Fällen oft vergebens. Es lässt sich in derartigen Konstellationen nicht einmal nachvollziehen, gegen welchen Mitgliedstaat – soweit überhaupt möglich – und nach welchen Maßstäben Untätigkeitsklagen erhoben werden müssen. Zusätzlich erschwert wird die Durchsetzung der Rechte, weil es sich hier regelmäßig um sensible Akteninhalte handelt, die in der Praxis fast vollständig geschwärzt werden. Eine gerichtliche Durchsetzung der Geschäftsinteressen ist hier i.d.R. nicht möglich.

Gerade weil es gute Gründe gibt, solche Entscheidungen und Entwicklungen zu kritisieren, belegen sie die praktische Irrelevanz des Rechts auf gute Verwaltung. Wenn dieses Grundrecht schon im notorisch rechtsschutzdefizitären Beihilfen- und Außenwirtschaftsrecht nicht zum Zuge kommt,[23] in welchen Fällen ist es dann überhaupt zu gebrauchen? Es hätte sich mit der Literatur allemal begründen lassen, dass es „guter Verwaltung“ entspricht, dass Unternehmen von dem für die Beihilfenkontrolle zuständigen Bundesministerium schon in diesem Prüfungsstadium zu beteiligen sind.[24] Andernfalls müssen die Beihilfeempfänger „ins Blaue hinein“ Stellung beziehen, weil sie nicht wissen, welchen Sachverhalt die Kommission zugrunde legt.[25] Denn die Kommission schließt ihr vorläufiges Prüfverfahren ja mit einer Entscheidung ab und wie jeder Kommissionsbeschluss zeitigt auch eine solche Entscheidung innerstaatliche Rechtswirkungen (Art. 288 AEUV). Solche und vergleichbare Fälle zeigen, dass der europäische Verwaltungsverbund tatsächlich „einer verfassungsrechtlichen Nachführung und Konsolidierung durch nachholende Konstitutionalisierung harrt“.[26]

Tatsächlich nehmen Behörden, auch die Unionsbehörden, beim unmittelbaren Vollzug von Unionsrecht erst einmal ihr eigenes Fachrecht und die dazu eingespielten Gepflogenheiten sowie den politischen Willensbildungsprozess in den Blick. Grundrechte werden nach aller Erfahrung

23 Zum Rechtsschutzdefizit im Beihilfeverfahren *Kahl* (Fn. 13), S.387; *Stelkens* (Fn. 8), Rn. 203; zum Rechtsschutzdefizit im Exportkontrollrecht, *Karpenstein*, Europäisches Exportkontrollrecht, 1998, S. 326 ff.

24 *Giesberts/Gayger* (Fn. 16), S. 669.

25 *Koenig* (Fn. 16), S. 1.

26 *Kahl* (Fn. 13), S. 387; a.A. *Ludwigs*, NVwZ 2015, S. 1327 (1329 ff.), der eine „Entkonstitutionalisierung“ im Ergebnis verneint.

erst berücksichtigt, wenn sich aufgrund der Anwendung dieses Fachrechts ein evident kontraintuitives Zwischenergebnis einstellt, etwa, weil dieses den Zwecken der Fachnorm offenkundig und schwerwiegend zuwiderläuft. Deshalb wird man auch verfahrenstaktisch einen Verfahrensverstoß i.d.R. nicht mit Grundrechten oder gar dem Grundrecht auf gute Verwaltung begründen, sondern mit dem jeweils einschlägigen Fachrecht. Ein Großteil der europarechtlichen Dogmatik, die den Betroffenen oder gar Dritten einen Mehrwert gegenüber dem nationalen Verfahrensrecht bietet, beruht auf speziellem Fachrecht, meistens Sekundärrecht und der dazu ergangenen Rechtsprechung des Gerichtshofes,[27] etwa zur Aarhus-Konvention und dem dazu ergangenen Sekundärrecht.[28] Dies gilt unabhängig davon, dass die Unionsgerichte vereinzelte Entscheidungen der Unionsorgane und -Einrichtungen gelegentlich wegen Verletzung von Art. 41 der Grundrechte-Charta beanstanden werden, etwa wegen überlanger Verfahrensdauer[29] oder unzureichender Akteneinsicht[30]. Dies mag dann zu punktuellen Grundrechtseinwirkungen auf das jeweilige Verfahren in einem eng umgrenzten Sachgebiet führen, nicht aber ersetzt dies eine ausdifferenzierte Verwaltungsverfahrensdogmatik.

Dank der Rechtsprechung der Unionsgerichte zeichnet sich hier allerdings eine wichtige Ausnahme ab. EuGH und EuG haben den unscheinbaren[31] Anspruch auf eine „Behandlung“ durch „unparteiische“ Entscheidungsträger zu einer echten Befangenheitsregel ausgebaut. Das Unparteilichkeitsgebot hat, wie der EuGH ausgeführt hat, „eine objektive und eine subjektive Komponente“.[32] Nach der subjektiven Unparteilichkeit darf kein Mitglied des befassten Organs voreingenommen sein oder Vorurteile haben; nach der objektiven Komponente hat das Organ „hinreichende Garantien“ dafür zu bieten, jeden berechtigten Zweifel im Hinblick auf etwaige

27 Dies veranschaulichen auch die didaktischen Beiträge von *Ludwig/Pascher*, JuS 2022, S. 409; *dies.*, JuS 2022, S. 497.

28 *Epiney/Diezig/Pirker/Reitemeyer*, Aarhus-Konvention, 1. Aufl. 2018, Einführung Rn. 44–48.

29 Etwa EuGH, Rs. C-531/12 (Commune de Millau/Kommission), ECLI:EU:C:2014:2008 Rn. 97–99; allerdings ist hinzuzufügen, dass der EuGH diesen Rechtssatz schon vor Geltung der Charta entwickelt hat, Nachweise hierzu bei *Jarass*, GRCh, 4. Aufl. 2021, Art. 41 Rn. 17.

30 *Ruffert* (Fn. 3), Art. 41 Rn. 16 spricht in diesem Zusammenhang davon, die Unionsgerichte hätten das Akteneinsichtsrecht „[n]ur sehr zurückhaltend“ akzeptiert.

31 Insofern spricht *Ruffert* (Fn. 3), Art. 41 Rn. 10 von einer „Selbstverständlichkeit“.

32 EuGH, Rs. C-291/22 P (D & A Pharma/Kommission), ECLI:EU:C:2024:228 Rn. 73 ff.

Vorurteile auszuschließen.[33] Dabei genügt, dass insoweit ein berechtigter Zweifel besteht und nicht ausgeräumt werden kann.[34] Erst vor kurzem hat dazu das Europäische Gericht eine Beihilfenentscheidung aufgehoben, weil die zuständige Kommissarin, als sie noch dänische Ministerin war, selbst mit den verfahrensgegenständlichen nationalen Rechtsakten zu tun hatte. Eine Vorbefassung in anderer Funktion widerspreche dem Recht auf gute Verwaltung.[35] Insgesamt aber bleibt es dabei: Art. 41 GRCh ist im Verwaltungsverfahren keine relevante Größe, die die Errungenschaften echter Verfahrenskodifizierungen ersetzen oder auch nur substantiell ergänzen kann.

III. Die materiellen Grundrechte der Grundrechtecharta im Verwaltungsvollzug

Die soeben aufgeworfene Frage nach der Praxisrelevanz des Rechts auf gute Verwaltung lässt sich noch dahingehend verallgemeinern, ob denn zumindest die materiellen Grundrechte der Charta im Verwaltungsvollzug der Mitgliedstaaten Bedeutung erlangt haben. Immerhin wurde zwischenzeitlich schon vom Verwaltungsrecht als konkretisiertem Gemeinschaftsrecht gesprochen.[36]

Bekanntlich ist die Frage, inwieweit die Mitgliedstaaten Unionsgrundrechte nach Art. 51 Abs. 1 GRCh anzuwenden haben und welches Gericht das zu prüfen hat, Gegenstand einer stoffreichen Auseinandersetzung in der Wissenschaft und eines seit Jahrzehnten geführten Jurisdiktionskonflikts. Die theoretische Tiefe der Erörterung dürfte unter Zeitdruck stehende Praktiker nicht dazu angeregt haben, europäische Grundrechte anzuwenden. Für sie stellt sich zuvörderst nicht die methodische Frage, mit welchem Grundrecht sie nun theoretisch richtig den Maßstab bilden, sondern ob aufgrund der Unionsgrundrechte ein Sachverhalt anders zu bewerten ist als auf der Grundlage der ihnen noch aus der Ausbildung vertrauten nationalen Grundrechte.

---

33 EuGH, Rs. C-680/16 P (Remedia/Kommission), ECLI:EU:C:219:257 Rn. 27 ff.

34 EuGH, Rs. C-680/16 P (Remedia/Kommission), ECLI:EU:C:219:257 Rn. 32.

35 EuG, Rs. T-486/18 RENV (Danske Slagtermestre/Kommission), ECLI:EU:T:2024:217 Rn. 26 ff. Dort auch mit weiteren Nachweisen zur hier erwähnten Rechtsprechung.

36 Mit weiteren Nachweisen zu dieser Ausdrucksweise *Battis*, DÖV 2001, S. 988 (989).

Lange Zeit war das BVerfG davon ausgegangen, es handele sich bei den Grundrechten aus der Charta und dem Grundgesetz um jeweils getrennte Grundrechtsbereiche (sog. „Trennungsthese“[37] gegenüber der sog. „Verbindungsthese“ des EuGH)[38]. Hieraus hatte es zugleich seine Zuständigkeit von jener des EuGH abgegrenzt. Nunmehr, nach den Entscheidungen *Recht auf Vergessen I*[39] und *Recht auf Vergessen II*[40], will es im Falle einer unionsrechtlichen Determinierung des Sachverhalts selbst die Einhaltung der Grundrechte-Charta prüfen.[41] Ob dies am Ende dazu führen wird, dass die deutsche Rechtsprechung die Grundrechtecharta allzu sehr durch die „deutsche Brille“ liest,[42] gar ein „Unionsrecht Karlsruher Lesart“[43] entsteht, bleibt abzuwarten. Maßgeblich relativiert wird die Anwendung der Grundrechte-Charta auf das Verfahrensrecht jedoch durch eine der zentralen Aussagen in *Recht auf Vergessen I*: Innerstaatliches Recht, das nicht vollständig unionsrechtlich determiniert ist, will das BVerfG primär am Maßstab der Grundrechte prüfen, weil es vermutet, die Charta durch die Interpretation der Grundrechte mitzugewährleisten.[44] Für die deutsche Rechtspraxis steht damit fest, dass die Grundrechte-Charta in der Regel keine weitergehenden Verfahrensrechte generieren, als sie aus dem deutschen Grundgesetz abgeleitet worden sind. Praxisrelevante Ausnahmen dürften nur dort zum Tragen kommen, wo der Kreis der Grundrechtsberechtigten im Unionsrecht weiter gefasst ist, namentlich die Grundrechtsberechtigung von öffentlichen Unternehmen: Nach deutschem Verfassungsverständnis gelten Grundrechte für inländische juristische Personen nur, soweit diese ihrem Wesen nach auf sie anwendbar sind (Art. 19 Abs. 3 GG). Das BVerfG hat für Jahrzehnte die wesensmäßige Anwendbarkeit von Grundrechten auf juristische Personen des öffentlichen Rechts verneint; wer grundrechtsverpflichtet ist, könne nicht zugleich grundrechtsberechtigt sein (Konfusionsargument).[45] Unionsgrundrechtlich gilt die Grundrechtsfähigkeit von öffentlichen Perso-

---

37 Kritik daran etwa bei *Karpenstein/Kottmann*, EuZW 2020, S. 185 (186). Zum Teil auch „Alternativitätsthese“, etwa bei *Kingreen* (Fn. 3), Art. 51 Rn. 12.

38 Hierzu *Franzius*, ZaöRV 2015, S. 383 (388).

39 BVerfGE 152, 152.

40 BVerfGE 152, 216.

41 Zusammenfassungen etwa bei *Karpenstein/Kottmann* (Fn. 37), S. 185; *Wendel*, JZ 2020, S. 157.

42 *Kühling*, NJW 2020, S. 275 (277).

43 *Karpenstein/Kottmann* (Fn. 37), S. 185, (189).

44 BVerfGE 152, 152, Leits. Ausführlicher die Darstellung bei *Wendel* (Fn. 41), S.161.

45 Vgl. *Merten*, DÖV 2019, S. 41; *Ludwigs/Friedmann*, NVwZ 2018, S. 22.

nen als noch nicht geklärt, wenngleich bisher wenig dafür spricht, dass der EuGH die überkommene deutsche Dogmatik übernehmen wird.[46] Hieraus könnten sich wiederum Beteiligungs- und andere Rechte von öffentlichen Unternehmen ergeben, die nach nationalem Verfahrensrecht von vornherein ausgeschlossen wären – man denke etwa an chinesische oder russische Staatsunternehmen.

Abgesehen davon orientiert sich der Rechtsanwender in der Behörde oder der Rechtsanwaltskanzlei auch daran, womit er prozesstaktisch vor Gericht erfolgreich ist. Insbesondere angesichts der „Mitgewährleistungs-Dogmatik" des BVerfG dürfte deshalb die Charta auch in einigen Jahren noch im Verwaltungsverfahrensrecht eine „Statistenrolle"[47] spielen. In der Praxis ist der proklamierte „Grundrechtsverbund"[48], der das wechselwirkende Verhältnis von nationalen und supranationalen Grundrechten beschreibt, jedenfalls noch nicht angekommen. Über die soziologischen Gründe für diesen Befund lässt sich spekulieren; vermutlich ist den meisten Anwälten und Mitarbeitern in deutschen Behörden die Verbindlichkeit der Charta schlicht unbekannt. Bis dato gibt es für sie wenig Anlass, Unionsgrundrechte zu zitieren. Die verwaltungsrechtliche Rechtsprechung scheint ebenfalls (noch) nicht gewillt zu sein, den Besonderheiten des Unionsrechts und der Grundrechte-Charta bei der Anwendung des EU-Rechts Rechnung zu tragen. Aber handelt es sich dabei um ein spezifisches Problem des Unionsrecht?

IV. Die Grundrechte des Grundgesetzes und die VwVfG

Tatsächlich bewirken die deutschen Grundrechte gegenüber ihren EU-Äquivalenten keinen höherwertigen *Grundrechtsschutz durch Verfahren:* Die Grundrechte des GG beeinflussen die Anwendung und Lückenfüllung des deutschen Verwaltungsverfahrensrechts in der Praxis nur in wenigen und atypischen Einzelfällen.

---

46 *Ludwigs/Friedmann*, NVwZ 2018, S. 22 (27); ähnlich auch der EGMR *Meyer*, EuR 2023, S. 497.

47 So für die Verfassungspraxis *Thym* (Fn. 2), S. 54.

48 Eine alternative Formulierung ist etwa der „Verfassungsgerichtsverbund" bei *Voßkuhle*, NVwZ 2010, S. 1.

Die Rede vom Grundrechtsschutz durch Verfahren hatte Konjunktur in den 1980er Jahren, also vor etwa 40 Jahren.[49] Sie richtete sich gegen das Leitbild der Verfahrensrechte in einer lediglich dienenden Funktion.[50] Das Bundesverfassungsgericht hatte in seinem *Mülheim-Kärlich*-Urteil[51] gemeint, das Grundrecht aus Art. 2 Abs. 2 GG wirke bei der Genehmigung eines Kernkraftwerks auch auf die Auslegung der zugrunde liegenden Verfahrensvorschriften ein. Und in seinem *Brokdorf*-Beschluss zur Versammlungsfreiheit hatte der Erste Senat ganz pauschal und für alle Grundrechte hervorgehoben, dass diese nicht nur die Ausgestaltung des materiellen Rechts beeinflussten, sondern zugleich Maßstäbe für eine den Grundrechtsschutz effektuierende Organisations- und Verfahrensgestaltung sowie für eine grundrechtsfreundliche Anwendung vorhandener Verfahrensvorschriften setzten.[52] Beides war damals als große Innovation gefeiert worden.[53] Man hatte gehofft, die Staatsrechtslehre werde nun auch dem Verfahrensrecht die ihm zustehende Aufmerksamkeit zukommen lassen. Die Überlegungen des Gerichts führten damals zu einer regelrechten Publikationsflut.[54] Bis heute belegen die Bibliografien der Kommentare und Handbücher, dass ein großer Teil der einschlägigen Beiträge in dieser Zeit veröffentlicht wurde.

Mittlerweile ist die Wirkung der Grundrechte auf das Verwaltungsverfahrensrecht, namentlich deren Funktion zur Subjektivierung des Verwaltungsrechts konsentiert. Das Thema war wiederholt Gegenstand auf Staatsrechtslehrertagungen und nur die wenigsten Entscheidungen von Verwaltungsgerichten kommen gänzlich ohne Grundrechtszitate aus. Zahlreiche Beiträge beschreiben dieses Verhältnis bildlich, besonders häufig ist von

49 Kritik und Antikritik an diesem Ausdruck bei *Schoch* (Fn. 10), Einleitung Rn. 364. Für die Unterscheidung zwischen „Grundrechtsschutz im Verfahren" und „Grundrechtsschutz durch Verfahren" siehe *Held*, Der Grundrechtsbezug des Verwaltungsverfahrens, 1984, S. 66–95.

50 Zu diesem Leitbild *Ludwigs*, in: Kahl/Ludwigs (Hrsg.), Handbuch des Verwaltungsrechts Bd. 4, 2022, § 96 Rn. 8–3. Der Ausdruck ist auch angewandt worden für das soeben besprochene Recht auf gute Verwaltung bei *Fehling* (Fn. 8), § 10 Rn. 9.

51 BVerfGE 53, 30.

52 BVerfG NJW 1985, S. 2395.

53 Einen Eindruck von der Stimmung vermittelt etwa *Häberle*, AöR 1987, S. 287.

54 Etwa *Bethge*, NJW 1982, S. 1; *Dolde*, NVwZ 1982, S. 65; *Grimm*, NVwZ 1985, S. 865; *Hufen*, NJW 1982, S. 2160; *Redeker*, NJW 1980, S. 1593. Eine Dissertation aus dem Jahrzehnt (*Held* (Fn. 49), S. 1) beginnt direkt mit Hinweis, sie sei durch diese Entscheidung veranlasst.

der „Ausstrahlungswirkung“ der Grundrechte[55] die Rede, mal von unbestimmten Rechtsbegriffen als „Einfallstoren“, mal von der „Prägung“ durch die Grundrechte. Wieder andere versuchen, dieses Verhältnis mit abstrakten Rechtsbegriffen zu beschreiben – etwa der Verfassung als „objektiver Werteordnung“, der Konstitutionalisierung des Verwaltungsverfahrensrechts oder der Einheit der Rechtsordnung. Die Rechtswissenschaft hat den Zusammenhang von Grundrechten und Verwaltungsverfahrensrecht insbesondere mit dem gebräuchlichen Ausdruck vom „Verwaltungsrecht als konkretisiertem Verfassungsrecht“ verschlagwortet.[56]

Das denkbare Anwendungsfeld von Grundrechten im Verwaltungsverfahrensrecht ist weit.[57] Es erstreckt sich von der Frage nach der Verfassungs- und Unionskonformität verfahrensrechtlicher Einzelvorschriften[58] über die Grenzen der verfassungskonformen Auslegungen[59] bis hin zu den genauen Anforderungen an die Anhörung im Verwaltungsverfahren und die Begründung von Verwaltungsakten. In jedem Rechtsgebiet und für viele Grundrechte gibt es Leitentscheidungen, die die besondere Wirkung von Grundrechten festgehalten haben. So ist das BVerwG davon ausgegangen, Art. 12 GG verlange, dass die Prüfer die Bewertung einer schriftlichen Aufsichtsarbeit im Examen derart schriftlich begründen, dass der Prüfling Einwände wirksam vorbringen kann.[60] Die Vorstellung vom Verwaltungsrecht als konkretisiertem Verfassungsrecht ist also empirisch mit Zitaten aus der

55 So etwa mehrfach zu verschiedenen Grundrechten bei *Schoch* (Fn. 10), Einleitung Rn. 330, 331, 335, 338.

56 Der Satz stammt von Fritz Werner aus dem Jahr 1959 und sollte zunächst das Verhältnis von materiellem Verwaltungsrecht und Verfassungsrecht beschreiben. Erst später wurde dies auf Verfahrensrecht bezogen, hierzu *Heun*, in: Heun/Starck (Hrsg.), Grundrechte, Rechtsstaat und Demokratie als Grundlagen des Verwaltungsrecht, 2015, S. 201. Der Satz vom Verwaltungsrecht als konkretisiertem Verfassungsrecht wurde früher dem bekannten Paradigma von Otto Mayer („Verfassungsrecht vergeht, Verwaltungsrecht besteht“) gegenübergestellt, dürfte sich aber mittlerweile aus dieser Gegenüberstellung gelöst haben, hierzu *Ludwigs* (Fn. 26), S. 1328. Begriffsgeschichtliche Hinweise auch bei *Waldhoff*, in: Festschr. für Michael Kloepfer, 2013 S. 261 (264–265).

57 Übersichten hierzu bei *Schoch* (Fn. 10), Einleitung Rn. 327ff.; *Schmitz* (Fn. 8), § 1 Rn. 48–49.

58 Allerdings besteht allgemeiner Konsens darüber, dass die Vorschriften des VwVfG verfassungsmäßig sind, mit weiteren Nachweisen *Schoch* (Fn. 10), Einleitung Rn. 367.

59 *Schmitz* (Fn. 8), § 1 Rn. 51.

60 BVerwG NVwZ-RR 1993, S. 667. Dies entgegen, § 2 Abs. 3 Nr. 2, *Schmitz* (Fn. 8), § 1 Rn. 51.

Rechtsprechung begründbar und sie fügt sich auch befriedigend in die Theorie des Stufenbaus der Rechtsordnung.[61]

Gleichwohl ersetzt eine quantitative Beobachtung nicht die qualitative Analyse der einzelnen Entscheidungen und eine Theorie ist nur so gut wie das, was sie wirklich erklärt. Denn es sind Zweifel angebracht, ob die Geltendmachung von Grundrechten tatsächlich hilft, eine andere behördliche Entscheidung zu erzwingen oder eine solche Entscheidung vor den Verwaltungsgerichten zu Fall zu bringen. Abgesehen von den sog. Justizgrundrechten und namentlich den Vorwirkungen der Rechtsschutzgarantie wird man durchaus feststellen können, dass es in aller Regel das einschlägige Verfahrensgesetz selbst ist, das zum Erfolg vor Gericht verhilft und nur sehr selten die Geltendmachung eines Grundrechtsverstoßes.[62]

Schon im *Mülheim-Kärlich*-Urteil selbst ist dieser Befund angelegt: Hier war kein grundrechtlicher Maßstab nötig, um zu dem Ergebnis des Bundesverfassungsgerichts zu gelangen. Das Verfassungsgericht hatte klargestellt, dass nicht jeder Verfahrensverstoß eine Verletzung von Grundrechten bedeutet. Dies sollte nach Auffassung des Gerichts erst dann der Fall sein, wenn die Genehmigungsbehörde Verfahrensvorschriften missachtet, die gerade dem grundrechtlichen Schutz dienen.[63] Mit anderen Worten: Hätte die Behörde Verwaltungsverfahrensrecht korrekt angewandt, hätte es gar keinen Grundrechtsverstoß gegeben. Die Begründung des Gerichts ist lediglich wegen ihres grundrechtlichen Maßstabs und der nachgeordneten – in der Praxis meist viel zu späten – Möglichkeit einer Verfassungsbeschwerde originell. Eine verwaltungsrechtliche Innovation war sie für sich genommen nicht.

Solche dogmatischen Schlenker sind nicht immer nur mit den Besonderheiten des Verfassungsprozessrechts zu erklären. So vermittelt § 73 Abs. 6 VwVfG nach einer vielzitierten Entscheidung des BVerwG einen Anspruch auf *substantielle Anhörung* derart, dass in einem Erörterungstermin vorhandene Gutachten zu behandeln bzw. einzuholen sind.[64] Nur hat dies dem

61 Insoweit aber ein berechtigter Hinweis bei *Waldhoff* (Fn. 56), S. 262: „Nach dem Prinzip des Vorrangs der Verfassung beeinflusst, steuert und bindet das Grundgesetz das Verwaltungsrecht und nicht umgekehrt. Nach den Lernpotentialen des Verfassungs- vom Verwaltungsrecht zu fragen erweist sich damit avers zu der unser juristisches Denken mittlerweile mehr als uns bewusst ist beeinflussenden Denkrichtung."

62 Ähnlich die Zwischenbilanz bei *Schoch* (Fn. 10), Einleitung Rn. 362: „Spektakuläre Ergebnisse sind nicht zu verlautbaren"; *Heun* (Fn. 56), S. 204.

63 BVerfGE 53, 30 (65 f.).

64 BVerwGE 75, 214.

Kläger in dem Verfahren nichts gebracht, weil der Verstoß jedenfalls geheilt worden sei.[65]

Ein weiteres Beispiel: Nach stetiger Rechtsprechung des BVerwG sind Verwaltungsakte nach § 44 Abs. 1 VwVfG („besonders schwerwiegender Fehler") nichtig, wenn sie „mit der Rechtsordnung unter keinen Umständen vereinbar sein können, weil sie tragenden Verfassungsprinzipien oder den der Rechtsordnung immanenten Wertvorstellungen widersprechen"[66] – nur wird dieses Kriterium kaum jemals erfüllt sein. Eine Bestandsaufnahme zeigt, dass Entscheidungen, die aus einem Grundrechtsverstoß tatsächlich die Nichtigkeit schließen, nicht einmal wie eine Stecknadel im Heuhaufen zu finden sind.[67] Weder an Leitentscheidungen noch an der Masse unterinstanzlicher Urteile lässt sich erkennen, dass verfahrensrechtliche Probleme im Zweifel grundrechtsfreundlich gelöst werden. Eine neue Leitentscheidung des Bundesverwaltungsgerichts mit filigranen Abwägungen zur Grundrechtsbezogenheit des Verwaltungsverfahrensrechts heißt für die unteren Instanzen nur, dass sie jetzt ihren wissenschaftlichen Apparat um einen weiteren Nachweis zu ergänzen haben. Die Redeweise vom „Verwaltungsrecht als konkretisiertem Verfassungsrecht" hat historische Gründe, aber im Hinblick auf die gegenwärtige Dogmatik ein Beschreibungsdefizit. Mit zeitlichem Abstand stellt sich die Dogmatik der 1980er Jahre nicht mehr als jener Paradigmenwechsel dar, den noch die Zeitgenossen empfunden haben mögen.[68]In diesem Sinne sind solche innovativen Maßstäbe zwar durchaus von Bedeutung, weil sie in Erinnerung rufen, dass Verwaltungsrecht auch konkretisiertes Verfassungsrecht zu sein hat. In der Praxis fungieren grundrechtliche Maßstäbe im Verwaltungsverfahren aber eher

65 BVerwGE 75, 214 (224 ff.). Siehe demgegenüber aber für einen Fall aus dem Naturschutzrecht bei BVerwGE 105, 348 (349 ff.).

66 So die Formulierung bei BVerwG NJW 1985, S. 2658, wobei sich diese Rechtsprechung ihrerseits auf vorangegangene Entscheidungen bezieht, die das BVerwG noch vor Inkrafttreten des VwVfG getroffen hatte.

67 Beispiele etwa BGH, Beschluss vom 3.11.2008 – AnwZ (B) 5/08 –, Rn. 6, juris; OVG Berlin-Brandenburg, Urteil vom 28.5.2015 – OVG 4 B 28.14 –, Rn. 58, juris; OVG Lüneburg, Urteil vom 4.7.2017 – 7 KS 7/15 –, Rn. 131, juris; OVG Nordrhein-Westfalen, Beschluss vom 20.1.2012 – 1 A 1226/10 –, Rn. 7–9, juris; Sächsisches OVG, Beschluss vom 7.1.2014 – 5 A 861/11 –, Rn. 8, juris; Sächsisches OVG, Urteil vom 24.1.2005 – 2 B 644/04 –, Rn. 30, juris; VG Dresden, Urteil vom 7.3.2007 – 5 K 2283/02 –, Rn. 73, juris; VG Köln, Urteil vom 25.4.2007 – 21 K 3675/05 –, Rn. 155, juris; VG Stuttgart, Urteil vom 22.3.2007 – 1 K 4220/04 –, Rn. 108, juris.

68 Ähnl. *Heun* (Fn. 56), S. 201 (2013).

wie ein „Negativtest“, bei dem die Grundrechtsauslegung das Verfahren absichert, ohne es zu tragen.[69]

V. Schluss

Ein Praktiker erwartet andere Inhalte von einer Theorie als ein Theoretiker. Statt dem theoretischen oder methodischen Erkenntnisinteresse, wird er meistens wissen wollen, mit welchem schlagenden Argument das Gericht im letzten Schriftsatz doch noch überzeugt werden kann. Naturgemäß wird er ein schwieriges Rechtsproblem anders – intuitiver, empirisch und induktiv – angehen als ein Wissenschaftler. Auch die Wissenschaft sollte sich jedoch einer theoriekritischen oder zumindest theorieskeptischen Perspektive nicht verschließen und ihre Paradigmen stets auf ihren Erklärungsgehalt prüfen. Sprachbilder wie „Ausstrahlungswirkung“ der Grundrechte, Rechtsbegriffe wie die „objektive Werteordnung“ oder Theorien wie die „Konstitutionalisierung des Verwaltungsverfahrensrechts“ sind stets an den Befunden zu messen, die sie erklären wollen. Für die Grundrechtsgeltendmachung könnte etwas Ähnliches gelten, was sich bei Allgemeinformeln wie „Einheit der Rechtsordnung“, „Wertvorstellungen der Rechtsgemeinschaft“ oder die „Autonomie des Unionsrechts“ unmittelbar erschließt; solche Ausdrucksweisen werden bei einem Gericht eher den Verdacht wecken, der Verfahrensbevollmächtigte versuche, eine defizitäre Argumentation zu kaschieren. Gerichte lassen sich auf diese Weise eher nicht überzeugen. Und das ist auch gut so. Europa ist vielleicht gerade deshalb eine „Rechtsgemeinschaft“, weil ein Grundrecht stets mitgedacht, aber nicht immer mitzitiert werden muss.

69 In der Praxis formulieren die Gerichte dann stereotyp so wie das OVG Lüneburg, Beschluss vom 28.4.1989 – 1 B 114/88 –, Rn. 9, juris: „Die hier vertretene Auslegung ist mit dem Rechtsstaatsprinzip (Art. 20 Abs. 3 GG) vereinbar, auf das die Anhörungspflicht des § 87 Abs. 1 LVwG letztlich zurückzuführen ist. Es ist aus rechtsstaatlichen Gründen nicht erforderlich, daß […].“

Effektive und effiziente Gestaltung von Verwaltungsverfahren – Am Beispiel der Ausschreibungen für Freiflächenanlagen nach dem Erneuerbare-Energien-Gesetz

Philipp Leander Wolfshohl[*]

Effektive Verwaltungsverfahren sind für den Bürger einfach zu durchlaufende Verfahren, die für die Behörden ebenfalls effektiv bearbeitet werden können. Standardisierungen von Verfahren und Formatvorgaben der Behörden können dabei helfen, das Verwaltungsverfahren schnell zu einem erfolgreichen Abschluss zu bringen. Der schnelle und unkomplizierte Zugang zu Information klärt Bürger über die Verfahren auf und sorgt für eine bessere Akzeptanz der Entscheidungen.

Bereitgestellte Informationen vereinfachen Abläufe auf beiden Seiten: Bürger können sich auf die Verfahren vorbereiten und mögliche Probleme erkennen, Behörden schaffen es so, eine Vielzahl von Fragen ohne individuelle Befassung zu klären.

I. Effektivität und Effizienz

Auch wenn die beiden Begriffe sich ähneln und im allgemeinen Sprachgebrauch oft synonym verwendet werden, haben sie durchaus unterschiedliche Bedeutungen und ergänzen einander.[1] So wird man auf der Internetseite des „Politlexikons“ der Bundeszentrale für politische Bildung auch von der einen Definition direkt zur anderen weitergeleitet. Dort werden die beiden Begriffe wie folgt beschrieben:

Effektivität: „(lat.) E. bezieht sich auf den Grad der Zielerreichung einer Handlung oder Maßnahme. Von einer hohen (bzw. geringen) E. spricht

---

* Der Beitrag gibt allein die persönliche Ansicht des Autors wieder.

1 So werden im VwVfG-Kommentar von *Kopp/Ramsauer* (25. Aufl. 2024) die Zügigkeit eines Verfahrens als in deren Zweckmäßigkeit intendiert angesehen (ebd., § 10 Rn 1). Die rasche Durchführung eines konkreten Verfahrens sollte jedoch nicht dem Grad der Zielerreichung, sondern dem Kosten-Nutzen-Verhältnis und damit der Effizienz zugerechnet werden.

man, wenn das Verhältnis zwischen angestrebtem Ziel und dem tatsächlich erreichten Ergebnis hoch (bzw. niedrig) ist."[2]

Effizienz: „(lat.) E. beschreibt das Verhältnis zwischen eingesetzten Mitteln (Kosten) und erreichtem Erfolg (Nutzen) und gibt damit Auskunft über die Wirtschaftlichkeit einer Handlung oder Maßnahme. Von einer hohen E. spricht man, wenn ein vorgegebenes Ziel mit möglichst geringem Aufwand erreicht wird oder mit vorgegebenen Mitteln ein möglichst hoher Ertrag erzielt wird."[3]

Beide Begriffe sind also jeweils für sich geeignet, um Erfolge zu messen. Effizienz ist das klassische Kosten-Nutzen-Verhältnis, Effektivität gibt den Grad der Zielerreichung wieder. Bei genauerem Hinsehen wird deutlich, dass ein Verfahren durchaus kostengünstig sein kann, aber nur bedingt zur Zielerreichung taugt: Es wäre effizient, aber nicht effektiv. Auf der anderen Seite kann mit einem Verfahren ein Ziel erreicht werden, das Durchlaufen aber von einem hohen Aufwand und hohen (Bürokratie-)Kosten geprägt sein: Es wäre effektiv, aber nicht effizient.

Es gilt für die öffentliche Hand, beide Begriffe unter einen Hut zu bringen: Nicht nur in Zeiten knapper werdender Kassen sollten Verfahren nach Möglichkeit mit einem geringen Aufwand durchlaufen werden können – gleichzeitig muss der Wille des Gesetzgebers so gut wie möglich umgesetzt werden, was sich aus der Bindung an Recht und Gesetz nach Art. 20 Abs. 3 des Grundgesetzes ergibt. Dabei sollte auch der Gesetzgeber selbst darauf achten, Regelungen zu schaffen, die eine effiziente Möglichkeit der Zielerreichung beinhalten. Die konkrete Verfahrensdurchführung obliegt der jeweils zuständigen Behörde. Sie sollte sowohl im eigenen Interesse als auch im Interesse der Bürger dafür sorgen, dass ihre Verfahren effektiv und effizient durchgeführt werden können.

Gelingt es, mit hoher Effizienz eine hohe Effektivität zu erreichen, entstehen kompakte Verwaltungsverfahren. Dabei müssen die Verfahren auch nach Möglichkeit rechtssicher durchgeführt werden. Denn jeder Gang zu Gericht führt zu einem erhöhten Mitteleinsatz und damit zu Abstrichen an der Effizienz der Verfahren.

Der Bundesgesetzgeber verpflichtet mit § 10 S. 2 Verwaltungsverfahrensgesetzes (VwVfG) die Bundesverwaltung, Verwaltungsverfahren „einfach,

---

2 https://www.bpb.de/kurz-knapp/lexika/politiklexikon/225597/effektivitaet/, zuletzt aufgerufen am 10.5.2024.

3 https://www.bpb.de/kurz-knapp/lexika/politiklexikon/225598/effizienz/, zuletzt aufgerufen am 10.5.2024.

zweckmäßig und zügig durchzuführen". Damit werden Effektivität und Effizienz unmittelbar als Programmsätze definiert: Werden Verfahren anhand ihres Zwecks durchgeführt, so ist eine hohe Effektivität gegeben; werden die Verfahren einfach und zügig erledigt, entstehen geringe Kosten und eine effiziente Aufgabenerledigung ist immanent.

Für den Bürger ist ein Verfahren dann effizient, wenn er es mit einfachen Mitteln und geringem Aufwand gut und sicher durchlaufen kann und am Ende den begehrten Verwaltungsakt erhält.

Es zeigt sich, dass Effizienz und Effektivität jeweils für Behörden und Bürger durchaus unterschiedlich geprägt sein können. Der Gesetzgeber sollte grundsätzlich dafür sorgen, dass beide Akteure Verfahren effektiv und effizient durchlaufen bzw. durchführen können.

II. Ausschreibungen für Freiflächenanlagen

Die Ausschreibungen für Freiflächenanlagen[4] sind ein gutes Beispiel, wie Verfahren effektiv und effizient ausgestaltet werden können. Das Verfahren wurde im Laufe der Zeit wiederholt angepasst, auch, um Effektivität und Effizienz zu erhöhen. Es zeigt sich, dass effizienzerhöhende Maßnahmen meist sowohl Bürgern als auch der Bundesnetzagentur als ausschreibender Stelle zugutekamen, während Maßnahmen zur Effektivitätssteigerung zumeist nur für die eine oder die andere Seite positive Änderungen mit sich brachten.

1. Einführung in die Ausschreibungsverfahren

Ausschreibungen sind nach § 3 Nr. 4 Erneuerbare-Energien-Gesetz (EEG)[5] „ein transparentes, diskriminierungsfreies und wettbewerbliches Verfahren zur Bestimmung des Anspruchsberechtigten und des anzulegenden Werts".

Eingeführt wurden die Ausschreibungsverfahren für Solaranlagen mit dem Erlass der Freiflächenausschreibungsverordnung (FFAV) im Jahr 2015.

4 Der Einfachheit halber wird im Text der Begriff Freiflächenanlagen verwendet, auch wenn an den Ausschreibungen nach §§ 37 ff. EEG auch Gebote für sonstige Solaranlagen des ersten Segments nach § 3 Nr. 41a EEG abgegeben werden können. Diese Differenzierung ist für die Bewertung von Effektivität und Effizienz des Verfahrens nicht erforderlich.

5 Sofern nicht anders vermerkt, wird mit der Bezeichnung EEG das Erneuerbare-Energien-Gesetz in der am 9. 2.2024 geltenden Fassung benannt.

Damit wurde das bisherige System des „atmenden Deckels" abgelöst. Bevor die Ausschreibungsverfahren implementiert wurden, bestimmten sich die Förderwerte sämtlicher Solaranlagen anhand der gesetzlichen Regelungen des EEG in seiner jeweiligen Fassung. Die Bundesnetzagentur war im bis 2015 existenten System damit betraut, den Zubau zu ermitteln und anhand des Zubaus die Förderwerte für Solaranlagen zu bestimmen. Geregelt war dies für Freiflächenanlagen zuletzt in den §§ 31, 51 EEG 2014. Anspruchsberechtigt für den Erhalt von Fördergeldern war derjenige, der eine Anlage betrieb. Die Behörde musste die anzulegenden Werte berechnen und veröffentlichen, Anlagenbetreiber und Netzbetreiber mussten die anzulegenden Werte lediglich zur Kenntnis nehmen und konnten anhand ihrer und der erzeugten Strommenge die Höhe der Förderzahlungen berechnen.

Mit der Einführung der Ausschreibungen für Freiflächenanlagen wurde ein Verfahren eingeführt, das zunächst für sämtliche Beteiligte mit einem erhöhten Aufwand verbunden war. Das einfache System „errichte und verdiene" wurde durch ein Verfahren zur Ermittlung „der finanziellen Förderung und ihrer Höhe für Strom aus Freiflächenanlagen nach § 55 EEG, um im Rahmen des Ausbaupfads nach § 3 Nr. 3 EEG einen Zubau von Freiflächenanlagen in Höhe von durchschnittlich 400 Megawatt pro Kalenderjahr zu erreichen" (§ 1 FFAV), ersetzt.

Die Ausschreibungen sollten verhindern, dass es zu Überförderungen der EE-Anlagen kommt, da bei rasch fallenden Anlagenkosten der atmende Deckel nicht zu einer ebenso schnellen Absenkung der Förderwerte führte. Außerdem lässt sich durch die Vorgabe der jährlichen Ausschreibungsmengen eine Mengensteuerung implementieren, da im Bereich der Erneuerbaren Energien ein nennenswerter Zubau ohne Förderung insbesondere zur damaligen Zeit unwahrscheinlich (gewesen) ist.

Seit dem 1.1.2017 wurden die zuvor nur für Freiflächenanlagen geltenden Ausschreibungen auch auf andere Erneuerbare Energien ausgedehnt. Die Ausschreibungen sind seitdem ein elementarer Teil der Förderungen nach dem EEG. Als solcher müssen sie sich auch an den Zielen des EEG messen lassen. Für die Beurteilung der Effektivität ist es damit unerlässlich, die normierten Ziele des § 1 Abs. 1 und 3 EEG zu beachten: Die Transformation zu einer nachhaltigen und treibhausgasneutralen Stromversorgung, die vollständig auf erneuerbaren Energien beruht, soll stetig, kosteneffizient, umweltverträglich und netzverträglich erfolgen. Hinzu kommt der mittlerweile nur noch in § 99 Abs. 1 S. 2 Nr. 2 EEG genannte Programmsatz, die Ermöglichung einer Akteursvielfalt.[6]

Die Effektivität einzelner Aspekte der Ausschreibungen wird im folgenden Kapitel genauer betrachtet.

Das Verfahren ist für ein wettbewerbliches Ausschreibungsverfahren recht einfach ausgestaltet:

Ausgeschrieben wird eine bestimmte Menge an zu installierender Leistung, für die Gebote bezuschlagt werden können. Welche Mengen auszuschreiben sind, ergibt sich aus dem Gesetz. Aktuell finden sich die entsprechenden Regelungen in § 28a Abs. 2 bis 5 EEG. Von der gesetzlich vorgegebenen Jahresmenge werden bestimmte Positionen hinzugerechnet oder abgezogen, insbesondere die Leistung der Anlagen, die außerhalb der Ausschreibungen in Betrieb genommen wurden.

Geboten wird für eine bestimmte Anlagengröße; die zu installierende Anlagenleistung wird im Gebot als Gebotsmenge in Kilowatt angegeben. Entscheidend für die Förderhöhe ist vor allem der Gebotswert, der in Cent pro Kilowattstunde anzugeben ist. Er bildet die Grundlage für den später zu errechnenden anzulegenden Wert, d.h. für die Förderhöhe.

Die Bundesnetzagentur als ausschreibende Stelle macht nach § 29 Abs. 1 EEG die wichtigsten Parameter des jeweiligen Gebotstermins bekannt. Dies sind insbesondere neben der jeweils auszuschreibenden Menge der Höchstwert, also der Gebotswert, den die Bieter höchstens bieten dürfen, die Abgabefrist der Gebote und die in dem jeweiligen Gebotstermin zu verwendenden Formulare.

Die Bieter müssen Gebotsmenge und Gebotswert berechnen und ihre Gebote einreichen. Bei der Ermittlung des Gebotswerts werden sie schauen, einen Wert zu bieten, der hoch genug ist, dass ihre Stromgestehungskosten abgedeckt werden, der aber gleichzeitig niedrig genug ist, um einen Zuschlag zu erlangen. Die Bieter haben dafür Sorge zu tragen, dass die Gebote und zu stellende finanzielle Sicherheiten sowie die Gebühr rechtzeitig bis zum Gebotstermin[7] bei der Bundesnetzagentur eingehen und nicht an Formfehlern leiden.

---

6 Bei der Einführung der Ausschreibungen bis zum 29.07.2022 wurde der Akteursvielfalt eine deutlich prominentere Rolle eingeräumt: § 2 Abs. 2 EEG 2021 in der vor dem 29.07.2022 geltenden Fassung: *Die Höhe der Zahlungen für Strom aus erneuerbaren Energien soll durch Ausschreibungen ermittelt werden. Dabei soll die Akteursvielfalt bei der Stromerzeugung aus erneuerbaren Energien erhalten bleiben.*

7 § 3 Nr. 25 EEG: „Gebotstermin" der Kalendertag, an dem die Frist für die Abgabe von Geboten für eine Ausschreibung abläuft.

Für jedes Gebot ist vorab eine Gebühr zu entrichten. Die Gebühr ist bis zum Gebotstermin zu leisten.[8]

Für jedes Gebot ist eine Sicherheit zu stellen – sie bemisst sich nach der jeweiligen Gebotsmenge. Die Sicherheit muss bis zum Gebotstermin entweder auf ein Konto bei der Bundesnetzagentur eingegangen sein oder per Bürgschaft gestellt werden. Die Sicherheit dient als Pfand für die Umsetzung der Gebote.[9]

Die Bundesnetzagentur prüft nach dem Gebotstermin alle rechtzeitig eingegangene Gebote auf deren Zulässigkeit, sortiert sie anhand des Gebotswerts in aufsteigender Reihenfolge und erteilt den Geboten Zuschläge, bis die Summe der Gebotsmengen die ausgeschriebene Menge erstmals erreicht oder überschritten hat.

Erfolgreiche Bieter haben zwei Jahre Zeit, ihre Anlage zu errichten. Dabei sind sie nicht an den im Gebot angegebenen Standort gebunden. Sie können auch auf anderen Flächen Anlagen errichten. Sobald mit der Anlage Strom erzeugt wird,[10] registrieren die Bieter die Anlage als in Betrieb genommen im Marktstammdatenregister und beantragen die Ausstellung einer Zahlungsberechtigung bei der Bundesnetzagentur. Durch die Zahlungsberechtigung wird die bezuschlagte Gebotsmenge der konkreten Anlage verbindlich und dauerhaft zugeordnet, § 38a Abs. 4 S. 2 EEG.

Die Sicherheiten werden nach § 55a Abs. 1 oder Abs. 2 Nr. 1 EEG dann ausgekehrt, wenn sie nicht mehr benötigt werden. Wird ein Gebot nicht bezuschlagt, wird die dafür hinterlegte Sicherheit nach Abschluss des Gebotstermins zurückgewährt. Im Falle der Zuschlagserteilung erhalten Bieter die Sicherheit zurück, wenn sie die Anlage realisiert haben und die im Marktstammdatenregister und im Antrag der Zahlungsberechtigung gemachten Angaben vom Anschlussnetzbetreiber bestätigt wurden. Wird ein Zuschlag nicht umgesetzt, werden die Sicherheiten verwahrt, bis der Bieter seine

---

8 Vorabgebühr nach Abschnitt 11 Nr. 1 Anlage der Besonderen Gebührenverordnung BNetzA.

9 BT-Drs 18/8832, S. 207.

10 Es muss eine Inbetriebnahme nach § 3 Nr. 30 EEG stattgefunden haben. § 3 Nr. 25 EEG: „Inbetriebnahme" die erstmalige Inbetriebsetzung der Anlage ausschließlich mit erneuerbaren Energien oder Grubengas nach Herstellung der technischen Betriebsbereitschaft der Anlage; die technische Betriebsbereitschaft setzt voraus, dass die Anlage fest an dem für den dauerhaften Betrieb vorgesehenen Ort und dauerhaft mit dem für die Erzeugung von Wechselstrom erforderlichen Zubehör installiert wurde; der Austausch des Generators oder sonstiger technischer oder baulicher Teile nach der erstmaligen Inbetriebnahme führt nicht zu einer Änderung des Zeitpunkts der Inbetriebnahme.

Pönale nach § 55 Abs. 2 EEG gezahlt hat. Andernfalls darf sich der regelverantwortliche Übertragungsnetzbetreiber hinsichtlich der Forderungen nach § 55 Abs. 1 bis 5 EEG aus der jeweils für das Gebot hinterlegten Sicherheit befriedigen (§ 55 Abs. 7 EEG).

Mit der Einführung eines Verwaltungsverfahrens für eine Leistung, die zuvor antragslos gewährt wurde, entstehen Kosten und bürokratischer Aufwand. Für die Anlagenbetreiber ist die Einführung mit einem sehr hohen Effizienzverlust verbunden gewesen, müssen sie seitdem ein Gebot abgeben, eine Gebühr errichten, eine Sicherheit stellen und eine Zahlungsberechtigung zu beantragen.

Als die Ausschreibungsverfahren eingeführt wurden, waren zunächst zweimal drei jährliche Termine für Freiflächenanlagen geplant. Die pro Jahr durchzuführenden Gebotstermine nur für diese Technologie stiegen im Jahr 2020 aus politischen Gründen auf sieben, seit 2021 sind wieder drei Gebotstermine für Freiflächenanlagen vorgesehen. Die Bundesnetzagentur als ausschreibende Stelle führt für Ausschreibungen allein nach oder aufgrund des EEG im Jahr 2024 insgesamt 16 Gebotstermine durch.[11] Die Ausschreibungen sind so zu Masseverfahren geworden, die die Bundesnetzagentur neben der aus § 10 S. 2 VwVfG resultierenden Verpflichtung auch in eigenem Interesse möglichst effizient durchführen muss. In erster Linie die Bieter, aber auch die Vertreter der Politik, haben in aller Regel ein Interesse daran, dass die Ausschreibungsergebnisse schnell veröffentlicht werden. Somit ist eine zügige Bearbeitung der Ausschreibungen geboten.

2. Besondere Aspekte und ihre Effektivität und Effizienz

Im Folgenden werden einzelne Aspekte des Ausschreibungsverfahrens beleuchtet und ihre Effektivität und Effizienz bewertet.

a) Beratung der Bieter / Informationsbereitstellung durch die Behörde

Um dem Bieter ein effizientes Durchlaufen des Verfahrens zu ermöglichen, wurde bereits als das Verfahren eingeführt wurde, ein umfangreiches Infor-

11 Die weiteren Ausschreibungen nach dem WindSeeG und der KWKAusV werden von anderen Organisationseinheiten betreut und an dieser Stelle nicht weiter betrachtet. Die Aufteilung wird im Abschnitt „Interne Zuständigkeiten der Ausschreibungen bei der Bundesnetzagentur“ genauer betrachtet.

mationsangebot bereitgestellt. Auf zahlreichen Vorträgen wurde das Verfahren vorgestellt. Im Internet wurden die Verfahren in verständlicher Sprache dargestellt. Gleichzeitig wurde ein Funktionspostfach für per E-Mail eingehende Fragen eingerichtet. Die eingehenden E-Mails werden seit Beginn dieses Service in aller Regel innerhalb weniger Stunden beantwortet. Dadurch ist es gelungen, dass die Bieter schnell und umfassend über das neue Verfahren informiert wurden und dass gleichzeitig das Verfahren – trotz anfänglich immenser Ressentiments der Erneuerbaren-Energien-Branche gegen das aus ihrer Sicht umständliche Verfahren – gut angenommen wurde. Die Bundesnetzagentur konnte ihr Profil als verlässlicher Partner der Energiewende weiter schärfen.

Häufen sich Fragen zu einem Thema, wird der Internetauftritt um diese Problemstellung einschließlich ihrer Lösung ergänzt. Wenn gesetzliche Bestimmungen geändert werden, wird der Internetauftritt umgehend angepasst. Bieter haben damit stets die Möglichkeit, sich über die aktuelle Rechtslage zu informieren.

Neben der nach § 29 EEG verpflichteten Bekanntmachung des Gebotstermins wird bei den Ausschreibungen für Freiflächenanlagen noch eine „Checkliste zur Gebotsabgabe“ veröffentlicht, damit Bieter eigenständig prüfen können, ob ihre Gebote den Anforderungen entsprechen.

Das breit aufgestellte Informationsangebot sorgt für eine effektive und effiziente Umsetzung der Verfahren. Dadurch, dass jeder potentielle Bieter rasch und kostenfrei Zugang zu den erforderlichen Informationen erhalten konnte, wurde das Ziel der Sicherung der Akteursvielfalt gestärkt. Unter diesem Gesichtspunkt waren die Publikationen sehr effektiv. Auch Bieter, die die Inanspruchnahme einer Rechtsberatung scheuen, haben Zugang zu für sie relevanten Informationen. Wie gleich erläutert wird, ist die Informationsbereitstellung auch geeignet, die Kosten der Energiewende zu senken – je weniger Gebote ausgeschlossen werden müssen, desto höher ist die Effektivität. Sofern Bieter sich über die Anforderungen an die Gebote informieren, geben sie keine unzulässigen Gebote oder solche mit Formfehlern ab; hierdurch verringert sich die Ausschlussquote.

Nicht nur die Effektivität wird durch das Bereitstellen der Informationen gesteigert, es kommt auch der Effizienz für Behörde und Bieter zu Gute. Bieter meistern die Hürde der Ausschreibung dann mit geringen Aufwand erfolgreich und damit effizient, wenn sie geringe Mittel einsetzen müssen, um zum Erfolg, also zu einem Zuschlag zu kommen. Sofern sie sich einfach informieren können und keine anwaltliche Beratung in Anspruch nehmen müssen, reduziert sich ihr Aufwand. Ob ein zulässiges Gebot einen Zuschlag erhält, ist dann einzig eine Frage des jeweiligen individuell gewählten Gebotswerts.[12] Aus Sicht der Verwaltung ist die Informationsbereitstellung und auch die zügige Beantwortung eingehender Fragen zunächst mit Aufwand verbunden. Allerdings zahlt sich für die Behörde dieser Aufwand aus und steigert damit ihre Effizienz: Jede Frage, die im Vorfeld beantwortet wird, muss zumindest in der Theorie nicht individuell gestellt und eigens beantwortet werden, wodurch eine geringe Effizienz verhindert wird. Jedes durch Informationsbereitstellung zusätzlich zulässige Gebot verhindert einen Ausschluss; im Gegensatz zu der Entscheidung über ein zulässiges Gebot ist ein Bescheid, der die Nichtzulässigkeit eines Gebots statuiert, individuell zu erstellen und kann nicht automatisch generiert werden. Hinzu kommt, dass negative Entscheidungen über die Zulässigkeit von Geboten potentiell das Risiko von Rechtsstreitigkeiten in sich tragen. Jeder Rechtsstreit bindet Ressourcen und ist damit ineffizient; auch aus diesem Grund ist eine umfassende Informationsbereitstellung im Rahmen einer Effizienzerhöhung geboten.

b) Formvorgaben/Formulare

Seit Einführung der Ausschreibungen ist es der Bundesnetzagentur möglich, Formulare zu erstellen, deren Gebrauch sie im Verfahren vorgeben darf. Die in § 34 Abs. 1 FFAV vorhandene Norm wurde 2017 ins EEG überführt und gilt seitdem mit § 30a Abs. 1 EEG fort. Die Bundesnetzagentur hat von ihrer Befugnis bereits beim ersten Gebotstermin Gebrauch gemacht[13] und mittlerweile für nahezu jeden Verfahrensschritt Formulare erstellt.

Nach § 30a Abs. 1 i.V.m. § 33 Abs. 1 Nr. 1 EEG dürfen nur Gebote abgegeben werden, die den Formatvorgaben entsprechen. Sofern Bieter ihre Sicherheit durch die Abgabe einer Bürgschaft stellen, müssen sie hierzu das von der Bundesnetzagentur bereitgestellte Formular benutzen.

Vor allem für die Verwaltung ist die Vorgabe von Formatvorgaben eine Möglichkeit, die Verfahrenseffizienz zu steigern. So werden insbesondere

12 Siehe Abschnitt „Transparenz" in diesem Kapitel.

13 Siehe https://www.bundesnetzagentur.de/DE/Fachthemen/ElektrizitaetundGas/Ausschreibungen/Solaranlagen1/BeendeteAusschreibungen/Ausschreibungen2015_2016/Gebotstermin_15_04_2015/Gebotstermin_15_04_2015_node.html, zuletzt aufgerufen am 10.5.2024.

die Eigenerklärungen nach § 30 Abs. 1 Nr. 8, § 30 Abs. 2a und § 37 Abs. 2 Nr. 1, 2, 3 oder 4 EEG durch die Unterschrift unter das Gebot abgegeben[14]; die Bundesnetzagentur muss nicht prüfen, ob von den Bietern selbst verfasste Erklärungen den gesetzlichen Vorgaben entsprechen, sie kann sich vielmehr darauf verlassen, dass ihre formularmäßig vorgegebenen Formulierungen den gesetzlichen Anforderungen entsprechen.

Die Bundesnetzagentur erhält durch die Verwendung der Formulare sämtliche relevanten Angaben strukturiert und in einer digital auslesbaren Form. Sofern ein Formular nicht vollständig ausgefüllt ist, weiß die Behörde bei der Prüfung hingegen, dass in aller Regel Pflichtangaben fehlen, so dass ein Ausschluss des Gebots die wahrscheinliche Rechtsfolge ist.

Für die Bürgschaften stellt die Bundesnetzagentur ein eigenes Formular zur Verfügung, das den gesetzlichen Anforderungen[15] entspricht. Da die Bürgschaft nicht zu Gunsten der Bundesnetzagentur, sondern zu Gunsten des jeweils regelverantwortlichen Übertragungsnetzbetreibers zu stellen ist, wurden nur diese vier Unternehmen als Begünstigte benannt und können ausgewählt werden; hierdurch wird verhindert, dass die Bundesnetzagentur als Hauptschuldnerin eingetragen wird – ein für viele Bieter naheliegender Gedanke, da ihr die Bürgschaft übermittelt wird. Zu Beginn der Ausschreibungsverfahren wurde seitens der Banken mitunter die Ansicht geäußert, das bereitgestellte Formular sei „nicht bankable“; da es jedoch seit nunmehr elf Jahren von diversen – auch großen – Banken und Kreditversicherern genutzt wird, hat sich diese Aussage als nicht haltbar erwiesen. Für die Bundesnetzagentur hat die Verwendung des Formulars den großen Vorteil, dass sie nicht in die AGB der Banken einsteigen muss, um festzustellen, ob sich hier nicht widersprechende Klauseln verbergen, die etwa Einschränkungen für die Inanspruchnahme auf erstes Anfordern enthalten. Bieter haben die Gewissheit, dass eine vollständig und korrekt ausgefüllte Bürgschaft als taugliches Sicherungsmittel akzeptiert wird.

Für Bieter können sich aus den Formularen jedoch auch neue Hürden ergeben. Denn nach § 33 Abs. 1 Nr. 1 EEG sind Gebote von den Zuschlagsverfahren auszuschließen, wenn sie nicht den Formatvorgaben der

---

14 Gebote müssen die Eigenerklärungen enthalten, dass kein Teilnahmeverbot für die Anlage besteht, dass Bieter weder Unternehmer in Schwierigkeiten sind, noch, dass gegen sie Rückforderungsansprüchen der Europäischen Kommission bestehen. Hinsichtlich der Solaranlagen sind Eigenerklärungen zu materiellen Präqualifikationen und zu konkreten Flächen abzugeben.

15 Es ist „eine unwiderrufliche, unbedingte und unbefristete Bürgschaft auf erstes Anfordern“ zu stellen, § 31 Abs. 3 Nr. 1 EEG.

Bundesnetzagentur entsprechen. Dies bedeutet, dass die Behörde keinen Spielraum hat, wenn Bieter Erklärungen außerhalb der bereitgestellten Formulare abgeben – in diesem Fall liegt ein Ausschlussgrund vor und das Gebot ist nicht zuzulassen. Derartige Fälle traten vor allem in den ersten zwei Jahren der Ausschreibungen auf: Nach § 6 Abs. 4 Nr. 4 FFAV musste eine „Vollmachtsurkunde" den Geboten beigefügt werden. Für diese Urkunde hatte die Bundesnetzagentur ein Formular bereitgestellt, das nach § 34 Abs. 1 FFAV zwingend zu verwenden war. Viele Bieter versuchten jedoch, die Bevollmächtigung der benannten Person durch andere Nachweise oder Erklärungen zu belegen.

Die Vorgabe von Formularen ist vor allem in Hinblick auf die Akteursvielfalt effektiv. Bieter, die sich vor der Inanspruchnahme anwaltlicher Beratung scheuen, werden durch die vorgegebenen Eingabe-Masken und Erklärungen in die Lage versetzt, ohne weitere Hilfe ein Gebot einzureichen. Der geringere Prüfaufwand der Behörde und die geringere Ausschlussquote sorgen für eine rasche Umsetzung der Ausschreibungen.

c) Gebühren

Ein kleiner Aspekt, der jedoch die Effizienz auf behördlicher Seite stark erhöht, der aber für die Effizienz der Bieter und für die Effektivität der Verfahren unerheblich ist, ist die Leistung der Verfahrensgebühr für die Gebote als Vorabgebühr nach Abschnitt 11 Nr. 1 Anlage der Besonderen Gebührenverordnung BNetzA. Hierdurch spart sich die Behörde in vielen Fällen Nachforderungen der Gebühren. Der Verwaltungsaufwand sinkt insgesamt deutlich, auch wenn er sich dadurch erhöht, dass die auf ein Sammelkassenzeichen eingegangenen Gebühren den bestimmten Geboten zugeordnet werden müssen; dies wäre zwar bei individuell vergebenen Kassenzeichen nicht der Fall – dazu müsste aber auf eine Vorabgebührenerhebung verzichtet werden.

d) Prüfung der Gebote: Entscheidungskriterien[16]

Der Verordnungs- und später der Gesetzgeber haben die meisten Ausschlussgründe für Gebote nach der FFAV und dem EEG als gebundene

16 Siehe auch den Absatz „Keine Nachbesserungsmöglichkeit von unzulässigen Geboten" in diesem Kapitel.

Entscheidungen ausgestaltet. Nur die Ausschlüsse nach § 33 Abs. 2 und § 34 Abs. 2 EEG aufgrund fehlender Realisierungsabsichten oder Ausschlüsse aufgrund in der Person des Bieters liegender Gründe sind erst nach einer Ermessensbetätigung statthaft.[17]

Die Bundesnetzagentur hat also grundsätzlich kein Ermessen hinsichtlich der Zulassungsentscheidung nach § 33 Abs. 1 EEG („Die Bundesnetzagentur schließt Gebote vom Zuschlagsverfahren aus."). Dies sorgt aus Sicht der Behörde für eine hohe Effizienz, denn jeder Abwägungsprozess bindet Ressourcen. In Ausschreibungsverfahren mit mitunter über 500 zu prüfenden Geboten[18] würden Ermessensentscheidungen eine zügige Durchführung der Verfahren verhindern. Allerdings führt dieser Effizienzgewinn an anderer Stelle auch zu Ineffizienzen: Da jeder Ausschluss eines Gebots mit zusätzlichem Aufwand einhergeht,[19] wäre ein behördlicher Spielraum bei manchen Stellen wünschenswert, etwa bei geringen Abweichungen der Sicherheit oder bei fehlenden, leicht zu ergänzenden Angaben. Auf den ersten Blick verringert sich auch die Effektivität, weil jeder Ausschluss zu höheren Kosten führt. Allerdings muss auch die Verlässlichkeit einer Entscheidung in Hinblick auf konkurrierende Bieter mitbetrachtet werden. Bieter haben ein Interesse daran, dass nur die Gebote zugelassen werden, die die Zulässigkeitskriterien erfüllen, damit ihre eigenen Gebote bezuschlagt werden. Somit steigt durch die gesetzgeberische Entscheidung, auf das Einräumen behördlichen Ermessens zu verzichten, die Rechtssicherheit insgesamt und damit partiell die Effizienz.

e) Umfang der Gebotsprüfung

Die eingegangenen Gebote werden von den Mitarbeitern der Bundesnetzagentur umfangreich geprüft. Die Prüfung eines Gebots umfasst sämtliche gesetzlichen Vorgaben; sie wird nicht bereits dann beendet, wenn ein Ausschlussgrund vom Verfahren vorliegt.

Dieses Vorgehen mag auf den ersten Blick für die Behörde als wenig effektiv erscheinen: Ein Gebot, das an einem Fehler leidet, ist zwingend

---

17 In den neun Jahren der Ausschreibungen ist es zu einer niedrigen einstelligen Anzahl an Ausschlüssen mit Ermessensbetätigung gekommen, so dass eine weitere Befassung mit diesen Ausschlüssen unterbleibt.

18 Gebotstermine Juli und Dezember 2023, https://www.bundesnetzagentur.de/DE/Fachthemen/ElektrizitaetundGas/Ausschreibungen/Solaranlagen1/BeendeteAusschreibungen/start.html, zuletzt aufgerufen am 10.5.2024.

19 Siehe Absatz „Umfang der Gebotsprüfung", nächster Absatz in diesem Kapitel.

vom Verfahren auszuschließen, weshalb beim Auffinden des ersten Fehlers die Prüfung beendet werden könnte. Dennoch werden hier nicht unnötig Ressourcen aufgewendet: Es ist davon auszugehen, dass der Bieter sein Projekt weiterverfolgen wird, denn schließlich hat er zum Zeitpunkt der Gebotsabgabe bereits mit der Planung begonnen und Investitionen getätigt: Unter Umständen hat er die Bauleitplanung finanzieren müssen und mit den Flächeneigentümern (Vor-)Verträge geschlossen. Diese Kosten sollen refinanziert werden und dies geht in aller Regel nur über einen Zuschlag in den Ausschreibungsverfahren. Insofern ist davon auszugehen, dass der Bieter nach einem Ausschluss erneut ein Gebot einreichen wird. Jedes eingereichte Gebot muss geöffnet, in die Datenbank eingegeben, geprüft und beschieden werden. Diese Schritte sind unerlässlich. Sollte ein Gebot an weiteren Fehlern leiden, so ist es denkbar, dass ebendiese bei einem neuen Gebot erneut gemacht werden. Dieses neue Gebot wäre ebenfalls auszuschließen. Insofern spart es Kosten aller Beteiligten, wenn ein Gebot vollumfänglich geprüft wird, damit sämtliche Fehler den Bietern aufgezeigt werden und im Idealfall nur einmal gemacht werden. So wird ein hohes Maß an Effizienz erreicht.

Das Vorgehen ist dabei auch effektiv: Ausschreibungsverfahren sollen helfen, Förderkosten zu senken. Jedes ausgeschlossene Gebot, das innerhalb der Zuschlagsgrenze liegen würde, verschiebt diese nach oben, da teurere Gebote nachrücken. Ausschlüsse verursachen Kosten, die ebenfalls refinanziert werden müssen und sind deshalb ebenfalls volkswirtschaftliche Kostentreiber. Insofern wird der Zweck der Senkung der Förderkosten durch die umfassende Prüfung der Gebote nach allen Kriterien erfüllt.

Ein weiterer Aspekt, der zeigt, dass umfassende Prüfungen effektiv sind: Um die gesetzlichen Ziele des Umbaus der Energielandschaft zu erreichen, werden im EEG Zubau-Korridore vorgegeben, aktuell nach §§ 4 und 4a EEG. Die Zubaupfade werden auf die jährlich auszuschreibenden Mengen heruntergebrochen. Diese werden durch die schnelle Umsetzung der Projekte erreicht. Wenn zu viele Gebote ausgeschlossen werden würden oder von vornherein zu wenig Gebote eingereicht werden, kommt es zu einer Unterdeckung des ausgeschriebenen Volumens, das sich durch jeden Ausschluss vergrößert. Der Zweck der Ausschreibungsverfahren, den Zubau pfadgerecht umzusetzen, wird durch weniger Ausschlüsse besser erreicht. Die umfangreiche Prüfung der Gebote sorgt also auch für eine höhere Effektivität.

f) Keine Nachbesserungsmöglichkeit von unzulässigen Geboten

Nach § 32 Abs. 1 EEG öffnet die Bundesnetzagentur für die Zuschlagserteilung die fristgerecht eingegangenen Gebote. Danach prüft sie deren Zulässigkeit und erteilt zulässigen Geboten einen Zuschlag, bis die Summe der Gebotsmenge der bezuschlagten Gebote die Zuschlagsgrenze, also die ausgeschriebene Menge erreicht oder überschritten hat. Hierin stecken zwei für ein schlankes und zügiges Ausschreibungsverfahren wichtige Programmsätze: Erstens müssen Gebote bis zum Gebotstermin eingereicht werden und werden sonst nicht beachtet, eine Wiedereinsetzung in den vorigen Stand nach § 32 Abs. 1 VwVfG ist nicht möglich. Zweitens ist eine Nachbesserung von Geboten, um Zulässigkeitshindernisse zu beseitigen, ebenfalls ausgeschlossen. Mit der Bestimmung, dass auf Fristverstöße mit einem Ausschluss reagiert werden muss, wird zunächst § 33 Abs. 1 Nr. 1 EEG konkretisiert. Gleichzeitig wird damit jedoch auch eine Regelung im Sinne des § 32 Abs. 5 VwVfG geschaffen, also eine Bestimmung, die die Wiedereinsetzung ausschließt. Denn fristgerecht eingegangen ist nur das, was tatsächlich ohne einen Fristverstoß eingereicht wurde; hierdurch wird die Regelung der Gebotstermine zu einer Stichtagsregelung.

Mit der Regelung, dass nur zulässige Gebote einen Zuschlag erhalten dürfen, wird deutlich gemacht, dass die Zulässigkeit der Gebote zum Gebotstermin gegeben sein muss. Nachbesserungen sind den Bietern nicht möglich. Damit unterscheidet sich das Ausschreibungsverfahren nach dem EEG von sonstigen Vergabeverfahren, bei denen eine Nachbesserung des Angebots oder eine Ergänzung der Unterlagen durch Teilnehmende in Teilen möglich ist.

Für die Bundesnetzagentur sind diese Regelungen eine deutliche Arbeitserleichterung; sie sorgen für eine hohe Effizienz. Die Behörde muss keine aufwändigen Nachforschungen anstrengen, Nachfristen setzen oder schauen, woran ein nicht rechtzeitiger Zugang gelegen hat. Freilich wurde damit allein die Effizienz des Verwaltungsverfahrens gefördert – aus Sicht der teilnehmenden Bieter sinkt die Effizienz. Auch unter Effektivitätsgesichtspunkten ist diese Norm nicht förderlich. Würden den Bietern die Möglichkeit eröffnet, Wiedereinsetzung in den vorigen Stand zu beantragen können oder insbesondere die Möglichkeit haben, Formfehler im Nachgang zu korrigieren, würde dies zu einer Ausschlussquote von null führen und so die Zubaukosten geringer halten.

Da jede Beschränkung in den Ausschreibungen auch ein weiterer Eingriff in die Berufsausübung nach Art. 12 Abs. 1 und 2 des Grundgesetzes ist[20], haben diese Beschränkungen einen verfassungsrechtlichen Bezug. Die Einschränkungen sind jedoch verfassungsgemäß, da sie gerechtfertigt sind. Die Ausschreibungen für Freiflächenanlagen werden dreimal im Jahr durchgeführt, also durchschnittlich alle vier Monate. Bieter können sich also nach kurzer Zeit erneut an einer Ausschreibungsrunde beteiligen. Dadurch ist der Mit einem Ausschluss verbundene Eingriff nur temporär berufsbeschränkend. Hinzu kommt, dass es dem Bieter grundsätzlich möglich ist, ein zulässiges Gebot rechtzeitig zum Gebotstermin einzureichen. Der Ausschluss liegt stets in seiner Sphäre, auch dann, wenn das von ihm beauftragte Versandunternehmen sein Gebot nicht rechtzeitig zustellt.

Der Gewinn an rechtssicheren und zügig vorliegenden Ergebnissen hingegen ist nur durch die klaren und strikten Zulassungsvorgaben zu erreichen: Die Bundesnetzagentur und sämtliche anderen Bieter mit zulässigen Geboten haben ein starkes Interesse daran, dass die Ergebnisse möglichst schnell verkündet werden, denn auch für die anderen Bieter bedeutet ein fehlender Zuschlag eine Beschränkung der Berufsausübungsfreiheit. Da Nachforschungen Zeit in Anspruch nehmen, bestünde die Möglichkeit, dass sich die Verfahrensdauer bis zum nächsten Gebotstermin hinzieht. Dies wiederum würde die Bieter des alten Gebotstermins vor die Problematik stellen, nicht zu wissen, ob sie bereits einen Zuschlag für ihr Gebot erhalten haben. Insofern ist es eine sachgerechte und interessensgerechte Lösung, Bietern keine Möglichkeit der Wiedereinsetzung in den vorigen Stand oder des Nachbesserns ihrer Gebote einzuräumen.

g) Sicherheiten

Um spekulative Gebote zu vermeiden und um eine hohe Realisierungsrate zu gewährleisten, sind Bieter verpflichtet, für ihre Gebote eine Sicherheit bei der Bundesnetzagentur zu hinterlegen.[21] Die Bundesnetzagentur verwaltet gemäß § 31 Abs. 5 EEG die Sicherheit treuhänderisch. Die Sicherheit beträgt 50 Euro je Kilowatt Gebotsmenge und kann bei der Vorlage eines beschlossenen Bebauungsplans oder des Nachweises der Durchführung eines Planverfahrens auf 25 Euro je Kilowatt Gebotsmenge reduziert werden.

---

20 Ausschreibungsregelungen beschränken per se die Berufsfreiheit, da sie die Möglichkeit, mit Erneuerbaren-Energien-Anlagen Geld zu verdienen, beschränken.

21 BT-Drs. 18/8832, S. 207.

Soweit die Projekte realisiert und die Angaben der Zahlungsberechtigung durch den Netzbetreiber der Bundesnetzagentur bestätigt werden, wird die Sicherheit ausgekehrt (§ 55a Abs. 2 Nr. 1 EEG). Im Falle der Nichtrealisierung gilt § 55a Abs. 1 Nr. 3 EEG: Die Bundesnetzagentur gibt unverzüglich die hinterlegten Sicherheiten für ein bestimmtes Gebot zurück, wenn der Bieter für dieses Gebot eine Pönale nach § 55 Abs. 2 EEG geleistet hat; zahlt der Bieter nicht, darf der Übertragungsnetzbetreiber die Sicherheit verwerten.

Sowohl für Bieter als auch für die ausschreibende Stelle verringert die Hinterlegung der Sicherheit die Effizienz der Verfahren deutlich. Bieter haben einen erhöhten Finanzierungsaufwand und müssen das Risiko der Umsetzung eines Zuschlags verschuldensunabhängig tragen. Die Behörde muss die Zahlungen verwalten und zurückgewähren; dies bindet sowohl bei der Bundesnetzagentur als auch bei der Bundeskasse, die den Zahlungsverkehr der Behörde abwickelt, Ressourcen. Die Effektivität der Verfahren wird hingegen deutlich gesteigert, da die Sicherheiten Gewähr dafür bieten, dass die Zuschläge umgesetzt werden und somit der Zubau an solaren Freiflächenanlagen dem Ausbaupfad folgt. Die Effizienz muss sich an dieser Stelle der Effektivität unterordnen. Die hohen Realisierungsraten der Solarausschreibungen mit bis zu 99,9 Prozent[22] zeigen die Bedeutung eines funktionierenden Sicherheits- und Pönalzahlungssystems.

h) Zahlungsberechtigungen

Bieter, die einen Zuschlag erhalten haben, müssen diesen nicht auf den Flächen realisieren, die sie im Gebot angegeben haben. Bieter sind frei in der Standortwahl[23], sofern der Flächenkatalog des § 37 Abs. 1 EEG eingehalten wird. Die Solarausschreibungen haben im Gegensatz zu sämtlichen anderen Ausschreibungen nach dem EEG einen eindeutigen Bieterbezug und nur einen geringen Projektbezug. Bei den Ausschreibungen der anderen Technologien werden stets konkrete Projekte bezuschlagt, die nicht zwingend vom Bieter umgesetzt werden müssen. Bei den Ausschreibungen für Freiflächenanlagen hingegen muss gemäß § 38 Abs. 2 Nr. 5 EEG der Bieter bei der Inbetriebnahme der Anlage deren Betreiber sein.

22 Gebotstermin April 2016, https://www.bundesnetzagentur.de/DE/Fachthemen/ElektrizitaetundGas/Ausschreibungen/Solaranlagen1/BeendeteAusschreibungen/start.html, zuletzt aufgerufen am 10.5.2024.

23 Wird ein Projekt an einem anderen Standort realisiert, ist ein Abschlag des anzulegenden Werts in Höhe von 0,3 ct/kWh hinzunehmen, § 54 Abs. 2 EEG.

Wenn die Anlage realisiert worden ist, muss ein Antrag auf Ausstellung einer Zahlungsberechtigung nach § 38 EEG gestellt werden, durch den die bezuschlagte Gebotsmenge der Anlage zugewiesen wird. Die Zahlungsberechtigung selbst ist ein weiterer Verwaltungsakt, der nach § 38a Abs. 4 S. 1 EEG unter der auflösenden Bedingung steht, dass die im Antrag und im Marktstammdatenregister getätigten Angaben vom Anschlussnetzbetreiber bestätigt werden.

Mit der Einführung eines zweiten Verwaltungsverfahrens innerhalb der Ausschreibung wird zunächst einmal die Effizienz verringert.

Die Flexibilität bei der Standortwahl ist ein Garant für eine hohe Realisierung und dient damit dem Ziel des stetigen Zubaus von Solaranlagen entlang des gesetzlichen Zubaupfads. Die Maßnahme ist insofern deutlich effektivitätserhöhend. Die hohen Realisierungsraten wären bei einer Projektbindung nicht zu erreichen gewesen. Ergeben sich im Lauf des Projektfortschritts z.B. baurechtliche Hürden, so ist der Zuschlag nicht „verloren"; vielmehr steht es den Bietern frei, auf anderen Flächen zu realisieren. Hierdurch werden die den gesetzlichen Zubaupfad abbildenden Ausschreibungsmengen vermehrt realisiert, wodurch die Effektivität der Ausschreibungen insgesamt gesteigert wird. Bei den projektgebundenen Ausschreibungen ist ein solches Verfahren nicht möglich, da ein konkretes genehmigtes Vorhaben bezuschlagt wird – zu beachten ist jedoch, dass die Teilnahme zumeist vom erfolgreichen Durchlaufen eines Genehmigungsverfahrens (vgl § 36 Abs. 1 Nr. 1 EEG und § 39 Abs. 1 Nr. 2 EEG) abhängig ist, so dass das Scheitern der Projekte weniger wahrscheinlich ist.

Durch die auflösende Bedingung des § 38a Abs. 4 S. 1 EEG wurde eine Regelung eingeführt, die Effizienzen hebt: Es ist kein aufwändigeres Rücknahmeverfahren nach § 48 VwVfG nötig, wenn der Bieter falsche Angaben gemacht hat, da die Rechtsfolge qua Gesetz eintritt; hierdurch werden die behördlichen Prozesse deutlich verschlankt. Der Bieter hat hier den Vorteil, dass er die durch die aufgelöste Zahlungsberechtigung zuvor gebundene Gebotsmenge für andere Projekte nutzen kann. Zu beachten ist jedoch, dass bei dem Bedingungseintritt grundsätzlich keine Anhörung des Bieters nach § 28 VwVfG vorgesehen ist, so dass hier ein Minus an rechtlichem Gehör besteht.

Aus Bietersicht liegt trotz des zusätzlichen Verfahrens dann eine Effizienzsteigerung vor, wenn ein Projekt an einem Zuschlag nicht umgesetzt werden kann, an einem anderen Standort hingegen schon: Hätte der Bieter nicht die Möglichkeit, das Projekt umziehen zu lassen, müsste er ein zweites Gebot einreichen, während das erste pönalbewehrt nach Ablauf der Realisierungsfrist des § 37d EEG nach § 35a Abs. 1 Nr. 1 EEG von der Bundesnetzagentur zu entwerten wäre und der Bieter so lange auf das Auskehren seiner Sicherheit warten müsste.

i) Transparenz

Nach § 35 Abs. 1 Nr. 3 und 4 EEG muss die Bundesnetzagentur zum Abschluss eines jeden Gebotstermins den niedrigsten und höchsten Gebotswert, die einen Zuschlag erhalten haben sowie den mengengewichteten Zuschlagswert veröffentlichen. Zusätzlich veröffentlicht die Bundesnetzagentur weitere Ergebnisse und umfangreiche Statistiken zu den Gebotsterminen.[24]

Wie jede behördliche Tätigkeit ist eine Veröffentlichung(-spflicht) mit zusätzlichem behördlichem Aufwand verbunden und sorgt damit zunächst für eine geringere Effizienz. Betrachtet man aber den Nutzen, den die Bieter aus den Veröffentlichungen ziehen können, so wird sowohl für sie als auch für die ausschreibende Stelle ein deutlicher Effizienzgewinn sichtbar: Denn die Bieter wissen hierdurch ohne eine aufwändige Marktanalyse, wie das Wettbewerbsniveau aussieht und zu welchen Gebotswerten Zuschläge in kommenden Runden wahrscheinlich sind. Dies wiederum steigert die Effizienz der Gebotsabgabe, da Bieter unter Umständen Gebote mit geringeren Gebotswerten einreichen und so schneller einen Zuschlag erhalten, als wenn sich die Bieter durch die Abgabe mehrerer Gebote in aufeinanderfolgenden Gebotsterminen erst langsam an den Zuschlagswert herantasten müssen. Durch die Veröffentlichungen dürfte Bietern die Scheu vor dem Preisrisiko genommen werden: Sie wissen nun, ob ihre Kalkulationen ausreichen, um einen Zuschlag zu erlangen. Gebote für sehr teure Projekte werden auf diese Weise – ohne Bearbeitungsaufwand – nicht eingereicht, wodurch das Preisniveau wie gesetzgeberisch gewünscht sinkt und sich gleichzeitig die Effizienz bei Bietern und Behörde erhöht.

Auch steigern die Veröffentlichungspflichten die Effektivität: Auch Bieter ohne große Finanzmittel werden in die Lage versetzt, Gebote zu Werten abzugeben, die einen Zuschlag erwarten lassen.

24 https://www.bundesnetzagentur.de/DE/Fachthemen/ElektrizitaetundGas/Ausschreibungen/Solaranlagen1/BeendeteAusschreibungen/start.html, zuletzt aufgerufen am 10.5.2024.

3. Effiziente Gestaltung der Arbeitsabläufe durch Nutzung von Datenbanken und anderer elektronischer Hilfsmittel

Bei den Ausschreibungen nach dem EEG setzt die Bundesnetzagentur bei der Abwicklung ihrer Verwaltungsverfahren auf eine Datenbank, in der die Daten der Bieter und der Gebote erfasst werden.

Zur Eingabe in die Datenbank werden die Gebote gescannt und können über ein Tool eingelesen werden. Nach der Eingabe der Gebote und ihrer Prüfung werden die Gebote nach zulässig und unzulässig kategorisiert. Die Zuschlagsentscheidung kann danach über die Datenbank erfolgen. Da die Anschriften der Bieter oder ihrer Bevollmächtigten erfasst werden, können Serienbriefe automatisch generiert werden. Lediglich bei den Ausschluss-Schreiben sind individuelle Anpassungen erforderlich.

Bei der Beantragung von Zahlungsberechtigungen werden die bezuschlagten Gebotsmengen den Anlagen zugewiesen. Auch hier erfolgt die Zuordnung über die Datenbank.

Mit Hilfe der Datenbank lassen sich die Realisierungsfristen überwachen, so dass nach deren Ablauf die nicht realisierten Zuschläge nach § 35a Abs. 1 Nr. 1 EEG entwertet werden können. Auswertungen und sonstige Statistiken werden über die Datenbank generiert.

In Sachen Effizienz hat der Einsatz der Datenbank für eine deutliche Steigerung gesorgt. Ohne die Datenbank wären viele der behördlichen Prozesse deutlich langsamer oder mit einem kaum handhabbaren Aufwand zu erledigen. Durch die Verwaltung der Gebotsmengen und bei der Hilfe der Ausstellung der Zahlungsberechtigungen sorgt der Einsatz der Datenbank für eine hohe Effektivität, da sie für Rechtssicherheit und Transparenz durch die veröffentlichten Statistiken sorgt.

Nach § 30a Abs. 5 EEG kann die Bundesnetzagentur ihre Ausschreibungsverfahren auf elektronische Verfahren umstellen. Hierzu ist sie auch nach § 1 Abs. 1 des Onlinezugangsgesetzes seit Anfang 2023 verpflichtet. Die derzeitigen Bemühungen der beteiligten Stellen lassen eine Umstellung erwarten. Wird die Gebotseingabe digital, werden die Ausschreibungsverfahren effizienter und zügiger durchführbar sein.

4. Interne Zuständigkeiten der Ausschreibungen bei der Bundesnetzagentur

Mit der Durchführung der Ausschreibungen nach dem EEG ist das für die Wahrnehmung der Aufgaben nach dem EEG verantwortliche Referat betraut. Da § 59 EnWG nach § 85 Abs. 3 EEG nicht anzuwenden ist, war diese Organisationsentscheidung möglich. Durch sie wird eine effiziente Aufgabenwahrnehmung gewährleistet: Im Gegensatz zu einer Beschlusskammer können in den Referaten der Abteilungen Entscheidungen durch einzelne Personen getroffen werden, so dass der Personalaufwand deutlich geringer ist. Die konkrete Ansiedlung des neuen Aufgabenbereichs im Jahr 2015 an das Referat, das sich mit dem bisherigen Fördermechanismus auskannte und diesen überwachte, sorgte für eine rasche Implementierung der Verfahren, ohne dass es einer zusätzlichen Einarbeitung in die generelle Thematik bedurfte.

Die anderen Ausschreibungen nach oder aufgrund des EEG wurden ebenfalls dem für die Durchführung der Aufgaben nach dem EEG zuständigen Referat zugewiesen. Sofern bei weiteren Ausschreibungen andere Themenbereiche betroffen waren, wurden andere Organisationseinheiten mit der Wahrnehmung der Aufgaben betraut: Die Ausschreibungen für Windenergieanlagen auf See übernahm die in Offshore-Themen bewanderte Beschlusskammer 6 – bei der Bedeutung dieser Ausschreibungen ist die Befassung eines Kollegialorgans gerechtfertigt. Die Ausschreibungen nach der KWK-Ausschreibungsverordnung wurden von einem anderen Referat der Energie-Abteilung übernommen; dieses Referat verfügte zuvor bereits über Expertise bei der Verstromung von Gas.

Die Aufteilung, die den Fachgebieten folgt, ist effektiv. Die betrauten Organisationseinheiten kennen sich generell mit der Materie bestens aus, sie kennen die Hintergründe und die mit den jeweiligen Ausschreibungen verfolgten Ziele und bieten so Gewähr für eine hohe Effektivität. Allerdings geht diese Aufteilung zu Lasten der Effizienz, da die einzelnen Organisationseinheiten sich untereinander abstimmen müssen, wenn sie Entscheidungen treffen, die aufgrund bestehender Ähnlichkeiten der einzelnen Ausschreibungsverfahren Rückwirkungen auf die Verfahren der anderen Technologien haben können.

5. Verfahrensveränderungen im Laufe der Zeit

Die Verfahren sind im EEG und damit in einem Bundesgesetz geregelt und dadurch prinzipiell sicher vor raschen Änderungen. Dennoch ist gerade das EEG ein Gesetz, das sehr häufig geändert wird. Allein in den Jahren 2022 und 2023 wurden 14 (!) Änderungen an diesem Gesetz vorgenommen. Der Bundesnetzagentur ist es im Bereich der Ausschreibungen für Freiflächenanlagen gelungen, durch Anregungen für Verfahrensvereinfachungen zu sorgen und damit eine höhere Effizienz zu schaffen.

a) Sicherheiten

Große Effizienzen konnten im Bereich der Sicherheiten gehoben werden. Zu Beginn der Ausschreibungen wurde die Sicherheitsleistung nach §§ 7 und 15 FFAV in Erst- und Zweitsicherheit unterteilt. Bei der Gebotsabgabe musste je nach eingereichter Präqualifikation die Erstsicherheit in Höhe von 2 oder 4 Euro/Kilowatt Gebotsmenge gestellt werden. Sämtliche Erstsicherheiten wurden gemäß § 16 Abs. 4 FFAV nach der Zuschlagserteilung ausgekehrt. Erfolgreiche Bieter mussten für bezuschlagte Gebote danach eine wiederum nach eingereichter Präqualifikation gestaffelte Zweitsicherheit von 25 bzw. 50 Euro/Kilowatt Gebotsmenge stellen, die der Höhe einer potentiellen Pönale entsprach. Dieses Verfahren wurde mit Überführung der Ausschreibungsverfahren in das EEG durch § 37a EEG zunächst dahingehend vereinfacht, dass die Erstsicherheiten im Falle einer Bezuschlagung bei der Bundesnetzagentur verblieben und nur noch die Erstsicherheit der nicht bezuschlagten Gebote zurücküberwiesen wurde; erfolgreiche Bieter mussten als Zweitsicherheit nur noch den bis zur Pönalhöhe fehlenden Betrag überweisen. Hierdurch mussten bei den Zuschlägen immer noch doppelte Zahlungen verwaltet werden. Viel einfacher gestalten sich die Verfahren seit Januar 2021: Es ist nur noch eine Sicherheit bei der Gebotsabgabe einzureichen; dies verteuert zwar für die Bieter ohne Zuschlag die Gebotsabgabe leicht, da sie direkt die gesamte Sicherheit stellen müssen, allerdings führt sie zu weniger Zuschlagsverlusten, die zuvor dann eintraten, wenn die Zweitsicherheit nicht, nicht rechtzeitig oder nicht vollständig gestellt wurde.

b) Beizufügende Unterlagen

Im Bereich der einzureichenden Unterlagen kam es zu Vereinfachungen. Mit jeder weniger einzureichenden Unterlage steigt die Effizienz sowohl bei den Bietern als auch bei der Behörde; Bieter müssen sie nicht besorgen und mit dem Gebot versenden; dies führt zu einem geringeren Ausschlussrisiko – die Behörde hat dementsprechend einen geringeren Prüfaufwand und muss potentiell weniger Ausschlüsse aufwendig bescheiden. Durch die geringere Anzahl an Ausschlüssen wiederum erhöht sich auch die Effektivität der Verfahren.[25]

Die nach § 6 Abs. 4 Nr. 4 FFAV beizubringende gesonderte Vollmachtsurkunde wurde im EEG durch die Benennung eines Ansprechpartners in § 30 Abs. 1 Nr. 1 lit. b EEG ersetzt. Die Angabe kann mittlerweile im Gebotsformular gemacht werden, ein gesondertes Formblatt ist nicht erforderlich.

Nach § 6 Abs. 4 Nr. 3 FFAV wurden Katasterauszüge für die betroffenen Flurstücke gefordert. Dieses Erfordernis wurde ersatzlos gestrichen.

Bei den Ausschreibungen nach der FFAV mussten nach § 6 Abs. 4 Nr. 1 FFAV als materielle Präqualifikation für jedes Projekt die Kopie eines Aufstellungsbeschlusses, eines Offenlegungsbeschlusses oder eines beschlossenen Bebauungsplans eingereicht werden. Mit der Überführung der Ausschreibungen ins EEG mussten zunächst weiterhin für Gebote für Freiflächenanlagen im Sinne des § 3 Nr. 22 EEG solche Nachweise beigefügt werden. Da jedoch nur Bebauungspläne zu einer Reduktion der Sicherheit berechtigen, verzichtete der Gesetzgeber ab Januar 2021 auf die Beibringungspflicht von Unterlagen noch nicht so weit entwickelter Projekte. Die Verfahrenseffizienz stieg deutlich.

c) Auflösende Bedingung bei Zahlungsberechtigungen

Bei der Einführung der Ausschreibungsverfahren war zunächst keine spezielle Rechtsfolge von nicht korrekten Angaben bei den Zahlungsberechtigungen normiert. Dies hatte zur Folge, dass die Bundesnetzagentur bei erkannten Abweichungen von gemachten Angaben zu tatsächlichen Gegebenheiten Rücknahmeverfahren nach § 48 VwVfG durchführen musste. Dadurch, dass bei derartigen Abweichungen die auflösende Bedingung eintritt und die Zahlungsberechtigung nach § 38a Abs. 4 S. 2 EEG aufgelöst wird, entfallen die Verfahren seit Januar 2021.

III. Zusammenfassung

Durch die Einführung der Ausschreibungen wurde das System der gesetzlich bestimmbaren Förderwerte abgelöst. Die Ausschreibungsverfahren selbst werden effektiv und effizient durchgeführt.

---

25 Siehe Absatz „Umfang der Gebotsprüfung“, nächster Absatz in Kapitel II.

Die hohe Effizienz basiert vor allem auf einem umfassenden Informationsangebot: Bieter können sich sehr gut auf die Verfahren vorbereiten. Neben den Informationen sorgen Formblätter für erfolgreiche und zügige Verfahren bei Bietern.

Die Formblätter sorgen auch für eine reibungslose und schnelle Abläufe. Da sie die benötigten Informationen strukturiert bereitstellen und diese elektronisch eingelesen werden können, erleichtern sie die behördliche Arbeit der Bundesnetzagentur als ausschreibender Stelle. Bei der Zulassungsentscheidung sorgen gebundene Entscheidungen für rechtssichere und zügige Ergebnisse, die im untersuchten Masseverfahren angezeigt sind.

Weiterhin hilft die genutzte Datenbank, schnell und sicher zu Ergebnissen zu kommen. Die elektronische Datenverarbeitung unterstützt die Behörde bei der Erstellung der Bescheide.

An den Stellen, an denen eine eher geringere Effizienz besteht, führen die gesetzlichen Verfahrensvorgaben zu einer erhöhten Effektivität, so dass der Mehraufwand gerechtfertigt ist.

Die Ausschreibungsverfahren für Freiflächenanlagen führen insgesamt in effektiver und effizienter Weise zu einem stetigen, kosteneffizienten und umweltverträglichen Umbau der Stromerzeugungslandschaft.

Effektive und effiziente Gestaltung von Verwaltungsverfahren

Stefanie Egidy

I. Einführung

Die Verwaltung agiert unter dem steten Druck, der wachsenden Aufgabenvielfalt mit knappen Ressourcen gerecht zu werden.[1] Rufe nach einer Steigerung der Effektivität und Effizienz sind Dauerbrenner der Kritik öffentlicher Verwaltung – schon im Jahre 1973 spricht *Peter Häberle* von Effizienz als „Reform-Schlagwort" und „politischem Kampfbegriff".[2] Dies betrifft auch das Verwaltungsverfahren. Obschon das Verwaltungsverfahrensgesetz (VwVfG) keinen der beiden Begriffe verwendet, beschreibt das Bundesministerium des Innern und für Heimat das Ziel des Gesetzes als den „zweckmäßigen und effizienten Vollzug der besonderen Verwaltungsgesetze" und erhebt die „Effizienz und Zügigkeit" sowie die „Effizienz und Sparsamkeit" zu Verfahrensgrundsätzen.[3]

Mein Beitrag widmet sich vor diesem Hintergrund dem Potential, aber auch den Herausforderungen des Imports der wirtschaftswissenschaftlich geprägten Begriffe von Effektivität und Effizienz in das Verwaltungsverfahrensrecht.[4] Im rechtswissenschaftlichen Diskurs wird insbesondere die Effizienz mitunter als materiell aufgeladene Chiffre und dezidiert „nichttechnisch" verstanden.[5] Dies nimmt dem Effizienzbegriff nicht nur seine

1 *Reichard/König*, in: Hesse (Hrsg.), Politikwissenschaft und Verwaltungswissenschaft, 1982, S. 205 (205).

2 *Häberle*, AöR 98 (1973), S. 625 (625).

3 Bundesministerium des Innern und für Heimat, Verwaltungsverfahrensgesetz, abrufbar unter https://www.bmi.bund.de/DE/themen/moderne-verwaltung/verwaltungsrecht/verwaltungsverfahrensgesetz/verwaltungsverfahrensgesetz-node.html (zuletzt abgerufen am 2.1.2025).

4 Ausführlich *Ludwigs*, Unternehmensbezogene Effizienzanforderungen im Öffentlichen Recht, 2013, S. 35–77, der zwischen dem betriebs- und dem volkswirtschaftlichen Analyseansatz differenziert.

5 *Ossenbühl*, NVwZ 1982, S. 465 (466 f.) versteht Effizienz in Abgrenzung zu der „rein technisch-ökonomische[n] Rationalität des Verwaltungshandelns" in Anlehnung an *Schmidt-Aßmann*, Jura 1979, S. 505 (509) als „Leistungsfähigkeit im politisch-administrativen Gesamtsystem"; anders hingegen *Schmidt-Aßmann*, Das allgemeine Verwal-

Präzision, sondern verhindert auch einen aus seiner Schärfe erwachsenden Erkenntnisgewinn. Das Gleiche gilt für die Effektivität. Anstatt also die ökonomisch ausgeformten Definitionen von Effizienz und Effektivität als nicht-rechtswissenschaftlich beiseitezuschieben und der Verwaltungswissenschaft zu überantworten, bilden sie im Folgenden den Ausgangspunkt für eine Analyse des Verwaltungsverfahrens.[6] Die Transdisziplinarität des Schwerpunkts der Arbeitsgespräche zum Verwaltungsrecht möchte ich auf diese Weise um eine auch interdisziplinäre Perspektive erweitern.[7]

Im Folgenden lege ich zunächst dar, dass jede Effizienzanalyse eine umfassende Modellierung der Wirkmechanismen des Verwaltungsverfahrens und eine normative Bewertung seiner Ziele voraussetzt (II.). Vor diesem Hintergrund ist die rechtsdogmatische Bedeutung der Verfahrensgrundsätze von Effektivität und Effizienz für die drei Staatsgewalten kritisch einzuordnen (III.). Erhebt man die Effektivität und die Effizienz zu verfahrensrechtlichen Geboten, so begründen sie einen Bedarf nach empirischen Erkenntnissen über Verwaltungsverfahren und leisten einer Formalisierung des Verwaltungsverfahrens Vorschub (IV.). Ihr Potential können sie dabei im Rahmen der Digitalisierung der Verwaltung entfalten, die schon strukturell eine dem Effizienzgedanken inhärente „Programmierung von Verwaltungsentscheidungen"[8] verwirklicht.

II. (Re-)Konstruktion des Verwaltungsverfahrens

Die nähere Bestimmung der Begriffe der Effektivität und Effizienz rückt die Parameter des Mitteleinsatzes und der Zielerreichung durch die Verwaltung in den Fokus (1.). Die Rolle dieser Konzepte im Verwaltungsverfahren lässt sich nur ergründen, wenn das Verfahren als Modus der Verwandlung von Input in Output verstanden wird (2.). Weiter ist es erforderlich, Messgrößen für die Bewertung und den Vergleich von Mitteleinsatz und Zielerreichung zu wählen (3.). Hieraus ergeben sich verschiedene Herausforderungen, für die die verwaltungsverfahrensrechtliche Dogmatik bislang keine hinreichenden Antworten bereithält (4.).

---

tungsrecht als Ordnungsidee, 2. Aufl. 2004, S. 316 Rn. 64, der dezidiert dem ökonomischen Sprachgebrauch folgt.

6 Ähnlich *Schliesky*, DVBl. 2007, S. 1453 (1459 f.) zum „Charakter des Wirtschaftlichkeitsgrundsatzes als Handlungsprinzip".

7 Zur interdisziplinären Dimension der Effizienzorientierung siehe *Häberle* (Fn. 2), S. 625 f., 634; ebenso *Schmidt-Aßmann* (Fn. 5), S. 48 Rn. 8; *Ludwigs* (Fn. 4), S. 119.

8 So bereits *Schmidt*, AöR 96 (1971), S. 321 (321, 324 f., 352).

1. Begriffsverständnis

Der Begriff der Effektivität beschreibt den Grad, zu dem ein bestimmtes Ziel erreicht wird.[9] Der (betriebswirtschaftlich geprägte)[10] Begriff der Effizienz hingegen bewertet das Verhältnis aus eingesetzten Ressourcen und erzieltem Nutzen.[11] Abhängig davon, ob der Mitteleinsatz oder das Ziel veränderbar sind, liegt Effizienz darin, den Mitteleinsatz bei gleicher Zielverwirklichung zu minimieren (was auch als Sparsamkeit bezeichnet wird) oder aber bei gleichem Mitteleinsatz das Ergebnis zu maximieren (die sogenannte Ergiebigkeit).[12] Ein Synonym zur Effizienz ist die Verfahrensökonomie.[13] Ein Unterfall ist die auch haushaltsrechtlich (etwa in § 6 HGrG, § 7 BHO) verankerte Wirtschaftlichkeit, die in diesem Zusammenhang den Fokus von Input und Output auf ökonomische Mittel verengt.[14]

2. Verwaltungsverfahren als Modus der Entscheidungsproduktion

Das Verwaltungsverfahrensrecht formt den Prozess der Entscheidungsproduktion der Verwaltung.[15] Mit *Rainer Wahl* stellt dieses Verfahren den „Verwirklichungsmodus des Verwaltungsrechts"[16] dar. Um seine Effektivität und Effizienz zu betrachten, ist es zunächst modellhaft zu beschreiben.

Die Tätigkeit der Verwaltung besteht darin, Input in Output zu verwandeln. Sie produziert innerhalb eines rechtlich umgrenzten, inhaltlichen Handlungsraumes mit den verfügbaren Ressourcen eine konkrete Entschei-

9 Siehe nur aus verwaltungs- bzw. verwaltungsrechtswissenschaftlicher Sicht *Reichard/König* (Fn. 1), S. 205; ebenso *Schmidt-Aßmann* (Fn. 5), S. 316 Rn. 64; *Rixen/Goldhammer*, in: Schoch/Schneider (Hrsg.), VwVfG Kommentar, Stand: 4. EL November 2023, § 10 Rn. 27; *Ludwigs* (Fn. 4), S. 84.

10 *Ludwigs* (Fn. 4), S. 35–39.

11 *Reichard/König* (Fn. 1), S. 205; *Schmidt-Aßmann* (Fn. 5), S. 316 f. Rn. 64; *Rixen/Goldhammer* (Fn. 9), § 10 Rn. 27; anders versteht *Wahl*, VVDStRL 41 (1983), S. 151 (163 Fn. 31) Effizienz und Effektivität als Synonyme.

12 *Reichard/König* (Fn. 1), S. 206.

13 Siehe *Bertel*, GVRZ 2020, S. 12 (Rn. 18) aus der Perspektive des österreichischen Verwaltungsrechts.

14 Hierzu *Schliesky* (Fn. 6), S. 1455; *Schmidt-Aßmann* (Fn. 5), S. 317 f. Rn. 66, S. 372 f. Rn. 170–172; *Langenbach*, Der Anhörungseffekt, 2017, S. 23.

15 *Stelkens*, DVBl. 2010, S. 1078 (1079); siehe grundsätzlich für das Verfahren *Reimer*, GVRZ 2018, S. 2 (2).

16 *Wahl* (Fn. 11), S. 153 f.

dung, mit der sie in den Realbereich einwirkt und Verhalten steuert.[17] Zu den Ressourcen als zentralen Produktionsfaktor gehören das Verwaltungspersonal, die eingesetzten Sach- und Geldmittel sowie die erlangten Informationen, welche wiederum aus der Beteiligung der Einzelnen und der Öffentlichkeit sowie der Amtsermittlung hervorgehen.

Formelhaft lässt sich die Produktionsfunktion wie folgt ausdrücken. Der Input besteht aus dem Zusammenwirken von Personal-, Sach- und Geldmitteln sowie den durch die mit Hilfe der Beteiligten, der Öffentlichkeit und der Sachkundigen generierten Informationen. Hieraus geht ein Verwaltungshandeln als Output hervor, dessen Wert sich definiert durch seinen Nutzen für die Beteiligten, die Allgemeinheit und die Behörde, seine Rechtmäßigkeit, seine Steuerungswirkung und seine Akzeptanz.

Das Verwaltungsverfahren beschreibt nun die Stellschrauben, die regulieren, auf welche Art und Weise die Verwaltung den Input für ein bestimmtes Handeln gewinnt und in einen Output (häufig in Form einer Verwaltungsentscheidung) verwandelt.[18] Praktisch relevant sind insbesondere die rechtlich verbindlichen Verfahrensschritte, die Gewährung von Beteiligungsmöglichkeiten und die Zeitdimension. Dabei sollen die Verfahrensschritte grundsätzlich dazu beitragen, richtige, d.h. rechtmäßige, Entscheidungen zu erzeugen.[19] Lässt sich eine Entscheidung jedoch materiell nicht hinreichend legislativ steuern oder judikativ kontrollieren, so dienen Verfahrensvorgaben gleichsam der Rationalisierung des Entscheidungsprozesses.[20]

Die Position dieser Stellschrauben ist rechtlich determiniert. Rechtsquellen für die Gestaltung des Verwaltungsverfahrens sind die Grundrechte (vor allem in ihrem verfahrensbezogenen Gehalt)[21], die einfachgesetzlichen Vorschriften des allgemeinen und besonderen Verwaltungsverfahrensrechts, die untergesetzliche Konkretisierung in Rechtsverordnungen und Satzungen, sowie die interne Ausformung von verbleibenden Spielräumen in Form von Verwaltungsvorschriften.

---

17 *Hoffmann-Riem*, in: Hoffmann-Riem/Schmidt-Aßmann (Hrsg.), Verwaltungsverfahren und Verwaltungsverfahrensgesetz, 2003, S. 9 (39 f.).

18 Siehe *Ossenbühl* (Fn. 5), S. 465 f.

19 Zum Konzept der „Richtigkeitsgewähr durch Verfahren" siehe *Hoffmann-Riem* (Fn. 17), S. 13, 22.

20 *Ossenbühl* (Fn. 5), S. 466; *Schmidt-Aßmann* (Fn. 5), S. 312 Rn. 57; *Hoffmann-Riem* (Fn. 17), S. 22–25; *Stelkens* (Fn. 15), S. 1079.

21 Ausführlicher hierzu *Ossenbühl* (Fn. 5), S. 467.

3. Effektivität und Effizienz als Maßstäbe von Verwaltungsverfahren

Zur Bestimmung der Effektivität und Effizienz einer verfahrensrechtlichen Regelung oder eines Handelns der Verwaltung sind zunächst Input und Output zu messen, um sie überhaupt als Zielgrößen vergleichbar zu machen.[22] Auf Seiten des Inputs lassen sich die Kosten erfassen, die eine bestimmte Verfahrensregelung erzeugt – wozu die Kosten für die Behörde, die Beteiligten und die Öffentlichkeit gehören. Der Output, d.h. das Verwaltungshandeln, lässt sich nach seiner Recht- und Zweckmäßigkeit bewerten.[23] Hinzu kommt die Steuerungswirkung, d.h. der Grad zu dem eine Entscheidung die mit ihr verfolgten Steuerungsziele tatsächlich verwirklicht, was auch von ihrer Zweckmäßigkeit abhängt.[24] Die Steuerungswirkung bemisst sich außerdem danach, ob die Adressaten den gegebenen Handlungsbefehl tatsächlich befolgen und akzeptieren (was wiederum von der Recht- und Zweckmäßigkeit abhängt).[25] Anderenfalls entstehen Kosten zur rechtlichen Verteidigung der hoheitlichen Maßnahme und ggf. zur Verwaltungsvollstreckung, die auf Outputseite den Nutzen einer Verwaltungsentscheidung mindern.[26] Im Rahmen dieser Bestimmung des Outputs liegt es nahe, eine probabilistische Bewertungsmethode zu wählen, d.h. zu fragen, ob es eine bestimmte Verfahrensgestaltung wahrscheinlicher macht, dass die gewünschte Steuerungswirkung eintritt, die Akzeptanz gesteigert, die Rechtmäßigkeit gesichert und die Zweckmäßigkeit verbessert wird.[27]

---

22 Siehe hierzu *Pünder*, in: Ehlers/Pünder (Hrsg.), Allgemeines Verwaltungsrecht, 16. Aufl. 2022, § 13 Rn. 19.

23 *Hoffmann-Riem* (Fn. 17), S. 28 differenziert dies aus und benennt als „Dimensionen der Richtigkeit" von Verwaltungshandeln die Rechtmäßigkeit, Optimalität, Akzeptabilität, Effektivität, Implementierbarkeit, Gegenwarts- und Zukunftstauglichkeit; *Wahl* (Fn. 11), S. 157 wählt das Bild des „magischen Vierecks" zwischen „Rechtmäßigkeit, Wirtschaftlichkeit, Zweckmäßigkeit und Bürgernähe" und nimmt Elemente der Zeitlichkeit und der Akzeptanz hinzu.

24 Näher hierzu *Langenbach* (Fn. 14), S. 21 f.

25 *Langenbach* (Fn. 14), S. 21 f., 34.

26 Siehe *Pünder* (Fn. 22), § 13 Rn. 19; *Langenbach* (Fn. 14), S. 27, 34; die Bedeutung der Akzeptanz einer Verwaltungsentscheidung hat gleichsam auch eine grundrechtliche Dimension, die spiegelbildlich in den individuellen Beteiligungs- und Informationsrechten zum Ausdruck kommt, siehe etwa *Ossenbühl* (Fn. 5), S. 466.

27 Zu diesen Zielen des Verwaltungshandelns auf Outputseite siehe auch *Schmidt-Aßmann* (Fn. 5), S. 25 Rn. 44.

Das Verwaltungsverfahren kann nur differenziert nach seinen Bestandteilen bewertet werden.[28] Ein Element des Verwaltungsverfahrens ist demnach effektiv, wenn es einen Beitrag zur Zielerreichung leistet, also nicht hinweggedacht werden kann, ohne dass sich das Ergebnis des Verfahrens (probabilistisch) verschlechtert, sprich sich sein Nutzen verringert. Ein Element des Verwaltungsverfahrens steigert die Effizienz des Verwaltungsverfahrens, wenn es entweder die Kosten des Inputs reduziert oder aber den Output verbessert.[29]

4. Herausforderungen einer Modellierung der Entscheidungsproduktion

Eine solche Bewertung steht vor drei grundlegenden Schwierigkeiten. Die erste Schwierigkeit liegt in der Unbestimmtheit der Zielgröße.[30] Führen Wirtschaftsunternehmen eine betriebswirtschaftliche Effizienzanalyse ihrer Produktionsverfahren durch, so analysieren sie die Auswirkung der Verfahrensschritte auf die Produktionskosten als Input sowie den Unternehmensgewinn als Output, die sich jeweils in Euro bestimmen lassen.[31] Eine Verwaltungsentscheidung hat hingegen unmittelbar einen Nutzen für die Behörde (in Form der Rechtsverwirklichung), die Beteiligten (in Form des Wertes einer erlangten Rechtsposition) und die Allgemeinheit (in Form einer Steigerung des Gemeinwohls). Dabei sind die so abgebildeten Beziehungen jedoch nicht unabhängig voneinander. Schon die Verwaltung selbst verfolgt multidimensionale Ziele, die miteinander konfligieren können.[32] Gleichzeitig kann es ihr selbst nutzen, Fernziele zu verwirklichen, wie die Stärkung des generellen Vertrauens der Bevölkerung in die öffentliche Verwaltung, die wiederum vom Nutzen der Verwaltungsentscheidungen für nicht unmittelbar am Verfahren beteiligte Dritte abhängen.

---

28 Dabei lässt die Effizienzanalyse des Verwaltungsverfahrens die wohlfahrtsökonomischen Folgen als Fernwirkung unbeachtet und folgt somit der betriebswirtschaftlichen (im Kontrast zur volkswirtschaftlichen) Effizienzanalyse, siehe Fn. 10.

29 So beispielsweise *Langenbach* (Fn. 14), S. 23 m.w.N.

30 Vgl. hierzu *Reichard/König* (Fn. 1), S. 207 f.

31 So *Reichard/König* (Fn. 1), S. 206 zur unternehmerischen Wirtschaftlichkeitsbewertung.

32 Siehe auch *Schmidt-Aßmann* (Fn. 5), S. 25 Rn. 44.

Ein zweites Problem ergibt sich daraus, dass der genaue Einfluss einer Verfahrensentscheidung auf die Zielgrößen in der Regel unbekannt ist.[33] Schon die Wirkmechanismen und Kausalbeziehungen zwischen den im Verfahren genutzten Mitteln und dem Ergebnis eines Verfahrens sind selten empirisch ergründet.[34] Dies liegt auch an ihrer Heterogenität.[35] Beispielsweise kann eine Anhörung in der Praxis die Qualität der Informationsgrundlage verbessern und so die Recht- und Zweckmäßigkeit einer Entscheidung erhöhen sowie ihre Akzeptanz befördern, wenn die angehörte Person bereitwillig zutreffende Informationen preisgibt, welche die Behörde in ihrer Entscheidung verarbeitet.[36] Eine Anhörung kann jedoch auch Einfallstor für eine sachwidrige Einflussnahme auf die Entscheidungsfindung der Behörde darstellen und damit eine Fehlerquelle erzeugen.

Eine dritte Herausforderung besteht darin, den Nutzen des Verwaltungshandelns für eine Bewertung vergleichbar zu machen.[37] Der Gesamtnutzen einer Maßnahme besteht aus der Addition des Nutzens einer Entscheidung für die Beteiligten, die Verwaltung und die Öffentlichkeit. Dieser Nutzen kann monetär und nichtmonetär sein.[38] So hat eine rechtmäßige Baugenehmigung mit Auflagen eine Befriedungsfunktion, die monetären Wert hat und gleichzeitig das nichtmonetäre Interesse der Nachbarschaft an einer Rücksichtnahme auf ihre Belange befriedigt. Die Rechtsökonomik behilft sich zur Quantifizierung derartiger Interessen mitunter damit, die fiktive Zahlungsbereitschaft der jeweiligen Interessenträger für die Verwirklichung

---

33 *Wahl* (Fn. 11), S. 165 betont, dass die „empirischen Sozialwissenschaften [...] uns hier im Stich [lassen]"; ähnlich auch *Pietzcker*, VVDStRL 41 (1983), S. 193 (199 f.); *Schliesky* (Fn. 6), S. 1462 fordert vor diesem Hintergrund eine Neuorientierung des Verwaltungsverfahrensrechts.

34 So auch *Reichard/König* (Fn. 1), S. 208.

35 Hierzu *Pünder* (Fn. 22), § 13 Rn. 19; ähnlich etwa auch *Schmitz*, in: Stelkens/Bonk/Sachs (Hrsg.), VwVfG Kommentar, 10. Aufl. 2023, § 10 Rn. 79.

36 *Wahl* (Fn. 11), S. 164 f.; die von *Wahl* (Fn. 11), S. 165 gleichsam geforderte experimentelle Erforschung derartiger Fragen unternehmen etwa *Kleine/Langenbach/Zhurakhovska*, Journal of Economic Behavior & Organization 143 (2017), S. 241, die experimentalökonomisch die positive Wirkung einer Anhörung nachweisen; siehe zusammenfassend *Langenbach* (Fn. 14), S. 122–129.

37 *Schmidt-Aßmann* (Fn. 5), S. 317 Rn. 65; aus verwaltungswissenschaftlicher Perspektive siehe *Timmermann*, in: Seibel/Benz (Hrsg.), Regierungssystem und Verwaltungspolitik, 1995, S. 104 (107).

38 Zu dieser Problemdimension siehe *Reichard/König* (Fn. 1), S. 208.

ihrer Interessen abzufragen[39], im Beispiel die Bereitschaft der Nachbarn, für die Gelegenheit zur Stellungnahme im Baugenehmigungsverfahren zu zahlen. Diese Methode vernachlässigt jedoch normativ die faktisch ungleiche Vermögensverteilung, die sich in der konkreten Zahlungsbereitschaft der Nachbarschaft niederschlägt, und gibt sich der Illusion hin, Menschen könnten eine solche Übersetzung von nichtmonetären Interessen in Geld überhaupt zuverlässig leisten.

Hieraus folgt, dass es einer detaillierten Modellierung der Entscheidungsproduktion der Verwaltung bedarf, um die Effektivität und Effizienz einzelner Verfahrenselemente zu beurteilen. Ohne spezifische Vorannahmen oder (empirisch stärker als bisher abgesicherte) wissenschaftliche Erkenntnis zu den Wirkmechanismen und Wechselwirkungen bestimmter Verfahrenselemente lässt sich ihre Effektivität und Effizienz nicht abschließend bewerten. Diese Limitation illustriert gleichsam jedoch, dass auch die Rolle der Effektivität und Effizienz als Verfahrensgrundsätze von diesen Grundfragen abhängt.[40]

III. Rechtsdogmatische Bedeutung von Effektivität und Effizienz

Vor diesem Hintergrund soll im Folgenden ergründet werden, inwiefern die Gebote von Effektivität und Effizienz des Verwaltungsverfahrens bereits *de lege lata* rechtlich verankert sind und ob diese für die drei Staatsgewalten eine Bindungswirkung entfalten. Entsprechende Pflichten, welche sich zunächst aus der Verfassung ableiten lassen, steuern vornehmlich die legislativ zu treffenden Weichenstellungen (1.). Auf einfachgesetzlicher Ebene bringen die Verwaltungsverfahrensgesetze des Bundes und der Länder verschiedene Ansprüche an die Ausgestaltung von Verwaltungsverfahren durch die Exekutive zum Ausdruck, zu denen auch deren Effektivität und Effizienz gehören (2.). Dahingegen sind die Gerichte nur in seltenen Konstellationen zur Überprüfung der Effektivität und Effizienz des Verwaltungsverfahrens berufen (3.). Die supranationale Akzentuierung von Effektivitäts- und Effizienzgeboten steht in einem gewissen Kontrast zu dem nationalen Befund,

---

39 *Towfigh*, in: Towfigh/Petersen, Ökonomische Methoden im Recht, 3. Aufl. 2023, § 2 Rn. 71; im Kontrast hierzu steht die „input-orientierte Leistungsmessung", siehe *Timmermann* (Fn. 37), S. 107.

40 Kritisch daher *Schliesky* (Fn. 6), S. 1456 f. zu der Methodik der Prüfung durch die Rechnungshöfe sowie zu den Einbußen politischer Steuerungskraft.

da diese Gebote auf Unionsebene sowohl primär- und sekundärrechtlich stärker verankert als auch bisweilen leichter justitiabel sind (4.).

1. Verfassungsrechtliche Effektivitäts- und Effizienzgebote

Das Grundgesetz verpflichtet mit dem Rechtsstaatsprinzip des Art. 20 Abs. 3 GG die Exekutive zunächst dazu, in ihrem Handeln die gesetzlichen Vorgaben zu wahren. Bei der Erfüllung ihrer verfassungsrechtlich oder einfachgesetzlich verankerten Aufgaben obliegt es somit der Verwaltung, ein hierfür zielführendes Verfahren zu wählen, wobei aufgrund der häufig bestehenden – oben beschriebenen – Ungewissheit über den genauen Beitrag eines Verfahrensschritts zur Aufgabenerfüllung ein breiter Gestaltungsspielraum besteht.[41] Umgekehrt jedoch würde die Verwaltung gegen ihre rechtsstaatlichen Pflichten verstoßen, wenn sie Verfahrensschritte unternähme, die mit Sicherheit keinen Beitrag zur Aufgabenerfüllung leisten oder dieser gerade abträglich sind. Sofern in einem Verfahrensschritt ein Grundrechtseingriff liegt (etwa in Form der Offenlegung von Informationen mit Blick auf die informationelle Selbstbestimmung aus Art. 2 Abs. 1 i.V.m. Art. 1 Abs. 1 GG oder die hieraus resultierende Verzögerung der Erteilung einer Genehmigung mit Blick auf die Berufsfreiheit des Art. 12 Abs. 1 GG)[42], fordert der Verhältnismäßigkeitsgrundsatz im Rahmen der verfassungsrechtlichen Rechtfertigung, dass der Verfahrensschritt geeignet ist, das behördliche Handlungsziel zu erreichen. Hierin liegt wiederum ein Effektivitätsgebot.

Des Weiteren schafft die Verfassung eine Organisationsstruktur für den Ausgleich kollidierender Belange und etabliert einen hierin impliziten Effizienzanspruch.[43] Insbesondere bedarf es staatlicher Ressourcen, um Gemeinschaftsgüter zu produzieren und Grundrechte zu verwirklichen. Ein Teil dieser Kosten entfällt auf die Durchführung von Verwaltungsverfahren. Jeder hier gesparte Euro kann an anderer Stelle eingesetzt werden. Jede Steigerung der Ergiebigkeit eines eingesetzten Euros mehrt wiederum den

---

41 Zur „Effektivität durch Verfahren“ siehe *Pünder* (Fn. 22), § 13 Rn. 13 f.

42 Siehe zu Art. 12 GG etwa BVerfG, DVBl. 1999, S. 978.

43 Ebenso *Langenbach* (Fn. 14), S. 24; *Pünder* (Fn. 22), § 13 Rn. 17; *Schoch*, in: Schoch/Schneider (Hrsg.), VwVfG Kommentar, Stand: 4. EL November 2023, Einleitung Rn. 107 m.w.N.; a.A. *Ludwigs* (Fn. 4), S. 89–95; *Leisner*, Effizienz als Rechtsprinzip, 1971, S. 24–29.

Nutzen von Verwaltungshandeln. Damit ist jede Effizienzerwägung auch relevant für die Grundrechtsverwirklichung, ohne dass es auf die Frage ankommt, ob das Verfahren selbst grundrechtsdienend ist.[44] Es ist zudem ein Ausdruck praktischer Konkordanz der Grundrechte, nicht mehr Mittel für die Verwirklichung des einen Grundrechts auszugeben, wenn die Mittel ein anderes Grundrecht in stärkerem Maße verwirklichen können.[45]

Diese Effizienz- und Effektivitätsgebote richten sich in erster Linie an den Gesetzgeber. Er nimmt durch die Haushaltsplanung die Ressourcenallokation auf Verwaltungseinheiten vor und steuert zugleich die Aufgabenverteilung sowie den inhaltlichen und prozeduralen Handlungsspielraum der Verwaltung. Gleichsam entscheidet er darüber, inwiefern die Verwaltung ihrerseits auf Effizienzgebote Rücksicht nehmen kann, darf und muss. Dabei kommt ihm jedoch schon aufgrund der oben beschriebenen Herausforderungen ein breiter Einschätzungsspielraum zu.

2. Elemente des Verfahrensermessens im VwVfG

Adressatin des Gebots von Effektivität und Effizienz ist auch die Exekutive selbst. So statuiert der Gesetzgeber in § 10 S. 2 VwVfG, das Verwaltungsverfahren sei „einfach, zweckmäßig und zügig durchzuführen". Hieraus entnimmt die Literatur ein verfahrensrechtliches Effizienzprinzip.[46] Daneben verpflichtet das Haushaltsrecht die Verwaltung umfassend zu einer wirtschaftlichen Amtsführung.[47] Mit Blick auf diese verwaltungsinterne Verpflichtung erscheint es sinnvoll, Effizienzargumente über § 10 S. 2 VwVfG auch hinsichtlich der Außenrechtsbeziehungen der Exekutive aufzuwerten.[48] Der Gesetzgeber ermächtigt mithin die Verwaltung dazu,

44 Hierzu etwa BVerfGE 53, 30; 115, 205 (236, 243); siehe auch *Wahl* (Fn. 11), S. 166–170; *Pietzcker* (Fn. 33), S. 207 f.

45 *Langenbach* (Fn. 14), S. 24; *Häberle* (Fn. 2), S. 630 f. beschreibt „Chancengleichheit [als] eine Effizienzforderung der grundrechtlichen Freiheit" (S. 630); im Ansatz ähnlich formuliert *Pietzcker* (Fn. 33), S. 208 f.: „In den meist mit dem Effizienzbegriff assoziierten Forderungen nach schnellem und sparsamem Handeln steckt die Rücksicht auf die knappen, im Sozialstaat besonders wertvollen Ressourcen Zeit und Geld, die gerecht auf alle Verwaltungsaufgaben, und das heißt eben auch: auf die anderen Rechtsträger zu verteilen sind."

46 Siehe nur *Gurlit*, VVDStRL 70 (2011), S. 227 (237) m.w.N.

47 Siehe § 6 Abs. 1 HGrG, § 7 Abs. 1 S. 1 BHO; *Schliesky* (Fn. 6), S. 1454 f.

48 *Schliesky* (Fn. 6), S. 1461; siehe auch *Rixen/Goldhammer* (Fn. 9), § 10 Rn. 28–29, die unter Verweis auf die „bürgerdienliche Funktion" des Verwaltungsverfahrens die

Effizienz als Argumentationstopos im Rahmen der Ausübung des Verfahrensermessens nach § 10 S. 1 VwVfG zu berücksichtigen.[49] Das Gleiche gilt für die Effektivität als Teil der prozeduralen Verhältnismäßigkeit.[50]

Allerdings erfasst das so geformte Verfahrensermessen des VwVfG nur bestimmte Teile des Verwaltungsverfahrens.[51] Hierzu gehören die außenwirksamen Verfahrensschritte im Prozess von der Verfahrenseinleitung bis zum Verfahrensabschluss, wie die Einbeziehung Beteiligter, die Ausgestaltung der Amtsermittlung, die Öffentlichkeitsbeteiligung und der Einsatz von Beweismitteln.[52] Sie sind damit potentiell Gegenstand einer Effizienzbewertung. Hiervon nicht erfasst sind jedoch alle Verfahrenshandlungen außerhalb des Anwendungsbereichs des VwVfG[53] oder in dessen Vorfeld.[54] Mit Blick auf die umfassende Geltung haushaltsrechtlicher und grundgesetzlicher Effizienzgebote lassen sich die Effizienzerwägungen hinsichtlich der Ausgestaltung einzelner Verfahrensschritte in drei Richtungen fortschreiben: Erstens für Verfahren der exekutiven Rechtsetzung; zweitens für den nicht individualisierten, vorgelagerten Teil eines Verwaltungsverfahrens, der insbesondere die allgemeine Informationsaufnahme und -verarbeitung umfasst; drittens für die nicht-förmliche Wahrnehmung von Verwaltungsaufgaben, wie die Administration einer Schule.[55] Allerdings steht die bisher bewusst belassene Informalität des Verwaltungshandelns – gerade für den letzteren Fall – einer, auch verwaltungsinternen, Steuerung

---

Grenzen des Effizienzeinwandes für Verfahrensentscheidungen zu Lasten der Bürger herausarbeiten.

49 Siehe grundlegend *Hill*, NVwZ 1985, S. 449 (450–453) zu „§ 10 VwVfG als Generalklausel des Verfahrensermessens", der § 10 S. 2 VwVfG konzeptionell „als rechtliche [und damit nach § 114 S. 1 VwGO justitiable] Grenze des Verfahrensermessens" gem. § 40 VwVfG erfasst (S. 451 f.).

50 Vgl. (auch die Effizienz erfassend) *Hill* (Fn. 49), S. 451; *Hufen/Siegel*, Fehler im Verwaltungsverfahren, 7. Aufl. 2021, Rn. 94–99.

51 Kritisch hierzu – auch im Kontrast zu Art. 41 GRCh – siehe *Eisenmenger*, GewA 2012, S. 145 (145–147); siehe auch *Gurlit* (Fn. 46), S. 247.

52 §§ 24–29 VwVfG; siehe nur *Hill* (Fn. 49), S. 451, 453; *Hufen/Siegel* (Fn. 50), Rn. 80 f.; *Held*, NVwZ 2012, S. 461 (462); *Pünder* (Fn. 22), § 13 Rn. 14.

53 Zum begrenzten Anwendungsbereich des VwVfG siehe bereits *Hoffmann-Riem* (Fn. 17), S. 21 f.

54 Siehe *Schmitz/Prell*, NVwZ 2016, S. 1273 (1275) zu den dem VwVfG vorgelagerten Schritten eines elektronischen Verwaltungsverfahrens.

55 Vgl. *Hoffmann-Riem* (Fn. 17), S. 40 f., 45 f., 51, 54; zu den ersten beiden Punkten siehe auch *Pietzcker* (Fn. 33), S. 214 f., 218 f.

durch Formalisierung entgegen.[56] Dies begrenzt die Orientierung von Verfahrensvorgaben an Effizienzargumenten.

Des Weiteren ist das Konzept der Effizienzanalyse im Rahmen des Verfahrensermessens von der Fallbezogenheit des VwVfG mitsamt seinem Fokus auf das Verfahrensergebnis zu lösen. Effizienter Output kann nicht nur die getroffene Entscheidung sein, sondern vielmehr auch der Verzicht auf eine solche.

Zuletzt ist der Bezugspunkt der Effizienz zu klären.[57] Da sich eine pauschale Bewertung verbietet, gibt es keine Effizienz „des" Verwaltungsverfahrens. Vielmehr kann nur die Effizienz einer Verfahrensart (etwa des Steuerverfahrens), einzelner Verfahrensschritte (etwa der allgemeinen Schriftlichkeit einer Anhörung) und individueller Verfahrensentscheidungen (etwa der Höhe des Zwangsgeldes im konkreten Einzelfall) beurteilt werden.[58]

3. Begrenzte Subjektivierung

Die Gerichte sind selten zur Prüfung der Effektivität und Effizienz von Verfahrenshandlungen berufen, was strukturelle Gründe hat. Grundsätzlich gewährt § 10 S. 1 VwVfG ein subjektives Recht auf fehlerfreie Ausübung des Verfahrensermessens, das Einzelne gerichtlich geltend machen können.[59] Hier kommt dem Prinzip der Verhältnismäßigkeit eine besondere Bedeutung zu.[60] Allerdings stehen der Entwicklung einer in diese Richtung schlagkräftigen Verfahrensermessensfehlerlehre zum einen die §§ 45, 46 VwVfG entgegen, die eine Heilung von Verfahrensfehlern zulassen bzw. bestimmte Verfahrensfehler für unbeachtlich erklären, „wenn offensichtlich ist, dass die Verletzung die Entscheidung in der Sache nicht beeinflusst hat".[61] Dies erschwert es, den Vorwurf einer ineffizienten Durchführung des Verwaltungsverfahrens durchzusetzen. Zugleich dienen die Vorschriften insofern der Verfahrensökonomie, als sie die Verwaltung faktisch in

56 So ausdrücklich *Pietzcker* (Fn. 33), S. 212 für den Schulunterricht.

57 So *Schliesky* (Fn. 6), S. 1456, 1460 f. zu dem weit verstandenen Begriff der Wirtschaftlichkeit.

58 Ähnlich *Häberle* (Fn. 2), S. 631, der „Effizienz als Relationsbegriff" versteht.

59 *Hufen/Siegel* (Fn. 50), Rn. 99; *Schmitz* (Fn. 35), § 10 Rn. 21; *Schliesky* (Fn. 6), S. 1461 f.

60 *Steinbeiß-Winkelmann*, DVBl. 1998, S. 809 (810–812).

61 Ähnlich *Hill* (Fn. 49), S. 452; siehe auch *Pünder*, in: Ehlers/Pünder (Hrsg.), Allgemeines Verwaltungsrecht, 16. Aufl. 2022, § 14 Rn. 85; *Haug/Schadtle*, NVwZ 2014, S. 271 (274).

die Lage versetzen, für ineffizient befundene, aber dennoch grundsätzlich verbindliche Verfahrensschritte zu übergehen.[62] Allerdings begründen sie auch das Risiko, dass die Verwaltung ohne diese Verfahrensschritte weniger zweckmäßige oder gar rechtswidrige Entscheidungen trifft.[63] Zum anderen entzieht der die „Abschirmungstrias“[64] komplettierende § 44a VwGO Verfahrensfehler ohne nachfolgende Sachentscheidung der gerichtlichen Kontrolle, indem er eine isolierte Anfechtung von Verfahrenshandlungen unterbindet. Ineffiziente Verfahrensentscheidungen sind somit häufig nicht justitiabel, wenngleich sie aufgrund der Verbindlichkeit des Verfahrensrechts aufsichts-, dienst- und haftungsrechtliche Konsequenzen zeitigen können.[65] Dabei kann diese Reduktion der Rechtsschutzintensität wiederum eine effizienzsteigernde Dimension entfalten.[66]

Dieser Befund spiegelt sich auch empirisch in den öffentlich zugänglichen Gerichtsentscheidungen wider. Von den sechzehn in der Datenbank juris dem § 10 S. 2 VwVfG zugeordneten verwaltungsgerichtlichen Urteilen bzw. Beschlüssen beschäftigen sich zwölf vornehmlich mit dem Gebot der Zügigkeit bzw. einer willkürlichen Priorisierung konkurrierender Genehmigungsverfahren.[67] Die Verwaltungseffizienz spielt nur in einer der

62 Kritisch mit Blick auf das hiermit einhergehende „Verwaltungsbild“ *Stelkens* (Fn. 15), S. 1079, 1082 f.; anders akzentuiert *Wahl* (Fn. 11), S. 176 f., der den Effizienzgewinn aus der Rechtsschutzperspektive konstruiert; *Schneider*, in: Schoch/Schneider (Hrsg.), VwVfG Kommentar, Stand: 4. EL November 2023, § 46 Rn. 1, 7 beschreibt § 46 VwVfG als einen „Ausgleich zwischen Verfahrenseffizienz und effektiver Durchsetzung von Verfahrensstandards“ bzw. „zwischen Effizienz und Effektivität des Verfahrensrechts“; zur Bedeutung der „Verfahrenseffizienz“ im Rahmen des § 45 VwVfG siehe *Sachs*, in: Stelkens/Bonk/Sachs (Hrsg.), VwVfG Kommentar, 10. Aufl. 2023, § 45 Rn. 12 unter Verweis auf die historische Genese der Norm; auch *Schmitz*, in: Stelkens/Bonk/Sachs (Hrsg.), VwVfG Kommentar, 10. Aufl. 2023, § 9 Rn. 80 betont den Effizienzbeitrag dieser Vorschriften, lehnt gleichzeitig aber ab, dass sie es „unter Berufung auf den Praktikabilitätsgrundsatz“ zuließen, „von rechtlichen Pflichten [...] Abstand [zu nehmen]“.

63 *Hoffmann-Riem* (Fn. 17), S. 46 f.

64 *Schneider*, in: Schoch/Schneider (Hrsg.), VwVfG Kommentar, Stand: 4. EL November 2023, § 45 Rn. 40.

65 *Stelkens* (Fn. 15), S. 1082.

66 Siehe *Ossenbühl* (Fn. 5), S. 470 f.

67 BVerwGE 165, 340 (zum Zügigkeitsgebot als Grundlage für eine Bearbeitung nach der Reihenfolge der Antragstellung sowie zu rechtfertigenden Ausnahmen aufgrund einer unterschiedlichen Genehmigungsreife); ebenso BVerwGE 169, 39 (zum Zügigkeitsgebot als Grundlage für ein Prioritätsprinzip nach Antragstellung); BVerwG, NVwZ 2017, S. 1893 (zum Zügigkeitsgebot im Subventionsrecht); Sächsisches OVG, Beschl. v. 3.2.2023, Az.: 6 B 22/22 (zum Beschleunigungsgebot bei der Rückforderung

Entscheidungen insofern eine Rolle, als sie eine Aussetzung des Verfahrens in Abwägung mit den Zügigkeitsanforderungen nicht zu rechtfertigen vermag.[68] In der Sache betont das Bundesverwaltungsgericht, dass „die Verletzung des Zügigkeitsgebots [...] grundsätzlich keine Auswirkung auf die Sachentscheidung" habe.[69] Allerdings hat das Bundesverfassungsgericht in der Dauer von vier Jahren für ein Prüfverfahren eine Grundrechtsverletzung von Art. 12 Abs. 1 GG i.V.m. Art. 19 Abs. 4 GG gesehen.[70]

Eine gerichtliche Verfolgung von Effizienzeinwänden dürfte zumeist schon daran scheitern, dass den Betroffenen die notwendigen Informationen über die eingesetzten Ressourcen, die verfolgten Ziele und den Grad ihrer Erreichung für das konkrete Verwaltungsverfahren sowie über relevante Vergleichsgrößen fehlen. Das Effizienzgebot schrumpft damit zu einem Willkürverbot.

Effektiv einklagen lässt sich Effizienz somit nur insofern, als der Gesetzgeber sie in Form von Verfahrenspflichten ausgestaltet und gerichtsfähig macht. Ein Beispiel ist das Vergaberecht, das die Wirtschaftlichkeit von Beschaffungen durch Verfahrensschritte sichert, von denen sich der Gesetzgeber jeweils einen Beitrag zur Verbesserung des Ergebnisses verspricht und daher eine gerichtliche Sanktionierung inzentiviert.[71]

---

von Subventionen); VGH Baden-Württemberg, VBlBW 2019, S. 511 (zur Zügigkeit als Teil des Verfahrensermessens bei der Ausgestaltung der Antragstellung zur Erteilung einer Sondernutzungserlaubnis); Niedersächsisches OVG, Beschl. v. 29.1.2016, Az.: 11 OB 272/15 (zum Zügigkeitsgebot bei der Erteilung einer Aufenthaltserlaubnis); OVG Berlin-Brandenburg, DVBl. 2016, S. 326 (zur Gewährung von Akteneinsicht ohne Rücksicht auf den Zeitpunkt des Antragseingangs); VG Magdeburg, Urt. v. 28.3.2024, Az.: 4 A 106/22 MD (zum Zügigkeitsgebot im Vorverfahren gegen Kostenbescheide nach Vollstreckung einer Abbruchanordnung); VG Berlin, Beschl. v. 9.9.2022, Az.: 19 L 234/22 (zur Zulässigkeit einer Aussetzung des Baugenehmigungsverfahrens); VG Neustadt (Weinstraße), Urt. v. 22.4.2021, Az.: 5 K 274/21.NW (zur Zügigkeit als Grundsatz des Widerspruchsverfahrens); VG Frankfurt, Urt. v. 23.6.2016, Az.: 5 K 3718/15.F (zum Beschleunigungsgebot im Verfahren der Genehmigung der Ausfuhr von Wirtschaftsgütern); VG Göttingen, Beschl. v. 10.6.2013, Az.: 2 B 649/12 (zu einem Verstoß gegen die „Verpflichtung zur Beschleunigung des Genehmigungsverfahrens"); dabei weist *Hofmann*, ZUR 2024, S. 201 (203) auf das faktisch rechtsschutzlimitierende Paradoxon einer Durchsetzung des Zügigkeitsgebots mittels einer verzögernden verwaltungsgerichtlichen Klage hin.

68 Niedersächsisches OVG, Beschl. v. 29.1.2016, Az.: 11 OB 272/15, juris Rn. 13.

69 BVerwG, NVwZ 2017, S. 1893 (1895).

70 BVerfG, DVBl. 1999, S. 978.

71 Dies schlägt sich im oberschwelligen Vergaberecht, u.a. in den §§ 97 Abs. 1, 127 Abs. 1 S. 2, 169 Abs. 2 S. 2, 173 Abs. 2 S. 2 GWB nieder, vgl. *Dörr*, in: Burgi/Dreher/Opitz (Hrsg.), Beck'scher Vergaberechtskommentar, Bd. 1, 4. Aufl. 2022, § 97 Abs. 1 GWB

Vor diesem Hintergrund steigt die Bedeutung der objektiven Effizienzkontrolle. Sie ist vor allem den Rechnungshöfen zugewiesen (siehe Art. 114 Abs. 2 S. 1 GG), die verwaltungsintern die Wirtschaftlichkeit der Verwaltungsorganisation und des Verwaltungshandelns prüfen.[72] Allerdings beschränkt sich hier die Analyse auf die öffentliche Kosten-Nutzen-Rechnung.[73] Beispielsweise untersucht der Bundesrechnungshof für die Steuerverwaltung die Effizienz des Vollzugs, indem er den Personaleinsatz und die sonstigen Verwaltungskosten zu den erzielten Steuereinnahmen ins Verhältnis setzt – wobei in diesem Fall der Output vergleichsweise leichter messbar ist, weil die staatlichen Steuereinnahmen das Befolgungsverhalten abbilden.[74]

4. Supranationale Effizienzgebote

Art. 298 AEUV fordert objektiv-rechtlich die Einrichtung einer „offenen, effizienten und unabhängigen europäischen Verwaltung".[75] Dabei ist die Geltung der Vorschrift trotz des auslegungsoffenen Wortlauts ausweislich ihrer Entstehungsgeschichte und systematischen Stellung auf die EU-Eigenverwaltung beschränkt.[76] Weitere Effizienzgebote richten sich an einzelne Unionsorgane bzw. betreffen die supranationale Zusammenarbeit.[77] Subjektiv-rechtlich etabliert Art. 41 Abs. 1 der Grundrechte-Charta mit dem Recht auf eine gute Verwaltung Standards für Verwaltungsverfahren der Union,

---

Rn. 52 f., der zudem darlegt, dass das Gebot der „Verfahrenseffizienz" auch jenseits von gesetzlichen Vorgaben Bedeutung entfaltet und als Beispiel die „Wahl zwischen dem offenen und dem nicht offenen Vergabeverfahren" nach § 119 Abs. 2 GWB anführt (Rn. 53); zu dessen Bedeutung siehe auch *Schmidt-Aßmann* (Fn. 5), S. 26 Rn. 44, S. 137 Rn. 46, S. 308 Rn. 51, S. 320 Rn. 70.

72 Siehe *Schmidt-Aßmann* (Fn. 5), S. 235 Rn. 94 f. zur Bedeutung der Rechnungsprüfung für die Wahrung der Wirtschaftlichkeit; siehe auch *Schliesky* (Fn. 6), S. 1454 f.

73 *Schliesky* (Fn. 6), S. 1455; *Ludwigs* (Fn. 4), S. 82 f.

74 Empfehlungen des Präsidenten des Bundesrechnungshofes als Bundesbeauftragter für Wirtschaftlichkeit in der Verwaltung zur Verbesserung des Vollzuges der Steuergesetze in Deutschland, 2006, S. 18–21, 142–156.

75 *Guckelberger*, NVwZ 2013, S. 601 (603).

76 *Saurer*, in: Pechstein/Nowak/Häde (Hrsg.), Frankfurter Kommentar EUV/GRC/AEUV Band IV, 2. Aufl. 2023, Art. 298 AEUV Rn. 6 f.; *Krajewski/Rösslein*, in: Grabitz/Hilf/Nettesheim (Hrsg.), Das Recht der Europäischen Union Band III, Stand: 81. EL Januar 2024, Art. 298 AEUV Rn. 10.

77 Art. 45 Abs. 1 lit. b EUV; Art. 120, 127 Abs. 1, 196 Abs. 1 lit. b, 222 Abs. 4 AEUV.

die nach einer Lesart auch die Effizienz der Verwaltung umfassen.[78] Daneben ist auch auf Unionsebene dem Rechnungshof primärrechtlich die Kontrolle der „Wirtschaftlichkeit der Haushaltsführung" (Art. 287 Abs. 2 AEUV) zugewiesen, wodurch Effizienzerwägungen Relevanz erhalten.[79]

Für die Mitgliedstaaten sind vor allem die spezifischen Ausprägungen effizienzsteuernder Verfahrensvorgaben durch das Sekundärrecht relevant. Beispielsweise gestaltet die Verordnung über amtliche Kontrollen die Anforderungen an die Kontrollen unter anderem im Lebensmittelbereich auch mit Blick auf ihre Effizienz aus und bezieht hierzu nicht nur Nutzen und Kosten für die Verwaltung und die Allgemeinheit, sondern auch für die betroffenen Unternehmen mit ein.[80] Zur Effektuierung der Gebote von Effizienz und Effektivität sieht die Verordnung behördeninterne Audits und öffentliche Rechtfertigungspflichten vor.[81]

IV. Wirkungen einer Effizienzanalyse

Die Berücksichtigung von Effizienzforderungen hat Folgewirkungen, denen ich mich zuletzt widmen möchte. Sie sind mitzudenken, bevor der Effizienz ein besonderes normatives Gewicht zugeordnet wird. Zunächst kann die Effizienzorientierung eine zentralisierende Tendenz entfalten, indem sie einer heterogenen Ausgestaltung von Verwaltungsverfahren entgegenwirkt (1.). Sodann macht eine Effizienzanalyse normative Wertungen erforderlich, die in einem ersten Schritt eines Verwaltungsverfahrens offenzulegen sind (2.). Des Weiteren bedarf es der Ergründung der Kausalbeziehung zwischen verfahrensrechtlichen Gestaltungen und ihren Wirkungen auf die Entscheidungsträger und -betroffenen (3.). Zuletzt schaffen Effizienzforderungen einen Bedarf danach, den behördlichen Werkzeugkoffer mit Instrumenten zu füllen, die eine Effizienzsteigerung versprechen (4.). Für

78 Siehe etwa *Jarass*, in: Jarass (Hrsg.), Charta der Grundrechte der EU, 4. Aufl. 2021, Art. 41 Rn. 3; ähnlich *Streinz*, in: Streinz (Hrsg.), EUV/AEUV, 3. Aufl. 2018, Art. 298 AEUV Rn. 7.

79 Siehe *Schmidt-Aßmann* (Fn. 5), S. 397 Rn. 33.

80 Verordnung (EU) 2017/625 des Europäischen Parlaments und des Rates v. 15.3.2017 über amtliche Kontrollen und andere amtliche Tätigkeiten zur Gewährleistung der Anwendung des Lebens- und Futtermittelrechts und der Vorschriften über Tiergesundheit und Tierschutz, Pflanzengesundheit und Pflanzenschutzmittel (Verordnung über amtliche Kontrollen), siehe Erwägungsgründe 34, 39, 74, 83.

81 Siehe insbesondere die Pflichten aus Art. 6 i.V.m. Art. 4 Abs. 2 lit. a, Art. 5 Abs. 1 lit. e, f, Abs. 5 der VO (EU) 2017/625 sowie aus Art. 11 der VO (EU) 2017/625.

die Effektivität lassen sich die Schlüsse parallel entwickeln, wenngleich hier den Gerichten eine potentiell größere Rolle über den Grundsatz der prozeduralen Verhältnismäßigkeit zukommen könnte.

1. Zentralisierung der Effizienzsteuerung

Erstens nimmt ein Effizienzgebot den Gesetzgeber und die Verwaltungsspitze in die Verantwortung. Eine solche Zentralisierung der Effizienzsteuerung ruht auf zwei Säulen. Zum einen kann nur eine übergeordnete Ebene überhaupt Effizienzgewinne durch eine Ressourcenverschiebung zwischen den Verwaltungseinheiten erzielen, denn die nachgeordneten Behörden können nicht in Eigeninitiative Ressourcen untereinander austauschen. Zum anderen lassen sich die Kosten und der Nutzen bestimmter Verfahrensschritte aufgrund des hierfür nötigen Verwaltungsaufwandes am sinnvollsten auf einer höherrangigen Ebene untersuchen, der zudem ein Vergleich zwischen der Praxis einzelner Verwaltungseinheiten offensteht. Initiativen zur Identifikation von Effizienzpotential können daher insbesondere von der Verwaltungsspitze ausgehen. Aber auch die Arbeiten der Rechnungshöfe liefern wichtige Anstöße.[82] Auf einer solchen Grundlage obliegt es sodann der Verwaltung oder dem Gesetzgeber, durch eine bereichsspezifische Reform der Vorschriften des (Innen-)Rechts Effizienzgewinne zu realisieren und zugleich mit konfligierenden Zielen auszutarieren.

Abhängig von den sachbereichsspezifischen Anforderungen des besonderen Verwaltungsrechts unterscheidet sich die Intensität und Gestalt einer solchen Steuerung. Vergleichsweise stark durch gesetzgeberische Vorschriften formalisiert sind die Verfahren im Umwelt- und Baurecht sowie auf dem Gebiet der Sektorenregulierung.[83] Auch im Bereich der Überwachung ist das Verfahrensermessen vielfach durch feingliedrige Verfahrensvorgaben überlagert. Ein Beispiel sind die bereits genannten supranationalen Kontrollanforderungen hinsichtlich der Lebensmittelsicherheit, die auf nationa-

82 Siehe die Empfehlungen des Präsidenten des Bundesrechnungshofes als Bundesbeauftragter für Wirtschaftlichkeit in der Verwaltung zur Verbesserung des Vollzuges der Steuergesetze in Deutschland (Fn. 74), S. 117–128 mit einer Kritik der föderalen Organisation des Steuersystems.

83 Siehe nur *Gurlit* (Fn. 46), S. 233, 253–259, 262, 268 f.

ler Ebene verwaltungsintern durch eine allgemeine Verwaltungsvorschrift detailliert ausgeformt sind.[84]

2. Erfordernis normativer Wertungen

Zweitens verlangt eine Effizienzanalyse, dass die sie unternehmenden Akteure – sei es die Verwaltung oder der Gesetzgeber – den gewünschten Output darlegen und bewerten. Dies erfordert konkrete normative Wertungsentscheidungen, etwa dahingehend, ob eine Steigerung der Rechtmäßigkeitswahrscheinlichkeit die korrespondierende Einbuße an Schnelligkeit und den Anstieg der Verfahrenskosten aufwiegen kann. Auch ist zu bestimmen, wessen Nutzensteigerung relevant sein soll, d.h. ob etwa eine Senkung der Verfahrenskosten der antragstellenden Unternehmen eine relevante Effizienzsteigerung darstellen soll.[85] Zuletzt ist die Bedeutung von Entscheidungsfehlern zu bewerten, d.h. festzulegen, ob es im Zweifelsfall vorzugswürdig ist, Ressourcen einzusetzen, die das Ergebnis letztlich nicht verbessern, oder Ressourcen einzusparen, ohne dass hierdurch der Nutzen sinkt.[86] Mit Blick auf die offene Definition von Gemeinwohl und die Vielfalt von Verwaltungszwecken besteht hier Konfliktpotential.[87]

All diese Weichen stellt die Verwaltung bereits faktisch mit jedem konkreten Verfahrensschritt, der die Effektivität und Effizienz einer Verwaltungsentscheidung positiv oder negativ beeinflusst. Selten jedoch macht sie die von ihr dabei getroffenen normativen Vorannahmen sichtbar. Ebenso offen bleibt zumeist, welche Wirkungen sie den einzelnen unternommenen Verfahrenshandlungen zuschreibt. Die Erfüllung von Effizienzforderungen würde die Verwaltung dazu zwingen, sich insofern festzulegen und ggf. im Rahmen einer öffentlichen Debatte zu rechtfertigen.

---

84 Siehe die Vorgaben in Art. 9–15 der VO (EU) 2017/625, insbesondere ausgeformt durch § 6 f. der Allgemeinen Verwaltungsvorschrift über Grundsätze zur Durchführung der amtlichen Überwachung der Einhaltung der Vorschriften des Lebensmittelrechts, des Rechts der tierischen Nebenprodukte, des Weinrechts, des Futtermittelrechts und des Tabakrechts (AVV Rahmen-Überwachung) v. 20.1.2021 sowie der Anlage 1 hierzu.

85 Zur Berücksichtigung der unternehmensbezogenen Effizienz im Rahmen von Generalklauseln siehe *Ludwigs* (Fn. 4), S. 116 f.

86 *Engel*, JITE 174 (2017), S. 5 (9–11) zu der rechtlichen Relevanz von Fehlentscheidungen erster Art und zweiter Art (sogenannte „false positive" und „false negative").

87 Zu den Problemen und Lösungen der „Offene[n] Gemeinwohldefinitionen" siehe *Engel*, Offene Gemeinwohldefinitionen, Preprints aus der Max-Planck-Projektgruppe Recht der Gemeinschaftsgüter, No. 2000/16.

3. Verhaltenswissenschaftlich informierte Verfahrensgestaltung

Drittens erfordert eine Optimierung des Verhältnisses von eingesetzten Ressourcen und Ertrag eine Berücksichtigung verhaltenswissenschaftlicher Erkenntnisse. Zwei Ausprägungen sollen dies illustrieren.

Erfasst man als Input nicht nur die behördlich eingesetzten Ressourcen, sondern auch die Kosten einer Beteiligung der Betroffenen und der Öffentlichkeit in einem weiteren Sinne, so sind diese zu reduzieren, sofern kein Einfluss der jeweiligen Verfahrensschritte auf den Output zu erwarten ist. Die Durchführung des konkreten Verfahrens ist damit auf die interindividuellen Unterschiede der Beteiligten zuzuschneiden, wofür verfahrensrechtlich regelmäßig ein hinreichender Spielraum besteht. Beispielsweise wäre demnach die Anhörung eines arbeitsteilig agierenden Unternehmens anders auszugestalten als die Befragung einer Person ohne rechtliche Vorkenntnisse, was § 28 Abs. 1 VwVfG durchaus zulässt, indem er keine Vorgaben hinsichtlich der Art und Weise der Anhörung formuliert, sondern nur als Ergebnis die Gelegenheit zur Stellungnahme fordert.

Auf Seiten des Inputs gilt es, systematische Abweichungen von dem als rational erwarteten Verhalten sowohl der Normadressaten als auch der Hoheitsträger zu identifizieren und zu reduzieren.[88] Diese sogenannten Biases sind per se einer Verfahrenseffizienz abträglich.[89] Gewährt das Verfahrensrecht beispielsweise mit § 28 Abs. 1 VwVfG die Gelegenheit zur Äußerung, so ist es rational, diese wahrzunehmen, wenn der Nutzen einer Stellungnahme ihre Kosten übersteigt.[90] Verzichtet nun eine Betroffene aufgrund der mit einer Kommunikation mit der Verwaltung einhergehenden Belastungen auf eine Äußerung,[91] so realisiert die Verfahrensvorschrift nicht den intendierten Ertrag dieser Ressource und ist in ihrer Anwendung ineffizient. Dem wäre unter Effizienzgesichtspunkten entgegenzusteuern.

---

88 Grundlegend *Zamir/Teichman*, Behavioral Law and Economics, 2018, S. 19–127; für das deutsche Öffentliche Recht siehe *Egidy u.a.*, in: Engel u.a. (Hrsg.), Öffentliches Recht als Verhaltensordnung, 2025, Kapitel 2 – Behavioral Public Law.

89 Vgl. *Towfigh* (Fn. 39), § 2 Rn. 83.

90 Siehe *Towfigh* (Fn. 39), § 2 Rn. 77.

91 Zum Einfluss der Form der Verwaltungskommunikation auf die in der Interaktion empfundene Belastung der einzelnen Adressaten (der sogenannte „administrative burden") siehe zusammenfassend aus verwaltungswissenschaftlicher Sicht *Halling/Baekgaard*, Journal of Public Administration Research and Theory 34 (2024), S. 180 (187 f.); grundlegend zu diesem Konzept *Moynihan/Herd/Harvey*, Journal of Public Administration Research and Theory 25 (2015), S. 43.

4. Instrumente zur Steigerung der Effizienz von Verwaltungsverfahren

Dem Gesetzgeber und der Verwaltungsspitze stehen verschiedene Instrumente zur Verfügung, die eine Steigerung der Verfahrenseffizienz bewirken könnten. Vier von ihnen sollen hier näher betrachtet werden.

Erstens kann eine inhaltliche Steuerung von Verwaltungsentscheidungen den Ressourcenbedarf im Verfahren reduzieren. Legt der Gesetzgeber im Detail fest, welche Datenpunkte auf welche Weise in die Entscheidung einfließen müssen, so erlaubt er der zuständigen Behörde gleichzeitig eine gezieltere Informationssuche und -verarbeitung. Einen solchen Ansatz wählen aktuelle Reformvorhaben zur Beschleunigung von planungs- und umweltrechtlichen Genehmigungsverfahren.[92] Sie geben materielle Zielgrößen vor (wie etwa § 45b BNatSchG) und entlasten durch diese Standardisierung der inhaltlichen Bewertungsmaßstäbe auch das Verwaltungsverfahren.[93] Die gesetzlich teils zur Beschleunigung der Verwaltungsentscheidung vorgegebenen behördlichen Handlungsfristen – etwa in Genehmigungsverfahren[94] – sind hingegen vor allem für die Genehmigungsadressaten effizienzsteigernd, weil sie den mit der Erlaubniserteilung verbundenen Nutzen zu einem früheren Zeitpunkt erzeugen oder zusätzliche Aufwendungen durch Verzögerungen vermeiden.[95] Liegt das Vorhaben im Gemeinwohl (wie die Genehmigung von Windenergieanlagen oder infrastrukturellen Großvorhaben), so steigt zugleich auch der Nutzen für die Allgemeinheit.[96] Auf Seiten der Verwaltung bleiben die eingesetzten Ressourcen identisch, es sei denn die Beschleunigung des Verfahrens geht mit einer rechtlichen Ab-

92 Entwurf eines Vierten Gesetzes zur Änderung des Bundesnaturschutzgesetzes, BT-Drs. 20/2354, S. 19.

93 Entwurf eines Vierten Gesetzes zur Änderung des Bundesnaturschutzgesetzes, BT-Drs. 20/2354, S. 1 f., 17–19.

94 Siehe etwa § 10 Abs. 6a BImSchG; des Weiteren erwähnt *Hofmann* (Fn. 67), S. 208 f. den Art. 16a der Richtlinie (EU) 2023/2413 des Europäischen Parlaments und des Rates v. 31.10.2023 zur Änderung der Richtlinie (EU) 2018/2001, der Verordnung (EU) 2018/1999 und der Richtlinie 98/70/EG im Hinblick auf die Förderung von Energie aus erneuerbaren Quellen und zur Aufhebung der Richtlinie (EU) 2015/652; teilweise sind Entscheidungsfristen durch eine Genehmigungsfiktion sanktioniert, so § 42a Abs. 1, 2 VwVfG, § 6a GewO; siehe hierzu *Eisenmenger* (Fn. 51), S. 192 f.

95 Zu dieser Dimension *Wysk*, in: Appel/Wagner-Cardenal (Hrsg.), Verwaltung zwischen Gestaltung, Transparenz und Kontrolle, 2019, S. 27 (27–29, 31), der außerdem das Problem der im Zeitverlauf veränderlichen rechtlichen und tatsächlichen Genehmigungsvoraussetzungen aufwirft (S. 34–39).

96 Siehe die Beispiele in *Wysk* (Fn. 95), S. 28 f.

senkung prozeduraler oder inhaltlicher Standards[97] oder einer Reduktion der Rechtsschutzmöglichkeiten[98] einher.[99]

Zweitens kann eine stärkere Vorformung des Verfahrens durch den Gesetzgeber oder die Spitze der Exekutive Effizienzgewinne erzeugen. Dies wäre nicht der Fall, würde jede untere Verwaltungseinheit stets umfassend alle Verfahrensoptionen miteinander vergleichen und diejenige wählen, die (unter Wahrung aller materiellen Voraussetzungen) die höchste Effizienz erzeugt.[100] Eine solche Einzelfallbetrachtung dürfte hingegen die Kapazität der jeweils zuständigen Behörden unter bestimmten Umständen überfordern.[101] Insofern kann es geboten sein, entsprechende Leitlinien zur Verfahrensgestaltung aufzustellen, wie dies bereits in Ergänzung der gesetzlich ausgeformten Fallgruppen in Form von Verwaltungsvorschriften inneradministrativ praktiziert wird.

Drittens lässt sich die Effizienz jedenfalls aus Sicht der Verwaltung steigern, wenn man die Beteiligten einer Entscheidung stärker zur Mitwirkung verpflichtet, gerade wenn die Verwaltung auf Sonderwissen der Beteiligten angewiesen ist.[102] Konkrete Ausprägungen hiervon sind Präklusionsvorschriften, Beteiligungspflichten und Beweislastverschiebungen. Beispielsweise enthält die Abgabenordnung Vorschriften, die es der Behör-

---

97 Dies impliziert *Schmidt-Aßmann*, NVwZ 2007, S. 40 (44), wenn er den „Gewinn an Rechtsstaatlichkeit, den eine zeit- und kostenaufwändige Ausgestaltung zu bringen vermag" den „Verzögerungsverlusten" gegenüberstellt. Siehe auch *Durner*, ZUR 2011, S. 354 (362), der die Wirkkraft einer bloß formalen Beschleunigungsforderung anzweifelt und auf den materiell erforderlichen Zeitaufwand verweist; für eine Übersicht über verfahrensrechtliche Beschleunigungsansätze am Beispiel der Planfeststellung siehe *Groß*, ZUR 2021, S. 75 (76 f.).

98 So plädiert *Herber*, NZV 2021, S. 243 (252) für eine Rechtswegverkürzung als Beschleunigungsinstrument; kritisch *Hofmann* (Fn. 67), S. 202 f.

99 Siehe zusammenfassend zu den Beschleunigungsinstrumenten für das Verwaltungsverfahren und das verwaltungsgerichtliche Verfahren *Wysk* (Fn. 95), S. 39–59.

100 *Ludwigs* (Fn. 4), S. 103 beschreibt den hierzu gesetzlich eingeräumten Spielraum wie folgt: „Als spezifischer Ausdruck des Effizienzgedankens erweisen sich etwa Vorschriften, die der Verwaltung ein Absehen von der vorhergehenden Anhörung Beteiligter (§ 28 Abs. 2, insb. Nr. 3 und Nr. 4 VwVfG), von der Gewährung von Akteneinsicht (§ 29 Abs. 2 Alt. 1 VwVfG) sowie von der Begründung (§ 39 Abs. 2 Nr. 1–3 und Nr. 5 VwVfG) ermöglichen."

101 Siehe Empfehlungen des Präsidenten des Bundesrechnungshofes als Bundesbeauftragter für Wirtschaftlichkeit in der Verwaltung zur Verbesserung des Vollzuges der Steuergesetze in Deutschland (Fn. 74), S. 34–87 zu den Unterschieden bei der Steuerfestsetzung durch die Finanzämter.

102 Siehe *Eisenmenger* (Fn. 51), S. 193 f.; *Hofmann* (Fn. 67), S. 205.

de erlauben, Aussagen der Steuerpflichtigen zu erzwingen und fehlerhafte Informationen zu sanktionieren.[103]

Viertens kann die Digitalisierung der Entscheidungsprozesse die Effizienz steigern.[104] Dies betonte schon *Rainer Wahl* im Staatsrechtslehrerreferat 1982 für die Steuerverwaltung.[105] Dabei ermöglicht die Automatisierung der Entscheidungsverfahren nicht nur Arbeitserleichterungen, sondern erhöht gleichzeitig die Komplexität bestimmter Verfahrensschritte.[106] Der wesentliche Beitrag algorithmischer Entscheidungssysteme besteht aber darin, dass sie einer spezifischen Datenbasis und Modellierung bedürfen sowie eine Bewertung des Outputs erfordern.[107] Sie zwingen damit die Verwaltung dazu, den Input zu strukturieren und erreichen die oben beschriebene effizienzsteigernde Formalisierung der Verfahren grundsätzlich ohne eine gesetzgeberische Intervention.[108] Mit Hilfe der durch diese Entscheidungssysteme generierten Daten lassen sich außerdem Ineffizienzen identifizieren.[109] Deshalb stellt der Gesetzgeber die Etablierung algorithmischer Entscheidungssysteme teils ausdrücklich in den Dienst der Wirtschaftlichkeit, wie etwa in § 88 Abs. 5 S. 2 AO.[110] Auf supranationaler Ebene sieht beispielsweise die Verordnung über amtliche Kontrollen ausdrücklich vor, dass die

103 §§ 90, 93 ff., 328 ff., 370 AO.

104 *Schliesky* (Fn. 6), S. 1460; kritisch jedoch mit Blick auf den „von der Automatisierung ausgehende[n] Effizienzdruck" *Ahrendt*, NJW 2017, S. 537 (540).

105 *Wahl* (Fn. 11), S. 179 f.

106 *Bainbridge*, Automatica 19 (1983), S. 775 prägte hierfür den Begriff der „ironies of automation".

107 Siehe am Beispiel des Steuerrechtsvollzugs *Ahrendt* (Fn. 104), S. 539 f.

108 *Ahrendt* (Fn. 104), S. 540 für Risikomanagementsysteme im Steuerrecht; auch *Roth-Isigkeit*, NVwZ 2022, S. 1253 (1253) betont das Effizienzpotential der Automatisierung; *Wahl* (Fn. 11), S. 179 betont daher ihren Beitrag zur Typisierung; ähnlich *von Harbou*, JZ (2020), S. 340 (346) zur „Schematisierung [durch] die Festlegung auf binäre Entscheidungsmuster nach einer finiten Menge eindeutig festgelegter starrer Kriterien".

109 Das gilt bereits für analog erzeugte Daten, siehe *Stelkens* (Fn. 15), S. 1086, der mit Blick auf die fortgesetzte Nutzung der im Verwaltungsverfahren generierten Daten auf die Bedeutung der Richtlinie 2003/98/EG über die Weiterverwendung von Informationen des öffentlichen Sektors und die Richtlinie 2007/2/EG zur Schaffung einer Geodateninfrastruktur in der Europäischen Gemeinschaft (INSPIRE) verweist.

110 Zur Kritik siehe *Ahrendt* (Fn. 104), S. 538; für eine Übertragbarkeit der Garantien des § 88 Abs. 5 AO in das VwVfG siehe *Spilker*, NVwZ 2022, 680 (684 f.); ähnlich *von Harbou* (Fn. 108), S. 343; andere Vorschriften, wie insbesondere § 35a VwVfG, wirken hingegen effizienzbeschränkend, siehe *Müller*, RDi 2024, S. 162 (167).

Kommission ein computergestütztes Informationssystem aufbaut, um eine effizientere Verwaltung der amtlichen Kontrollen zu erreichen.[111]

V. Schlussbetrachtung

Die Forderung nach effektiven und effizienten Verwaltungsverfahren verlangt gleichsam nach einer (Selbst-)Programmierung des Entscheidungsverfahrens der Verwaltung.[112] Hierfür ist eine integrative Perspektive notwendig. Effizienz ist kein primäres normatives Ziel, sondern immer bezogen auf den jeweils zu erreichenden Output, d.h. das Ergebnis eines Verwaltungsverfahrens. So verstanden kann der Output die normativ miteinander konfligierenden Zielgrößen des Verwaltungshandelns nur abbilden, wenn das Verständnis des relevanten Outputs hinreichend breit ist und neben der Rechtmäßigkeit einer Maßnahme auch ihr Steuerungserfolg und ihre Akzeptanz berücksichtigt werden.

Die zunehmende Digitalisierung von Verwaltungsverfahren bietet eine Chance, die mit ihr einhergehende Formalisierung und Kontrolle gezielt zur Verbesserung der Verfahren zu nutzen.[113] Ein solches Vorhaben ist offen für eine gesetzgeberische Steuerung. Ohne sie obliegt es jedoch den einzelnen Verwaltungsträgern, den technologischen Fortschritt zur Beförderung ihrer Aufgabenwahrnehmung einzusetzen.[114] Nähere Einsichten in die Effizienz von Verwaltungsverfahren lassen sich dann aus dem Vergleich der unterschiedlichen Organisationsstrukturen gewinnen.[115] Subjektiv-rechtlich bleibt eine solche Entwicklung zunächst ohne Bedeutung, vielmehr wächst die Wirkkraft der verwaltungsinternen Kontrollen, insbesondere durch die Rechnungshöfe.

---

111 Erwägungsgrund 86 der VO 2017/625 formuliert: „Für eine effizientere Verwaltung der amtlichen Kontrollen sollte von der Kommission ein computergestütztes Informationssystem aufgebaut werden, das alle bestehenden und relevanten Informationssysteme integriert und gegebenenfalls aktualisiert, die Verwendung moderner Kommunikations- und Bescheinigungstools erlaubt und eine optimale Nutzung der Daten und Informationen über amtliche Kontrollen ermöglicht."

112 Siehe hierzu *Schmidt* (Fn. 8), S. 337–339.

113 Vgl. bereits *Hoffmann-Riem* (Fn. 17), S. 52.

114 *Ossenbühl* (Fn. 5), S. 470.

115 *Ossenbühl* (Fn. 5), S. 470.

Verfahrensrechte – Verfahrensfehler – Fehlerfolgen. Die Entwicklung der nachträglichen Legalisierung im europäischen Umweltrecht

Laura Hering

I. Einführung

Die Rechtswissenschaft und Rechtsprechung beschäftigen sich seit langem mit den Voraussetzungen und Grenzen der Heilung von Verfahrensfehlern. Ebenso alt ist die Debatte über die unionsrechtlichen Einwirkungen auf nationale Heilungsregelungen im Anwendungsbereich des Unionsrechts. Spätestens seit dem EuGH-Urteil in der Rechtssache *Delena Wells* aus dem Jahr 2004 ist in juristischen Fachkreisen bekannt, dass das Unionsrecht in diesem Bereich erhebliche Einflussmöglichkeiten besitzt. Während es lange Zeit an umfangreicher Rechtsprechung des EuGH zu den Voraussetzungen und Grenzen nationaler Heilungsregelungen im indirekten Vollzug des Unionsrechts fehlte, hat sich dies in den letzten zwei Jahrzehnten geändert. Der EuGH hat zahlreiche Entscheidungen zur sogenannten „nachträglichen Legalisierung" – wie der EuGH die Heilung von Verfahrensfehlern nennt[1] – im mitgliedstaatlichen Vollzug des Unionsrechts getroffen, die der folgende Beitrag in den Blick nimmt.

Diese betreffen insbesondere das Umweltrecht, wo die Grenzen der Heilbarkeit von Verfahrensfehlern stark unionsrechtlich geprägt sind, insbesondere durch die Richtlinie 2011/92/EU über Umweltverträglichkeitsprüfungen.[2] Zudem bringen Individualkläger, Umweltverbände und Kommunen in rechtlichen Auseinandersetzungen im Umweltrecht zunehmend Verfah-

1 Zur „nachträglichen Legalisierung" als „Heilung" siehe GA *Kokott*, Schlussanträge v. 8.9.2016 zur Rs. C-348/15 (Stadt Wiener Neustadt), ECLI:EU:C:2016:662 Überschrift nach Rn. 34.

2 Richtlinie 2011/92/EU des Europäischen Parlaments und des Rates v. 13. Dezember 2011 über die Umweltverträglichkeitsprüfung bei bestimmten öffentlichen und privaten Projekten, ABl. 2012 L Nr. 26, S. 1, beispielsweise Art. 2, wonach die Umweltverträglichkeitsprüfung vor Erteilung der Genehmigung zu erfolgen hat oder Art. 6, wonach die Umweltverträglichkeitsprüfung unter frühzeitiger Beteiligung der Öffentlichkeit zu erfolgen hat.

rensfehler zur Sprache. Sie werfen den Zulassungsbehörden beispielsweise vor, eine Umweltverträglichkeitsprüfung rechtswidrig unterlassen, fehlerhaft durchgeführt oder von einer Vorprüfung abgesehen zu haben.[3] Aus Sicht der Kläger ist die Möglichkeit, unterlassene oder fehlerhafte Verfahrenshandlungen zu korrigieren, entscheidend für den Ausgang des Prozesses. Heilungsmöglichkeiten können nämlich dazu führen, dass ein zunächst vielversprechendes gerichtliches Verfahren letztlich doch verloren wird.

Die Untersuchung der unionsrechtlichen Rechtsprechung zeigt, dass sie im Laufe der Jahre zunehmend differenzierter und legalisierungsfreundlicher geworden ist. In den letzten Jahren hat der Gerichtshof die zuvor unklaren unionsrechtlichen Voraussetzungen, Grenzen und Rechtsfolgen der nachträglichen Legalisierung präzisiert, wenn auch nicht abschließend geklärt. Es ist eine deutliche Tendenz erkennbar, dass der Gerichtshof die Anwendung nationaler Fehlerheilungsvorschriften nicht grundsätzlich ausschließt, sondern anerkennt, dass auch weitreichende nationale Regelungen im Einklang mit dem Unionsrecht stehen können. Eine Grenze zieht der Gerichtshof jedoch dort, wo nationale Fehlerheilungsvorschriften das Unionsrecht systematisch umgehen. Dieses Erfordernis hat der EuGH als zentrale Anforderung an die nationalen Heilungsvorschriften in seiner jüngeren Rechtsprechung deutlich herausgestellt.

Die untersuchte Rechtsprechung zeigt zudem deutlich, dass die weit verbreitete Annahme, das Unionsrecht verlange eine besonders strenge Sanktionierung von Verfahrensfehlern und dass das deutsche und europäische Verfahrensverständnis diametral voneinander abweichen, zurückzuweisen ist. Lange Zeit prägte die Vorstellung einer Systemdivergenz die deutsche Debatte. Diese unterstellte, dass das deutsche Verfahrensverständnis dem Verfahren eine „dienende Funktion“ zuschreibt, während das europäische Verfahrensverständnis dem Verfahren einen „Eigenwert“ einräumt. Diese Sichtweise führte unter anderem zu der Annahme, dass die §§ 45, 46 VwVfG im Anwendungsbereich des Unionsrechts weitgehend unanwendbar seien. Dieses Verständnis einer fundamentalen Systemdivergenz ist jedoch unzutreffend. Tatsächlich zeigt sich, dass der EuGH nationalen Heilungsregelungen in bestimmten Konstellationen nicht grundsätzlich ablehnend gegenübersteht.

---

3 Für Beispiele aus der Praxis siehe *Saurer*, NVwZ 2020, S. 1137 (1138), Fn. 2 ff. m. w. N.

II. Die Entwicklung der nachträglichen Legalisierung in der unionsrechtlichen Rechtsprechung

1. Vorbemerkung: Grundsätze des mitgliedstaatlichen Vollzugs des Unionsrechts

Bevor der Beitrag den Blick auf die Rechtsprechung des Gerichtshofs richtet, ist es notwendig, die Grundsätze des mitgliedstaatlichen Vollzugs des Unionsrechts zu rekapitulieren, die den im Folgenden erörterten Rechtssachen zugrunde liegen.

Ausgangspunkt ist der Grundsatz der Verfahrensautonomie der Mitgliedstaaten. In Abwesenheit spezifischer unionsrechtlicher Regelungen haben die Mitgliedstaaten die Befugnis, die Verfahrensmodalitäten und somit auch die Folgen von Verfahrensfehlern selbst festzulegen.[4] Das Unionsverwaltungsrecht regelt die Folgen von Verfahrensfehlern, die den nationalen Behörden im indirekten Vollzug unterlaufen, nur selten. Diese Leerstelle füllen nationale Vorschriften wie §§ 45 und 46 VwVfG oder § 4 UmwRG.

Dabei ist der Grundsatz der loyalen Zusammenarbeit aus Art. 4 Abs. 3 EUV zu beachten. Ihre Grenzen findet die mitgliedstaatliche Verfahrensautonomie im Effektivitäts- und Äquivalenzgrundsatz. Nach dem Effektivitätsgrundsatz dürfen nationale Heilungsvorschriften die Verwirklichung des Unionsrechts weder praktisch unmöglich machen noch unverhältnismäßig erschweren.[5] Nach dem Äquivalenzprinzip dürfen die Verfahrensmodalitäten in Fällen mit Unionsrechtsbezug nicht ungünstiger gestaltet sein als diejenigen in vergleichbaren, rein nationalen Verfahren.[6]

---

4 EuGH, Rs. C-205/82 (Deutsches Milchkontor), ECLI:EU:C:1983:233 Rn. 17; Rs. C-480/18 (PrivatBank), ECLI:EU:C:2020:274 Rn. 73. Aus der Literatur hierzu und zu den Grenzen *Kahl*, VerwArch 95 (2004), S. 1 (13 ff.); *Steinbeiß-Winkelmann*, NJW 2010, S. 1233 (1233 f.); *Bumke*, in: Voßkuhle/Eifert/Möllers (Hrsg.), GVwR, Bd. II, 3. Aufl. 2022, § 34 Rn. 185.

5 Exemplarisch EuGH, Rs. C-201/02 (Wells), ECLI:EU:C:2004:12 Rn. 67; Rs. C-416/10 (Križan u. a.), ECLI:EU:C:2012:8 Rn. 85, 87; Rs. C-348/15 (Stadt Wiener Neustadt), ECLI:EU:C:2016:882 Rn. 40; Rs. C-422/04 (Arcor), ECLI:EU:C:2004:836 Rn. 57 f.; Rs. C-234/17 (XC u. a.), ECLI:EU:C:2018:853 Rn. 49 ff.

6 Exemplarisch EuGH, Rs. C-201/02 (Wells), ECLI:EU:C:2004:12 Rn. 67; Rs. C-416/10 (Križan u. a.), ECLI:EU:C:2012:8 Rn. 85 f.; Rs. C-348/15 (Stadt Wiener Neustadt), ECLI:EU:C:2016:882 Rn. 40; Rs. C-422/04 (Arcor), ECLI:EU:C:2004:836 Rn. 57, 62; Rs. C-234/17 (XC u. a.), ECLI:EU:C:2018:853 Rn. 25 ff.

2. EuGH, Urt. v. 7.1.2004, Rs. C-201/02 – Delena Wells

Dass das Unionsrecht unter bestimmten Voraussetzungen eine nachträgliche Legalisierung von Verfahrensfehlern im Umweltverfahrensrecht grundsätzlich zulässt, ist spätestens seit der Entscheidung in der Rechtssache *Delena Wells* bekannt, die den Steinbruch *Conygar Quarry* in England betraf. Dieser Steinbruch erhielt erstmals 1947 eine Genehmigung für den Abbau von Mineralien auf Grundlage einer vorläufigen Entwicklungsverordnung. Britisches Recht erteilte solche Genehmigungen für Bergbaubetriebe ab 1946 , um den erhöhten Bedarf an Baumaterialien unmittelbar nach dem Zweiten Weltkrieg zu decken. Das Raumplanungs- und Entschädigungsgesetz von 1991 sah für diese alten Bergbauberechtigungen spezielle Regelungen vor: Ruhte der Betrieb einer Anlage länger als zwei Jahre, mussten die Betreiber die Auflagen der alten Genehmigung zunächst festlegen und registrieren, bevor sie den Betrieb wieder aufnehmen durften. Beantragten die Betreiber keine Registrierung, erlosch die alte Genehmigung.

1984 erwarb die Klägerin ein Haus nahe des Steinbruchs *Conygar Quarry*, für dessen Betrieb die Behörden eine Genehmigung durch eine vorläufige Entwicklungsverordnung erteilt hatten. Zum Zeitpunkt des Erwerbs lag der Abbau im Steinbruch still. Im Sommer 1991 wurde der Abbau wieder aufgenommen, was zu Sprengungen, Schwerlastverkehr und Brecherarbeiten führte, die Lärm und Risse im Haus der Klägerin verursachten. Aufgrund des neuen Gesetzes beantragten die Eigentümer des Steinbruchs die Festlegung und Registrierung der Auflagen bei der zuständigen Behörde. Die britischen Behörden genehmigten diesen Antrag ein Jahr später, versäumten jedoch, eine UVP gemäß der Richtlinie 85/337/EWG[7] durchzuführen. Nach britischem Recht war eine UVP für alte Abbaugenehmigungen erst ab Dezember 2000 erforderlich.

1999 beantragte die Klägerin die Aufhebung oder Änderung der Genehmigung, um das Fehlen der UVP im Genehmigungsverfahren nachzuholen, und argumentierte, dass das britische Recht gegen die UVP-Richtlinie verstoße. Nachdem ihr Antrag unbeantwortet blieb, klagte sie vor dem *High Court of England and Wales, Queen's Bench Division* (*Administrative Court*). Dieser setzte das Verfahren aus und legte dem EuGH Fragen im Wege der Vorabentscheidung vor. Am 7. Januar 2004 antwortete der EuGH. Er stellte fest, dass „die zuständigen Behörden verpflichtet [seien], alle allgemeinen

7 Richtlinie 85/337/EWG des Rates v. 27. Juni 1985 über die Umweltverträglichkeitsprüfung bei bestimmten öffentlichen und privaten Projekten, ABl. 1985 L Nr. 175, S. 40.

oder besonderen Maßnahmen zu ergreifen, um dem Unterlassen einer solcher Prüfung abzuhelfen."[8] Die Mitgliedstaten könnten dieser Verpflichtung nachkommen, indem sie die bereits erteilte Genehmigung entweder zurücknehmen oder aussetzen, um die UVP nachzuholen.[9]

Der EuGH war in seinen Ausführungen jedoch nicht ganz eindeutig. Einerseits entschied er, dass nationale Behörden die Möglichkeit haben, eine bereits erteilte Genehmigung zurückzunehmen oder auszusetzen. Wenn dies den durch die unterlassene Umweltverträglichkeitsprüfung entstandenen Schaden nicht vollständig ausgleiche, müsse der Mitgliedstaat zusätzliche Maßnahmen ergreifen.[10] Andererseits schien der EuGH die Rücknahme oder Aussetzung einer bereits erteilten Genehmigung als Alternative zu Schadenersatzansprüchen zu sehen. Der Gerichtshof urteilte, dass „es Sache des nationalen Gerichts [sei], festzustellen, ob nach nationalem Recht die Möglichkeit besteht, eine bereits erteilte Genehmigung zurückzunehmen oder auszusetzen, um dieses Projekt einer Umweltverträglichkeitsprüfung gemäß den Anforderungen der Richtlinie 85/337 zu unterziehen, oder aber die Möglichkeit für den Einzelnen, wenn er dem zustimmt, Ersatz des ihm entstandenen Schadens zu verlangen."[11]

In der deutschen Rechtswissenschaft führte diese Entscheidung und die darin ausgesprochene Verpflichtung zur Beseitigung des Fehlens einer UVP zur Schlussfolgerung, dass die Heilungs- und Unbeachtlichkeitsregeln der §§ 45, 46 VwVfG durch das Unionsrecht verdrängt bzw. unanwendbar werden können.[12] Besonders intensiv diskutierte die in- und ausländische Rechtswissenschaft im Zusammenhang mit *Wells* aber die Frage der unmittelbaren Anwendung der UVP-Richtlinie und inwieweit sich betroffene Dritte auf einzelne Bestimmungen der UVP-Richtlinie berufen können.[13]

---

8 EuGH, Rs. C-201/02 (Wells), ECLI:EU:C:2004:12 Rn. 68, 70.

9 EuGH, Rs. C-201/02 (Wells), ECLI:EU:C:2004:12 Rn. 65.

10 EuGH, Rs. C-201/02 (Wells), ECLI:EU:C:2004:12 Rn. 65 f.

11 EuGH, Rs. C-201/02 (Wells), ECLI:EU:C:2004:12 Rn. 69.

12 Exemplarisch *Kment*, AöR 130 (2005), S. 570 (584 ff.); *Durner*, VerwArch 97 (2006), S. 345 (348).

13 Aus der Literatur siehe hierzu *Kerkmann*, DVBl. 2004, S. 1287 (1288 f.); *Baldus*, GPR 2003, S. 124 (124 f.); *Fischer/Fetzer*, EWS 2004, S. 236 ff.; *García Ureta*, Revista vasca de administración pública 68 (2004), S. 185 (195 ff.); *Martínez Capdevila*, Revista española de Derecho Europeo 2004, S. 629 (635 ff.).

3. EuGH, Urt. v. 3.7.2008, Rs. C-215/06 – Kommmission/Irland

Nur kurze Zeit später, im Jahr 2008, befasste sich der Gerichtshof im Vertragsverletzungsverfahren *Kommission/Irland* erneut mit der nachträglichen Legalisierung. Obwohl das Urteil in der Literatur wenig Beachtung fand,[14] markiert es dennoch einen wichtigen Schritt in der Entwicklung der Rechtsprechung zur nachträglichen Legalisierung im indirekten Vollzug und soll daher nicht unerwähnt bleiben.

Die Rechtssache betraf den Bau einer Windfarm in *Derrybrien* in der Grafschaft *Galway*, dem größten je in Irland geplanten Windparkprojekt und einem der größten in Europa. Während der Bauarbeiten kam es zu einer ökologischen Katastrophe: Ein Erdrutsch verschmutzte einen nahegelegenen Fluss, tötete etwa 50.000 Fische und beschädigte dauerhaft Fischlaichgebiete.

Die Kommission leitete im April 2001 ein Vorverfahren ein und erhob 2005 Klage vor dem EuGH. Sie argumentierte, dass das irische Recht keine klare Verpflichtung zur Durchführung einer Umweltverträglichkeitsprüfung vor dem Projektbeginn vorsehe. Nach irischem Recht sei es möglich, eine Umweltverträglichkeitsprüfung während oder sogar nach der Durchführung eines Projekts durchzuführen,[15] was jedoch der präventiven Funktion der UVP-Richtlinie widerspreche[16]. Zudem habe Irland die Vorschriften zur nachträglichen Legalisierung nicht als Ausnahmefälle, sondern als „allgemeine Bestimmungen“ konzipiert.[17]

Die irischen Rechtsvorschriften setzten die UVP-Richtlinie wie folgt um: Es bestand eine generelle Genehmigungspflicht für alle Projekte, die unter die einschlägigen Anhänge der UVP-Richtlinie fielen. Die Genehmigung musste vor Beginn der Arbeiten beantragt und erteilt werden. Wer ohne Genehmigung ein Projekt durchführte, beging eine strafbare Handlung. Allerdings konnte auch eine „Genehmigung zur Legalisierung“ erteilt werden, die ein nicht genehmigtes Projekt nachträglich legalisierte, selbst wenn dieses bereits durchgeführt worden war. So konnten nach irischem Recht Versäumnisse, wie das Fehlen einer Umweltverträglichkeitsprüfung vor

14 Laut *Turner*, Review of European Administrative Law 2 (2009), S. 99 leiste es „keinen nennenswerten Beitrag zur Entwicklung des gemeinschaftlichen Verfassungs- oder Umweltrechts“.

15 EuGH, Rs. C-85/11 (Kommission/Irland), ECLI:EU:C:2013:217 Rn. 40.

16 EuGH, Rs. C-85/11 (Kommission/Irland), ECLI:EU:C:2013:217 Rn. 37, 41.

17 EuGH, Rs. C-85/11 (Kommission/Irland), ECLI:EU:C:2013:217 Rn. 42.

Genehmigungserteilung, durch eine nachträgliche „Legalisierungsgenehmigung“ behoben werden.

Der EuGH stellte fest, dass das Gemeinschaftsrecht mitgliedstaatlichen Vorschriften, die eine nachträgliche Legalisierung ermöglichen, nicht grundsätzlich entgegenstehe. Allerdings erkannte er das Risiko von Missbrauch und Umgehung, wenn solche Legalisierungen zu großzügig gehandhabt wurden. Deshalb zog der Gerichtshof zwei kumulative Grenzen: Erstens dürften nationale Regeln es den Betroffenen nicht ermöglichen, das Gemeinschaftsrecht zu umgehen oder es nicht anzuwenden. Zweitens müssten solche Regelungen die Ausnahme bleiben.[18]

Die irische Legalisierungsregelung könnte Projektträger dazu verleiten, ihrer Pflicht zur Prüfung der Umweltverträglichkeit ihrer Projekte nicht nachzukommen. Dadurch würden sie die notwendigen Maßnahmen zur Feststellung und Bewertung der Umweltauswirkungen ihrer Projekte unterlassen.[19] Irland könne sich nicht erfolgreich auf das Urteil *Wells* berufen, in dem der EuGH festgestellt hatte, dass die Mitgliedstaaten gehalten sind, das Fehlen einer Umweltverträglichkeitsprüfung nachträglich auszugleichen, etwa durch die Rücknahme oder Aussetzung einer bereits erteilten Genehmigung, um die Umweltverträglichkeitsprüfung durchzuführen.[20] Aus *Wells* ließe sich nicht ableiten, dass eine nachträgliche Umweltverträglichkeitsprüfung derjenigen gleichwertig sei, die vor Erteilung der Genehmigung durchgeführt werden muss, wie es die Richtlinie verlangt.[21] Eine Rechtmäßigkeitsfiktion sei ausgeschlossen.[22]

4. EuGH, Urt. v. 15.1.2013, Rs. C-416/10 – Križan

Erst fünf Jahre später, im Jahr 2013, konkretisierte der EuGH in der Rechtssache *Križan* die Voraussetzungen der nachträglichen Legalisierung erneut. Der Fall betraf die Errichtung einer Abfalldeponie am Standort *Nova jama* (Neue Grube) in der Slowakei. Die Kreisbaubehörde Bratislava erteilte die Genehmigung zur Errichtung der Deponie, ohne zuvor die städtebauliche Entscheidung über den Standort zu veröffentlichen, die eine Grundlage

---

18 EuGH, Rs. C-85/11 (Kommission/Irland), ECLI:EU:C:2013:217 Rn. 57.

19 EuGH, Rs. C-85/11 (Kommission/Irland), ECLI:EU:C:2013:217 Rn. 58.

20 EuGH, Rs. C-85/11 (Kommission/Irland), ECLI:EU:C:2013:217 Rn. 59.

21 EuGH, Rs. C-85/11 (Kommission/Irland), ECLI:EU:C:2013:217 Rn. 60.

22 EuGH, Rs. C-85/11 (Kommission/Irland), ECLI:EU:C:2013:217 Rn. 61: „die gleichen Wirkungen verleiht“.

für die Genehmigung darstellte. Auf Antrag der betroffenen Einwohner der Stadt Pezinok leitete die Umweltinspektion ein Verfahren zur Veröffentlichung der städtebaulichen Entscheidung ein. Die Kreisbaubehörde genehmigte die Abfalldeponie während des laufenden Verfahrens und verweigerte die Veröffentlichung der städtebaulichen Entscheidung unter Verweis auf Geschäftsgeheimnisse.

Betroffene Bürger legten Widerspruch ein, woraufhin die Behörde die städtebauliche Entscheidung veröffentlichte. Die zweitinstanzliche Umweltschutzbehörde bestätigte jedoch die Genehmigung der Deponie. Daraufhin klagten die betroffenen Bürger vor den slowakischen Gerichten. Der Oberste Gerichtshof der Slowakei wandte sich im Rahmen eines Vorabentscheidungsverfahrens mit Fragen zur Auslegung des Unionsrechts an den EuGH.

Der EuGH erkannte in der unterlassenen Bekanntmachung der städtebaulichen Entscheidung eine Verletzung der Regeln der Öffentlichkeitsbeteiligung an Genehmigungsverfahren. Es stellte sich die Folgefrage, ob dieser Verfahrensmangel durch die Vorlage der relevanten Dokumente im Widerspruchsverfahren geheilt werden konnte.[23] Nachdem der EuGH die in der Rechtssache *Kommission/Irland* aufgestellten Voraussetzungen einer nachträglichen Legalisierung wiederholte hatte,[24] ergänzte er zwei Voraussetzungen, unter denen eine Heilung im zweitinstanzlichen Verfahren durch die nachträgliche Veröffentlichung der im Ausgangsverfahren nicht zugänglichen Unterlagen möglich sei: Erstens müssten „alle Optionen noch offen“ sein; zweitens müsse „in diesem Verfahrensstadium noch eine im Hinblick auf den Ausgang des Entscheidungsverfahrens effektive Öffentlichkeitsbeteiligung“ möglich sein.[25] Um die genannten Voraussetzungen zu erfüllen, sei mindestens erforderlich, dass die „zweitinstanzliche Verwaltungsstelle befugt ist, die erstinstanzliche Verwaltungsentscheidung abzuändern.“[26]

Generalanwältin *Kokott* äußerte sich in ihren Schlussanträgen ähnlich. Sie argumentierte, dass die Heilungsmaßnahme – um dem Effektivitätsgrundsatz zu entsprechen – „die Berechtigten in die Lage versetzen [müsse], in der sie sich befunden hätten, wenn der Verfahrensfehler nicht ein-

23 EuGH, Rs. C-416/10 (Križan u. a.), ECLI:EU:C:2012:8 Rn. 84.
24 EuGH, Rs. C-416/10 (Križan u. a.), ECLI:EU:C:2012:8 Rn. 87.
25 EuGH, Rs. C-416/10 (Križan u. a.), ECLI:EU:C:2012:8 Rn. 90 f.
26 EuGH, Rs. C-416/10 (Križan u. a.), ECLI:EU:C:2012:8 Rn. 89.

getreten wäre."[27] Damit implizierte sie, dass ein Vergleich zwischen der tatsächlichen Lage des Betroffenen nach der Heilung und der hypothetischen Lage ohne Verfahrensfehler erforderlich sei. Dieses Erfordernis entspricht dem deutschen „Gebot der realen Fehlerheilung".[28] Wie auch die Richter forderte sie, dass „tatsächlich noch alle Optionen offen" sein müssten. Andernfalls sei der nachgeholte Verfahrensschritt „ein rein formaler Akt".[29] Als Maßstab dafür, ob noch alle Optionen offen seien, nannte sie die Fragen „welche Folgen der Wegfall einer Verwaltungsinstanz hat [...], ob zum Zeitpunkt der Heilung die Entscheidung der ersten Verwaltungsinstanz bereits praktisch umgesetzt wurde und so vollendete Tatsachen geschaffen wurden oder ob die zweite Verwaltungsinstanz sich mit etwaigen Einwänden offen und objektiv auseinandergesetzt hat."[30]

Nach der Vorabentscheidung des EuGH hob der Oberste Gerichtshof der Slowakei die Genehmigung der slowakischen Umweltaufsichtsbehörde für den Betrieb der Mülldeponie auf. Er stellte fest, dass die Umweltaufsichtsbehörde die Regeln zur Öffentlichkeitsbeteiligung missachtet hatte. Unter Berufung auf die EuGH-Entscheidung kam der Oberste Gerichtshof zu dem Schluss, dass der Verstoß durch die nachträgliche Veröffentlichung der relevanten Dokumente im Widerspruchsverfahren nicht geheilt werden konnte. Zu diesem Zeitpunkt war es der Öffentlichkeit nicht mehr möglich, einen wirksamen Widerspruch einzulegen oder sich effektiv am Verfahren zu beteiligen, da nicht mehr alle Handlungsoptionen offenstanden.[31]

---

27 GA *Kokott*, Schlussanträge v. 29.3.2012 zur Rs. C-416/10 (Križan u. a.), ECLI:EU:C:2012:218 Rn. 102 mit Verweis auf EuGH, Rs. C-85/11 (Kommission/Irland), ECLI:EU:C:2013:217 Rn. 57 Rn. 106. Dieses Erfordernis wiederholte sie in einem späteren Schlussantrag, GA *Kokott*, Schlussanträge v. 21.6.2012 zu Rs. C-566/10 P (Italien/Kommission), ECLI:EU:C:2012:368 Rn. 62.

28 Zum „Gebot der realen Fehlerheilung" siehe exemplarisch *Schneider*, in Schoch/Schneider (Hrsg.), VwVfG, 4. EL. (Stand: November 2023), § 45 Rn. 61 ff.; *Hufen/Siegel*, Fehler im Verwaltungsverfahren, 7. Aufl. 2021, Rn. 942.

29 GA *Kokott*, Schlussanträge v. 29.3.2012 zur Rs. C-416/10 (Križan u. a.), ECLI:EU:C:2012:218 Rn. 104.

30 GA *Kokott*, Schlussanträge v. 29.3.2012 zur Rs. C-416/10 (Križan u. a.), ECLI:EU:C:2012:218 Rn. 105.

31 Najvyšší súd Slovenskej republiky, rozsudok zo dna 14/05/2013 1Sp./1/2010 (Zusammenfassung der Datenbank Dec.Nat.: https://www.aca-europe.eu/index.php/en/dec-nat-en).

5. EuGH, Urt. v. 17.11.2016, Rs. C-348/15 – Stadt Wiener Neustadt

Drei Jahre später hatte der EuGH erneut Gelegenheit, seine Rechtsprechung zur Heilung von Verfahrensmängeln zu präzisieren. Dieses Mal betraf der Fall eine Abfallbehandlungsanlage in Wiener Neustadt. Die Anlage war bereits seit einiger Zeit in Betrieb, ohne dass eine Umweltverträglichkeitsprüfung durchgeführt worden war. Nun stand eine genehmigte Kapazitätsausweitung bevor. In Österreich galt eine Genehmigungsfiktion: Eine Genehmigung, die fälschlicherweise ohne UVP erteilt worden war, konnte nur innerhalb von drei Jahren für nichtig erklärt werden. Nach Ablauf dieser Frist galt das Vorhaben automatisch „als genehmigt".

Der EuGH hielt Fristen für die Anfechtung von Genehmigungen grundsätzlich für unionsrechtskonform.[32] Genehmigungsfiktionen seien jedoch mit der Richtlinie 85/337/EWG unvereinbar.[33] Die Richtlinie stehe „einer derartigen Vorschrift entgegen, und sei es nur, weil ihre rechtliche Wirkung darin besteht, die zuständigen Behörden von der Pflicht zur Berücksichtigung des Umstands zu befreien, dass ein Projekt im Sinne der Richtlinie ohne Umweltverträglichkeitsprüfung verwirklicht wurde, und dafür zu sorgen, dass eine derartige Prüfung durchgeführt wird, wenn Arbeiten oder materielle Eingriffe im Zusammenhang mit diesem Projekt später eine Genehmigung erfordern sollten".[34] Hieraus lässt sich ableiten, dass eine nachträgliche Legalisierung grundsätzlich mit einer Nachholung der unterlassenen Verfahrenshandlung einhergehen muss.[35]

Damit ist der Gerichtshof auf der Linie der Schlussanträge von Generalanwältin *Kokott*. Auch sie betonte, dass eine Umweltverträglichkeitsprüfung nachgeholt werden müsse, wenn sie ursprünglich geboten war: „Bei der streitgegenständlichen Anlage erscheint z. B. nicht ausgeschlossen, dass die Errichtung der bereits abfallrechtlich genehmigten zweiten Verarbeitungslinie noch einer Baugenehmigung bedarf. In einem solchen Genehmigungsverfahren müsste man die Umweltverträglichkeitsprüfung nachholen, wenn sie ursprünglich geboten war. Weder die Rechtssicherheit noch das Vertrauen in den Bestand der Genehmigung stehen der Pflicht zur Nach-

---

32 EuGH, Rs. C-348/15 (Stadt Wiener Neustadt), ECLI:EU:C:2016:882 Rn. 41 f.

33 EuGH, Rs. C-348/15 (Stadt Wiener Neustadt), ECLI:EU:C:2016:882 Rn. 43.

34 EuGH, Rs. C-348/15 (Stadt Wiener Neustadt), ECLI:EU:C:2016:882 Rn. 44.

35 *Emmenegger*, in: Mann/Sennekamp/Uechtritz (Hrsg.), VwVfG, 2. Aufl. 2019, § 45 Rn. 35.

holung einer versäumten Umweltverträglichkeitsprüfung entgegen."[36] Eine Genehmigungsfiktion sei unionsrechtswidrig, da sie suggerieren könnte, die Genehmigung entspreche allen Anforderungen der Richtlinie.[37]

Im Anschluss an die Vorabentscheidung bestätigte der österreichische Verwaltungsgerichtshof unter Berufung auf den EuGH, dass die Genehmigungsfiktion dem Unionsrecht entgegenstehe und die Vorschrift folglich wegen des Vorrangs des Unionsrechts nicht anwendbar sei.[38]

6. EuGH, Urt. v. 26.7.2017, verb. Rs. C-196/16 u. C-197/16 – Comune di Corridonia

Der nächste Fall ereignete sich in Mittelitalien. Im Jahr 2011 genehmigte die Region Marken den Bau und Betrieb zweier Biogasanlagen in den Gemeinden Corridonia und Loro Piceno. Eine Umweltprüfung erfolgte nicht, da das damalige Recht sie bei Anlagen dieser Größe nicht verlangte.

Die Gemeinden und einige Anwohner klagten gegen die Genehmigung vor dem regionalen Verwaltungsgericht Marken. Im Laufe der Verfahren erklärte der italienische Verfassungsgerichtshof die regionale Vorschrift, auf der die Genehmigung beruhte, wegen Unionsrechtswidrigkeit für verfassungswidrig.[39] Sie berücksichtigte nämlich nicht alle in Anhang III der RL 2011/92/EU aufgeführten Kriterien, die nach Art. 4 Abs. 3 der RL 2011/92/EU für die Bestimmung einer UVP-Pflicht relevant waren. Daraufhin erklärte das regionale Verwaltungsgericht Marken die Genehmigung der Anlagen für nichtig.

Die Gemeinde Corridonia legte die Anlage in der Folge still und beantragte bei der Provinz *Macerata* die Voruntersuchung der Erforderlichkeit einer Umweltverträglichkeitsprüfung. Auch die Gemeinde Loro Piceno stellte einen solchen Antrag. Im italienischen Recht fehlte damals eine Vorschrift, die die nachträgliche Durchführung einer Umweltverträglichkeitsprüfung nach der Errichtung einer Anlage regelte. In beiden Fällen entschied die zuständige Behörde, dass für die Anlagen eine Umweltver-

---

36 GA *Kokott*, Schlussanträge v. 8.9.2016 zur Rs. C-348/15 (Stadt Wiener Neustadt), ECLI:EU:C:2016:662 Rn. 44 f.

37 GA *Kokott*, Schlussanträge v. 8.9.2016 zur Rs. C-348/15 (Stadt Wiener Neustadt), ECLI:EU:C:2016:662 Rn. 49 f.

38 VwGH, Erkenntnis v. 26.1.2017 Ro 2014/07/0108, ECLI:AT:VWGH:2017:RO2014070108.J02 Rn. 37.

39 Corte cost., sentenza v. 22.5.2013, Nr. 93, ECLI:IT:COST:2013:93.

träglichkeitsprüfung erforderlich sei, und stellte nach deren Durchführung fest, dass die Biogasanlagen mit den einschlägigen Umweltbestimmungen im Einklang standen.

Die Gemeinden Corridonia und Loro Piceno sowie einige Anwohner erhoben gegen diese Entscheidungen erneut Klage vor dem regionalen Verwaltungsgericht. Dieses rief den EuGH an, um zu klären, ob eine Heilung einer unterbliebenen Umweltverträglichkeitsprüfung durch deren Nachholung nach dem Bau und der Inbetriebnahme der Anlage möglich sei. Anders als im Fall *Križan* handelte es sich hier um eine bereits vor Eintritt der Bestandskraft verwirklichte und in Betrieb genommene Anlage. Dies warf die Frage auf, ob bei der Nachholung der Umweltverträglichkeitsprüfung in diesem späten Stadium noch alle Handlungsoptionen offenstanden.

Generalanwältin *Kokott* erkannte das Problem. In ihren Schlussanträgen erklärte sie, dass eine nachträgliche Umweltverträglichkeitsprüfung zwar möglich sei. Allerdings könne diese „im Unterschied zur vollständigen Heilung des Verfahrensfehlers nicht bewirken, dass die Anlage und ihre Auswirkungen als uneingeschränkt rechtmäßig genehmigt gelten."[40] Sie führte aus, dass eine Umweltverträglichkeitsprüfung, die erst nach Errichtung der Anlage erfolge, das ursprüngliche Versäumnis nicht vollständig ausgleichen könne,[41] da nach der Realisierung eines Projekts nicht mehr alle Optionen offen seien und dadurch die Wirksamkeit der Öffentlichkeitsbeteiligung eingeschränkt werde.[42]

Der Gerichtshof erlaubte die Heilung der Umweltverträglichkeitsprüfung in dieser Fallkonstellation grundsätzlich.[43] Allerdings griff er die Nuancen und Denkanstöße der Generalanwältin in seinem Urteil nicht auf.[44] Zunächst erinnerte er daran, dass eine Umweltverträglichkeitsprüfung aufgrund ihres präventiven Charakters grundsätzlich *vor* der Genehmigung

40 GA *Kokott*, Schlussanträge v. 30.3.2017 zur verb. Rs. C-196/16 u. C-197/16 (Comune di Corridonia), ECLI:EU:C:2017:249 Rn. 56.

41 GA *Kokott*, Schlussanträge v. 30.3.2017 zur verb. Rs. C-196/16 u. C-197/16 (Comune di Corridonia), ECLI:EU:C:2017:249 Rn. 32.

42 GA *Kokott*, Schlussanträge v. 30.3.2017 zur verb. Rs. C-196/16 u. C-197/16 (Comune di Corridonia), ECLI:EU:C:2017:249 Rn. 38.

43 EuGH, verb. Rs. C-196/16 u. C-197/16 (Comune di Corridonia), ECLI:EU:C:2017:589 Rn. 32 ff.

44 Ebenso wenig untersuchte er die von den Unternehmen angeführten und von Generalanwältin *Kokott* in ihren Schlussanträgen untersuchten Aspekte des Vertrauensschutzes und der Rechtssicherheit, GA *Kokott*, Schlussanträge v. 30.3.2017 zur verb. Rs. C-196/16 u. C-197/16 (Comune di Corridonia), ECLI:EU:C:2017:249 Rn. 43 ff.

einer Anlage erfolgen müsse.[45] Er betonte, dass das Richtlinienrecht keine spezifischen Vorschriften darüber enthalte, welche Folgen eine Verletzung der Pflicht zur Durchführung einer Umweltverträglichkeitsprüfung nach sich ziehe.[46] Der Grundsatz der loyalen Zusammenarbeit aus Art. 4 Abs. 3 EUV verpflichte die Mitgliedstaaten jedoch, „die rechtswidrigen Folgen eines solchen Verstoßes gegen das Unionsrecht zu beheben". Dies könne etwa durch Rücknahme oder Aussetzung der erteilten Genehmigung geschehen, um die Umweltverträglichkeitsprüfung nachträglich durchzuführen.[47]

Die Richter stellten klar, dass das Unionsrecht mitgliedstaatlichen Vorschriften, die eine nachträgliche Legalisierung erlaubten, nicht grundsätzlich entgegenstehe. Gleichzeitig zogen sie zwei Grenzen, eine formale und eine inhaltliche, um Missbrauch und Umgehung zu verhindern. Dadurch lockerte der EuGH die strenge Anforderung, dass für eine Heilung „alle Optionen noch offen" sein müssen – eine Bedingung, die bei bereits verwirklichten Projekten, wie in diesem Fall, schwer erfüllbar ist.[48]

Erstens sei eine nachträgliche Legalisierung nur unter der Voraussetzung möglich, dass „sie den Betroffenen keine Gelegenheit bietet, das Unionsrecht zu umgehen oder nicht anzuwenden, und *somit* die Ausnahme bleibt".[49] In seiner Definition des Ausnahmeerfordernisses blieb der EuGH jedoch vage. In seiner Entscheidung verwies er auf die Fälle *Kommission/Irland* und *Stadt Wiener Neustadt*, in denen er nationale Regelungen als unionsrechtswidrig eingestuft hatte, die eine nachträgliche Legalisierung eines bereits errichteten Vorhabens ohne Nachholung der unterlassenen Verfahrenshandlung ermöglichten.[50] Im vorliegenden Fall sah er die Voraussetzungen jedoch als erfüllt an. Erstens hatte das betroffene Unternehmen Schritte unternommen, um eine Umweltverträglichkeitsprüfung durchzu-

45 EuGH, verb. Rs. C-196/16 u. C-197/16 (Comune di Corridonia), ECLI:EU:C:2017:589 Rn. 33 f.

46 EuGH, verb. Rs. C-196/16 u. C-197/16 (Comune di Corridonia), ECLI:EU:C:2017:589 Rn. 34.

47 EuGH, verb. Rs. C-196/16 u. C-197/16 (Comune di Corridonia), ECLI:EU:C:2017:589 Rn. 35.

48 *Emmenegger*, in: Mann/Sennekamp/Uechtritz (Fn. 35), § 45 Rn. 39.

49 EuGH, verb. Rs. C-196/16 u. C-197/16 (Comune di Corridonia), ECLI:EU:C:2017:589 Rn. 38 (Hervorhebung durch Verf.) mit Verweis auf EuGH, Rs. C-85/11 (Kommission/Irland), ECLI:EU:C:2013:217 Rn. 57, Rs. C-416/10 (Križan u. a.), ECLI:EU:C:2012:8 Rn. 87 und Rs. C-348/15 (Stadt Wiener Neustadt), ECLI:EU:C:2016:882 Rn. 36.

50 EuGH, verb. Rs. C-196/16 u. C-197/16 (Comune di Corridonia), ECLI:EU:C:2017:589 Rn. 39.

führen. Zweitens hatte die zuständige Behörde die Umweltverträglichkeitsprüfung verweigert und sich dabei auf nationale Vorschriften gestützt, die der Verfassungsgerichtshof erst später für unionsrechtswidrig erklärte.[51] Ob die Heilung damit tatsächlich die Ausnahme darstellt, ist von einer Bewertung in jedem Einzelfall abhängig.

Die zweite Voraussetzung war Ausdruck der Abwägung zwischen dem Schutz privater wirtschaftlicher Interessen und dem Umweltschutz und hob den präventiven Charakter der Umweltverträglichkeitsprüfung hervor. Der EuGH stellte klar, dass es nicht ausreiche, die nachträgliche Prüfung allein auf die zukünftigen Umweltauswirkungen der Anlage zu beschränken. Stattdessen müsse die UVP auch die Umweltauswirkungen seit dem Bau der Anlage einbeziehen.[52] Die Richter verlangten somit, die Bewertung für die Zukunft durch eine zusätzliche „rückwirkende" Bewertung zu ergänzen. Diese solle sicherstellen, dass die Anlage zu keinem Zeitpunkt schädliche Umweltauswirkungen verursacht hat. Der EuGH forderte damit, dass eine nachträgliche Beurteilung *ex tunc* und nicht *ex nunc* erfolgen müsse.

Im Juni 2021 wies das regionale Verwaltungsgericht Marken die Klagen der Gemeinden und Anwohner gegen die Anlagengenehmigung unter Verweis auf die Auslegung des EuGH ab.[53] Das Verwaltungsgericht erinnerte daran, dass es bereits in einer früheren Entscheidung festgestellt hatte, dass eine nachträgliche Legalisierung selbst bei einer bereits errichteten Anlage unter bestimmten Bedingungen unionsrechtskonform sein könne. Damals hatte es hervorgehoben, dass zu prüfen sei, ob „außergewöhnliche Umstände vorliegen, die eine nachträgliche Durchführung der Umweltverträglichkeitsprüfung zulassen". Das Verwaltungsgericht verwies darauf, dass die Genehmigung, die ohne Durchführung einer Umweltverträglichkeitsprüfung erlassen worden war, auf einer Vorschrift beruhte, die das Verfassungsgericht später aufgrund ihrer Unionsrechtswidrigkeit für verfassungswidrig erklärte. Dies betrachtete es als einen solchen „außergewöhnlichen Um-

51 EuGH, verb. Rs. C-196/16 u. C-197/16 (Comune di Corridonia), ECLI:EU:C:2017:589 Rn. 42.

52 EuGH, verb. Rs. C-196/16 u. C-197/16 (Comune di Corridonia), ECLI:EU:C:2017:589 Rn. 41.

53 TAR Marche-Ancona, sez. I, sentenza v. 14.6.2021, Nr. 483, ECLI:IT:TARMAR:2021:483SENT; TAR Marche-Ancona, sez. I, sentenza v. 14.6.2021, Nr. 484, ECLI:IT:TARMAR:2021:484SENT; TAR Marche-Ancona, sez. I, sentenza v. 14.6.2021, Nr. 485, ECLI:IT:TARMAR:2021:485SENT.

stand".[54] Italienische Gerichte hatten dies lange anders gesehen: Sie hatten jede Form der Heilung einer fehlenden Umweltverträglichkeitsprüfung bei bereits verwirklichten Projekten mit der Begründung abgelehnt, dass eine nachträgliche Legalisierung „keinen Sinn" mache, da sie dem präventiven Charakter der Umweltverträglichkeitsprüfung zuwiderlaufe.[55]

Nach der Vorabentscheidung des Gerichtshofs in der Rechtssache *Comune di Corridonia* präzisierten die Rechtsmittelführer ihre Argumente im Lichte des Urteils.[56] Sie argumentierten, dass für die Möglichkeit einer nachträglichen Umweltverträglichkeitsprüfung eine nationale Regelung erforderlich sei, die in Italien fehle, und dass keine außergewöhnlichen Umstände vorlägen, die eine Ausnahme von dem Grundsatz erlaubten, dass die Umweltverträglichkeitsprüfung vor dem Bau einer Anlage erfolgen müsse.

Das Verwaltungsgericht wies diese Argumentation jedoch zurück.[57] Es stellte fest, dass das Fehlen einer spezifischen nationalen Vorschrift, die die Heilung einer verfahrensfehlerhaften Umweltverträglichkeitsprüfung vorsehe, die Möglichkeit der Heilung nicht ausschließe. Ebenso gebe es keine

---

54 TAR Marche-Ancona, sez. I, ordinanza v. 22.3.2016, Nr. 186, ECLI:IT:TARMAR:2016:186OCOL Rn. 5.

55 Exemplarisch Cons. Stato, sez. 4, sentenza v. 29.2.2008, Nr. 782, ECLI:IT:CDS:2008:782SENT: „Hinsichtlich des Fehlens einer Umweltverträglichkeitsprüfung ist klarzustellen, dass diese eine präventive und keine nachträgliche Maßnahme darstellt; sie kann sich daher nur auf die Gewerbegebiete beziehen, die sich noch ‚im Entstehen' befinden, und keinesfalls auf die Tätigkeit, wie im vorliegenden Fall, der Erkundung von Gewerbegebieten, die im Wesentlichen bereits bestehen und für die bereits Gewerbegenehmigungen erteilt wurden, für die eine Umweltverträglichkeitsprüfung (die, wie wir wiederholen, eine Präventivmaßnahme darstellt) nicht sinnvoll wäre"; Cons. Stato, sez. 4, sentenza Nr. 5715/2004, ECLI:IT:CDS:2004:5715SENT Rn. 3: „Wenn es in der Tat vernünftig ist, die Verlängerungen von Betriebsgenehmigungen für Anlagen, die auf der Grundlage einer vorherigen Umweltverträglichkeitsprüfung genehmigt wurden, vom Verfahren der vorherigen Umweltverträglichkeitsprüfung auszunehmen, so gilt dies nicht für die Verlängerung von Genehmigungen, deren Umweltverträglichkeit zum Zeitpunkt des Baus der Anlage und der Betriebsgenehmigung noch nicht festgestellt wurde. [...] Mit anderen Worten: Die Umweltverträglichkeitsprüfung, die zum Zeitpunkt der ersten Genehmigung nicht durchgeführt wurde, muss zwangsläufig vor der Erneuerung der ersten Genehmigung nach Inkrafttreten des Gesetzesdekrets erfolgen, da die darin vorgesehene Regelung nur auf spätere Genehmigungen in vollem Umfang angewendet werden kann, sofern eine erste Umweltverträglichkeitsprüfung im Sinne des Gesetzesdekrets stattgefunden hat."

56 TAR Marche-Ancona, sez. I, sentenza v. 14.6.2021, Nr. 483, ECLI:IT:TARMAR:2021:483SENT Rn. 2.3.5. ff.

57 TAR Marche-Ancona, sez. I, ordinanza v. 22.3.2016, Nr. 186, ECLI:IT:TARMAR:2016:186OCOL Rn. 2.3.6.

nationale Vorschrift, die eine solche Heilung ausdrücklich untersage.[58] Das Gericht betonte, dass der EuGH in seinem Urteil keine Anforderungen an das Vorhandensein spezifischer nationaler Rechtsvorschriften zur Heilung gestellt habe. Stattdessen habe sich der EuGH mit den Grenzen solcher Vorschriften und deren Vereinbarkeit mit dem Unionsrecht auseinandergesetzt.[59]

Das Gericht teilte auch nicht die Auffassung der Beschwerdeführer, dass keine außergewöhnlichen Umstände vorlägen, die eine nachträgliche Umweltverträglichkeitsprüfung rechtfertigen könnten. Es argumentierte, dass das Fehlen der Umweltverträglichkeitsprüfung in diesem Fall durch die Rechtswidrigkeit eines Gesetzes verursacht worden sei, das bestimmte Projekte von der Pflicht zur Umweltverträglichkeitsprüfung befreite und später vom Verfassungsgericht für unionsrechtswidrig erklärt worden sei.[60] Die verfahrensfehlerhafte Genehmigung sei durch ein Urteil aufgehoben und die Umweltverträglichkeitsprüfung in angemessenem Abstand zur Aufhebung der rechtswidrigen Genehmigung von Grund auf neu begonnen worden. Das Verfahren der Umweltverträglichkeitsprüfung habe zu einer umfassenden Bewertung der Umweltauswirkungen der Anlage und zur Aufnahme von Auflagen geführt, die in der ursprünglichen Genehmigung nicht enthalten gewesen seien.[61]

Das Verwaltungsgericht wies außerdem darauf hin, dass die nachträgliche Legalisierung einer unterlassenen Umweltverträglichkeitsprüfung seit dem 21. Juli 2017 in Italien gesetzlich geregelt ist.[62] Art. 29 Abs. 3 des italienischen Umweltgesetzbuches[63] erlaubt es der zuständigen Behörde, den Verantwortlichen im Falle einer fehlenden Umweltverträglichkeitsprüfung

---

58 TAR Marche-Ancona, sez. I, ordinanza v. 22.3.2016, Nr. 186, ECLI:IT:TARMAR:2016:186OCOL Rn. 2.3.7.

59 TAR Marche-Ancona, sez. I, ordinanza v. 22.3.2016, Nr. 186, ECLI:IT:TARMAR:2016:186OCOL Rn. 2.3.8.

60 TAR Marche-Ancona, sez. I, ordinanza v. 22.3.2016, Nr. 186, ECLI:IT:TARMAR:2016:186OCOL Rn. 2.3.9.

61 TAR Marche-Ancona, sez. I, ordinanza v. 22.3.2016, Nr. 186, ECLI:IT:TARMAR:2016:186OCOL Rn. 2.3.10.

62 TAR Marche-Ancona, sez. I, ordinanza v. 22.3.2016, Nr. 186, ECLI:IT:TARMAR:2016:186OCOL Rn. 2.3.13. Diese Änderung am Umweltgesetzbuch wurde eingeführt durch Decreto legislativo v. 16.6.2017, Nr. 104, Attuazione della direttiva 2014/52/UE del Parlamento europeo e del Consiglio, del 16 aprile 2014, che modifica la direttiva 2011/92/UE, concernente la valutazione dell'impatto ambientale di determinati progetti pubblici e privati, ai sensi degli articoli 1 e 14 della legge 9 luglio 2015, Rn. 114.

63 Decreto legislativo v. 3.4.2006, Nr. 152, Norme in materia ambientale.

eine Frist zu setzen, innerhalb derer sie ein neues Verfahren der Umweltverträglichkeitsprüfung einleiten müssen. Die Behörde kann dabei die Fortsetzung der Arbeiten oder des Betriebs gestatten, wenn keine Risiken für Gesundheit, Umwelt oder kulturelles Erbe bestehen. Verstreicht die gesetzte Frist erfolglos oder fällt die nachträgliche Umweltverträglichkeitsprüfung negativ aus, ordnet die Behörde den Abriss der bereits durchgeführten Arbeiten an und verlangt die Wiederherstellung des ursprünglichen Zustands des Standorts auf Kosten der Verantwortlichen.

Damit ist in Italien die Heilung einer unterlassenen Umweltverträglichkeitsprüfung auch nach der Realisierung eines Projekts ausdrücklich möglich. Die Rechtsprechung stellte dabei klar, dass nicht nur die zukünftigen Umweltauswirkungen bewertet werden müssen, sondern auch jene der bereits bestehenden Anlage. Dies entspricht der Forderung des EuGH nach einer umfassenden und rückwirkenden Prüfung.[64]

Die italienische Rechtswissenschaft reagierte skeptisch auf die durch die EuGH-Urteile eröffnete Möglichkeit einer nachträglichen Legalisierung einer Umweltverträglichkeitsprüfung sowie auf die neue gesetzliche Regelung. Es herrschte die Sorge, dass die Möglichkeit einer nachträglichen Legalisierung negative Folgen für die nationale Rechtsordnung haben könnte. Besonders kritisch sah die Rechtswissenschaft die potenzielle Schwächung des präventiven Umweltschutzes, da die Umweltverträglichkeitsprüfung ihre präventive Funktion verlieren könnte.[65] Man befürchtete, dass eine „bedingungslose Heilung" bereits verwirklichter Projekte ermöglicht würde, die ohne vorherige Umweltverträglichkeitsprüfung durchgeführt worden waren.[66] Eine solche Praxis könnte den präventiven Charakter der Umweltverträglichkeitsprüfung untergraben und zu einer schleichenden Erosion des vorbeugenden Umweltschutzes führen.

Die italienische Rechtswissenschaft betrachtete vor allem zwei Aspekte der nachträglichen Heilung einer Umweltverträglichkeitsprüfung bei bereits realisierten Projekten als problematisch.[67] Erstens würde eine solche Heilung die Möglichkeit einschränken, verschiedene Alternativen des Pro-

64 TAR Campania-Salerno, sez. II, sentenza v. 24.12.2019, Nr. 2254, ECLI:IT:TARSA:2019:2254SENT Rn. 5.3.2.; TAR Campania-Napoli, sez. V, sentenza v. 14.7.2020, Nr. 3086, Rn. 2.1.

65 *Ferrero/Grignani*, Ambiente e sviluppo 7 (2021), S. 531; zu den Effekten einer nachträglichen Legalisierung im italienischen Recht siehe *Mannucci*, Giornale di diritto amministrativo 6/2018, S. 757.

66 *Cimbali*, Rivista Giuridica dell'Edilizia, 2019, S. 241.

67 *Ferrero/Grignani* (Fn. 65), S. 531.

jekts zu diskutieren. Die Umweltverträglichkeitsprüfung dient nicht nur der Analyse potenzieller Umweltauswirkungen, sondern auch der Suche nach Alternativen, die das Projekt umweltfreundlicher gestalten können. Dazu gehört auch die Überlegung, auf das Projekt ganz zu verzichten, was als „Nullvariante" (*opzione zero*) bezeichnet wird.[68] Wenn die Umweltverträglichkeitsprüfung erst nach der Errichtung durchgeführt wird, entfällt diese Option. Außerdem wird es komplizierter und kostspieliger, nachträgliche Änderungen an der bereits errichteten Anlage vorzunehmen. Der zweite Aspekt betrifft die Beteiligung der Öffentlichkeit, die durch die Richtlinie 2003/4/EG[69] garantiert wird: Bei einer nachträglichen Umweltverträglichkeitsprüfung ist es schwierig, wenn nicht gar unmöglich, die Vorschläge der Betroffenen noch zu berücksichtigen, da das Projekt bereits abgeschlossen ist. Dadurch wird die Beteiligung der Betroffenen praktisch vereitelt, was die Verfahrensbeteiligung entscheidend schwächt.

7. EuGH, Urt. v. 28.2.2018, Rs. C-117/17 – Comune di Castelbellino

In der Rechtssache *Comune di Castellbellino* bestätigte der EuGH nur kurze Zeit später seine Rechtsprechung aus der Rechtssache *Comune di Corridonia.*[70] Hier wandte sich das regionale Verwaltungsgericht Marken erneut mit einem Vorabentscheidungsersuchen an den EuGH. Der Fall betraf eine Anlage zur Stromerzeugung aus Biogas, die ohne Durchführung einer Umweltverträglichkeitsprüfung errichtet und in Betrieb genommen worden war. Zudem hatte auch keine vorherige Prüfung der UVP-Pflicht stattgefunden, was sich im Nachhinein als rechtswidrig herausstellte.

Im Vergleich zur Rechtssache *Comune di Corridonia* fällt insbesondere ein Unterschied auf: In der Rechtssache *Comune di Castellbellino* verzichtete der EuGH darauf, ausdrücklich darauf hinzuweisen, dass die nachträgliche Legalisierung „die Ausnahme bleiben" müsse. Stattdessen betonte der

68 Verschiedene Verwaltungsgerichte betonten die Notwendigkeit, die „Nullvariante" in Betracht ziehen zu können, siehe exemplarisch TAR Roma-Lazio, sez. IIB, sentenza v. 2.5.2019, Nr. 5548, ECLI:IT:TARLAZ:2019:5548SENT Rn. 7; Consiglio di stato, sez. V, sentenza v. 21.5.2018, Nr. 3034, ECLI:IT:CDS:2018:3034SENT; Consiglio di stato, sez. V, sentenza v. 2.10.2014, Nr. 4928, ECLI:IT:CDS:2014:4928SENT Rn. 7.1.

69 Richtlinie 2003/4/EG des Europäischen Parlaments und Rates v. 28. Januar 2003 über den Zugang der Öffentlichkeit zu Umweltinformationen und zur Aufhebung der Richtline 90/313/EWG des Rates, ABl. 2003 L Nr. 41, S. 26.

70 EuGH, Rs. C-117/17 (Comune di Castelbellino), ECLI:EU:C:2018:129.

Gerichtshof lediglich, dass „die diese Legalisierung gestattenden nationalen Vorschriften den Betreffenden nicht die Gelegenheit bieten, das Unionsrecht zu umgehen oder nicht anzuwenden".[71]

8. EuGH, Urt. v. 29.7.2019, Rs. C-411/17 – Inter-Environnement Wallonie

Der letzte Fall, der hier vorgestellt wird, betraf die Kernkraftwerke *Doel 1* und *Doel 2* bei Antwerpen, nahe der niederländischen Grenze. Beide Anlagen hatten wiederholt durch Stillstände und Risse für Besorgnis in den umliegenden Regionen gesorgt. Im Jahr 2003 verabschiedete die belgische Regierung einen Plan zum schrittweisen Ausstieg aus der Kernenergie. Sie untersagte den Bau neuer Reaktoren und legte fest, bestehende Kraftwerke nach und nach abzuschalten. Die Kernkraftwerke *Doel 1* und *Doel 2* sollten 2015 ihren Betrieb einstellen. Im Juni 2015 änderte der belgische Gesetzgeber jedoch seine Strategie. Er beschloss, die Stromerzeugung der beiden Kraftwerke bis 2025 fortzusetzen und die Anlagen zu modernisieren.

Die belgischen Umweltschutzvereinigungen *Inter-Environnement Wallonie* und *Bond Beter Leefmilieu Vlaanderen* klagten gegen das Gesetz zur Laufzeitverlängerung der Kernkraftwerke, das ohne eine Umweltverträglichkeitsprüfung und ohne Beteiligung der Öffentlichkeit verabschiedet worden war. Der Rechtsstreit erreichte den belgischen Verfassungsgerichtshof, der dem EuGH mehrere Fragen zur Vorabentscheidung vorlegte. War eine Umweltverträglichkeitsprüfung erforderlich? Wie verhielt es sich mit dem Habitatschutz? Der EuGH beantwortete diese Fragen in seinem Urteil vom 29. Juli 2019.[72]

Der Gerichtshof entschied, dass die Wiederinbetriebnahme und umfangreiche Modernisierung der Kraftwerke ein Gesamtprojekt darstellen, das im Hinblick auf mögliche Umweltgefahren wie eine Erstinbetriebnahme zu behandeln sei. Daher hätte vor dem Erlass des Gesetzes zur Laufzeitverlängerung zwingend eine Umweltprüfung nach der UVP-Richtlinie erfolgen müssen. Die Nähe zur niederländischen Grenze verpflichtete die Behörden zudem, ein grenzüberschreitendes Verfahren einzuleiten. Eine Umweltverträglichkeitsprüfung wäre nur dann entbehrlich gewesen, wenn eine Gefährdung der Stromversorgung bestanden und das Projekt dringend

---

71 EuGH, Rs. C-117/17 (Comune di Castelbellino), ECLI:EU:C:2018:129 Rn. 30. Ausführlich hierzu unter III., 3.

72 EuGH, Rs. C-411/17 (Inter-Environnement Wallonie), ECLI:EU:C:2018:972.

erforderlich gewesen wäre, was jedoch nicht der Fall war. Zusätzlich hätte das Projekt nach der Habitatrichtlinie auf seine Verträglichkeit mit den geschützten Gebieten geprüft werden müssen. Falls die Prüfung eine Unverträglichkeit festgestellt hätte, wäre das Projekt nur gerechtfertigt gewesen, wenn es der Abwendung einer schwerwiegenden Gefahr für die Stromversorgung gedient hätte.

In der neunten Vorlagefrage wollte der belgische Verfassungsgerichtshof wissen, ob ein nationales Gericht die Wirkungen des streitigen Gesetzes aufrechterhalten dürfe, bis die Mängel der Umweltverträglichkeitsprüfung und der Prüfung nach der Habitatrichtlinie behoben worden seien.[73] Der EuGH verwies auf sein Urteil in der Rechtssache *Comune di Corridonia,* in dem er festgestellt hatte, dass eine nachträgliche Legalisierung unionsrechtswidriger Vorgänge möglich sei, „wenn sie den Betroffenen keine Gelegenheit bietet, die Vorschriften des Unionsrechts zu umgehen oder nicht anzuwenden, und [...] somit die Ausnahme [bleibt]".[74] Die Mitgliedstaaten müssten zwar die „rechtswidrigen Folgen" beheben, wenn eine erforderliche Umweltverträglichkeitsprüfung nicht durchgeführt worden sei. Das Unionsrecht schließe jedoch nicht aus, dass eine Umweltverträglichkeitsprüfung auch während oder nach Durchführung des Projekts nachgeholt werde, vorausgesetzt, die Bedingungen des *Comune di Corridonia*-Urteil seien erfüllt.[75] Neu an diesem Urteil war, dass der EuGH diese Möglichkeit der Legalisierung erstmals auch auf die Habitatrichtlinie ausweitete.[76]

Ferner könne ein nationales Gericht die Wirkungen einer unionsrechtswidrigen Maßnahme ausnahmsweise aufrechterhalten, wenn das nationale Recht dies erlaube und „wenn im Fall einer Aufhebung oder Aussetzung der Wirkungen dieser Maßnahmen die tatsächliche und schwerwiegende Gefahr einer Unterbrechung der Stromversorgung des betreffenden Mitgliedstaats bestünde, der nicht mit anderen Mitteln und Alternativen, insbesondere im Rahmen des Binnenmarkts, entgegengetreten werden kann."[77] Die Maßnahme dürfe aber nur für den Zeitraum aufrechterhalten werden, „der absolut notwendig ist, um die Rechtswidrigkeit zu beseitigen."[78] Eine solche, auch nur vorübergehende, Aussetzung der Verdrängungswirkung

73 EuGH, Rs. C-411/17 (Inter-Environnement Wallonie), ECLI:EU:C:2018:972 Rn. 167 ff.
74 EuGH, Rs. C-411/17 (Inter-Environnement Wallonie), ECLI:EU:C:2018:972 Rn. 173 f.
75 EuGH, Rs. C-411/17 (Inter-Environnement Wallonie), ECLI:EU:C:2018:972 Rn. 175.
76 EuGH, Rs. C-411/17 (Inter-Environnement Wallonie), ECLI:EU:C:2018:972 Rn. 176.
77 EuGH, Rs. C-411/17 (Inter-Environnement Wallonie), ECLI:EU:C:2018:972 Rn. 179.
78 EuGH, Rs. C-411/17 (Inter-Environnement Wallonie), ECLI:EU:C:2018:972 Rn. 181.

einer unionsrechtlichen Vorschrift gegenüber nationalem, mit ihr unvereinbarem Recht müsse jedoch die absolute Ausnahme bleiben und „zwingenden Erwägungen der Rechtssicherheit" entsprechen. Ansonsten würde „die einheitliche Anwendung des Unionsrechts beeinträchtigt".[79]

Der belgische Verfassungsgerichtshof griff die Antworten des EuGH auf, als er am 5. März 2020 über den Streit zwischen den Umweltorganisationen und dem belgischen Staat zur Verlängerung des Betriebs von *Doel 1* und *Doel 2* entschied.[80] Er stellte fest, dass eine tatsächliche und schwerwiegende Gefahr für die Stromversorgung Belgiens vorliege. Verschiedene Berichte und Expertenanhörungen hatten das Risiko einer Unterbrechung der Versorgung deutlich gemacht.[81] Der Verfassungsgerichtshof betonte, dass die Sicherheit der Stromversorgung eine „ständige Sorge" sei.[82] Die Einrichtung des Energiewendefonds, der im Zusammenhang mit der Verlängerung des Betriebs von *Doel 1* und *Doel 2* als Gegenleistung für den Aufschub der Abschaltung der beiden Kernkraftwerke geschaffen wurde, weise ebenfalls auf dieses Risiko hin.[83] Die strategische Reserve, die bei drohender Stromknappheit aktiviert werden könne, biete nur eine kurzfristige Lösung und reiche nicht aus, um die Versorgungssicherheit Belgiens nach der Abschaltung der Kernkraftwerke langfristig zu gewährleisten.[84]

Der Verfassungsgerichtshof stellte weiterhin fest, dass es „[b]eim derzeitigen Stand der Stromerzeugungskapazitäten, die aus Kernkraft und anderen Quellen stammen, [...] nicht möglich zu sein [scheint], der drohenden Unterbrechung der Stromversorgung des Landes mit anderen Mitteln und Alternativen zu begegnen".[85] Zwar könnten Importe eine mögliche Lösung darstellen, doch schränkten die Kapazitäten der Verbindungsleitungen zu den Nachbarländern sowie deren tatsächliche Stromerzeugung und energiepolitische Entscheidungen diese Option ein. Mehrere Nachbarländer hätten den Ausstieg aus der Atomenergie beschlossen, was ihre Exportkapazitäten verringern könnte.[86]

---

79 EuGH, Rs. C-411/17 (Inter-Environnement Wallonie), ECLI:EU:C:2018:972 Rn. 177.
80 Belgischer Verfassungsgerichtshof (GHCC), Urt. 34/2020, ECLI:BE:GHCC:2020:ARR.034.
81 GHCC, Urt. 34/2020, ECLI:BE:GHCC:2020:ARR.034 Rn. B.30.2.
82 GHCC, Urt. 34/2020, ECLI:BE:GHCC:2020:ARR.034 Rn. B.30.4.
83 GHCC, Urt. 34/2020, ECLI:BE:GHCC:2020:ARR.034 Rn. B.31.2.
84 GHCC, Urt. 34/2020, ECLI:BE:GHCC:2020:ARR.034 Rn. B.31.3.
85 GHCC, Urt. 34/2020, ECLI:BE:GHCC:2020:ARR.034 Rn. B.31.1.
86 GHCC, Urt. 34/2020, ECLI:BE:GHCC:2020:ARR.034 Rn. B.31.4.

Der Verfassungsgerichtshof entschied, die Wirkungen des Gesetzes zur Laufzeitverlängerung bis spätestens 31. Dezember 2022, also für 34 Monate, aufrechtzuerhalten. Der Ministerrat hatte eine Frist von 32 bis 36 Monaten vorgeschlagen.[87] Diese Zeitspanne sei notwendig, damit der Gesetzgeber das Gesetzgebungsverfahren abschließen und dabei die erforderliche Umweltverträglichkeitsprüfung, einschließlich der Öffentlichkeitsbeteiligung und der grenzüberschreitenden Konsultation, durchführen könne.[88] Der Verfassungsgerichtshof stützte diese Entscheidung auf Berichte, deren Inhalt jedoch weitgehend unklar blieb, und begründete die Frist nicht mit technischen Details.[89]

In der deutschen Rechtswissenschaft löste das Urteil des EuGH vor allem Zweifel an der Vereinbarkeit von § 80c Abs. 2 VwGO mit den im Urteil entwickelten Voraussetzungen aus. § 80c VwGO trat 2023 im Rahmen des Gesetzes zur Beschleunigung von verwaltungsgerichtlichen Verfahren im Infrastrukturbereich in Kraft.[90] Ziel des Gesetzes ist es, die Verfahrensdauer für besonders bedeutsame Infrastrukturvorhaben zu verkürzen, ohne die Effektivität des Rechtsschutzes zu beeinträchtigen.[91]

Für das Fehlerfolgenrecht ist § 80c Abs. 2 VwGO besonders relevant, da er dem Gericht erlaubt, einen Mangel des angefochtenen Verwaltungsaktes „außer Acht zu lassen", wenn offensichtlich ist, dass dieser Mangel in absehbarer Zeit behoben sein wird. Das Spektrum solcher heilbaren Mängel ist in Satz zwei präzisiert und weit gefasst. Genannt werden Verfahrens- und Formvorschriften (Abs. 2 S. 2 Nr. 1) sowie Abwägungsmängel (Abs. 2 S. 2 Nr. 2), wobei die Aufzählung nicht abschließend ist.[92] Das Gericht darf den Mangel nur „außer Acht lassen", wenn es überzeugt ist, dass er in absehbarer Zeit behoben sein wird (§ 80c Abs. 2 S. 1 VwGO) und muss eine Frist zur Mängelbehebung setzen (§ 80c Abs. 2 S. 2 VwGO).

Schwerdtfeger kritisierte, dass § 80c VwGO, anders als vom EuGH in der Rechtssache *Inter-Environnement Wallonie* gefordert, keinen erkennbaren Ausnahmecharakter aufweise. Die Regelung verlange keine zwingende Einzelfallprüfung und sehe auch nicht vor, dass eine „tatsächliche und schwerwiegende Gefahr" vorliegen müsse, wie sie der EuGH in *Inter-En-*

87 GHCC, Urt. 34/2020, ECLI:BE:GHCC:2020:ARR.034 Rn. A.7.4.
88 GHCC, Urt. 34/2020, ECLI:BE:GHCC:2020:ARR.034 Rn. B.33.4.
89 So die Kritik von *Sadeleer*, Revue des affaires européennes 2019, S. 611 (625).
90 BGBl. 2023 I Nr. 71 v. 20.3.2023.
91 BT-Drs. 20/5165, S. 1.
92 BT-Drs. 20/5165, S. 16.

vironnement Wallonie beschrieben hatte, etwa eine Unterbrechung der Stromversorgung, die nicht durch andere Mittel oder Alternativen abgewendet werden könne. Schließlich beanstandete *Schwerdtfeger*, dass die Regelung keine Begrenzung der Maßnahme auf den Zeitraum fordere, „der absolut notwendig ist, um die Rechtswidrigkeit zu beseitigen".[93]

III. Unionsrechtliche Voraussetzungen und Grenzen der nachträglichen Legalisierung

Aus dieser Untersuchung der Rechtsprechung des EuGH zwischen 2004 und 2019 lassen sich mehrere Entwicklungen im Bereich der nachträglichen Legalisierung von Verfahrensfehlern ablesen.

1. Entwicklung hin zu einer legalisierungfreundlicheren Rechtsprechung

Erstens ist die Rechtsprechung im Laufe der Jahre zunehmend legalisierungsfreundlicher geworden. Der EuGH hat den Mitgliedstaaten im Laufe der Zeit mehr Verfahrensautonomie zugestanden, was nachvollziehbar erscheint, da ein genereller Ausschluss der Heilung von verfahrensfehlerhaften Projekten unverhältnismäßig wäre. Die Rechtsprechung strebt einen Kompromiss zwischen dem Schutz privater wirtschaftlicher Aktivitäten und Infrastrukturinteressen einerseits und dem Umweltschutz andererseits an. Dabei versucht der EuGH, eine Balance zwischen Prinzipientreue und praktischem Realitätssinn herzustellen.[94] Diese Entwicklung entspricht einem übergeordneten Trend der letzten Jahrzehnte, der durch die Herausforderungen des Klimawandels und der Energiekrise geprägt ist. Vor diesem Hintergrund wurden Verfahrensanforderungen zunehmend reduziert, um die Umsetzung dringend benötigter Projekte zu erleichtern. Ein Beispiel dafür ist die Verordnung 2022/2577, die unter bestimmten Voraussetzungen Umweltverträglichkeitsprüfungen für Windenergieanlagen als entbehrlich betrachtet.[95]

---

93 *Schwerdtfeger*, ZUR 2023, S. 451 (461).

94 *Berkemann*, DVBl. 2017, S. 1367 (1371).

95 Art. 6 der Verordnung (EU) 2022/2577 des Rates v. 22. Dezember 2022 zur Festlegung eines Rahmens für einen beschleunigten Ausbau der Nutzung erneuerbarer Energien, ABl. 2022 L Nr. 335, S. 36.

2. Keine Systemdivergenz zwischen deutschem und europäischem Verfahrensverständnis

Zweitens bestätigt die analysierte Rechtsprechung, dass die lange vorherrschende Annahme, das Unionsrecht verlange eine – vor allem aus deutscher Perspektive – strenge Sanktionierung von Verfahrensvorschriften, als zu weitreichend angesehen werden muss.

Die deutsche Debatte war lange durch eine Dichotomie geprägt, die das deutsche und europäische Verfahrensverständnis als schematisch divergierend betrachtete.[96] Das deutsche Recht wird dabei durch die sog. „dienenden Funktion" des Verfahrensrechts charakterisiert. Diese Formel betont den Vorrang des materiellen Rechts und erwartet vom Verfahrensrecht primär, dass es ein richtiges materielles Ergebnis ermöglicht.[97] Dem Unionsrecht hingegen wird ein diametral entgegengesetztes Verfahrensverständnis attestiert, das den Verfahrensgedanken und die Kontrolle der Einhaltung des Verfahrensrechts stärker akzentuiert. Es schreibe dem Verfahren einen beträchtlichen „Eigenwert" zu.[98]

Diese unterschiedlichen Verfahrenskonzeptionen finden unter anderem in der Ausgestaltung der Verfahrensfehlerfolgenregelungen Ausdruck, etwa in Deutschland durch die großzügigen Unbeachtlichkeitsregelungen des § 46 VwVfG. Die Verfahrensfehlerfolgen sind ein Indikator für das jeweilige Verfahrensverständnis, da es hier zum Schwur darüber kommt, wie hoch die Bedeutung ist, die eine Rechtsordnung ihren Verfahrensvorschriften zuspricht.[99] Aus dem – insbesondere aus deutscher Sicht – abweichenden Verfahrensverständnis auf Unionsebene ergibt sich, dass der EuGH bei

---

96 Vgl. nur *Wahl*, DVBl. 2003, S. 1285 (1290); *Erbguth*, DVBl. 2004, S. 802; *Kahl*, in: von Bogdandy/Cassese/Huber (Hrsg.), IPE V, 2014, § 74 Rn. 66; *Schlacke*, UPR 2016, S. 478 (478 f.).

97 *Schmidt-Aßmann*, NVwZ 2007, 40 (41); *Wolff*, in: Festschr. für Rupert Scholz, 2007, S. 977 (978 ff.); *Quabeck*, Dienende Funktion des Verwaltungsverfahrens und Prozeduralisierung, 2012; BVerwG, Urt. v. 29.4.1993 – 7 A 2/92, NVwZ 1993, S. 890; zur (historischen) Entwicklung dieses Verfahrensverständnisses *Schmidt-Aßmann/Kaufhold*, in: Voßkuhle/Eifert/Möllers (Fn. 4), § 27 Rn. 4; *Emmenegger*, in: Mann/Sennekamp/Uechtritz (Fn. 35), § 45 Rn. 30 ff.

98 Siehe *Stelkens*, DVBl. 2010, S. 1078; *Wahl*, VVDStRL 41 (1983), S. 151 (153) spricht vom „Verwaltungsverfahren als Verwirklichungsmodus des Verwaltungsrechts"; zu Recht kritisch zum Begriff des Eigenwerts *Gurlit*, VVDStRL 70 (2011), S. 227 (234 ff.); *Fehling*, VVDStRL 70 (2011), S. 278 (282 ff.).

99 *Fehling* (Fn. 98) S. 289 ff.; *Wahl* (Fn. 96) S. 1290.

der Heilung von Verfahrensfehlern besonders zurückhaltend agiert.[100] Die Anwendung der §§ 45, 46 VwVfG im Vollzug von Unionsrecht stößt auf Grenzen. Teilweise werden sie sogar als unanwendbar betrachtet.[101] Dieses bisherige Verständnis beruhte auch darauf, dass es aus Luxemburg nur wenig Rechtsprechung zur Anwendbarkeit nationaler Fehlerheilungsvorschriften im indirekten Vollzug gab.

Der Blick auf die Rechtsprechung der letzten Jahre zeigt, dass der EuGH die Frage der Heilung von Verfahrensfehlern weitaus differenzierter betrachtet, als es in der deutschen Rechtswissenschaft teilweise dargestellt wurde. Die Annahme, das Unionsrecht verlange eine besonders strikte Kontrolle der Verfahrensvorschriften und der EuGH sei in Bezug auf die Heilung von Verfahrensfehlern besonders zurückhaltend, erweist sich als unzutreffend. Ebenso ist die These zurückzuweisen, dass das deutsche und das europäische Verfahrensverständnis grundlegend und strukturell voneinander abweichen.[102]

3. Keine Gelegenheit, das Unionsrecht zu umgehen oder nicht anzuwenden

Drittens hat sich die Rechtsprechung auch in ihrer Differenzierung der Voraussetzungen und Grenzen der nachträglichen Legalisierung weiterentwickelt, wobei der Gerichtshof zwischen verschiedenen Konstellationen unterscheidet, die je nach Stand des Vollzugs des verfahrensfehlerhaften Verwaltungsakts variieren.[103]

Trotz der zunehmenden Ausdifferenzierung bleiben die Anforderungen an nationale Legalisierungsvorschriften nicht vollständig geklärt, auch

100 *Wahl* (Fn. 96), S. 1290; *Schoch*, in: Schmidt-Aßmann/Hoffmann-Riem (Hrsg.), Strukturen des europäischen Verwaltungsrechts, 1999, S. 279 (299); *Kment* (Fn. 12), S. 584; *Schemmer*, in: Bader/Ronellenfitsch (Hrsg.), BeckOK VwVfG, 64. Ed. (Stand: 1.7.2024), § 45 Rn. 22.

101 *Classen*, NJW 1995, S. 2457 (2459); *Kokott*, Die Verwaltung 31 (1998), S. 335 (367); *Durner* (Fn. 12), S. 348; *Schoch*, in: Hoffmann-Riem/Schmidt-Aßmann/Voßkuhle (Hrsg.), GVwR III, 2. Aufl. 2013, § 50 Rn. 309 ff.; *Schmidt-Aßmann/Kaufhold*, in: Voßkuhle/Eifert/Möllers (Fn. 4), § 27 Rn. 112 sprechen sich gegen eine generelle Unanwendbarkeit der §§ 45, 46 VwVfG aus.

102 So auch *Emmenegger*, in: Mann/Sennekamp/Uechtritz (Fn. 35), § 45 Rn. 37; *Weber*, Die Verwaltung 2024 (i. E.). Schon früh vor eine Überakzentuierung der Unterschiede in der Verfahrenskonzeption gewarnt haben *Hufen/Siegel*, Fehler im Verwaltungsverfahren, 5. Aufl. 2013, Rn. 26; *Ziekow*, NuR 2014, S. 229 (230).

103 *Emmenegger*, in: Mann/Sennekamp/Uechtritz (Fn. 35), § 45 Rn. 31 und 34.

wenn sich klare Tendenzen abzeichnen: Die Gesamtschau der Rechtsprechung zeigt, dass der Gerichtshof die Anwendung – auch weitreichender – nationaler Fehlerheilungsvorschriften nicht grundsätzlich ausschließt. Eine Grenze zieht der Gerichtshof jedoch dort, wo nationale Heilungsregelung die Gelegenheit bieten, „das Unionsrecht zu umgehen oder nicht anzuwenden". Diese Voraussetzung formulierte der EuGH erstmals in der Rechtssache *Kommission/Irland.*[104] Seitdem ist sie in der Rechtsprechung fest verankert.[105]

4. Nachholung der Verfahrenshandlung

Die Voraussetzung findet Ausdruck in dem Erfordernis, dass die versäumte Verfahrenshandlung grundsätzlich nachgeholt werden muss.[106] Hierauf verweist Generalanwältin *Kokott* ausdrücklich in ihren Schlussanträgen in der Rechtssache *Stadt Wiener Neustadt.* Sie betont, dass weder die Rechtssicherheit noch das Vertrauen in den Bestand der Genehmigung der Pflicht zur Nachholung einer versäumten Umweltverträglichkeitsprüfung entgegenstünden.[107]

Der Gerichtshof greift diese Argumentation auf und betont, dass dafür zu sorgen sei, dass eine Umweltverträglichkeitsprüfung durchgeführt werde. Eine Genehmigungsfiktion ohne eine Nachholung der unterlassenen Umweltverträglichkeitsprüfung stehe einer nachträglichen Legalisierung entgegen „und sei es nur, weil ihre rechtliche Wirkung darin besteht, die zuständigen Behörden von der Pflicht zur Berücksichtigung des Umstands zu befreien, dass ein Projekt im Sinne der Richtlinie ohne Umweltverträglichkeitsprüfung verwirklicht wurde, und dafür zu sorgen, dass eine derartige Prüfung durchgeführt wird, wenn Arbeiten oder materielle Eingriffe

---

104 EuGH, Rs. C-85/11 (Kommission/Irland), ECLI:EU:C:2013:217 Rn. 57.

105 EuGH, Rs. C-416/10 (Križan u. a.), ECLI:EU:C:2012:8 Rn. 87; Rs. C-348/15 (Stadt Wiener Neustadt), ECLI:EU:C:2016:882, Rn. 36; verb. Rs. C-196/16 u. C-197/16 (Comune di Corridonia), ECLI:EU:C:2017:589 Rn. 38; Rs. C-117/17 (Comune di Castelbellino), ECLI:EU:C:2018:129 Rn. 30; Rs. C-411/17 (Inter-Environnement Wallonie), ECLI:EU:C:2018:972 Rn. 174.

106 *Emmenegger*, in: Mann/Sennekamp/Uechtritz (Fn. 35), § 45 Rn. 38.

107 GA *Kokott*, Schlussanträge v. 8.9.2016 zur Rs. C-348/15 (Stadt Wiener Neustadt), ECLI:EU:C:2016:662 Rn. 44 f.

im Zusammenhang mit diesem Projekt später eine Genehmigung erfordern sollten".[108]

5. Abrücken vom Erfordernis „alle Optionen noch offen"

Eine Nachholung ist jedenfalls in einer Konstellation wie in der Rechtssache *Križan* möglich: Hier ging es um ein Projekt, das weder bestandskräftig genehmigt noch (ganz oder teilweise) errichtet war. Die Heilung konnte im Rahmen eines zweitinstanzlichen Verwaltungsverfahrens erfolgen, sofern „alle Optionen noch offen" waren und eine effektive Öffentlichkeitsbeteiligung gewährleistet wurde.[109] Problematisch erscheint eine Nachholung jedoch im Falle einer bereits (ganz oder teilweise) errichteten Anlage. Hier ist fraglich, ob das Erfordernis erfüllt werden kann, dass nationale Heilungsregelungen keine Gelegenheit bieten dürfen, „das Unionsrecht zu umgehen oder nicht anzuwenden". In solchen Konstellationen können nicht mehr „alle Optionen offen" sein.

Der EuGH scheint jedoch in jüngerer Rechtsprechung von diesem Erfordernis abgerückt zu sein.[110] In den Rechtssachen *Stadt Wiener Neustadt, Comune di Corridonia, Comune di Castelbellino* und *Inter-Environnement Wallonie* war eine Heilung nicht von vorneherein ausgeschlossen, obwohl die Vorhaben bereits ganz oder teilweise verwirklicht bzw. die Anlagen in Betrieb genommen waren. Dies deutet darauf hin, dass der Gerichtshof die Möglichkeit einer nachträglichen Legalisierung auch dann zulässt, wenn Projekte schon weit fortgeschritten sind und sich in einem Stadium befinden, wo nicht mehr alle Handlungsoptionen offenstehen.

In der Rechtssache *Comune die Corridonia* schreibt der EuGH, „dass das Unionsrecht, wenn für ein Projekt die [...] erforderliche Umweltverträglichkeitsprüfung nicht durchgeführt worden ist, zum einen erfordert, dass die Mitgliedstaaten die rechtswidrigen Folgen dieses Versäumnisses beheben, und zum anderen nicht verbietet, dass nach dem Bau und der Inbetriebnahme der betreffenden Anlage zu ihrer Legalisierung eine Umwelt-

108 EuGH, Rs. C-348/15 (Stadt Wiener Neustadt), ECLI:EU:C:2016:882 Rn. 44.

109 EuGH, Rs. C-416/10 (Križan u. a.), ECLI:EU:C:2012:8 Rn. 89.

110 *Emmenegger*, in: Mann/Sennekamp/Uechtritz (Fn. 35), Rn. 39; *Weber*, Die Verwaltung 2024 (i. E.).

verträglichkeitsprüfung durchgeführt wird".[111] Damit stellt der Gerichtshof klar, dass eine nachträgliche Legalisierung einer Umweltverträglichkeitsprüfung bei einer bereits errichteten Anlage möglich ist und somit im Falle der Aufhebung einer ohne Umweltverträglichkeitsprüfung erteilten Genehmigung die Möglichkeit besteht, die Anlage auch nachträglich aufrechtzuerhalten, wenn ihre Umweltverträglichkeit festgestellt wird.

Generalanwältin *Kokott* setzte sich in ihren Schlussanträgen in der Rechtssache *Stadt Wiener Neustadt* mit der Frage auseinander, ob die Nachholung einer Umweltverträglichkeitsprüfung nach der Verwirklichung eines Vorhabens überhaupt sinnvoll sei, und kam zu folgendem Schluss: Selbst wenn das Projekt bereits durchgeführt worden sei, könne die Umweltverträglichkeitsprüfung dazu beitragen, erhebliche Umweltbeeinträchtigungen zu identifizieren und Vermeidungsmaßnahmen einzuleiten oder sogar das Projekt aufzugeben. Sollte dies nicht geschehen, hätte die nachgeholte Umweltverträglichkeitsprüfung „immer noch die Funktion, Informationen über die Umweltauswirkungen zu sammeln, zu dokumentieren und zu verbreiten."[112]

Diese Überlegungen lassen Rückschlüsse auf die zeitliche Dimension der Heilung zu. Die Rechtsprechung des EuGH legt nahe, dass eine Heilung auch im gerichtlichen Verfahren, wie § 45 Abs. 2 VwVfG es vorsieht, noch möglich und nicht von vornherein ausgeschlossen ist.[113]

Das BVerwG hatte 2008 noch die Auffassung vertreten, dass „die Umweltverträglichkeitsprüfung in der Regel im gerichtlichen Verfahren nicht nachgeholt werden" könne. Der Zweck der Umweltverträglichkeitsprüfung, so die damalige Begründung, bestehe darin, Umweltauswirkungen frühzeitig zu ermitteln, zu beschreiben und zu bewerten. Es solle eine auf die Umweltbelange zentrierte Vorabprüfung unter Ausschluss der sonstigen Belange erfolgen. Die Öffentlichkeit sei zu beteiligen. Das Ergebnis der Umweltverträglichkeitsprüfung sei bei der Entscheidung über die Zulässigkeit des Vorhabens zu berücksichtigen.[114] Dieses Urteil wurde jedoch

111 EuGH, verb. Rs. C-196/16 u. C-197/16 (Comune di Corridonia), ECLI:EU:C:2017:589 Rn. 43.

112 GA *Kokott*, Schlussanträge v. 8.9.2016 zur Rs. C-348/15 (Stadt Wiener Neustadt), ECLI:EU:C:2016:662 Rn. 46.

113 *Emmenegger*, in: Mann/Sennekamp/Uechtritz (Fn. 35), Rn. 41; *Saurer* (Fn. 3), S. 1142.

114 BVerwG, Urt. v. 20.8.2008 – 4 C 11/07, NVwZ 2008, S. 1349 (1351) Rn. 26.

als „Überinterpretation" des kurz zuvor ergangenen EuGH-Urteils in der Rechtssache *Kommission/Irland* kritisiert.[115]

Inzwischen haben die Richter am BVerwG ihre Position geändert.[116] Unter Berücksichtigung der Rechtsprechung des EuGH bewerten sie die Durchführung einer Umweltverträglichkeitsprüfung im ergänzenden Verfahren für unproblematisch, auch bei bereits errichteten Anlagen.[117] Die gerichtliche Feststellung der Rechtswidrigkeit und Nichtvollziehbarkeit stelle sicher, dass die Zulassungsentscheidung nicht ausgeführt werden dürfe, bevor die unterbliebene Umweltverträglichkeitsprüfung nachgeholt und die in ihrem Rahmen getroffenen Feststellungen und Bewertungen der Umweltauswirkungen des Vorhabens in einer erneuten Zulassungsentscheidung gewürdigt worden seien. Diese Würdigung müsse ergebnisoffen erfolgen und sei mit Rechtsbehelfen angreifbar. Dies verhindere eine Umgehung oder Nichtanwendung der UVP-Regelungen. Außerdem bleibe die nachträgliche Heilung die Ausnahme. Denn die §§ 3a ff. UVPG gewährleisteten, dass die UVP-Pflichtigkeit eines Vorhabens in der Regel frühzeitig vor der Zulassungsentscheidung ermittelt und folglich dessen Umweltverträglichkeit rechtzeitig geprüft werde.[118]

Ob „alle Optionen noch offen" sind, beeinflusst auch maßgeblich die Rechtsfolgen einer nachträglichen Legalisierung. Wenn sie zu einem Zeitpunkt erfolgt, zu dem alle Handlungsoptionen noch gegeben sind, kann davon ausgegangen werden, dass die Genehmigung uneingeschränkt rechtmäßig wird. Anders verhält es sich jedoch bei einer nachträglichen Legalisierung eines bereits durchgeführten Projekts, bei dem nicht mehr alle Optionen offen sein können.

Generalanwältin *Kokott* adressiert dieses Problem, indem sie die Rechtsfolgen differenziert betrachtet. In der Rechtssache *Comune di Corridonia* kam sie zu dem Schluss, dass obwohl die Nachholung einer Umweltverträglichkeitsprüfung nach Errichtung der Anlage zulässig sei, dies nicht bewirken könne, dass „die Anlage und ihre Auswirkungen als uneingeschränkt

---

115 *Petz*, in: Faßbender/Köck (Hrsg.), Querschnittsprobleme des Umwelt- und Planungsrechts, 2019, S. 103 (117).

116 BVerwG, Urt. v. 24.5.2018 – 4 C 4/17, NVwZ 2018, S. 1647 (1650) Rn. 41.

117 BVerwG, Urt. v. 24.5.2018 – 4 C 4/17, NVwZ 2018, S. 1647, (1650) Rn. 36 ff.

118 BVerwG, Urt. v. 24.5.2018 – 4 C 4/17, NVwZ 2018, S. 1647 (1650) Rn. 40; kritisch *Seibert*, NVwZ 2018, S. 97 (101); *Langstädtler*, Effektiver Umweltrechtsschutz in Planungskaskaden, 2020, S. 198.

rechtmäßig genehmigt gelten".[119] Eine Rechtmäßigkeitsfiktion ist damit ausgeschlossen.

Die nachträgliche Legalisierung in einem fortgeschrittenen Stadium, in dem nicht mehr „alle Optionen offen" sind, macht die Genehmigung zwar rechtmäßig und verhindert, dass der Verwaltungsakt aufgehoben oder die Anlage abgerissen werden muss. Eine uneingeschränkte Rechtmäßigkeit, wie sie durch eine Rechtmäßigkeitsfiktion suggeriert werden könnte, ist jedoch ausgeschlossen.[120] Dieser Umstand deutet darauf hin, dass im Kontext der nationalen Heilungsregelung des § 45 VwVfG die Heilung keine rückwirkende Wirkung (*ex tunc*) entfalten sollte, sondern lediglich eine Wirkung ab dem Zeitpunkt der Heilung (*ex nunc*).[121] Darüber hinaus verlangt der EuGH, dass Betroffene weiterhin die Möglichkeit haben, Schadensersatzansprüche geltend zu machen, um ihre Rechte angemessen zu schützen.[122]

6. Heilung muss die Ausnahme bleiben – Erfordernis überholt?

In seiner frühen Rechtsprechung stellte der EuGH ausdrücklich klar, dass die Heilung von Verfahrensfehlern eine Ausnahme bleiben muss. Der Gerichtshof formulierte diese Voraussetzung kumulativ zur Bedingung, dass nationale Heilungsregelungen keine Möglichkeit bieten dürfen, das Uni-

---

119 GA *Kokott*, Schlussanträge v. 30.3.2017 zur verb. Rs. C-196/16 u. C-197/16 (Comune di Corridonia), ECLI:EU:C:2017:249 Rn. 56, 32, 38; siehe auch EuGH, Rs. C-348/15 (Stadt Wiener Neustadt), ECLI:EU:C:2016:882 Rn. 43.

120 *Emmenegger*, in: Mann/Sennekamp/Uechtritz (Fn. 35), Rn. 39, 41.

121 Die deutsche Literatur ist in dieser Frage in zwei vergleichbar starke Lager aufgeteilt. Zusammenfassung der Diskussion bei *Kischel*, Folgen von Begründungsfehlern, 2004, S. 158 ff. Vertreter einer *ex nunc*-Wirkung: *Baumeister*, Der Beseitigungsanspruch als Fehlerfolge des rechtswidrigen Verwaltungsakts, 2006, S. 375 ff.; *Ramsauer*, in: Kopp/Ramsauer, VwVfG, 25. Aufl. 2024, § 45 Rn. 14. Vertreter einer *ex tunc*-Wirkung: *Horn*, Die Verwaltung 25 (1992), S. 203 (206); *Peuker*, in: Knack/Henneke (Hrsg.), VwVfG, 11. Aufl. 2020, § 45 Rn. 22; wohl auch *Schemmer*, in: Bader/Ronellenfitsch (Hrsg.), BeckOK VwVfG, 64. Ed. (Stand: 1.7.2024), § 45 Rn. 6; *Sachs*, in Stelkens/Bonk/Sachs (Hrsg.), VwVfG, 10. Aufl. 2023, § 45 Rn. 21 f. Ergänzt werden diese zwei Lager durch differenzierende Stimmen, exemplarisch *Messerschmidt*, NVwZ 1985, S. 877 (877 f.), der nach Fehlerarten differenziert.

122 EuGH, Rs. C-201/02 (Wells), ECLI:EU:C:2004:12 Rn. 66; Rs. C-348/15 (Stadt Wiener Neustadt), ECLI:EU:C:2016:882 Rn. 45.

onsrecht zu umgehen oder nicht anzuwenden.[123] Der EuGH verstand die nachträgliche Legalisierung als Ausnahme von der Regel, als ein flexibles Instrument, das sparsam und nur nach sorgfältiger Prüfung im Einzelfall durch den Richter angewendet werden sollte. Damit stellte er den Gedanken der Generalprävention, der sich auch in zahlreichen anderen Urteilen wiederfindet,[124] in den Vordergrund, um Missbrauch und Umgehung zu verhindern. Ein „Freibrief" dürfe nicht erteilt werden, insbesondere da die Einhaltung von Verfahrensregeln wesentlich zur gesellschaftlichen Akzeptanz großer Infrastrukturprojekte beiträgt.[125]

Mit Blick auf dieses Regel-Ausnahme-Erfordernis kritisierte die Rechtswissenschaft insbesondere die Rechtsprechungspraxis der Fehlerbehebung durch Planergänzung und ergänzendes Verfahren. Es sei zweifelhaft, ob diese Art der nachträglichen Fehlerheilung keine Umgehung des Unionsrechts darstelle, wenn die Nachholung einer unterlassenen Umweltverträglichkeitsprüfung regelmäßig in einem ergänzenden Verfahren möglich sei.[126] Diese Zweifel werden durch die großzügige Praxis des BVerwG im Planfeststellungsrecht, die unterlassene Umweltverträglichkeitsprüfung im ergänzenden Verfahren nachzuholen, verstärkt.[127] Andererseits argumentieren einige Stimmen aus der Rechtswissenschaft, dass der vom EuGH geforderten Regel-Ausnahme-Charakter bereits dadurch gewahrt werde, „dass mit der Nachholung einer Umweltverträglichkeitsprüfung ein zusätzlicher finanzieller Aufwand und regelmäßig auch Verzögerungen bei der Projektverwirklichung einhergehen werden und deshalb weder für den Vorhabenträger noch für die Behörde ein Anreiz besteht, sich von Anfang an auf

---

123 Erstmals EuGH, Rs. C-85/11 (Kommission/Irland), ECLI:EU:C:2013:217 Rn. 57; später EuGH, Rs. C-416/10 (Križan u. a.), ECLI:EU:C:2012:8 Rn. 87.

124 Vgl. beispielsweise EuGH, Rs. C-275/09 (Brussels Hoofdstedelijk Gewest u. a.), ECLI:EU:C:2011:154 Rn. 36; Rs. C-205/08 (Umweltanwalt von Kärnten), ECLI:EU:C:2009:767 Rn. 53; Rs. C-72/15 (Rosneft Oil Company), ECLI:EU:C:2017:236 Rn. 135; Rs. C-444/15 (Associazione Italia Nostra Onlus), ECLI:EU:C:2016:978 Rn. 26, 57; in der Sache ähnlich EuGH, Rs. C-399/14 (Grüne Liga Sachsen u. a.), ECLI:EU:C:2016:10 Rn. 41; Rs. C-284/11 (EMS-Bulgaria Transport), ECLI:EU:C:2012:458 Rn. 33; Rs. C-442/04 (Spanien/Rat), ECLI:EU:C:2008:276 Rn. 49.

125 Siehe *von Landenberg-Roberg*, VerwArch 2023, S. 399.

126 *Seibert* (Fn. 118), S. 101; *Langstädtler* (Fn. 118), S. 182.

127 Die Nachholbarkeit der UVP im ergänzenden Verfahren bejahen BVerwG, Urt. v. 16.10.2008 – 4 C 5/07, NVwZ 2009, S. 459 Rn. 78; Urt. v. 20.12.2011 – 9 A 31/10, NVwZ 2012, S. 575 Rn. 36; Urt. v. 8.1.2014 – 9 A 4/13, NVwZ 2014, S. 1008 Rn. 25 ff.

die nachträgliche Durchführung einer Umweltverträglichkeitsprüfung zu verständigen."[128]

Möglicherweise ist der EuGH in seiner jüngeren Rechtsprechung von dem Erfordernis dieses Regel-Ausnahme-Verhältnisses jedoch abgerückt.[129] In seinem Urteil in der Rechtssache *Stadt Wiener Neustadt* spricht er erstmals nur noch davon, dass die nachträgliche Legalisierung „nur eingeräumt werden [darf], wenn sie den Betroffenen keine Gelegenheit bietet, die Vorschriften des Unionsrechts zu umgehen oder sie nicht anzuwenden, und *somit* die Ausnahme bleibt".[130] Dieselbe Formulierung findet sich auch in den Rechtssachen *Comune di Corridonia*[131] und *Inter-Environnement Wallonie*[132] wieder. Ob diese Formulierung darauf hindeutet, dass das Ausnahmeerfordernis zurückgedrängt wurde, bleibt unklar. Dagegen spricht, dass der Gerichtshof weiterhin auf die Rechtssache *Kommission/Irland* verweist, in der die Voraussetzungen kumulativ genannt wurden.[133] Außerdem verweist der EuGH nur wenige Randnummern später auf „außergewöhnliche Umstände", was nahelegt, dass das Ausnahmeerfordernis weiterhin relevant ist.[134]

---

128 *Fellenberg/Schiller*, in: Landmann/Rohmer (Hrsg.), Umweltrecht, 102. EL. (Stand: September 2023), § 4 UmwRG Rn. 14.

129 So *Emmenegger*, in: Mann/Sennekamp/Uechtritz (Fn. 35), § 45 Rn. 40. A.A. wohl *Saurer* (Fn. 3), S. 1142; *Epiney*, EurUP 2018, S. 204 (208).

130 EuGH, Rs. C-348/15 (Stadt Wiener Neustadt), ECLI:EU:C:2016:882 Rn. 36 (Hervorhebung durch Verf.). Siehe aber *Epiney* (Fn. 128), S. 208 die das Urteil so liest, dass der EuGH an dem Ausnahmeerfordernis weiter festhält.

131 EuGH, verb. Rs. C-196/16 u. C-197/16 (Comune di Corridonia), ECLI:EU:C:2017:589 Rn. 38.

132 EuGH, Rs. C-411/17 (Inter-Environnement Wallonie), ECLI:EU:C:2018:972 Rn. 174.

133 EuGH, Rs. C-348/15 (Stadt Wiener Neustadt), ECLI:EU:C:2016:882 Rn. 36.

134 EuGH, Rs. C-348/15 (Stadt Wiener Neustadt), ECLI:EU:C:2016:882 Rn. 37; siehe auch EuGH, verb. Rs. C-196/16 u. C-197/16 (Comune di Corridonia), ECLI:EU:C:2017:589 Rn. 39.

Ein Blick auf die verschiedenen Sprachfassungen der Urteile liefert ebenfalls keine eindeutige Klärung. Während die englische,[135] französische[136] und italienische[137] Sprachfassung des Urteils *Comune di Corridonia* darauf hinweisen, dass die Voraussetzungen weiterhin kumulativ bestehen, da sie das Wort „und" (*and*, *et*, *e*) verwenden, suggerieren die französische[138] und italienische[139] Sprachfassung des Urteils *Stadt Wiener Neustadt* eine andere

135 EuGH, Rs. C-348/15 (Stadt Wiener Neustadt), ECLI:EU:C:2016:882 Rn. 36: „However, such a possibility is subject to the condition that it does not offer the persons concerned the opportunity to circumvent EU law or dispense with applying it, *and* that it should remain the exception". Fast wortgleich auch die englischen Sprachfassungen von EuGH, verb. Rs. C-196/16 u. C-197/16 (Comune di Corridonia), ECLI:EU:C:2017:589 Rn. 38: „The Court has made it clear that such a possible regularisation would have to be subject to the condition that it does not offer the persons concerned the opportunity to circumvent the rules of EU law or to dispense with their application, *and* that it should remain the exception" und EuGH, Rs. C-411/17 (Inter-Environnement Wallonie), ECLI:EU:C:2018:972 Rn. 174: „However, such a possible regularisation would have to be subject to the condition that it does not offer the parties concerned the opportunity to circumvent the rules of EU law or to refrain from applying them, *and* should remain the exception."

136 EuGH, verb. Rs. C-196/16 u. C-197/16 (Comune di Corridonia), ECLI:EU:C:2017:589 Rn. 38: „La Cour a précisé qu'une telle possibilité de régularisation devait être subordonnée à la condition qu'elle n'offre pas aux intéressés l'occasion de contourner les règles du droit de l'Union ou de se dispenser de les appliquer *et* qu'elle demeure exceptionnelle." Fast wortgleich auch EuGH, Rs. C-411/17 (Inter-Environnement Wallonie), ECLI:EU:C:2018:972 Rn. 174: „Toutefois, une telle possibilité de régularisation doit être subordonnée à la condition qu'elle n'offre pas aux intéressés l'occasion de contourner les règles du droit de l'Union ou de se dispenser de les appliquer *et* qu'elle demeure exceptionnelle."

137 EuGH, verb. Rs. C-196/16 u. C-197/16 (Comune di Corridonia), ECLI:EU:C:2017:589 Rn. 38: „La Corte ha precisato che una siffatta possibilità di regolarizzazione deve essere subordinata alla condizione di non offrire agli interessati l'occasione di eludere le norme di diritto dell'Unione o di disapplicarle *e* di rimanere eccezionale." Fast wortgleich auch EuGH, Rs. C-411/17 (Inter-Environnement Wallonie), ECLI:EU:C:2018:972 Rn. 174: „Tuttavia, una siffatta possibilità di regolarizzazione deve essere subordinata alla condizione di non offrire agli interessati l'occasione di eludere le norme di diritto dell'Unione o di disapplicarle *e* di rimanere eccezionale."

138 EuGH, Rs. C-348/15 (Stadt Wiener Neustadt), ECLI:EU:C:2016:882 Rn. 36: „Une telle possibilité est toutefois subordonnée à *la condition* qu'elle n'offre pas aux intéressés l'occasion de contourner les règles du droit de l'Union ou de se dispenser de les appliquer et *donc* qu'elle demeure exceptionnelle."

139 EuGH, Rs. C-348/15 (Stadt Wiener Neustadt), ECLI:EU:C:2016:882 Rn. 36: „Una siffatta possibilità è tuttavia subordinata *alla condizione* che essa non offra agli interessati l'occasione di aggirare le norme di diritto dell'Unione o di disapplicarle, e che rimanga *quindi* eccezionale."

Interpretation: Sie verwenden das Wort „somit" (*donc*, *quindi*) und setzen das Wort „Voraussetzung" in den Singular, was auf eine einzige erforderliche Voraussetzung hinzudeuten scheint.

Diese Unsicherheit scheint der Gerichtshof in der Rechtssache *Comune di Castelbellino* auszuräumen, indem er nicht mehr davon spricht, dass die nachträgliche Legalisierung „die Ausnahme bleibt", sondern nur noch betont, dass „die diese Legalisierung gestattenden nationalen Vorschriften den Betreffenden nicht die Gelegenheit bieten, das Unionsrecht zu umgehen oder nicht anzuwenden".[140] Obwohl die Entscheidung von der 6. Kammer stammt, was ihren Einfluss relativiert, und der EuGH das Ausnahmeerfordernis nur wenige Jahre später in der Rechtssache *Inter-Environnement Wallonie* erneut erwähnt,[141] ist davon auszugehen, dass das Erfordernis, dass die Heilung die Ausnahme bleiben muss, keine eigenständige, kumulative Bedeutung mehr neben der Bedingung hat, dass nationale Heilungsregelungen nicht die Gelegenheit bieten dürfen, das Unionsrecht zu umgehen oder nicht anzuwenden. Vielmehr ist es in letzteres Erfordernis integriert worden und ist so zu verstehen, dass eine nachträgliche Legalisierung nicht automatisch erfolgen darf. Eine separate Prüfung der beiden Voraussetzungen ist nicht notwendig. Für das nationale Recht bedeutet dies, dass mitgliedstaatliche Heilungsvorschriften nicht von der Einhaltung der verfahrensrechtlichen Vorgaben entbinden dürfen. Andernfalls könnten sie Schlupflöcher schaffen, die eine Umgehung des Unionsrechts ermöglichen.

IV. Fazit und Ausblick

Die Entwicklung der Rechtsprechung des EuGH in den Jahren 2004 bis 2019 (siehe dazu auch die **Tabelle im Anhang** zu diesem Beitrag) zeigt, dass sich der Umgang des Gerichtshofs mit der Frage der Heilung von Verfahrensfehlern, insbesondere im Bereich des Umweltrechts, stabilisiert und eine eigene, richterrechtlich geprägte Dogmatik herausgebildet hat. Aus einem anfangs noch stark fallbezogenen Sanktionsrecht haben sich sichtbarere Voraussetzungen und Grenzen der Heilung herausgebildet.

Dennoch ist dieses System noch nicht als vollständig geschlossen anzusehen. Ein Beispiel hierfür ist die weiterhin unklare Definition des Begriffs der nachträglichen Legalisierung, die der EuGH bisher nicht eindeutig fest-

140 EuGH, Rs. C-117/17 (Comune di Castelbellino), ECLI:EU:C:2018:129 Rn. 30.
141 EuGH, Rs. C-411/17 (Inter-Environnement Wallonie), ECLI:EU:C:2018:972 Rn. 174.

gelegt hat und unbestimmt lässt. Anstatt den Anwendungsbereich präziser einzugrenzen, verlagert der Gerichtshof die Diskussion auf die Grenzen der nachträglichen Legalisierung.

Darüber hinaus hält der EuGH daran fest, dass das Richtlinienrecht keine spezifischen Regelungen dazu enthält, welche Folgen eine Verletzung der UVP-Pflicht nach sich zieht.[142] Diese Zurückhaltung des Unionsrechts ist bemerkenswert und in gewisser Weise auch bedauerlich, wenn man die integrative Bedeutung eines einheitlichen Fehlerfolgenrechts und die Rolle bedenkt, die das Verfahrensrecht für die gesellschaftliche Akzeptanz von Entscheidungen[143] spielt. Daher erscheint es durchaus erwägenswert, ob es nicht die Aufgabe des Richtliniengebers sein sollte, ein unionsrechtliches Fehlerfolgenrecht zu perfektionieren.

---

142 EuGH, verb. Rs. C-196/16 u. C-197/16 (Comune di Corridonia), ECLI:EU:C:2017:589 Rn. 34.

143 Siehe *von Landenberg-Roberg* (Fn. 125).

Konstellation	• Verfahrensfehlerhaft erteilte Genehmigung • Vorhaben bereits verwirklicht	• Verfahrensfehlerhaft erteilte Genehmigung • VA nicht bestandskräftig, • Vorhaben noch nicht verwirklicht	• Verfahrensfehlerhaft erteilte Genehmigung • VA bestandskräftig oder noch nicht bestandskräftig, s. u. • Vorhaben ganz oder teilweise verwirklicht
Zeitraum	Ältere Rechtsprechung, ab 2004 bis 2013	2013	Jüngere Rechtsprechung, ab 2013 bis 2019
Rechtssachen	• Rs. *Wells* • Rs. *Kommission/Irland*	• Rs. *Križan* (nachträgliche Legalisierung im Rahmen eines zweitinstanzlichen Verwaltungsverfahrens)	• Rs. *Stadt Wiener Neustadt* (Vorhaben bestandskräftig) • Rs. *Comune di Corridonia, Comune di Castellbellino, Inter-Environnement Wallonie* (Anlage vor Eintritt der Bestandskraft verwirklicht und in Betrieb genommen)
Voraussetzungen	• MS sind gehalten, das Fehlen einer UVP auszugleichen, z.B. indem sie eine erteilte Genehmigung zurücknehmen oder aussetzen, um die UVP durchzuführen (Rs. *Wells*, Rn. 65). • Legalisierung nur, wenn (1) nationale Regeln den Betroffenen keine Gelegenheit bieten, das Gemeinschaftsrecht zu umgehen oder es nicht anzuwenden; *und* (2) sie die Ausnahme bleiben (Rs. *Kommission/Irland*, Rn. 57).	• Legalisierung nur möglich, „wenn sie den Betroffenen keine Gelegenheit bietet, das Unionsrecht zu umgehen oder es nicht anzuwenden, *und* die Ausnahme bleibt" (Rs. *Krizan*, Rn. 87 mit Verweis auf *Kommission/Irland*, Rn. 57) • „alle Optionen noch offen" und „in diesem Verfahrensstadium noch eine im Hinblick auf den Ausgang des Entscheidungsverfahrens effektive Öffentlichkeitsbeteiligung" möglich (Rs. *Krizan*, Rn. 90 f.) • Hierzu mindestens erforderlich, dass die „zweitinstanzliche Verwaltungsstelle befugt	• EuGH erlaubt die Heilung der UVP grundsätzlich. Von dem Erfordernis, dass „alle Optionen noch offen" sein müssen, scheint er abgerückt zu sein. • Legalisierung nur möglich, wenn sie „den Betroffenen keine Gelegenheit bietet, das Unionsrecht zu umgehen oder nicht anzuwenden, und *somit* die Ausnahme bleibt" (Rs. *Stadt Wiener Neustadt*, Rn. 36; Rs. *Comune die Corridonia*, Rn. 38; Rs. *Inter-Environnement Wallonie*, Rn. 174).

		ist, die erstinstanzliche Verwaltungsentscheidung abzuändern." (Rs. *Krizan*, Rn. 89)	– VS nicht mehr kumulativ – In Rs. *Comune di Castelbellino*, Rn. 30 findet das Ausnahmeerfordernis gar keine Erwähnung mehr. Zurückgedrängt? – Jedenfalls: Einzelfallprüfung • Es reicht nicht aus, dass die zur Legalisierung durchgeführte Prüfung sich auf die künftigen Umweltauswirkungen der Anlage konzentriert; vielmehr müssen auch die Auswirkungen berücksichtigt werden, die die Anlage seit ihrem Bau auf die Umwelt hatte (Rs. *Comune die Corridonia*, Rn. 41; Rs. *Castelbellino* Rn. 30). • Nachträgliche Legalisierung muss grundsätzlich mit einer (Aussetzung des Betriebs der Anlage und) Nachholung der unterlassenen Verfahrenshandlung einhergehen (vgl. Rs. *Stadt Wieder Neustadt*, Rn. 44; GA *Kokott*, *Stadt Wiener Neustadt*, Rn. 44 f. In den Rs. *Kommission/Irland* und *Stadt Wiener Neustadt* hatte der EuGH die nationalen Regelungen verworfen, weil sie eine Legalisierung ohne Nachholung der fehlerhaften Verfahrenshandlung ermöglichten). • Ausnahme: Betrieb der Anlage muss nicht ausgesetzt werden, „wenn im Fall einer Aufhebung oder Aussetzung der Wirkungen dieser Maßnahmen die tatsächliche und schwerwiegende Gefahr

			einer Unterbrechung der Stromversorgung des betreffenden Mitgliedstaats bestünde, der nicht mit anderen Mitteln und Alternativen, insbesondere im Rahmen des Binnenmarkts, entgegengetreten werden kann." Außerdem dürfe sie nicht über den Zeitraum hinausgehen, „der absolut notwendig ist, um die Rechtswidrigkeit zu beseitigen." (Rs. *Inter-Environnement Wallonie*, Rn. 179, 181)
Rechtsfolgen	• Nachträgliche Legalisierung führt zur Rechtmäßigkeit der Genehmigung • Aber keine Rechtmäßigkeitsfiktion (vgl. Rs. *Kommission/Irland*, Rn. 61: „die gleichen Wirkungen verleiht") • Geltendmachung Schadensersatzansprüche möglich (Rs. *Wells*, Rn. 66).	• Man kann davon ausgehen, dass eine nachträgliche Legalisierung zu einer uneingeschränkten Rechtmäßigkeit der Genehmigung führt.	• Legalisierung möglich, d.h. VA muss nicht aufgehoben und Anlage nicht abgerissen werden. • Keine Rechtmäßigkeitsfiktion (Rs. *Stadt Wiener Neustadt*, Rn. 43 ff.), da nicht mehr „alle Optionen offen" (Rs. *Comune di Corrdonia*, GA *Kokott*, Rn. 56, 32, 38). Es muss sowohl eine spätere UVP-Prüfung als auch die Geltendmachung eines Schadensersatzanspruchs möglich bleiben (Rs. *Stadt Wiener Neustadt*, Rn. 45).
Fazit	Rspr. undifferenziert, restriktiv.	Etwas legalisierungsfreundlichere Rspr.	Rspr. ausdifferenzierter, weniger restriktiv.

Verfahrensrechte und Verfahrensfehlerfolgen aus der Perspektive der gerichtlichen Praxis

*Sigrid Emmenegger**

I. Einleitung

Fehlerfreie Verwaltungsentscheidungen sind bei komplexen Verwaltungsverfahren Ausnahmeerscheinungen. Planfeststellungsbeschlüsse, mit denen große Infrastrukturvorhaben zugelassen werden (Straßen, Flughäfen, Höchstspannungsfreileitungen etc.), umfassen von der äußeren Form her oft mehrere hundert Seiten. Materiell betrachtet enthalten sie zahllose Einzelentscheidungen unterschiedlichster Rechtsregimes. Und sie enthalten Fehler: Tippfehler, Zahlendreher, falsche Textbausteine. Die Flurstücksnummern betroffener Grundstücke wurden vertauscht, die verwertete raumordnerische Beurteilung war bereits abgelaufen oder eine Nebenbestimmung verweist auf eine nichtexistierende Planunterlage. Auch das Verfahren läuft nicht immer rund: Im Bekanntmachungstext der Öffentlichkeitsbeteiligung wurde eine umweltbezogene Unterlage nicht erwähnt, ein Haselhuhn-Brutpaar im Umfeld der geplanten Anlage nicht kartiert, ein Gebäude bei der Erfassung irrtümlich nicht als Wohngebäude eingestuft, ein gesetzlich geschütztes Biotop übersehen. Die Fehlerquellen sind nach Art und Zahl unbegrenzt.

Es leuchtet intuitiv ein, dass nicht jeder Makel zur Aufhebung einer Verwaltungsentscheidung führen soll – das Interesse an der Korrektur oder Sanktionierung eines Fehlers ist in vielen alltäglichen Fällen evident geringer als das Interesse an dem Bestand der Verwaltungsentscheidung. Das liegt bei Fehlern auf der Hand, die nicht einmal die Qualität eines Rechtsfehlers erreichen, sondern sich auf der Ebene von Tippfehlern bewegen[1] (die Abgrenzung von Tippfehlern z.B. zu Bestimmtheits- oder Ermessensfehlern kann im Einzelfall aber durchaus Schwierigkeiten bereiten).

* Für kritische Lektüre, wertvolle Anregungen und Hinweise danke ich Herrn Vorsitzenden Richter am BVerwG Prof. Dr. Christoph Külpmann.

1 Vgl. die gesetzlichen Wertungen in § 42 VwVfG und § 118 VwGO: Jederzeitige Berichtigung von Schreibfehlern, Rechenfehlern und anderen offenbaren Unrichtigkeiten.

Auch bei rechtlich relevanten, schwerer wiegenden Fehlern bewertet das Verwaltungsrecht das Interesse am Bestand der Entscheidung oft höher als das Interesse an ihrer Aufhebung. Die Wahrscheinlichkeit der gerichtlichen Aufhebung einer (verfahrens-)fehlerhaften Verwaltungsentscheidung verhält sich nach praktischer Erfahrung geradezu umgekehrt proportional zur Fehlerwahrscheinlichkeit: Je komplexer die Entscheidung, desto unwahrscheinlicher erscheint die Aufhebung. Diesen Befund möchte ich aus der Perspektive der gerichtlichen Praxis untersuchen und bewerten. Dabei gehe ich von einem weiten Begriff des Verwaltungsverfahrens aus und beziehe auch solche Verwaltungsverfahren ein, die nicht mit einem Verwaltungsakt (vgl. § 9 VwVfG), sondern mit dem Erlass einer (exekutiven) Norm (z.B. Satzung, Raumordnungsplan) enden. Ebenfalls weit verstehe ich den Begriff des Verfahrensfehlers. Darunter fasse ich auch Ermessens- und Abwägungsmängel.[2]

II. Fehlerfilter

Eine Fehlerrüge durchläuft in der gerichtlichen Praxis bei komplexen Drittanfechtungsprozessen verschiedene gedankliche und prozessuale (Prüfungs-)Stufen. Auf jeder dieser Stufen werden jeweils zahlreiche Fehler herausgefiltert, sodass am Ende kaum Fehler übrigbleiben. Nur wenige Fehler haben das Potential, eine Klage tatsächlich ins Ziel zu tragen. Das ist, wie sogleich zu zeigen sein wird, nicht von vornherein beklagenswert. Das Verwaltungsrecht zwingt uns stets zur binären Entscheidung – rechtmäßig oder rechtswidrig?[3] –, viele Fehler bewegen sich jedoch auf einer Skala zwischen „schlimmer Fehler“ und „weniger schlimmer Fehler“. Ein gestuftes, mit Bedacht angewandtes Filtersystem kann dem praktischen Bedarf nach einer Abstufung Rechnung tragen.

2 Die Rechtsprechung geht hingegen bei der Auslegung des Gesetzesbegriffs „Verfahrensfehler“ grds. von einem klassisch engen Begriffsverständnis aus, vgl. z.B. BVerwGE 161, 17 Rn. 29 ff.; zur anspruchsvollen Begriffsbildung von „Verwaltungsverfahren“ *Schoch*, in: Schoch/Schneider (Hrsg.), VwGO, Stand: Nov. 2023, Einl. Rn. 11 ff., Rn. 20 ff. mit umfangreichen Nachw. aus der Lit.

3 Vgl. z.B. BVerwG, Urt. v. 25.4.2023 – 4 CN 9.21 – juris Rn. 19.

1. Rügelast

Noch ehe das Gericht in die Prüfung des Fehlers einsteigt, setzt bei komplexen Verwaltungsentscheidungen schon der erste Filter ein, der eine gewisse Zahl gerügter Fehler aus dem Verfahren aussortiert: die Rügelast. Sie folgt bei komplexen Verwaltungsentscheidungen aus den Regelungen über die prozessuale Präklusion. Der Kläger muss innerhalb einer bestimmten Frist im Verwaltungsprozess den Fehler rügen. Versäumt er dies, so gehört der eingewandte Fehler nicht zum Prozessstoff. Die bekannteste Vorschrift dieser Art ist § 6 UmwRG.[4] Das Fachrecht enthält vergleichbare Regelungen.[5]

Die Rechtsprechung hält die prozessuale Präklusion – im Unterschied zur materiellen Präklusion[6] – für unionsrechtlich zulässig.[7] Sie soll zur Straffung des Gerichtsverfahrens beitragen, indem der Prozessstoff früh umrissen wird. Das Instrument ist in der Praxis hilfreich zur Bewältigung komplexer Fälle, aber unter verfassungsrechtlichen Gesichtspunkten (rechtliches Gehör, effektiver Rechtsschutz) nicht ganz unproblematisch. Obwohl es leider nicht ungewöhnlich ist, dass umfangreiche Schriftsätze noch kurz vor der mündlichen Verhandlung eingereicht werden, ist deshalb nur in klaren Fällen die Befassung mit einer Fehlerrüge von vornherein wegen prozessualer Präklusion des Vortrags abzulehnen.

2. Rügebefugnis

Der nächste Filter, den eine Fehlerrüge erfolgreich durchlaufen muss, ist die Rügebefugnis. Auch auf dieser Stufe wird eine stattliche Zahl von gerügten Fehlern herausgefiltert, und auch dieser Filter setzt in der Praxis ein, bevor das Gericht prüft, ob tatsächlich ein Fehler vorliegt.

---

4 Danach hat „eine Person oder eine Vereinigung im Sinne des § 4 Absatz 3 Satz 1 UmwRG […] innerhalb einer Frist von zehn Wochen ab Klageerhebung die zur Begründung ihrer Klage gegen eine Entscheidung im Sinne von § 1 Absatz 1 Satz 1 [scil.: UmwRG; die Verf.] oder dienenden Tatsachen und Beweismittel anzugeben. Erklärungen und Beweismittel, die erst nach Ablauf dieser Frist vorgebracht werden, sind nur zuzulassen, wenn die Voraussetzung nach § 87b Absatz 3 Satz 1 Nummer 2 der Verwaltungsgerichtsordnung erfüllt ist [wenn also die Verzögerung entschuldigt wird]".

5 Z.B. in § 18e Abs. 5 S. 1 AEG, § 43e Abs. 3 S. 1 EnWG.

6 EuGH, Rs. C-137/14 (Kommission/Deutschland), ECLI:EU:C:2015:683 Rn. 75 ff.

7 BVerwGE 170, 138 Rn. 21.

Auf der Stufe der Rügebefugnis geht es um den Zugang zur Fehlerrüge, also um die Frage, wer welchen Fehler rügen kann. Das klingt nach Klagebefugnis, aber die Rügebefugnis ist ein Prüfungspunkt in der Begründetheit.[8] Für die Klagebefugnis genügt die Möglichkeit der Verletzung einer einzigen Norm, die subjektive Rechte des Klägers schützt. Diese Hürde lässt sich vergleichsweise leicht überwinden. Anders funktioniert die Begründetheitsprüfung. Hier muss das Gericht bei der Kontrolle von Planfeststellungsbeschlüssen in der Regel auch dann alle zum Prozessstoff gehörenden Fehlerrügen „durchprüfen", wenn es einen einzelnen Fehler identifiziert hat. Das liegt an der sogenannten doppelten Rechtskraft eines etwaigen stattgebenden Urteils (dazu näher unten II.6.). Für jede einzelne Fehlerrüge stellt sich folglich die der eigentlichen Prüfung des gerügten Fehlers vorgelagerte Frage, ob der Kläger sich auf die betreffende Vorschrift überhaupt berufen kann. In der Rechtsprechung zum Planfeststellungsrecht gibt es hierzu feststehende, teilweise fein ziselierte Regeln: Enteignungsbetroffene Privatpersonen, also Private, deren Grundstück mit enteignender Vorwirkung für ein Vorhaben in Anspruch genommen wird, haben einen Vollüberprüfungsanspruch. Sie können alles rügen – fast alles: Fehler, die nicht kausal für die Inanspruchnahme des Eigentums sind, sind nicht rügefähig.[9]

Umweltverbände haben bei UVP-pflichtigen Planfeststellungsbeschlüssen unter den Voraussetzungen von § 2 Abs. 1 S. 1 UmwRG einen Anspruch auf Vollkontrolle (vgl. § 2 Abs. 4 S. 1 UmwRG: Verletzung von „Rechtsvorschriften [...], die für diese Entscheidung von Bedeutung sind"). Hingegen unterliegen andere Entscheidungen (z.B. ein Plan) nur der Kontrolle einer Verletzung umweltbezogener Rechtsvorschriften (§ 2 Abs. 4 S. 1 Nr. 2 UmwRG). Wann eine Rechtsvorschrift umweltbezogen ist, ist nicht abschließend geklärt.[10]

Private Kläger, die nicht enteignungsbetroffen sind, und Gemeinden (auch wenn sie enteignungsbetroffen sind) können nur die Verletzung von Rechten rügen, die zu ihren Gunsten drittschützend sind. Breiten Raum nimmt bei Planfeststellungsbeschlüssen die Abwägungskontrolle ein. Bei einer Klägerin, die lediglich die Verletzung von Vorschriften geltend

---

8 Vgl. z.B. BVerwG, Urt. v. 9.12.2021 – 4 A 2.20 – juris Rn. 13 f. (Klagebefugnis), Rn. 15 f. (Rügebefugnis).

9 St. Rspr., vgl. BVerwG, Urt. v. 12.11.2020 – 4 A 13.18 – juris Rn. 15 f. u. v. 13.3.2024 – 11 A 6.23 – Rn. 10.

10 Z.B. BVerwG, Urt. v. 28.9.2023 – 4 C 6.21 – juris Rn. 42 f.

machen kann, die ihrem Schutz dienen, ist die gerichtliche Abwägungskontrolle deshalb auf die Prüfung beschränkt, ob die eigenen, planfeindlichen Belange der Klägerin ausreichend ermittelt und bewertet worden sind und die für das Vorhaben sprechenden planstützenden Belange so ausreichend ermittelt und bewertet sind, dass der Beklagte ihnen den Vorrang vor den Belangen der Klägerin einräumen durfte.[11] Ein „Belang" kann alles Mögliche sein: das Interesse an der Verschonung mit Zu- und Abfahrtverkehr oder das Interesse an der Verschonung visueller Belastungen durch den Anblick einer technischen Anlage. Eine subjektive Rechtsposition ist nicht erforderlich.[12] Die Rechtsprechung verlangt deshalb zu Recht eine gewisse qualifizierte Betroffenheit; lediglich geringfügig betroffene private Belange – oder solche, die die Behörde nicht erkennen konnte – sind nicht abwägungserheblich und begründen keine Rügebefugnis. Sie führen folglich auch nicht zur gerichtlichen Kontrolle gegenläufiger Belange. Darauf bezogene Rügen werden ebenfalls herausgefiltert.

3. Fehlermarkierung

Kann der Kläger den behaupteten Fehler rügen, dringt er zum Kern vor: Die Fehlermarkierung. Sie ist die wichtigste und zugleich schwierigste Aufgabe der Praxis. Die Wissenschaft blendet bei der Fehlerdebatte die Frage, ob ein Fehler vorliegt, in aller Regel aus und setzt erst dort ein, wo ein rechtserheblicher Fehler vorliegt.[13]

In der Praxis geht es auf der Stufe der Fehlermarkierung nicht nur um die Auslegung der einschlägigen Verfahrensvorschriften und damit um die generelle Bemessung der Reichweite konkreter Verfahrensrechte.[14] Die Fehlermarkierung betrifft vielmehr den existenziellen Kern richterlichen Entscheidens, sie ist häufig pure Subsumtion, die ihre Rationalität allein aus der intensiven Auseinandersetzung mit den Gründen der angefochtenen Entscheidung erlangen kann: Führt eine konkrete Formulierung in ihrem spezifischen Kontext auf einen Rechtsfehler oder ist sie nur „unge-

11 BVerwG, Urt. v. 7.10.2021 – 4 A 9.19 u.a. – juris Rn. 18.

12 BVerwG, Urt. v. 11.11.1983 – 4 C 82.80 – juris Rn. 19.

13 Exemplarisch *Sauer*, Öffentliches Reaktionsrecht, 2021, S. 4.

14 Vgl. z.B. BVerwG, Urt. v. 22.2.2022 – 4 A 7.20 – juris: Erfordernis einer Einzelfallprüfung im Fall einer Allgemeinverfügung gemäß § 28 Abs. 2 VwVfG – Gebotenheit einer Anhörung wegen Schwere des (Grundrechts-)Eingriffs.

schickt"[15]? Belegt die wörtliche Übernahme einer Textpassage des Vorhabenträgers durch die Behörde deren Ermessens- bzw. Abwägungsausfall oder ist sie nur „unglücklich"[16]? Geht die Behörde bei der Abwägung von Trassenvarianten von falschen Tatsachen aus, wenn sie von „40 Maststandorten im Wald" spricht, obwohl es tatsächlich nur 23 sind – oder ist das nur ein Schreibfehler[17]? Sind die von der Behörde formulierten Abwägungsmaßstäbe „missverständlich formuliert", genügen aber der Sache nach den rechtlichen Anforderungen?[18] Deutet es auf eine systematisch fehlerhafte Unterschätzung der neu hinzutretenden Belastung hin, wenn bereits vorhandene Freileitungsmasten von 33,5 m auf 78,5 m erhöht werden und die Behörde von einer „Erhöhung um mehr als 15 m" spricht?[19]

Die Fehlermarkierung ist manchmal zwar eine schwierige Aufgabe. Die Gerichte sollten sie aber bei Fehlerrügen, die bis zu dieser Stufe vorgedrungen sind,[20] annehmen.[21] Auch wenn der markierte Fehler nicht zum Erfolg der Klage führt, gibt es doch nichtförmliche Folgen einer gerichtlichen Fehlermarkierung, die nicht gering geschätzt werden sollten. Wenn fristgerecht gerügte Fehler, auf die ein Kläger sich berufen kann, nicht markiert werden weil sie ohnehin unbeachtlich sind, bleiben die Beteiligten im Unklaren, ob die Verwaltung grundsätzlich rechtmäßig gehandelt hat. Das Rechtswidrigkeitsurteil, das mit der Fehlermarkierung einhergeht, entfaltet hingegen erhebliche Vorwirkung für künftiges Verwaltungshandeln. Es hat eine Orientierungsfunktion für die Behörden: Diese werden es in aller Regel in Zukunft vermeiden wollen, einen als solchen markierten Fehler zu wiederholen, da sie nie sicher sein können, dass in künftigen Fällen Unbeachtlichkeits- oder Heilungsvoraussetzungen ebenfalls vorliegen werden. Für die Klägerseite kann die gerichtliche Fehlermarkierung ebenfalls

15 Vgl. aus der Perspektive des Revisionsrechts: Verletzung revisiblen Rechts versus „ungeschickte Formulierung": BVerwG, Beschl. v. 24.8.2023 – 7 B 5.23 – juris Rn. 28.

16 BVerwG, Beschl. v. 26.4.2023 – 4 VR 6.22 – juris Rn. 25; Beschl. v. 27.4.2023 – 4 VR 3.22 – juris Rn. 12 f.; vgl. auch bereits zur Abgrenzung der lediglich „unglücklichen Formulierung" vom Rechtsfehler: BVerwG, Beschl. v. 22.5.1980 – 4 B 70.80 – juris Rn. 15.

17 BVerwG, Urt. v. 12.11.2020 – 4 A 13.18 – juris Rn. 84.

18 BVerwGE 154, 73 Rn. 163, 170: Bezugnahme auf den gerichtlichen Kontrollmaßstab im Rahmen der gebotenen eigenen Abwägungsentscheidung der Behörde.

19 BVerwG, Beschl. v. 22.3.2023 – 4 VR 4.22 – juris Rn. 76.

20 Also bei nicht präkludierten (siehe 1.) Fehlerrügen rügebefugter (siehe 2.) Klägerinnen und Kläger.

21 Vgl. z.B.: BVerwGE 154, 73 Rn. 21 ff., 37 ff.: „Der Planfeststellungsbeschluss leidet unter Verfahrensfehlern, die allerdings weder zu seiner Aufhebung noch zur Feststellung seiner Rechtswidrigkeit und Nichtvollziehbarkeit führen."

einen Wert haben. Sie hat – jedenfalls in manchen Fällen – eine Rehabilitierungs- und Genugtuungsfunktion, indem sie am Ende eines mitunter kräftezehrenden Prozesses verdeutlicht, dass der Einwand des Klägers oder der Klägerin gehört, gesehen und als richtig erkannt wurde.

4. Fehlerheilung

Die Fehlerheilung nach § 45 VwVfG und die Fehlerunbeachtlichkeit nach § 46 VwVfG (dazu unten 5.) sind wohl die bekanntesten Fehlerfilter. Die Regelungen werden als „Fluchtpunkte des deutschen Verfahrensverständnisses“[22] angesehen, dem das unionsrechtliche Leitbild des „Eigenwerts des Verfahrens“ gegenübergestellt wird.[23] Mittlerweile hat sich der Kontrast zwischen den unionsrechtlichen Anforderungen und den nationalen Fehlerfolgen allerdings relativiert – wenn auch nach zähem Ringen und teilweise geradezu erbittertem Widerstand auf Seiten des nationalen Rechts („Kampf ums Umweltverfahrensrecht“[24]).

Lange Zeit bestanden Bedenken, ob eine nachträgliche Fehlerheilung im Anwendungsbereich des Unionsrechts möglich sei; die Rechtsprechung hatte zwischenzeitlich die Nachholung einer unterbliebenen Umweltverträglichkeitsprüfung nach Abschluss des behördlichen Verfahrens für ausgeschlossen gehalten.[25] Das hat sich nicht bewahrheitet.[26] Der EuGH lässt eine Heilung von Fehlern zu („nachträgliche Legalisierung“), wenn dadurch nicht die Möglichkeit eröffnet wird, das Unionsrecht zu umgehen oder nicht anzuwenden, und wenn die nachträgliche Legalisierung die Ausnahme bleibt. Das Verfahrensrecht muss allerdings nach den in der Sache *Krizan* aus dem Jahr 2013 grundlegend formulierten Anforderungen „effektiv“ nachgeholt werden; alle Optionen müssen „noch offen“ sein.[27] Unter diesen Voraussetzungen ist die nachträgliche Legalisierung nach

---

22 *Schneider*, in: Schoch/Schneider (Hrsg.), VwVfG, Stand: Nov. 2023, § 46 Rn. 21.

23 Ausführlich *Emmenegger*, in: Mann/Sennekamp/Uechtritz (Hrsg.), VwVfG, 2019, § 46 Rn. 4 ff.

24 Vgl. *Saurer*, NVwZ 2020, S. 1137 (1139).

25 BVerwGE 131, 352 Rn. 35.

26 Vgl. zur Entwicklung der Rechtsprechung des EuGH zur „nachträglichen Legalisierung“: *Emmenegger* (Fn. 22), § 45 Rn. 31 ff.; *Hering*, Verfahrensrecht – Verfahrensfehler – Fehlerfolgen. Die Entwicklung der nachträglichen Legalisierung im europäischen Umweltrecht (in diesem Band).

27 EuGH, Rs. C-416/10 (Vorabentscheidungsersuchen – Krizan u.a./Slowakei), ECLI:EU:C:2013:8 Rn. 89.

der Entscheidung *Commune di Corridonia* aus dem Jahr 2017 auch dann möglich, wenn die genehmigte Anlage bereits errichtet und in Betrieb ist. Die Verwirklichung des Vorhabens steht der „Offenheit" der Optionen insofern nicht entgegen. Das Bundesverwaltungsgericht hat daraus abgeleitet, dass eine Umweltverträglichkeitsprüfung im Einklang mit Unionsrecht im ergänzenden Verfahren nachgeholt werden kann, auch wenn das Vorhaben bereits errichtet ist.[28] Selbst in Bereichen, in denen das Unionsrecht dem betroffenen Verfahrensrecht eine besonders hohe Bedeutung beimisst – wie bei der Anhörung im Asylverfahren – schließt der EuGH eine Nachholung nach Abschluss des behördlichen Verfahrens nicht per se aus, sondern hält sie unter der Voraussetzung für zulässig, dass die Verfahrenshandlung im gerichtlichen Verfahren „unter uneingeschränkter Beachtung der für das Ausgangsverfahren geltenden grundlegenden Bedingungen und Garantien" durchgeführt wird.[29]

Das nationale Recht stellt vergleichbar hohe Anforderungen an die Fehlerheilung nach Abschluss des behördlichen Verfahrens wie das Unionsrecht. Ein ergänzendes Verfahren zur Nachholung einer Umweltverträglichkeitsprüfung muss auch nach nationalem Recht „ergebnisoffen" durchgeführt werden.[30] Es gilt der Grundsatz „realer Fehlerheilung" – ein Schriftsatz des Beklagten im gerichtlichen Verfahren genügt dessen Anforderungen z.B. in Bezug auf die Nachholung einer Anhörung nicht. Vielmehr setzt eine Heilung nach § 45 VwVfG voraus, dass die Anhörung nachträglich ordnungsgemäß durchgeführt und ihre Funktion für den Entscheidungsprozess der Behörde uneingeschränkt erreicht wird.[31]

Die hohen Anforderungen, die an die Nachholung der Verfahrenshandlung nach Abschluss des behördlichen Verfahrens gestellt werden, weisen auf die Grenzen der „Reparatur" von Fehlern im und während des gerichtlichen Verfahrens hin: Das gerichtliche Verfahren besitzt eine spezifische Rationalität, die sich vom behördlichen Verfahren unterscheidet und sich z.B. aus den Prozessgrundsätzen (mündliche Verhandlung, rechtliches Gehör, faires Verfahren), der Organisation (Spruchkörperprinzip, Intersubjektivität der Beratung im Spruchkörper, ggf. Beteiligung von Schöffen) so-

28 BVerwGE 162, 114 Rn. 38 ff.

29 EuGH, Rs. C-517/17 (Addis/Deutschland), ECLI:EU:C:2020:579 Rn. 73 f.

30 BVerwGE 162, 114 Rn. 37.

31 BVerwG, NVwZ 2022, 978 Rn. 25 m.w.N.

wie der Richtigkeitskontrolle im Instanzenzug speist.[32] Verwaltungsgerichte sind aber weder kompetenziell noch personell dafür ausgestattet, während des laufenden gerichtlichen Verfahrens ein Verwaltungsverfahren „in Echtzeit" zu begleiten. Sie entscheiden nach prozessualen Regeln über Rechtmäßigkeit und Rechtsverletzung – und zwar grundsätzlich ex post. Eine auf die behördliche Heilung von Rechtsverstößen zielende Initiative des Gerichts findet im geltenden Recht keine Stütze; lediglich im Anwendungsbereich von § 4 Abs. 1b S. 2 UmwRG kann auf Antrag eine Aussetzung des gerichtlichen Verfahrens zur Fehlerheilung angeordnet werden.[33] Zurecht lehnt die Rechtsprechung deshalb eine Funktion als „Reparaturbetrieb" ab.[34]

5. Fehlerbeachtlichkeit

Auch die Annahme, dass die Unbeachtlichkeitsregelung des § 46 VwVfG im Anwendungsbereich des Unionsumweltrechts grundsätzlich unanwendbar sei,[35] hat sich nicht bewahrheitet. Ein Meilenstein war insofern die *Altrip*-Entscheidung des EuGH im Jahr 2013. Auf sie hat der deutsche Gesetzgeber mit einer (weiteren) Änderung des UmwRG[36] reagiert und den Katalog von Verfahrensfehlern, die nach § 4 UmwRG unabhängig von ihrer

32 Vor diesem Hintergrund dürfte kaum praktischer Bedarf für die isolierte Einklagbarkeit des „Eigenwerts" des Verwaltungsverfahrens im Wege einer Bescheidungsklage trotz Spruchreife bestehen, a.A. aber *Hilbert*, DVBl. 2021, 1213.

33 BVerwG, NVwZ 2018, 181 Rn. 11.

34 Vgl. BVerwGE 176, 94 Rn. 86.

35 In diese Richtung z.B. *Schoch,* in: Hoffmann-Riem/Schmidt-Aßmann/Voßkuhle (Hrsg.) GVerwR, 2. Aufl. 2013, Bd. III, 2013, § 50 Rn. 312: „[...] Gelangt § 46 VwVfG uneingeschränkt zur Anwendung, laufen Verfahrensrechte des Gemeinschaftsverwaltungsrechts praktisch leer. Mit dem Effektivitätsgebot ist diese rigide Sanktionslosigkeit kaum vereinbar. Werden die Eigenständigkeit und damit die Einklagbarkeit gemeinschaftsverwaltungsrechtlich begründeter Verfahrensrechte ernst genommen, müssen die dem Schutz Betroffener dienenden Verfahrensrechtspositionen des EG-Rechts als „absolute Rechte" begriffen werden, deren Verletzung immer beachtlich ist"; *Ekardt* NVwZ 2012, S. 530 (533): Die Argumente ließen sich im Sinne einer EU-„verfassungs-" bzw. primärrechtskonformen Auslegung verstärken und präzisieren und bei alledem zugleich über den Anwendungsbereich von UVP-Richtlinie und IED-Richtlinie hinaus „relevant machen"; die EuGH-Judikatur stehe kritisch zu Unbeachtlichkeits-, Frist- und Heilungsvorschriften; aus der älteren Lit. z.B. *Kokott*, Die Verwaltung 31 (1998), S. 335 (367 f.).

36 Gesetz zur Änderung des Umwelt-Rechtsbehelfsgesetzes zur Umsetzung des Urteils des Europäischen Gerichtshofs v. 7.11.2013 in der Rechtssache C-72/12 v. 20.11.2015

Ergebniskausalität zur Aufhebung der Entscheidung führen (absolute Verfahrensrechte), erweitert. Bei leichteren („relativen") Verfahrensfehlern ist § 46 VwVfG jedoch – im Einklang mit dem Unionsrecht – nach § 4 Abs. 1a S. 1 UmwRG weiter anwendbar. Dem Betroffenen darf dabei aber keinesfalls die Beweislast für das Kausalitätserfordernis aufgebürdet werden.[37] In einem Urteil vom Oktober 2015 betonte der EuGH diesen Gesichtspunkt erneut.[38] Die Rechtsprechung trägt den unionsrechtlichen Anforderungen Rechnung.[39]

Die Mahnungen des EuGH, dem Kläger nicht die Beweislast für die Fehlerkausalität aufzubürden, decken sich mit der Rechtsprechung des Bundesverfassungsgerichts zur Ergebniskausalität von Abwägungsfehlern: Danach ist es verfassungsrechtlich nicht hinnehmbar, wenn die Ergebniskausalität nur dadurch verneint werden kann, dass das Gericht eine eigene hypothetische Abwägungsentscheidung an die Stelle der Entscheidung durch die Planfeststellungsbehörde setzt. Die Annahme, dass bei Vermeidung des Abwägungsfehlers keine andere Entscheidung ergangen wäre, ist nur gerechtfertigt, solange „konkrete Anhaltspunkte dafür nachweisbar sind, dass die Planfeststellungsbehörde gleichwohl die gleiche Entscheidung getroffen hätte".[40] Für die Kausalität von Abwägungs- und Verfahrensfehlern gelten damit letztlich weitgehend identische Maßstäbe.

6. Tenorierung

Gelangt das Gericht zu dem Ergebnis, dass ein beachtlicher, nicht geheilter Fehler vorliegt, den der Kläger rügen kann, so ist damit das Ziel – die Aufhebung der Entscheidung – noch immer nicht erreicht. Bei komplexen Entscheidungen wird es in aller Regel auch nicht erreicht. Denn nach § 75 Abs. 1a S. 2 VwVfG führen erhebliche Mängel bei der Abwägung oder eine Verletzung von Verfahrens- oder Formvorschriften nur dann zur Aufhebung des Planfeststellungsbeschlusses oder der Plangenehmigung, wenn sie nicht durch Planergänzung oder durch ein ergänzendes Verfahren be-

---

(BGBl. I S. 2069). Zur Gesetzgebungsgeschichte und vorangehenden, unionsrechtlich veranlassten Änderungen siehe *Emmenegger* (Fn. 22), § 46 Rn. 127 f.

37 EuGH, Rs. C-72/12 (Altrip u.a./Land Rheinland-Pfalz), ECLI:EU:C:2013:712 Rn. 52 f.

38 EuGH Rs. C-137/14 (Kommission/Deutschland), ECLI:EU:C:2015:683 Rn. 60.

39 BVerwGE 154, 73 Rn. 46 ff.; BVerwG, Urt. v. 23.4.2024 – 9 A 2.23 – juris Rn. 13.

40 BVerfG, NVwZ 2016, S. 524 Rn. 20 – Bremer Weserquerung; zur Relevanz für § 46 vgl. *Emmenegger* (Fn. 22), § 46 Rn. 76.

hoben werden können. Sind Fehler nach dieser Regelung behebbar, so stellt das Gericht – statt den Planfeststellungsbeschluss gemäß § 113 Abs. 1 S. 1 VwGO aufzuheben – lediglich deren Rechtswidrigkeit und Nichtvollziehbarkeit fest. Eine solche Feststellung entfaltet Rechtskraft in zwei Richtungen: einerseits hinsichtlich des Bestehens des festgestellten Fehlers und andererseits bezüglich der Abwesenheit weiterer Fehler.[41] Das hat zur Folge, dass das Gericht auch dann, wenn es einen Fehler identifiziert hat, sämtliche Fehlerrügen prüfen und bescheiden muss – was zwar Rechtssicherheit schafft und ein etwaiges künftiges ergänzendes Verfahren entlastet, aber zunächst einmal den Prozessstoff wachsen lässt.[42]

Einer Heilung im ergänzenden Verfahren sind nur solche Mängel bei der Abwägung nicht zugänglich, die von solcher Art und Schwere sind, dass sie die Planung als Ganzes von vornherein in Frage stellen.[43] Das ist selten der Fall. Beispiele für eine Aufhebung eines Planfeststellungsbeschlusses nach § 113 Abs. 1 S. 1 VwGO sind deshalb rare Fundstücke. Eines davon ist ein Urteil des 7. Senats des Bundesverwaltungsgerichts aus dem Jahr 2015.[44] In dem Fall ging es um die Planfeststellung eines Hafens. Auf der Ermächtigungsgrundlage für die Planfeststellung aus dem WHG (§ 31) wurde nicht nur der Hafen, sondern auch die gesamte Hafeninfrastruktur planfestgestellt: Das waren neben dem neuen Hafenbecken unter anderem aus Umschlags- und Bereitstellungsanlagen für Schüttgut, Stückgut, Container und Wechselbrücken, Zwischenlager- und Bereitstellungsflächen sowie Gleisanlagen und Straßen. Das Bundesverwaltungsgericht bestätigte die Rechtsauffassung der Vorinstanz: Die Ermächtigungsgrundlage im Wasserhaushaltsgesetz gab das nicht her, und auch als Folgemaßnahmen (§ 75 Abs. 1 S. 1 VwVfG) ließen sich die weiteren Entscheidungsbestandteile nicht erfassen. Eine Reparatur im ergänzenden Verfahren war folglich ausgeschlossen; der gesamte Planfeststellungsbeschluss wurde aufgehoben – einschließlich der Feststellung des Hafenbeckens.

Wenn eine Entscheidung ohnehin im Nachhinein repariert werden kann und keine Aufhebung droht, ist das überhaupt noch eine praktisch relevante Fehlerfolge? Ja. Durch die Feststellung der Rechtswidrigkeit und Nichtvollziehbarkeit anstelle der Aufhebung verringert sich das Sanktions-

41 BVerwGE 149, 31 Rn. 28; näher *Külpmann*, NVwZ 2020, S. 1143 (1144); *Krellmann*, NVwZ 2024, S. 804 (806 f.).

42 Vgl. zur Kritik: *Külpmann* (Fn. 40), S. 1149.

43 BVerwGE 151, 213 Rn. 46.

44 BVerwGE 151, 213 Rn. 46 (Fundstück von *Külpmann* [Fn. 40], S. 1144).

niveau[45] nicht in rechtspolitisch oder verfassungsrechtlich nennenswerter Weise. Auch die Feststellung der Nichtigkeit und Nichtvollziehbarkeit von Entscheidungen hat erhebliche praktische Folgen, die die Behörde und ein Vorhabenträger unbedingt vermeiden wollen. Insbesondere führt sie zu empfindlichen zeitlichen Einbußen für die Vorhabenverwirklichung – je nachdem muss das Verfahren teilweise (einschließlich Öffentlichkeitsbeteiligung) wiederholt werden. Zudem wird unter Umständen jedenfalls für die ergänzten Entscheidungsbestandteile ein neuer Entscheidungszeitpunkt maßgeblich. Hierdurch drohen veränderte Tatsachen – möglicherweise sind z.B. naturschutzfachliche Bestandserfassungen veraltet und müssen mit hohem Aufwand überprüft und ggf. neu erstellt werden.

Die Rechtsprechung hat den Anwendungsbereich dieser besonderen „Feststellungs-Tenorierung“ austariert, wofür § 7 Abs. 5 S. 1 UmwRG den Weg bereitet. Danach führt eine Verletzung materieller Rechtsvorschriften nur dann zur Aufhebung der Entscheidung nach § 1 Abs. 1 S. 1 Nr. 1 bis 2b oder 5 UmwRG, wenn sie nicht durch Entscheidungsergänzung oder ein ergänzendes Verfahren behoben werden kann. Die Vorschrift erklärt sich für unanwendbar, wenn bereits § 75 Abs. 1a VwVfG gilt, d.h. es geht gerade nicht um Planfeststellungsbeschlüsse, sondern um sonstige Zulassungsentscheidungen. Der Katalog in § 1 Abs. 1 S. 1 Nr. 1 bis 2b oder 5 UmwRG ist umfangreich. Auf immissionsschutzrechtliche Genehmigungen und deren Verlängerung ist die Vorschrift anwendbar.[46] Der 4. Senat hat es aber in einer jüngeren Entscheidung abgelehnt, die Vorschrift im Normenkontrollverfahren nach § 47 VwGO anzuwenden.[47]

7. Zwischenfazit

Die Verwaltungsgerichtsbarkeit hat in den letzten Jahren unter dem Einfluss der Rechtsprechung des EuGH und des Bundesverfassungsgerichts zu einem differenzierten und insgesamt durchaus ausgewogenen, abgestuften Fehlerfolgenregime gefunden. An die Stelle eines Leitbilder-Grund-

45 Vgl. zum verfassungsrechtlich notwendigen Sanktionsniveau: *Emmenegger* (Fn. 22), § 45 Rn. 25 ff. „Sanktion“ ist dabei nicht im Sinne einer Strafe gemeint, sondern im technischen Sinne. Es geht um die Verknüpfung einer rechtswidrigen Verfahrenshandlung mit einer Folge für die darauf beruhende Entscheidung; vielleicht sollte insofern eher von „Reaktion“ gesprochen werden, vgl. *Sauer* (Fn. 12).

46 BVerwGE 171, 140 Rn. 32 ff.

47 BVerwG, NVwZ 2023, S. 1748.

satzkonflikts sind Detailfragen der Auslegung einzelner Bestimmungen des UmwRG und des Fachrechts getreten. Lediglich an deren Rändern treten bisweilen unterschiedliche Grundanschauungen zutage, für deren Verständnis die Verfahrensleitbilder – wenngleich ihr Erklärungswert zurückgegangen ist – weiterhin analytischen Wert haben.[48] Im Filtersystem der Rechtsprechung haben Verfahrensrechte durchaus einen (Eigen-)Wert, der nicht allein danach bemessen werden sollte, ob die Verletzung der betroffenen Vorschrift zur gerichtlichen Kassation der angefochtenen behördlichen Entscheidung führt: Auch die gerichtliche Markierung eines an sich unbeachtlichen oder geheilten Fehlers (siehe oben 3.) und die Feststellung der Rechtswidrigkeit und Nichtvollziehbarkeit komplexer Behördenentscheidungen bei behebbaren Fehlern (siehe 6.) sind in der Praxis durchaus relevante Fehlerfolgen.

Bei der Bewertung des Umgangs der Rechtsprechung mit Verfahrensrechten sollten außerdem Entwicklungen des Rechtsschutzsystems berücksichtigt werden, die der Prüfung einzelner Fehlerrügen vorgelagert sind. So gab der 4. Senat der Revision eines Umweltverbandes statt, der sich gegen die Zulassung einer Abweichung von einem Ziel der Raumordnung wandte.[49] Die Abweichungsentscheidung bedarf nach dem Raumordnungsgesetz keiner Strategischen Umweltprüfung (SUP) und ist auch nicht SUP-vorprüfungspflichtig (vgl. § 6 Abs. 2 ROG). Der Umweltverband machte geltend, die Grundzüge des Raumordnungsplans seien berührt. Anstelle der Zulassung der Abweichung hätte eine SUP-pflichtige Planänderung erfolgen müssen. Die Vorschriften über die Öffentlichkeitsbeteiligung seien folglich verletzt. Der 4. Senat hielt Rechtsschutz für geboten und legte das UmwRG entsprechend aus; der Leitsatz lautet: „Eine Umweltvereinigung kann sich nach § 2 Abs. 1 i.V.m. § 1 Abs. 1 S. 1 Nr. 4 und S. 2 UmwRG gegen die Zulassung einer Abweichung von Zielen der Raumordnung nach § 6 Abs. 2 S. 1 ROG a.F. wenden, wenn an deren Stelle eine Änderung des Regionalplans (§ 8 i.V.m. § 7 Abs. 7 ROG) erforderlich gewesen wäre." Hier erkennt man die „alte" Diskussion über die Einklagbarkeit von Verfahrensrechten wieder – allerdings im neuen Gewand, denn heute steht die Auslegung des UmwRG inmitten.

48 Vgl. *Saurer* (Fn. 23), S. 1139; *Weber*, Verfahrensfehlerfolgenrecht im Kontext der Energiewende, i.E., Manuskript S. 7 f.

49 BVerwG, Urt. v. 28.9.2023 – 4 C 6.21 – juris. Die Zulassung der Abweichung erfolgte zugunsten einer Gemeinde, damit diese einen vorhabenbezogenen Bebauungsplan aufstellen konnte, der wiederum die Grundlage für ein Logistikzentrum einer großen Einzelhandelskette sein sollte.

Die Entscheidung steht in einem größeren Kontext rechtsschutzfreundlicher Entwicklungen. So hatte die ältere Rechtsprechung einen Rechtsschutz gegen Ziele der Raumordnung – weil es sich um eine vorgelagerte Planungsstufe ohne Außenwirkung handele – stets abgelehnt. Mittlerweile sind Raumordnungspläne ebenso wie darauf bezogene Zielabweichungsentscheidungen (siehe oben), dem Umweltrechtsschutz zugänglich (vgl. § 1 Abs. 1 S. 1 Nr. 4 UmwRG: „Pläne oder Programme" als anfechtbare Handlungen). Jüngst hat das Bundesverwaltungsgericht außerdem im Hinblick auf das Recht auf gerechte Abwägung aus § 7 Abs. 2 S. 1 ROG direkten Rechtsschutz Privater gegen Ziele der Raumordnung eröffnet.[50] Nur wenn Rechtsschutz – sei er direkt oder inzident – eröffnet ist, stellt sich überhaupt die Frage nach den angemessenen Fehlerfolgen.[51] Selbst in den Bereichen, in denen die Rechtsprechung Unbeachtlichkeitsfolgen auf den ersten Blick scheinbar zulasten von Verfahrensrecht ausweitet, kann dies folglich – wie im Raumordnungsrecht – in einem größeren (Kompensations-)Zusammenhang mit der parallel erfolgenden Ausweitung des Rechtsschutzes stehen, die hierdurch austariert wird.[52]

III. Überholung des Filtersystems durch den Gesetzgeber

Unterdessen lässt sich in der jüngsten Gesetzgebung eine Tendenz zur Zurückdrängung, wenn nicht gar teilweiser Abschaffung von (Umwelt-)Verfahrensrecht im Kontext der Energiewende und der Energiesicherung beobachten, die die unter II. dargestellten kleinteiligen Überlegungen über Verfahrensfehlerfolgen in den betroffenen Regelungsbereichen mit großer Wucht und Geschwindigkeit überholt. Das betrifft zum Beispiel die Entbehrlichkeit der Umweltverträglichkeitsprüfung bei Windenergieanlagen nach der EU-Notfall-VO von 2022[53] oder den auf eine Ausnahmemög-

50 BVerwG, Urt. v. 9.11.2023 – 4 CN 2.22 – juris Rn. 18.

51 Vgl. zur Anwendbarkeit der Unbeachtlichkeitsvorschrift bei fehlerhaften Raumordnungsplänen im Rahmen inzidenter Kontrolle (§ 11 Abs. 1 ROG n.F.): „Eine Verletzung von Verfahrens- und Formvorschriften dieses Gesetzes ist für die Rechtswirksamkeit eines Raumordnungsplans nur beachtlich, wenn [...]"; BVerwG, Urt. v. 7.12.2023 – 4 CN 6.22 – juris Rn. 54 (Datteln IV).

52 Vgl. zum Gewicht von Verfahrensbestimmungen als Produkt verschiedener Faktoren (u.a. Zugang zur gerichtlichen Kontrolle und Sanktionen bei Verfahrensfehlern): *Saurer* (Fn. 23) S. 1138.

53 Art. 6 Verordnung (EU) 2022/2577 des Rates vom 22. 12.2022 zur Festlegung eines Rahmens für einen beschleunigten Ausbau der Nutzung erneuerbarer Energien

lichkeit in der UVP-Richtlinie gestützten Wegfall der Umweltverträglichkeitsprüfung nach § 4 Abs. 1 LNGG.[54] Bemerkenswert sind auch neue gesetzliche Vorgaben für eine „Versteinerung der Abwägung"[55] im Energiewirtschaftsrecht nach dem am 29. Dezember 2023 in Kraft getretenen Gesetz zur Anpassung des Energiewirtschaftsrechts an unionsrechtliche Vorgaben und zur Änderung weiterer energierechtlicher Vorschriften (BGBl. I Nr. 405). Die neuen Vorschriften betreffen unter anderem das Abwägungsprogramm, insbesondere die Alternativenprüfung bei Leitungsbauvorhaben, die in oder unmittelbar neben der Trasse einer Bestandsleitung verlaufen (§ 43 Abs. 3 S. 2 bis 5 EnWG n.F.) sowie weitere Abwägungsvorgaben (§ 43 Abs. 3a, Abs. 3b und Abs. 3c EnWG n.F.). Die Idee des Gesetzgebers scheint zu sein, bei Vorhaben, die der Energiewende und -sicherung – mithin der öffentlichen Sicherheit – dienen, Fehler bereits an der Wurzel zu packen, ehe sie überhaupt entstehen können. Wenn keine Umweltprüfung durchgeführt und zahlreiche Belange nicht abgewogen werden müssen, braucht insoweit über Fehlerfolgen nicht diskutiert zu werden. Dem unter II. geschilderten System der Fehlerfilter muss damit nunmehr gewissermaßen eine weitere, „nullte" Stufe vorangestellt werden.

In einer Art Zangenbewegung setzt der Energiegesetzgeber zugleich auf einer nachgelagerten Stufe an, nämlich bei den prozessualen Folgen beachtlicher Fehler – und ergänzt damit die unter II. aufgezählten Fehlerfilter um eine weitere, siebte Stufe. Seit dem Inkrafttreten des Gesetzes zur Beschleunigung von verwaltungsgerichtlichen Verfahren im Infrastrukturbereich vom 14. März 2023 (BGBl. I Nr. 73) kann das Gericht nach § 80c Abs. 2 S. 1 VwGO im Verfahren des einstweiligen Rechtsschutzes bei Entscheidungen in Verfahren nach § 48 Abs. 1 S. 1 Nr. 3 bis 15 und § 50 Abs. 1 Nr. 6 VwGO – also bei den hier in Rede stehenden großen Infrastrukturvorhaben – einen beachtlichen Mangel des angefochtenen Verwaltungsaktes außer Acht lassen, wenn offensichtlich ist, dass dieser „in absehbarer Zeit behoben" sein wird. Die Rechtsprechung reagiert bislang allerdings mit Zurückhaltung auf diese Möglichkeit. Der 4. Senat des Bundesverwaltungsgerichts hat den Bedeutungsgehalt der Vorschrift enggeführt: Die Prognose über die Behebung eines Mangels im Abwägungsvorgang muss die Erwartung einschließen, die Behörde werde bei einer Heilung des Fehlers im Ergebnis

---

(ABl. L 335 v. 29.12.2022, S. 36); vgl. auch Gesetz zur Änderung des Raumordnungsgesetzes und anderer Vorschriften – ROGÄndG (BGBl. I v. 22.3 2023, Nr. 88).

54 Vgl. näher BVerwG, Beschl. v. 22. 6.2023 – 7 VR 3.23 – juris.

55 *Rubel*, DVBl. 2019, S. 600 (605).

an der Entscheidung festhalten. Im konkreten Fall vermochte der Senat eine solche Prognose nicht zu treffen. Es blieb daher bei der Anordnung der aufschiebenden Wirkung der Klage.[56] Wie die neuen Regelungen insgesamt in das Fehlerfolgensystem einzupassen sind, bleibt jedoch abzuwarten. Der Ball liegt einstweilen bei den Gerichten, die die neuen Vorschriften auszulegen und anzuwenden haben.

56 BVerwG, Beschl. v. 26.4.2023 -4 VR 6.22 – juris Rn. 40 ff.; zustimmend *Weber* (Fn. 47), S. 12 ff.

Elektronische Kommunikation im Verwaltungsverfahren unter den Bedingungen europäischer Verbundstrukturen

Reiner Moser

I. Einleitung

In einer Welt, die sich im ständigen Wandel befindet, sind wir alle Teil einer Evolution. Die Art und Weise, wie wir gemeinsam arbeiten, kommunizieren und unser Leben gestalten, verändert sich durch die Digitalisierung grundlegend. Als Land Baden-Württemberg ist es unser Anspruch, deren Auswirkungen und Herausforderungen zu meistern. Wir wollen das Ergebnis der durch die Digitalisierung getriebenen Transformation zum Wohle aller unserer Bürgerinnen und Bürger sowie Unternehmen auch und gerade in den Behörden aktiv mitgestalten.

II. Ziel

Das übergeordnete Ziel des Landes ist in diesem Zusammenhang eine möglichst umfassende Ende-zu-Ende-Digitalisierung und eine möglichst flächendeckende Versorgung der Bürgerinnen und Bürger sowie Unternehmen mit Onlinediensten. Gerade hinter Letztgenanntem versteckt sich angesichts der über 1.100 Kommunen eine Mammutaufgabe für alle Beteiligten in den Behörden. Dabei ist es die ungeschönte Wahrheit, dass bei der Verwaltungsdigitalisierung in Baden-Württemberg (aber auch darüber hinaus) noch längst nicht alles „in trockenen Tüchern“ ist. Vor uns liegt noch sehr viel Arbeit und wir stehen erst am Anfang einer „langen Reise“.

III. Digitalisierungsstrategie des Landes

Wir verstehen die Digitalisierung als eine der zentralsten Herausforderungen unserer Zeit; als einen wandelnden Prozess. Das bedeutet, dass wir unsere eigenen Projekte und Vorhaben immer wieder evaluieren und anpassen müssen. So zum Beispiel die Digitalisierungsstrategie für Baden-

Württemberg, die im Jahr 2022 unter der Federführung des Innenministeriums weiterentwickelt wurde. Mit ihr stärken wir unser Land als digitale Leitregion in Europa und gestalten einen digitalen Wandel, der unsere Entwicklung vorantreibt. Sie formuliert klare Ziele, die Wohlstand, Nachhaltigkeit, gesellschaftlichen Zusammenhalt und digitale Souveränität in Baden-Württemberg sichern sollen.

IV. Basis: Schnelles Internet

Für alle Schritte in der digitalen Welt bedarf es einer leistungsfähigen digitalen Infrastruktur und eines schnellen Internets, das heißt Breitbandleitungen. Ohne schnelle und belastbare Netze gibt es kein digitales Lernen, kein digitales Arbeiten, keine digitale Verwaltung und erst recht kein Wirtschaftswachstum. Ohne flächendeckende Gigabit-Netze werden wir unser Land in keinem Bereich nach vorne bringen können. Gerade im ländlichen Raum sitzen in Baden-Württemberg viele sogenannte „Hidden Champions", also Weltmarktführer, die auf schnelles Internet angewiesen sind, um konkurrenzfähig zu bleiben. Land und Bund fördern deshalb den kommunalen Breitbandausbau; denn es geht um faktische Daseinsvorsorge.

V. Verwaltungsdigitalisierung

Nur beispielhaft möchte ich hier die Herausforderungen der flächendeckenden Verfügbarkeit von digitalen Verwaltungsleistungen im Flächenland Baden-Württemberg oder der Ende-zu-Ende-Anbindung von Fachverfahren nennen, um eine vollständig digitale Bearbeitung vom Antrag bis zum Bescheid zu ermöglichen. Hinzu kommen ständig Innovationen, die uns auf diesem Weg begegnen, wie beispielsweise die Erstellung von Verwaltungsakten unter Zuhilfenahme von Künstlicher Intelligenz (KI).

In Baden-Württemberg haben wir ein stabiles Fundament für eine digitale Verwaltung geschaffen. Als Land unterstützen wir die Landkreise, Städte und Gemeinden aktiv bei der Umsetzung des Onlinezugangsgesetzes. Eine im Idealfall vollständig digitale Kommunikation und Antragsbearbeitung bietet enorme Effizienzgewinne.

Der durch das Onlinezugangsgesetz angestoßene Digitalisierungsprozess ist zweifellos eines der größten Modernisierungs- und Transformationsprojekte der öffentlichen Verwaltung seit dem Bestehen der Bundesrepublik.

Es versteht sich deshalb von selbst, dass ein solcher Prozess einiges an Zeit in Anspruch nimmt. Gerade die Verwaltungsdigitalisierung gestaltet sich aufgrund des föderalen Systems äußerst komplex. Alle Ebenen – Bund, Länder und Kommunen – müssen einbezogen werden. Bislang und auch weiterhin ist das Innenministerium die koordinierende Stelle zur Umsetzung des Onlinezugangsgesetzes im Land.

Beispielhaft kann ein Onlinedienst zur An-, Ab- und Ummeldung von Kraftfahrzeugen genannt werden. Mittlerweile bieten alle Zulassungsbehörden in Baden-Württemberg ihren Bürgerinnen und Bürgern diesen Service an. Aber auch der Onlinedienst Elterngeld und die digitale Beantragung von Wohngeld, einer Geburtsurkunde oder einer Meldebescheinigung sind bei den Bürgerinnen und Bürgern im Land sehr nachgefragt.

In den vergangenen Jahren haben wir zudem viel Energie in den Aufbau einer sicheren Digitalinfrastruktur investiert. Projekte wie die Plattform service-bw oder der OZG-Hub sind herausragende Beispiele dafür. Mit der Plattform service-bw ermöglichen wir es Bürgerinnen und Bürgern sowie Unternehmen, Verwaltungsleistungen unkompliziert online in Anspruch zu nehmen. Und mit dem OZG-Hub steht eine Plattform mit standardisierten Schnittstellen zur Verfügung, die es Landkreisen, Städten und Gemeinden, aber auch anderen Ländern in Deutschland ermöglicht, nach einer Art Baukastenprinzip verschiedene Bausteine für die Erstellung von Onlinediensten zu nutzen. Bezahlfunktionen, Online-Authentifizierung, Karten- und andere Basisfunktionen können so zu unterschiedlichen Onlinediensten zusammengestellt werden.

VI. Das „Einer-für-Alle"-Prinzip

Für die Digitalisierung neuer Verwaltungsleistungen gehen wir länderübergreifend einen arbeitsteiligen Weg. Einen Weg über die Nachnutzung sogenannter „Einer-für-Alle"-Leistungen. Das heißt, dass ein Land eine digitale Verwaltungsleistung entwickelt und anderen zur Nachnutzung zur Verfügung stellt. So entsteht ein reziprokes System zwischen den Ländern, das äußerst effizient ist.

Hierbei setzen wir allgemein auf bundeseinheitliche Standards und standardisierte Schnittstellen. Wir streben, wenn möglich, Automatisierungen, klare Betriebskonzepte, ein abgestimmtes IT-Servicemanagement und Qualitätssicherung sowie eine Modularität in der Entwicklung von Onlinediensten an.

VII. Cybersicherheit

Im Zuge der sich stetig fortschreitenden Digitalisierung ist aber auch die Gewährleistung der Cybersicherheit von elementarer Bedeutung. Die rasante Entwicklung der Informationstechnologie hat nicht nur neue Chancen, sondern auch neue Risiken mit sich gebracht. Baden-Württemberg hat das Thema IT- und Cybersicherheit frühzeitig erkannt und vorausschauend gehandelt. Als erstes Land in Deutschland haben wir eine umfassende Cybersicherheitsstrategie entwickelt und ein Cybersicherheitsgesetz verabschiedet. Mit der Gründung der Cybersicherheitsagentur Baden-Württemberg – kurz: CSBW – haben wir eine eigene Behörde geschaffen, die sich gezielt mit den Herausforderungen in diesem Bereich befasst. In der hochkomplexen und sich ständig verändernden Umgebung des Cyberspace ist es eine große Herausforderung, Anwendungen, Systeme, IT-Infrastrukturen und Daten zu sichern und vor Cyber-Angriffen zu schützen.

VIII. Künstliche Intelligenz in der Verwaltung

Der Einsatz von KI erstreckt sich inzwischen in sämtliche Lebensbereiche. Klar ist, dass KI nicht in einem rechtsfreien Raum genutzt werden darf. Mit der KI-Verordnung[1] arbeiten wir genau an diesem Ziel. Mit diesem weltweit ersten Rechtsrahmen für KI soll eine vertrauenswürdige KI „Made in EU" sichergestellt werden, die Grundrechte achtet, Sicherheit gewährleistet und auf ethisch verlässlicher Grundlage die Risiken sehr leistungsfähiger und wirkungsvoller KI-Modelle angeht. Der zugrundeliegende risikobasierte Ansatz schafft einen angemessenen Rahmen, um auch und gerade in der Verwaltung durch KI-Systeme besser und leichter zu Ergebnissen zu kommen. Wo und wie das der Fall sein wird, prüfen wir als Landesregierung derzeit. Dies gilt ebenso für eventuellen Handlungsbedarf im Landesrecht, wenn es um den konkreten Einsatz geht. Hier hat die Landesverwaltung mit den Funktionen von „F13" für eine KI-basierte Wissens- und Textarbeit seit Mai 2023 die Möglichkeit, eine KI-Anwendung zu nutzen. Mit diesem Assistenzsystem für „Wissensarbeiterinnen und -arbeiter" kann die Erstel-

1 Verordnung (EU) Nr. 1689/2024 des Europäischen Parlaments und des Rates v. 13. Juni 2024 zur Festlegung harmonisierter Vorschriften für künstliche Intelligenz und zur Änderung der Verordnung (EG) Nr. 300/2008, (EU) Nr. 167/2013, (EU) Nr. 168/2013, (EU) 2018 /858, (EU) 2018/1139 und (EU) 2019/2144 sowie der Richtlinie 2014/90/EU, (EU) 2016/797 und (EU) 2020/1828 (Verordnung über künstlicher Intelligenz).

lung von Zusammenfassungen großer Textmengen erleichtert oder auch die Recherche zu spezifischen Fragestellungen beschleunigt werden.

IX. Rechtliche Rahmenbedingungen

Bereits geltendes Recht sind seit mehreren Jahren zudem zwei durchaus wichtige Regelungen, die bisher in der öffentlichen Wahrnehmung noch keine zentrale Rolle gespielt haben. Dies betrifft zum einen die Single Digital Gateway-Verordnung[2] aus dem Jahr 2018. Sie regelt unter anderem in Artikel 14 den grenzüberschreitenden Nachweisaustausch unter den EU-Mitgliedstaaten zur Umsetzung des „Once-Only"-Prinzips. Die ersten Voraussetzungen dafür wurden im Rahmen des Bund-Länder-Programms „Gesamtsteuerung Registermodernisierung" Ende des Jahres 2023 geschaffen und befinden sich in der weiteren Entwicklung. Zum anderen hat die eIDAS-Verordnung[3], die seit Anfang 2016 gilt, durch einen einheitlichen Rahmen für digitale Identität und Authentifizierung grenzüberschreitende Transaktionen erleichtert und das Vertrauen in die Onlinedienste gestärkt.

X. Faktor Mensch

Bei allen technischen Entwicklungen und Aufgaben dürfen wir nie vergessen, dass Verwaltungsdigitalisierung vor allem auch eine Frage des richtigen „Mindsets" ist. Die Transformation muss nicht in der Technik, sondern in allererster Linie in den Köpfen der Menschen stattfinden. Deshalb haben wir aus der Digitalisierungsstrategie des Landes heraus die Digitalakademie@bw gegründet. In der Akademie bündeln führende Partner aus den Bereichen von Kommunal- und Landesverwaltung, Innovation und Bildung ihre Kompetenzen. Sie eint die Vision, die digitale Transformation gemeinsam mit den Städten und Gemeinden sowie den Landkreisen und Regionen in Baden-Württemberg zu gestalten.

---

2 Verordnung (EU) Nr. 1724/2018 des Europäischen Parlaments und des Rates v. 2. Oktober 2028 über die Einrichtung eines einheitlichen digitalen Zugangstors zu Informationen, Verfahren, Hilfs- und Problemlösungsdiensten und zur Änderung der Verordnung (EU) Nr. 1024/2012 (ABl. 2018 L Nr. 295, S. 1).

3 Verordnung (EU) Nr. 910/2014 des Europäischen Parlaments und des Rates v. 23. Juli 2014 über elektronische Identifizierung und Vertrauensdienste für elektronische Transaktionen im Binnenmarkt und zur Aufhebung der Richtlinie 1999/93/EG (ABl. 2014 L Nr. 257, S. 73).

XI. Fazit und Ausblick

Damit ist deutlich geworden: Sowohl der Exekutive als auch der Judikative, der Legislative und der Wissenschaft wird die Arbeit in puncto Digitalisierung in den kommenden Jahren nicht so schnell ausgehen.

Bei all dem sind wir eingebunden und verwoben mit den Zielen und Programmen, die sich die EU gesetzt hat, um den digitalen Wandel bis zum Jahr 2030 anhand messbarer Indikatoren durch ein günstiges Umfeld zu unterstützen. Mit der sogenannten „Digitalen Dekade 2030" sollen unterschiedliche Ziele in den Bereichen der digitalen Kompetenzen, des digitalen Wandels in Unternehmen, der sicheren und nachhaltigen digitalen Infrastruktur sowie der Digitalisierung öffentlicher Dienste erreicht werden.

Im Bereich der öffentlichen Dienste und deren Digitalisierung sollen bis zum Jahr 2030 in der EU die wesentlichen öffentlichen Dienste online bereitgestellt werden. Alle Unionsbürgerinnen und -bürger sollen Zugang zu ihrer elektronischen Patientenakte und zu einem sicheren digitalen Identitätsnachweis haben, der überall in der EU anerkannt wird und eine uneingeschränkte Kontrolle über die übermittelten personenbezogenen Daten verschafft. Damit dieses herausfordernde Programm nicht nur gedrucktes Papier bleibt, sondern zu einer praktisch erlebbaren Realität werden kann, wurden und werden unterschiedliche Rechtsakte in Kraft gesetzt oder auf den Weg gebracht, die uns als Verwaltung beschäftigen.

Die Ziele, die wir uns gesetzt haben, sind zukunftsweisend. Die Digitalisierung ist eine Daueraufgabe, der wir uns gezielt, überlegt und vor allem nachhaltig widmen müssen. In Baden-Württemberg sind wir auf einem guten Weg, die Herausforderungen zu meistern.

Elektronische Kommunikation im Verwaltungsverfahren unter den Bedingungen europäischer Verbundstrukturen

Thomas Wischmeyer

I. Die elektronische Kommunikation im Kontext der digitalen Transformation der Verwaltung: Verfahren – Organisation – Technik

Die Verwaltungsdigitalisierung verfolgt derzeit weit ambitioniertere Ziele als den Ausbau der elektronischen Kommunikationskanäle (vgl. § 3a VwVfG) zwischen Verwaltung und Bürgern.[1] Angestrebt wird nichts weniger als die digitale Transformation der Verwaltung in Form einer *Ende-zu-Ende-Digitalisierung* aller Arbeitsprozesse und, wo möglich, deren Automatisierung, auch durch den Einsatz von Künstlicher Intelligenz.[2] Gleichwohl darf über diesen großen Plänen die elektronische Kommunikation nicht aus dem Blick geraten. Diese war seit jeher ein zentraler Treiber des digi-

1 Vgl. zur aktuellen „Digitalstrategie" der Bundesregierung https://digitalstrategie-deutschland.de; sowie den Überblick unter https://www.bmi.bund.de/DE/themen/moderne-verwaltung/verwaltungsmodernisierung/verwaltungsmodernisierung-node.html. Auf alle Internetquellen wurde zuletzt am 25. 9. 2024 zugegriffen.

2 Hierzu im Überblick *Britz/Eifert*, in: Voßkuhle/Eifert/Möllers (Hrsg.), Grundlagen des Verwaltungsrechts, Bd. 1, 3. Aufl. 2022, § 26; *Guckelberger*, Öffentliche Verwaltung im Zeitalter der Digitalisierung, 2019; *Martini*, in: Kahl/Ludwigs (Hrsg.), Handbuch des Verwaltungsrechts, Bd. I, 2021, § 28; *Mund*, Das Recht auf menschliche Entscheidung – zu den verfassungsrechtlichen Vorgaben der technischen Erzeugung von Verwaltungsentscheidungen, 2021, S. 70; *Schröder*, ZDiW 2022, S. 269; *Guckelberger*, LTZ 2023, S. 167; *Herold*, Demokratische Legitimation automatisiert erlassener Verwaltungsakte, 2020; *Kohtamäki/Peuker* (Hrsg.), Die Digitalisierung der öffentlichen Verwaltung, 2023. Speziell zum Einsatz von Künstlicher Intelligenz in der Verwaltung siehe nur *Busche*, Verwaltungsautomation 2.0, 2023; *Englisch/Schuh*, Die Verwaltung 55 (2022), S. 155; *Guckelberger*, in: Spindler/Ciceri (Hrsg.), Challenges of Law and Technology, 2023, S. 63; *Krönke*, Die Verwaltung 56 (2023), S. 31; *Lorse*, NVwZ 2021, S. 1657; *Pilniok*, JZ 2022, S. 1021; *Raji*, Künstliche Intelligenz im öffentlichen Sektor, 2023; *Birner*, Verwaltungsautomatisierung nach dem Gesetz zur Modernisierung des Besteuerungsverfahrens, 2023; *Ruschemeier*, in: Hill/Mehde (Hrsg.), Herausforderungen für das Verwaltungsrecht, 2023, S. 111; *Seckelmann*, Die Verwaltung 56 (2023), S. 1; *Tischbirek*, ZfDR 2021, S. 307; *Wischmeyer*, in: Ebers u. a. (Hrsg.), Künstliche Intelligenz und Robotik, 2. Aufl. 2024, § 23, iErsch.; *Ziekow/Engewald*, in: Knauff/Lee (Hrsg.), Digitale Transformation im Spiegel des öffentlichen Rechts, 2021, S. 9.

talen Transformationsprozesses.[3] Auch geht es bei dem Projekt, die Verwaltung in die Kommunikationsroutinen unserer Gegenwart einzubinden, um den aus Bürger- und Verfassungssicht entscheidenden Aspekt des effektiven Zugangs zur Verwaltung und damit im Ergebnis um den Zugang zum Recht.[4] Schließlich hängen die weitergehenden Transformationsziele, etwa das mit der Registermodernisierung verknüpfte Once-Only-Prinzip (vgl. § 1 Nr. 3 IDNrG), die elektronische Akte (vgl. nur § 6 EGovG des Bundes) oder der – regelmäßig durch elektronische Kontaktaufnahme des Bürgers angestoßene – vollständig automatisierte Erlass von Verwaltungsakten nach § 35a VwVfG[5] davon ab, dass die elektronische Kommunikation mit den Bürgern fehlerfrei und nutzerfreundlich funktioniert.[6]

Von einer fehlerfreien und nutzerfreundlichen elektronischen Kommunikation kann im Falle der deutschen Verwaltung allerdings nach wie vor nur sehr bedingt die Rede sein. Es mangelt nicht an Beispielen für die Unterdigitalisierung der Verwaltung(skommunikation).[7] Exemplarisch dafür ist eine Standardleistung der Verwaltung wie das Elterngeld. Für

---

3 Frühzeitig dazu insbes. *Eifert*, Electronic Government, 2006. Siehe auch *Voßkuhle*, in: Hoffmann-Riem/Schmidt-Aßmann (Hrsg.), Verwaltungsrecht in der Informationsgesellschaft, 2000, S. 349 ff.; *von Lucke*, Regieren und Verwalten im Informationszeitalter, 2003.

4 Zur grund- und menschenrechtlichen Dimension des Verwaltungsverfahrensrechts siehe nur im Überblick *Schmidt-Aßmann/Kaufhold*, in: Voßkuhle/Eifert/Möllers (Fn. 2), § 27 Rn. 23 ff.

5 Vgl. *Lenk/Neumann*, NVwZ 2024, S. 630, die § 35a VwVfG daher der elektronischen Kommunikation zuordnen. Zu einer entsprechenden Konstellation OVG Münster, Urt. v. 17. 3. 2023, 4 A 1986/22, BeckRS 2023, 4513; dazu *Neumann/Just*, NVwZ 2023, S. 936.

6 Nach dem Once-Only-Prinzip sollen Bürger und Unternehmen digitale Verwaltungsleistungen in Anspruch nehmen können, ohne die in der Verwaltung schon vorhandenen Daten und Nachweise nochmals beibringen zu müssen. Siehe hierzu näher *Martini/Wenzel*, DVBl. 2017, S. 749; *Denkhaus/Richter/Bostelmann*, in: dies. (Hrsg.), EGovG/OZG Kommentar, 2019, § 8 OZG Rn. 13 ff.; *Sorge/von Lucke/Spiecker gen. Döhmann*, Registermodernisierung. Datenschutzkonforme und umsetzbare Alternativen, 2020 (für Verfassungswidrigkeit des Gesetzes); *Ehmann*, ZD 2021, S. 509; *Guckelberger/Starosta*, NVwZ 2021, S. 1161 (1165 ff.); *von Lewinski/Gülker*, DVBl. 2021, S. 633 (636); *Martini*, in: Kahl/Ludwigs (Fn. 2), § 28 Rn. 29; *Peuker*, NVwZ 2021, S. 1167; *Britz/Eifert*, in: Voßkuhle/Eifert/Möllers (Fn. 2), § 26 Rn. 63; *Knauff/Lehmann*, DÖV 2022, S. 159; *Botta*, in: Kuhlmann u. a. (Hrsg.), Transparency or Opacity?, 2023, S. 27 ff. Siehe auch bereits *Martini/Wagner/Wenzel*, Grenzen einer Personen- bzw. Unternehmenskennziffer, 2017.

7 Zum aktuellen (Rück-)Stand siehe neben den in Fn. 2 zitierten Schriften nur *Bundesrechnungshof*, Umsetzung des Onlinezugangsgesetzes, 2023, https://www.bundesrechnungshof.de/SharedDocs/Downloads/DE/Berichte/2023/onlinezugangsgesetz-volltext.pdf?__blob=publicationFile&v=2; *Bartholomae/Nam/Steinhoff*, VM 2023, S. 235.

diese wird zwar bereits seit 2017, zunächst auf Landesebene, dann in sog. „OZG-Laboren" mit hoher Priorität an einer digitalen Lösung gearbeitet, dennoch steht nach wie vor nur ein „digitaler Ausfüllassistent" bereit. Das online ausgefüllte Formular muss also weiterhin ausgedruckt, unterschrieben und per Post an die zuständige Elterngeldstelle geschickt werden (vgl. §§ 7 Abs. 1 S. 1, 24b Abs. 1 BEEG). Und selbst dort, wo der Gesetzgeber durchgängige elektronische Kommunikation ermöglicht hat, ist die praktische Umsetzung oft derart mangelhaft, dass die Nutzungszahlen minimal bleiben, wie das internetbasierte Zulassungsverfahren für Kfz (i-KFZ) zeigt (vgl. § 6g Abs. 2 S. 1, Abs. 4 S. 1 Nr. 1 StVG i. V. m. § 15 Abs. 1 S. 2 Nr. 2 FZV).[8]

Neben diesen strukturellen Defiziten, die fortdauernden Reflexions- und Reformbedarf auf der Ebene der Gesetzgebung und – vor allem – der Verwaltung selbst indizieren, trägt auch das Unionsrecht dazu bei, dass der elektronischen Verwaltungskommunikation weiterhin hohe Relevanz zukommt. Zwar haben Bundesregierung und Bundestag im OZGÄndG[9] die Umsetzungsfrist des § 1 Abs. 1 OZG a. F.[10] gestrichen und damit auch offiziell vom Anspruch Abstand genommen, die digitale Transformation der Verwaltung zeitnah zu verwirklichen. Ungeachtet dessen treiben Art. 6 und 13 der Single Digital Gateway-Verordnung (SDG-VO) zur Eile.[11] Bereits seit dem 12. 12. 2023 müssten nach den unionsrechtlichen Vorgaben umgerechnet 43 OZG-Leistungsbündel mit insgesamt 328 Leistungen aus dem „Leistungskatalog der öffentlichen Verwaltung" umfassend digitalisiert und grenzüberschreitend online verfügbar sein.[12] Grundvoraussetzung für die

---

Vergleichend u. a. auch *Geminn/Tatsumi/Terada*, DÖV 2023, S. 847; *Guckelberger*, DÖV 2023, S. 317.

8 Vgl. *Sonnenholzner*, Komplizierter als jeder Behördengang, 11. 2. 2024, https://www.tagesschau.de/wirtschaft/verbraucher/elektronische-autozulassung-i-kfz-100.html. Zu i-KFZ aus rechtlicher Sicht näher *Guckelberger*, Öffentliche Verwaltung (Fn. 2), S. 398 ff. Allgemein zur Problematik *Kubicek/Gerhard/Jarke*, in: Lühr/Jabkowski/Smentek, HdB Digitale Verwaltung, 2019, S. 359.

9 Gesetz zur Änderung des Onlinezugangsgesetzes sowie weiterer Vorschriften zur Digitalisierung der Verwaltung v. 19. 7. 2024, BGBl. I 2024, Nr. 245 (OZG-Änderungsgesetz – OZGÄndG).

10 In der Fassung des Art. 9 G. v. 14. 8. 2017 BGBl. I 2017, S. 3122 (3138, Nr. 57).

11 VO (EU) 2018/1724 v. 2. 10. 2018 über die Einrichtung eines einheitlichen digitalen Zugangstors zu Informationen, Verfahren, Hilfsmitteln und Problemlösungsdiensten und zur Änderung der VO (EU) Nr. 1024/2012 (Single Digital Gateway-Verordnung, SDG-VO), ABl. 2018 L Nr. 295, S. 1. Dazu im Überblick *Siegel*, NVwZ 2019, S. 905.

12 Zu den Zahlen: https://informationsplattform.ozg-umsetzung.de/iNG/app/faq?qf=FAQ. Unionsrechtlich geht es um 21 Verfahrensbündel gem. Anhang II der SDG-VO sowie Leistungen aus vier weiteren Richtlinien (2005/36/EG, 2006/123/EG,

Implementierung ist dabei stets, dass eine Möglichkeit zur elektronischen Kommunikation besteht, was aktuell jedoch für zahlreiche Leistungen noch nicht der Fall ist.[13]

Die Fragen, die im Folgenden geklärt werden sollen, sind: Welche Rolle spielt das Verwaltungsverfahrensrecht in diesem Zusammenhang? Wie kann es der Unterdigitalisierung abhelfen? Wo ist es für diese mitverantwortlich? Diese Fragen verweisen auf drei voneinander zu unterscheidende Problemebenen: Eine genuin verwaltungsverfahrensrechtliche, in der die Entscheidung über die Öffnung der Verwaltung für die elektronische Kommunikation getroffen wird (II.). Eine technikrechtliche, in der der Gesetzgeber versuchen muss, seinen Teil dazu beizutragen, die nötigen Kommunikationsinfrastrukturen bereitzustellen (III.). Und eine dritte, primär organisationsrechtliche Ebene, die im heute dominierenden Kommunikationsparadigma, das plattform- bzw. portalbasiert ist, immer wichtiger wird (IV.). Im hiesigen Rahmen können die Rechtsfragen der technik- bzw. organisationsrechtlichen Ebene nur aufgezeigt, nicht gelöst werden. Diese beiden Ebenen interessieren daher vorliegend vor allem mit Blick auf die Wechselwirkung der dort getroffenen Weichenstellungen mit dem Verfahrensrecht, wobei sich diese Wechselwirkung als Rezeption oder als Impuls darstellen kann. Ergänzt werden die Ausführungen durch einen Blick auf die digitale Öffentlichkeitsbeteiligung als spezielle und neuartige Form der elektronischen Kommunikation im Verwaltungsverfahren (V.).

Die Unterscheidung der drei Ebenen hilft, die bestehenden Probleme klarer zu verorten[14] und zeigt auf, welche – so die These – im Ergebnis begrenzte Verantwortung gerade das Verwaltungsverfahrensrecht für die

---

2014/24/EU und 2014/25/EU). Für den europaweit automatisierten Austausch von Nachweisen zwischen den Behörden müsste zudem gem. Art. 14 SDG-VO bereits der Anschluss an das EU-Once-Only-Technical-System (EU-OOTS) hergestellt sein.

13 Nach Inkrafttreten des IDNrG am 31. 8. 2023 läuft die Frist hierfür 2028 ab, vgl. Art. 22 Registermodernisierungsgesetz vom 28. 3. 2021 BGBl. I 2023, S. 591 (Nr. 293).

14 Die obige Unterscheidung der drei Ebenen (unter Außerachtlassung des materiellen Verwaltungsrechts) orientiert sich am Verständnis des Verwaltungsrechts als „vierdimensionale[r] Entscheidungsraum, in dem eine durch Recht konstituierte Organisation der öffentlichen Verwaltung innerhalb eines definierten Verfahrenszusammenhangs unter Nutzung inneradministrativer Informationsbeziehungen materielle Maßstäbe zur Anwendung bringt", vgl. *Wischmeyer*, in: Voßkuhle/Eifert/Möllers (Fn. 2), § 24 Rn. 43, angelehnt an *Möllers*, in: Trute u. a. (Hrsg.), Allgemeines Verwaltungsrecht, 2008, S. 489 ff.

Unterdigitalisierung trägt.[15] Im Übrigen liegt der Fokus der folgenden Ausführungen, wie bereits deutlich geworden ist, auf den *kommunikativen Außenbeziehungen* der Verwaltung.[16] Der Hinweis auf die SDG-VO zeigt schließlich, dass Unionsrecht und mitgliedstaatliches Recht in dieser Materie so eng miteinander verwoben sind, dass eine gemeinsame Behandlung notwendig ist.

II. Kommunikationseröffnung

Die Möglichkeiten und Grenzen der digitalen Kommunikation spielen im Verwaltungsverfahren auf verschiedenen Stufen eine Rolle. Zunächst und vor allem gilt es zu entscheiden, ob und wie überhaupt ein elektronischer Zugang zur Verwaltung eröffnet werden soll. Auf den weiteren Verfahrensstufen können dann etwa die Anhörung (§ 28 VwVfG) oder die Beratung von Bürgern (§ 25 VwVfG) elektronisch durchgeführt werden. Zur Kostenersparnis und Verwaltungsvereinfachung wird zudem die elektronische Bekanntgabe nach § 41 Abs. 2 S. 2, Abs. 2a VwVfG genutzt.[17] Schließlich ist, je nach Umständen, bei der Rechtsbehelfsbelehrung auf die Varianten des elektronischen Rechtsverkehrs hinzuweisen.[18] Auf die auf jeder dieser Stufen mit dem Einsatz digitaler Technik verbundenen Vor- und Nachteile und die daraus jeweils resultierenden rechtlichen Herausforderungen soll später nur mit Blick auf die besondere Konstellation der digitalen Öffentlichkeitsbeteiligung eingegangen werden.[19] Im Übrigen steht hier zunächst die elektronischer *Kommunikationseröffnung* im Mittelpunkt.

---

15 Allgemein zur Rolle des Verfahrensrechts im Kontext der Digitalisierung auch *Guckelberger*, in: Hill/Mehde (Fn. 2), S. 74 ff.; *Siegel*, NVwZ 2023, S. 193.

16 Zum Einfluss der Digitalisierung auf die *interne* Verwaltungskommunikation und zu den vielfältigen diesbezüglichen Vorgaben (vgl. beispielhaft § 5 Abs. 2 EGovG des Bundes) siehe *Wischmeyer*, in: Voßkuhle/Eifert/Möllers (Fn. 14), § 24; zu den unionsrechtlichen Vorgaben zum elektronischen Abgleich *Guckelberger*, Öffentliche Verwaltung (Fn. 2), Rn. 171 ff.; *von Bogdandy/Hering*, in: Voßkuhle/Eifert/Möllers (Fn. 2), § 25.

17 Die elektronische Bekanntgabe beschäftigt immer wieder die Gerichte, vgl. *Lenk/Neumann* (Fn. 5), S. 632 f.

18 Auch hier kommt es in der Praxis zu zahlreichen Fehlern, siehe *Lenk/Neumann* (Fn. 5), S. 634 f.

19 Siehe unten V. Allgemein dazu instruktiv *Siegel* (Fn. 15), S. 196 f.

1. Elektronischer Zugang als Herausforderung des Verwaltungsverfahrensrechts

Angesichts der grundsätzlichen Nichtförmlichkeit von Verwaltungsverfahren (§ 10 VwVfG) musste die elektronische Kommunikation mit der Verwaltung nie im eigentlichen Sinne „zugelassen" werden. Als die Verwaltung ab den 1990er Jahren damit konfrontiert wurde, dass Verfahrensbeteiligte zunehmend E-Mail und Internet als Medien zur Verwaltungskommunikation nutzen wollten, stellte sich jedoch rasch das Problem, dass die verfügbaren Technologien, allen voran die einfache E-Mail, keine hinreichenden Mechanismen zur Überprüfung der Identität von Sender und Empfänger sowie zum Schutz der Integrität und Vertraulichkeit des Kommunikationsinhalts vorsahen. Sie waren vielmehr in hohem Maße unsicher und manipulationsanfällig bzw. sind dies immer noch.[20] Für jede Art förmlicher Verwaltungskommunikation erwiesen sie sich daher als weitgehend ungeeignet.

In dieser Situation stand der Staat vor zwei Herausforderungen: Erstens musste er – weitgehend ohne eigenes technisches Know-how und mit limitierten finanziellen Ressourcen – auf den Aufbau einer den rechtsstaatlichen Erwartungen genügenden Kommunikationsinfrastruktur hinwirken; auf diesen Aspekt wird im folgenden Abschnitt einzugehen sein. Zweitens musste entschieden werden, unter welchen Bedingungen sich die Verwaltung überhaupt auf die neue „elektronische Kommunikation", wie das Phänomen bezeichnet wurde,[21] einlassen sollte. Die Klärung der zweiten Frage oblag naturgemäß dem Verwaltungsverfahrensrecht.

2. Vom Freiwilligkeitsprinzip zur Öffnungspflicht

Zunächst war der Gesetzgeber hier zurückhaltend: Zwar wurde das „Dritte Gesetz zur Änderung verwaltungsverfahrensrechtlicher Vorschriften" v. 21. 8. 2002, das § 3a ins VwVfG einführte,[22] damit begründet, dass rechtliche Hindernisse für den elektronischen Zugang zur Verwaltung beseitigt

20 Zu den Gründen und den daraus resultierenden Risiken näher *Wischmeyer*, Informationssicherheit, 2023, S. 198 ff. m. w. N.

21 *Britz/Eifert*, in: Voßkuhle/Eifert/Möllers (Fn. 2), § 26 Rn. 52 f.

22 G. v. 21. 8. 2002 BGBl. I 2002, S. 3322.

werden sollten.[23] Damit ist die Wirkung der Novelle allerdings nur bedingt korrekt beschrieben. Zum einen kam § 3a Abs. 1 VwVfG außerhalb nichtförmlicher Verwaltungsverfahren und bei Abwesenheit sonstiger Formerfordernisse wegen der grundsätzlichen Nichtförmlichkeit von Verwaltungsverfahren (§ 10 VwVfG) vielfach nur eine deklaratorische Bedeutung zu.[24] Zum anderen stellte der Gesetzgeber in § 3a Abs. 1 Hs. 2 VwVfG die elektronische Kommunikation generell – auch im nichtförmlichen Bereich – unter den Vorbehalt einer *Zugangseröffnung*. Nach der Rechtsprechung setzt eine Zugangseröffnung in *objektiver* Hinsicht voraus, dass bei der Behörde als Empfänger der elektronischen Übermittlung eine technische Kommunikationseinrichtung – ein Zugang – vorhanden ist und dass sie diesen Zugang auch *subjektiv* durch entsprechende Widmung ausdrücklich oder konkludent für die Übermittlung elektronischer bzw. schriftformersetzender Dokumente eröffnet hat.[25] Durch die sich aus § 3a Abs. 1 Hs. 2 VwVfG und den daraus folgenden Voraussetzungen ergebende Fakultativität der Zugangseröffnung gab die Vorschrift den Behörden die Möglichkeit, diesen Kommunikationsweg ganz oder teilweise zu sperren, wovon zunächst auch in vielen Fällen Gebrauch gemacht wurde. Auf Seiten des Bürgers verhinderte das sog. Freiwilligkeitsprinzip ebenfalls regelmäßig die Nutzung des gleichzeitig eingeführten – nicht an die Vorgaben des § 3a Abs. 2 VwVfG gebundenen – elektronischen Verwaltungsaktes (§ 37 Abs. 2 S. 1, Abs. 3, § 41 Abs. 2 und 4 VwVfG 2003).[26] Im Ergebnis bremste § 3a Abs. 1 VwVfG die elektronische Kommunikation daher zunächst mindestens ebenso sehr aus wie er sie beschleunigte.

Für einen Kurswechsel sorgte erst das Unionsrecht – ein bereits angedeutetes und im Folgenden noch öfter wiederkehrendes Muster. So schuf Art. 8 Abs. 1 der Dienstleistungsrichtlinie 2009 ein subjektives Recht auf die digitale Abwicklung über eine einheitliche Stelle, das in § 71e VwVfG

---

23 Vgl. *Britz/Eifert*, in: Voßkuhle/Eifert/Möllers (Fn. 2), § 26 Rn. 12.

24 Siehe *Müller*, in: BeckOK VwVfG, 62. Ed. 1. 10. 2023, § 3a Rn. 1; *Hornung*, in: Schoch/Schneider, 4. EL November 2023, § 3a Rn. 24 m. w. N. Seinerzeit bereits *Catrein*, NVwZ 2001, S. 413 (414); *Storr*, MMR 2002, S. 579 (580).

25 BVerwG, NVwZ 2017, S. 967 Rn. 19.

26 Entsprechendes galt auch für die elektronische Zustellung, vgl. § 5 Abs. 4 und 5 VwZG i. d. F. des Gesetzes zur Novellierung des Verwaltungszustellungsrechts v. 12. 8. 2005, BGBl. I 2005, S. 2354.

umgesetzt wurde.[27] In der Breite wurde das Freiwilligkeitsprinzip des § 3a Abs. 1 VwVfG für die mit der Durchführung des Bundesrechts betrauten Behörden 2013 mit der allgemeinen Verpflichtung zur Zugangseröffnung aus § 2 EGovG des Bundes abgelöst, ohne dass dies bislang im VwVfG des Bundes klar zum Ausdruck kommt.[28] Erst seit Inkrafttreten dieser Bestimmung kann davon gesprochen werden, dass der elektronische Zugang *zur Verwaltung*, nicht nur zu einzelnen technikaffinen Behörden, eröffnet ist – wenn auch nach wie vor gebunden an bestimmte Formen. Die Länder sind in Bezug auf diese Grundsatzentscheidung heute weitgehend nachgezogen, allerdings nicht im Wege der für das VwVfG etablierten Simultangesetzgebung,[29] sondern im eigenen Tempo und teilweise auch mit eigenen Akzenten.[30] Dies behindert die aus Bürgersicht gebotene technische Konvergenz der Kommunikationsmittel.[31] Auch das Fachrecht enthält noch Vorgaben, die einseitig die Interessen der Verwaltung an einer Standardisierung einmal etablierter, elektronischer Zugangsformen priorisieren. Hier ist die Rechtsprechung aufgerufen, die durch das Gesetz eröffneten Möglichkeiten der Auslegung im Sinne einer Erleichterung der Zugangsmöglichkeiten zu nutzen.[32]

---

27 Richtlinie 2006/123/EG über Dienstleistungen im Binnenmarkt v. 12. 12. 2006. Zu den Folgen für das Verwaltungsverfahrensrecht siehe nur im Überblick *Schneider*, in: Voßkuhle/Eifert/Möllers (Fn. 2), § 28 Rn. 23a ff.

28 Vgl. § 3a Abs. 1 VwVfG des Bundes. Kritisch dazu u. a. *Siegel*, DVBl. 2020, S. 552 (556). Das Landesrecht ist hier teils transparenter, siehe bspw. § 3a Abs. 1 S. 2 und 3 VwVfG NRW.

29 Hierzu allgemein *Schoch*, in: Schoch/Schneider (Fn. 24), Einl. Rn. 278 f.; *Schmitz*, in: Stelkens/Bonk/Sachs, VwVfG, 10. Aufl. 2023, § 1 Rn. 61. Zu Ausnahmen vom simultanen Nachvollzug im Bereich der Verwaltungsdigitalisierung (insbes. bzgl. § 35a VwVfG) näher *Siegel* (Fn. 15), S. 194.

30 Vgl. hierzu die – allerdings mittlerweile leicht veraltete – Synopse bei *Denkhaus/Richter/Bostelmann*, in: dies. (Fn. 6), EGovG – Einleitung, Rn. 33. Siehe aus dem Landesrecht etwa erneut die vorbildliche Regelung des § 3a Abs. 1 S. 2 und 3 VwVfG NRW.

31 So sieht etwa § 2 EGovG BW keine Verpflichtung der Behörde vor, den Zugang für die Übermittlung von qualifiziert elektronisch signierten elektronischen Dokumenten zu eröffnen; vielmehr genügt es, wenn ein anderer elektronischer Übermittlungsweg definiert wird. Dies gibt laut VGH Mannheim, Urt. v. 27. 4. 2023, 2 S 1/22, BeckRS 2023, 11733, den Landesbehörden die Möglichkeit, den Zugang bspw. allein für De-Mail-Nachrichten zu eröffnen. Selbst wer sich als Bürger die für eine qualifizierte elektronische Signatur – den „Goldstandard" sicherer elektronischer Kommunikation – notwendige Infrastruktur zulegt, kann also keineswegs mit allen deutschen Behörden rechtssicher kommunizieren. Dies ist erkennbar unsinnig.

32 Vorbildlich BFH, Urt. v. 29. 2. 2024, VI R 2/22, BeckRS 2024, 8867, wonach § 67 S. 1 Hs. 2 EStG keine Sperrwirkung für andere Formen der elektronischen Übermittlung

Die EGovG des Bundes und der Länder zeichnen sich ferner dadurch aus, dass für die Behördenseite nicht nur eine objektive Verpflichtung zur Eröffnung eines elektronischen Zugangs festgeschrieben wurde, sondern diese durch weitere, für die elektronische Abwicklung von Verwaltungsverfahren wichtige Funktionalitäten ergänzt wurde. Hierzu zählen etwa im Bundesrecht die nach § 4 EGovG einzurichtende elektronische Bezahlmöglichkeit. Unter Kommunikationsaspekten relevant ist zudem § 3 EGovG, wonach allgemeine Informationen zu den Behörden und deren Verfahren online vorzuhalten sind – im Fachrecht wird dies bisweilen durch die Pflicht, verfahrensscharfe Informationen vorzuhalten, ergänzt (bspw. § 53 Abs. 4 und 5 GWB; § 28 DDG). Nach §§ 5, 5a EGovG können Nachweise regelmäßig elektronisch eingereicht bzw. automatisiert bei der nachweisliefernden Stelle abgerufen werden. Kein Defizit ist es, dass das EGovG bzw. das VwVfG für das Verwaltungsverfahren – anders als § 55a VwGO i. V. m. der ERVV[33] für den elektronischen Rechtsverkehr mit den Verwaltungsgerichten – darauf verzichtet, detaillierte technische Spezifizierungen zu den elektronischen Dokumenten vorzusehen; der pragmatischere Ansatz des § 3a Abs. 4 VwVfG dürfte der Vielfalt der Verwaltung und der Technikkompetenz des Durchschnittsbürgers viel eher gerecht werden.[34] Gemäß § 9 Abs. 1 S. 2 EGovG sind die Abläufe ferner so zu gestalten, dass Verfahrensbeteiligte Informationen zum Verfahrensstand und zum weiteren Verfahren sowie die Kontaktinformationen der zum Zeitpunkt der Anfrage zuständigen Ansprechstelle auf elektronischem Wege abrufen können. Schließlich ist hier noch das Gebot der Barrierefreiheit in § 16 EGovG zu nennen.

Auch an diesem Punkt hat der Bundesgesetzgeber seine Schrittmacherfunktion mittlerweile freilich an das Unionsrecht abgetreten. Dieses macht in Art. 9 ff. SDG-VO noch weitergehende Vorgaben zur Nutzerfreundlichkeit der verfahrensbezogenen Kommunikation.[35] So müssen die erforderlichen Informationen etwa „leicht zu finden und [zu] verstehen" sein (Art. 9

---

eines Kindergeldantrags entfaltet, so dass ein mittels beA an das besondere elektronische Behördenpostfach (beBPo) der Familienkasse übermittelter Kindergeldantrag als „schriftlicher Antrag" im Sinne der allgemeinen Vorschriften behandelt werden kann.

33 Verordnung über die technischen Rahmenbedingungen des elektronischen Rechtsverkehrs und über das besondere elektronische Behördenpostfach v. 24. 11. 2017, BGBl. I, S. 3803.

34 Verfehlt ist daher der restriktive Ansatz mancher Gerichte in dieser Sache, dazu *Lenk/Neumann* (Fn. 5), S. 635 f.

35 Zu beachten ist, dass der Anwendungsbereich nach Art. 2 i. V. m. Anhang I SDG-VO grundsätzlich auf Konstellationen mit grenzüberschreitendem Bezug beschränkt ist;

Abs. 1 lit. a SDG-VO). Nach Art. 10 SDG-VO sind außerdem die maßgeblichen Informationen über das Verfahren, etwa die zuständige Behörde, anfallende Gebühren oder bestehende Rechtsschutzmöglichkeiten online bereitzustellen. Gleiche Informationen müssen den Nutzern zu den sog. „Hilfs- und Problemlösungsdiensten" zur Verfügung gestellt werden, vgl. Art. 11 SDG-VO. Mit Blick auf den überwiegend grenzüberschreitenden Anwendungsbereich der SDG-VO ist daneben von besonderer Relevanz, dass Art. 12 SDG-VO vorschreibt, dass die Mitgliedstaaten die genannten Informationen auch in derjenigen Amtssprache zur Verfügung stellen müssen, „die von der größtmöglichen Anzahl grenzüberschreitender Nutzer weitgehend verstanden wird", was regelmäßig die englische Sprache sein dürfte.

Für die Behördenseite lässt sich somit festhalten, dass der (Bundes-)Verwaltungsverfahrensgesetzgeber seiner digitalen Verantwortung jedenfalls insoweit gerecht wird, als dass deutsche Behörden *heute* (fast) flächendeckend zur Eröffnung des elektronischen Zugangs verpflichtet sind.[36] Dass der Gesetzgeber im einfachen Recht dort, wo es geboten ist, auch Ausnahmen anerkennen kann, versteht sich von selbst (vgl. etwa § 6 Abs. 1 S. 2 PassG). Sinnvoll erschiene allerdings eine noch weitergehende *Vereinheitlichung* der Regeln von Bund und Ländern, auch bei den die Zugangspflicht rahmenden Vorschriften, da gerade hier eine sachliche Berechtigung für föderale Vielfalt nicht erkennbar ist.[37] Inhaltlich böte es sich an, die besonders bürgerfreundlich gestalteten Vorgaben der Art. 9 ff. SDG-VO auch über den Anwendungsbereich der Verordnung hinaus als Vorbild zu nehmen.

3. Grenzen des Freiwilligkeitsprinzips auf Bürgerseite

Nach wie vor nicht abgeschlossen ist demgegenüber die Diskussion zur elektronischen Kommunikation auf Bürgerseite. Anders als für die Behörden gilt für die Bürger im Verwaltungsverfahren – bis auf Spezialmaterien

---

vgl. hierzu auch *Siegel* (Fn. 11), S. 908 f., dort auch zur Frage, inwieweit sich hieraus eine „Sogwirkung" für das mitgliedstaatliche Recht ergibt.

36 Zum Konzept der „digitalen Verantwortung" *Wischmeyer*, in: Hill/Mehde (Fn. 2), S. 133.

37 Kritisch dazu auch *Schliesky*, in: Kahl/Ludwigs (Hrsg.), Handbuch des Verwaltungsrechts, Bd. IV, 2022, § 113 Rn. 41.

wie das Steuer-[38] oder das Vergaberecht[39] – weiterhin das Freiwilligkeitsprinzip, d. h. der Bürger kann sich der elektronischen Kommunikation auch ganz verweigern.[40] Unter Pandemie-Bedingungen kam es in den Ländern gleichwohl temporär zu rein elektronischen Antragsverfahren, ohne die insbesondere das erhebliche Förderantragsaufkommen im Rahmen der Corona-Hilfen wohl kaum hätte bewältigt werden können.[41] Inwieweit die hier auch durch die besonderen Bedingungen der Katastrophe diktierte Gewichtung des verwaltungsverfahrensrechtlichen Effektivitäts- und Zügigkeitsgebots Folgewirkungen für die Normallage entwickeln wird, bleibt abzuwarten. Teilweise sieht das Landesrecht insoweit zumindest bereits vor, dass die Bürger an einer von ihnen getroffenen Entscheidung für die elektronische Kontaktaufnahme durch die Behörde festgehalten werden können (vgl. § 4 Abs. 1 EGovG NRW).[42] Bisweilen wird die Durchführung digitaler Verwaltungsverfahren auch als Regelfall ausgewiesen („Digital First"),[43] so in Art. 20 Abs. 1 S. 1 BayDiG, wobei Art. 12 Abs. 1 S. 3 BayDiG zugleich – bisher präzedenzlos – ein Recht auf nichtdigitale Verfahrensdurchführung anerkennt. Das OZGÄndG ist noch über Art. 20 Abs. 1 S. 1 BayDiG hinausgegangen. § 1a Abs. 1 OZG n. F. sieht nun vor, dass „Verwaltungsleistungen, die der Ausführung von Bundesgesetzen dienen und ausschließlich Nutzer im Sinne des § 2 Absatz 4 Nummer 2 [= Unternehmen im Sinne des § 3 Abs. 1 des Unternehmensbasisdatenregistergesetzes] betreffen, spätestens mit Ablauf des fünften auf die Verkündung des Gesetzes [...] folgenden Kalenderjahres ausschließlich elektronisch angeboten werden"

38 Dazu im Überblick *Spilker*, NVwZ 2022, S. 680 (681 f.).

39 Vgl. § 97 Abs. 5 GWB für Verfahren oberhalb der Schwellenwerte, dazu *Siegel*, in: Seckelmann (Hrsg.), Digitalisierte Verwaltung, Kap. 13 Rn. 6, 17 ff.; *Vogt*, E-Vergabe, 2019, S. 59 ff. Zum Entwicklungstrend siehe auch *Siegel*, Jura 2020, S. 920 (923 f.).

40 Die maßgeblichen Normen, allen voran § 1 Abs. 1 OZG, sind in ihrer Absicht, die digitale Kommunikation nur als *zusätzliche* Nutzungsmöglichkeit einzuräumen, eindeutig. Zum „auch" des § 2 Abs. 1 EGovG des Bundes vgl. BT-Drs. 17/11473, S. 34. Allerdings kann eine entsprechende Erklärung auch konkludent durch elektronische Kontaktaufnahme erfolgen.

41 Hierzu pragmatisch-permissiv VGH München, Beschl. v. 11. 11. 2020, 6 CE 20.2428, BeckRS 2020, 32753, Rn. 5.

42 Siehe zur Problematik auch – mit unterschiedlichen Akzenten – *Müller*, in: BeckOK VwVfG (Fn. 24), § 3a Rn. 6; *Hornung*, in: Schoch/Schneider (Fn. 24), § 3a Rn. 47.

43 Siehe hierzu Art. 20 Abs. 1 S. 1 Bayerisches Digitalgesetz (BayDiG) v. 22. 7. 2022 (BayGVBl. 2022, S. 374 ff.). Zu den Unterschieden zwischen Art. 20 Abs. 1 S. 1 BayDiG und dem ähnlich klingenden Art. 14 Abs. 2 SchlHVerf näher *Botta*, NVwZ 2022, S. 1247 ff.; siehe zur schleswig-holsteinischen Regelung auch *Schliesky*, in: Kahl/Ludwigs (Fn. 37), § 113 Rn. 44.

sollen; zugleich sind Ausnahmen für den Fall eines berechtigten Interesses der Nutzer möglich.

Die damit verbundenen Fragen werden unter dem Stichwort „digital first" bzw. sogar „digital only" intensiv diskutiert.[44] Derzeit wird allerdings in der „Normallage" nur in speziellen Fachverfahren, in denen von einer hinreichenden Digitalkompetenz der ganz überwiegenden Zahl relevanter Nutzer ausgegangen werden kann, bereits die Voraussetzung dafür vorliegen, die Nutzung von Online-Diensten *obligatorisch* auszugestalten – etwa bei Rechtsanwälten (vgl. § 55d VwGO).[45] Gleiches gilt für die elektronische Bekanntgabe.[46] Auf geraume Zeit wird zudem gelten müssen, dass aus rechtsstaatlichen Gründen jedenfalls für Härtefälle stets auch ein analoger Zugang zur Verwaltung eröffnet werden muss.[47] Die IT-Sicherheitslage bzw. die mit ihr verbundenen verfassungsrechtlichen Schutzaufträge sprechen zudem dafür, analoge Auffangkompetenzen dauerhaft für den Notfall beizubehalten.[48]

Dabei ist nicht zu vernachlässigen, dass die parallele Offenhaltung eines in jeder Hinsicht gleichwertigen analogen Weges für den Staat erhebliche Kosten verursacht: Kosten in Form rechtlicher Risiken, weil sowohl die Online- als auch die analoge Kommunikation fehlerfrei beherrscht werden muss; aber natürlich auch in Gestalt von Errichtungs- und Betriebskosten für die jeweiligen Infrastrukturen. Diese Kosten schlagen sich fiskalisch nieder und begrenzen damit die Handlungsspielräume der Verwaltung. Zudem ist zu bedenken, dass es für immer größere Teile der Bevölkerung immer weniger plausibel ist, den analogen Zugang als Normalfall und den digitalen Zugang als begründungsbedürftigen, weil potenziell exkludierenden Sonderweg einzustufen. Auch darf nicht außer Acht gelassen werden,

44 Vgl. *Botta* (Fn. 43), S. 1247; *Schulz*, RDi 2023, S. 518; *Eichenhofer*, JZ 2023, S. 1052; *Kubicek*, VM 2023, S. 60.

45 Vorsichtig auch *Siegel*, NVwZ 2023, S. 193; *Britz/Eifert*, in: Voßkuhle/Eifert/Möllers (Fn. 2), § 26 Rn. 70.

46 Bei der Bekanntgabe von elektronischen Verwaltungsakten (§ 41 Abs. 2a, § 9 OZG) ist umstritten, ob der tatsächliche Abruf erforderlich ist (so eindeutig § 41 Abs. 2a VwVfG) oder ob – entsprechend der für die analoge Welt geltenden Maßstäbe – die zumutbare Möglichkeit der Kenntnisnahme genügt. Nach *Guckelberger/Starosta* (Fn. 6), S. 1163 f., lässt § 9 OZG in bestimmten Konstellationen die Möglichkeit der Kenntnisnahme genügen. Anders wohl *Siegel* (Fn. 45), S. 198.

47 Vgl. näher *Guckelberger* (Fn. 2), S. 171 f.; *Britz/Eifert*, in: Voßkuhle/Eifert/Möllers (Fn. 2), § 26 Rn. 55 f.; *Botta* (Fn. 44), S. 1250 f.

48 Zur den weitgehend objektiv-rechtlichen Forderungen des Verfassungsrechts in Sachen IT-Sicherheit siehe *Wischmeyer* (Fn. 20), S. 156 ff.

dass Bürgerämter etwa für mobilitätseingeschränkte Personen durchaus (physische!) Zugangsbarrieren bereithalten, die durch die digitale Bereitstellung von Verwaltungsleistungen überwunden werden könnten. Der Verweis auf die individuelle Medienkompetenz kann in einer sich rapide digitalisierenden Gesellschaft in der notwendigen Gesamtabwägung daher jedenfalls nicht stets das ausschlaggebende Argument sein. Statt eines Gegeneinanders von analogem und digitalem Zugang sollte es in Zukunft ohnehin eher darum gehen, die unterschiedlichen Kommunikationswege in einer Form zu kombinieren, die Effektivität, Effizienz und Inklusivität gleichermaßen sichert. Notwendig ist zudem, den Bürgern durch angemessene Vorlauffristen ausreichend Gelegenheit zur Umstellung zu geben; wenn das OZGÄndG für Unternehmen fünf Jahre für nötig erachtet, dürfte die Frist für Privatpersonen kaum kürzer ausfallen.

III. Kommunikationsinfrastrukturen

1. Vertrauensdienste als technikrechtliche Herausforderung

Während der Verwaltungsverfahrensgesetzgeber die Verwaltung per Federstrich zur Öffnung für elektronische Kommunikation verpflichten konnte, gestaltete sich der Aufbau der technischen Infrastrukturen, die für eine den Anforderungen der Rechtsförmlichkeit genügende Form der Kommunikation erforderlich sind, deutlich komplizierter.[49] Jedenfalls anfangs standen hierfür auch kaum kommerzielle Lösungen bereit, die der Staat hätte nutzen können. Stattdessen musste er die Entwicklung entsprechender Technologien selbst vorantreiben. Der Aufbau und die Entwicklung einer ebenso leistungsfähigen wie nutzerfreundlichen Kommunikationsinfrastruktur hätte wohl auch agilere Organisationen als den deutschen Staat überfordert. Weiter verkomplizierend wirkte, dass die gefundenen Lösungen den ihrerseits alles andere als trivialen – und sich stetig verschärfenden – Anforderungen aus dem Datenschutzrecht und dem IT-Sicherheitsrecht genügen müssen.[50] Gleichwohl machte sich der Gesetzgeber frühzeitig und ambitioniert auf den Weg, den nötigen technischen Entwicklungsprozess

49 Ausgeblendet bleibt im Folgenden der Bereich der (Verwaltungs-)Netze. Dazu nun *Buckler*, Infrastrukturen der Digitalisierung, 2023, S. 354 ff.

50 Näher *Britz/Eifert*, in: Voßkuhle/Eifert/Möllers (Fn. 2), § 26 Rn. 59. Mit Blick auf die NIS-2-Richtlinie (RL [EU] 2022/2555, ABl. 2022 L Nr. 333, S. 80), die erstmals auch die öffentliche Verwaltung in ihren Anwendungsbereich einbezieht, kommen hier

durch Zielvorgaben, Organisationsentscheidungen und Fachverfahren zu initiieren und zu strukturieren.

Die maßgeblichen Entscheidungen wurden allerdings nicht im (deutschen) Verwaltungsverfahrensrecht getroffen. Bei der Herausbildung der rechtlichen Grundlagen für eine Kommunikationsinfrastruktur übernahm vielmehr die Europäische Union erst mit der Signatur-Richtlinie[51] und dann seit 2014 mit der eIDAS-VO[52] die Gestaltungsverantwortung. Die eIDAS-VO enthält hierzu eine Mischung aus Regeln zur gegenseitigen Anerkennung (Art. 6 f. eIDAS-VO) und klassischen Elementen der Technikregulierung, konkret Zielvorgaben für die Technologie sowie Vorgaben zur Akkreditierung und Aufsicht über die regelmäßig privaten Anbieter, die sog. qualifizierten Vertrauensdiensteanbieter (Art. 20 f. eIDAS-VO).[53] Ein Blick in diese Verordnung und in das Vertrauensdienstegesetz zeigt dabei, wie komplex der Aufbau einer hinreichend „vertrauensvollen" Kommunikationsinfrastruktur ist. Die erforderlichen Komponenten umfassen u. a. sichere Identifizierungsdienste, elektronische Signaturen, Siegel – für natürliche und juristische Personen –, Zeitstempel, Zustelldienste etc., die allesamt europaweit grenzüberschreitend funktionieren müssen.

An der Rolle des europäischen Gesetzgebers als Treiber der technischen Innovation auf der Ebene der Kommunikationsinfrastrukturen hat sich bis heute wenig geändert, wie die derzeit im Kontext der Reform der eIDAS-VO diskutierte „European Digital Identity Wallet" (ID-Wallet) zeigt.[54] Auch diese Technologie, mit der man sich nach der Intention des europäischen Gesetzgebers ab 2026 on- wie offline über das Smartphone rechtssicher ausweisen können soll, existiert bislang nicht. Für Deutschland hat die Bundesagentur für Sprunginnovationen (SPRIND) nun einen entsprechenden Innovationsprozess aufgesetzt.[55]

---

erhebliche Umsetzungslasten auf die deutschen Behörden zu. Zum Datenschutzrecht ferner exemplarisch *Böllhoff/Botta*, NVwZ 2021, S. 425 ff.

51 RL 1999/93/EG v. 13. 12. 1999, ABl. 2000 L Nr. 13, S. 12.

52 VO (EU) 910/2014 v. 23. 7. 2014, ABl. 2024 L Nr. 257, S. 73; dazu *Roßnagel*, NJW 2014, S. 3686.

53 Vgl. für Deutschland die gemäß Art. 22 eIDAS-VO hier gelisteten Anbieter: https://www.elektronische-vertrauensdienste.de/EVD/DE/Uebersicht_eVD/start.html.

54 *Leisegang*, EU-Parlament stimmt für digitale Brieftasche, 29. 2. 2024, https://netzpolitik.org/2024/eidas-reform-eu-parlament-stimmt-fuer-digitale-brieftasche.

55 Siehe die Pressemitteilung: https://www.sprind.org/de/artikel/eudi-wallet/.

2. Rezeption im Verwaltungsverfahrensrecht

Inwieweit die eIDAS-VO und die damit verbundenen Rechtsakte ihren Zielen bzw. den an sie gerichteten Erwartungen gerecht werden, ist nicht das Thema dieses Beitrags. Vielmehr soll nachfolgend untersucht werden, wie sich das Verwaltungsverfahrensrecht zu diesen unionsrechtlichen Einflüssen verhalten hat.

Zunächst muss konstatiert werden, dass das VwVfG insoweit rein *rezeptiv* war, also keinen eigenen Steuerungsanspruch erhob. So übernahm der Gesetzgeber 2002 in § 3a Abs. 2 VwVfG schlicht die seinerzeit in der Sig-RL bzw. im SigG[56] geregelte qualifizierte elektronische Signatur als elektronisches Äquivalent zur handschriftlichen Unterschrift. Bei oberflächlicher Betrachtung war dies ein Schritt in Richtung Digitalisierung, erweiterte sich damit doch das Spektrum der Kommunikationsformen im Verwaltungsverfahren. § 3a Abs. 2 VwVfG 2002 wurde aber dem eigenen Anspruch, das Verwaltungsverfahren für moderne Technologien zu öffnen und einen angemessenen Ausgleich zwischen IT- und Rechtssicherheit einerseits und Nutzerfreundlichkeit andererseits[57] zu schaffen, nur eingeschränkt gerecht.[58] Denn die Signatur-Richtlinie, die die qualifizierte elektronische Signatur auch gar nicht spezifisch für die Erfordernisse der Verwaltungskommunikation entwickelt hatte, priorisierte – gerade im Vergleich mit den der Schriftform in Verwaltungsverfahren *real* zukommenden Funktionen[59] – deutlich die Sicherheitsaspekte und verlangte zudem, wenig nutzerfreundlich, die Anschaffung zusätzlicher Hard- und Software.[60] Für Behörden stand und steht sie zudem teils quer zu den etablierten Formen der Arbeitsorganisation, konnte doch jeweils nur das auf den zeichnungsbefugten Mitarbeiter ausgestellte Signaturzertifikat zur Signierung genutzt

56 Gesetz v. 16. 8. 2001, BGBl. I 2001, S. 876; dazu *Roßnagel* (Hrsg.), Die elektronische Signatur in der öffentlichen Verwaltung, 2002.

57 Dazu allgemein *Guckelberger* (Fn. 2), Rn. 645 ff.

58 Siehe BT-Drs. 14/9000, S. 26 f.

59 Zu den Funktionen, namentlich zur Abschluss-, Perpetuierungs-, Identitäts-, Echtheits-, Verifikations-, Beweis- und Warnfunktion, *Hornung*, in: Schoch/Schneider (Fn. 24), § 3a Rn. 73. Vgl. auch *Britz/Eifert*, in: Voßkuhle/Eifert/Möllers (Fn. 2), § 26 Rn. 68: „Letztlich kann die Schriftform in Verwaltungsverfahren aber auch nur der Dokumentation dienen und unterscheiden sich die Anforderungen an Identität und Authentizität zwischen den Verwaltungsverfahren deutlich, so dass die Anforderungen für deren elektronische Abwicklung auch aufgabenspezifisch festgelegt werden können."

60 Vgl. nur *Prell/Altmiks*, NVwZ 2024, S. 110.

werden, was bei den allfälligen Wechseln und Vertretungsfällen Probleme bereitete.[61] Auch heute noch wird die qualifizierte elektronische Signatur von deutschen Behörden daher nur selten genutzt. Insgesamt schaffte es § 3a Abs. 2 VwVfG 2002 nicht, die Technik an die Erfordernisse des Verfahrensrechts anzupassen, bzw. die Norm unternahm nicht einmal einen Versuch in diese Richtung.

Die Überforderung nicht nur der Verwaltung, sondern auch vieler Bürger mit den neuen Kommunikationsstrukturen zeigt sich in zahlreichen verwaltungsgerichtlichen Entscheidungen, in denen etwa Widerspruch per einfacher E-Mail oder über ein vom Bundesland betriebenes „Kundenportal" eingelegt wurde,[62] ohne dass die elektronischen Formen des § 3a Abs. 2 VwVfG 2002 gewahrt wurden. Die Rechtsprechung hat hierauf bezeichnenderweise – und zurecht – mit einer großzügigen Interpretation des Schriftlichkeitserfordernis reagiert, die zwar der „schlichten" E-Mail die formwahrende Wirkung versagt hat, sich im Ergebnis aber trotzdem als deutlich „digitalfreundlicher" erwiesen hat als § 3a Abs. 2 VwVfG 2002.[63] Wenn jüngere Entscheidung demgegenüber ausführen, durch die mittlerweile geschaffenen Regeln zum elektronischen Rechtsverkehr sei das praktische Bedürfnis für eine solche großzügige Handhabung der Schriftform entfallen, verkennt dies die nach wie vor bestehenden tatsächlichen Gegebenheiten.[64]

Auch in der Folgezeit fiel es dem Verwaltungsverfahrensgesetzgeber schwer, sich vom Primat der Technik zu lösen. Im Zusammenhang mit dem Erlass des EGovG wurden zwar die Möglichkeiten des elektronischen Zugangs zur Verwaltung durch Novellierung des § 3a Abs. 2 VwVfG 2013 erweitert.[65] Die qualifizierte elektronische Signatur bekam mit der De-Mail auch eine Alternative, die sich allerdings gleichfalls in der Praxis nicht durchsetzen konnte. Einen Fortschritt in Sachen Nutzerfreundlichkeit stell-

---

61 *Prell/Altmiks* (Fn. 60), S. 111.

62 VGH Mannheim, Urt. v. 8. 6. 2021, 4 S 1004/21, BeckRS 2021, 17235.

63 Hierzu bereits *Kintz*, NVwZ 2004, S. 1429. Zu verschiedenen Facetten der Problematik in der Praxis siehe beispielhaft BVerwG, Beschl. v. 15. 12. 2016, 5 P 9.15, Juris Rn. 30; BVerwG, Beschl. v. 2. 7. 2020, 2 WRB 1/20, Juris Rn. 13 ff.; BFH, Urt. v. 13. 5. 2015, III R 26/14, Juris Rn. 12 ff.; OVG NRW, Urt. v. 28. 5. 2015, 2 A 95/15, Juris Rn. 34; VGH München, Beschl. v. 23. 9. 2021, 4 ZB 21.1847, BeckRS 2021, 30964, Rn. 14; VGH München NVwZ-RR 2022, S. 744; OVG Schleswig, Urt. v. 27. 10. 2022, 4 LB 4/20, BeckRS 2022, 31071 Rn. 38 ff.

64 So aber VG Hamburg, MMR 2024, S. 206 Rn. 21.

65 Durch das Gesetz zur Förderung der elektronischen Verwaltung sowie zur Änderung weiterer Vorschriften v. 25. 7. 2013, BGBl. I 2013, S. 2749; dazu näher *Prell*, NVwZ 2013, S. 1514 (1516 ff.).

te jedoch die gleichzeitig für den „Hinkanal" vom Bürger zur Verwaltung geschaffene Möglichkeit dar, über Webformulare Erklärungen unmittelbar an das IT-System der Behörden zu übertragen (§ 3a Abs. 2 S. 4 Nr. 1 VwVfG 2013; jetzt § 3a Abs. 3 Nr. 1 VwVfG n. F.), wobei die eindeutige Identifizierung über den elektronischen Personalausweis bzw. seine Äquivalente erfolgt (§ 18 PAuswG, § 12 eIDK-Gesetz[66], § 78 Abs. 5 AufenthG).[67] Insbesondere die Kombination aus elektronischem Personalausweis und Ausweis-App hat heute einen gewissen Verbreitungsgrad erfahren. Inwieweit die jüngst berichtete Sparmaßnahme, wonach die Aktivierung oder Zurücksetzung der für die Nutzung nötigen PIN nicht mehr wie bislang per Brief über das PostIdent-Verfahren, sondern nur noch vor Ort im Amt vorgenommen werden kann,[68] zu einem Nutzungseinbruch führt,[69] bleibt abzuwarten.

In diesem Zusammenhang ist schließlich die aktuelle Änderung des § 3a VwVfG durch das 5. VwVfÄndG von 2023 zu erwähnen.[70] Diese hat die Norm gegenüber der Fassung von 2013 zwar nicht grundlegend modifiziert, aber die Zahl der Schriftformäquivalente durch Integration der für den elektronischen Rechtsverkehr mit den Gerichten geschaffenen Strukturen, namentlich des besonderen elektronischen Anwalts- (beA) und Behördenpostfachs (beBPo) und des elektronischen Bürger- und Organisationenpostfachs (eBO), nochmals erweitert. Insoweit besteht Schriftformersatz allerdings nur im „Hinkanal" zur Behörde; für schriftformbedürftige Verwaltungsakte, die auch an anderer Stelle zu Beweiszwecken dienen sollen, ist die Infrastruktur des § 3a Abs. 3 Nr. 2 VwVfG n. F. nicht geeignet.[71] Für den „Rückkanal" wurde demgegenüber auch das elektronische Behör-

---

66 Eingefügt durch Gesetz v. 21. 7. 2019, BGBl. I 2019, S. 846.

67 Erwähnenswert ist ferner § 3a Abs. 5 VwVfG n. F.: „Ermöglicht die Behörde die unmittelbare Abgabe einer Erklärung in einem elektronischen Formular, das von der Behörde in einem Eingabegerät oder über öffentlich zugängliche Netze zur Verfügung gestellt wird, so hat sie dem Erklärenden vor Abgabe der Erklärung Gelegenheit zu geben, die gesamte Erklärung auf Vollständigkeit und Richtigkeit zu prüfen. Nach der Abgabe ist dem Erklärenden eine Kopie der Erklärung zur Verfügung zu stellen."

68 Zur Rechtsgrundlage vgl. Durchführungsverordnung (EU) 2015/1502 i. V. m. § 20 Abs. 2 der Personalausweisverordnung (PAuswV) sowie BSI, Technische Richtlinie TR-03128-3.

69 Zu den Details siehe BT-Drs. 20/10315 v. 13. 2. 2024.

70 Gesetz v. 4. 12. 2023 BGBl. I 2023, Nr. 344. Zur Parallelregelung im Sozialverfahrensrecht siehe das Gesetz zur Anpassung des Zwölften und des Vierzehnten Buches Sozialgesetzbuch und weiterer Gesetze v. 22. 12. 2023, BGBl. I 2023, Nr. 408. Hierzu und zur differenzierten Regelung in der AO *Schulz*, NVwZ 2024, S. 396 (398 f.).

71 *Schulz* (Fn. 70), S. 398.

densiegel als personenunabhängiges Organisationszertifikat i. S. d. Art. 3 Nr. 29 eIDAS-VO durch § 3a Abs. 3 Nr. 3 lit. a VwVfG n. F. als schriftformersetzend anerkannt. Dieses hat gegenüber dem mit einer qualifizierten elektronischen Signatur versehenen Behördendokument allerdings nur eine eingeschränkte Beweiskraft als öffentliche Urkunde (§§ 371a Abs. 3 S. 2, 437 ZPO).

Insgesamt stellt sich der Auf- und Ausbau elektronischer Kommunikationsinfrastrukturen als durchaus mühsam dar. Der Verwaltungsverfahrensgesetzgeber agierte insoweit in der Vergangenheit, auch aus einem Mangel an brauchbarer Technologie, eher zögerlich und inkrementell. Das hatte zwar den Vorzug, dass Fehlentwicklungen wie die De-Mail im Verfahrensrecht keinen „Schaden" anrichteten. Dennoch ließ man sich (zu) lange Zeit damit, aus den Erfordernissen und der Logik des Verwaltungsverfahrens heraus aufgabenspezifische Anforderungen an die Technik zu definieren.

Hinzu kommt, dass der Gesetzgeber bei der Ausgestaltung von Einzelheiten technischer Anforderungen in einzelnen fachrechtlichen Bereichen inkohärent agiert. So weichen die Anforderungen des VwVfG an die Technik in verschiedenen Details vom Sozialverfahrensrecht und der Abgabenordnung ab, aber auch von den Regeln zur elektronischen Kommunikation im Verwaltungsprozessrecht.[72] All das macht die bereits technisch sehr anspruchsvolle Materie auch aus rechtlicher Sicht überaus unübersichtlich und ist mit Blick auf die Entwicklung eines klaren Anforderungsprofils an die Technik jedenfalls nicht förderlich.

3. Verfahrensrechtliche Impulse

Trotz der insgesamt geringen Steuerungswirkung, die das (deutsche) Verfahrensrecht bisher auf die Technikgestaltung ausgeübt hat, lassen sich jedenfalls zwei Konstellationen identifizieren, in denen vom Verwaltungsverfahrensrecht Impulse für die Ausgestaltung der Technik ausgegangen

72 Dazu im Detail *Schulz* (Fn. 70), S. 398 f. Anders als in der Vorgängerfassung sowie im Fall des § 55a Abs. 4 S. 1 Nr. 6 VwGO sieht § 3a VwVfG n. F. nun keine Möglichkeit zur Erweiterung der Schriftformäquivalentente durch den Verordnungsgeber mehr vor. Von der im Gesetzgebungsverfahren noch mit Hoffnung bedachten Öffnungsklausel des § 3a Abs. 2 S. 4 Nr. 4 VwVfG a. F. (vgl. *Schulz/Tischer*, NVwZ 2014, S. 1049), wurde kein Gebrauch gemacht. Gegen die Öffnungsklausel allerdings *Schmitz/Prell*, in: Stelkens/Bonk/Sachs (Fn. 29), § 3a Rn. 38i; *Prell/Altmiks* (Fn. 60), S. 110.

sind bzw. weitergehende Anpassungen des Verfahrensrechts vorgenommen wurden.

Als erstes Beispiel kann das ELSTER-Verfahren dienen: Dieses wurde im Steuerverfahrensrecht zunächst als eigenständige technische Lösung für die Identifizierung und Authentifizierung von Bürgern und Unternehmen entwickelt und erwies sich als erstaunlich populär.[73] In seiner Variante mit Software-Zertifikat hat das ELSTER-Verfahren mit aktuell über 20 Millionen Konten besonders weite Verbreitung gefunden und war lange Zeit für Unternehmen praktisch ohne Alternative.[74] Durch das StModernG 2016 hat der Gesetzgeber das ELSTER-Zertifikatsverfahren in § 87a Abs. 6 AO für sicher erklärt. Für das allgemeine Verwaltungsverfahrensrecht ist dies relevant, weil seit 2020[75] durch § 8 Abs. 6 S. 2 OZG a. F. geregelt war, dass das ELSTER-Zertifikat auch für die Identifizierung und Authentifizierung am Organisationskonto genutzt und damit eine durch Rechtsvorschrift angeordnete Schriftform ersetzt werden kann. Diese Anerkennung war allerdings gemäß § 8 Abs. 7 S. 1 OZG a F. bis zum 30. 6. 2023 befristet, auch um die vom Bund eigentlich angestrebte Fokussierung auf den elektronischen Personalausweis nicht zu unterminieren. Diese Frist ist nun abgelaufen.[76] Im Entwurf des OZGÄndG war zunächst nicht vorgesehen, die ELSTER-Alternative beizubehalten; erst auf massives Drängen der Länder hin wurde dies geändert.[77] Letztlich setzte sich hier der faktische Erfolg des ELSTER-Verfahrens gegen die aus technischer Sicht überlegene eID-Funktion des Personalausweises durch. Dass die Anerkennung weiterhin befristet war, dürfte dann auch ein Faktor bei der Verweigerung der Zustimmung durch den Bundesrat zum OZGÄndG am 22. 3. 2024 gewesen sein. Im Vermittlungsausschuss wurde die Befristung schließlich gestrichen (vgl. §§ 3 Abs. 4, 8 Abs. 3 OZG n. F.).

Zweitens hat das Verfahrensrecht eine Alternative zum Aufbau formsicherer Kommunikationsinfrastrukturen darin gesucht, dass es selbst Formerfordernisse abgebaut hat. Das ist kein für alle Bereiche des Verwaltungshandelns gangbarer Weg. Wohl auch deswegen war über lange Zeit die

73 Vgl. *Schulz* (Fn. 70), S. 399.

74 Vgl. BR-Drucks. 93/1/24 v. 11. 3. 2024, S. 2.

75 Art. 1 des Gesetzes zur Digitalisierung von Verwaltungsverfahren bei der Gewährung von Familienleistungen v. 3. 12. 2020, BGBl. I 2020 Nr. 59, S. 2668.

76 Nach *Schmitz/Prell*, in: Stelkens/Bonk/Sachs (Fn. 729), § 3a Rn. 5g, hat mit Fristablauf auch die schriftformersetzende Wirkung des § 8 Abs. 6 S. 2 OZG geendet. Daran dürfte durch die Entfristung der Norm nicht festzuhalten sein.

77 BT-Drucks. 20/8093, S. 118.

Bereitschaft nicht groß, die hierfür notwendigen Anpassungs- und Aushandlungsprozesse auf sich zu nehmen. So kam es im Zusammenhang mit dem „Dritten Gesetz zur Änderung verwaltungsverfahrensrechtlicher Vorschriften" v. 21. 8. 2002 nur in wenigen Spezialmaterien, etwa dem Bundesreise- und Bundesumzugskostenrecht, zu echten Formerleichterungen, sodass dort früh die Weichen für einen genuin digitalen Workflow der Verwaltung gestellt werden konnten.[78] Auch die 2013 eingeführte Regelung des § 5 EGovG, wonach Nachweise regelmäßig elektronisch eingereicht werden können, wurde zunächst oft restriktiv gehandhabt. Erst im Zusammenhang mit dem Onlinezugangsgesetz kam es dann zu einer großflächigeren Bereinigung der Schriftformerfordernisse, wie § 17 EGovG dokumentiert.[79] Insgesamt sind die Entformalisierungspotenziale wohl noch nicht erschöpft. Immerhin dürfte es mittlerweile jedoch ein Allgemeingut sein, dass der Zugang zur digitalen Verwaltung nicht mit Blick auf die für die analoge Welt etablierten Zugangsformen gedacht werden darf, sondern eigenständig analysiert werden muss, um „die rechtlich erforderlichen Komponenten nutzergerecht in einen digitalen Workflow einzubinden."[80]

IV. Kommunikationsplattformen

1. Verwaltungsportale als Herausforderung des Organisationsrechts

Die soeben angemahnte Vereinheitlichung und Straffung der Kommunikationswege ist das Anliegen der jüngsten Entwicklungsstufe der elektronischen Verwaltungskommunikation über „Verwaltungsportale". Ging es zuvor darum, die punktuellen Kontakte des Bürgers zur Verwaltung verfahrensscharf zu digitalisieren, sollen nun Verwaltungsportale die einzelnen, von den jeweils zuständigen Behörden weiterhin in Eigenverantwortung durchzuführenden Verwaltungsverfahren auf einer Oberfläche bündeln und damit potenziell dauerhafte verfahrensübergreifende Kommunikationsplattformen bereitstellen. Art. 91c Abs. 5 GG und die SDG-VO er-

---

78 *Schmitz/Schlatmann*, NVwZ 2002, S. 1281 (1292).

79 Vgl. Gesetz zum Abbau verzichtbarer Anordnungen der Schriftform im Verwaltungsrecht v. 29. 3. 2017, BGBl. I 2017, S. 626. Zuvor siehe den Bericht der Bundesregierung zur Verzichtbarkeit der Anordnungen der Schriftform (BT-Drs. 18/9177 v. 11. 7. 2016). Vgl. auch § 17 EGovG. Zum Rechtszustand in den Ländern *Denkhaus/Richter/Bostelmann*, in: dies. (Fn. 6), § 17 EGovG Rn. 42 f.

80 Vgl. den Gesetzentwurf der BReg, BT-Drs. 20/8093 v. 23. 8. 2023, S. 49.

möglichen und fordern hier sogar ebenenübergreifende Lösungen. Dieser Portalverbund soll künftig als bürgerfreundliche einheitliche Anlaufstelle dienen, die Leistungen „aus einer Hand“ bereitstellt („One-Stop-Government“).[81] Mit § 3 OZG n. F. wird nun das schon seit 2020 bestehende, einheitlich digitale Organisationskonto für Unternehmen durch ein zentrales Bürgerkonto ergänzt werden, das unter Einbeziehung der bisherigen Landeskonten zur DeutschlandID fortentwickelt werden soll. Der Betrieb der Landeskonten wird absehbar eingestellt (vgl. § 12 OZG n. F.).

Während die Portalidee für die Bürger und deren Kommunikation mit der Verwaltung einen deutlichen Komfortgewinn verspricht, erhöht sie auf Seiten der Verwaltung die Schwierigkeiten der Umsetzung exponentiell, ist dafür doch eine Integration der einzelnen Fachverfahren in ein fach- und ebenenübergreifendes IT-System erforderlich.[82] Die damit einhergehenden organisations- und haushaltsrechtlichen Probleme sind nach wie vor nicht bewältigt, wie die schleppende OZG-Umsetzung, das jedenfalls temporäre Scheitern des OZGÄndG und die versäumte Umsetzungsfrist der SDG-VO dokumentieren. Diese Probleme liegen außerhalb der Themenstellung dieses Beitrags.[83] Vielmehr interessieren die Portale im hiesigen Kontext primär unter dem Aspekt des elektronischen Zugangs zur Verwaltung.

2. Rezeption im Verwaltungsverfahrensrecht

Portale zeichnen sich neben der Bündelungsfunktion dadurch aus, dass die Verwaltungskommunikation an einem Ort bi- bzw. omnidirektional abgewickelt werden kann und soll. Bemerkenswert ist, dass bis zum OZGÄndG die Besonderheiten der Kommunikation über Portale im Verwaltungsverfahrensrecht nicht weiter reflektiert worden sind. Anders als beim elektronischen Rechtsverkehr mit den Gerichten, der ebenfalls portalbasiert ist, gibt es im Verwaltungsverfahren keine gesetzlich definierten „sicheren Übermittlungswege“. Eine § 55a Abs. 4 VwGO entsprechende Regelung fehlt.

---

81 *Siegel* (Fn. 11), S. 906.

82 Für das bisherige Scheitern der Verwaltungsdigitalisierung spielen organisationsrechtliche Probleme eine große Rolle; siehe hierzu *Britz/Eifert*, in: Voßkuhle/Eifert/Möllers (Fn. 2), § 26 Rn. 7.

83 Instruktiv hierzu *Neumann/Hogrebe*, in: Beck u. a. (Hrsg.), Vollzugstaugliche Rechtsetzung, 2023, S. 197 ff.

Das OZGÄndG ergänzt nun immerhin, dass die einmalige Anmeldung mit Identitätsnachweis für eine Mehrzahl von Erklärungen genügt („Single-Sign-On"), vgl. § 9a Abs. 5 OZG n. F. Es muss dann nicht mehr, wie in § 3a Abs. 3 Nr. 1 VwVfG vorgesehen, für jede Erklärung eine eigenständige Identifizierung erfolgen. Die Regelung ist in der Sache sicher zu begrüßen; die Umsetzung ist allerdings ein erneuter Beleg für das wenig strukturierte Vorgehen des Gesetzgebers, wäre es doch – wie § 55a Abs. 4 S. 1 Nr. 5 VwGO für das gerichtliche Verfahren zeigt – möglich und sinnvoll gewesen, diese Erweiterung in die allgemeine Regelung des § 3a Abs. 3 Nr. 1 VwVfG aufzunehmen.[84]

Für den Rückkanal kann über das „Postfach" des „Nutzerkontos" (vgl. § 2 Abs. 5 und 7 OZG) insbesondere auch die Bekanntgabe elektronischer Verwaltungsakte erfolgen, wobei § 9 OZG im Anwendungsbereich des OZG der allgemeinen Regelung des § 41 Abs. 2a VwVfG[85] vorgeht.[86] Grundsätzlich kann hierbei auch ein schriftformersetzendes qualifiziertes elektronisches Behördensiegel genutzt werden, dass durch das OZGÄndG in § 9a Abs. 6 OZG eingeführt wurde. Angesichts der weitergehenden Vorschrift des § 3a Abs. 3 lit. a VwVfG, die nicht wie § 9a Abs. 6 OZG n. F. auf die ins Postfach eines Nutzerkontos übermittelten Dokumente beschränkt ist, ist hier allerdings kein echter Fortschritt erkennbar.

Diese eher kleinteiligen Punkte stellen das Konzept eines ebenenübergreifenden Verwaltungsportals nicht in Frage: Vielmehr versprechen die Einheitlichkeit und Klarheit des elektronischen Zugangs aus Bürgersicht deutliche Vorteile. Die im Detail immer komplexere Überlagerung des VwVfG zunächst durch das EGovG und sodann auch durch das OZG erschweren allerdings erneut und unnötigerweise den rechtlichen Zugriff und damit wohl auch mittelbar die technische Umsetzung.[87]

---

84 *Schulz* (Fn. 70), S. 399.

85 Eingefügt durch Art. 20 Nr. 4 des Gesetzes zur Modernisierung des Besteuerungsverfahrens v. 18. 7. 2016, BGBl. I 2016, S. 1679.

86 Zur Problematik jüngst OVG Bremen, Beschl. v. 19. 4. 2023, 8 B 321/22, BeckRS 2023, 10635, Rn. 22 f.

87 So findet sich bspw. die Regelung des § 3a Abs. 5 VwVfG nun auch in modifizierter Form in § 9a Abs. 2 OZGÄndG. Hinzu kommen Sonderregelungen für die Sozial- und Finanzverwaltung.

3. Verfahrensrechtlicher Impuls: Das „Recht auf digitale Verwaltung"

Neben einer nutzerfreundlichen Möglichkeit zur Identifizierung und Authentifizierung ist eine weitere Bedingung für den Erfolg der Portale, dass sich darüber die wichtigsten Verwaltungsleistungen tatsächlich digital abwickeln lassen. An dieser Stelle berührt sich das Thema der elektronischen Kommunikation im Verwaltungsverfahren mit der allgemeinen Problematik der Verwaltungsdigitalisierung.

Hier soll nur auf einen – jüngst erneut kontrovers diskutierten – Aspekt eingegangen werden: das sog. „Recht auf digitale Verwaltung", welches durch das OZGÄndG in § 1a Abs. 2 OZG n. F. festgeschrieben wurde. Bei Lichte betrachtet enthält die Vorschrift freilich kein Recht auf eine digitale Verwaltung, sondern vielmehr ein Recht auf elektronische Kommunikation. Der Gesetzgeber geht insoweit davon aus, dass „der einklagbare Anspruch [...] auf den elektronischen Zugang des Nutzers zu der jeweiligen Verwaltungsleistung beschränkt" ist und somit gerade „kein Recht auf eine vollständig elektronische Abwicklung weiterer, insbesondere behördeninterner, Verfahrensschritte" vermittelt.[88] Die Norm ist dennoch eine markante Abkehr von bisherigen Überzeugungen: So kannte das VwVfG nur in § 71e VwVfG ein subjektives Recht auf elektronische Interaktion mit den Behörden; auch die E-Government-Gesetze in Bund und Ländern positionieren sich hier ganz überwiegend zurückhaltend.[89] Zu § 1 OZG in der bisher geltenden Fassung hatte der Gesetzgeber seine klar ablehnende Auffassung ebenfalls eindeutig dokumentiert.[90]

Diese Zurückhaltung war seinerzeit schon kaum noch nachvollziehbar. Heute jedenfalls ist die Verfügbarkeit elektronischer Kommunikationsmöglichkeiten kein „nice to have" mehr, sondern erleichtert breiten Bevölkerungsschichten den Zugang zum Recht. Auch aus funktionalen Gründen erscheint es widersprüchlich, dass der Gesetzgeber einerseits schon im EGovG 2013 den Willen zur flächendeckenden Etablierung digitaler Kommunikationsmöglichkeiten zum Ausdruck gebracht hat, andererseits aber durch den Verzicht auf die Einräumung subjektiver Rechte mit den Gerich-

88 Siehe die Pressemitteilung der Bundesregierung v. 24. 7. 2024, abrufbar: https://www.bundesregierung.de/breg-de/themen/tipps-fuer-verbraucher/paket-fuer-digitale-verwaltung-2192618.

89 Vgl. Nachweise bei *Britz/Eifert*, in: Voßkuhle/Eifert/Möllers (Fn. 2), § 26 Fn. 40.

90 Vgl. dazu ausführlich *Guckelberger* (Fn. 2), S. 563 ff.; *Denkhaus/Richter/Bostelmann*, in: dies. (Fn. 6), OZG § 1 Rn. 17; *Britz/Eifert*, in: Voßkuhle/Eifert/Möllers (Fn. 2), § 26 Rn. 15 mit Fn. 41 ff.

ten ausgerechnet jene Akteure weitgehend aus dem Spiel genommen hat, die diesen Willen gegenüber einer unwilligen Verwaltung besonders effektiv durchsetzen und mit Blick auf die (nur) bereichsweise gebotenen Ausnahmen verbindlich kleinarbeiten könnten. Schließlich enthält auch das Unionsrecht eine entsprechende Vorgabe, zunächst punktuell in der Dienstleistungsrichtlinie und jetzt allgemein durch Art. 4 ff. SDG-VO, die nach wohl herrschendem Verständnis im Anwendungsbereich der Verordnung Bürgern und Unternehmen ebenfalls einen Anspruch auf Durchführung eines digitalen Verfahrens einräumen.[91]

V. Insbesondere: Digitale Öffentlichkeitsbeteiligung

Besondere Bedeutung hat die elektronische Kommunikation in jüngerer Zeit in Verwaltungsverfahren mit Öffentlichkeitsbeteiligung, insbesondere Planungs- und Genehmigungsverfahren, erlangt. Einen ersten Schritt in diese Richtung machte das Verwaltungsverfahrensrecht bereits 2013 mit § 27a Abs. 1 VwVfG a. F., wonach immer dann, wenn durch Rechtsvorschrift eine öffentliche oder ortsübliche Bekanntmachung angeordnet war, die Behörde deren Inhalt zusätzlich im Internet veröffentlichen sollte.[92] Vier Jahre später, 2017, wurde dann für UVP-pflichtige Vorhaben die Veröffentlichung der Bekanntmachung und bestimmter Unterlagen über ein zentrales Internetportal des Bundes für verpflichtend erklärt (§ 20 UVPG).[93] Durch das Planungsbeschleunigungsgesetz 2018 wurde diese Pflicht zur digitalen Information der Bürger auf weitere Verfahren erstreckt.[94] Auch an anderer Stelle hat der Gesetzgeber nunmehr die Weichen in diese Richtung gestellt, namentlich im Baurecht. Dort ist seit dem 7. 7. 2023 durch

---

91 Vgl. *Siegel* (Fn. 11), S. 909.

92 Eingefügt durch Art. 1 des Gesetzes zur Verbesserung der Öffentlichkeitsbeteiligung und Vereinheitlichung von Planfeststellungsverfahren (PlVereinhG) v. 31. 5. 2013, BGBl. I 2013, S. 1388 (Nr. 26). Zur rein ergänzenden Rolle des § 27a VwVfG a. F., nach der die Veröffentlichung im Internet gerade kein integraler Teil der Bekanntmachung war, siehe BVerwG, Urt. v. 7. 10. 2021, 4 A 9.19, BeckRS 2021, 41134 (LS: „Eine Verletzung des § 27a VwVfG ist unbeachtlich."). Entsprechend VGH München, Urt. v. 20. 7. 2023, 8 A 20.40020, BeckRS 2023, 37981, Rn. 53; OVG Münster, KommJur 2023, S. 463 (468). Allerdings standen Amtshaftungsansprüche im Raum, vgl. BeckOK VwVfG/Prell VwVfG § 27a Rn. 27.

93 Auch insoweit kam der Anstoß aus dem Unionsrecht, setzte § 20 UVPG doch die Änderung der UPV-Richtlinie 2011/92/EU durch Richtlinie 2014/52/EU um.

94 BGBl. I 2017, S. 2237. Dazu *Schmidt/Kelly*, VerwArch 112 (2021), S. 235 (246).

das „Gesetz zur Stärkung der Digitalisierung im Bauleitplanverfahren“ die Veröffentlichung von Bauleitplanentwürfen im Internet verpflichtend und kann durch die öffentliche Auslegung in Papier nur ergänzt werden.[95]

Eine wesentliche Ausweitung stellte dann das Planungssicherstellungsgesetz (PlanSiG) dar, mit dem der Bundesgesetzgeber im Mai 2020 auf die Covid-19-Pandemie reagierte und darin, zunächst befristet, für die etablierten Formen bzw. Verfahrensschritte der Öffentlichkeitsbeteiligung – von der Bekanntmachung bis zum Erörterungstermin – jeweils kompensatorisch an das analoge Vorbild angenäherte elektronische Beteiligungsformen ermöglichte bzw. anordnete.[96] So trat beispielsweise unter bestimmten Bedingungen an Stelle des Erörterungstermins die Online-Konsultation (§ 5 Abs. 4 PlanSiG).

Das PlanSiG traf vielfach auf positive Resonanz.[97] Nach mehrfacher Verlängerung und positiver Evaluation[98] wurden diese Regelungen nun in leicht modifizierter Form in §§ 27a ff. VwVfG übernommen. Im vorliegenden Zusammenhang sind zwei Aspekte besonders hervorzuheben.

Erstens stellt sich bei der digitalen Öffentlichkeitsbeteiligung erneut die bereits diskutierte Frage der Exklusivität der digitalen Kommunikationsformate. Hier haben sich die §§ 27a ff. VwVfG tendenziell zurückhaltend positioniert. So sind nach § 27a Abs. 1 S. 1 VwVfG öffentliche Bekanntmachungen nun zwar primär im Internet zu bewirken; eine parallele analoge Veröffentlichung bleibt jedoch weiterhin zwingende Voraussetzung für die Wirksamkeit der öffentlichen Bekanntmachung („auch“).[99] Diese Entscheidung des Gesetzgebers ist gut nachvollziehbar und vermeidet die Probleme, die ein „digital only“ aus Bürgersicht bereitet hätte. Allerdings trägt die Verwaltung die Kosten dieser Entscheidung, verdoppelt sich hierdurch doch das Risiko von Verfahrensfehlern. Dass eine ortsübliche Bekanntmachung demgegenüber auch rein digital erfolgen kann, wenn sich in Gemeinden ein digitales Amtsblatt bereits etabliert hat,[100] deutet darauf hin, dass der

95 BGBl. I 2023, Nr. 176. Dazu *Guckelberger*, DVBl. 2024, S. 1.

96 PlanSiG v. 20. 5. 2020, BGBl. 2020 I, S. 1041. Dazu *Wysk*, NVwZ 2020, S. 905; *Schneider*, in: Voßkuhle/Eifert/Möllers (Fn. 2), § 28 Rn. 90.

97 Vgl. nur *Burgi/Nischwitz/Zimmermann*, NVwZ 2022, S. 1321 (1325).

98 *Ziekow/Ziemer/Bickmann*, Evaluation des Planungssicherstellungsgesetzes (PlanSiG) – Abschlussbericht, abrufbar unter https://www.bmi.bund.de/SharedDocs/downloads/DE/veroeffentlichungen/2022/Abschlussbericht_PlanSiG.html. Zur Umsetzung durch die Länder siehe *Prell/Altmiks* (Fn. 60), S. 109 f.

99 *Prell/Altmiks* (Fn. 60), S. 106 f.

100 *Prell/Altmiks* (Fn. 60), S. 107.

Bundesgesetzgeber womöglich auch bei der öffentlichen Bekanntmachung seine Schrittmacherfunktion in Sachen Digitalisierung aktiver hätte wahrnehmen können. Dass die Veröffentlichung in einem Printmedium die von der Rechtsprechung geforderte „Anstoßfunktion“ besser als eine Online-Veröffentlichung erfüllt, muss angesichts des Medienwandels ohnehin bezweifelt werden.[101] Entsprechend stellt sich die Problematik bei der öffentlichen Auslegung von Dokumenten dar, die nach § 27b Abs. 1 S. 1 Nr. 1 VwVfG nun ebenfalls primär über das Internet erfolgen muss, parallel aber auch auf „andere Weise“ vorzunehmen ist, wobei das VwVfG anders als § 3 Abs. 2 S. 2 BauGB auf die Nennung von Regelbeispielen verzichtet. Auch hier bleibt der Anker im Analogen gesetzt, allerdings mit einer etwas größeren Flexibilität auf Seiten der Behörde.[102] Dass sowohl § 27a Abs. 2 VwVfG als auch § 27b Abs. 1 S. 2 VwVfG Ausnahmen, etwa im Fall von Hackerangriffen, vorsehen, ist sachgerecht.

Zweitens zeigen die Erfahrungen der Praxis mit §§ 27a ff. VwVfG, dass analoge und digitale Kommunikation jeweils mediale Eigenheiten aufweisen, die sich nicht voll zur Deckung bringen lassen: So erleichtert die digitale Einsichtnahme bei komplexen Planungsunterlagen zwar den Erstzugriff, schon weil auf Öffnungszeiten der Behörden keine Rücksicht genommen werden muss; gerade bei großen Plänen ist die detaillierte Analyse dann jedoch aus technischen Gründen oft schwerfällig und unpraktikabel. Demgegenüber erleichtert wiederum bei Texten die Suchfunktion die Durchdringung der Materie.[103] Zudem gibt es auch technische Hürden auf der Bürger- und Verwaltungsseite, etwa begrenzte Dateigrößen in E-Akten, fehlende Schnittstellen oder fehlende Clouddienste.[104] Ähnliche Ambivalenzen zeigen sich bei den Videokonferenzen; hier werden die Gewinne an Zugänglichkeit durch rechtliche Herausforderungen – insbesondere der nicht sicher zu gewährleistende Schutz der Persönlichkeitsrechte der Teilnehmenden vor unerlaubten Aufnahmen etc. – und tatsächliche Umstände – Verhandlungen einer gewissen Größenordnung lassen sich online nicht

101 Zur Anstoßfunktion *Neumann/Külpmann*, in: Stelkens/Bonk/Sachs (Fn. 29), § 73 Rn. 49.

102 Vgl. auch *Prell/Altmiks* (Fn. 60), S. 108, dazu, dass § 27b VwVfG i. V. m. § 73 Abs. 3 S. 2 VwVfG n. F. jedenfalls dadurch den Verwaltungsaufwand reduziert, dass die analoge Auslegung in „anderer Weise“ nicht mehr zwingend in jeder betroffenen Gemeinde erfolgen muss.

103 *Kukk*, DVBl. 2024 S. 257 (258 ff.); *Durinke/Elgeti*, NVwZ 2024, S. 112 (114).

104 *Bogumil/Gerber/Vogel*, Verwaltung besser machen. Vorschläge aus Wissenschaft und Praxis, ZEFIR-Materialien Bd. 19, 2022, S. 62 f.

mehr praktikabel moderieren – teilweise (mehr als) aufgewogen.[105] Auch für die Ersetzung von Erörterungsterminen durch Online-Konsultationen lässt sich eine solche Rechnung aufmachen.[106] Insgesamt muss von der Vorstellung Abstand genommen werden, die im Analogen etablierten Kommunikationsformen ließen sich in der digitalen Welt vollständig replizieren. Vielmehr handelt es sich um jeweils eigene Kommunikationsarenen mit eigenen Chancen und Risiken.

VI. Zusammenfassung und Ausblick

Elektronische Kommunikation ist und bleibt ein zentraler Baustein im Transformationsprojekt Verwaltungsdigitalisierung. Sie ist nicht alles: Muss, wie beim Bafög, der elektronisch übermittelte Antrag in der Behörde ausgedruckt werden, ist nicht nur nichts gewonnen – vielmehr verursacht die Digitalisierung dann unnütze Folgekosten.[107] Gleichwohl ist digitale Verwaltung ohne sichere und nutzerfreundliche elektronische Kommunikationsinfrastrukturen nicht möglich. Ohne Investitionen in diesen Bereich, der nicht im Zentrum der Aufmerksamkeitsökonomie steht, wird sich die Geschichte der Verwaltungsdigitalisierung als „Geschichte überschießender Erwartungen und untererfüllter Ansprüche" fortsetzen.[108]

Das heißt nicht, dass es einseitig immer nur vorwärts ins Digitale gehen muss. Die nuancierte Diskussion anlässlich der Überführung des PlanSiG ins VwVfG zeigt, dass sich mittlerweile ein angemessen differenziertes Problembewusstsein der mit der digitalen Verwaltungskommunikation verbundenen Vor- und Nachteile entwickelt hat. In erster Linie muss der Verfahrensgesetzgeber daher darauf achten, den Eigenwert und die eigenständigen Ansprüche des Verfahrensrechts gegenüber den kollidierenden Anforderungen des Technik- und des Organisationsrechts zur Geltung zu bringen.[109] Nur wenn das Verfahrensrecht auch im Bereich der Verwaltungsdigitalisierung über seine dienende Funktion hinauswächst, können

105 Dazu näher *Ziekow/Ziemer/Bickmann* (Fn. 98), S. 65; *Siegel* (Fn. 15), S. 200 f.; *Prell/Altmiks* (Fn. 60), S. 109.

106 Vgl. *Durinke/Elgeti* (Fn. 103), S. 114 f., 117 f.

107 Zur Kostenersparnis als abwägungsrelevanter Belang *Britz/Eifert*, in: Voßkuhle/Eifert/Möllers (Fn. 2), § 26 Rn. 55.

108 *Britz/Eifert*, in: Voßkuhle/Eifert/Möllers (Fn. 2), § 26 Rn. 6.

109 Dazu allgemein *Gurlit* und *Fehling*, VVDStRL, Bd. 70 (2011), S. 227 ff. und S. 278 ff.

die dort vorhandenen Möglichkeiten prozeduraler Steuerung produktiv genutzt werden.[110]

110 *Schmidt-Aßmann*, Das allgemeine Verwaltungsrecht als Ordnungsidee, 2. Aufl. 2006, Kap. 4 Rn. 46.

Verwaltungsverfahren – Schlussbemerkungen

Ute Mager

Die 5. Arbeitsgespräche zum Verwaltungsrecht widmen sich dem „Verwaltungsverfahren". Es geht um die Themen der Europäisierung des Verwaltungsverfahrensrechts sowie einer möglichen Kodifikation des Verwaltungsverfahrensrechts auf der EU-Ebene, um die Bedeutung der deutschen und europäischen Grundrechte für das Verwaltungsverfahren, um effektive und effiziente Gestaltung von Verwaltungsverfahren, um Verfahrensrechte, Verfahrensfehler und Fehlerfolgen sowie um elektronische Kommunikation im Verwaltungsverfahren unter den Bedingungen europäischer Verbundstrukturen.

I. Die Europäisierung des Verwaltungsverfahrensrechts – Zwischenbilanz und Perspektiven

1. Markus Ludwigs

a) Das Unionsrecht durchdringt alle Lebensbereiche. Dies gilt auch für das Verwaltungsverfahrensrecht. Grundlage hierfür ist (auch) Art. 4 Abs. 3 EUV, aus denen der Gerichtshof die Grundsätze der einheitlichen Anwendung sowie der Äquivalenz und Effektivität ableitet.[1] Der *Kohärenzgrundsatz* ist eine weitere Ausprägung, der sich auch im EUV und im AEUV findet (Art. 13 EUV und Art. 7 AEUV). Er wird von Markus Ludwigs jedoch als Erscheinungsform des Grundsatzes von Äquivalenz und Effektivität entlarvt.[2]

b) Von Bedeutung ist Art. 41 der Grundrechtecharta, der die Grundsätze guter Verwaltung enthält, sich aber ausschließlich an die Organe der Europäischen Union richtet. Im VwVfG finden sich zu allen Regelungen Entsprechungen, abgesehen von § 28 Abs. 1 VwVfG, der vom Bundesverwaltungsgericht ausschließlich auf belastende Verwaltungsakte angewen-

1 Siehe dazu *Ludwigs*, S. 64.
2 Siehe dazu *Ludwigs*, S. 69.

det wird[3], während der EuGH auch begünstigende Verwaltungsakte und Realakte vom Anwendungsbereich umfasst sieht. Insoweit wird von Wolfgang Kahl eine Anpassung verlangt.[4]

c) Eine Vorbildwirkung kann von anderen Rechtsordnungen der Europäischen Union ausgehen. Namentlich das französische und das angelsächsische Recht weisen dem Verfahren eine größere Bedeutung zu, als es das deutsche Verwaltungsverfahrensrecht kennt. Im deutschen Recht hat das Verfahren eine dienende Funktion gegenüber dem materiellen Recht. Dies hat sich inzwischen jedoch in einer unionsrechtlich beeinflussten Vielzahl von Bereichen geändert. Nicht zuletzt kennt auch das deutsche Recht aufwändige Verwaltungsverfahren, etwa beim Erlass von immissionsschutzrechtlichen Verwaltungsakten.

d) Die „Schranken- und Vereinheitlichungsfunktion der Verfassung“[5] findet ihre Ausprägung vor allem im Identitätsvorbehalt der Verfassung auf der Grundlage von Art. 79 Abs. 3 GG i.V.m. Art. 23 Abs. 1 S. 3 GG. Die heftig kritisierte Rechtsprechung des EuGH zu Alcan konnte angesichts des kollusiven Zusammenwirkens zwischen Behörde und dem Unternehmen nicht anders ausfallen.[6] Es stellt sich die Frage nach einer Gesamtkodifikation auf Unionsebene. Hierfür fehlt nach überwiegender Ansicht die Gesetzgebungskompetenz. Insbesondere Art. 352 AEUV lässt sich hierfür nicht instrumentalisieren.

e) Eine weitere Frage ist die nach einer Ergänzung des Verwaltungsverfahrensgesetzes in Deutschland. Insoweit gibt es Vorschläge für eine Erweiterung des Gesetzes. Namentlich Wolfgang Kahl hat angeregt, das Verwaltungsverfahrensgesetz um einen achten Abschnitt zu ergänzen, der sich mit dem internationalen und europäischen Verwaltungsrecht befasst.[7] Darüber ist weiter nachzudenken. Bisher ist der Gesetzgeber allerdings nicht tätig geworden.

---

3 Siehe zu der einzigen Ausnahme Ludwigs, S. 71.

4 *Kahl*, in: Schmidt-Aßmann/Hoffmann-Riem (Hrsg.), Verwaltungsverfahren und Verwaltungsverfahrensgesetz, 2002, S. 68 (119).

5 EuGH, Rs. C-453/95 (Land Rheinland-Pfalz/Alcan Deutschland GmbH), ECLI:EU:C:1997:163 Rn. 7 ff., 39 ff., 44 ff.; siehe auch Ludwigs, S. 6.

6 Ludwigs, S. 81.

7 *Kahl*, in: Das Europäische Verwaltungsrecht in der Konsolidierungsphase, Systembildung, Disziplinierung, Internationalisierung, Berlin 2010, S. 303 ff.; siehe auch ders., NVwZ 2011, S. 449 ff.

f) Letztlich ist das deutsche Verwaltungsverfahrensrecht von einer ursprünglichen Abwehr zu einer „pragmatischen Sachauseinandersetzung“[8] übergegangen. Davon zeugen die Europäische Verwaltungszusammenarbeit, §§ 8a – e VwVfG, die Umsetzung der Dienstleistungsrichtlinie in Art. 71a – e VwVfG, die auch Niederschlag in anderen Gesetzen, namentlich dem Gewerberecht gefunden hat.

g) Ob es einer Neukodifikation im Lichte des Unionsrechts bedarf, ist zu bezweifeln. Über eine Ergänzung, wie von Wolfgang Kahl vorgeschlagen, ist nachzudenken.

2. Lorenz Prell

a) Auch, wenn es die Kommission ist, welche die Gesetzgebungsakte initiiert, so sind in der Vorbereitungsphase über die Vertreter im Rat auch die Bundesministerien beteiligt. Der Rat der Europäischen Union und das Parlament der Europäischen Union sind sodann im Gesetzgebungsverfahren für den Erlass zuständig. Die Umsetzung der Verordnungen oder Richtlinien obliegt wiederum dem Gesetzgeber, aber auch den Bundesministerien bzw. ggf. den Landesministerien. Dabei reicht die Europäisierung des Verwaltungsverfahrensrechts inzwischen sehr viel weiter, als dies auf den ersten Blick zu erkennen ist.[9]

b) Betrachtet man die Verfahrensgesetze des Bundes und der Länder, so folgen die meisten Gesetze dem Vorbild des Bundesverwaltungsverfahrensgesetzes; einige verweisen auf das Verwaltungsverfahrensgesetz des Bundes mit einigen wenigen Besonderheiten,[10] andere Bundesländer übernehmen das Gesetz mit wenigen Abweichungen insbesondere in den ersten §§.[11] Gerade im Zusammenhang mit der Digitalisierung der Verfahren ist dieses Vorgehen von Vorteil. Prell erläutert, dass ein Musterentwurf ausgearbeitet wird, dieser dann die Grundlage für den Referentenentwurf bildet und „inhaltliche Überzeugungskraft und Verhandlungsgeschick“[12] dazu führen,

8 Ludwigs, S. 85.

9 Prell, S. 99.

10 Die Verfahrensgesetze der Länder Berlin, Brandenburg, Niedersachsen, Rheinland-Pfalz, Sachsen und Sachsen-Anhalt verweisen auf das VwVfG des Bundes.

11 Allein Schleswig-Holstein hat ein anderes Gesetz, das von § 1 bis § 337b VwVfG reicht.

12 Prell, S. 100.

dass ein „Gleichklang“[13] hergestellt wird. Dagegen ist die Herstellung einer Übereinstimmung mit den Verfahrensordnungen der Abgabenordnung und dem Sozialgesetzbuch X schwieriger.

c) Prell beklagt, dass die Subsidiarität zu einer Rechtszersplitterung im Verfahrensrecht beiträgt. Es ist nicht auszuschließen, dass ähnliche Sachverhalte im Detail unterschiedlich geregelt werden. Zwar hat das Bundesinnenministerium die Verwaltungsförmigkeit der Gesetz- und Verordnungsentwürfe zu prüfen, jedoch ist dies eine Aufgabe, die angesichts kurzer Prüfungsfristen kaum zu bewältigen ist.[14]

d) In Regierungsprogrammen und Koalitionsverträgen finden sich vor allem Vorschläge zur Verfahrensbeschleunigung und zur weiteren Digitalisierung der Verwaltung. Dabei erweisen sich fehlende Zuständigkeiten des „Bundes im föderalen System als hinderlich“.[15] Prell hebt aber auch hervor, dass eine weitere Digitalisierung des Verwaltungsverfahrensgesetztes die Beteiligungsrechte von Betroffenen, Umweltschutzvereinigungen oder anderen Trägern öffentlicher Belange erheblich beeinträchtigen könnte.

e) Tatsächlich finden sich inzwischen eine Vielzahl an Regelungen im Verwaltungsverfahrensgesetz, die auf EU-Rechtsakte zurückgehen. Zu nennen sind etwa die §§ 3a, 8a – 8e; 35a, 42a oder §§ 71a – e VwVfG.

Demgegenüber lassen sich Fachinitiativen oftmals nur noch schwer zu einer Gesetzesinitiative führen. Das Beispiel einer Überarbeitung des öffentlich-rechtlichen Vertrages oder eines allgemeinen Teils für Anzeige- und Genehmigungsverfahren zeigt, dass derartige Vorstöße nur schwer umzusetzen sind, wenn die Hausleitung kein Interesse hat.

f) Mit dem Gesetz zur Öffentlichkeitsbeteiligung und Vereinheitlichung von Planfeststellungsverfahren von 2013 wurde der Versuch unternommen, die Verfahren zu beschleunigen. Dabei erwies sich das Einfügen in sechs verschiedenen Fachgesetzen als unglücklich; weit besser wäre eine Regelung in den Verwaltungsverfahrensgesetzen des Bundes und der Länder gewesen, was denn auch im Weiteren erfolgte.[16] Eingefügt wurde zudem die „frühe Öffentlichkeitsbeteiligung“ in § 25 Abs. 3 VwVfG sowie die Bekanntmachung im Internet nach § 27a VwVfG. Zudem bedarf es der Sicherung der Beteiligung von Bürgerinnen und Bürgern, die das Internet nicht nutzen können oder wollen, sodass stets auch alternative Zugangsmöglichkei-

13 Prell, S. 101.
14 Prell, S. 103.
15 Prell, S. 105.
16 Prell, S. 105.

ten eröffnet werden müssen. Des Weiteren wurde mit dem E-Government-Gesetz von 2013 den Behörden die Verpflichtung auferlegt, elektronische Zugänge zu schaffen.[17]

g) Das Gesetz zur Modernisierung des Besteuerungsverfahrens ist ein weiteres Beispiel. Dabei sollte die Parallelität der Verfahrensordnungen, das VwVfG, die AO und das SGB X, möglichst weitgehend gewahrt bleiben. Hierfür wurden Vorschläge zwischen dem Bundesinnenministerium für Inneres, dem Bundesfinanzministerium und dem Bundesministerium für Arbeit und Soziales unter Beteiligung des Bundesministeriums für Justiz abgestimmt[18] und in das Gesetzgebungsverfahren eingebracht.

h) Darüber hinaus ist auch § 35a VwVfG zu beachten. So muss der Erlass eines vollständig automatisierten Verwaltungsaktes durch Rechtsvorschrift zugelassen sein.[19] Allerdings darf weder ein Ermessen noch ein Beurteilungsspielraum bestehen. Eine weitere Neuregelung findet sich in § 41 VwVfG; dessen Abs. 2a enthält nunmehr die Möglichkeit, den Verwaltungsakt über öffentlich zugängliche Netze abzurufen. Dabei erfordert der Datenabruf notwendig die Mitwirkung des Adressaten. Es handelt es sich also um ein freiwilliges Verfahren.[20]

j) Im Zusammenhang mit der Covid-19-Pandemie wurden weitere Gesetze zur Beschleunigung von Verfahren ausgearbeitet. So wurde in diesem Zusammenhang das Plansicherstellungsgesetz 2020 eingebracht. Soweit die Regelungen sich bewährt haben, finden sie sich nunmehr im VwVfG des Bundes. Darüber hinaus wurde das Plansicherstellungsgesetz noch einmal bis zum 31. 12. 2024 verlängert.[21]

k) Auch ein „qualifiziertes elektronisches Siegel" für Behörden sowie das „besondere elektronische Anwaltspostfach" ermöglichen die Ersetzung der Schriftform. Schon seit 2003 gibt es mit § 3a VwVfG a.F. eine Regelung, welche die elektronische Signatur zulässt. Allerdings bedarf es einer „qualifizierten elektronischen Signatur" (qeS). Des Weiteren wurden im Laufe mehrerer Gesetzesänderungen zusätzliche „Varianten der Schriftformersetzung zugelassen". Zusätzliche Verfahren der elektronischen Kommunikation sind etwa das besondere elektronische Anwaltspostfach, das elektronische Behördenpostfach sowie das besondere elektronische Bürger- und Organisationspostfach.

17 Prell, S. 109.
18 Prell, S. 110.
19 Prell, S. 110.
20 Prell, S. 111.
21 Prell, S. 111.

i) Daneben ermöglicht Art. 3 Nr. 29 eIDAS-VO die Verwendung eines „qualifizierten Siegels“. Dies nimmt Bezug auf § 371a Abs. 3 ZPO und ermöglicht, dass sowohl der Empfänger als auch der Dritte sich durch „einfache Online-Validierung des Siegels“[22] davon überzeugen können, dass das Dokument von der Behörde stammt und „nicht nachträglich verändert wurde“.[23] Die Zertifikate werden von den Anbietern nur mit befristeter Gültigkeit ausgestellt,[24] sodass sie regelmäßig erneuert werden müssen. Dies ist deshalb sinnvoll, weil auch sichere Verschlüsselungsalgorithmen ggf. „geknackt“[25] werden können.

l) Eine der letzten Änderungen betrifft das Postrechtsmodernisierungsgesetz. Dadurch werden die von Postdienstleistern einzuhaltenden Postlaufzeiten verändert. Nunmehr gilt, dass eine Zustellung am vierten Tag nach Aufgabe zur Post möglich ist. Dabei wurde nicht bedacht, dass dies Auswirkungen auf die Postlaufzeiten für die Zustellung von Verwaltungsakten haben kann. Allerdings hat der Gesetzgeber darauf umgehend reagiert und nunmehr die Laufzeiten auf vier Tage erhöht.

m) Weitere Änderungen sind absehbar. In einem Pakt für „Planungs-, Genehmigungs- und Umsetzungsbeschleunigung“ gibt es etwa 100 Änderungsvorschlage,[26] (womit aus meiner Sicht eine Beschleunigung in Frage gestellt wird). Auch soll die frühe Öffentlichkeitsbeteiligung ausgebaut und in einem § 25a VwVfG sichtbarer gemacht werden.

n) In seinem Fazit und Ausblick stellt Prell heraus, dass die Umsetzung der Dienstleistungsrichtlinie in den §§ 71a – 71e VwVfG wohl die bedeutendste Änderung war. Allerdings sollte auch die Einführung der §§ 8a bis 8e VwVfG nicht vergessen werden. Zurecht wird herausgestellt, dass durch die Vorgaben der Europäischen Union eine weitere Zersplitterung von Verfahrensrecht droht, zumal unklar ist, ob die Begriffe so zu verstehen sind wie im deutschen Recht. Nicht zuletzt gehen die Vorstellungen darüber, welche Funktionen dem Verfahrensrecht zukommen, auseinander, was nicht weiter verwunderlich ist, angesichts von 27 verschiedenen Mitgliedstaaten. Hinzukommt, dass im Unionsrecht das Konzept der Verfahrensrichtigkeit überwiegt, auch wenn es letztendlich um materielle Richtigkeit geht. Prell endet mit der Anregung, dass die Mitgliedstaaten bei der

22 Prell, S. 112.
23 Prell, S. 113.
24 Prell, S. 113.
25 Prell, S. 114.
26 Prell, S. 115.

Umsetzung des materiellen Rechts das Verfahren in eigener Verantwortung regeln sollten. „Freilich muss man dann auch Verschiedenheit aushalten können."[27]

II. Kodifikationen des Verwaltungsverfahrensrechts auf EU-Ebene – Wirkungen und Perspektiven

1. Thomas von Danwitz

a) Angesichts der Umsetzung von Richtlinien in nationales Recht, die zum Teil nicht den Anforderungen der Vorgaben eben dieser Richtlinien entsprechen, sind Verfahren vor dem EuGH zu einer fehlerhaften Übertragung in das nationale Recht häufig. Zudem fehle eine umfassende Analyse der Rechtsprechung des Gerichtshofs zu den Wirkungen der Bereichskodifikationen im Verwaltungsverfahrensrecht.[28] Vor diesem Hintergrund stellt Thomas von Danwitz die Rechtsprechung zu den Bereichskodifikationen des Asylrechts und des Vergaberechts vor.

b) Asylrecht, insbesondere Verfahrensrichtlinie 2013/32/EU

Das Asylrecht besteht aus einer Vielzahl von Verordnungen und Richtlinien: die Qualifikationsrichtlinie, die Dublin-III Verordnung, die Verfahrensrichtlinie sowie diverse weitere Richtlinien.[29] Es ist zu unterscheiden zwischen einfachen Auslegungsfragen[30] und Vereinbarkeitsfragen. In letzterem Fall sind das in Art. 18 der EUGrCh verbürgte Asylrecht, das in Art. 47 EUGrCh verbürgte Recht auf einen wirksamen Rechtsbehelf sowie das in Art. 23 der Verfahrensrichtlinie verbürgte Recht auf Rechtsberatung zu berücksichtigen. Ein Verstoß gegen das Anhörungsrecht kann noch im gerichtlichen Verfahren nachgeholt werden. Zusammenfassend stellt das Anhörungsrecht eine zentrale Vorgabe der Verfahrensrichtlinie dar und führt dazu, „den Gestaltungsspielraum der Mitgliedstaaten einschränkend

27 Prell, S. 124.
28 von Danwitz, S. 128.
29 Siehe dazu Richtlinie des Europäischen Parlaments und des Rates v. 26. 06. 2013 zu gemeinsamen Verfahren für die Zuerkennung und die Aberkennung des internationalen Schutzes (Neufassung), ABl. 2013 L 180/60.
30 von Danwitz, S. 130.

zu bestimmen".[31] Jedoch kann dieses Erfordernis auch noch im Wege der Anhörung durch das Gericht nachgeholt werden.[32]

c) Vergaberecht, insbesondere Richtlinie 2014/24/EU

Diese Einsichten sind zum Teil auf die Vergaberichtlinie übertragbar, wobei das Vergaberecht eine Vielzahl an bereichsspezifischen Richtlinien kennt.[33] Auch insoweit ist zwischen Auslegungsfragen, Vereinbarkeits- und Abwägungsfragen zu unterscheiden. Insbesondere bei öffentlichen Auftraggebern besteht im Blick auf die Bieter der Konflikt zwischen der Wahrung von Geschäftsgeheimnissen und dem Recht der unterlegenen Bieter, den Grund für ihren Ausschluss zu erfahren. Dieser Konflikt wird „vergaberechtsspezifisch"[34] gelöst.

d) Folgerungen

Asylrecht und Vergaberecht sind in der methodischen Herangehensweise des EuGH vergleichbar. Werden den Mitgliedstaaten Ermessens- oder Abweichungsspielräume gewährt, so kommt es in größerem Umfang zu Vereinbarkeitsfragen. Letztlich ist „der Konkretisierungsgrad des Unionsrechts ebenso wie die Notwendigkeit der Abwägung kaum vorgezeichneter Gewichtungen"[35] von wesentlicher Bedeutung für die „methodische Vorgehensweise des Gerichtshofs".

e) Verfahrenskodifikationen aus richterlicher Perspektive

Neben diesen Bereichskodifikationen stellt sich die Frage, inwieweit eine Kodifikation des gesamten Verwaltungsverfahrensrechts sinnvoll erscheint. Dieser „Griff nach den Sternen" erscheint Thomas von Danwitz nicht als Mittel der ersten Wahl. Vielmehr erweisen sich sachbereichsspezifische

---

31 von Danwitz, S. 131.

32 von Danwitz, S. 131.

33 von Danwitz, S. 6; Richtlinie des Europäischen Parlaments und des Rates v. 26. 02. 2014 über die öffentliche Auftragsvergabe und zur Aufhebung der Richtlinie 2004/18/EG v. 28. 3. 2024, ABl. 2014 L 94/65,; z.B. Richtlinie 2014/23/EU des Europäischen Parlaments und des Rates v. 26. 02. 2014 über die Konzessionsvergabe, ABl. 2014 L 94/1; Richtlinie 2014/24/EU des Europäischen Parlaments und des Rates v. 26. 02. 2014 über die Vergabe von Aufträgen im Bereich der Wasser-, Energie- und Verkehrsversorgung sowie der Postdienste und zur Aufhebung der Richtlinie 2004/1 EG, ABl. 2014 L 94/243; Richtlinie 2009/81 EG des Europäischen Parlaments und des Rates v. 13. 07. 2009 über die Koordinierung der Verfahren zur Vergabe bestimmter Bau-, Liefer- und Dienstleistungsaufträge in den Bereichen Verteidigung und Sicherheit und zur Änderung der Richtlinie 2004/17 EG und 2004/18 EG v. 20. 8. 2009, ABl. 2009 L 216/76.

34 von Danwitz, S. 133.

35 von Danwitz, S. 139.

Kodifikationen als einfacheres Mittel und erlauben eine Auslegung nach den vorgenannten Maßstäben.

2. Ulrich Stelkens

a) Ausgangspunkt heutiger Ansätze des Grundrechts auf eine gute Verwaltung ist Art. 41 EUGrCh.[36] Eine weitere Ausprägung bildet der Kodex für gute Verwaltungspraxis des Europäischen Bürgerbeauftragten.[37] Nicht „Gegnerschaft“[38], sondern Kooperation zwischen Behörde und Antragsteller bzw. „Betroffenem“[39] sind Ausdruck eines rechtsstaatlichen Verfahrens, dem letztlich der Grundsatz des effektiven Rechtsschutzes zugrunde liegt.

b) Gegenüber den Versuchen des Europäischen Parlaments eine Verordnung zur Regelung eines allgemeinen Verwaltungsverfahrens bei der Kommission zu veranlassen, zeigte sich die Kommission zurückhaltend, indem sie feststellte, dass sie keinen Mehrwert in einer solchen Kodifikation sehe. Das Projekt „Research Network on EU Administrative Law“, das 2009 seine Arbeit aufgenommen hat, hat inzwischen eine Kodifikation des Verwaltungsverfahrensrechts in sechs Bänden vorgelegt und damit die Kodifizierbarkeit des Verwaltungsverfahrensrechts bewiesen.[40]

c) Verfahrensfehler, etwa Verstöße gegen die §§ 45 und 46 VwVfG sind nach Auffassung von Stelkens vorrangig eine Frage des Verwaltungsprozessrechts, nicht des Verwaltungsverfahrensrechts. Dem ist zuzustimmen, da eine Heilung noch bis zum Abschluss der letzten Tatsacheninstanz möglich ist. Dies ist im Kontext von Nichtigkeitsklagen vor dem EuG oder EuGH anders zu sehen.[41]

d) Verwaltungsverfahrensrecht soll der Behörde die Arbeit erleichtern und die Betroffenen einbeziehen. Es soll der Behörde ermöglichen, im

36 Hierauf nehmen auch die Recommendations on good administration des Ministerkomitees des Europarates Bezug. Siehe. *Stelkens*, in diesem Band, S. 142.

37 Stelkens, S. 143.

38 Stelkens, S. 143 f.

39 Stelkens, S. 145.

40 Stelkens, S. 147: Buch I: Allgemeine Bestimmungen, Buch II: Administrative Rechtsetzung, Buch III: Einzelfallentscheidungen, Buch IV: Verwaltungsverträge, Buch V: Amtshilfe, Buch VI: Informationsmanagement. Siehe aber auch *Schoch*, in: Schoch/Schneider (Hrsg.), Verwaltungsrecht, 3. EL 2022, Einl. Rn. 728 mit dem Hinweis, dass die Bücher V. und VI. keine ausreichende Ermächtigungsgrundlage in Art. 298 Abs. 1 AEUV finden.

41 Stelkens, S. 149.

Verfahren etwaige Fehler zu korrigieren, und selbst im Falle eines bereits laufenden Gerichtsverfahrens ggf. eine Korrektur herbeizuführen. Ziel ist eine „rationale, effektive und effiziente Entscheidungsfindung".[42] Demgegenüber sind für Fachverfahren Bereichskodifikationen erforderlich, die dem jeweiligen Gegenstand entsprechen müssen.

e) Die ablehnende Haltung der Kommission zu einer Kodifizierung des Verwaltungsverfahrensrechts hat sicherlich viele Gründe. Sie erklärt sich aber zum einen aus der Überbetonung der Verknüpfung mit dem Recht auf eine gute Verwaltung gemäß Art. 41 EUGrCh[43] und zum anderen aus einer „Überbetonung der Rechtsschutzperspektive"[44]. Zudem ist die Verwaltung der Kommission hochspezialisiert, so dass zweifelhaft ist, inwieweit ein einheitliches Verwaltungsverfahrensrecht tatsächliche einen Mehrwert bringt.

f) Des Weiteren wird die Komplexität der Tätigkeit der Kommission von Seiten der Wissenschaft wie des Europäischen Parlaments unterschätzt. Umso erfreulicher ist es, dass es zu einem „echten europaweiten verwaltungsrechtswissenschaftlichen Austausch zu Fragen des Europäischen Verwaltungsrechts"[45] gekommen ist. Der Mehrwert besteht in der „Gründung transeuropäischer Netze von Verwaltungsrechtswissenschaftlern"[46].

III. Die Bedeutung der deutschen und europäischen Grundrechte für das Verwaltungsverfahren

1. Jan Henrik Klement

a) „Im deutschen Verwaltungsrecht sollen die Grundrechte durch Verfahren geschützt werden, im Verwaltungsrecht der Europäischen Union hingegen das Verfahren durch die Grundrechte."[47] Die Feststellung, dass die Bedeutung der Grundrechte vor allem Bedeutung für den Gesetzgeber und das Bundesverfassungsgericht habe, für Behörden und Gerichte aber eher gering sei, überrascht zunächst und bedürfte näherer Untersuchung. Es wird der Vorschlag gemacht, sich am europäischen Recht zu orientieren

42 Stelkens, S. 164.
43 Stelkens, S. 165 f.~~19 f.~~
44 Stelkens, S. 166 ~~21.~~
45 Stelkens, S. 168 ~~25.~~
46 Stelkens, S. 171 ~~25 f.~~
47 Klement, S. 173.

und „verfahrensrechtliche Vorschriften aus sich heraus subjektiv-rechtlich zu deuten."[48]

b) In § 9 VwVfG ist das Verwaltungsverfahren definiert. Es zielt auf den Erlass eines Verwaltungsakts oder den Abschluss eines öffentlich-rechtlichen Vertrages. Rainer Wahl spricht vom Verwaltungsverfahren als „Verwirklichungsmodus des Verwaltungsrechts".[49] Es wird klargestellt, dass das Thema „Grundrechte im Verwaltungsverfahren" notwendig auch das materielle Recht erfasst; jedoch im Rahmen der Ausführungen allein die „Informationen erfassende und verarbeitende Seite des Verwaltungsverfahrens"[50] untersucht werden soll.

c) In Bezug auf das deutsche Verwaltungsrecht ist Klement äußerst kritisch und spricht von einem „Entwicklungsirrpfad des Grundrechtsschutzes durch Verfahren".[51] Dabei werde das Recht auf Grundrechtsschutz durch Verfahren vornehmlich nicht als verwaltungsverfahrensrechtliche, sondern als verwaltungsprozessuale Anforderung aufgefasst, wie kritisch angemerkt wird.

d) Das Recht auf rechtliches Gehör gemäß Art. 103 Abs. 1 GG, das Verbot der Freiheitsbeschränkung gemäß Art. 104 Abs. 1 GG sowie Art. 19 Abs. 4 S. 1 GG werden als relevante Bestimmungen für ein faires Verfahren hervorgehoben. Darüber hinaus stellt Klement fest: „Von der Ausgestaltung des Verfahrensrechts hängt die Wahrscheinlichkeit einer Grundrechtsverletzung durch die das Verfahren abschließende Entscheidung ab. „Je mehr die von einer Entscheidung betroffene Personen in das Verfahren einbezogen werden, je intensiver (...) sich eine staatliche Stelle um die Aufklärung des Sachverhalts bemüht, (...) desto weniger wahrscheinlich ist (...) eine Verletzung von Grundrechten."[52]

e) Das Bundesverfassungsgericht hat in seiner Mühlheim-Kärlich Entscheidung[53] den Grundrechtsschutz durch Verfahren entdeckt und festgestellt, dass „Grundrechtsschutz weitgehend (...) durch die Gestaltung von Verfahren zu bewirken ist."[54] Letztlich habe jedes Grundrecht einen Ver-

48 Klement, S. 174.

49 *Wahl*, Verwaltungsverfahren zwischen Verwaltungseffizienz und Rechtsschutzauftrag, VVDStRL 41 (1983), S. 151 (153).

50 Klement, S. 1752.

51 Klement, S. 177.

52 Klement, S. 180..

53 BVerfGE 53, 30 ff. – Mühlheim-Kärlich.

54 BVerfGE 53 30 (Rn. 65).

fahrensgehalt.[55] Gleichzeitig hat aber auch jedes Grundrecht einen realen Freiheitsgehalt. Klement zitiert Konrad Hesse[56] und stellt fest, dass der Zusammenhang zwischen einem guten Verfahren und grundrechtlicher Freiheit als „Zustand der sozialen Wirksamkeit" zugleich eine stärkere Bedeutung des Verfahrens verlangt.[57]

f) Die dienende Funktion des Verfahrensrechts in Bezug auf den Grundrechtsschutz wird thematisiert. Insoweit spielt § 46 VwVfG eine entscheidende Rolle, wonach die Aufhebung eines Verwaltungsakts nicht allein deshalb beansprucht werden kann, weil er unter Verletzung von Verfahrens- oder Formvorschriften (...) erlassen wurde, wenn offensichtlich ist, dass die Verletzung die Entscheidung in der Sache nicht beeinflusst hat. Dennoch sollte das Verfahren auf eine materiell-richtige Entscheidung zielen. In einem Urteil des Bundesverwaltungsgerichts ist von der dem materiellen Grundrechtsschutz dienenden Funktion des Verfahrensrechts die Rede.[58]

g) Klement zitiert Schmidt-Aßmann, der feststellt, dass es in der Kommentarliteratur üblich geworden sei, für wichtige Verfahrensregelungen wie das Anhörungs- und Akteneinsichtsrecht, den Geheimnisschutz, die Bekanntgabe- und Begründungspflichten oder die Wiedereinsetzungsvorschriften auch eine grundrechtliche Verankerung nachzuweisen. Dies sei aber folgenlos, weil das Gesetzesrecht über den grundrechtlich verbürgten Mindeststandard ohnehin hinausgehe.[59]

h) Die Bedeutung des „Grundrechtsschutzes durch Verfahren" ist maßgeblich für das Verwaltungsprozessrecht. In diesem Zusammenhang kann das Problem auftauchen, dass beispielsweise ein Anhörungsfehler sich nachteilig auf die Behördenentscheidung auswirkt; eine solche Entscheidung kann durch Nachholung geheilt werden. Ebenso kann es sein, dass das materielle Recht sich mit dem Verfahrensrecht in seinem Rechtmäßigkeitsmaßstab verbindet, was dann zur materiellen Rechtswidrigkeit führt.

i) Eine andere Konstellation liegt vor, wenn ein Verwaltungsakt nur deshalb rechtswidrig ist, weil eine Verfahrensvorschrift nicht beachtet wurde. Insoweit treten eine Vielzahl von Autoren für eine Ausweitung der

55 *Schmidt-Aßmann*, in: Merten/Papier (Hrsg.), Handbuch der Grundrechte Band II, 2006, § 45 Rn. 4.
56 Siehe das Zitat von Hesse (?), S. 181.
57 Klement, S. 183.
58 Siehe dazu BVerwGE 139, 11 (18) – beamtenrechtliche Streitigkeit im Soldatenverhältnis, in dem bis zu dieser Entscheidung keine Beiladung möglich war.
59 *Schmidt-Aßmann*, in: Merten/Papier, Handbuch der Grundrechte,, § 45 Rn. 15.

Elfes-Doktrin ein.[60] Diese Entscheidung wird als „verfassungsrechtlicher Grundstein des Grundrechtsschutzes durch Verfahren“[61] gelesen. Darüber hinaus wird in der Literatur ein Schutzzweckzusammenhang zwischen der verletzten Norm und dem Grundrecht gefordert, was von Klement kritisch kommentiert wird.[62] Im Ergebnis muss die Behörde „bei Einhaltung der Vorschrift im konkreten Fall zu einer anderen, das Grundrecht weniger belastenden Entscheidung“ kommen (Kausalitätsprüfung).[63]

j) Eine weitere Kategorie bilden die Verfahrensfehler mit „relativ drittschützendem Charakter“[64]. Sie kommen nur in Betracht bei Drittanfechtungsklagen. Das Bundesverfassungsgericht löste allerdings die Mühlheim-Kärlich Entscheidung grundrechtlich in der Schutzpflichtendimension. Klement beklagt, dass es bisher keine brauchbaren Kriterien gebe, „um zwischen Verfahrensnormen mit und ohne relativ drittschützendem Charakter abzugrenzen“ und stellt fest, dass die „prozessuale Bedeutung der Grundrechte für den Drittschutz (...) überschaubar bleiben“ wird.[65] Im Ergebnis wird kritisiert, dass der Grundrechtsschutz durch Verfahren “45 Jahre nach Mühlheim-Kärlich“ „noch immer nicht gefestigt“ sei.[66]

k) Demgegenüber vertritt Klement die Auffassung, dass im Unionsrecht ein *Verfahrensschutz* durch Grundrechte anzunehmen sei. Anzumerken ist, dass die in Art. 41 EUGrCh aufgeführten Gewährleistungen sich uneingeschränkt auch in den deutschen VwVfGen finden. Es wird hervorgehoben, dass das Gericht und der Gerichtshof Art. 41 EUGrCh als „Rechtsquelle“[67] heranziehen. Darüber hinaus ist die Bezugnahme auf Art. 41 EUGrCh durch die Rechtsprechung seit gut 10 Jahren erheblich gestiegen. Dennoch betont der EuGH, dass es sich letztlich nur um eine Kodifikation dessen handelt, was die Rechtsprechung auch bisher schon entwickelt habe. Es wird dargelegt, dass Art. 41 EUGrCh ein subjektives Recht normiert und eine „Systementscheidung“ umfasst, die das Recht auf eine gute Verwaltung

---

60 BVerfGE 6, 32 ff. – Elfes.
61 Klement, S. 188.
62 Klement, S. 189.
63 Klement, S. 189.
64 Klement, S. 190.
65 Siehe dazu das Beispiel BVerfG, NVwZ 2018, S. 573 (575 Rn. 42 ff.).
66 Klement, S. 193.
67 Klement, S. 15 mit weiteren Nachweisen zur Rechtsprechung EuGH, Rs. C-363/22 P (Ülanistat Europe und Hervé-Patrick Charlot/Europäische Kommission), ECLI:EU:C:2024:20 Rn. 68; EuGH, Rs. C-291/22 P (Debrégeas et associés Pharma SAS/Europäische Kommission, EMA), ECLI:EU:C:2024:228 Rn. 72 ff.

absichert. „Das Grundrecht auf eine gute Verwaltung wird nicht auf ewig allein aus der Überlieferung heraus interpretiert werden, sondern wird (...) aus dem Schatten der allgemeinen Rechtsgrundsätze heraustreten."[68]

l) Zudem gibt es auch im Unionsrecht gewisse Filter, wonach Art. 263 Abs. 2 AEUV etwa die Verletzung einer *wesentlichen* Formvorschrift verlange. Wesentlich wird ein Verfahrensfehler dadurch, dass er die „Möglichkeit des Betroffenen einschränkt, seinen rechtlichen Standpunkt zur Geltung zu bringen."[69] Ein zweiter Filter ist das Kausalitätserfordernis, das dem Erfordernis nach § 46 VwVfG vergleichbar ist. Es besteht jedoch ein bedeutender Unterschied: Während § 46 VwVfG die Einschränkung macht, dass es nicht offensichtlich sein darf, dass sich die Entscheidung in der Sache ausgewirkt habe, genügt es für Art. 41 der Charta, dass ein Kläger kein Interesse daran haben kann, dass eine Entscheidung aufgehoben wird, die dann doch wieder genauso ergehen müsste.[70]

m) Klement vertritt die Auffassung, dass die „individuelle Betroffenheit" eine vergleichsweise formale Kategorie sei,[71] stellt jedoch auch klar, dass im Hintergrund durchaus „grundrechtliche Wertungen" Relevanz haben können. Die Bedeutung von Art. 41 EUGrCh erweist sich auch in der Tatsache, dass der Anspruch einer Person auf die Behandlung „ihrer Angelegenheiten" gerichtet ist. Damit profitiert das „materielle Recht als wichtigste Ausprägung der Richtigkeit vom Verfahrensrecht wie von unsichtbarer Hand".[72]

n) Auch im indirekten Vollzug lässt sich keine „Konstitutionalisierungslücke"[73] ausmachen. Es wird auf Art. 6 Abs. 3 EUV verwiesen, der die Grundrechte der EMRK und die gemeinsamen Verfassungstraditionen zu allgemeinen Grundsätzen des Unionsrechts erklärt. Zudem macht Klement auf die Entscheidung des Bundesverwaltungsgerichts aufmerksam, wo im Falle eines Anschriftenwechsels im Asylverfahren Art. 41 der EUGrCh herangezogen wurde.[74] Eine Lücke bestehe aber in Bezug auf die gerichtliche Geltendmachung von Verletzungen der allgemeinen Rechtsgrundsätze der guten Verwaltung vor einem deutschen Verwaltungsgericht. Insoweit komme zwar dem Grundrechtsträger oder dem Adressaten ein subjektives

68 Klement, S. 198 f.
69 Klement, S. 198.
70 Klement, S. 199.
71 Mit Hinweis auf *Ehricke*, in: Streinz (Hrsg.), EUV/AEUV, 3. Aufl. 2018, Art. 263 AEUV Rn. 62 f.
72 Klement, S. 201.
73 Klement, S. 202.
74 BVerwGE 174, 261 (Rn. 31).

Recht zu; jedoch stelle sich die Frage, inwieweit auch Drittbetroffene einen subjektiv-rechtlichen Anspruch geltend machen können.

o) Im Ergebnis wird festgestellt, dass weder das europäische noch das deutsche Recht auf die Grundrechte angewiesen waren, um ein „zweckmäßiges und gerechtes Verfahrensrecht“[75] auszubilden. Das in Art. 41 EUGrCh verankerte Recht auf eine gute Verwaltung wird durch den allgemeinen Rechtsgrundsatz der ordnungsgemäßen Verwaltung ausformuliert, vor allem aber ausgeführt durch Sekundärrecht. Auch im deutschen Recht fehle es an einer „direkten Konstitutionalisierung“. Klement spricht von einer „Entwertung des Verfahrensrechts“ durch die §§ 45, 46 VwVfG. In meinen Augen handelt es sich um sinnvolle Regelungen, die verhindern, dass Verfahrensfehler stets zur Aufhebung eines Verwaltungsakts führen. Im Ergebnis ist festzuhalten, dass das Verfahren „eine Bedeutung hat bei der Vermittlung demokratischer Legitimation“[76]; und dass ihm die Aufgabe zukommt, „ein faires Verwaltungsverfahren zu bewirken und zu sichern.“[77]

2. Ulrich Karpenstein

a) Das Grundrecht auf eine gute Verwaltung nach Art. 41 EUGrCh bindet ausschließlich die Organe, Einrichtungen und sonstigen Stellen der Union, womit eine Bindung der Mitgliedstaaten ausgeschlossen ist. Dies hebt auch Ulrich Karpenstein noch einmal hervor und stellt fest, dass dieses Grundrecht „wohl hinter dem zurückgeblieben ist, was man sich einmal von ihm versprochen hat“[78].

b) Während im vertikalen Verwaltungsverbund die Entscheidung letztlich bei der Kommission liegt, ist im horizontalen Verwaltungsverbund die Behörde eines anderen Mitgliedstaats zuständig. Dies kann zu erheblichen Rechtsschutzdefiziten führen, da unklar bleibt, wo eigentlich Klage zu erheben ist. Das Beispiel eines Beihilfeverfahrens, das schließlich vor dem BVerfG scheiterte, sowie das Beispiel des Sanktions- und Außenwirtschaftsrechts geben Anlass, an dem Recht aus Art. 41 EUGrCh auf eine gute Verwaltung zu zweifeln. Zurecht hebt Karpenstein[79] hervor, dass es

75 Klement, S. 202.
76 Klement, S. 203.
77 Klement, S. 204.
78 Karpenstein, S. 205.
79 Karpenstein, S. 206 f.

guter Verwaltung entspräche, dem Unternehmen nach Maßgabe seiner Grundrechte Akteneinsicht zu gewähren. Eine Ausnahme zeigt sich beim Recht auf „unparteiische Behandlung". Diesen Grundsatz haben EuGH und EuG inzwischen zu einer „echten Befangenheitsregel ausgebaut"[80].

c) Einem Paukenschlag kommt es gleich, dass das BVerfG seit der Entscheidung Recht auf Vergessen werden II[81] für sich in Anspruch nimmt, die Grundrechte der Grundrechtecharta unmittelbar anzuwenden, um auf diese Weise seine „Integrationsverantwortung" wahrzunehmen. Demgegenüber findet sich in der Entscheidung Recht auf Vergessen werden I[82] die Annahme, dass durch die Auslegung der Grundrechte des Grundgesetzes die Grundrechte der Grundrechtecharta mitgewährleistet sind, sofern nicht konkrete Anhaltspunkte eine andere Auslegung verlangen.

d) Die Praxis hat bisher wenig Anlass gesehen, Unionsgrundrechte anzuwenden. Für die Mitgliedstaaten gelten die Unionsgrundrechte ohnehin ausschließlich bei der Durchführung des Rechts der Union, Art. 51 Abs. 1 EUGrCh. Rein nationales Recht ist also vom Anwendungsbereich ausgeschlossen. Demgegenüber sind in nationales Recht umgesetzte Richtlinien einer Auslegung durch den EuGH bzw. das EuG zugänglich.[83] Entsprechendes gilt selbstverständlich für Verordnungen, die ohnehin unionsrechtlich auszulegen sind.

e) Die Grundrechte des Grundgesetzes haben ebenfalls Auswirkungen auf das Verwaltungsverfahrensrecht. Sowohl im Mühlheim-Kärlich Urteil[84] als auch im Brokdorf Urteil hat das Bundesverfassungsgericht auf die Verfahrenswirkungen verwiesen.[85] Ein weiteres Beispiel ist § 73 Abs. 6 VwVfG,

---

80 Karpenstein, S. 211.

81 BVerfGE 152, 216 ff. – Recht auf Vergessen werden II.

82 BVerfGE 152, 152 ff. – Recht auf Vergessen werden I.

83 Karpenstein, S. 213.

84 BVerfGE 53, 30 ff.. In der Entscheidung kommt 248 Mal in der einen oder anderen Form der Verfahrensbegriff vor.

85 BVerfGE 69, 315 (Rn. 83): „Jedenfalls ist die neuere verfassungsgerichtliche Rechtsprechung heranzuziehen, wonach die Grundrechte nicht nur die Ausgestaltung des materiellen Rechts beeinflussen, sondern zugleich Maßstäbe für eine den Grundrechtsschutz effektuierende Organisationsgestaltung und Verfahrensgestaltung sowie für eine grundrechtsfreundliche Anwendung vorhandener Verfahrensvorschriften setzen (vgl. die Nachweise BVerfGE 53, 30 (65 f. und 72 f.); aus der Folgezeit ferner BVerfGE 56, 216 (236) und 65, 76 (94); 63, 131 (143); 65, 1 (44, 49)). Es bestehen keine Bedenken, diese Rechtsprechung auch auf die Versammlungsfreiheit anzuwenden, zumal dieses Grundrecht auch einen wesentlichen verfahrensrechtlichen und organisationsrechtlichen Gehalt hat".

der eine Anhörung vorsieht, die jedoch durch Nachholung geheilt werden kann.[86] Es gibt eine Vielzahl weiterer Anhörungsrechte und -pflichten.

f) Letztlich haben Theoretiker und Praktiker eine andere Herangehensweise. Dennoch sollten auch die Theoretiker sich bewusst sein, welche Zwecke sie mit der „Ausstrahlungswirkung der Grundrechte" auf das Verfahren oder anderen Theorien zum Verwaltungsverfahrensrecht verfolgen. Der letzte Satz verdient es, zitiert zu werden: „Europa ist vielleicht gerade deshalb eine „Rechtsgemeinschaft", weil ein Grundrecht stets mitgedacht, aber nicht immer mitzitiert werden muss."[87]

IV. Effektive und effiziente Gestaltung von Verwaltungsverfahren

1. Philipp Leander Wolfshohl

a) Zunächst einmal bedarf es der Unterscheidung zwischen Effektivität und Effizienz. Während Effektivität den Grad der Zielerreichung bezeichnet, geht es bei der Effizienz um das Kosten-Nutzen-Verhältnis[88]. Bereits das VwVfG gibt in § 10 S. 2 VwVfG vor, dass Verwaltungsverfahren einfach, zweckmäßig und zügig durchzuführen sind.

b) Dies lässt sich am Beispiel von Solaranlagen auf Freiflächen betrachten. Hierbei handelt es sich um ein komplexes Verfahren, das aus verschiedenen aufeinanderfolgenden Stufen besteht.[89] Dabei ist die Bundesnetzagentur sowohl beratend als auch informierend tätig. Durch die Bereitstellung der Information wird sowohl die Effektivität gesteigert als auch die Effizienz erhöht. Zudem erhält die Bundesnetzagentur durch die Verwendung von Formularen alle notwendigen Angaben. Diese Art der Ausschreibung hat vor allem einen Effektivitätsvorteil.[90]

c) Es folgt die Prüfung der Gebote durch die Bundesnetzagentur. Diese weißt die Bieter auf etwaige Fehler hin. So wird sowohl ein hohes Maß

86 BVerwGE 75, 214 (224). Auch in der Entscheidung BVerwGE 105, 348 ff. stellt das BVerwG klar, dass im Fall eines Planfeststellungsbeschlusses eine Fehlerbehebung durch ein ergänzendes Verfahren möglich ist und hebt hervor, dass dementsprechend im Anwendungsbereich von § 20 Abs. 7 AEG nichts Anderes gelten kann.

87 Karpenstein, S. 219.

88 Siehe das Politlexikon der Bundeszentrale für Politische Bildung, nachgewiesen bei Wolfshohl, S. 221 f.

89 Siehe dazu Wolfshohl, S. 224. S. 3.

90 Wolfshohl, S. 224.

an Effizienz als auch an Effektivität erreicht. Ein weiteres Merkmal des Vergabeverfahrens ist die Tatsache, dass keine Nachbesserungen zulässig sind. Angesichts der vorherigen Beratung durch die Bundesnetzagentur erscheint dies allerdings auch nicht erforderlich. Des Weiteren sind Sicherheiten zu hinterlegen. Dies verringert die Effizienz des Verfahrens, steigert aber die Effektivität. Sodann muss ein Antrag auf Ausstellung der Zahlungsberechtigung nach § 38 Abs. 1 EEG gestellt werden. Eine Anhörung nach § 28 Abs. 1 VwVfG ist insoweit nicht vorgesehen, was eine Einschränkung des rechtlichen Gehörs darstellt.[91]

d) Die Bundesnetzagentur ist gemäß § 35 Abs. 1 Nr. 3 und 4 EEG zur Veröffentlichung des niedrigsten und des höchsten Gebotswerts verpflichtet sowie des mengengewichteten Zuschlagswerts. Des Weiteren veröffentlicht die Bundesnetzagentur „umfangreiche Statistiken zu den Gebotsterminen“[92]. Dies ist jedenfalls für die Bieter ein erheblicher Effizienzgewinn, aber auch für die Bundesnetzagentur wird dadurch das gesetzgeberische Ziel, möglichst preiswerte Angebote zu realisieren, erreicht.

e) Ein Effizienzgewinn ergibt sich aus der Nutzung von Datenbanken. Diese werden von der Bundesnetzagentur für die Angebote, für die „bezuschlagten Gebotsmengen“[93] sowie für die Überwachung der Realisierungsfristen verwendet. Die Bundesnetzagentur kann gemäß § 30a Abs. 5 EEG auf ein reines Online-Verfahren umstellen. Eine derartige Verpflichtung ergibt sich auch aus § 1 Abs. 1 Online-Zugangsgesetz.

f) Die Aufteilung auf Fachabteilungen gewährleistet eine effiziente und effektive Wahrnehmung der Aufgaben, da in den Abteilungen für die Solarverstromung Entscheidungen durch einzelne Personen getroffen werden können.[94] Auch die Aufteilung nach Fachgebieten ist effektiv. Zu einer Einbuße an Effizienz kann es kommen, wenn die Fachabteilungen sich im Hinblick auf Ähnlichkeiten in den Verfahren untereinander abstimmen müssen.[95]

g) Das EEG wurde in den Jahren 2023 und 2024 14 Mal geändert. Hierbei erfolgten insbesondere Verfahrensvereinfachungen, die zu einer

91 Wolfshohl, S. 228.

92 https://www.bundesnetzagentur.de/DE/Fachthemen/ElektrizitaetundGas/Ausschreibungen/Solaranlagen1/BeendeteAusschreibungen/start.html, zuletzt aufgerufen am ... Wolfshohl, S. 229.

93 Wolfshohl, S. 229.

94 Wolfshohl, S. 239; er weist darauf hin, dass dies bei Anlagen der Offshore-Windenergie anders ist und hält dies für gerechtfertigt.

95 Wolfshohl, S. 239.

höheren Effizienz beitragen. So wurde das System der Sicherheiten vereinfacht. Auch die beizufügenden Unterlagen wurden reduziert. Zudem wurde das Rücknahmeverfahren nach § 48 Abs. 1 VwVfG durch eine auflösende Bedingung in § 38a Abs. 4 S. 2 EEG abgelöst.[96]

h) Damit ist das Verfahren insgesamt in hohem Maße effizient. Die Bieter werden umfassend informiert, Formblätter strukturieren das Verfahren, die elektronische Datenverarbeitung hilft bei der Auswertung und bei der Erstellung der Bescheide. „Die Ausschreibungsverfahren für Freiflächenanlagen führen insgesamt in effektiver und effizienter Weise zu einem stetigen, kosteneffizienten und umweltverträglichen Umbau der Stromerzeugungslandschaft."[97]

2. Stefanie Egidy

a) „Die Tätigkeit der Verwaltung besteht darin, Input in Output zu verwandeln."[98] Dabei lässt sich der Input beschreiben als die Verbindung von Personal-, Sach- und Geldmitteln unter zusätzlicher Berücksichtigung der Beteiligten, ggf. der Öffentlichkeit oder der Sachkundigen. Der Output lässt sich definieren als „Nutzen für die Beteiligten, die Allgemeinheit, die Behörden, seine Rechtmäßigkeit, seiner Steuerungswirkung und seine Akzeptanz."[99]

b) Während der Input die Kostenseite für Behörden, Beteiligte und Öffentlichkeit erfasst, ist der Output eine Frage von Recht- und Zweckmäßigkeit. Zudem ist die Steuerungswirkung relevant. Das Verwaltungsverfahren ist effektiv, wenn es zur Zielerreichung beiträgt, es ist effizient, wenn es „die Kosten des Inputs reduziert oder den Output verbessert"[100].

c) Verfassungsrechtlich verpflichtet Art. 20 Abs. 3 GG die Verwaltung, sich an Gesetz und Recht zu halten. Grundlegend ist dafür der Verhältnismäßigkeitsgrundsatz, der die Verwaltung dazu anhält, ihr Handeln an diesem Maßstab auszurichten. Dies folgt auch aus dem Effektivitätsgebot. Darüber hinaus sind staatliche Ressourcen erforderlich, um „Gemeinschafts-

96 Wolfshohl, S. 242..
97 Wolfshohl, S. 242.
98 Egidy, S. 244.
99 Egidy, S. 246.
100 Egidy, S. 2514.

güter zu produzieren und Grundrechte zu verwirklichen“[101]. Effizienz- und Effektivitätsgebote richten sich an den Gesetzgeber, der die Haushaltsplanung, die Ressourcenallokation und die Aufgabenverteilung auf die Verwaltung vornimmt.

d) Aber auch die Exekutive ist an die Grundsätze von Effektivität und Effizienz gebunden. Dies gilt nicht zuletzt für Verfahren der exekutiven Normsetzung, für vorgelagerte Verfahren zum Zweck der Informationsaufnahme sowie für die nicht-förmliche Wahrnehmung von Verwaltungsaufgaben.[102] Letztlich gibt es aber keine abstrakte Effizienz von Verwaltungsverfahren, sondern nur die Effizienz in Bezug auf spezifische Verfahrensarten.[103] Ein Beispiel ist das Vergabeverfahren, das die einzelnen Verfahrensschritte vorgibt und damit justiziabel macht. „Eine objektive Effizienzkontrolle“[104] obliegt vor allem den Rechnungshöfen, Art. 114 Abs. 2 S. 1 GG.

e) Auf supranationaler Ebene enthält Art. 298 Abs. 1 AEUV Vorgaben für eine „offene, effiziente und unabhängige europäische Verwaltung“. Diese Vorgaben gelten ausschließlich für die Unionsverwaltung.[105] Auch auf Unionsebene ist dem Rechnungshof[106] die Haushaltsprüfung zugewiesen, Art. 287 Abs. 2 AEUV. Für die Mitgliedstaaten setzt das Sekundärrecht Verfahrensvorgaben. So enthält die Lebensmittelkontrollverordnung behördeninterne Audits (Art. 6 Lebensmittelkontrollverordnung) sowie Transparenzpflichten (Art. 11 Lebensmittelkontrollverordnung)[107].

---

101 Egidy, S.252..

102 Siehe Egidy, S. 252.

103 Egidy, S. 254, die auf das Steuerverfahren, die schriftliche Anhörung oder das Zwangsgeld verweist.

104 Egidy, S. 254.

105 Daneben gilt Art. 197 Abs. 1 AEUV, wonach die für das ordnungsgemäße Funktionieren der Union entscheidende effektive Durchführung des Unionsrechts durch die Mitgliedstaaten als Frage von gemeinsamem Interesse anzusehen ist. Den Mitgliedstaaten wird gemäß Art. 197 Abs. 2 AEUV hierfür Unterstützung angeboten, etwa durch den Austausch von Beamten oder durch Aus- und Weiterbildungsprogramme, wobei die Mitgliedstaaten diese Unterstützung nicht in Anspruch nehmen müssen.

106 Zur Einrichtung siehe Art. 285, 286 AEUV.

107 Verordnung (EU) 2017/625 des Europäischen Parlaments und des Rates v. 15. 03. 2017 über amtliche Kontrollen und andere amtliche Tätigkeiten zur Gewährleistung der Anwendung des Lebens- und Futtermittelrechts und der Vorschriften über Tiergesundheit und Tierschutz, Pflanzengesundheit und Pflanzenschutzmittel, ABl. 2017 L 95/1.

f) Die Effizienzsteuerung bedarf der Zentralisierung.[108] Vor allem die Verwaltungsspitze und ggf. der Gesetzgeber sind dazu berufen, „Effizienzgewinne zu realisieren und zugleich mit konfligierenden Zielen auszutarieren".[109] Darüber hinaus sind auch normative Wertungen von Relevanz. Dabei erfolgt die „Weichenstellung"[110] bereits mit jedem „konkreten Verfahrensschritt"[111], der die Effektivität oder Effizienz einer Verwaltungsentscheidung beeinflusst. Stefanie Egidy kritisiert, dass die Verwaltung sich zumeist keine Rechenschaft darüber ablegt, inwieweit Effizienzanforderungen Auswirkungen auf ihre Entscheidungen hat.

g) Zudem bedarf es einer „verwaltungswissenschaftlich informierten Verfahrensgestaltung".[112] So kann die Anhörung eines Unternehmens anders auszugestalten sein als die Anhörung einer Person ohne Rechtskenntnisse. Eine Anhörung erweist sich zudem nur als rational, wenn ihr Nutzen die Kosten nicht übersteigt.

h) Vier Instrumente zur Hebung der Verfahrenseffizienz werden vorgestellt: Zum einen eine inhaltliche Steuerung von Verwaltungsverfahren, wie sie zur Beschleunigung planungs- und umweltrechtlicher Genehmigungsverfahren sowie von Windenergieanlagen vorgesehen sind. Des Weiteren kann eine „stärkere Vorformung des Verfahrens durch den Gesetzgeber oder die Spitze der Exekutive Effizienzgewinne erzeugen".[113] Namentlich die Erstellung von Leitlinien oder Fallgruppen kann zu einer Entlastung der Verwaltung führen. Zudem können die Beteiligten zu einer Mitwirkung verpflichtet werden. Schließlich kann die Digitalisierung Effizienzgewinne herbeiführen.[114]

i) Letztlich ist das Verwaltungsverfahren unter den Gesichtspunkten der Effektivität und Effizienz an seinem Output zu messen. Dabei sind sowohl die Rechtmäßigkeit einer Maßnahme als auch ihr „Steuerungserfolg"[115] und ihre „Akzeptanz"[116] von Bedeutung. Im Ergebnis sieht Stefanie Egidy einen

---

108 Egidy, S. 258.
109 Egidy S. 259.
110 Egidy, S. 260..
111 Egidy, S. 263.
112 Egidy, S. 263.
113 Egidy, S. 263.
114 Egidy, S. 263 verweist auf das computergestützte Informationssystem der VO 2017/625, welches in Art. 1 Abs. 1 f. sowie in Rn. 86 Ausdruck gefunden hat.
115 Egidy, S. 265.
116 Egidy, S. 265.

Zuwachs der verwaltungsinternen Kontrolle durch die Rechnungshöfe, jedoch keine Auswirkungen auf etwaige subjektive Rechte.[117]

V. Verfahrensrechte – Verfahrensfehler – Fehlerfolgen

1. Laura Hering: Die Entwicklung der nachträglichen Legalisierung im Umweltrecht

a) Gerade im Bereich des Umweltrechts und namentlich in Bezug auf die Umweltverträglichkeitsprüfung ist die Rechtsprechung des EuGH „differenzierter und legalisierungsfreundlicher“[118] geworden. Allein im Falle einer systematischen Umgehung von Unionsvorschriften durch nationale Fehlerheilungsvorschriften zieht der EuGH eine Grenze. Grundsätzlich ist es Sache der Mitgliedstaaten, wie sie Verfahrensfehler behandeln. Zu beachten ist aber der Grundsatz der loyalen Zusammenarbeit gemäß Art. 4 Abs. 3 AEUV sowie die bekannten Prinzipien der Effektivität und der Äquivalenz.[119]

b) Das Urteil des EuGH in der Rechtssache C-201/02 – Delena Wells vom 7. 1. 2004 war in seinen Rechtsfolgen nicht ganz eindeutig. Einerseits urteilte der EuGH, dass die Entscheidung entweder ausgesetzt oder aufgehoben werden muss, um die unterlassene Umweltverträglichkeitsprüfung durchzuführen; andererseits schien er Schadensersatzforderungen der Betroffenen für möglich zu halten.[120] Für die Rechtswissenschaft war die Frage nach der unmittelbaren Anwendbarkeit von Vorschriften der UVP-Richtlinie von besonderem Interesse. So urteilte der Gerichtshof, dass die Klägerin sich ggf. auf Art. 2 Abs. 1 in Verbindung mit Art. 1 Abs. 2 und 4 der Richtlinie 85/337 berufen könne.

c) In der Entscheidung der Kommission gegen Irland im Jahr 2008 befasste sich der EuGH erneut mit einer nachträglichen Legalisierung.[121] Er stellte fest, dass Gemeinschaftsrecht einer nachträglichen Legalisierung zwar nicht grundsätzlich entgegenstehe, dass derartige Regelungen aber die

117 Egidy, S. 265.

118 Hering, S. 269.

119 Hering, S. 270.

120 EuGH, Rs. C-201/02 (Delena Wells/Secretary of State for Transport, Local Government and the Regions), ECLI:EU:C:2004:12, Rn. 61, 69.

121 EuGH, Rs. C-215/06 (Europäische Kommission/Irland), ECLI:EU:C:2008:380; siehe zum Inhalt der Entscheidung Hering, S. 272.

Ausnahme bleiben müssten. Sie dürften Projektträger nicht dazu verleiten, der Pflicht zur Durchführung einer Umweltverträglichkeitsprüfung nicht nachzukommen. Eine nachträgliche Legalisierung müsse die Ausnahme bleiben, denn es bestehe die Pflicht, eine Umweltverträglichkeitsprüfung vor Erteilung der Genehmigung durchzuführen.

d) In einem weiteren Fall, in dem es um die Errichtung einer Abfalldeponie in der Slowakei[122] ging, bemängelte der Gerichtshof eine Verletzung der Öffentlichkeitsbeteiligung. Er stellte den Grundsatz auf, dass noch „alle Optionen offen" und zudem eine „effektive Öffentlichkeitsbeteiligung" möglich sein muss. Vergleichbare Ausführungen folgten in der Entscheidung Stadt Wiener Neustadt.[123]

e) In einem Urteil zum Bau und Betrieb von zwei Biogasanlagen in Mittelitalien wurde keine Umweltprüfung durchgeführt, weil das damalige Recht sie nicht verlangte. Auf Klage der Gemeinde und einiger Anwohner erklärte der italienische Verfassungsgerichtshof die regionale Vorschrift für unionsrechtswidrig. Im Weiteren wurden die Anlagen stillgelegt und eine Umweltverträglichkeitsprüfung nachgeholt. Damit stellte sich die Frage, ob eine solche Nachholung möglich ist, was wiederum zu einer Vorlage an den EuGH führte.[124] Dieser hielt eine nachträgliche Heilung grundsätzlich für möglich, sofern sie Ausnahme bleibe. Zudem müsse die nachträgliche Beurteilung mit Rückwirkung stattfinden (ex tunc), da nur so dem „präventiven Charakter der Umweltverträglichkeitsprüfung"[125] Rechnung getragen werden könne.

f) Es folgten zwei weitere Entscheidungen: erneut eine Vorlage des Gerichts Marken, dieses Mal mit der Frage, inwieweit eine Anlage zu Erzeugung von Strom aus Biogas, die ohne Umweltprüfung in Betrieb genommen worden war, gegen Unionsrecht verstößt. Hier zeigt der EuGH eine leichte Änderung in der Argumentation: Anstelle der Formulierung, die nachträgliche Änderung müsse die Ausnahme bleiben, heißt es, dass die nationalen Vorschriften den Betreibern nicht die Gelegenheit geben dürfen, das Unionsrecht zu umgehen oder nicht anzuwenden.[126]

122 EuGH, Rs. C- 416/10 (Krizan u.a./Slowakei), ECLI:EU:C:2013:8.

123 EuGH, Rs. C-348/15 (Stadt Wiener Neustadt/Niederösterreichische Landesregierung), ECLI:EU:C:2016:882.

124 EuGH, verb. Rs. C-196/16 u. C-197/16 (Comune di Corridonia u.a./Provincia die Maceratat u.a.), ECLI:EU:C:2017:589.

125 Hering, S. 272.

126 EuGH, Rs. C-117/17 (Biogasanlage), ECLI : EU : 2018 :129.

g) Zudem ist die Entscheidung Inter-Environnement Wallonie[127] zu nennen, wo es um die Gefahren der Kernenergie ging. Beide Kraftwerke, Doel 1 und Doel 2, waren in die Jahre gekommen, hatten zum Teil Ausfälle, zudem Risse in der Außenwand. Die Atomkraftwerke sollten zunächst ihren Betrieb einstellen. Dann entschied der Gesetzgeber allerdings, die Laufzeit der Kernkraftwerke bis 2025 zu verlängern, ohne eine Umweltverträglichkeitsprüfung durchzuführen. Der EuGH stellte fest, dass eine solche Umweltverträglichkeitsprüfung zwingend erforderlich sei. Auch hätte es aufgrund der Nähe zur niederländischen Grenze eines grenzüberschreitenden Verfahrens bedurft. Sofern die Voraussetzungen, die er in seinem Urteil Comune die Corridonia aufgestellt habe, erfüllt seien, sei eine auch nachträgliche Legalisierung möglich. Dabei erstreckte der EuGH diese Möglichkeit erstmals auch auf die Fauna-Flora-Habitatrichtlinie.[128] Der Gerichtshof stellte weitere Voraussetzungen auf, um die Verdrängung von bindendem Unionsrecht auf ein Minimum zu beschränken.[129] Der belgische Verfassungsgerichtshof erlaubte eine Laufzeitverlängerung für 34 Monate und begründete dies mit drohender Beeinträchtigung der Stromversorgung. Innerhalb dieser Zeit sei es möglich, eine Öffentlichkeitsbeteiligung sowie die grenzüberschreitenden Konsultationen durchzuführen.

Problematisch kann vor diesem Hintergrund § 80c Abs. 2 VwGO gesehen werden. Die Vorschrift ermöglicht eine Mängelbehebung in absehbarer Frist. Dabei soll das Gericht eine Frist setzen. Sofern diese verstreicht, gilt gemäß § 80c Abs. 2 S. 4 VwGO § 80 Abs. 7 VwGO entsprechend.

h) Laura Hering konstatiert eine Entwicklung hin zu einer legalisierungsfreundlichen Rechtsprechung, „wobei eine Balance zwischen Prinzipientreue und Realitätssinn angestrebt“[130] werde. Während das deutsche Recht dem Verfahren im Wesentlichen einen dienenden Charakter zuweise, komme ihm im Unionsrecht ein „Eigenwert“[131] zu. Insoweit lässt sich in den letzten Jahren in der Rechtsprechung des EuGH feststellen, dass eine Heilung von Verfahrensfehlern möglich ist. Auch eine grundlegende Differenz zwischen deutschem und europäischem Verfahrensverständnis gibt es letztlich nicht.

---

127 EuGH, Rs. C-411/17 (Inter-Environnement Wallonie ASBL u.a./Conseil des ministres), ECLI:EU:C:2019:622.

128 Hering, S. 278.

129 Hering, S. 279.

130 Hering, S. 289.

131 Hering, S. 290.

i) Entscheidend ist, dass das Unionsrecht nicht unterlaufen wird und dass Umweltprüfungen nachgeholt werden können. Selbst nachträgliche Legalisierungen sind nach neuester Rechtsprechung des EuGH möglich. Allerdings müssen diese die Ausnahme bleiben, denn in einem solchen Fall könnten nicht mehr „alle Optionen offen“[132] sein. Laura Hering schlägt vor, dass deshalb die Heilung im Rahmen von § 45 Abs. 1 VwVfG nicht rückwirkend stattfindet (ex tunc), sondern erst ab dem Zeitpunkt der Heilung (ex nunc).[133] Im Ergebnis darf eine nachträgliche Legalisierung nicht „automatisch“ erfolgen, da ansonsten eine Umgehung des Unionsrechts möglich würde.[134]Es lässt sich feststellen, dass der EuGH zunehmend die Möglichkeit der Heilung von Verfahrensfehlern annimmt und eine „richterrechtlich geprägte Dogmatik“[135] herausgebildet hat.

2. Sigrid Emmenegger: Verfahrensrechte und Verfahrensfehlerfolgen aus der Perspektive der gerichtlichen Praxis

a) „Fehlerfreie Verwaltungsentscheidungen sind bei komplexen Verwaltungsverfahren Ausnahmeerscheinungen.“[136] Und: „Je komplexer die Entscheidung, desto unwahrscheinlicher die Aufhebung.“[137] Der Begriff des Verfahrensfehlers soll weit verstanden werden: Es geht nicht nur um den Erlass eines Verwaltungsakts, sondern auch um den Erlass exekutiver Normen, zudem um Ermessens- und Abwägungsmängel.[138]

b) Es gibt verschiedene „Fehlerfilter“. Auch wenn das Verwaltungsrecht nur „rechtmäßig“ oder „rechtswidrig“ kennt, so gibt es dazwischen doch „schlimme Fehler“ und „weniger schlimme Fehler“. Hier gilt es ein „Filtersystem anzuwenden“, das dem praktischen Bedürfnis nach einer Abstufung Rechnung trägt.[139] Ein weiterer Filter ist die Rügelast des Klägers. Dieser muss die ihn beschwerenden Beeinträchtigungen vorbringen, anderenfalls gilt die prozessuale Präklusion, etwa nach § 6 UmwRG.[140]

132 Hering, S. 292.
133 Hering, S. 293..
134 Hering, S.300..
135 Hering, S. 300.
136 Emmenegger, S. 305.
137 Emmenegger, S. 306.
138 Emmenegger, S. 306.
139 Emmenegger, S. 307.
140 Emmenegger, S. 307.

c) Auch die Rügebefugnis ist zu prüfen. Dies ist nicht zu verwechseln mit der Klagebefugnis. Für die Klagebefugnis genügt die mögliche Verletzung in einem subjektiven Recht des Klägers. Demgegenüber verlangt die Rügebefugnis eine tatsächliche Rechtsverletzung.[141] So haben enteignungsbetroffene Privatpersonen einen Vollüberprüfungsanspruch. Vergleichbares gilt für Umweltverbände gemäß § 2 Abs. 4 S. 1 UmwRG.[142] Demgegenüber haben private Kläger, die nicht enteignungsbetroffen sind, nur einen Anspruch auf Prüfung drittschützender Normen. Erforderlich ist eine qualifizierte Betroffenheit.[143]

d) Ein weiterer Prüfungspunkt ist die sog. Fehlermarkierung. Sie betrifft „den existenziellen Kern richterlichen Entscheidens."[144] An verschiedenen Beispielen stellt Emmenegger die Probleme vor.[145] Sie weist darauf hin, dass „markierte Fehler" nicht stets zum Erfolg der Klage führen, jedoch eine „Orientierungsfunktion" für die Behörden haben. Zudem haben sie eine gewisse Genugtuungsfunktion für den Kläger oder die Klägerin, wenn das Verwaltungsgericht den Einwand als zutreffend erkennt, auch wenn dies nicht notwendig zum Erfolg der Klage führen muss.

e) Ein weiterer Prüfungspunkt ist die Fehlerheilung. Sie ist nach deutschem Verwaltungsverfahrensrecht möglich gemäß den §§ 45, 46 VwVfG (Heilung von Verfahrens- und Formfehlern, Folgen von Verfahrens- und Formfehlern). Der EuGH erlaubt die Heilung von Fehlern, wenn ausgeschlossen bleibt, dass das Unionsrecht umgangen wird und wenn die nachträgliche Legalisierung nur ausnahmsweise erfolgt.[146] In der Entscheidungen Krizan 2013 hat der EuGH festgestellt, dass alle „Optionen noch offen sein müssen". In einer weiteren Entscheidung, Commune die Corridonia von 2017, kommt eine Nachholung sogar noch in Betracht, wenn die Anlage bereits in Betrieb ist. Auch das stehe der Offenheit nicht entgegen, wenn denn Änderungen realistischer Weise noch möglich sind. Selbst im Asylverfahren ist eine Nachholung möglich, wenn diese im Ausgangsverfahren aufgestellten Anforderungen genügt.[147]

141 Emmenegger, S. 308.
142 Emmenegger, S. 308.
143 Emmenegger, S. 308.
144 Emmenegger, S. 309 f.
145 Emmenegger, S. 4, 40 Maststandorte im Wald, tatsächlich sind es nur 23; Erhöhung der Freileitungsmasten von 33,5 auf 78,5 m, Behörde spricht von einer Erhöhung von mehr als 15 m.
146 Emmenegger, S. 310.
147 Emmenegger, S 312.

f) Es gibt Grenzen einer „Reparatur" im gerichtlichen Verfahren. Emmenegger weist auf die besondere „Rationalität" des gerichtlichen Verfahrens hin, namentlich mündliche Verhandlung, rechtliches Gehör, faires Verfahren, Spruchkörperprinzip, Beratung im Spruchkörper, ggf. Beteiligung von Schöffen. Eine Aussetzung des Verfahrens kommt in Betracht nach § 4 Abs. 1b S. 3 UmwRG. Demgegenüber stößt die Funktion als „Reparaturbetrieb" in der Rechtsprechung zurecht auf Ablehnung.[148]

g) Ein weiterer wichtiger Punkt ist die Fehlerbeachtlichkeit. Im Zuge der Altrip-Entscheidung[149] hat der Gesetzgeber weitere Verfahrensfehler ergänzt, die notwendig zur Aufhebung der Entscheidung führen (absolute Verfahrensfehler).[150] Bei leichteren Verfahrensfehlern kommt demgegenüber § 46 zur Anwendung; dies ergibt sich auch aus § 4 Abs. 1a S. 1 UmwRG. Entscheidend ist, dass der Kläger nicht die Beweislast für das Kausalitätserfordernis trägt. Dies hat der EuGH wiederholt hervorgehoben.[151] Eine vergleichbare Rechtsprechung verfolgt das Bundesverfassungsgericht.[152]

h) Auch, wenn ein beachtlicher Fehler vorliegt, führt dies noch nicht zwingend zur Aufhebung des Planfeststellungsbeschlusses, da nach § 75 Abs. 1a VwVfG Mängel durch ein ergänzendes Verfahren behoben werden können und sollen. Hiervon gibt es nur in seltenen Fällen einmal Ausnahmen.[153] Emmenegger hebt hervor, dass auch die Feststellung der Nichtvollziehbarkeit einer Entscheidung erhebliche Folgen hat, ggf. die Öffentlichkeitsbeteiligung nachgeholt werden muss oder aufgrund veränderter Tatsachen die naturschutzfachliche Bestandsaufnahme zu erneuern ist. Nur im Ausnahmefall kam es einmal zur vollständigen Aufhebung eines Planfeststellungsbeschlusses. Das Umweltrechtsbehelfsgesetz enthält hierfür die entscheidenden Vorgaben: Nur wenn eine Entscheidung nicht durch Entscheidungsergänzung oder durch ein ergänzendes Verfahren behoben werden kann, § 1 Abs. 1 S. 1 Nr. 1 bis 2b oder 5 UmwRG, ist sie aufzuheben. Auf § 75 Abs. 1a VwVfG findet die eben genannte Vorschrift

---

148 Emmenegger, S. 313.

149 EuGH, Rs. C-72/12 (Altrip u.a./Rheinland-Pfalz), ECLI:EU:C:2013:712.

150 Emmenegger, S. 313.

151 Zuletzt EuGH Rs. C-137/14 (Kommission/Deutschland), ECLI:EU:C:2015:683 Rn. 60.

152 Emmenegger, S. 315 mit Hinweis auf BVerfG, NVwZ 2016, S. 524 Rn. 20 – Bremer Weserquerung.

153 Siehe das Beispiel bei Emmenegger, S. 315 zum Planfeststellungsbeschluss eines Hafenbeckens, das keine Grundlage im Wasserhaushaltsgesetz hat, BVerwGE 151, 213 Rn. 46..

keine Anwendung. Die Anwendbarkeit auf Normenkontrollverfahren hat das Bundesverwaltungsgericht in einer neueren Entscheidung abgelehnt.[154]

i) In einer weiteren Entscheidung hat das Bundesverwaltungsgericht der Klage eines Umweltverbandes stattgegeben, da nicht eine Zielabweichung, sondern eine Änderung des Regionalplans erforderlich gewesen wäre. Inzwischen sind Ziele der Raumordnung wie auch Pläne oder Programme anfechtbare Handlungen. Das Bundesverwaltungsgericht hat sogar gemäß § 7 Abs. 2 S. 1 ROG angenommen, dass Private gegen Ziele der Raumordnung vorgehen können.[155]

j) Dem steht gegenüber, dass der Gesetzgeber inzwischen in erheblichem Umfang Ausnahmen von den aufwändigen Verfahren der Umweltverträglichkeitsprüfung vorsieht. Dies gilt etwa für die Umweltverträglichkeitsprüfung von Windenergieanlagen[156] oder für Ausnahmen von der Umweltverträglichkeitsprüfungen in Bezug auf das Gesetz zu Beschleunigung des Einsatzes verflüssigten Erdgases (LNGG). Ein weiteres Gesetz betrifft Leitungsbauvorhaben von Stromleitungen, die neben einer Bestandsleitung verlaufen.[157] Auch insoweit ist nunmehr eine Umweltverträglichkeitsprüfung entbehrlich. Dies ist durchaus kritisch zu sehen.

k) Weitere Fehlerfilter folgen aus dem Gesetz zur Beschleunigung von verwaltungsgerichtlichen Verfahren im Infrastrukturbereich.[158] Danach kann das Gericht, in der Regel das Oberverwaltungsgericht gemäß § 80c Abs. 2 S. 1 VwGO einen Mangel außer Acht lassen, wenn dieser in absehbarer Zeit behoben werden kann. Emmenegger weist darauf hin, dass das Bundesverwaltungsgericht diese Vorschrift zurückhaltend handhabt und im konkreten Fall an der aufschiebenden Wirkung festgehalten hat. Sie stellt abschließend fest, dass „der Ball" nunmehr „bei den Gerichten" liege, „die die neuen Vorschriften auszulegen und anzuwenden haben."[159]

154 BVerwG, NVwZ 2023, S. 1748.
155 BVerwG, Urteil v. 9. 11. 2023 – 4 CN 2.22 – juris Rn. 18.
156 Art. 6 Verordnung (EU) 2022/2577 des Rates v. 22. 12. 2022 zur Festlegung eines Rahmens.
157 § 43 Abs. 3 S. 2 bis 5 EnWG n.F. sowie § 43 Abs. 3a, Abs. 3b und Abs. 3c EnWG n.F.
158 BGBl. I 2023, Nr. 73.
159 Emmenegger, S. 320.

VI. Elektronische Kommunikation im Verwaltungsverfahren unter den Bedingungen europäischer Verbundstrukturen

1. Reiner Moser

a) Die Verwaltungsdigitalisierung der über 1.100 Kommunen im Land Baden-Württemberg ist „Mammutaufgabe" für die Behörden. Ziel der Digitalisierung ist es, „Wohlstand, Nachhaltigkeit, gesellschaftlichen Zusammenhalt und digitale Souveränität in Baden-Württemberg"[160] zu sichern. Dafür ist ein schnelles Internet notwendige Voraussetzung. Breitbandausbau und Gigabit-Netze sind erforderlich, um digitales Arbeiten, digitale Verwaltung und digitales Wirtschaftswachstum zu ermöglichen.

b) Das Onlinezugangsgesetz ermöglicht schon heute etwa das An-, Ab- und Ummelden von Kraftfahrzeugen digital vorzunehmen. Weitere Möglichkeiten sind die Beantragung von Elterngeld, Wohngeld, Geburtsurkunden oder Meldebescheinigungen. Darüber hinaus gibt es die Plattform service-bw. Diese ermöglicht es Bürgerinnen und Bürgern sowie Unternehmen Verwaltungsleistungen online in Anspruch zu nehmen. Der OZG-Hub stellt eine weitere Plattform dar, die Landkreisen, Städten und Gemeinden ermöglicht, sich zu digitalisieren.[161]

c) Von großem Nutzen ist das „Einer für alle Prinzip". Auf diese Weise wird eine digitale Verwaltungsleistung, die in einem Land entwickelt wurde, anderen Ländern zur Verfügung gestellt. So können bundeseinheitliche Standards, standardisierte Schnittstellen sowie weitere Vorteile der Automatisierung genutzt werden.[162]

d) Cybersicherheit ist von entscheidender Bedeutung. Baden-Württemberg hat zu diesem Zweck ein Cybersicherheitsgesetz verabschiedet und eine Cybersicherheitsagentur geschaffen. Auf diese Weise ist es möglich, „IT-Infrastrukturen und Daten zu sichern und vor Cyber-Angriffen zu schützen."[163]

e) Künstliche Intelligenz in der Verwaltung bedarf der rechtlichen Rahmung. In der Verwaltung wird zurzeit eine Anwendung genutzt, die Er-

160 Moser, S. 321.
161 Moser, S. 323.
162 Moser, S. 323.
163 Moser, S. 324.

stellung und Zusammenfassung großer Textmengen erleichtert sowie die Recherche zu spezifischen Fragestellungen beschleunigt.[164]

f) Rechtlich ist zum einen die Verordnung Single Digital Gateway[165] von Bedeutung, die in ihrem Art. 14 das Once Only Principle aufstellt. Dieses wird im Bund-Länder-Programm „Gesamtsteuerung Registermodernisierung" seit Ende des letzten Jahres realisiert und weiterentwickelt. Zum anderen ist die eIDAS-Verordnung[166] zu nennen. Sie setzt einen „einheitlichen Rahmen für digitale Identität, Authentifizierung grenzüberschreitender Transaktionen und hat auf diese Weise „das Vertrauen in die Onlinedienste gestärkt"[167].

g) Bei alledem ist der Faktor Mensch nicht zu vernachlässigen. Vor diesem Hintergrund hat das Land Baden-Württemberg die Digitalakademie@bw gegründet. In ihr verbinden sich die Kompetenzen von Kommunalverwaltungen und Landesverwaltung, um die digitale Transformation voranzutreiben. „Sie eint die Vision, die digitale Transformation gemeinsam mit den Kommunen, Landkreise und Regionen in Baden-Württemberg zu gestalten."[168]

h) In allen Bereichen der Digitalisierung spielt das Recht der Europäischen Union eine bedeutende Rolle. Diese hat sich mit dem Ausrufen der „Digitalen Dekade 2030" das Ziel gesetzt, die wichtigsten öffentlichen Dienstleistungen online bereitzustellen. Umzusetzen ist all dies jedoch in erster Linie in den Bundesländern. Hier ist Baden-Württemberg „auf einem guten Weg, die Herausforderungen zu meistern."[169]

2. Thomas Wischmeyer

a) Entscheidend für die Umsetzung der digitalen Transformation ist, dass die „elektronische Kommunikation mit den Bürgern fehlerfrei und nutzer-

164 Moser, S. 325.

165 Verordnung (EU) des Europäischen Parlaments und des Rates v. 2. 10. 2018 über die Einrichtung eines einheitlichen digitalen Zugangstors für Informationen, Verfahren, Hilfs- und Problemlösungsdiensten und zur Änderung der Verordnung (EU) Nr. 1024/2012.

166 Verordnung (EU) Nr. 910/2014 des Europäischen Parlaments und des Rates v. 23. 07. 2014 über elektronische Identifizierung und Vertrauensdienste für elektronische Transaktionen im Binnenmarkt, ABl. 2104 vom L 257/73.

167 Moser, S. 325.

168 Moser, S. 325. ~~5.~~

169 Moser, S. 326.

freundlich funktioniert"[170]. Insoweit hinkt die Realität oftmals einer sinnvollen Ausgestaltung der Digitalisierung hinterher, wie das Beispiel des Elterngeldes zeigt, wo am Ende doch wieder ausgedruckt und per Post verschickt werden muss. Auch die Anmeldung von Kraftfahrzeugen läuft nicht reibungslos, so dass das digitalisierte Zulassungsverfahren nur äußerst selten in Anspruch genommen wird.

b) Insbesondere das Unionsrecht verlangt die Digitalisierung der Verwaltungstätigkeit. Nach den Vorgaben von Art. 6 und Art. 13 der Single Digital Gateway Verordnung müssten seit dem 12. 12. 2023 eine große Anzahl an Leistungen digitalisiert und online verfügbar sein. Dies ist jedoch bisher zu einem großem Teil nicht der Fall.[171]

c) Dementsprechend ist das Verwaltungsverfahrensrecht daraufhin zu untersuchen, inwieweit es die Unterdigitalisierung mitverantwortet, von der Öffnung der Verwaltung für die elektronische Kommunikation, über die Bereitstellung der nötigen Kommunikationsinfrastruktur sowie über das „dominierende Kommunikationsparadigma, das plattform – bzw. portal basiert ist"[172].

d) Die einfache E-Mail kann den Anforderungen an die Überprüfung von Sender und Empfänger nicht genügen. Für eine förmliche Verwaltungskommunikation ist diese Art von Übertragung daher ungeeignet. Mit dem Dritten Gesetz zur Änderung verwaltungsverfahrensrechtlicher Vorschriften[173] wurde § 3a in das Verwaltungsverfahrensgesetz eingefügt. Diese Vorschrift ermöglicht gemäß § 3a Abs. 1 die Übermittlung elektronischer Dokumente, sofern der Empfänger hierfür einen Zugang eröffnet hat. Auch auf Seiten der Behörde bedarf es der Zugangseröffnung gemäß § 37 Abs. 3 VwVfG und § 41 Abs. 2a und 4 VwVfG.

e) Den Anstoß für eine Änderung brachte erst die Dienstleistungsrichtlinie. Namentlich Art. 8 Abs. 1 der Richtlinie[174] gewährt ein subjektives Recht auf digitale Abwicklung, was seinen Niederschlag in Art. 71e VwVfG gefunden hat. Was fehlt, ist die „aus Bürgersicht gebotene technische Konvergenz der Kommunikationsmittel."[175]

---

170 Wischmeyer, S. 328.
171 Wischmeyer, S. 329: „43 OZG Leistungsbündel mit insgesamt 328 Leistungen aus dem Leistungskatalog der öffentlichen Verwaltung".
172 Wischmeyer, S. 330.
173 Gesetz v. 21. 8. 2002, BGBl. I 2002, S. 3322.
174 Dienstleistungsrichtlinie v. 27. 12. 2006, ABl. 2006 L 376/36.
175 Wischmeyer, S. 334.

f) Das EGovG des Bundes und der Länder sieht in § 3 EGovG vor, allgemeine Informationen über die Tätigkeit der Behörden online vorzuhalten. Gemäß § 5 EGovG können Nachweise elektronisch eingereicht werde. Wischmeyer hebt hervor, dass Art. 3a Abs. 4 VwVfG – anders als § 55a VwGO – „der Vielfalt der Verwaltung und der Technikkompetenz des Durchschnittsbürgers (...) eher gerecht werden dürfte."[176]

g) In der SDG-VO finden sich an mehreren Stellen Vorschriften, die auf eine Nutzerfreundlichkeit hinwirken: So verpflichtet Art. 9 Abs. 1 lit. a SDG-VO dazu, dass Nutzer „die Informationen leicht finden und verstehen können und zudem erkennen können, welche Informationen für ihre Situation relevant ist". Art. 10 Abs. 1 lit. b und f SDG-VO verpflichtet dazu, die zuständige Behörde anzugeben sowie auf etwa anfallende Gebühren hinzuweisen. Art. 10 Abs. 4 SDG-VO verlangt, die Informationen in einer Amtssprache zur Verfügung zu stellen, die von einer größtmöglichen Anzahl der grenzüberschreitenden Nutzer weitgehend verstanden wird.[177]

h) Behörden von Bund und Ländern sind heute „flächendeckend zur Eröffnung des elektronischen Zugangs verpflichtet".[178] Wischmeyer hebt hervor, dass eine größere Vereinheitlichung der elektronischen Kommunikation angezeigt wäre und die föderale Vielfalt in diesem besonderen Kontext wenig sinnvoll erscheint. Hier wäre es empfehlenswert, Art. 9 ff. SDG-VO zum Vorbild zu nehmen.

i) Auf Bürgerseite gilt weiterhin das Freiwilligkeitsprinzip. Dies ist gerade auch für ältere Menschen nachvollziehbar. Nicht alle verfügen über dieselbe Digitalkompetenz. Teilweise ist die digitale Kommunikation als Regelfall ausgewiesen, wie etwa gemäß Art. 20 Abs. 1 S. 1 BayDiG, allerdings nicht ohne daneben auch die nichtdigitale Variante anzubieten. Soweit es sich um Unternehmen handelt, die im Unternehmensbasisdatenregistergesetz gelistet sind, sollen Verwaltungsleistungen nach Ablauf von fünf Jahren nur noch elektronisch angeboten werden; auch insoweit sind aber Ausnahmen möglich. Zudem muss es im Notfall stets die Möglichkeit geben, auch analog zu kommunizieren oder sich vor Ort zu begeben. Letztlich ist entscheidend, dass „Effektivität, Effizienz und Inklusivität" die unterschiedlichen Kommunikationswege sichern, sowie eine hinreichende Vorlaufzeit für Unternehmen und Privatpersonen gewährleistet sind.[179]

176 Wischmeyer, S. 335.
177 Wischmeyer, S. 337.
178 Wischmeyer, S. 338..
179 Wischmeyer, S. 339.

j) Auch der Aufbau einer „leistungsfähigen und nutzerfreundlichen Kommunikationsinfrastruktur“[180] ist alles andere als trivial. Hinzukommen die sich stetig verschärfenden Anforderungen des Datenschutzrechts und des IT-Sicherheitsrechts. Es ist wiederum die Europäische Union, welche mit der Signatur-Richtlinie von 1999 und sodann mit der eIDAS-VO von 2014 die Vorreiterrolle übernommen hat. Insbesondere letztere zeigt, wie anspruchsvoll der Aufbau einer sicheren Kommunikationsinfrastruktur ist. Erforderlich sind hierfür „Identifizierungsdienste, elektronische Signaturen, Siegel, Zeitstempel, Zustelldienste, die grenzüberschreitend funktionieren müssen.“[181] Die Idee einer „European Digital Identiy Wallet“ ist bisher noch nicht umgesetzt. Die Bundesagentur für Sprunginnovationen (SPRIND) hat hierfür „einen entsprechenden Innovationsprozess aufgesetzt“.[182]

k) Im Verwaltungsverfahrensrecht findet, wie bereits erwähnt, die elektronische Kommunikation ihren Niederschlag in § 3a VwVfG. Es bestehen jedoch auch hier zahlreiche Hindernisse, so wenn das Signaturzertifikat nur von einem Mitarbeiter genutzt werden kann. Die elektronische Signatur wird daher von den Behörden nur selten verwendet. Hinzukommt eine Überforderung mancher Bürger mit den neuen Kommunikationsformen. Insoweit hat sich die Rechtsprechung zunächst großzügig gezeigt, verschärft nunmehr aber offenbar die Anforderungen in der Meinung, dies sei inzwischen nicht mehr nötig. Wischmeyer kritisiert, dass dies den „tatsächlichen Gegebenheiten“[183] nicht entspreche.

l) Der Verwaltungsverfahrensgesetzgeber konnte sich nur schwer vom „Primat der Technik“[184] lösen. Wischmeyer stellt fest, dass sich die De-Mail als Alternative zur elektronischen Signatur in der Praxis nicht durchsetzen konnte. Demgegenüber stellt es einen „Fortschritt in Sachen Nutzerfreundlichkeit dar“[185], dass nunmehr die Möglichkeit besteht, über Webformulare Erklärungen direkt an die Behörde zu übertragen, § 3a Abs. 3 Nr. 1 VwVfG n.F. Dabei erfolgt die Identifizierung über den elektronischen Personalausweis oder Alternativen, namentlich § 18 PAuswG, § 12 eIDK-Gesetz oder § 78 Abs. 5 AufenthG. Kontraproduktiv erscheint es, wenn nunmehr anstel-

180 Wischmeyer, S. 339.
181 Wischmeyer, S. 340.
182 Wischmeyer, S. 340.
183 Wischmeyer, S. 342.
184 Wischmeyer, S. 343.
185 Wischmeyer, S. 344.

le der Zusendung durch die Post der Identitätsnachweis nur noch bei der Behörde vorgenommen werden kann.[186]

m) Gemäß § 3a VwVfG in der neuen Fassung können nunmehr nach Abs. 3 Nr. 2 weitere Schriftersatzformen genutzt werden, etwa die Versendung aus einem elektronischen Anwaltspostfach (lit. a), einem Behördenpostfach oder dem Postfach einer juristischen Person des öffentlichen Rechts (lit. b) oder einem Bürgerpostfach, welches auf der Grundlage der Rechtsverordnung gemäß § 130a Abs. 2 S. 2 ZPO eingerichtet wurde (lit. c).

n) Es zeigt sich, dass der Aufbau einer „elektronischen Kommunikationsinfrastruktur“[187] mit großen Schwierigkeiten verbunden ist. Hinzukommt, dass die Anforderungen in den verschiedenen Rechtsgebieten zum Teil voneinander abweichen: im Rahmen des Sozialverfahrensrecht, in der Abgabenordnung oder auch im Verwaltungsprozessrecht gehen die Anforderungen auseinander.

o) Als Beispiel für die Einführung eines außerordentlich populären Verfahrens kann ELSTER dienen. Es ist mit einem Software-Zertifikat versehen und wird inzwischen von über 20 Millionen Konten genutzt. Daneben kann das ELSTER-Zertifikat auch zur „Identifizierung und Authentifizierung am Organisationskonto genutzt werden“ und auf diese Weise eine durch Rechtsvorschrift angeordnete Schriftform ersetzen. Damit setzt sich der „faktische Erfolg des Elster-Verfahrens gegen die aus technischer Sicht überlegene eID-Funktion des Personalausweises durch“.[188]

p) Inwieweit der Aufbau einer „formsicheren Kommunikationsinfrastruktur“[189] dazu beiträgt, Formerfordernisse abzubauen, ist zweifelhaft. So wurde § 5 EGovG, der das elektronische Einreichen von Nachweisen erlaubt, oftmals restriktiv gehandhabt. Erst im Zusammenhang mit dem Onlinezugangsgesetz von 2017 erfolgte eine „großflächigere Bereinigung der Schriftformerfordernisse“.[190] Letztlich kann der Zugang zur digitalen Verwaltung nicht mit dem für die analoge Welt geltenden Zugang verglichen werden, sondern bedarf eigener Analyse.

q) Eine Vereinheitlichung der Kommunikationswege stellt die Verwaltung vor neue Herausforderungen. Es geht um Verwaltungsportale, die dem Bürger ermöglichen sollen, im Wege eines „One-Stop-Government“ alle

186 Wischmeyer, S. 344.
187 Wischmeyer, S. 344.
188 Wischmeyer, S. 345.
189 Wischmeyer, S. 345.
190 Wischmeyer, S. 346.

Leistungen, soweit nachgefragt, aus einer Hand zu erhalten. Das Organisationskonto für Unternehmen soll durch ein Konto für Bürger ergänzt und der Betrieb der Landeskonten eingestellt werden. Dies erhöht auf Seiten der Verwaltung die Schwierigkeiten allerdings ganz erheblich, da nunmehr ein Ebenen übergreifender IT-Verbund notwendig ist. Diese Probleme sind nach wie vor nicht bewältigt.[191]

r) Das OZGÄndG ermöglicht nunmehr die einmalige Anmeldung mit Identitätsnachweis für eine Mehrzahl von Erklärungen, § 9a Abs. 5 OZG idF. des OZGÄndG. Zurecht wird kritisiert, dass es sinnvoll gewesen wäre, diese Regelung in § 3a Abs. 3 Nr. 1 VwVfG aufzunehmen, in Entsprechung zu § 55 Abs. 4 Nr. 5 VwGO. Zudem erschweren die Überlagerung des VwVfG durch das EGovG sowie das OZG unnötig „den rechtlichen Zugriff und damit auch die ... technische Umsetzung“[192].

s) Die Verfügbarkeit elektronischer Kommunikationsmöglichkeiten ist heute eine Voraussetzung für den Zugang „breiter Bevölkerungsschichten“[193] zum Recht. Allerdings hat der Gesetzgeber es versäumt, den Bürgern wie auch den Unternehmen subjektive Rechte einzuräumen, sodass den Gerichten die Möglichkeit fehlt, die Verwaltung zum Tätigwerden zu verpflichten. Dies ist im Anwendungsbereich der Dienstleistungsrichtlinie gemäß Art. 8 Abs. 1 als auch nach Art. 4 ff. SDG-VO anders. Sie geben den Bürgern und Unternehmen einen Anspruch auf Durchführung eines digitalen Verfahrens. Gerade die SDG-VO zielt darauf, die Verfahren zu erleichtern und zu beschleunigen, indem ein „einheitliches digitales Zugangstor“ geschaffen sowie gemäß Art. 14 das „once only principle“ eingerichtet wurde. Diese Verfahren gewähren subjektive Rechte.

t) In Verfahren mit Öffentlichkeitsbeteiligung gibt es bereits seit 2013 mit § 27a Abs. 1 VwVfG eine Vorschrift, wonach eine Veröffentlichung im Internet stattfinden „sollte“. 2017 erfolgte die Verpflichtung zur Veröffentlichung relevanter Unterlagen über ein zentrales Internetportal des Bundes für UVP-pflichtige Vorhaben gemäß § 20 UVPG. Inzwischen hat auch das Baurecht nachgezogen. Seit dem 7. 7. 2023 ist die Veröffentlichung von Bauleitplänen im Internet verpflichtend. Eine Auslegung in Papierform ist nur ergänzend möglich.

u) Mit dem Plansicherstellungsgesetz reagierte der Bundesgesetzgeber im Mai 2020 auf die Covid-19-Pandemie. An die Stelle der Öffentlichkeits-

191 Wischmeyer, S. 347.
192 Wischmeyer, S. 348.
193 Wischmeyer, S. 349.

beteiligung traten elektronische Beteiligungsformen. § 1 PlanSiG betrifft 17 Verfahrensarten vom Gesetz über die Umweltverträglichkeitsprüfung bis zum Gentechnikgesetz. Das Plansicherstellungsgesetz läuft noch bis zum 31. 12. 2024, die Übergangsregelung des § 6 noch bis zum 30. 09. 2029. Diese Vorschriften wurden mit leichten Abwandlungen in die §§ 27a bis 27c VwVfG übernommen.[194]

v) Wischmeyer weist darauf hin, dass analoge und digitale Kommunikation Eigenheiten aufweisen, die sich nicht vollständig zur Deckung bringen lassen. Auch die digitale Einsichtnahme kann Probleme bereiten, so wenn es sich um umfangreiche Planunterlagen handelt. Im Fall von Videokonferenzen kann es zu unerlaubten Aufnahmen von Teilnehmern kommen. Auch lassen sich Verhandlungen ab einer gewissen Größenordnung nicht mehr ohne Weiteres online durchführen.[195] Letztlich kann auf eine „analoge Kommunikation" nicht vollständig verzichtet werden, zumal sie in Vorschriften etwa des Planfeststellungsverfahrens gemäß § 73 Abs. 6 VwVfG, aber auch gemäß § 3 Abs. 1 BauGB vorgesehen sind. Im Ergebnis ist ein differenzierter Umgang mit der Digitalisierung erforderlich.

VII. Ausblick

1. Der Einfluss des Rechts der Europäischen Union ist groß. Dies gilt für alle Bereiche: für das Verwaltungsverfahren, für die Grundrechte, für die effektive und effiziente Gestaltung von Verwaltungsverfahren, Verfahrensfehler und Fehlerfolgen sowie für die elektronische Kommunikation. Darüber hinaus gibt es zahlreiche Gesetze, die auf das Unionsrecht verweisen: das Telekommunikationsgesetz, das Bundesimmissionsschutzgesetz, das Naturschutzgesetz, das Umweltrechtsbehelfsgesetz, die Datenschutzgrundverordnung, die ohnehin eine Verordnung ist, aber zahlreiche Öffnungsklauseln hat und viele mehr. Tatsächlich ist das Verwaltungsrecht, aber auch das Zivilrecht in erheblichem Umfang vom Unionsrecht überlagert. Nicht zuletzt die Grundrechte sind seit der Einführung der Europäischen Grundrechtecharta zum Gegenstand auch der Bundesverfassungsgerichtsbarkeit geworden.[196]

---

194 Wischmeyer, S. 352.

195 Wischmeyer, S. 353.

196 Siehe BVerfGE 152, 152 ff. – Recht auf Vergessen werden I; 152, 216 ff. – Recht auf Vergessen werden II.

2. In diesem Zusammenspiel von Unionsrecht und deutschem Recht mit einem Anwendungsvorrang soweit das Unionsrecht reicht, bedarf es differenzierter Untersuchungen zu Reichweite, Inhalt und Ausmaß der jeweiligen rechtlichen Grundlagen. Namentlich bei der Umsetzung von Richtlinien ist der Gesetzgeber aufgerufen, diese in der Regel innerhalb von zwei Jahren in deutsches Recht umzusetzen. Hier sind in den letzten Jahren eine Vielzahl von Richtlinien und Verordnungen gerade auch im Bereich der Digitalisierung erlassen worden. Das ist zunächst einmal etwas Gutes. Im Grundgesetz findet sich dazu Art. 91c GG, der über fünf Absätze Anforderungen formuliert. Allerdings ist in den ersten drei Absätzen von „können" die Rede. Erst Art. 4 und 5 sprechen von der Errichtung eines informationstechnischen Netzes, welches die verschiedenen Netze des Bundes und der Länder miteinander verbinden sowie einen informationstechnischen Zugang zu den Verwaltungsleistungen von Bund und Ländern ermöglichen soll. Es stellt sich die Frage, wie sinnvoll es ist, in den ersten drei Absätzen von „können" zu sprechen. Der Bund hatte tatsächlich eine zwingende Vorschrift vor Augen, die jedoch von einem Teil der Länder als „massiver Einschnitt in ihre Eigenstaatlichkeit"[197] gesehen wurde.

3. Ein Problem ist nicht zuletzt in Deutschland und in der Europäische Union die Überregulierung. Zwar ist unablässig von Bürokratieabbau die Rede, tatsächlich ist der „Bürokratieaufbau" aber ungebremst. Dies zeigt sich an Überregulierungen gerade auch im Umweltrecht, im Immissionsschutzrecht, im Datenschutzrecht und in vielen anderen Bereichen.

4. Digitalisierung und Künstliche Intelligenz dürften in den kommenden Jahren die größten Herausforderungen für die Europäische Union und ihre Mitgliedstaaten darstellen. Ob die Europäische Union hierfür hinreichend gerüstet ist, wird sich zeigen und ist zu hoffen.

---

197 *Martini*, in: von Münch/Kunig, Grundgesetz Kommentar, 7. Aufl., Art. 91c Rn. 8.

Teilnehmerverzeichnis

cand. iur. *Amelie Blaut*, Ruprecht-Karls-Universität Heidelberg

Richter auf Probe am Verwaltungsgericht Stuttgart *Felix Bruckert*

Prof. Dr. Dr. h.c. *Thomas von Danwitz*, Vizepräsident des Gerichtshofs der Europäischen Union

Prof. Dr. *Stefanie Egidy*, LL.M. (Yale), Universität Mannheim

Dr. *Sigrid Emmenegger*, Richterin am Bundesverwaltungsgericht

Dr. *Laura Hering*, LL.M. (Brügge), Max-Planck-Institut für ausländisches öffentliches Recht und Völkerrecht Heidelberg

Prof. Dr. Dr. h.c. *Wolfgang Kahl*, M.A., Ruprecht-Karls-Universität Heidelberg

Rechtsanwalt Dr. *Ulrich Karpenstein*, Redeker Sellner Dahs, Berlin

Prof. Dr. *Jan Henrik Klement*, Albert-Ludwigs-Universität Freiburg i. Br., Richter im Nebenamt bei dem Verwaltungsgerichtshof Baden-Württemberg

Prof. Dr. *Markus Ludwigs*, Julius-Maximilians-Universität Würzburg

Prof. Dr. *Ute Mager*, Ruprecht-Karls-Universität Heidelberg

Prof. Dr. *Rudolf Mögele*, stellv. Generaldirektor der Europäischen Kommission a.D., Honorarprofessor der Julius-Maximilians-Universität Würzburg

Ministerialdirektor *Reiner Moser*, Ministerium des Inneren, für Digitalisierung und Kommunen Baden-Württemberg

cand. iur. *Sophie Purrer*, Ruprecht-Karls-Universität Heidelberg

Prof. Dr. Dr. h.c. mult. *Eberhard Schmidt-Aßmann*, Ruprecht-Karls-Universität Heidelberg

Prof. Dr. *Isabel Schübel-Pfister*, Richterin am Bundesverwaltungsgericht, Honorarprofessorin an der Universität Bayreuth

Prof. Dr. *Ulrich Stelkens*, Deutsche Universität für Verwaltungswissenschaften Speyer

Prof. Dr. *Bettina Stepanek*, LL.M. (Brügge), Rheinische Friedrich-Wilhelms-Universität Bonn

Fachanwältin für Verwaltungsrecht *Dr. Andrea Vetter*, Dolde Mayen & Partner, Stuttgart

Priv.-Doz. Dr. *Ruth Weber*, Humboldt-Universität zu Berlin

Prof. Dr. *Thomas Wischmeyer*, Universität Bielefeld

Dr. *Philipp Leander Wolfshohl*, Bundesnetzagentur Bonn

Stichwortverzeichnis

Die Zahlen beziehen sich auf die Seitenzahlen.

Äquivalenzgrundsatz 12, 67, 74, 271
Akteneinsicht(srecht) 46
Akzeptanz 10
Alcan-Urteil 13 f., 67, 81 f., 84 f., 87 ff., 93
Altrip-Urteil 67 f., 82
Anhörung 43 ff., 83, 207 f.
Antragsunterlagen 241 f.
Anwendungsvorrang (des EU-Rechts) 83 f.
Aufhebung 13 ff.
Ausschreibung(sverfahren) 223 ff.
Außenwirtschaftsrecht 209 f.
Autonomiethese 73 ff.

Bedingung 242
Begründung 47, 208
Beihilfenrecht 208 ff.
Beratung 227 ff.
Beschleunigung(sgesetzgebung) 36 ff., 39 f., 41 f.
Bestandskraft 13 ff.
Besteuerungsverfahren (Modernisierung) 112 ff.
Bundesnetzagentur 223 ff.
Cybersicherheit 326 f.

Datenbanken 239
Dekodifikation 16 f., 18, 84 ff.
Deskription 178 ff.
Dienstleistungsrichtlinie (EU) 17 f., 65, 71 f., 94 f., 100, 107 ff., 122 f.
Digitalisierung 30 ff., 51 ff., 92 f., 111, 114 ff., 323 ff., 329 ff.
- Baden-Württemberg 323 ff.
- BauGB 56 ff.
- Cybersicherheit 326 f.
- Digital First 31 f.
- Digital Only 31 f.
- E-Government 92 f., 111, 123
- „Einer-für-Alle“-Prinzip 325
- KI (Künstliche Intelligenz) 32 f.
- Öffentlichkeitsbeteiligung (digitale) 352 ff.
- „Recht auf digitale Verwaltung“ 351 f.
- rechtliche Rahmenbedingungen 327
- VwVfG 52 ff.
Drittschutz (aus Verfahrensvorschriften) 190 ff., 194 f.

EEG 223 ff.
Effektivität(sprinzip) 10, 12 ff., 34 ff., 40 f., 67, 73 ff., 159 ff., 221 ff., 245 ff., 373 ff.
Effizienz 10, 34 ff., 40 f., 159 ff., 221 ff., 245 ff., 373 ff.
- Effizienzanalyse 260 ff.
- Effizienzsteigerung 264 ff.
- Effizienzsteuerung 261 ff.
- Instrumente 264 ff.
E-Government(-Gesetz) 92 f., 111, 123
Elektronische Kommunikation 51 ff., 323 ff., 329 ff., 385 ff.
- elektronischer Zugang 334
- Freiwilligkeitsprinzip 324 ff., 338 ff.
- Öffnungspflicht 324 ff.
- Plattformen 348 ff.
- Vertrauensdienste 341 f.
- VwVfG 343 ff., 349 f.

Elektronische Verwaltung 111, 239, 323 ff., 329 ff.
Ergebnis 178 f.
Ermessen 16, 254 ff.
Europäisierung 11 ff., 61 ff., 99 ff., 357 ff.
- Begriff 11, 63
- direkte 64 f.
- Einflussfaktoren 66 f.
- Formen 63 ff.
- horizontale 65 f.
- Impulsfunktion 76 ff.
- indirekte 64 f.
- Reformbedarf 82 ff.
- Reformoptionen 82 ff.
- Typen 11 f., 63 ff.
- Verfassungsrecht 80 ff.
- vertikale 65 f.
- VwVfG 11 ff., 61 ff., 83 ff., 99 ff.
EU-Eigenverwaltung 168 f., 169 f.
EU-Eigenverwaltungsrecht 73 ff., 141 ff., 168 ff.
EU-Verwaltungsverfahrensrecht 19 ff., 73 ff., 141 ff.

Fehlerfolgen 47 ff., 269 ff., 307 ff., 378 ff.
Fehlermarkierung 311 ff.
Form 229 ff.
Formulare 229 ff.
Freiflächenanlagen 223 ff.

Gebote, Gebotsprüfung 231 ff.
Gebühren 231
Genehmigungsfiktion 72, 95
Grundrechte 26 ff., 70 f., 173 ff., 205 ff., 366 ff.
- dienende Funktion des Verwaltungsrechts 183f.
- EU-Grundrechte 28 ff., 195 ff.
- Grundrechtsschutz durch Verfahren 26 f., 177 ff., 195 ff., 209, 214 ff.
- Grundrechtsschutz im Verfahren 26 f.
- gute Verwaltung (Grundrecht auf) 70 f., 144 ff., 195 ff., 198 ff., 202 f., 206 ff.
- Hebel zur Subjektivierung von Verfahrensrecht 187 ff.
- materielle Grundrechte 212 ff.
- Maßstäbe und Quelle von Verfahrensrecht 184 ff.

Hartmann, Lucas 22
Heilung (von Verfahrensfehlern) 48 ff., 74 f., 83, 94, 272 ff., 294 f., 298 ff., 313 ff.
Homogenisierungsthese 74 ff.

Impulsfunktion (von europäischem Soft Law) 76 ff.
Indizwirkung (des Eigenverwaltungsrechts) 73 ff.
Information (durch die Behörde) 227 ff.
Internet 324

Kodex für gute Verwaltungspraxis (der EU) 147 ff.
Kodifikation 12, 19 ff., 83 ff., 123 ff., 125 ff., 141 ff., 363 ff.
- Begriff 19
- Dekodifikation 16 f., 18, 84 ff.
- Einwände 90 ff.
- Entwurf des Europäischen Parlaments 21 f., 62, 150 ff.
- EU-Verwaltungsverfahrensrecht 19 ff., 22 ff., 25 f., 61 ff., 125 ff., 141 ff., 164 ff.
- Funktionen 19 f.
- Generalkodifikation 19 ff., 86 f.
- Hartmann, Lucas 22
- „Kodifikationsbrecher" (EU-Recht) 84 ff.
- Kodifikationsidee 90 ff.
- Kommission 164 ff.
- Kompetenz (der EU) 86 f.

- Kritik 90 f., 164 ff.
- Rekodifikation 87 ff., 91 ff.
- ReNEUAL-Musterentwurf 20 f., 22 ff., 25 f., 62, 152 ff., 170 f.
- Typen 19
- Unionsrecht als „Kodifikationsbrecher“ 84 ff.
- VwVfG 12, 83 ff., 123 ff.
- Wirkungen 136 ff.; 141 ff.

Kohärenz(prinzip) 69
Kommunikation 323 ff., 329 ff.
- Kommunikationseröffnung 333 ff.
- Kommunikationsinfrastruktur 341 f.
- Kommunikationsplattformen 348 ff.
- Vertrauensdienste 341 ff.

Konzept(fähigkeit) 89 ff.
Kühne&Heitz-Urteil 14 f., 67, 93 f.

Legalisierung 271 ff., 291 ff.
Legalplanung 39 f.
loyale Zusammenarbeit (Prinzip der) 67 f.

Maßstäbe (des Verwaltungshandelns) 10, 249 f.
Merkl, Adolf Julius 174 f.
Mühlheim-Kärlich-Urteil 215 ff.

Nichtanwendung 84
Normativität 178 ff.

Öffentlichkeit(sbeteiligung) 40 f., 109 ff., 114 ff., 122, 352 ff.
Öffentlich-rechtlicher Vertrag 15 ff.

Parallelisierungsthese 74 ff.
Plansicherstellungsgesetz 114 ff.
Planungsvereinheitlichungsgesetz 109 ff.
Postrecht(smodernisierung) 121 f.

Rationalität 10
„Recht auf digitale Verwaltung“ 351 f.
Recht auf eine gute Verwaltung 70 f., 144 ff., 195 ff., 198 ff., 202 f., 206 ff.
Recht auf Vergessen I, II 213
Rechtsfortbildung 83
Rechtsschutzperspektive 157 f., 166 f.
Rechtsvergleich 78 f.
Rekodifikation 87 ff., 91 ff.
ReNEUAL-Musterentwurf 20 f., 22 ff., 62, 78, 152 ff., 170 f.
Rezeptionsfähigkeit (des VwVfG) 83 f.
Richtlinie 2013/32/EU 128 ff.
Richtlinie 2014/24/EU 131 ff.
Rücknahme 13 f., 67, 81 f., 84 f., 87 ff., 93
Rügebefugnis 309 ff.
Rügelast 309

Schranken (des Verfassungsrechts) 80 ff.
Sicherheiten 241
Soft Law 76 ff.
Solange II-Urteil 209
Spanien 78 f.
Spezialisierung (der EU-Eigenverwaltung) 168 f.
Spillover(-Effekt) 12, 64 f.
System(fähigkeit) 89 ff.

Tenorierung 316 ff.
Transformation (digitale) 329 ff.
Transparenz 238
Unbeachtlichkeit (von Verfahrensfehlern) 50, 83, 94, 191 ff., 315 f.
Unionsrecht
- Dienstleistungsrichtlinie 17 f., 71 f., 94 f., 100, 107 ff., 122 f.
- Effizienzgebote 259 f.
- Eigenverwaltungsrecht (der EU) 73 ff.
- Grundrecht auf eine gute Verwaltung 70 f., 144 ff., 195 ff., 198 ff., 202 f., 206 ff.
- Heilung 272 ff., 294 f., 298 ff.
- Impulsfunktion 76 ff.

- Kodex für gute Verwaltungspraxis des Europäischen Bürgerbeauftragten 147 ff.
- Kohärenz 69
- Loyalitätsprinzip
- Richtlinie 2013/32/EU 128 ff.
- Richtlinie 2014/24/EU 131 ff.
- Soft Law 76 ff.
- Umweltrecht 272 ff.
- Unionstreue 67 f.
- Verfahrensrecht 269 ff.
- Vollzug 12, 201 ff., 208 ff., 212 ff., 271

unionsrechtskonforme Auslegung 12, 13 ff., 15 ff., 83 f.

Unionstreue 67 f.

Unparteilichkeit 211 f.

UVP 272 ff.

Vereinheitlichung 80 ff.

Verfahrensautonomie der Mitgliedstaaten 1, 68, 271

Verfahrensermessen 24 ff.

Verfahrensfehler(folgen) 47 ff., 157 f., 269 ff., 307 ff., 378 ff.

Verfahrenskodifikationen 136 ff.

Verfahrensrechte 43 ff., 269 ff., 307 ff., 351 f., 378 ff.

Verfassungsrecht 80 ff., 177 ff., 253 f.

Verhaltenswissenschaften 263

Verwaltungsaufgaben 10

Verwaltungsentscheidung 10, 250 ff.

Verwaltungsermessen 16, 254 ff.

Verwaltungsorganisation 9 f.

Verwaltungsprozessrecht 157 f.

Verwaltungsrechtspraxis 10

Verwaltungsrechtswissenschaft 10

Verwaltungsverbund, europäischer 208 f.

Verwaltungsverfahren

- Begriff 9, 155 ff., 174 ff.
- Europäisierung 66 ff., 99 ff.
- Maßstäbe 249 f., 252 ff.
- Modus der Entscheidungsproduktion 247 ff.
- Verhaltenswissenschaften 263
- Zügigkeit 252 ff.

Verwaltungsverfahrensgesetz (VwVfG) 99 ff.

- Änderungen 104 ff. 106 ff.
- Bundes-VwVfG und VwVfGe der Länder 101 ff.
- Effizienz 252 ff.
- elektronische Kommunikation 345 ff.
- Europäisierung 61 ff., 99 ff., 105 f, 106 ff.
- Grundrechte 214 ff.
- Subsidiarität 104
- VwVfG und AO 103
- VwVfG und SGB X 103
- Zügigkeit 252 ff.

Verwaltungsverfahrensrecht

- Begriff 155 ff.
- Effektivität und Effizienz des Verwaltungshandelns 159 ff.

Verwaltungsvertrag 15 ff.

Vorbildfunktion (von ausländischem Recht) 78 f.

Wiederaufgreifen des Verfahrens 14 f., 93 f.